KB215187

『자유의지』는 에드워즈의 명성을 낳게 한 초석이요, 모든 미국 문학작품 중 가장 강력한 논증이자 가장 지적인 업적이다. 이 책은 뉴잉글랜드 신학에 관한 가장 권위 있는 책이며, 논리학자들의 찬사처럼 반박할 수 없고 오류 없는 전제들로부터 결론을 도출해내는 극소수의 작품 중 하나다.

페리 밀러 하버드 대학교 미국지성사 교수, *Jonathan Edwards* 저자

이 책 하나만으로도 에드워즈를 미국의 가장 위대한 철학자 겸 신학자로 세우기에 충분하다. 이 책은 미국을 아름답게 만드는 데 기여했다.

폴 램지 프린스턴 대학교 윤리학 교수, *Freedom of the Will* 예일판 편집인

정부홍 박사는 조나단 에드워즈와 그의 사상을 다루는 가장 탁월한 한국 학자들 중 한 사람이다. 이 책은 에드워즈의 의지론을 취급하는 단행본으로서 정 박사의 학문적 통찰력을 보여주는 좋은 실례이다. 『자유의지』는 폭넓게 읽힐 가치가 있는 경이로운 작품이다.

더글라스 스위니 트리니티 복음주의 신학교 교회사 교수

에드워즈의 고전적 철학 논쟁이 담긴 『자유의지』를 새로이 편집한 이 신판을 통하여 독자들은 이 중요한 원본의 내용을 간결하게 이해할 수 있을 것이며, 과거와 현재에 논쟁되고 있는 문제점들을 파악할 수 있을 것이다.

제럴드 맥더모트 샘포드 대학교 역사신학 교수

조나단 에드워즈의 『자유의지』는 근대에 들어 가장 중요하며 가장 요청되는 철학과 신학 작품들 중 하나로서 진지하게 연구하는 모두에게 귀한 선물이 될 것이다. 이 책은 스터디 가이드로서 하나님과 인간에 대한 에드워즈의 심오한 지식을 터득하려는 신학자들과 모든 학생들에게 유용할 것이다.

케네스 민케마   예일 대학교 미국교회사 및 에드워즈 전문교수

에드워즈의 『자유의지』 신판본은 자유의지와 믿음의 관계에 얽힌 논쟁 역사에 중요한 통찰을 제공하는 가치 있는 프로젝트다. 에드워즈의 원작은 미완성품으로서 더 발전시켜야 하는 부분들이 있는데, 정부홍 교수가 제공하는 신판의 서론은 『자유의지』의 논쟁사를 제공하며 학문적 토론들을 자극하기에 충분할 만큼 잘 연구하였으며 아주 정통하다.

로버트 케인   텍사스 대학교 철학부 및 법대 명예교수

본서 『자유의지』는 조나단 에드워즈의 의지의 자유에 대한 새로운 스터디 가이드북으로서 그의 철학과 신학을 파악하도록 돕는 중요한 도구가 될 것이다. 정 박사는 에드워즈를 공부하거나 연구하는 교회와 아카데미에 훌륭한 서비스를 제공할 것이다.

아드리안 닐   예일 대학교 조나단에드워즈센터 편집인,
퓨리탄리폼드 신학교 역사신학 교수

Freedom of the Will

Jonathan Edwards

자유의지

조나단 에드워즈 지음 | 정부홍 편역

Holy
WavePlus

1. 『자유의지』의 최근 연구 동향

(1) 제임스 대너, 최초의 공식 비판자

에드워즈 살아생전 뉴잉글랜드에는 그의 작품 『자유의지』(1754)에 대한 공식 비평가가 없었다. 그러나 그가 죽고 난 이후, 제임스 대너(1735-1812)는[1] 『에드워즈의 자유의지에 대한 비판적 고찰』(1770)과 『비판적 고찰 후속판』(1773)을 통하여 에드워즈 비평가들 사이에서 최선봉이 되었다. 『자유와 필연』(1793)[2]이란 비판서를 낸 사무엘 웨스트(1730-1807)도 그에 버금갈 정도였다.

---

1 제임스 대너는 1753년에 하버드 대학을 졸업하고 윌링포드 교회로부터 청빙을 받았으나, 그의 반대자들이 목회자협의회(일종의 노회)를 소집하여 그를 이단으로 정죄하였다. 그런데도 교회는 무시하고 그를 목사로 안수했다(1758-1789). 교리적 문제는 큰 문제가 되지 않았다. 그 이후 뉴헤이븐 교회에 초운시 휘틀쉬의 후임자가 되었다. William Buell Sprague, *Annals of the American Pulpit: Presbyterian* (New York: R. Carter and brothers, 1859), 565-71; Wright, *The Beginnings of Unitarianism in America*, 74.
2 James Dana, *An Examination of the Late Reverend President Edwards' "Inquiry on Freedom of the Will"* (Boston: Daniel Keeland, 1770); idem, *An Examination of the Same Continued* (New Haven: Thomas and Samuel Green, 1773); Samuel West, *Essays on Liberty and Necessity* (1793).

1954년 콘라드 라이트의 주장에 의하면, 이러한 비판들 때문에 뉴잉글랜드는 필연 교리를 주장하는 칼뱅주의자와 의지의 자유를 주장하는 아르미니우스주의자로 나뉘었다고 한다. 그럼에도 불구하고 그는 "뉴잉글랜드 칼뱅주의자 대부분이 아르미니우스주의자가 사용하는 동일한 용어로 주장하기를 사람은 자유로운 도덕 행위자라고 했다", 그리고 "필연 교리는 칼뱅주의자들의 교리가 아니라 자유사상가(free thinker)들의 교리로 간주되었다"라고 진술했다.[3]

대너는 에드워즈의 『자유의지』를 반대했던 앤드류 엘리엇(1718-1778)[4]에게 보낸 편지에서 자기 입장을 서술했다. 라이트에 따르면 대너의 입장은 명확한 칼뱅주의자도 아니요, 직설적인 형식의 아르미니우스주의자도 아니었다. 또한 대너와 엘리엇은 의지가 정신의 자율적·자기결정적 기능을 한다고 믿는 사람들이 아니요, 그들의 눈에 에드워즈는 자유사상가 중 한 사람이었다. 그러므로 에드워즈와 그의 비판자들 사이에는 정신에 대한 이해에 특별한 차이가 없었다고 한다.[5]

그럼에도 불구하고 라이트는 대너가 자유의지를 주장하면서, 필연 교리를 단순한 결정론이나 운명론으로 간주하고 거부했으며, 에드워즈의 유신론적 결정론의 이론 체계를 오해했다고 결론 내렸다. 그들은 에드워즈의 해석이 "무신론자와 이신론자로 꼽히는 홉스, 스피노자, 콜린스, 『카토의 편지』 저자 라이프니츠, 흄"[6]과 같은 고대와 현대 운명론자들의 철학과 유사하다고 했다.

---

3 Wright, *The Beginnings of Unitarianism in America*, 92-3.
4 "James Dana to Andrew Eliot, July 9, 1773," in Andrews-Eliot Papers, *Massachusetts Historical Society*, 11.
5 Wright, *The Beginnings of Unitarianism in America*, 106n.36.
6 Dana, *Examination of the Late Reverend President Edwards*, 132.

(2) 폴 램지, 『자유의지』 예일판 편집인

폴 램지는 에드워즈가 이 책을 저술한 윤리학적 목적을 잘 간파하였다. 그는 이 책에 숨겨진 신학적·철학적 궤적을 추적하고, 에드워즈가 아르미니우스주의자의 "우발과 자기결정 교리와 전투"[7]를 치르면서, 동시에 칼뱅주의의 의지 교리를 정립한다고 개관하였다.

램지는 윤리학자로서, "뉴잉글랜드는 건국 이래로 교리가 변질되어 종교와 도덕에서 부패가 일어났다"[8]고 하는 열정적 확신을 에드워즈가 지녔다고 보았다. 램지에 따르면 17세기 아르미니우스주의자는 신인 관계에서 하나님의 도덕적 측면을 강조하며, 하나님의 은혜를 가항력적이라고 가르쳐 "나중에는 아르미니우스주의자들 사이에서 윤리적이며 인간적인 측면"을 강조하는 결과를 낳게 되었고, 결국은 "펠라기우스주의, 이신론, 자연 종교"로 떨어지게 되었다. 따라서 램지에게 아르미니우스주의는 "칼뱅주의의 가혹한 교리에 대해 온갖 불만을 표현하는 느슨한 용어"와 같은 것으로 정의된다.[9]

방법론적으로 에드워즈의 『자유의지』의 목적은 자유의지, 인간의 행동, 도덕적 책임에 관한 아르미니우스주의 개념이 잘못되었음을 폭로하는 것이었다.

(3) 노먼 피어링

피어링은 에드워즈 연구에서 두 영역을 발전시켰다. 첫째로 그는 먼저 램지와 같이 에드워즈의 도덕 신학이 『자유의지』와 『원죄』, 『참된 덕』[10] 속

---

7   Paul Ramsey, "Introduction," *Freedom of the Will*, *WJE* 1:2(이후 *FOW*로 약기).

8   Ibid., 2.

9   Ibid., 3.

10   *Two Dissertation on the End for Which God Created the World* and *The*

에서 전개되었다고 본다. "종교와 덕은 하나요, 동일한 것이다"고 주장하는 샤프츠버리의 제3공작(1671-1713), 프랜시스 허치슨(1694-1746), 조지 턴불(1698-1748) 같은 18세기 도덕주의자(moralist)와 논쟁하는 일에 에드워즈가 참여하였다는 것이다.[11]

둘째, 피어링은 도덕 신학이 아르미니우스주의와 관련 있음을 지적하였다. 에드워즈가 다음과 같이 입증하는 자신의 주요 신학적 임무를 완수했던 것처럼 말이다.

(4) 알렌 구엘소

피어링처럼 구엘소도 의지에 대한 신학적 논쟁이 18세기 중반 뉴잉글랜드에서의 중심 문제였다고 본다.[12] 구엘소는 자유의지 논쟁이 영국과 대륙 철학자에게서 기원했다고 추적하고, 올드라이트[13]는 에드워즈와 상충

Nature of True Virtue (written in 1755, published in 1765), *WJE* 8: *Original Sin* (completed in May 1757, published in 1758), *WJE* 3.

11 Norman Fiering, *Jonathan Edwards's Moral Thought and its British Context* (Chapel Hill: University of North Carolina Press, 1981), 8.

12 벤자민 프랭클린(Benjamin Franklin)이 의지 문제를 다루는 작품 "A Dissertation of Liberty and Necessity"(1725)를 남겼다는 것은 이상한 일이 아니었다. *The Papers of Benjamin Franklin*, vol. 1, ed. Leonard Labaree (New Haven, CT: Yale University Press, 1959).

13 "올드라이트" 혹은 "올드칼뱅주의", "뉴라이트" 혹은 "신신학"(New Divinity) 같은 용어를 누가 처음으로 사용했는지 결정 내릴 만한 확정적인 단서가 없다. 그렇지만 제1차 대각성 이후에 사용되기 시작한 것은 틀림없다. "올드라이트"와 "뉴라이트"는 영적 부흥과 열광주의 같은 체험들에 대해서 다른 입장들을 고수했다. 홉킨스 같은 "뉴라이트"는 부흥 운동을 수용했고, 찰스 초운시(Charles Chauncy), 에스라 스타일즈(Ezra Stiles) 같은 "올드라이트"는 부흥 운동과 홉킨스주의에 대해서 회의적이었다. 더 자세한 것은 다음을 참조하라. Guelzo, *Edwards on the Will*, 88-89. "The term 'New Divinity' was first used as a pejorative in 1765 in reference to Hopkins' argument that an unregenerate but awakened sinner who used the means of grace appeared guiltier in God's eyes than an unawakened sinner." Joseph A. Conforti, *Samuel Hopkins and the New*

되며 결국 칼뱅주의와 대립하고, 아르미니우스주의나 유니테리언 혹은 이신론을 선호하였다는 것을 추적하였다.[14] 구엘소에 따르면 올드라이트와 뉴라이트는 지성주의(intellectualism)와 주의주의(voluntarism)[15]에 대한 입장에 따라 나뉘었다. 전자는 지성이나 이성이 의지나 마음보다 우위에 있다고 간주하나, 후자는 그 반대다. 구칼뱅주의를 대표하는 이들이, 올드라이트로서 죄는 마음이나 의지로부터 나오는 것이 아니라 정신에서 일어난다고 믿었던 사무엘 랭돈(1723-1797) 같은 스코틀랜드 철학자들의 지성주의를 받아들였다.[16] 구엘소는 피어링에 동의하면서 올드라이트가 에드워즈의 의지에 대한 이해를 거부했다고 말했다. 에드워즈가 이해하는 의지는, 의지가 인간 활동 속에서 제 역할을 하며, 지성이 거부하는 것을 선택할 수 있다는 것이다. 구엘소가 관찰하는 바대로 더 중요한 문제는 의지와 그 자유가 무엇인지, 그리고 자유롭다면 얼마만큼 자유로운가 하는 문제보다는 그 의지가 자유로운가 아닌가 하는 문제다. 구엘소는 자유의지 토론에 세 가지 입장이 있음을 발견했다. (1) 때때로 자유롭다(소프트 결정론). (2) 항상 자유롭다(자유의지주의). (3) 절대 자유롭다(하드 결정론).[17] 이 문제에 대한 에드워즈의 입장을 파악하기 위해서는 그 시

Divinity movement (MI: Christian University Press, 1981), 4.

14 Allen C. Guelzo, *Edwards on the Will: A Century of American Theological Debate* (Middletown, Conn.: Wesleyan University Press, 1989; reprint, Eugene, OR: Wipf and Stock Publishers, 2007), 143.

15 인간의 지성과 의지 중 어느 쪽을 우선시하는가의 문제다. 이 문제는 중세 스콜라 철학에서부터 대두되었다. 지성을 우선하면 주지주의고 의지를 우선하면 주의주의다. 인간의 의지는 지성을 따르지 않으며 아무 원인 없이 자유롭게 일어난다고 주장한 둔스 스코투스가 주의주의를 대표한다.

16 Samuel Langdon, *Remarks on the Leading Sentiments of Dr. Hopkins's System of Doctrines* (Exeter, NH: Henry Ranlet, 1794), 24.

17 Guelzo, 7, 255. 윌리엄 리이스(William L. Reese)가 제안하는 3가지 가능한 자유: (1) 전적인 자유, (2) 제한적 자유, (3) 무자유. Cf. William L. Reese, *Freedom: A Study*

대의 개혁신학 역사를 되돌아볼 필요가 있다. 개혁파와 아르미니우스주의자 사이의 신학적 갈등의 핵심은 예정에 대한 비타협적 입장이었다. 그럼에도 그 철학 논쟁의 중심은 자유의지의 문제에 있었다.

예정에 대한 개혁파 교리는 스토아학파의 운명론이나 사람의 행동이 선행 원인의 결과로 말미암아 결정된다는 홉스의 "필연 교리"[18]로 오해를 받고 있었다. 그러나 이와 대조적으로 에드워즈는 16, 17세기의 개혁파 소속 스콜라 철학자들이 주장했던 대로 하나님의 주권적 은혜와 인간의 자유가 양립적이라고 주장했다.[19]

이처럼 만약 에드워즈가 양립주의자(compatibilist)라면, 그는 자유의지와 결정론이 양립적이라고 주장했던 소위 "하드 결정론자"가 아니요, "자유의지주의자"도, "소프트 결정론자" 또는 "화해주의자"(reconciliationist)도 아니었다는 것이 확고하다. 구엘소는 에드워즈를 그중 마지막 "화해주의자"로 묘사한다. 그리고 이렇게 서술한다.

에드워즈는 화해주의자로서 모든 사건이 하나님의 인과적 결과로부터 기인한다고 했다. 그러나 그는 자유의 의미를 날카롭게 쪼개어서 (화해주의자들이 늘 그렇듯이) 인과관계로부터 자유를 강탈하였다.[20]

Guide With Readings (New York: Humanity Books, 2000), 16.

18 Willem J. van Asselt, "Introduction," in *Reformed Thought on Freedom, The Concept of Free Choice in Early Modern Reformed Theology*, Willem J. van Asselt, J Martin Bac, and Roef T. de Velde (Grand Rapids, MI: Baker Academic, 2010), 15, 15n.2. Cf. 이 책 527, 551쪽을 보라.

19 Ibid. 개혁주의에 속하면서 스콜라주의를 이용하는 이들은 주로 양립주의자들로서 대표적인 사람이 6명 있다. Girolamo Zanchi, Franciscus Junius, Franciscus Gomarus, Gisbertus Voetius, Francesco Turrettini, and Bernardinus de Moor.

20 Ibid., 255.

그러나 구엘소의 "화해주의" 견해는 소위 "소프트 결정론"에 해당하는 것으로서, 그는 에드워즈가 "인과관계로부터 자유를 강탈했으며" 보편적 양립주의의 성격을 수반하지 않는다고 기술한다. 그렇지만 나중에는 그 주제에 대한 자신의 견해를 변경하고 "에드워즈는 양립주의자였다. 자유와 필연이 서로 양립적이다"[21]라고 말했다.

그 외에도 에드워즈는 "화해"라는 용어를 사용하지 않고, 어떤 것을 희생시켜 자유와 필연을 화해시키려 하지 않으며 도리어 자신의 당대 철학적 혹은 형이상학적 방식을 도입하여 그것들이 "일치적"이거나 현대 용어로는 "양립적"이라고 주장하였다. 에드워즈는 거듭해서 신적 예정과 인간의 자유 사이에 모순이 전혀 없다고 주장한다. 즉 말하자면 영혼은 하나님이 자신의 즐거움 속에서 결정하신 것을 선택한다. 왜냐하면 그것들은 양립적이요, 하나님의 예정과 인간의 자유 교리 사이에는 불일치가 없기 때문이다.

그리고 그것들은 필연과 양립하지 못하며 대립한다고 보는 로드 케임즈(1696-1782)의 자유의지주의의 자유 교리 같은 것을 전제로 하지 않는다. 그러나 로버트 케인은 『자유의지』 제2권에 나타난 대로 에드워즈를 "고전적 양립주의자"로 평가한다. 스티븐 윌슨은 에드워즈가 "구속 과정에서 어떤 차원에 있어서의 인간의 협력"을[22] 인정하였다고 말하지만, 『자유의지』에서 보이는 에드워즈의 입장을 "일종의 양립주의자"[23]라고 표현하며 이에 동의한다.

---

21 Allen Guelzo, "Freedom of the Will," in *The Princeton Companion to Jonathan Edwards*, ed. Sang Hyun Lee (Princeton University Press, 2005), 126.

22 Wilson, *Virtue Reformed*, 220.

23 이 책 595-96쪽을 보라. Cf. Stephen Wilson, *Virtue Reformed: Rereading Jonathan Edwards* (Leiden, Boston: Brill, 2005), 193.

(5) 제임스 해리스

해리스는 자신의 책 『자유와 필연: 18세기 영국 철학의 자유의지 논쟁』(2005)의 한 챕터 "아르미니우스주의에 대한 조나단 에드워즈"[24]에서 자유의지가 18세기 영국 지식인들 사이에서 신학을 포함한 중요 주제였음을 밝힌다. 그는 인간의 정신 기능과 관련된 문제를 주창한 인물로 로크를 꼽으며, 에드워즈가 『자유의지』에서 했던 것처럼 로크와 더불어 자기의 논의를 시작한다. 해리스에 따르면 로크의 방법과 원리는 아르미니우스주의에 대처하려는 에드워즈의 논증에 아주 유용했다. 페리 밀러를 따라서 해리스는 인식의 수동성이 초기 뉴잉글랜드에서 많은 비판을 받았으나, 그로 인해 에드워즈가 로크에게 매력을 느꼈으며, 자신의 의지 교리를 공식화할 때 로크에게서 가장 큰 영향을 받았다고 주장했다.

에드워즈는 다음과 같은 로크의 주장에 동의했다. "정신적 기능이라고 불렸던 것은 행위자가 정말 소유하게 된 유일하고도 실제적인 다른 능력 또는 힘이다." 즉 말하자면 에드워즈에게 의지란 "유기체의 단일 기능적인 성격"이다.[25] 그 방식으로 에드워즈는 "자율적인 정신 기능"의 광범위한 체계 조정을 통해 아르미니우스주의를 물리칠 수 있었다.[26] 그러나 해리스는 에드워즈의 공격 초점을 식별하였다. 이 초점은 인간의 자유에 대한 로크의 설명이요, 그의 주장이었다. 즉 "의지는 더 좋은 것에 대한 인식보다는 오히려 불안에 의해 결정된다." 또한 『자유의지』에서 에드워즈는 로크의 경험주의(empiricism)를 부분적으로 수용하지만, 모든 지식은 오직 경험을 통해서 얻어진다는 로크의 실험적 경험주의

---

24 James A. Harris, *Of Liberty and Necessity: The Free Will Debate in Eighteenth-Century British Philosophy* (New York: Oxford University Press, 2005), 108-30.

25 Ibid.

26 Ibid.

(experimentalism)를 반대하고 타파했다.[27] 해리스의 관점에서 로크와 에드워즈는 일부 유사점이 있지만 차이가 더 많고,[28] 그는 에드워즈가『자유의지』에서 반박하는 아르미니우스주의자 및 반칼뱅주의자들을 자유의지주의자(libertarianism)라고 간주한다. 이처럼 에드워즈는 영국 철학의 일부분을 자신의 방법론으로 수용하였으나, 해리스는 자유의지주의적 아르미니우스주의에 대한 그의 칼뱅주의적 주장을 고수했다.

(6) 리처드 멀러와 폴 헬름

에드워즈의 의지 교리에 관한 가장 최근의 중요한 학술 토론 중 하나는 리처드 멀러와 폴 헬름의 논쟁이다. 멀러는 에드워즈에 대한 전통적인 해석을 비판하며[29] 에드워즈가 주장하는 의지 교리는 개혁주의 전통에서 유래되지 않고, 토마스 홉스의 철학적 결정론에서 나왔다고 말한다. 멀러는 "유니테리언 보편 사역자"라 불리는 조지프 프리스틀리의 비판에 호소한다.

> 필연주의자들의 신조는 칼뱅주의자들의 신조와는 정반대다.…철학적 필연 교리는…현대적인 것이다.…나는 칼뱅주의자들 중에서 조나단 에드워즈가 그 첫째라고 생각한다.…그러나 그의 이론 체계가 정확히 칼뱅주의라고 불리는 것과 불일치하다는 것이 칼뱅주의 이론 체계의 필수적인 부분들을 내

---

27 로크는 지식이란 단지 감각적 경험으로부터만 나온다고 주장했다. 이 주장은 에드워즈의 인식론에 영향을 주었을 것이다. 더 상세한 토론을 위해서 다음을 참조하라. Harris, *Of Liberty and Necessity*, 109-11, 111n.14.

28 Harris, *Of Liberty and Necessity*, 121-22.

29 Richard Muller, "Jonathan Edwards and the Absence of Free Choice: A Parting of Ways in the Reformed Tradition." *Jonathan Edwards Studies Journal Online*, vol. 1, No 1 (2011).

버림으로써 드러나게 되었다.[30]

또한 멀러는 "올드 개혁파 전통"이 무엇인지 정확하게 정의하지 않고, 개혁파 전통은 일관성 있게 자유 선택이 자발성뿐 아니라 반대와 부정으로부터의 자유로 이루어져 있다고 주장했는데, 에드워즈는 비정통적일 뿐 아니라 이단적이며 웨스트민스터 신앙고백에 반대되는 결정론을 주장했다고 판단한다.[31] 편역자의 입장에서 보기에 멀러는 에드워즈의 반대자들을 개혁파의 중심에 선 인물로 여기며 그들의 주장과 상반된 에드워즈가 오히려 개혁주의 노선에서 이탈했다고 본다. 따라서 멀러는 개혁주의를 반대하는 자들을 두둔하는 격이다.

멀러의 주장에 반대하는 헬름의 반응은 다음과 같다.

멀러가 주장하는 것, 곧 "일차적이며 이차적인 인과관계, 형상적이며 최종적인 인과관계, 필연과 우발, 그리고 일종의 우발로서의 자유 선택을 설명하던 옛 언어들이 사라졌다"는 것은 과장이다. 사실 에드워즈는 원칙적으로 스토아 철학이나 홉스 철학을 가미했다는 비판에 대하여 반박하지 않았다. 이것은 다른 정통주의자들이 아리스토텔레스 철학을 가미한 것 이상은 아니라고 보았다는 사실을 보증해준다.[32]

---

30 Joseph Priestley, *The Doctrine of Philosophical Necessity* (London, 1777), 157, 160-61. Cf. Richard Muller, "Jonathan Edwards and the Absence of Free Choice: A Parting of Ways in the Reformed Tradition." *JESJO* vol. 1 (No 1, 2011): 6. 멀러는 에드워즈의 칼뱅주의적 필연론에 대한 유사한 비평들이 더 많이 있음을 지적한다.

31 Muller, "Jonathan Edwards and the Absence of Free Choice," *Jonathan Edwards Studies Journal Online* vol. 1 (No 1, 2011): 10, 18.

32 Paul Helm, "Jonathan Edwards and the Parting of Ways," *JESJO* vol. 4, No 1 (2014): 57.

2. 에드워즈의 저작 동기와 저작 과정

조나단 에드워즈(1703-1758)는 노샘프턴에서 1726년 10월에 사역을 시작했다. 그러나 교회 회원 자격에 대한 문제 때문에 자신의 교구 사람들과 아르미니우스주의 논쟁을 벌이다 결국은 1750년 6월 22일(고별 설교 7월 1일)에 교회로부터 해임당했다. 에드워즈의 할아버지이자 전임자였던 솔로몬 스토다드(1643-1729)[33]의 신학적 변화로 인해 논쟁의 씨앗은 처음부터 잠재해 있었다. 에드워즈는 사역 초기부터 아르미니우스주의에 대한 우려를 표명하고 설교와 저서에서 반아르미니우스주의적 목소리를 높였다. 그리고 스톡브리지로 이사한 직후 1751년 8월경부터 『자유의지』를 쓰기 시작하여 1753년 4월에 거의 완료하고, 1754년 12월에 출판하였다.

18세기 중반 뉴잉글랜드에서도 신학의 중심 문제는 자유의지였다. 하나님이 모든 것을 결정하신다는 칼뱅주의자들의 유신론적 결정론과 사람이 자기결정의 자유의지를 갖고 있다는 아르미니우스주의자의 자유의지주의 사이에 신학적 견해 차이가 명확하게 드러났기 때문이다. 이것은 에드워즈 평생의 관심이었고, 이로 인해 그는 많은 논쟁을 벌여야 했다. 에드워즈는 아르미니우스주의의 기본 원리가 자유의지 교리에 놓여 있는 것에 주목했다. 그래서 그는 자신의 대작 『자유의지』를 저술하기로 결심했다. 이 책의 원 제목은 "자유의지의 현대 개념에 대한 철저한 고찰, 도덕적 행위, 덕과 악덕, 상급과 징벌, 칭송과 책망에 있어서 의지

---

33 솔로몬 스토다드(Solomon Stoddard)는 1622년 대회에서 인준되었던 "중도언약"을 지지했다. 그러나 20여 년 후, 세례는 받았으나 회심 체험이 부족하여 성찬에 참여하지 못하는 사람들을 구제하는 방안을 간구하였다. 그는 다음 리포밍 시노드(*Reforming Synod*)에서 중도언약을 더 확대하여 소위 "회심케 하는 의식"으로서의 "열린 성찬식"을 제안했다.

의 자유가 필수적이라는 가정의 개념들"이다. 이 책의 신학적 목적[34]은 반아르미니우스주의적이며 칼뱅주의적 변증학의 기초를 제공하는 것이다. 그리고 에드워즈가 자신의 신학대전(summa theologiae: "기독교 종교 기본 교리의 합리적인 설명"[A Rational Account of the Main Doctrines of the Christian Religion])[35]을 저술하려는 꿈을 가지고 있었는데 이 책은 그 서론 격으로 쓴 것이다.

3. 내용 및 텍스트의 구조

제1부에서 에드워즈는 먼저 로크의 『의지의 개념과 인간 지성에 관한 소론』에서 제공된 "동기"에 의한 의지와 그 결정에 대한 로크의 개념을 소개한다.[36] 그리고 칼뱅에게서 영향을 받아 의지란 "의지가 의존하여 선택할 수 있는 정신의 기능 또는 능력 혹은 원리"라고 정의한다.[37] 로크가 에드워즈에게 끼친 영향에 대해서는, 구엘소가 상당히 공정하게 주장한다. 에드워즈는 처음에 로크의 논리를 수용하였으나 나중에는 거부하고, 도리어 샤프츠버리의 제3공작과 프랜시스 허치슨에게서 큰 영향을 받는다. 그리고 『자유의지』 이론을 세울 때는 의지가 인간 행동 속에서 근본적인 역할을 한다는 아우구스티누스의 의지 교리를 도입했다고 한다. 또한 에드워즈는 『자유의지』에서 로크의 "경험주의"에 반대하지만 부분적으로

---

34 Allen C. Guelzo, *Edwards on the Will: A Century of American Theological Debate* (Middletown, Conn.: Wesleyan University Press, 1989; reprint, Eugene, OR: Wipf and Stock Publishers, 2007), 2-4.

35 *WJE* 6: 397. See Paul Ramsey "Introduction," *FOW*, 32.

36 John Locke, *Essay*, bk. II.ch.21, nos. 14-21; 1:319-24. 에드워즈는 로크의 자유 개념을 이 책 128-29쪽에서 다시 말한다.

37 이 책 73쪽을 보라.

는 이를 수용한다.[38]

먼저 에드워즈는 의지와 의지의 "동기"에 의한 결정에 대해서 로크의 개념을 도입한다.[39] 『자유의지』 제1부 도입부에서 그는 의지의 필연과 자유의 문제를 토론한다. 그러면서 정의를 내리는 초반부에 로크의 『인간지성』의 기본 원리를 인용하고, 필연과 자유 같은 용어의 "형이상학적 또는 철학적" 개념도 응용한다.[40]

제2부에서는 의지의 자유에 대한 아르미니우스주의 개념이 무의미하다는 것을 증명한다. 에드워즈가 파악한 대로 아르미니우스주의자는 의지 자체가 자유(freedom/liberty)를 가지고 있다고 주장했다. 즉 그들에 따르면 의지는 그 자체 안에 능력과 자유를 가지고 있다.[41] 이처럼 아르미니우스주의 사고의 중심 요점은 "의지의 자기결정 능력의 개념"이다.[42] 에드워즈는 그러한 자유 개념은 아르미니우스주의자의 주장일 뿐, 펠라기우스주의나 다른 반칼뱅주의자들은 완전히 다른 의미로 주장한다고 결론 내렸다. 그리고 심지어 그것은 에드워즈가 보기에 인류가 "통상적으로" 생각하는 의지에 대한 보편적 개념과도 상반된다.

제3부에서는 의지의 그러한 자유는 도덕적 행위에 필수적이며, 그런 자유 없이는 도덕적 활동과 덕 또는 악덕, 상급이나 징벌이 성립될 수 없다는 아르미니우스주의의 가정을 정면으로 반박한다.

제4부에서는 자신의 필연론이 홉스의 기계론이나 운명론과 동일하지 않다고 변호한다. 이 교리에 관해서 에드워즈는 의지의 자유와 하나님의

---

38 For further discussion, see Harris, 109-11 and also see 111n.14.

39 이 책 73-95쪽을 보라.

40 이 책 102, 529쪽을 보라.

41 이 책 129-31쪽을 보라.

42 이 책 130, 139, 173, 178-79쪽을 보라. Cf. 245, 692.

예정이 모순되지 않고 서로 조화한다는 양립주의 교리를 주장함으로써 칼뱅의 생각을 철저히 따른다.

결론에서는 칼뱅주의자와 아르미니우스주의자 사이에서 가장 논란이 된 사항들을 재차 파악하며, 의지의 자기결정 자유에 대한 아르미니우스주의의 교리는 칼뱅주의의 5대 교리와 반대된다는 것을 상기시키고, 칼뱅주의 5대 교리를 자신의 의지 교리에 따라 재정립한다.[43]

4. 『자유의지』의 궤적

아르미니우스주의자들은 의지가 "자유"(freedom/liberty)와 "자기결정" 또는 "자율적"[44] 능력을 가지고 있으므로, 의지는 필연을 필요로 하지 않는다는 가정을 주요 전제로 한다. 그들의 관점에 따르면 모든 사람은 지식을 가진 존재요 도덕 행위자이므로, 어떤 필연이나 신적 협력 없이 스스로 도덕적 결정을 내릴 수 있다. 이 같은 개념은 그들이 "하나님의 도덕적 완전성에 관하여" 갖고 있는 반감을 진정시키지 못하고 도리어 자극할 수 있다. 휘트비의 질문처럼 사람들이 항상 다음과 같은 의문을 품을 수 있다는 것을 에드워즈는 늘 염두에 두고 있었다.

사람이 달리 어떻게 할 수 없어서 한 일로 인하여 누군가에게 비난받을 수 있는가? 사람에게 자유의지가 없으며 순종할 능력이 없는데, 하나님은 왜 명

---

43 독자의 관심을 끄는 것은 에드워즈가 자신의 "결론"에서 소위 칼뱅주의 5대 요점을 포함시켰다는 것이다. 이것은 아르미니우스주의를 반박하기 위해서 본서를 저작하게 된 동기를 보여준다.

44 에드워즈는 "자율적"(autonomous)이란 용어를 본서에서 사용한 적이 없었으나, 램지는 예일판 서문에서(FOW, pp. 75, 83) "자기결정적"(selfdetermining) 대신 "자율적"이란 용어를 선호한다.

령하시는가? 명령받은 것을 행할 자유를 갖고 있지 않은 사람에게 명령하는 것은 어리석은 짓이요, 요구받을 것을 행할 능력이 없는데 그를 저주하는 것은 부당한 일이다. 이 일이 부당하다고 누가 부르짖지 않을 수 있겠는가?[45]

에드워즈에 따르면 아르미니우스주의자는 의지 자체가 자유를 가지고 있다고 공언했다. 의지는 필연 없이 자유롭게 아무런 행위라도 할 수 있다. 아무런 강제도 없고 억지로부터도 자유롭다는 것이다. 즉 의지는 자신의 능력과 자유를 가지고 있다. 에드워즈는 의지의 자유에 대한 아르미니우스주의 개념을 다음과 같이 요약한다.

1. 자유란 의지 안에 있는 자기결정력이나 의지 자신과 행동 위에 있는 어떤 특정한 주권으로 이루어져 있다. 이로써 의지는 의지 자신의 의욕을 결정한다. 자기 의지 없이 어떤 다른 원인에 의한 의지의 결정을 의존하지 않으며, 의지 자신의 행동보다 앞선 어떤 것에 의해서 결정되지도 않는다.

2. 그들의 개념대로 하자면 무관심(indifference) 중립 상태도 자유에 속한다. 혹은 정신이 의욕의 행동을 하기 직전 중립적 평형 상태(*equilibrium*)에 있는 것을 말한다.

3. 우발(contingence)도 자유에 속하며, 자유에 있어서 필수적인 어떤 것이다. 앞서 설명한 바와 같이 그 단어의 보편적 의미가 아니라면, 우연은 자유가 실재하기 직전의 어떤 근거와 연관된 고정되고 특정한 연결이나 모든 필연과 반대되는 어떤 것이다.[46]

---

45 Ibid., 299.

46 예) 동전이 떨어지면 "앞면"이 나올지 "뒷면"이 나올지, 그 결과를 대개 우연이라고 한다. 이 대목에서 스피노자의 말을 기억하면 에드워즈의 결정론을 이해하기 쉽다. 리차드 메이슨(Richard Mason)이 파악하는 대로, 이 두 사람은 우연에 대해서 거의 동일한 입장

의지의 보편적 개념은 로크의 『인간 지성에 관한 소론』에서 사용되었다. 로크에 따르면 자유란 다음과 같다.

자기가 무언가를 하고 싶어 하는 대로, 혹은 자신의 선택에 따라 행동할 능력과 기회는 모두 자유를 의미한다. 이런 의미를 고려하지 않으면 자유란 선택의 원인이나 발단으로부터 나온 어떤 것이다. 그리고 어떻게 그 사람이 그런 의욕을 갖게 되었는지에 관한 것이다.[47]

에드워즈는 의지, 영혼, 정신 같은 사람의 기능(faculties), 그리고 의욕과 자유 같은 의지의 속성을 정의하면서 특히 의지의 자유에 대한 로크의 정의를 재확인한다. 그런 다음에는 자유의 보편적 개념과 아르미니우스주의의 개념을 비교하며 대조한다.

여기서 다음의 정의는 반복할 가치가 있다. 에드워즈는 칼뱅에게서 영향을 받아 의지에 대해 "의지란 뭔가를 의존하여 선택할 수 있는 정신의 기능이나 능력 또는 원리"라고 정의한다.[48] 칼뱅의 주요 전제는, 이성은 죄로 말미암아 심각하게 부상당했고 의지는 악한 욕망의 노예가 되었다는 것이다. 그다음에 칼뱅은 베르나르두스, 안셀무스, 페트루스 롬바르두스, 스콜라학파들, 토마스 아퀴나스와 같이 아주 유사한 견해를 가진 사상가들과 오리게네스에 대해 연구하고서 의지란 "선과 악을 구별하는 이성의 기능이요, 이것 아니면 저것을 선택하는 기능을 가졌다"고 정의한

을 취한다. "우연은 우리의 지식 부족과 관련이 있지, 실제로 자연에 우연은 존재하지 않는다." Richard Mason, *The God of Spinoza: A Philosophical Study* (Cambridge University Press, 1997), 62.

47 John Locke, *Essay*, bk. II.ch.21, nos. 14-21; 1:319-24. 에드워즈는 자신의 『자유의지』 책에서 로크의 자유 개념을 재활용한다..
48 이 책 73쪽을 보라.

다. 그럼에도 칼뱅은 아우구스티누스의 영향을 가장 크게 받았다. 종교개혁 시대에는 대개 의지를 선택하거나 선호하는 기능으로 정의하는 마르틴 루터에게 공감했고, 사람은 자유의지가 없다는 주장이 일반적으로 통용되었다.[49] 그러나 종교개혁의 유산이 에드워즈로 하여금 존 로크와 그의 『인간 지성에 관한 소론』(1690)을 계승·발전시키는 것을 방해하지는 못했다.

5. 에드워즈와 존 로크의 유사점 및 차이점[50]

에드워즈의 증손자 세레노 에드워즈 드와이트(1786-1850)는 다음과 같이 기록했다. "에드워즈는 대학교 2학년 때 웨더스필드에 있는 동안 로크의 『인간 지성에 관한 소론』을 읽었다.…그는 이 심오한 작품에 말로 형언할 수 없는 즐거움과 만족을 느꼈다. 탐욕에 찌든 탐험가가 새로 발견한 보물 상자에서 은과 금을 한 줌 집어들었을 때 느꼈던 즐거움보다 훨씬 더 큰 즐거움을 누렸다." 에드워즈는 로크의 『인간 지성에 관한 소론』에서 어떤 부분에 대해서는 동의했지만 다른 부분에 대해서는 반기를 들었다. 의지와 관련한 에드워즈의 주요 명제는 다음과 같다. "의지 자체가 의지를 가진 행위자는 아니다.…자기 의지대로 행할 자유를 가진 사람이 의지를 소유한 행위자 또는 행동자다."[51] 이 개념은 정확히 로크의 『소론』에서 가져온 것이다.

---

49 Heinrich Heppe, *Reformed Dogmatics*, trans. G.T. Thomson (Grand Rapids, MI: Baker, 1950), 224.

50 Paul Copan, "Jonathan Edwards's Philosophical Influences: Lockean or Malebranchean?," *JOURNAL OF THE EVANGELICAL THEOLOGICAL SOCIETY* 44, no. 1 (2001): 107-124.

51 이 책 127쪽을 보라.

능력만을 가진 자유는 단지 행위자에게만 속한다. 그리고 그것은 능력만을 가진 의지의 속성이나 변이가 될 수 없다.…자유는 무엇을 하거나 하지 않을 수 있는 능력으로서 사람이 가진 것이다.…의지는 단지 하나의 능력이요, 자유요, 또 다른 능력이거나 힘일 따름이다.[52]

에드워즈는 영혼이 이성과 의지와 정신적 욕구로 이루어졌다는 삼분설을 반대하나, 영혼이 지성과 의지로 이루어졌다는 로크의 이분설에는 동의하고 수용한다. 또한 지성과 의지는 정신의 두 가지 기능이라는 로크의 개념을 받아들여서, "사람이…이성과 지성을 가지고 있고, 의지의 기능을 가지고 있어 의지와 선택을 할 수 있다. 그 가운데 사람의 의지는 지성을 지시하거나 주관에 의해서 인도를 받는다"[53]라는 영혼 혹은 정신의 기능에 대한 자기 개념을 재정립한다. 이 양자는 인간의 정신이 분리된 기능으로 구성되어 있다고 보는 현대 기능심리학에 속한다고 볼 수 있다. 이 기능을 로크는 "어떤 하나의 행동을 할 수 있는 능력"이라고 표현하고, 에드워즈는 "선택하는…기능, 능력 혹은 원리"라고 말한다.

램지가 관찰한 바와 같이 로크와 에드워즈는 이 두 가지 정신적 기능의 관계에 대해 각각 다른 견해를 가지고 있다. 로크는 두 기능이 분리되고 독립적이라고 보는 반면, 에드워즈는 이 두 기능이 하나같이 활동하며 서로 반대하거나 상충될 수 없으며,[54] "의지는 항상 지성의 최종 지시를 따른다"고 본다.[55] 이 점에서 에드워즈는 의지 안에서 자기충돌이 가능

---

52 John Locke, *An essay concerning human understanding* (Eliz. Holt, 1700), Bk. II, CH.XXI, #14, p. 128.

53 이 책 522-23쪽을 보라.

54 이 책 115, 208, 396-97쪽을 보라.

55 이 책 93쪽을 보라.

하다고 보는 아우구스티누스와도 의견을 달리한다.[56] 그럼에도 불구하고 그는 아우구스티누스가 하나님에 대한 의지 및 사랑과 하등한 존재에 대한 욕망 사이에 전쟁이 있음을 인정하는 것을 수긍하고, 사람의 동의와 반대 사이에 갈등이 있음을 인정한다. 그렇지만 에드워즈는 그 갈등을 의지가 어떤 결정을 내리기 전에 해결할 수 있는 것으로 여긴다. 또한 그 갈등을 의지의 문제로 보지 않고 지성이나 동기의 문제로 여긴다. 아우구스티누스에게는 그런 전쟁이 은혜받기 이전에 나타날 수 있는 문제이다.[57]

로크는 의지가 욕구 또는 선호와는 다르다고 구별하나, 에드워즈는 그런 구별을 반대한다. 왜냐하면 "이로써 그의 반대자들이 (욕구나 선호 같은) 열정을 반대하는 것처럼 가장하면서 자유에 대한 어떤 개념을 끌어들인다"고 보았기 때문이다. 그리고 램지는 뉴잉글랜드 아르미니우스주의자들이 로크의 개념을 채택하면서, 특히 에드워즈의 의지에 대한 견해로 인해 생긴 열린 틈에서 자유의지의 가능성을 타진해보았다고 감지했다.[58]

에드워즈에 따르면 의지를 결정하는 요인은 가장 강한 동기, 즉 가장 명백한 선, "정신이 좋아하는 것", 그리고 "악하거나 동의할 수 없는 것"으로 간주된 것의 부재다.[59] 그러나 로크는 그의 『소론』 제1판에서는 에드워즈와 같은 입장을 취했으나 나중에 제2판에서는 입장을 바꾼다. 의지를 결정하는 요인이 더 큰 선에 있지 않고 현재의 불안, 즉 그가 말한 대로 의지가 피하거나 없애고자 하는 불안에 있다고 말한 것이다. 이렇게 제2판에서 의지의 자유에 대해 열린 작은 틈은 의지의 더 큰 자유를 허용하는 계기가 되었다.

---

56 Ramsey, 50.

57 Ibid., 51.

58 Ramsey, 52.

59 이 책 83쪽을 보라.

정신은 정신의 욕구 실행과 만족을 중단할 수 있는 능력을…가지고 있으므로, 모든 사람은 각각 자신의 목적을 고려하고, 모든 면에서 그것들을 검토하며, 또 다른 것들과 비교할 수 있는 자유가 있다. 그 속에 사람이 가진 자유가 있다.[60]

6. 의지에 대한 에드워즈의 개념

에드워즈는 다음과 같이 로크의 『소론』을 해석하며, 칼뱅주의 관점으로 『자유의지』에서 의지의 자유를 재정의한다.

(1) 보편적인 개념: 사람은 그가 "기뻐하는 대로 할" 자유/기회/능력을 가지고 있다. 의지는 사람들이 자기가 좋아하는 대로 자유롭게 활동하게 한다.[61]

(2) 아르미니우스주의의 개념: 의지는 무관심 중립 상태 속에서, 의지 자신의 자유 행위 모두를 주권적으로 결정한다. 사람이나 의지는 원인을 제공하며 결정하는 "하나님이 주신"[62] 능력을 가지고 있다. 따라서 사람이나 영혼은 "자발적으로 행동하면서 결정을 내린다."[63]

(3) 에드워즈의 개념: 사람의 기능으로서의 "의지는 [진실로] 선호하거나 선택하는 능력만을 의미한다."[64] 의지는 [아르미니우스주의자들이 말하는] 선택하는 능력을 가지고 있지는 않으나 "사람이 좋아하는 대로 행하는" 능력이 있다. 의지는 "항상 가장 강한 동기에 의해서 정신의 주관에 따라

---

60 Locke, *Essay*, Bk. II, ch.21, no. 47.
61 이 책 127쪽을 보라.
62 이 책 179쪽을 보라.
63 이 책 141쪽을 보라.
64 Edwards quotes from Locke's *Essay*, Bk. II, ch.21, no. 17.

서",[65] 그리고 "필연 하에서"[66] 혹은 (항상은 아니나) "지성의 명령과 주관의 인도를 받아"[67] 결정된다.

에드워즈는 의지의 삼중 상태를 명료하게 설정한다. 타락 이전, 죄인의 타락 이후, 그리고 성도의 회심 이후가 그것이다. 즉 타락 이전에 사람의 의지는 "더 많이 자유"로웠으나, 죄로 인해 "노예가 되었으며" 타락 이후에는 덜 자유로워졌다. 그러나 은혜로 회심하면 의지는 여전히 자유롭다. 이렇게 하여 에드워즈는 "원인 없는"(uncaused) 의지의 자유라는 아르미니우스주의 개념과 기계론주의 개념을 부정할 뿐이지, "원인 있는"(caused) 의지의 자유에 대한 개혁주의 교리를 부정하는 것이 아니다.

7. 아우구스티누스, 칼뱅, 마스트리히트: 의지는 자유로운가?

에드워즈는 의지와 그 자유에 대한 자신의 정의를 재구성할 때 보편적인 개념을 적용하고, 그에 대한 아르미니우스주의적인 정의의 모순을 폭로하는 데 그 개념을 사용한다. 그럼에도 불구하고 에드워즈가 사용한 문구는 의미가 너무 애매해 사람들이 그 의미를 제대로 파악하지 못한다. "사람은 완전히 완벽하게 자유롭다."[68] "사람들은 자발적으로 행동하고, 그들이 즐거워하는 것을 행한다."[69] "그것들(특정한 환경들) 속에서만 사람이 자

---

65 이 책 94쪽을 보라.
66 이 책 113, 341쪽을 보라.
67 이 책 94쪽을 보라. Cf. Ibid., 148, "in some sense, the will always follows the last dictate of the understanding…it is not true, that the will always follows the last dictate of the understanding."
68 이 책 128쪽을 보라. Defined according to the common notion.
69 이 책 93쪽을 보라. The same as above.

유롭다." "사람은 자신이 선택하는 대로…할 수 있다."[70] 또는 "그러한 자유란 필요 없다."[71] 그들은 에드워즈의 이 같은 문구들이 의지의 절대 자유를 지지하는 아르미니우스주의 성격을 띤다며 환호하지만 이는 오해이다.

또한 그들은 에드워즈의 사상이 칼뱅과 마스트리히트에 기초하고 있다는 사실을 간과한다. 예를 들면 칼뱅은 의지에 대하여 아우구스티누스의 교리를 채택하고 그 애매모호함을 명확히 한다. "아우구스티누스는 인간의 의지를 제거하지 않고, 도리어 의지가 은혜를 전적으로 의존하게 만든다."[72] "아우구스티누스는 인간 의지의 독립적 활동을 인정하지 않는다." 그는 다른 곳에서는 이렇게 서술한다. "의지는 은혜로 말미암아 사라지는 것이 아니라, 악에서 선으로 변한다.…인간 의지는 자유로 말미암아 은혜를 받는 것이 아니라, 은혜로 말미암아 자유를 얻는다."[73] "이처럼 우리가 의지를 그렇게 부르길 좋아한다면, 미안한 말이지만 그런 자유의지란 없다."[74]

이처럼 에드워즈는 의지의 자유와 하나님의 예정은 서로 충돌하지 않고 조화를 이룬다는 양립주의 교리를 주장함으로써 칼뱅의 사상을 엄격하게 계승한다. 비록 에드워즈가 칼뱅을 언급하거나 그의 작품을 인용하지는 않지만 다음과 같이 칼뱅과 마스트리히트로부터 원인론 아이디어의 일부분을 각각 들여온다.

---

70 Ibid., 371.

71 Ibid., 433. The liberty indicates "self-determining power."

72 Calvin, *Institutes* II.iii.13, II.iii.308.

73 Ibid., II.iii.14.

74 Ibid. Cf. John Calvin, *The Bondage and Liberation of the Will: A Defence of the Orthodox Doctrine of Human Choice against Pighius*, trans. Graham I. Davies, Ans Lane, ed. (Grand Rapids, MI: Baker, 1996), 69-70. In it, Calvin does "*deny that choice is free…because man's will is corrupt he is held captive under the yoke of sin.*"

그는 자신이 원하는 곳에서 원하는 때에 존재하도록, 은택들을 베푸시도록, 혹은 징벌을 내리도록, 그것들이 그렇게 하고 싶은 성향이 들어가도록 원인을 야기한다.[75]

개혁주의는 결과의 원인이 신적 유입에 의해 일어나고 결정된다면, 그 모든 결과가 우연이든 필연이든 확실하게 빈틈없이 일어난다는 의견이다.[76]

마스트리히트가 주목한 대로 "지롤라모 잔치(Girolamo Zanchi, 1516-1590)와 프란키스쿠스 고마루스(Franciscus Gomarus, 1563-1641) 같은 개혁주의자들은 '자유의지, 자유 선택'(liberum arbitrium, αὐτεξουσιον)[77]의 네 가지 상태를 주장했다." 타락 이전의 자유, 타락 이후의 자유, 은혜 아래서의 자유, 영광 가운데서의 자유가 그것이다.[78] 그러나 고마루스는 이를 다음과 같이 이전 사람들보다 조금 더 정교하게 발전시켰다. 타락 이전의 자유, 타락 이후 및 회심 이전의 자유, 회심 아래서의 자유, 회심 이후의 자유.[79] 17세기 개혁주의자들은 대체로 자율적인 자유의 아르미니우스주의 개념을 인정하지 않는 범위 내에서 의지의 의욕, 활동, 자유를 인정했다.

---

75 Calvin, *Institutes* II.iii.9.

76 Mastricht, *Theoretico Practica Theologia*, III.x.30, 17. Cf. Heppe, 266, 272.

77 다음 편집자들은 "자유의지"(free will)보다는 "자유 선택"(free choice)이란 용어를 선호한다. 예를 들면 Willem J. van Asselt, J Martin Bac, and Roef T. de Velde, eds. *Reformed Thought on Freedom, The Concept of Free Choice in Early Modern Reformed Theology*, Willem J. van Asselt, J Martin Bac, and Roef T. de Velde. (Texts and Studies in Reformation and Post-Reformation Thought, Grand Rapids, Baker, 2010), 5-6.

78 Ibid., 89.

79 Ibid., 138-43.

독자들도 쉽게 알아차릴 수 있겠지만 아우구스티누스, 칼뱅, 에드워즈는 각각 의지의 상태에 대하여 다음과 같이 서로 동의한다.

성령 없이는 사람의 의지가 자유롭지 못하다. 의지는 족쇄를 차고 정복적인 욕망 아래에 놓여 있다.[80]

사람은 이제 선택의 자유를 박탈당한 채 비참하게 노역에 매여 있다.[81]

사람은 타락 이전에 가졌던 자유를 지금은 가지고 있지 않다. 이런 관점에서 이제는 의지에 반하는 의지를 가지고 있다. 즉 자기 이성과 판단에 상반되는 성향을 가지고 있다.[82]

8. 에드워즈의 주요 논적

에드워즈는 자신의 주요 논적 세 명을 『자유의지』 전체에서 산발적으로 논박한다. 첫째, 토마스 처브, 아리우스주의 이신론자, 그의 소논문집. 둘째, 다니엘 휘트비, 아르미니우스주의 영국 국교회 소속, 그의 『5대 교리 강론』. 셋째, 아이작 왓츠, "정확히는 펠라기우스주의자도 아니요, 그렇다고 아르미니우스주의자도 아닌 자"[83] 그렇지만 온건파 칼뱅주의자, 그의 『하나님과 피조물의 자유의지에 대한 소론』. 이 세 사람의 영국 신학자들

---

80 Augustine, *Letters* cxlv. 2 (MPL 33. 593; tr. NPNF VLL. 293). Cf. Calvin, *Institutes*, II.ii.8, 265.

81 Calvin, *Institutes*, II. ii, 255–289. That is the title of II. ii, 255.

82 "*The 'Miscellanies'*: No. 436. Adam's Fall. Original Sin. Free Will," *WJE* 13:484. Cf. Calvin, *Institutes*, II. ii, 255–289. That is the title of II. ii, 255.

83 "To the Reverend John Erskine, July 7, 1752," *WJE* 16:491.

이 18세기 뉴잉글랜드의 모든 아르미니우스주의 운동가는 아니지만, 에드워즈의 관점에서 그들은 에드워즈의 지역에서 로버트 브렉이 악명 높은 아르미니우스주의자가 되도록 악영향을 끼쳤던 토마스 처브와 같이 핵심 인물들이었다. 에드워즈는 그들이 18세기 뉴잉글랜드 아르미니우스주의를 수놓는 데 중추적인 역할을 했음을 재확인하였다.

(1) 토마스 처브

처브(Thomas Chubb, 1679-1747)는 책 읽기를 좋아하여 독학으로 공부했다. 그는 윌리엄 휘스턴의 『원시 기독교의 부흥』(1710)에 있는 "역사적 서문"을 읽고 자극을 받아 「성부의 우월성 주장」이란 논문을 작성하였는데, 이로 인해 아리우스주의자라는 비판을 받게 된다. 케임브리지에서는 아이작 뉴턴의 후계자로 내정되었는데 그의 아리우스주의 비정통주의적 기초 때문에 해임당하고, 그 후에는 종교 논쟁에 연루되었다. 1715년에는 휘스턴의 도움으로 이 논문의 수정판을 냈다.[84] 처브의 논문은 에드워즈를 포함한 뉴잉글랜드인들 사이에 회람되었다.[85] 이 논문은 금서는 아니었으나,[86] 18세기 후반 아르미니우스주의와 다른 자유주의가 만연하기까지는 예일과 하버드 대학의 도서관에 비치되지 않았다.[87]

84　Thomas L. Bushell, *The Sage of Salisbury: Thomas Chubb 1679-1747*, 8-9.

85　Edwards owned Chubb's *A Collection of Tracts of Various Subjects*, London (1 vol. of 1730, 2nd ed., 2 vols of 1754), which appears in the "Account Book." Cf. "Catalogue," *WJE* 26:324.

86　The first book banned in the New England colonies was *The Meritorious Price of our Redemption, Justification, &c.* (printed in London, 1650), which was written by William Pynchon, founder of Springfield, Massachusetts. Charles Stearns, "Memoir of William Pynchon," *New England Historical and Genealogical Review*, vol. 13 (October 1859): 287.

87　William H. Bond and Hugh Amory, eds., "*The 1723, 1773, 1790 Catalogues*," *PRINTED CATALOGUES OF THE HARVARD COLLEGE LIBRARY, 1723-1790*

따라서 에드워즈가 처브를 자신의 주요 논적 중 첫 번째 인물로 고려한 이유는 바로 처브가 분명하게 "아르미니우스주의자들과 동의하고, 칼뱅주의자들의 현재의 일반적인 의견에서 벗어났기" 때문이요, "의지의 자유에 대한 그의 개념이 아르미니우스주의 체계에서 주요 항목"이었기 때문이다.[88] 그리고 에드워즈와 처브는 의지에 대한 각기 상반된 입장으로 인해 충돌했다. 에드워즈는 처브에 대해서 그보다 "더 무식한 사람은 없다"고 비난했다. 이는 "둔스 스코투스, 또는 토마스 아퀴나스의 모든 저서에서"[89] 허용되었던 "의지의 행동에 대한 동기와 자극"으로 간주했던 "행동의 수동적 근거 혹은 이유"에 대해 반발하는 처브의 문구 때문이었다. 에드워즈의 관점에서 처브는 "아르미니우스주의를 훨씬 넘어섰으므로" 단순한 아르미니우스주의자로 등급을 매길 수 없었다.[90]

(Boston Colonial Society of Massachusetts, 1996), C162, C270-1, C317, C207, C271, C256; James E. Mooney, ed., *The 1743, 1755, 1791 Catalogues,* *Eighteenth-Century Catalogues of the Yale College Library* (Yale University Beinecke Library, 2001). Chubb's books were only available from the *1790 Catalogue of Harvard College,* in which the majority are listed, including *The Supremacy of the Father Asserted.* Aside from these, Chubb wrote a multitude of treatises on various theological questions. Among over fifty popular deistic tracts, the following are mentioned: *Supremacy of the Father vindicated* (1715, first work); *Discourse Concerning Reason* (1731); *An Enquiry into the Ground and Foundation of Religion, wherein it is shown that Religion is founded on Nature* (1738); *The True Gospel of Jesus Christ Vindicated* (1739), and *Discourse on Miracles* (1741).

88 이 책 67쪽을 보라. It is certain that Edwards disliked Thomas Chubb, who badly influenced Robert Breck, an Arminian candidate and then minister of Springfield, where "the late lamentable Springfield contention" arose.

89 이 책 245-69, 470, 621쪽을 보라.

90 이 책 67쪽을 보라.

(2) 다니엘 휘트비

휘트비(Daniel Whitby, 1638-1726)는 영국 교회에서 오랫동안 사랑받았던 신학자다. 그는 가톨릭을 반대하는 저명한 작가일 뿐 아니라, "먼저 복음주의적 아르미니우스주의자가 되었고, 또 점차적으로 유니테리언이 되었다."[91] 1683년에는 익명으로 『개신교 화해자』(The Protestant Reconciler)라는 글을 발표했는데, 이는 국교파와 비국교파 사이의 더 완전한 친교를 탄원하는 글이었다. 옥스퍼드 대학은 이 책을 불태워버려야 한다고 정죄했고, 때문에 휘트비는 이 책의 주요 원리를 버린다는 선언을 하도록 강요받았다. 그의 가장 유명한 작품은 『신약성경의 석의 및 해설』로서 이 책은 아르미니우스주의 강해서로 인기를 얻었다.[92] 이와 관련하여 그는 이후 『기독교 계시의 필요와 유용』(1705)과 『5대 교리 강론』(1710)을 저술했다.[93] 후자의 작품은 칼뱅주의에 반대하는 아르미니우스주의 교리의 결정적인 강해서로 주목받았고, 『휘트비의 5대 교리』(Whitby on the Five Points)란 이름으로 뉴잉글랜드에서 축약판이 발행되기도 했다. 에드워즈는 1747년 1월 15일에 조셉 벨라미에게 보낸 편지에서 여전히 "휘트비의 책을 읽고 있는데 이 책이 아르미니우스주의 논쟁에 대한 연구에 빠지게 만들었다"고 알렸다.[94]

---

91 Frank Hugh Foster, *A Genetic History of the New England Theology* (The University of Chicago Press, 1907), 274.

92 Samuel Austin Allibone, *A Critical Dictionary of English Literature and British and American Authors*, vol. 8, (Philadelphia: J. B. Lippincott company, 1871), 2681.

93 선택과 유기에 대한 말씀들 (1) 성경 속에서 나타난 일들의 참된 의미, (2) 그리스도의 구속의 범위, (3) 하나님의 은혜; 질문 – 자신을 연마하지 않는 이들에게도 은혜를 충분히 베푸시는지, 아니면 자신을 연마하는 이들에게만 은혜를 불가항력적으로 베푸시는지, 사람은 중생의 역사에 있어서 전적으로 수동적인가? (4) 시험과 핍박 상태 속에서의 의지의 자유, (5) 성도의 견인 혹은 결함, 이교도들의 상태에 대한 단상들, 하나님의 섭리와 선지식(London, 1710; 2nd ed., corr., 1735). Cf. *Catalogues of Books*, *WJE* 26:246, 352.

94 "To the Reverend Joseph Bellamy," *WJE* 16:217.

『휘트비의 5대 교리』는 에드워즈가『자유의지』에서 예의 주시하는 작품이기도 하다. 휘트비의 작품들은 대개 칼뱅주의 교리를 자세히 비판한다. 그의 책 제4장에서 그는 의지의 완전한 자유가 존재한다고 주장하고, 그와 함께 특별히 "시험과 핍박 상태 속에서의 의지의 자유"에 관해 자기 입장을 서술했다.

(3) 아이작 왓츠

왓츠(Isaac Watts, 1674-1748)는 아르미니우스주의 교리를 주장했다. 에드워즈가 지적한 대로, 왓츠는 "도덕적 필연과 불가능은 결과적으로 물리적이며 자연적 필연과 불가능 같은 것이다"라고 주장한다.[95] 왓츠는 1674년에 영국 사우샘프턴의 비국교도 가정에서 태어나 자랐고, 후에 위대한 찬송가 작곡가가 된다. 그 결과 왓츠는 에드워즈의 주요 논적 세 사람 중 유일한 비국교도였다.

에드워즈는『하나님과 피조물의 자유의지에 대한 소론』[96]에 나타난 왓츠의 주요 주장을 분석하면서 그의 사상을 아르미니우스주의의 이정표로 가정할 수 있다고 재확인하였다. 왓츠는 다음과 같이 말했다. "영혼은 하나님께 행동의 힘을 받은 존재이므로, 영혼 스스로 의욕을 야기하고 결정할 수 있는 능력을 가지고 있다."[97] 이 말은 영혼 또는 의지가 외부 원인

---

95 이 책 546쪽을 보라. Cf. Watts, *Essay*, Sec. 7, dif. 3: in *Works* 6:275.

96 Isaac Watts, *An Essay on Freedom of Will in God and in Creatures* (London, 1732).

97 Isaac Watts, *An Essay on Freedom of Will in God and in Creatures* (London, 1732), 68-69, sec. 6, *obj.* 2 and *ans.*; reprinted in *The Works of the Reverend and Learned Isaac Watts, D.D.*, ed. Jennings and Doddridge; 1st ed., 6 vols. (London, 1753); 6 vols. (London, 1811), 6:265. Cf. *Freedom of the Will, WJE* 1: 187, in "Section 4. Whether volition can rise without a cause, through the activity of the nature of the soul." 이 책 173쪽을 보라.

없이 활동한다는 의미다. 이렇게 하여 왓츠에게 자유는 도덕 행위자에게 필수적인 것이나 필연은 도덕 활동과 의무에 필요하지 않은 것이다.[98]

구엘소는 "아이작 왓츠 같이 위대하고 유명한 칼뱅주의자들도 부정확한 판단을 한 나머지 예정론이란 배를 버렸다"[99]고 지적한다. 마찬가지로 왓츠는 그의 작품에서 자신을 온건한 칼뱅주의자라고 선언했다.[100] 그는 선택 교리를 변호했으나, 유기(reprobation) 교리는 거부했다.[101] 에드워즈에 따르면 이후 왓츠는 자신의 입장을 바꾸고, 의지의 자유에 대하여 펠라기우스의 개념을 따랐다. 그리고 아르미니우스주의의 주장에 동의하면서, 결국은 칼뱅주의를 떠났다.

9. 『자유의지』의 주요 논지

(1) 아르미니우스주의 자유의지론 vs. 유신론적 결정론

칼뱅주의와 아르미니우스주의 사이의 논쟁점은 자유의지주의 대 결정론주의의 문제였다. 『자유의지』 출판 후 이 문제가 재부각되었다. 에드워즈

---

98 이 책 619쪽을 보라. Cf. Guelzo, 66-9.

99 Daniel Whitby, *A discourse concerning: I. The true import of the words election and reprobation... II. The extent of Christ's redemption. III. The grace of God... IV. The liberty of the will... V. The perseverance or detectability of the saints* (London: Printed for John Wyat, 1710), 13.

100 아이작 왓츠에 대한 비평 자료는 램지의 예일판 서론보다 더 나은 것을 찾기 힘들 것이다. 램지는 다음 자료들을 크게 의존한다. Roland N. Stromberg, *Religious Liberalism in Eighteenth-Century England* (Oxford: Oxford University Press, 1954), 116; Jeremy Belknap, *Memoirs of the Lives, Characters and Writings of Dr. Isaac Watts and Dr. Philip Doddridge* (Boston, 1793), 24.

101 Watts's *The Ruin and Recovery of Mankind* (1740) inspired John Wesley to import the former's doctrine, and *Serious Considerations Concerning the Doctrines of Election and Reprobation* (1740) is composed by extracting from chapter 13 of the former.

의 관점에서는 "어느 정도의 자유"도 사람의 의욕들의 도덕적 필연과 조화를 이루지 못하나, 그가 주장하는 "일종의 자유"와는 양립한다는 것이 널리 지지를 받는다. "더 강한 종류의 자유"를 주장하는 자유의지주의자들은 의지 안에 자기결정력이 있으며 우연과 무관심의 자유가 있다고 말한다.[102]

그럼에도 불구하고 에드워즈가 자유의지주의자로 못 박았던 "아르미니우스주의, 펠라기우스, 또는 에피쿠로스"는 "정신의 선택이나 즐거움을 따르지 않고 자기 스스로 결정하는 능력이 정신에 있으며, 절대적 무관심의 상태에서 우발적으로 일어나는 결정"에 의해서 자유가 실행된다는 자유 개념을 가지고 있다.[103] 그렇게 모순된 종류의 자유는 사람들로 하여금 "의지의 주관, 자기결정력, 자기 동작, 자기 지시, 독단적 결정, 순응할 자유, 주어진 경우에도 다른 선택을 할 능력 등등"이 존재한다는 가정을 하도록 만든다.[104]

아르미니우스주의적 자유의지주의는 의지가 항상 자유 안에 있고, 항상 자유로우며, "자기 스스로 모든 자유 활동을 결정한다"는 뜻이다. 또한 이러한 자유의지 개념은 필연에 대한 개념과 반대되며 필연, 곧 인과적 혹은 유신론적 결정론과도 반대된다. 에드워즈는 의지가 가장 강한 동기 혹은 사람이 좋아하는 것이 무엇인지를 선택하도록 결정하는 제1원인(the first cause, *causa prima*)이라고 간주한다.[105] 그럼에도 불구하고 하나님의 주권적 결정이라고 해서 "사람이 자기 의지와 상반되는 것을 필연적으로 혹은 힘으로 강압적으로 하게 만들지" 않는다. 하나님은 단지

---

102 Ibid.

103 Ibid.

104 Ibid., 454-55.

105 Cf. Ibid., 141: "it is that *motive*, which, as it stands in the view of the mind, is the strongest, that determines the will."

그들 자신의 정신에 있는 가장 강한 동기를 따라서 바라는 대로 자유롭게 선택하며 행하도록 결정하신다.[106] 이러한 의지의 자유는 에드워즈가 주장하는 것으로서 인과적 결정론주의와 양립한다. 곧 그는 유신론적 양립주의(theistic compatibilism)를 주장한다.

(2) 에드워즈의 필연 교리 vs. 스토아 철학의 운명론 및 홉스의 기계론

에드워즈는 고대 스토아 철학파들을 아르미니우스주의자로 분류한다. 왜냐하면 우연을 주장하며 필연을 배제하는 에피쿠로스와 유사한 교리를 그들이 주장하기 때문이다.[107] 또한 그는 "필연 교리"를 추종했던 홉스 같은 어떤 다른 유신론자들도 아르미니우스주의자로 분류한다.[108] 그리하여 휘트비는 스토아학파가 칼뱅의 교리와 유사하며, "아르미니우스주의자와 스토아학파는 서로 일치한다"고 주장했다.[109] 물론 에드워즈가 홉스에 의해 입증된 자유와 필연의 모든 진리를 거부하지는 않지만, 그는 가능한 어떤 자유와도 모순되지 않는, 그리고 "지성적인 지혜로운 행위자의 처리에 따른 세상만사 속에 존재한다는" 보편적인 운명(운명론)은 인정하지 않는다.[110] 또한 "사람을 단순한 기계로 만드는" 우주적 기계론주의도 인정하지 않는다.[111]

로크는 뉴턴의 『자연철학의 수학적 원리』(*Principia*)라는 책에서 제기

---

106 이 책 92, 129쪽을 보라.

107 이 책 627쪽을 보라.

108 이 책 186-87, 527쪽을 보라. 그 외 유신론자들이나 에드워즈가 반대했던 철학자들이 본서에 나열되어 있다. Gottfried Wilhelm Leibniz, 114-116; Samuel Clarke, 217, 224, 263; George Turnbull, 217-218; Lord Kames Henry Home, 443-45.

109 이 책 527쪽을 보라.

110 보편적 기계론주의는 홉스의 『리바이어던』이란 책 첫 문단에 나타나 있다. *Leviathan* by Thomas Hobbes (1651).

111 이 책 649쪽을 보라.

된 문제에 반응하여 인간의 지성과 행동의 원칙을 공식화할 수 있었다. 이와 같이 에드워즈도 로크를 통해 뉴턴의 영향을 받았다. 결국 에드워즈는 행동의 과정이 선행 원인에 의해 결정되는 뉴턴의 결정론주의를 개선했지만, 홉스의 기계론주의적 결정론(mechanistic determinism)은 거부했다.[112]

사실 영국의 아르미니우스주의자들은 칼뱅주의의 필연 교리를 반대하기 위해 먼저 칼뱅주의자들이 많은 교리에서 홉스에게 동의했다고 반박하며, 운명론과 메커니즘의 문제를 제기했으나, 에드워즈는 다음과 같은 주장을 통해 아르미니우스주의자들의 반박을 되받아침으로써 필연 교리를 방어한다.

아르미니우스주의자들은 칼뱅주의자들보다 더 많은 부분을 홉스에게 동의한다. 예를 들어 오직 믿음에 의한 칭의 교리와 그 외 많은 것들을 부정할 때, 주입된 은혜를 부정할 때, 초자연적인 조명의 필요성을 부정할 때, 원죄에 관해 주장할 때 그들은 그렇게 [부정]한다.

따라서 에드워즈는 아르미니우스주의자들이 유신론적·인과적 결정론주의를 기계론주의와 운명론으로 오해하고 있다고 반박하며, 자신의 필연론주의가 칼뱅주의 전통 속에서 형성된 의지의 자유와 양립한다고 공식화한다.[113]

---

112 Ryan D. Tweney, "Jonathan Edwards and Determinism," *Journal of the History of the Behavioral Sciences*: vol. 33(4), (Fall 1997): 366.

113 "비록 칼뱅이 양립론을 많이 서술하고 있지 않지만, 섭리와 예정에 관한 그의 입장과 또한 죄에 노예된 의지와 효과적 은혜의 필요에 대한 그의 교리는 양립론과 조화를 잘 이룬다. 칼뱅은 완강한 운명론 반대자로, 스토아학파의 운명론대로 하자면 하나님도 운명에 갇혔다고 말할 수 있다고 한다." Paul Helm, "8. Calvin the Compatibilist," in *Calvin at the Centre* (Oxford and New York: Oxford University Press, 2010), 227-72.

10. 에드워즈의 결론: 칼뱅주의 5대 교리

이처럼 에드워즈가 의지 교리와 관련한 "장대한 문제"를 다룬 다음 본서 『자유의지』의 결론을 내리면서 "5대 교리"에 집중한다는 것은 흥미로운 일이다. 그는 결론에서 칼뱅주의의 의지 교리를 "정리하고 정립하여" 칼뱅주의에 대한 아르미니우스주의자들의 다섯 가지 주요 반론, 즉 도르트 신조(1618-1619)를 반영하며 자유의지를 반박하는 다섯 가지 궤적을 강조한다. 그 신조는 항론파와 반항론파 간의 논쟁을 종식시키기 위해서 1618-1619년에 열렸던 도르트 총회에서 인준된 것이다.

에드워즈는 먼저 칼뱅주의에 대한 아르미니우스주의자들의 5대 반론 목록을 만든 다음 구체적으로 설명한다.

현대의 TULIP[114]		에드워즈의 5대 교리	
T	T는 전적 타락(Total Depravity)을 뜻한다.	1	"전적 타락과 인간 본성의 부패"
U	U는 보편적 주권(Universal Sovereignty)[115]을 뜻한다.	2	"효과적 은혜"
L	L은 제한적 속죄(Limited Atonement)를 뜻한다.	3	"절대적, 영원한, 개별적 선택"
I	I는 불가항력적 은혜(Irresistible Grace)를 뜻한다.	4	"모두를 위해서 죽으셨다.…그렇지만 특별한 구속"
P	P는 성도의 견인(Perseverance of the Saints)을 뜻한다.	5	"성도의 견인"

---

114 현대에 와서 칼뱅주의 5대 요점을 나타내는 TULIP이란 두문자어가 가장 먼저 나타난 곳은 1913년 6월 21일 자에 발행된 The Outlook이란 잡지다. Kenneth J. Stewart, "Appendix," *Ten Myths about Calvinism: Recovering the Breadth of the Reformed Tradition* (Downers Grove, IL: InterVarsity Press, 2011), 291-92.

115 "보편적 주권"(Universal Sovereignty)은 최근에 "무조건적 선택"(Unconditional Election)으로 교체되었다.

(1) 전적 타락과 인간 본성의 부패

첫째로 에드워즈는 "사람의 본성"을 취급한다. 그는 초기 개혁자들과 그 계승자들의 "가르침과 주장"에 따른 "전적 타락과 부패",[116] 그리고 사람의 불능에 따른 칼뱅주의 교리를 재구성하는 핵심 부분이 "사람의 본성"에 있다며, 그것을 "칼뱅주의적"(Calvinistic)이라 부른다.[117]

(2) 효과적 은혜

에드워즈는 하나님의 은혜를 "신성한 지원" 또는 "하나님의 지원 혹은 영향"이라고 생각한다. 즉 은혜는 항상 우리가 지원받는 것을 하기에 효과적이다. "하나님이 의도하시는 모든 것은 효과적이다. 즉 하나님은 지원하실 때, 하나님이 지원하시기로 의도하시는 모든 것을 지원하신다."[118] 그의 관점에서 은혜가 사람에게 베풀어질 때 의지에 주권적으로 영향을 미친다. 그러나 그 의지는 타락으로 인해 부패해 있다.

아르미니우스는 이렇게 선언한다. "은혜는 불가항력적인 **힘이** 아니다"(Gratia est non vis irresistibilis).[119] 다른 곳에서도 말했듯이 그 은혜와 자유의지는 한 사람을 구원으로 인도하기 위해서 협력하는 것이다. "사람은 자기 자신의 자유 선택으로 은혜를 받고,…은혜가 구원할 때 자유의지도 구원받는다. 은혜의 주체는 사람의 자유의지다."[120]

따라서 아르미니우스주의자들에게 은혜는 인간 구원의 주요 원인이 아니라 단지 부수적인 요소일 뿐이다. 이런 은혜와 의지 교리는 에드워

---

116   이 책 528-29쪽을 보라.

117   이 책 653쪽을 보라.

118   "No. 5. Irresistible Grace," *The Miscellanies*, *WJE* 13:207.

119   Art. Non., in *Opera*, 959; *Works* II:722. Quoted in Stanglin, *Assurance*, 81; Idem, *Arminius, Arminianism, and Europe: Jacobus Arminius*, 15.

120   "Examination of Perkins's Pamphlet," *The Works of Arminius* III:470.

즈에게 도전을 주었다. 그래서 그는 반대로 은혜를 "신성한 영향"으로 동일시하고, "참으로 효과적이며 불가항력적"[121]이라고 증명한다. "불가항력적"(Irresistible)이란 은혜의 도덕적 필연 때문에 "어떤 저항에도 침해받는" 것이 불가능함을 뜻한다. 그 이유는 하나님의 "결정 내리는 효능과 능력"이 사람 마음속에 있는 하나님의 덕으로서의 선(good)을 만들어내기 때문이요, 하나님은 "자기 섭리 가운데 분명하게 도덕 행위자들의 모든 의욕을 적극적 영향 혹은 허용으로 지시하시기" 때문이다.[122]

요컨대 에드워즈는 사람의 예속된 의지를 자유롭게 만들어 "선"을 행하길 바라는, 혹은 "자기 자신의 의지에 저항하는" "불가항력적 은혜", 즉 결정 내리는 "효과적 은혜" 교리를 확립한다. 은혜의 효(결)과가 의지에 임할 때, "사람이 동시에 어떤 일을 바라거나 또 동시에 그것을 바라지 않는 것이 가능하다"고 말할 수 없다.

(3) 절대적, 영원한, 개별적 선택

아르미니우스주의자는 "민족들과 사회들의 선택, 기독교회의 총체적 선택, 특별한 사람의 **조건적**(conditional) 선택"을 주장한다(강조는 편역자). 이 말은 "만일 구원이 그리스도로 말미암아 제공되고, 구원이 효과적으로 일어나도록 하나님이 절대적으로 작정하지 않으셨더라면, 그리스도를 믿고 순종하는 모든 이들을 구원하시도록 창세전에 작정하실 수 없었을

---

121 에드워즈는 "불가항력적"이란 말보다 "효과적"이란 말을 더 선호한다. 전자는 "상대적이며…능력에 맞서거나 효과를 내지 못하도록 방해하지 못한다"란 뜻이다. 이 책의 97-8쪽을 보고 참조하라. "에드워즈는 은혜에 대하여 '불가항력적'이란 말을 사용하기 싫어했다. 왜냐하면 그 말이 사람들에게 자기 자신의 결정에 참여하지 않는 멍청한 나무토막 같이 취급당하는 인상을 준다고 믿었기 때문이다." Cf. McClymond and McDermott, 363.

122 이 책 651쪽을 보라.

것이다"라는 뜻이다.[123]

"특별히 하나님의 절대적이며 영원한 개인적 선택" 교리에 대한 아르미니우스주의자들의 주요 반론은 이렇다. 즉 하나님이 "도덕 행위자의 의욕", "사람의 미래 도덕적 상태와 행위"를 미리 아시고 예정하신다면, 경고, 훈계, 상급과 징벌은 설정되지 않아야 한다. 그것은 하나님을 죄의 작자로 만든다.

에드워즈는 『자유의지』에서 "하나님의 확실한 예지"의 근거에 대한 아르미니우스주의자들의 반론을 반박한다.[124] 그는 "하나님이 도덕 행위자들의 자유로운 행동에 대하여 절대 확실한 예지를 가지고 있으시다"는 것을 입증한다(강조는 편역자). 즉 이 말은 "하나님이 미리 알지 못하는 경우, 그는 이러한 사건들을 예언할 수 없다"는 것이다. 사람들의 의욕은 예상된다. 그래서 그것들이 예지된다. 그리고 그것은 하나님에 의해서 예고된다. 다음은 하나님에 의한 무조건적 선택에 대한 그의 개념을 보여준다.

만약 하나님이 사람의 타락, 예수 그리스도에 의한 구속, 타락한 이후의 사람의 의욕들을 예지하시지 못했다면, 하나님은 어떤 의미에서든지 그 성도들에 대해서 예지하시지 못했을 것이다. 성도들을 특별한 사람들로서나 특별한 사회, 민족들로서 예시하시지 못했을 것이다. 하나님이 선택으로서나, 그들의 덕행이나 선행에 대한 단순한 예견으로서, 혹은 그들의 구원과 관련한

---

123 "God could not decree before the foundation of the world, to save all that should believe in, and obey Christ, unless he had absolutely decreed that salvation should be provided, and effectually wrought out by Christ." *Freedom of the Will*, *WJE* 1:286. 주의사항: 이 문장에 의거하여, 여러 학자가 에드워즈를 타락후예정론자로 오해한다.

124 Ibid., "Part II, SECTION 11. THE EVIDENCE OF GOD'S CERTAIN FOREKNOWLEDGE OF THE VOLITIONS OF MORAL AGENTS," 239-56.

어떤 것에 대한 예견, 혹은 그들이 그리스도에게서 얻을 은택이나 구속자를 향한 마음 자세, 이런 것들을 예지하시지 못했을 것이다.[125]

따라서 이 시점에서 에드워즈는 다시 피택자들이 "하나님의 영원한 계획에 의해서"[126] "영원 전부터",[127] 즉 창세전에 택함받았다고 말하면서, 자신의 타락전예정설(supralapsarianism)[128]을 반복한다.

(4) 특별한…구속

이 교리는 에드워즈가 젊은 시절에 심히 혐오했던 이중 예정설에 관한 것이다. 이중 예정설은 "누구는 영생으로, 누구는 거절하시는 하나님의 주권 교리"를 말한다. 그러나 에드워즈는 "자신의 일차적 자각"을 체험하고서 이 교리를 "달콤한 교리"라고 극찬하였다.[129]

아르미니우스는 "보편적 구속", 곧 예수는 모든 인간을 위해서 죽으셨다고 주장했다. 이는 "무제한 속죄"를 말한다. 에드워즈도 아르미니우스의 주장에 다소 동의하는 것 같아 보인다. "어떤 의미에서 그리스도께서는 만인을 위해서 죽으셨다(die for all). 그의 죽으심으로 모든 가시적 그리스도인들, 곧 온 세상을 구원하셨다고 말할 수 있다. 그렇지만 그가 의도하신 대로 그렇게 해서 실제로 구원받도록 하시는 것에 관련한 그의 죽으심의 계획 속에 특별한(particular) 어떤 것이 있음이 틀림없다." 이 것은 다른 곳에서 더 자세하게 설명된다.

---

125 Ibid., 252-53.

126 이 책 652쪽을 보라.

127 이 책 651쪽을 보라.

128 Jonathan Edwards, "SUPRALAPSARIANS," MSC No.292, *WJE* 13:383-84.

129 "Personal Narrative," *WJE* 16:792.

현재 아르미니우스주의자들이 그리스도께서 만인을 위해 죽으셨다고 할 때, 그것이 어떤 의미에서라도 그리스도께서 구원받을 기회를 모두에게 주신다는 것 이상의 다른 어떤 사람들을 위해서 죽으셨다는 것은 아니다. 그러므로 칼뱅주의자들은 결코 이것을 부정하지 않는다. 이런 의미에서 그리스도께서 만인을 위해서 죽으셨다는 주장은 모두 지나간 반대주장이다.[130]

에드워즈는 "제한 속죄"에 대해 다음과 같이 서술한다. "그리스도의 죽음의 계획 속에는 특별한 어떤 것이 있음이 틀림없다.…하나님은 그리스도를 죽도록 내어주시고, 택함 받은 사람들의 구원을 위해서 어떤 특정한 숫자의 실제적 구원이나 구속을 하신다."[131]

(5) 성도의 견인

에드워즈가 언급한 바와 같이 이 교리는 "성도의 무오하며 필연적인 인내"에 관한 것이며, 『종교적 열정』(Religious Affections)에서는,[132] "신앙고백자들의 의무 실천의 지속과, 여러 가지 시험을 통한 거룩한 행보 속에서 견고함"을 유지하는 것이라고 표현하였다. 어떤 설교에서는 "신실성의 표시"로,[133] 본서 관련 서신에서는 "사건들의 확실성"이라고[134] 표현하였다. 그렇지만 이 교리에 대해 아르미니우스주의자들은 "의지의 자유에 대한 혐오, 사람 자신의 자기결정력에 기인하는 것"이라고 비판한다.[135] 이 교리야말로 아우구스티누스와 펠라기우스 간의 논쟁 이후로 가장 논쟁

---

130 *The "Miscellanies"*: (Entry Nos. a-z, aa-zz, 1-500), *WJE* 13:174.
131 이 책 657-58쪽을 보라.
132 *Religious Affections*, *WJE* 2:389.
133 "Signs of Godliness," *WJE* 21:480; "Matt. 7:21," *WJEOnline* 45.
134 이 책 658-59쪽을 보라.
135 이 책 656-59쪽을 보라.

적인 문제 중 하나가 되었다.

에드워즈에 따르면 아르미니우스주의자들은 견인이 "무오하며 필연적"이라는 개념을 반대한다. 왜냐하면 첫째로 그들은 견인을 "사람 자신의 자기결정력"을 의존하는 "의지의 자유에 대한 혐오"라고 가정하기 때문이다. 둘째로 그들은 사람에게는 그런 자유가 없으며, 그의 순종과 노력이 칭송받을 만한 덕이 되지 않으며, 명령과 약속의 문제가 되지도 않으며, 자신의 배교에 대해서 경고를 받지 않는다고 가정하기 때문이다.

에드워즈는 "성도의 덕"이요, 하나님의 명령 또는 경고의 대상으로서의 덕으로 "견고와 견인"을 나타냄으로써 아르미니우스주의자들의 반론의 모순을 제거한다. 그리고 뉴잉글랜드의 아르미니우스주의 가르침의 주요 문제는 의지의 자유 교리에 대한 이해에 놓여 있다고 결론 내린다. 그는 역사에서 목격하고, 선택, 예정, 은혜, 그리고 성도의 견인 교리를 담고 있는 도르트 신조의 교리로 복귀했다.

11. 원저의 출판 역사와 본문의 현대화, 주해

(1) 에드워즈의 전집 및 본서의 출판 역사

에드워즈의 전집 및 이 책 『자유의지』가 끼친 영향력과 수용 정도를 살피기 위해서는 출판 역사를 살펴보는 일이 독자들에게 필수적인 절차이다.

첫째, 19세기 전반만 해도 에드워즈의 여러 전집이 발행되고 재발행을 거듭했다. 이 모든 전집에서 이 책은 중요한 작품으로 인식되고 또 반드시 포함되었다.

(1) *Works of President Edwards*, ed. E. Williams and E. Parsons. 8 vols. (Vol. I containing *Memoirs of Mr. Edwards* by Samuel

Hopkins),[136] Leeds, 1806-1811; reprinted in a new edition, London, 1817.

(2) *Works of President Edwards*, ed. Samuel Austin. 8 vols. (Vol. I containing *Memoirs of the Late Reverend Jonathan Edwards* by Samuel Hopkins), Worcester, 1808-1809; reprinted with additions, including the supplementary volumes edited by Ogle and an index, New York, 1847, and various titles since.

(3) *Works of President Edwards*, ed. by Sereno E. Dwight. 10 vols. (Vol. I containing a *Memoir of his Life* by Dwight), New York, 1829, 1830.

(4) *Works of Jonathan Edwards*, ed. by Edward Hickman. 2 vols., London, 1834; with an essay on the Genius and Writings of Edwards by Henry Rogers and the *Memoir* by Dwight, that was revised and corrected by E. Hickman, London, 1834; reprinted in one volume, London, 1835; 10 vols., Edinburgh, 1847, reissued by The Banner of Truth Trust in 2 vols., Edinburgh in 1974, reprinted in 1976, 1979, 1984, 1987, 1990, 1992.

(5) *Works of President Edwards*, in 4 vols., a reprint of the Worcester edition, with additions and a copious general index. (Vol. I containing *Memoirs of President Edwards* by Samuel Hopkins), New York, 1843; Boston, 1843; Philadelphia, 1843.

(6) *Works of President Edwards*, in 6 vols., a supplementary to the New York's (four volume edition, 1843), Edinburgh, Glasgow, London, New York, 1847.

---

136 Samuel Hopkins의 *Memoirs*는 Samuel Hopkins, *The Life and Character of the Late Reverend Mr. Jonathan Edwards, President of the College of New Jersey: Together with a Number of his Sermons on Various Important Subjects* (Boston: S. Kneeland, 1765)에서 재발행된 것이다.

둘째, 『자유의지』는 1754년에 미국 뉴잉글랜드 보스턴에서 단행본으로 발행되었다. 제2판본 역시 보스턴에서 1762년에 인쇄되었고, 그 판본의 재판은 같은 해에 런던에서 나왔다. 1768년에는 그 판본의 제3판 속에 "(Edward's) Remarks on the (Lord Kames's) *Essays on the Principles of Morality and Natural Religion*"[137]이 부록으로 추가되어 발행되었다. 제4판은 1790년에 윌밍턴에서, 제5판은 1816년에 에든버러에 있는 두 곳의 출판사 Oliver and Boyd와 Thomas Turnbull에서 각각 발행되었다. 1827년에는 리버풀에서 *Natural History of Enthusiasm*의 저자 아이작 테일러[138]가 "An Introductory Essay"라는 장문의 서론을 써서 발행하였다. 이렇게 서론을 장착한 판본은 1828년에 뉴욕에서, 그리고 1830년에 에든버러에서 재발행되었고, 수정본이 1831년에 런던에서 발행되었다. 또한 색인 목록을 추가하여 1840년에 앤도버와 뉴욕에서, 1845년에는 런던과 에든버러에서, 1851년에는 뉴욕에서, 그리고 1855년에는 리버풀에서 발행되었다.

그 외에 비영어권에서도 번역되었다. 네덜란드어 판이 1774년에 위트레흐트에서, 웨일스어 판이 1865년에 뱅거에서 발행되었다.

(2) 영문 원저의 현대화 작업

이 한글 번역판은 1754년 초판 이후 다양한 판본이 나온 후 다소의 변질이 발생하였던 것을 이 한글판의 기초가 된 원문 초판을 기준으로 오류

---

[137] July 25, 1757, Edwards' Letter to John Erskine.
[138] 1859년에 Taylor는 그의 서론을 확장하여 "Logic in Theology"라는 제목으로 그의 *Logic in Theology, and other Essays*라는 책에 실었다. 1877년에 발행된 Edward Hopwell의 재인쇄본에서는 그 책의 주제를 "자유의지와 결정론"으로 분류한다는 점도 주목하라.

수정된 영어 회복판(이 한글판의 번역자가 편집하여 2017년 출간)을 기초로 하여 번역한 것이다.

영문 회복판에서는 현대 영어를 사용하는 독자들을 위하여 지금은 사용하지 않는 18세기의 독특한 철자와 편집 방식에서 탈피하여 본문을 현대화하였다. 따라서 이 한글 번역판에서는 그것들의 영향을 거의 받지 않았다. 하지만 몇 가지 참고가 될 사항들에 주목하고자 한다.

예를 들어 가장 방대한 현대판은 예일 대학 조나단에드워즈센터가 발행한 폴 램지(Paul Ramsey)의 편집본이라고 할 수 있다. 1957년 그의 판본에서는 에드워즈가 중요 단어들의 강조 기법으로 사용하였던 영어 대문자를 모두 제거하고 소문자를 사용하였다. 그러나 영문 회복판에서는 대문자를 부분적으로 되살리고 이탤릭체는 대부분 복구시켜서 원저자의 독특한 화법을 생생하게 되살리고자 하였다.

그리고 영문 회복판에서와 마찬가지로 본 한글 번역판에서도 두 가지 종류의 괄호를 원저자의 방식대로 회복시켜 구별하였다. 대괄호[ ]는 본 편역자가 사용하였고, 둥근 괄호( )는 주로 페이지 표기나 성경 출처를 참조할 때, 혹은 원저자 에드워즈가 직접 독자의 편리를 위해서 추가 정보를 삽입할 때 사용하였다.

그리고 부득이하게 난해한 단락에서 원저자의 논증의 흐름을 쉽게 파악하도록 하기 위하여 직접 인용을 하지 않은 경우라 할지라도 직접 인용문처럼 들여쓰기로 문단을 처리한 것을 널리 양해하기 바란다. 에드워즈의 논쟁들이 심히 논리적이며 문장이 길어, 독자들이 그 진의를 파악하기 용이하지 않아 수백 개의 소대지, 약질문 및 반박들을 문단들 사이에 굵은 글씨로 처리하였다.

참고로 영문 회복판에서 현대 단어로 변경한 실례들은 이런 것이다. "it Self"(→itself), "chuse"(→choose), "spake"(→spoke), "shew"(→show), "shewn"(→shown), "don't"(→doesn't), "ben't"(→isn't or aren't).

(3) 본문의 주해

특히 영문 회복판에서 수백 개에 이르는 주해들을 문단 사이에 삽입하는 데는 망설임의 고통이 있었다. 자칫 원저자의 원의를 변질시키거나 전문 독자들의 경우에 창의적인 이해와 해석을 하지 못하도록 방해할 우려가 있기 때문이다. 그럼에도 불구하고 본 편역자를 포함하여 많은 독자들과 심지어는 전문 학자들까지도 본문을 해석하는 데 어려움을 호소하는 것을 직접 듣고서 과감히 1754년 초판 이후로 전무하였던 현대적인 편집 기법과 용어 교체, 주해 작업을 시도하기로 작정하고 7여 년간의 작업에 걸쳐 이 책을 완성하게 되었다.

그리하여 이제는 독자들이 본문과 그 단락들의 의미와 원저자가 진행하고 있는 논점이 무엇인지 쉽게 이해할 수 있게 되었다. 에드워즈의 중요한 논점은 본문에도 있지만 단락 사이에 삽입되는 소제목 및 요약과 질문을 통해서도 나타난다. 그 문장들은 에드워즈의 철학적·신학적·윤리학적 개념들을 나타낸다. 각주에서는 중요한 단어나 혼동을 일으키는 구 혹은 문맥을 설명한다.

12. 『자유의지』의 수용 및 영향

이 책의 독자층, 특히 영어권 독자층은 아주 넓어서 에드워즈는 자신의 의지 교리로 인해 상당수의 지지자들과 동시에 비판자들을 맞게 되었다. 지지자들에는 앤드류 풀러(Andrew Fuller), 윌리엄 고드윈(William Godwin), 존 라일랜드(John Collett Ryland), 아들 존 라일랜드(John Ryland Jr.), 에드워드 윌리암스(Edward Williams)가 있었고, 비판자들에는 로드 케임즈(Lord Kames), 조지 힐(George Hill), 존 뉴턴(John Newton), 데이비드 흄(David Hume), 토마스 리드(Thomas Reid), 조지프 프리스틀리(Joseph Priestley), 윌리엄 해밀턴(William Hamilton), 두갈드 스튜어트(Dugald Stewart), 사무엘 콜리지(Samuel Taylor Coleridge), 제임스 대너(James Dana), 스테픈 웨스트(Stephen West), 사무엘 웨스트(Samuel West), 헨리 타펜(Henry Philip Tappan)이 주목할 만한 사람들이다.

이런 현상은 18세기 후반에 가서도 계속되었으며, 그 이후에는 아주 복잡해졌다. 프린스턴 장로교회주의자 존 위더스푼(John Witherspoon)과 아키발드 알렉산드로스(Archibald Alexander)는 토마스 리드의 스코틀랜드 보편 상식 실재론을 수용하였다. 리드가 주장하는 바는, 모든 인간은 날 때부터 보편 상식을 가지고 태어나며, 그들의 감정과 행동은 그런 상식의 기초 원리에 의해서 통제를 받는다는 것이다. 또한 그는 보편 상식의 구성요소는 내재적이며 직접적인 직관적 지식(intuitive knowledge)을 제공하지만, 확고한 지식은 외부 세계의 체험적 관찰을 통하여 획득된다고 주장한다.

비록 리드가 에드워즈의 『자유의지』를 읽고 요약하고 또한 제임스 해리스가 인정하는 바와 같이 에드워즈의 핵심 원리들을 수용하긴 하였으나, 에드워즈의 칼뱅주의적인 필연론을 자신의 철학을 확립하는 것에 적용할 수는 없었다. 그럼에도 불구하고 얼마 후에는 스코틀랜드 장로교회주의자들인 토마스 차머스(Thomas Chalmers), 존 캠벨(John McLeod Campbell), 제임스 오어(James Orr) 같은 사람들 외에 사무엘 베어드(Samuel Baird), 제임스 손웰(James Henry Thornwell), 헨리 스미스(Henry Boynton Smith)도 에드워즈를 옹호했다.

이처럼 에드워즈의 철학적 의지론은 뉴잉글랜드에서뿐 아니라 영국의 로드 케임즈와 리드 같은 철학자들에 의해서도 수용과 비판이 이루어졌다. 그동안 많은 학자들이 마치 에드워즈가 외부로부터 일방적인 영향을 받았다고 밝혔는데, 이 연구는 오히려 에드워즈가 신학적으로만 아니라 철학적으로도 그들에게 상당한 영향력을 끼쳤다는 새로운 관찰과 증거를 제시한다. 이제 그가 또 다른 누구에게 어떻게 어떤 영향을 끼쳤는지 더 살피는 것이 과제로 남는다.

13. 자유의지와 관련한 에드워즈의 질문들

1. 의지란 무엇인가? 제1부 1장

2. 의욕(volition)이란 무엇인가? 제1부 2장

3. 무엇이 의지를 결정하는가? 제1부 2장

4. 무엇이 정신 혹은 의지로 하여금 그런 결론이나 선택에 이르도록 영향을 주며, 지시를 하며, 또는 결정을 하는가? 또는 무엇이 원인, 근거, 이유인가? 왜 그것이 이렇게 아니면 저렇게 결론 나게 되는가? 제1부 2장

5. 영혼의 그러한 행위를 실행하게 하는 원인과 이유는 무엇인가? 제2부 2장

6. 정신은 어떻게 활동을 부여받아서 활동하는가? 왜 정신은 그러한 행위를 하며 다르게는 실행하지 않는가? 그리고 왜 정신은 또 다른 이유로서 역할을 제공하는 방법 또는 왜 그러한 특정한 결정에 역할을 하는가? 제2부 7장

7. 의욕의 특정한 활동 속에서 정신은 자유로운가? 제2부 2장

8. 어떻게 정신이 제1활동을 할 수 있는가? 무슨 동기들이 의욕과 선택의 근거와 이유가 될 수 있는가? 제3부 1장

9. 아무 강제나 강압의 필연이 없이 발생할 뿐 아니라 결과의 필연 없이, 선행하는 어떤 것과도 무오한 연결 없이 발생하는 그런 의욕이 있는

가? 혹 있을 수 있다고 한다면, 그런 것이 자유의 원인이 될 수 있는가? 의욕은 그런 식으로 발생할 수 있는 것인가? 제2부 8장

10. 우리는 자유롭게 활동하는가? 제1부 5장

11. 의지와 지성은 어떤 관련이 있는가? 제2부 9장

12. 지성과 의지 중 어느 것이 우위를 차지하는가? 제2부 9장

13. 어떻게 지성이 의지를 움직이는가? 제2부 9장

14. 자유의지는 필연적 결정론과 양립하는가? 제1부 3장

15. 어떤 행동이 칭송받거나 책망받으려면 무슨 조건이 있어야 하는가? 제1부 5장, 제4부 3장

16. 우리는 우리의 행동에 대한 책임을 져야 하는가? 제3부 3장

17. 도덕적으로 책임 있는 존재가 되려면 어떤 종류의 자유가 필수적인가? 제2부 8장

18. 만약 하나님이 필연적으로 선하시다면, 왜 우리는 하나님께 감사해야 하는가? 만약 누가 우리에게 선을 행하되, 자유로, 선한 의지에서, 혹은 마음에서 우러나오는 친절함에서가 아니라, 단지 억지로 혹은 비본질적 필연에서 선을 행한다면, 왜 우리는 동료 피조물들에게 감사해야 하는가? 제3부 1장

19. 사람이 자유의지도 없고, 순종할 능력도 없다면, 왜 하나님은 명령하시는가? 제3부 4장

20. 우리의 순종의 결함을 만족시키기 위해서, 그리스도께서 죽으실 필요가 있는가? 제3부 4장

21. 우리가 다르게 행동할 수 있을 것이라는 자유의지주의적 주장이 있을 수 있는가? 제3부 5장. 혹은, 우리가 좋은 대로 할 수 있는 한 우리는 자유롭다는 주장이 양립주의자들의 교리와 일치하는가? 제1부 1장, 제1부 3장, 제2부 5장

---

[139] 문제 83-111은 조나단 에드워즈의 아들이 아버지의 90문항 질문을 보충하여 만든 질문지(313문항)에 있는 것이지만 본서와 관련된 질문들(83-111)만을 여기 옮겼다. 그래서 질문 번호를 변경하지 않고 그대로 사용한다. *WJE Online* Vol. 39.

는가? 제4부 9장

105. 하나님이 효율적으로 인간의 마음에 의욕을 생산해야 한다는 것과 인간의 자유가 조화를 이루는가? 제2부 12장

106. 하나님이 효율적으로 인간의 마음에 악한 의욕을 선한 의욕으로 만드셔야 한다는 것과 인간의 자유가 공정하게 조화를 이루는가? 제4부 10장

107. 인간의 마음속에 악한 의욕을 만드는 이가 하나님이라면, 그것이 하나님이 죄인이라고 증명하거나, 또는 그가 죄를 사랑한다는 것을 증명하는 것인가? 제4부 9장

108. 도덕적 필연이 자유와 부조화를 이룬다고 하여서, 하나님은 죄의 작자가 될 수 있는가? 제4부 9장

109. 사람들이 자신의 의욕의 효과적인 원인이 아닐지라도 자신들에게 책임이 있음을 당신은 어떻게 나타낼 수 있는가? 제2부 11장

110. 사람들의 모든 의욕이 작정되었다면, 어떻게 사람들이 시험의 상태에 있을 수 있는가? 제2부 11장

111. 당신은 어떻게 모든 사건 속에 특정하고 특별한 섭리가 있음을 증명하는가? 제4부 9장

원제목: 자유의지의 현대적 개념에 대한 철저한 고찰, 도덕적 행위, 덕과 악덕, 상급과 징벌, 칭송과 책망에 자유의지가 필수적이라는 가정의 개념들

아르미니우스주의자들은 그렇게 불리는 것을 싫어한다.

견해가 각기 다른 "신앙고백 크리스천들"(professing Christians)[1]을 부를 때에 독특한 이름을 붙여 부르는 것은 심히 잘못되었다고 지적하는 사람이 많다. 특히 그들은 해당 견해의 주창자나 파수자의 이름을 따라서 명명하는 것은 더더욱 잘못되었다고 말한다. 예를 들어 어떤 그리스도인이 아르미니우스(Arminius)를 추종할 때 "아르미니우스주의자"(Arminian, Ar로 약기)라고 부르고, 또 어떤 이들이 아리우스(Arius)를 추종할 때 "아리우스주의자"(Arian)라고 부르며, 또 어떤 다른 이들이 소키누스(Socinus)를 추종할 때 "소키누스주의자"(Socinian)라고 부른다. 사람들은 자신들이 그렇게 불리고 취급당하는 것을 부당하다고 생각한다. 왜냐하면 그런

---

1 "professing Christians"이란 신앙을 공개적으로 신조 고백하듯 하는 것을 말하며, 많은 경우 자신들의 도덕 생활에서는 그런 상태가 아닐 때에 붙여진 명칭이다. 에드워즈의 글에서 "professor"는 대개 위선적 "신앙고백자"를 말한다. 이후 각주에서 특별한 저자 표시가 없으면 본서의 역자 및 편집자에게 해당하는 것이며, JE가 초판 1754년판에서 표기한 각주에 대해서는 "JE"라고 표기하며, 폴 램지(Paul Ramsey)가 편집한 예일 대학 판본(1957)에서 특별한 각주를 인용하거나 이용할 때는 "Ramsey"라고 표기한다.

이름으로 불리는 당사자들은 그 주창자의 교리를 아무 생각 없이 물려받았으며, 그들에게 의존한다는 가정과 인상을 주기 때문이다. 그리고 마치 그 교리를 그들의 표준으로 삼는 것처럼 보인다. 동일한 방식으로 이는 그리스도의 제자들이 그리스도를 자신의 머리요, 주권으로 믿고 의지하므로 그 이름을 따라 "그리스도인"(Christian)이라고 불리는 것과 같다. 그럼에도 불구하고 그렇게 불리는 것은 앞서 언급한 교파명을 지닌 사람들에 대한 부당하고 근거 없는 오명이다. 이처럼 그들의 말대로 아르미니우스주의(Arminianism)[2]라고 부르는 교리 체계를 지지하는 많은 신학자들은 아르미니우스가 믿었기 때문에 자신들이 그것을 더 신뢰한다고 다른 사람들이 가정할 만한 어떤 근거도 없다. 그들이 이 교리 체계를 믿는 것은 그들 스스로 성경을 진실하고 공정하게 연구하며, 자신들을 이런 이름으로 부르는 어느 누구에게도 뒤지지 않는 판단과 성실로 그리스도의 정신을 탐구했기 때문이다. 또한 그들은 진리를 연구하면서 아르미니우스가 사고한 대로 정확히 그대로 사고하는지도 유의하지 않는다.

JE **실제로 아르미니우스주의자들은 아르미니우스와 다르다.**

실제로 몇 가지 문제에서 그들은 아르미니우스와 다르다. 많은 사람이 이름이 붙여진 사람들과 그렇지 않은 사람들의 차이가 실제보다 더 크다고 생각한다. 그렇게 생각하는 것은 좋지 못한 일이다. 그 차이가 너무 커서 그들이 완전히 다른 종류의 존재 같아 보이게 하는 것이다. 그들은 그것

---

2 아르미니우스주의는 네덜란드 신학자 야콥 아르미니우스(Jacob Arminius, 1560-1609)의 신학 체계를 말한다. 그는 1세대 개혁자들의 예정론을 부인했다. 여기서 예정론은 타락 전예정설로서 하나님이 택자들을 구원하시려 인간 타락 전에 미리 예정하셨음을 주장하는 이론이다. 아르미니우스주의는 18세기 초 뉴잉글랜드에서 에드워즈와 다른 칼뱅주의자들이 지적하기 전까지는 드러나지 않았다.

이 무정하고 속이 좁으며 편협한 정신으로 말미암아 일어나는 것이라며 반대한다. 그들에 의하면 그러한 정신은 대개 사람들로 하여금 자기 자신과 당파에 이익이 되는 모든 것을 움켜쥐고, 자신과 다른 사람 사이에 큰 차별을 만들며, 자신과 다른 사람들에 대해 이상한 이름을 붙여 오명을 씌우려는 경향이 있다. 모든 면에서 같은 생각을 할 수는 없지만 이름으로 구별 짓는 것은 서로를 멀어지게 하고 반감을 갖게 만드는 데 직접적인 영향을 끼치며, 우정과 사랑 안에서 연합해야 할 그리스도인 사이에 계속적인 상호 증오를 품게 한다.

Ar 신학자의 이름을 붙여 구별하면 부정적 결과가 많다.

JE 사실이지만 그것은 부정한 의도 때문이다. 구별은 차이가 있기 때문에 생기며 의견 전달을 용이하게 만든다.

내가 고백할 수 있는 것은 그런 말들이 매우 그럴듯하다는 점이다. 그리고 내가 부정하고 싶지 않은 것은 구별된 이름을 사용함으로 인해 불행해진 결과가 있으며, 사람들의 연약함과 악한 의향이 그런 구별로 인해 자주 부정적인 결과를 초래한다는 것이다. 그러나 겸손히 곰곰이 생각해 보면 이 같은 반론은 이성을 훨씬 벗어나 일어난다. 대부분의 사람은 자신과 종교적 견해가 다른 사람들을 지나칠 정도로 무자비하게 비판하며 가혹하게 대하는 경향이 있다. 이는 순수하고 유익하며 필수적인 일 가운데서 생각의 악한 기질이 발휘되게 할 것이다. 그러나 이같이 다른 견해를 가진 사람을 다른 이름으로 구별하는 것이 주로 무자비한 정신으로부터 일어난다고 굳이 가정할 필요는 없다. 이름이 말하고자 하거나 혹은 그들의 생각을 나타내고자 하는 것들에 대하여 주어진 이름을 적절히 사용하고 계획함으로써 언어의 이점을 활용하여 사람들의 생각을 표명하는 것은 사람(하나님께서 사람을 언어 능력과 성향으로 구별하셨다) 안에 있는 성향으로부터 나온다. 그것은 그들로 하여금 자신의 생각을 쉽고 빠르게 전하면서도 애매하고 어렵고 완곡한 표현으로 횡설수설하지 않게 만들어준다. 이처럼 신앙 문제에서 다른 견해를 가진 사람들을 구별하는 일은 서로에게 차이가 있다는 것을 지적하는 것 이상의 다른 의미가 있지 않다. 그 차이점을 우리가 주의하고 언급할 수 있는 기회가 우리에게 자주 있음을 안다(기회를 주는 그것이 무엇이든지 간에). 그것에 대해서 말할 기회가 우리에게 자주 있다. 그럴 때 우리는 하나의 이름을 필요로 한다. 그리고 이 경우 이름 대신에 묘사밖에 사용할 수 없는 언어는 결함이 있는 언어다. 이처럼 종종 우리는 프랑스 정부의 지배자와 신민이면서 그 나라의 특유한 언어를 말했던 고대 프랑스 거주자의 후손들에 대해 언급할 때, 스페인 공동체에 속하며 그 나라의 언어를 말했던 스페인 거주자의 후손들과 구별해서 언급할 기회가 있다. 따라서 우리는 이같이 다른 종류의 사람들을 표시하기 위해서 구별된 이름을 사용해야 할 필요가 있으며, "프랑스인"(French), "스페인인"(Spaniards) 같은 구별하는 단어가 매우 편리함을 깨닫는다. 그렇게 함으로써 우리는 자신의 생각을 빠르고 쉽게 표명할 수 있으며, 장황하게 설명하거나 계속해서 반복해야 할 부담을 덜게 된다. 그렇지 않으면 우리의 언어는 무척 복잡해질 것이다.

JE **이름을 사용하여 구별하는 것은 어쩔 수 없는 결과다.**

전반적인 신학 체계에서 칼뱅과 아르미니우스라는 유명한 두 인물과 이들에게 각기 동의하는 사람들 사이에 있는 의견 차이를 자주 목격할 수 있다. 이 같은 사실은 아르미니우스의 활동 그 자체가 입증해준다. 그들은 자신들의 논고나 글에서 다른 사람들이 칼뱅에 대해 추정한 모순되고 해로운 의견에 적극적으로 관심을 기울인다. 따라서 이 경우에는 구별된 이름을 사용함이 그들의 판단대로 심히 나쁜 동기에서 나왔다고 비판하지만 합리적으로 반대하거나 책망할 수 없을 것이다. 특정하게 구별된 이름을 통하여 사람들이 자주 언급할 기회를 갖도록 하나님께서 사람에게 주신 능력과 성향을 곰곰이 생각해보면, 다른 이름을 사용하는 동기를 쉽게 파악할 수 있다. 즉 사정상의 필요와 사물의 자연적 경향 외에 어떤 다른 원인에서 비롯된 것이라고 굳이 단정하지 않고도 그 원인을 손쉽게 설명할 수 있다. 이름을 사용해야 편리한 일들을 셀 수 없이 많은 유사한 실례들 속에서 우리가 볼 수 있는 것처럼 이것은 책망받을 만한 이유가 전혀 없는 동기에서 비롯되는 결과다.

JE 나를 칼뱅주의자라고 불러도 좋다. 그렇지만 나는 그의 가르침을 곧이곧대로 믿지는 않는다.

그럼에도 불구하고 처음에 나는 이 책에서 "아르미니우스주의자"(Arminian) 라는 호칭 사용을 조심스럽게 삼가려 했다. 그러나 곧장 그렇게 하면 도리어 큰 난관에 봉착할 수 있음을 깨달았다. 또한 내가 의도한 일을 잘 수행하고 더 잘 표현할 수 있는 용어를 쓰지 않으면 자주 반복되는 표현 때문에 내 논지가 더 복잡해질 수도 있음을 깨달았다. 그래서 나는 목적을 수정했다. 나는 이 책에서 "아르미니우스주의자"(Arminian)라는 용어를 전혀 부담 없이 자유롭게 사용하려고 한다. 따라서 나는 이런 성질의 일 때문에 공격을 당하기 쉽다. 이것에 대해서 변명이 필요하다. 단언하건대 내가 그런 용어를 사용하는 것은 어떤 종류의 사람도 책망의 이름 하나로 오명을 씌우려 하거나 혹은 그들을 더욱 이상한 사람들로 보이게 하려는 계획이 아니다. 만약 흔히 아르미니우스주의자라고 불리는 신학자들에 대해 언급할 기회가 있을 때, 내가 그들을 아르미니우스주의자라고 명명하는 대신 휘트비 박사가 칼뱅주의 신학자들을 불렀던 것처럼 "이 사람들"(these men)이라고 한다고 해서 조금이라도 더 나은 의미로 받아들이거나 더 좋은 감정이나 태도를 드러낸다고 여길 사람은 아마 없을 것이다. 나는 이 문제를 내가 대접받고자 하는 대로 해결했다. 오늘날 "칼뱅주의자"(Calvinist)라는 호칭은 "아르미니우스주의자"(Arminian)라는 호칭보다 훨씬 더 심하게 비아냥거리는 용어다. 하지만 구별할 목적으로 나 자신이 칼뱅주의자로 불리는 것을 나는 전혀 언짢아하지 않을 것이다. 그렇지만 나는 내가 칼뱅을 의존한다는 것을 전적으로 부인하며, 칼뱅이 믿고 가르쳤다는 이유 때문에 그 교리들을 내가 주장하고 믿는다는 것을 전적으로 부인한다. 칼뱅이 가르친 모든 것을 내가 곧이곧대로 믿는다는 비판은 공정하지 못하다.

JE **자유의지를 주장하는 사람들은 대개 아르미니우스주의자들이다. 일부는 극단적이지만 모두가 다 타락한 교리를 고수하는 것은 아니다.**

그러나 실제로 어떤 사람들에게 상처를 주지 않기 위해서 나는 다음과 같은 주의를 기울이고자 한다. 내가 이 책에서 자유의지와 도덕 행위에 관한 아르미니우스주의 교리를 반대하고 그것이 아르미니우스주의 교리라고 통틀어 말하지만, 그 교리를 주장하는 신학자나 저자들 모두 아르미니우스주의자였거나 그런 이름으로 불리는 종류의 하나였다는 것이 내게는 이해되지 않는다. 그들 중 어떤 이들은 아르미니우스주의자들보다 훨씬 더 멀리 나갔다. 그리고 나는 아르미니우스주의자들 모두를 통틀어 다 타락한 교리(corrupt doctrine)를 주장한 사람들이라고는 결코 책망하지 않을 것이다.

예를 들어 만일 내가 처브 박사 같은 저자들을 아르미니우스주의 신학자로 분류한다면 이것은 상당히 불공평한 일이다. 나는 그들 중 상당수의 저자들이 그의 교리 중 질색할 만한 어떤 부분을 가지고 있을 것이라고 믿어 의심치 않는다. 비록 처브는 의지의 자유에 대한 개념에서 아르미니우스주의자들과 대체적으로 동의하지만 말이다. 다른 한편으로 나는 그 개념이 아르미니우스주의 이론 체계의 핵심 사항이라고 가정하고, 그 핵심 사항을 거슬러 올라가 보면 나머지 모든 아르미니우스주의 이론 체계에 대해서도 올바른 추정이 가능하며 혹은 자연스럽게 귀결되는 것을 발견할 수 있다. 하지만 나는 이 교리를 주장하는 모든 사람을 아르미니우스주의자라고 책망하지는 않는다. 왜냐하면 그 교리의 결과가 무엇이든지 간에, 실로 그 교리를 주장하는 일부 사람들은 이 같은 결과에 봉착하거나 직면하지 않을 수도 있기 때문이다. 그리고 많은 실례에서 모든 저자가 그의 공공연한 교리의 실제적 결과를 믿고 주장한다고 판정하는 것은 불공정하기 때문이다. 이 논고에서 내가 반대하는 의지의 자유에 대한 개념을 주장하는 『하나님과 피조물의 자유의지에 대한 소론』(*An Essay on the Freedom of the Will, in God and the Creature*)의 저자에 대해 언급할 기회가 자주 있겠지만 내가 그를 아르미니우스주의자로 낙인찍겠다는 의미는 아니다. 그럼에도 불구하고 그는 그 교리에서 아르미니우스주의자들에게 동의하고 칼뱅주의자들의 현재 보편적 의견으로부터 일탈한다. 비록 그 『소론』의 저자가 아르미니우스주의를 일으켰다는 통상적인 지적을 받았던 바로 그 장본인이라 할지라도, 의심 없이 그에게 아르미니우스주의자라는 이름을 붙여주어서는 안 된다. 그는 많은 방면에서 훌륭한 신학자였지만, 그가 주장했던 독특한 아르미니우스주의 교리는 결코 그렇지 않았다. 그런 이유 때문에 그 이름의 사용을 반대할 필요가 있다. 오히려 더 반대할 필요가 있다. 그와 같은 명성과 성품을 지닌 신학자에 의해서 가르쳐지고 있다는 이유로 인해 더욱 해로운 영향을 끼칠 것이기 때문이다. 그 교리가 잘못된 것이고, 그 자체가 잘못된 경향에서 비롯되었다면 더욱 그러하다.

서문에서는 더 이상 말 게 없다. 단지 내가 쓴 것에 대한 독자들의 공평하고 냉정한 주의를 요청할 따름이다.

JE 이 세상에서 가장 중요한 지식은 하나님에 대한 지식과 우리 자신에 대한 지식이다. 후자는 우리의 지성과 의지에 관한 지식이고, 여기에는 덕과 신앙이 자리하고 과학이 가장 중요하다.

이것은 가장 철저한 주의와 숙고를 필요로 하는 대단히 중요한 주제다. 우리가 늘 습득하는 모든 지식 중에서 하나님에 대한 지식과 우리 자신에 대한 지식이 가장 중요하다. 신앙은 중차대한 과업이다. 우리는 이 과업을 위해서 지음을 받았으며 우리의 행복은 이것에 달려 있다. 그리고 신앙은 우리 자신과 창조주 사이의 교제다. 신앙의 기초는 하나님의 본성과 우리의 본성 속에, 그리고 하나님과 우리가 서로를 향하여 서 있는 관계 속에 놓여 있다. 그러므로 참된 신앙을 위해서는 양자에 대한 참된 지식이 반드시 필요하다. 그런데 우리 자신에 대한 지식은 주로 우리 본성의 두 가지 주요한 정신적 기능, 즉 지성(*understanding*)과 의지(*will*)로 이루어진다. 양자 모두 매우 중요하지만 후자에 대한 연구가 가장 중대하다는 것이 인정되어야 할 것이다. 모든 덕과 신앙은 의지 안에 더욱 직접적으로 자리를 잡고 있고, 특별히 이 같은 정신적 기능의 올바른 활동과 습관들로 이루어져 있다. 의지의 자유에 대한 중대한 질문은 의지 연구에서 가장 중요한 부분이다.

그러므로 나는 그리스도인들, 특히 기독교 신학자들이 이 주제의 중요성에 대해 신중한 주의를 기울일 것을 요청한다. 그러나 내가 이 주제를 다루는 방식에 관해서는, 독자에게 내가 쓴 글에 주의를 기울여달라고 요구하는 것 같아서 감히 건방지게 그런 말은 못하겠다. 이 문제에서 나는 독자의 호의를 의지하고 있음을 인정한다. 그러나 이렇게만 말한다면 내 주장이 다소 왜곡될지도 모른다. 만약 독자께서 내가 쓴 글에 엄정한 비판을 가한다면, 나는 정죄받기 전에 전적으로 그리고 인내하면서 경청할 것이며 깊은 주의를 기울일 것이다. 그럼에도 불구하고 독자들께 겸허히 부탁드리고 싶은 바는 이것이다. 진리를 사랑하는 모든 신실한 사람들에게 기도를 부탁드린다. 그리스도께서 자기 제자들에게 약속하신 성령, 모든 진리 가운데로 인도하시는 그 성령을 내가 충만히 받도록, 이 성령의 복되고 강력한 역사로 말미암아 이 세상에서 진리가 승리하도록 기도해주시기를 부탁드린다.

제1부

용어 및 개념 해설

1장

의지의 본질

"의지"(will)는 이 단어를 설명하는 데 동원되는 다른 단어들만큼이나 잘 이해되는 말이기에, 군이 정의를 내리거나 서술할 필요가 없다고 생각할 수도 있다. 철학자들과 형이상학자들과 변증신학자들이 의지에 대해 논함으로 인해 문제가 복잡해졌다. 그렇지 않았더라면 별 문젯거리가 되지 않았을 것이다. 그러나 그것이 사실이기에 본서에서 더 분명히 파악하고, 의지에 관한 몇 가지를 논해야 한다고 생각한다.

JE 의지란? 정신이 어떤 것을 선택하는 것이다.

내가 관찰한 바에 의하면 의지란(어떤 형이상학적인 재구성 없이 간명하게 정의하자면), 정신(mind)이 어떤 것을 선택하는 것이다. 의지의 기능(faculty)[1]은 선택할 능력이 있는 정신의 기능이나 능력, 혹은 근원이다. 의지의 활동은 선택하는 것이나 선택의 활동이다.

JE 의지란? 영혼이 선택하거나 거부하는 것이다.

누군가가 의지란 영혼이 선택(choose)하거나 거부(refuse)하는 것이라는 정의가 더 완벽하다고 생각한다면 나도 그 정의에 만족할 것이다. 그렇지만 나는 "의지는 영혼이 선택하는 것"이라고 말하는 것으로도 충분하다고 생각한다. 왜냐하면 모든 의지의 활동에서 그것이 무엇이든 정신은 다른 것보다 더 좋아하는 한 가지를 선택하기 때문이다. 정신은 다른 것보다도 특별한 어떤 것을 선택한다. 혹은 어떤 특별한 것이 부족하거나 부재하면 선택하지 않는다. 그러므로 모든 거부 활동에서 정신은 거

---

1 에드워즈는 『종교적 열정』(Religious Affections, WJE 2:96)에서 영혼 속에 두 가지 정신 기능, 즉 지성(인식 판단)과 의지(성향, 생각, 마음)가 있다고 했다. 그 후자, 즉 의지 속에 열정이란 "무언가를 하기 좋아함 혹은 하기 싫어함, 만족했거나 불쾌해졌거나, 무언가를 승인하거나 거부하거나"와 같은 상태나 활동을 말한다.

부된 것의 부재를 선택한다. 긍정적인 것과 부정적인 것을 놓고 선택해야 할 때, 정신은 부정적인 것²을 선택한다. 이 경우 정신이 선택하는 것은 정확히 의지의 활동이다. 둘 사이에서 의지의 결정 내림은 자의적 결정 내림(voluntary determining)이다. 그러나 그것은 선택하는 것(making a choice)과 같다. 따라서 의지의 활동을 어떻게 부르든지 그것은 선택 (choosing)의 활동—선택함, 거절함, 승인함, 승인하지 않음, 좋아함, 싫어함, 맞이함, 거부함, 결정 내림, 지시함, 명령함, 금함, 하고 싶어함 혹은 그 반대로 하고 싶어함, 귀여움받음 혹음 미움받음—을 가리킨다. 영혼이 자의(自意)적³으로 활동한다는 뜻은 항상 선택적으로 활동한다는 것이다.

JL **의지란? 선호하거나 선택하는 힘이다.**

존 로크⁴(John Locke, JL로 약기)는 이렇게 말했다. "의지란 선호(prefer)하거나 선택(choose)하는 힘이나 능력을 의미할 뿐이다." 바로 앞에서도 말했듯이 "'선호함'이란 단어가 의욕(volition)의 활동을 가장 잘 표현하는 것으로 보인다." 그는 또 이렇게 덧붙인다. "그러나 엄밀하게는 그렇지 않다. 어떤 사람이 걸어 다니는 것보다 날아다니는 것을 더 좋아한다고 해서, 그가 항상 날아다니고 싶어 한다고 누가 말할 수 있겠는가?"

JE **로크의 정의는 불충분하다. 의지의 계속적 선호 혹은 선택으로 인하여 연속적 활동이 일어난다.**

---

2 부정적인 선택에는 봉사/구제/선행 등등을 하지 않으려는 활동들이 있다.

3 voluntary란 단어가 라틴어 *voluntas*(will, 意志)에서 나왔으므로 자발(自發)이나 자원(自願), 자의(恣意)가 아닌 자의(自意)로 번역함이 옳다.

4 John Locke, *An Essay Concerning Human Understanding* (1960), BK. II, ch. 21, no. 17; ed. A.C. Frazer (2 vols. Oxford, 1984), I, 321. JE cites the 7th ed. London, 1716.

그러나 로크가 제시한 실례는 "기꺼이 무언가를 하고자 하는 의지 (willing)" 안에는 "선호함"(preferring) 이외에 다른 어떤 것도 있지 않다는 사실을 입증해주지 못한다. 왜냐하면 사람이 발로 걷는 것이나 다른 외적 활동과 관련하여 의지는 차기의 직접적 활동 목표를 가지고 있는데 그것을 고려하지 않기 때문이다. 그것은 지구상에서나 공중에서나, 어느 한곳에서 다른 곳으로의 이동이 아니다. 이것들은 멀리 떨어져 있는 선호의 목표들일 뿐이다. 그러나 그것은 자기 자신의 직접적 행동이다. 한 사람이 걷고 싶을 때, 바로 그다음 선호하거나 선택하는 것은 그가 가고 싶은 어떤 장소로의 이동이 아니라, 이제 걸으려고 자기 발과 다리 등에 힘을 행사하는 동작이다. 그리고 현재 자기 몸에 그런 변화를 주고 싶어 하는 것은 그 순간에 자기 몸이 그 변화를 선택하거나 선호한 것이다. 혹은 그런 변화를 억제하는 것보다 그런 변화를 더 애호하는 것이다.

JE **의지 안에서 의욕, 선호, 선택, 기호, 애호가 동시에 그리고 연속적으로 일어난다.** 하나님은 인간의 본성을 그렇게 만드시고 조성하셨다. 영혼은 몸과 완벽하게 연합해 있어, 몸의 직접적 행사 혹은 변화를 선호하거나 선택한다. 변화는 직접적으로 따라온다. 내가 걷는 동안 의식하는 내 정신 속에는 다른 어떤 활동이 있는 게 아니라, 계속되는 순간순간 외적인 감각과 동작의 변화를 선호함과 선택함만이 있을 뿐이다. 의지는 그것이 그럴 것이라는 변화와 동시에 일어나는 습관적 기대와 함께 선호하며 선택한다. 우리가 경험에서 알 수 있듯이, 그런 직접적 선호와 감각과 동작은 실제로 동시에 계속해서 일어난다. 그러나 하늘을 나는 경우에는 그렇지 않다. 한 사람이 날기를 선택하거나 선호한다는 말을 막연하게 할지라도, 눈에 보이는 상황 때문에 날기 위해서 자기 몸의 지체들에 직접적 행사를 선택하거나 선호하고 혹은 하고 싶어 하거나 바라지 않는다. 왜냐하면 그는 그렇게 하여 요청된 목적을 이룰 수 있을 것이라는 기대를 갖고 있지 않기 때문이다. 그리고 그는 그것이 전혀 무모한 일이라고 파악한 상황에서, 어떤 육체적인 행동이나 노력을 선호하거나 하고 싶어 하지 않는다.

그러므로 만일 우리가 의지의 몇 가지 활동 목표들을 잘 분별해보면 알겠지만, 이 같은 실례나 유사 실례 속에 "의욕"과 "선호" 사이에 어떤 차이가 없다. 혹은 한 사람이 선택하는 것(choosing), 가장 애호하는 것(liking best), 한 가지로 최대의 만족을 얻는 것, 이것들과 그 사람이 그 한 가지를 하고 싶어 하는 것(willing) 사이에 어떤 차이가 없다. 사람들의 보편적이며 더 선천적인 개념에 따르면, 그리고 이미 형성된 언어에 따르면, 차이 없이 동일하게 보일 수도 있다. 이처럼 의지의 활동은 주로 사람으로 하여금 이렇게 저렇게 하게끔 기쁘게 만드는 것(pleasing)으로 표현된다. 그리고 사람이 자기가 하고 싶은 대로 한다는 말과 자기가 좋아하는 대로 한다는 말은 일상 언어에서 같은 말이다.

ЛL **의지와 욕구는 서로 충돌한다.**

○예증 **설득에 실패했으면 하는데도 설득에 나서기를 강요당한다.**

로크는 이렇게 말했다. "의지는 욕구(desire)와 완전히 서로 구별된다. 욕구는 동일한 활동에서 우리의 의지들이 우리를 끌고가는 것과 정반대로 하는 경향이 있다. 예를 들어 내가 감히 거부할 수 없는 한 분이 내게 어떤 한 사람을 설득해달라고 강요하면, 내가 말하고 있는 그 시간에도, 나는 그를 설득하면서도 그 사람이 설득당하지 않기를 바랄 수 있다. 이 경우에 분명히 내 의지와 욕구는 상충한다."[5]

---

5 Ibid., no. 30.

JE 에드워즈의 실례 분석: 의지와 욕구는 조금 다르지만 서로 충돌하지 않는다. 어떤 경우에도 사람은 결코 자기 욕구에 상반되는 것을 하고 싶어 하거나, 자기 의지에 상반되는 것을 욕구하지 않는다.

나는 "의지"와 "욕구"가 정확히 동일한 의미를 지닌 단어라고 생각하지 않는다. "의지"는 현존하는 것들과 부재한 것들을 망라하는 더 일반적인 의미의 단어이고, "욕구"는 부재하는 것들을 의미하는 단어다. 내가 계속 앉아 있거나 눈을 뜨고 있다고 가정할 때, 나는 현재의 분위기와 자세를 선호할 수도 있고, 따라서 그 행동에 대한 의지를 가질 수 있다. 그렇지만 나는 의지와 욕구가 서로 충돌한다고 할 만큼 완전히 구별되는 다른 것이라고는 생각지 않는다. 어떤 경우에도 사람은 결코 자기 욕구와 상반되는 것을 하고 싶어 하지 않으며, 자기 의지에 상반되는 것을 욕구하지 않는다.

로크는 앞서 제시한 실례에서 자기가 주장하는 바를 증명하지 못하고 있다. 그가 이런저런 생각을 하는 중에 다른 사람을 설득하는 데 도움이 되는 말을 마구 쏟아내고 싶어 할지도 모른다. 그리고 그는 아직도 아마 그 말이 다른 사람을 설득하지 못하기를 욕구하고 있을지도 모른다. 그럼에도 그의 의지와 욕구는 서로 전혀 충돌하지 않을 것이다. 그는 그것을 하고 싶어 하며, 동일한 것을 욕구한다. 그가 그것을 하고 싶어 하지 않으면, 그 반대의 것을 욕구한다. 이 실례에서는 그 사람이 하고 싶어 했던 것이 무엇이었는지, 그가 욕구했던 것이 무엇인지가 면밀히 검토되지 않았다. 만약 그랬다면 로크는 의지와 욕구가 서로 조금도 충돌하지 않는다는 것을 알 수 있었을 것이다. 어떤 생각 속에서, 그가 하고 싶어 했던 (willed) 것은 그런 말들을 쏟아내는 것이었다. 그리고 그 동일한 생각은 그에게 영향을 주어서 반대를 욕구하지 않게 한다. 모든 것을 생각한 후에 그 말을 하기로 선택하였으니 그런 말을 하지 않기를 욕구하지 않는다. 그리고 그 사람의 의지는 로크가 언급하는 욕구한 일에 대하여, 즉 설득하려 하지만 그 목적에 효과적이지 못한 말들에 대하여 반대하지 않는다. 그 사람은 그 말이 효과적이길 원하지 않는다. 오히려 그가 욕구하는 것처럼 그 말이 효과적이지 않기를 원한다.[6]

JE **의지와 욕구는 본질적으로 동일하다.**

의지와 욕구가 서로 충돌한다는 것을 증명하려면, 의지와 욕구가 한 가지 동일한 일 속에서 서로 상충한다거나, 혹은 의지와 욕구가 동일한 대상을 두고서 서로 상충한다는 것을 보여주어야 한다. 그러나 앞의 경우 대상(object)[7]은 둘이다. 그리고 각 대상 속에서 의지와 욕구는 서로 일치한다. 다른 일 가운데서 의지와 욕구가 서로 일치하지 않는다고 이상하게 생각할 필요가 없다. 이 둘은 본질적으로 약간의 구별이 있을 따름이다. 다른 일을 두고서 의지는 의지에 동의하지 않을 수 있고 욕구 역시 욕구에 동의하지 않을 수 있다. 로크가 제시한 실례에서 보듯이, 한 사람이 어떤 생각을 하여 설득할 것을 욕구하면서도 동시에 그 설득이 통하지 않기를 욕구할 수도 있다. 그렇지만 아무도 그 욕구들이 서로 충돌한다고 말하지 않는다. 즉 이것은 그 욕구들이 완전히 구별됨을 입증해준다. 동일한 내용을 로크가 말한 다른 실례, 즉 어떤 사람이 자기 고통을 덜기 위한 욕구 등에서도 목격할 수 있다.

---

6 로크는 욕구와 의지는 항상 상반된다고 본다. 여기서 에드워즈는 로크를 약간 냉소적으로 비판하고 있다. 로크의 실례대로 하자면, 욕구가 효과적 설득을 바라지만 의지는 비효과를 원한다고 말하는 격이 된다면서 로크의 말이 앞뒤가 맞지 않다고 비판한다.

7 형이상학의 일부인 존재론에서 "객체"란 의식작용의 대상(客體)을 말한다. 본 역서에서 문맥에 따라 "목표" 혹은 "대상"으로 옮기며 혼용한다.

JE　영혼은 어느 하나를 선호하는 성향이 있다.

　　욕구와 의지 그리고 선호와 의욕이 정확히 동일한 것인지 아닌지 하는 문제는 더 이상 논하지 않겠다. 그렇지만 누구나 의지의 모든 활동 속에는 선택의 활동이 있음을 수긍할 것이다. 즉 모든 의욕 속에 있는 선호 혹은 영혼의 지배적인 성향으로 인해 그 순간 영혼이 의욕의 직접적인 목표를 앞에 두고서 완전히 무관심 중립 상태[8]에 있을 수 없다. 그러므로 모든 활동을 할 때, 혹은 의지가 발동할 때, 정신이나 성향은 다른 쪽보다는 어느 한쪽으로 기운다. 그리고 영혼은 다른 것보다 오히려 어느 하나를 가지려 하거나 하고 싶어 한다. 그러나 그 다른 것은 갖고 싶어 하거나 하고 싶어 하지 않는다. 그러므로 선호함이나 선택함이 절대로 없으면서 완전한 계속적 균형 상태[9]만 있는 곳에는 의욕이 있을 수 없다.

8　여기서 무관심(indifference)이란 보통 용례대로 관심이 없다는 부정적인 의미가 아니라 아무 치우침이 없는 중립적 백지 상태를 의미한다. 따라서 본서에서는 "무관심 중립 상태"로 번역한다.

9　**균형설**(Equilibrium, 均衡說)은 의지의 **결정론**에 반대되는 **비결정론**의 하나로 중세 스콜라철학자들의 많은 지지를 받은 설(說)이다. 그들은 상반(相反)하는 두 동기(動機)가 같은 힘과 가치에 의해 균형 상태에 있을 때, 의지는 어떠한 외적 원인에 의해서도 제약·규제되지 않고 자유롭게 어느 한쪽을 선택할 수 있다고 하며 **의지의 자유**를 주장한다. 그렇지만 에드워즈는 그런 균형이 인간 안에 존재한다 할지라도, 의지는 항상 가장 강한 동기를 따른다고 주장한다.

2장

의지의 결정

의지의 결정이란 의지가 선택하도록 의지에게 원인을 제공하는 것이다.

"의지를 결정 지음"(determining the will)이란 문구가 유의미하게 사용되려면 "의지의 활동" 혹은 "선택"이 어떤 특정한 것이 되며 또 그것이 다른 것이 되지 않도록 의지에게 원인을 제공[1]한다는 뜻이어야 한다. 그리고 의지의 선택이 어떤 행동이나 영향의 결과에 의해서 특정한 목표를 지향하고 또 그 목표에 고정되었을 때 의지가 결정되었다고 할 수 있다. 우리가 동작의 결정에 대해서 말할 때, 이것은 몸의 동작이 다른 방식보다는 그런 어떤 특정한 방식으로, 혹은 다른 방향보다는 그런 어떤 특정한 방향으로 가도록 의지에게 원인을 제공하는 것을 의미한다.

Ar **의지가 의지를 스스로 결정한다.**

의지의 결정에 대해서 말한다는 것은 어떤 원인(cause)[2]에서 나온 결과 (effect)를 추정하는 것이다. 만약 의지가 결정되었다면, 거기에는 반드시 어떤 결정자가 있을 것이다. 그러나 이것은 의지가 자기 스스로 결정한다고 말하는 사람들도 하는 말이다. 만약 이 말이 사실이라면 의지는 결정자이면서 결정되어진 것이다. 그렇다면 의지가 활동하고 결과를 낳게 하는 원인이요, 또 의지가 의지 자신의 영향과 활동 대상이 된다.

무엇이 의지를 결정하는가?

무엇이 의지를 결정하는가라는 중대한 연구에 관련하여, 이 문제와 관련

---

1 cause의 동사형은 "원인이 된다", "원인 제공을 한다"는 뜻이나 본서에서는 주로 "야기한다" 로 옮기고, 더 분명한 의미 파악을 위해서 혼용한다.
2 에드워즈의 사상을 이해하는 데 가장 중요한 용어 중 하나가 원인과 결과라는 단어다. 원 인은 어떤 사물이나 상태를 변화시키거나 일으키게 하는 장본이 되는 것을 말한다. 더 자 세한 설명은 제2부 1장 주를 보라.

해 발전해온 모든 다양한 주장을 지금 살피고 평가하는 것은 여기서 너무 많은 시간을 요하고 또 불필요하다. 의지가 항상 지성(understanding)의 최종 명령을 따르는지 혹은 따르지 않는지 하는 문제에 관한 논쟁의 주요 논점을 분류하는 것도 불필요해 보인다. 현재 이 글의 목적과 관련하여 다음과 같은 말로 충분할 듯싶다. 의지를 결정하는 것은 정신(the view of the mind)[3]의 주관 속에 들어와 있는 가장 강한 동기(motive)다. 그러나 그것이 무엇을 의미하는지는 약간 더 설명해야 할 필요가 있다.

의지 결정 절차 = 동기 ▶ 정신자극 ▶ 의욕

내가 말하는 "동기"란, 그것이 홀로 하나이든 혹은 여러 가지가 복합되었든, 정신이 의욕을 향하도록 감동시키고 자극시키고 매혹시키는 모든 것을 의미한다. 여러 가지 특별한 것들이 정신을 유도하기 위해서 그것들의 힘을 보태고 모은다. 그렇게 되었을 때 모든 것은 함께 하나 된 복합적 동기다. 내가 말하는 "가장 큰 동기"(strongest motive)란 그것이 단 하나의 힘이든 아니면 여러 가지가 함께 뭉쳐진 힘이든, 의욕이 어떤 특정한 활동을 하게끔 유도하는 전체의 힘을 말한다.

이런 의미에서 동기를 무엇으로 정의하든지 간에 한 가지 분명한 것은, 동기란 이해하거나 감지하는 기능의 주관 혹은 견해 안에 현존하고 있는 어떤 것이라는 것이다. 감지되는 것, 혹은 정신의 주관(view) 속에 이런저런 방식을 제외한 그 어떤 것도 정신으로 하여금 하고 싶게 혹은 행하게 유도하거나 권유하는 것은 없다. 왜냐하면 전혀 감지되지 않은 것

---

3   에드워즈에게 mind는 생각과 인식 혹은 지각의 총체, 곧 정신이라고 번역할 수 있다. 플라톤은 우리가 보는 물질 세상은 이데아의 그림자일 뿐이며 참된 실재는 이데아라고 했다. 그에 따르면 모든 우주 만물은 mind 속에서만 존재한다. 물질적인 모든 것은 오직 idea(관념)일 뿐이다.

과 완전히 정신의 주관 밖에 있는 것은 정신에 전혀 영향을 줄 수 없기 때문이다. 가장 명백한 사실은 감지되고 생각된 것 외에 그 어떤 것도 정신 안에 있을 수 없으며, 그 정신에 이를 수 없고, 그 정신을 사로잡을 수 없다는 것이다.

동기란? 활동 목표를 좋은 것으로 감지하는 정신 안에 있는 어떤 선행 경향이다. 의지는 항상 가장 큰 동기에 의해서 결정된다.

그리고 다음의 내용 역시 모든 사람이 인정할 것이다. 사람이 감지하는 것, 무언가 하고 싶어 하는 행위자에게 있는 동기, 자극, 유도라고 불리는 모든 것은 결과 이전에, 혹은 자극받은 의지의 활동 이전에 의지를 움직이며 자극시키는 어느 정도의 경향이나 이점을 가지고 있다는 것이다. 그 동기 속에 있는 이 같은 선행 경향을 나는 동기의 "힘"(strength)이라고 부른다. 의지를 움직이는 선행 경향이나 이점을 조금 덜 가진 동기, 즉 정신의 주관[4] 속에서 조금 덜 자극적으로 보이는 동기를 나는 "작은 동기"(weaker motive)라고 부른다. 반대로 가장 솔깃해 보이는 동기, 즉 이해 혹은 감지 속에서 가장 달콤해 보이는 것으로 말미암아 선택하도록 자극하고 유도하는 가장 큰 선행 경향을 나는 "가장 큰 동기"(strongest motive)라고 부른다. 그리고 그런 의미에서 의지는 항상 가장 큰 동기에 의해서 결정된다고 믿는다.

JE **정신 속에 있는 것들이 의지를 움직이는 경향이다.**

정신의 주관 속에 들어와 있는 대상들은 주시된 것의 성격과 상황에, 주시하고 있는 정신의 성격과 상황에, 그리고 그 정신의 주관 정도와 방식

---

4 이 책에서 view는 "주관"과 "주시"로 혼용하여 사용하였다.

에 얽혀 있는 많은 것이 의지를 움직이게 하거나 자극할 수 있는 힘과 경향 혹은 이점을 가지고 있다. 그것들을 완벽하게 다 열거하기는 힘들다.

그러나 나는 다음과 같이 논쟁의 여지가 없는 일반적인 결론이 내려질 것이라고 생각한다. 의욕 혹은 선택에 대한 하나의 동기가 어떤 성격과 영향력을 가졌든지 간에 지적이고 자의적인 행위자는 그것을 감지하거나 이해하며, 무엇이든지 좋은(good) 것으로 간주하거나 그렇게 본다. 그리고 감지되거나 이해되는 것이 좋게 보일 따름이지, 영혼으로 하여금 무엇을 선택하도록 자극하거나 유도하는 경향을 가지고 있지는 않다고 한다. 달리 말하면 이렇게 말하는 꼴이 된다. 즉 나타나 보이는 사물들은 그것들이 스스로 만들어낸 외관으로서 정신의 선택을 유도하는 경향을 가지고 있다. 그것들이 정신에 바람직하게 나타내 보이는 방식 이외에 다른 어떤 방식으로 정신의 선택을 유도하는 것이다. 이 말은 터무니없는 말이다.

그리고 어떤 의미에서 의지는 항상 가장 명백하게 좋은 것임이 틀림없다. 그러나 이것을 바로 이해하기 위해서는 최소한 두 가지가 명확하게 관찰되어야 한다.

1. 먼저 내가 사용하는 "좋은"(good)이란 단어가 무슨 뜻인지 밝혀야 한다. 이것은 "유쾌한"(agreeable)과 동일한 뜻이다. 내가 사용하는 표현 중 정신에 좋게 나타나 보인다는 것은, 정신에 유쾌해 보이거나 즐겁게 보인다는 표현과 같다. 악하고 불쾌하다고 판단되는 것은 정신에 매력을 느끼게 하거나 바람직하게 보이지 않으며, 정신 속의 성향과 선택에 개입하는 경향이 있어 보이지 않는다. 사실상 무관심 중립 상태에 있어 보이는 것은 아무것도 없으며, 유쾌하거나 불쾌해 보인다. 그러나 만약 그 좋은 것이 성향을 유도하고 의지를 움직이려면, 정신에 적합한 만족을 주어야(suits) 한다는 것이다. 그 좋은 것은 정신을 매혹시키고 개입시키는 가

장 높은 경향을 가지고 있다. 그것이 정신의 주관에 들어와 있는 것 같이 정신을 가장 만족시키며, 가장 상쾌하게 한다. 그런 의미에서 그것은 가장 명확히 좋은 것이다. 이처럼 직접적이며 명확한 모순이 없는데도 불구하고 다른 말을 하는 것은 불쌍한 일이다.

JL 심기불편을 해소하려고 의지를 결정한다.

이런 의미에서 "좋은"(good)이란 단어는 악의 제거나 회피, 혹은 불쾌하고 불편한 것의 제거나 회피를 뜻한다. 심기를 불쾌하고 불편하게 하는 것을 해소하는 것은 유쾌하고 즐거운 일이다. 따라서 여기에는 로크가 의지를 결정하게 하는 것으로 가정하는 것이 포함된다. 심기불편(uneasiness)이 의지를 결정하게 한다고 할 때, 의욕 혹은 선호의 활동 속에서 지배적인 목적이나 목표가 심기불편을 해소하고 제거한다고 생각했기 때문이다. 그것은 더 편하고 마음에 드는 것을 선택하고 추구한다는 뜻이기도 하다.

JE 의욕은 가장 유쾌한 것을 선택한다.

2. 가장 명확히 좋은 것이 있으면, 거기에는 의지가 있다. 혹은 (앞서 설명한 바와 같이) 의욕은 항상 가장 유쾌해 보이는 것을 목표로 삼는다고 말할 때, 혼란과 불필요한 반박을 피하기 위해서 다음 사실을 주의 깊게 살피지 않으면 안 된다. 여기서 나는 의지의 활동이 직접적으로 관련되지 않은 간접적이고 별 상관없는 어떤 목표에 대해서 말하는 것이 아님을 잘 유의하기 바란다. 많은 의욕 활동에는 가장 직접적으로 원해 선택한 대상과 목표와 별 상관이 없는 다른 대상이 있다.

의욕의 일차 목표

○ 예증 **음주냐, 금주냐?**

이를테면 한 술고래 앞에 술이 있을 때, 그는 그것을 마실지 안 마실지 선택해야 한다. 그의 현재 의욕과 관계있는 고유한 일차 목표, 즉 둘 중 하나를 선택해야 하는 고유한 일차 목표인 술을 마시느냐, 아니면 그대로 내버려 두냐는 이 사람 자신의 행위다. 이 의지는 확실히 그의 정신의 현재 주시 속에서 그에게 가장 유쾌해 보이는 것에 따라 이루어진다. 만약 술고래가 술을 마시기로 선택하거나 혹은 마시고 싶어 술을 그냥 내버려 두지 않는다면, 술 마시는 행위와 관련된 모든 생각에도 불구하고 정신 속에서는 술을 마시는 행위가 마시지 않는 행위보다 더 유쾌하고 즐겁다는 것이다.

의욕의 이차 목표: 음주로서 기대하는 현재의 즐거움과 미래에 직면할 불행

이 사람이 술을 마심으로써 기대하는 현재의 즐거움과 그에 따른 미래의 불행은 그의 의욕의 활동이 더욱 멀리서 접근해가는 목표들이요, 이차적으로 선택하는 목표들이다. 즉 그는 마시는 것을 억제함으로써 겪는 현재의 불편보다 미래의 불행이 더욱 불쾌하고 불행할 것이라고 판단할 수 있다. 그러나 이 두 가지는 앞서 언급했던 의욕의 활동과 가장 가까운 관계에 있는 적절한 목표들이 아니다. 왜냐하면 앞서 언급했던 의지의 활동은 현재 음주하느냐 금주하느냐에 관한 것이기 때문이다. 만일 그가 마시고 싶어 한다면 그때는 마시는 것이 의지의 활동의 고유한 목표다. 이런저런 것을 고려해봤을 때 현재는 술을 마시는 것이 그에게 가장 유쾌하고 마음에 들어 보일 것이다. 만일 그가 마시지 않기로 선택한다면 그때는 안 마시는 것이 의지의 일차 목표요, 그에게 가장 즐거운 것이 된다. 만약 그가 선택할 때 미래에 더 큰 유익이 될 것을 알면서도 미래의 유익보다 현재의 즐거움을 더 선호한다면, 현재의 작은 즐거움이 미래의 유익보다 더 큰 즐거움으로 보일 것이다. 만약 반대로 미래의 유익을 더 선호한다면 그때는 미래의 유익이 가장 즐겁게 보이고 그의 마음에 가장 들 것이다. 따라서 현재의 의욕은 현재 가장 명확히 좋아 보이는 것에 있다.

JE 의지는 항상 가장 명확히 좋은 것, 혹은 가장 유쾌해 보이는 것에 있다.

나는 나의 이해를 정정하여 이렇게 표현하기로 했다. 의지가 항상 가장 명확히 좋은 것에 의해서 혹은 가장 유쾌해 보이는 것에 의해서 결정된다고 표현하기보다, 의지는 항상 가장 명확히 좋은 것 혹은 가장 유쾌해 보이는 것이 있으면 거기에 있다고 표현하는 것이다. 왜냐하면 정신의 선호함과 선택함이나 가장 유쾌하거나 혹은 가장 즐겁게 보이는 것이 적절하고 완벽하게 구별되지 않기 때문이다. 더욱 엄격하게 주장한다면 이렇게 말할 수 있다. 정신의 의욕(volition)[5] 혹은 선택의 즉각적 귀결과 열매라 할 수 있는 자의적인 활동은 선호나 선택 그 자체보다는 가장 유쾌해 보이는 것에 의해서 결정된다. 그러나 의욕의 활동 그 자체는 항상 가장 유쾌해 보이게 하는 목표에 대한 정신의 주관에 의해서 결정된다.

JE 의욕의 목표 대상들은 정신에 유래하게 보인다.

목표에 대한 정신의 주관에서 혹은 주관에 관해서 말해야 할 것 같다. 왜냐하면 정신의 주관에 있는 한 가지 목표를 유쾌하게 만드는 영향력을 가진 것은 단지 그 목표 속에서 나타나 보이는 것만이 아니라, 목표를 대

---

5 Will은 결정·선택을 하는 힘이나 행위를 뜻함과 동시에 결정·선택에 대한 명확한 의향, 의지, 목적 달성을 위한 의지력·결의 등을 뜻한다. Volition은 will보다 좁은 의미로서 결정·선택을 향하여 마음이 움직인다는 의욕, 의사를 뜻하며, 결정·선택에 이르기까지의 사고는 포함되나 갈등·결의가 포함되는 일은 드물다.

하는 자세와 정신의 상태와 상황이기 때문이다. 특히 의욕의 목표는 정신에 유쾌하게 보이도록 하는 영향력을 가지고 있다. 그 의욕의 목표에 대한 정신의 주관과 관련한 모든 것을 헤아리는 것은 결코 쉬운 일이 아니며, 그것만 해도 논문 하나가 필요하고, 지금 이 글의 목적과는 맞지 않는다. 따라서 여기서는 대략적인 몇 가지만 언급하겠다.

의욕은 유쾌해 보이는 목표를 선택한다. 무엇이 목표를 그렇게 만드는가?
I. 목표 그 자체 속에 있는 본질이 그렇게 한다. 1. 목표가 보기에 아름다우면, 2. 상황에 이끌려 선택한다. 3. 당장 가까이 있는 것이 더 좋아 보인다.

I. 선택을 위해서 제시된 한 가지 목표가 유쾌해지게 만드는 요인 하나는 그 목표의 뚜렷한 성격과 상황들이다. 그리고 그 목표를 더 혹은 덜 유쾌하게 만드는 데 관여하는 여러 가지가 있다. 그것은 다음과 같다.

1. 목표 속에 나타나 보이는 것이 정신에 그 목표를 아름답고 즐겁게, 혹은 꼴사납고 짜증나게 만든다. 정신은 목표를 있는 자체 그대로 주시한다.

2. 목표나 결과를 주시하면서 생기는 명확한 정도의 즐거움 혹은 고통. 그 목표의 상황으로 보이는 부대 상황들과 결과는 그 목표에 속한 것이요, 목표의 일부로 간주된다. 목표는 선택을 위해 제안받은 목표로서 정신의 주시 속에 들어와 있다.

3. 시간적으로 더 가까이 혹은 더 멀리서 나타나는 즐거움 혹은 고통의 명확한 상태. 즐거움을 일찍 얻는 것이 정신에 유쾌하다. 즐거움이 지체되면 불쾌해진다. 그러므로 만약 정신의 주관 속에 동일한 상태의 두 가지 즐거움이 있다면, 그리고 다른 두 가지가 동일한데 오직 하나만 가까이 있으며 다른 것이 멀리 있다면 가까운 것이 가

장 유쾌해 보일 것이요, 그것이 선택될 것이다. 왜냐하면 그 목표들의 유쾌함이 원래 그 자체 속에서는 동일해 보이지만, 목표의 상황 속에서는 그렇게 보이지 않기 때문이다. 둘 중 하나는 가까이 있다는 상황 때문에 유쾌함이 더 추가된다.

II. 정신이 목표를 주시하는 방식에 따라서 그렇게 된다. 1. 더 확실하다고 판단되는 것을 선택한다. 2. 더 명확하게 알고 있는 것을 선택한다.

II. 정신의 주관 속에 있는 선택 목표가 유쾌해지도록 만드는 또 다른 한 가지 요인은 정신이 목표를 주시하는 방식이다. 만약 그 목표가 미래의 즐거움과 연관되어 있다면, 명확한 즐거움의 정도가 영향을 끼칠 뿐 아니라 다음 두 가지 측면에서 정신이 목표를 주시하는 방식에도 영향을 끼친다.

1. 판단의 정도 혹은 승낙의 확실성과 관련하여, 그 정도나 확실성에 따라서 정신은 즐거움이 미래가 될지 아닐지를 판단한다. 왜냐하면 불확실한 것보다 확실한 행복을 소유하는 것이 더 유쾌하기 때문이다. 다른 모든 것이 동일해 보이는데도 어떤 즐거움이 더 가능성 있어 보이면, 가능성이 적어 보이는 것보다 정신에 더 유쾌하다.
2. 미래의 즐거움에 대한 관념(idea)의 정도와 관련하여, 우리의 과거나 현재나 미래의 생각들의 대상(subject)이 되는 것들에 관하여, 어떤 것들에 대해서는 다른 것들보다 더 많은 지식이나 관념을 가지고 있다. 그것에 대한 우리의 관념이 다른 것보다 훨씬 더 선명하고 생생하고 강하다는 뜻이다.

JE 더 확실한 관념은 감지와 체험을 통해서 얻어진다(눈으로 해를 봄, 맛있는 음식을 먹음).

이처럼 우리가 직접적인 감지를 통해 얻는 관념은 통상적으로 감각적인 것이 부재할 때 단순한 상상이나 묵상을 통해서 얻는 것보다 훨씬 더 생생하다. 태양에 대한 내 관념은 단지 생각만 할 때보다 해를 눈으로 볼 때 더 생생하다. 맛있는 과일에 있는 달콤한 맛에 대한 관념은 우리가 그것을 단지 상상만 할 때보다 실제로 맛을 볼 때 대개 더 강하다. 그리고 때로는 우리가 사색을 통해 물건에 대한 관념을 가질 때가 다른 때보다 훨씬 더 강하고 선명하기도 하다. 이처럼 사람은 자기가 좋아하는 종류의 음식을 먹을 때 다른 때보다 즐거움에 대한 관념이 훨씬 더 강해진다.

JE 관념이 정신에 영향을 주고 선택/의욕/의지를 자극한다.

사람들이 좋은 미래 혹은 나쁜 미래에 대해 갖고 있는 관념이나 감각의 정도나 강도는 그들의 정신에 큰 영향을 끼쳐 선택과 의욕을 자극한다. 정신이 생각하고 있는 미래의 즐거움 두 종류가 선택을 위해서 제시되었을 때, 그 둘을 판단해보면 동일하며 동등하게 확고하고 그 외 다른 것들도 동일하지만 그중 단 한 가지만이 다른 것보다 정신을 훨씬 더 생생하게 느끼게 한다. 그것은 단연 정신을 감화시키고 매료시키며 의지를 움직이는 가장 큰 강점을 지니고 있다.

JE 사람은 자기 정신이 더 생생한 감각을 느끼는 즐거움을 선택한다.

정신이 강하고 생생한 감각을 느끼게 하는 즐거움을 취하는 것은 희미한 개념의 즐거움을 취하는 것보다 더 유쾌한 일이다. 전자에 대한 주시는 가장 강한 욕망을 동반하고 가장 심한 불쾌함은 욕망의 결여를 초래한다. 불편한 것을 없애고 욕망을 채우면 정신이 유쾌해진다.

JE 목표 선택의 복합적인 3요인: (1) 더 큰 즐거움, (2) 더 명확한 즐거움, (3) 더 확고한

즐거움

만약 미래의 즐거움을 누리는 데 필요한 여러 요소가 정신의 선택을 받기 위해 서로 경쟁한다면, 그중 몇 가지는 더 크게 평가받고 나머지 다른 것들은 더 작게 평가받을 것이다. 정신은 그중 일부 즐거움에 대해 더 큰 감각과 더 생생한 관념을 느끼고, 나머지 다른 것들에 대해서는 더 적게 느낀다. 어떤 것들은 다른 것보다 더 큰 확실성이나 가능성이 있어 보인다. 그중 어느 한 측면에서 가장 유쾌해 보이는 즐거움이, 다른 측면에서는 가장 불쾌해 보인다. 이 경우에 다른 모든 것이 동일하다면 선택에 제안된 목표의 호감도는 좋은 것의 정도, 그리고 그 좋은 것이 명확히 존재할 가능성이나 확실성의 정도, 그 좋은 것을 보고 인식하는 정도, 또는 그 좋은 것에 대해 정신이 가지는 관념의 생생한 정도가 복합적으로 작용해 이루어진다. 왜냐하면 이 모든 것이 목표의 현재 호감도에 작용하기 때문이다. 의욕은 이것에 따라 결정될 것이다.

JE 선택 목표의 유쾌 혹은 불쾌를 좌우하는 또 다른 요인: 정신의 경향과 상태

좀 더 관찰해보자. 제안된 선택 목표를 주시하는 정신의 상태는 그 목표의 유쾌 혹은 불쾌를 좌우하는 또 다른 요인이다. 즉 정신이 본질적으로 가지고 있는 특정한 경향이나 교육, 모범, 관습 및 다른 수단들에 의해서 도입되고 설정된 특정한 경향, 혹은 특별한 계기로 인해 정신이 당면하는 기분과 상태가 그러한 요인이다. 그 목표가 어떤 사람에게는 유쾌해 보이는 데 반해 다른 사람에게는 그렇지 않을 수 있다. 그리고 여러 경우에 동일한 목표가 다른 때에는 동일한 사람에게 유쾌하지 않을 수 있다. 어떤 사람에게는 이성(reason)을 따르는 것이 가장 기분 좋은 일이지만, 다른 사람에게는 식욕을 따르는 것이 가장 기분 좋은 일이다. 어떤 사람에게는 악한 성향을 만족시키기보다 거부하는 것이 더 기분 좋은 일이지만, 다른 사람에게는 지독히 나쁜 욕구를 만족시키는 것이 최고의 안성맞춤이 된다. 어떤 사람에게는 이전의 결심을 어기는 것이 다른 사람들보다 더 불쾌한 일이다. 앞서 언급했던 측면들과 다른 많은 측면에서, 사람에 따라 가장 유쾌한 일이 다를 것이다. 뿐만 아니라 동일한 사람이라도 때에 따라 유쾌한 일이 다를 것이다.

유쾌함의 각별한 근거: 정신의 경향과 상태

그러나 앞서 언급한 두 가지─즉 주시한 목표의 명확한 본질과 상황, 주시하는 방식─와 구별되는 목표에서 유쾌함의 각별한 근거가 되는 정신의 경향과 상태를 더 언급할 필요는 없다. 만약 우리가 이 문제를 철저히 고찰해본다면 다음 사실을 알 수 있을 것이다. 정신은 목표로부터 생겨나는 명백한 즐거움이나 고통을 수반한다. 그 정신의 다른 경향과 상태가 목표 자체를 아름답게 혹은 흉해 보이게 만들며, 정신이 주시하는 자세가 다르도록 유인하고, 아름다움 혹은 더러움, 유쾌 혹은 불쾌의 개념이 더 혹은 덜 생생해지게 한다. 그 외에 정신의 다른 어떤 경향과 상태가 목표의 유쾌함에 어떤 변화를 주지는 않는다.

JE **의욕은 가장 명확히 좋은 것에 대한 것이며, 가장 유쾌해 보이는 목표를 선택하고 행동한다.**

그러나 나는 앞서 설명한 방식에서와 같이, 의욕이 어떤 실례에서도 가장 명확히 좋은 것이라고 말하는 것 외에는 달리 언급할 수 있는 것이 없다. 정신의 선택은 결정에 직접적이며, 대상에 관한 모든 것을 다 고려했을 때 가장 유쾌하고 즐거워 보이는 것과 결코 떼려야 뗄 수 없는 관계다. 만약 어떤 사람의 행동이 의지의 직접적인 목표라면, 그는 자신에게 가장 유쾌해 보이는 행동을 하고 싶어 할 것이다.

JE **인간은 단순히 즐거운 것보다 가장 유쾌한 것을 행동하기로 선택한다.**

만약 모든 것을 고려해보고서 걷는 것이 현재 그에게 가장 유쾌하다면, 그는 걷고 싶어 할 것이다. 만약 현재 그에게 나타나 보이는 모든 것 중에서 말하는 것이 가장 유쾌해 보인다면, 그때는 말하기를 선택할 것이다. 만약 침묵을 지키는 것이 가장 마음에 든다면, 그때는 침묵 지키기를 선택할 것이다. 사람들이 자의적으로 활동하며 자신이 즐거워하는 것을 할 때, 그들이 가장 마음에 드는 것이나 가장 유쾌해하는 것보다 감각과 경험에서 나오는 더 명백하고 더 보편적인 명령은 거의 찾아볼 수 없다. 그들이 스스로 즐거워하는 것 또는 스스로를 즐겁게 해주는 선택을 하지만, 아직도 유쾌한 것을 행하지 않았다고 말하는 것은, 자기들이 즐거워하는 것을 행하지만 즐거움을 누리지 않는다고 말하는 것과 같다. 즉 이 말은 자신들이 즐거워하는 것을 하고 있으면서도 아직 자신들이 즐거운 것을 누리지 못하고 있다는 뜻이다.

JE **의지는 항상 지성/이성의 최종 명령을 따른다.**

이로부터 어떤 의미에서 의지는 항상 지성의 최종 명령을 따른다는 것이 분명해진다. 그러나 이때 지성은 단지 이성 혹은 판단으로만 불릴 것이 아니라 인식 능력 전체를 다 포함하는 넓은 의미에서 이해해야 한다. 만약 "지성의 명령"이, "사람이 전 생애 동안 행복해지는 데 무엇을 하는 것이 최선이고 가장 좋은지를 선언한다"는 의미라면, 의지가 항상 지성의 최종 명령을 따른다는 말은 사실이 아니다. 이성의 명령 문제는 현재 가장 유쾌해 보이는 것과 아주 별개의 문제다. 어느 측면으로 보든지 만사는 모두 함께 얽혀 있으며 정신의 현재 인식 혹은 이해 및 관념과 관련이 있다.

JE **양팔 저울이 접시 위에 올려진 사물의 중량에 따라 기울어지는 것처럼, 의지의 결**

정도 이성의 명령과 다른 요인이 어느 쪽에 어떻게 올려져 있느냐에 달렸다.

다시 말하자면 이성이 명령을 내릴 때 그 명령은 양팔 저울에 올려져서 의지를 자극하고 유도하는 복합적인 영향력과 관련이 있는 한 가지 요소로 고려된다. 또한 이성의 명령은 의지가 항상 좇는, 좋아 보이는 정도를 평가할 때 고려되는 하나의 요소다. 하나의 요소로 고려된 이성의 명령은 다른 요소에 더해져 영향을 미치거나, 그 요소들에 반하는 영향을 미친다. 이성의 명령이 다른 요소들과 일치할 때는 양팔 저울의 같은 접시에 올려진 것처럼 그 무게가 다른 요소들에 더해진다. 반면 그 명령이 다른 요소와 상반될 때에는 반대편 접시에 무엇이 올라가는 것처럼 다른 요소들이 의지에 미치는 영향에 저항한다. 그러나 이 저항은 더 무거운 다른 요소에 의해서 흔히 제압된다. 그렇게 되면 의지의 활동은 이성의 명령과 반대에 의해 결정된다.

JE의 최종입장 정신의 주관, 선행 경향, 의욕 자극 ▶ 강한 동기 ▶ 의지 결정

내가 지금까지 논한 내용이 이 장의 서두에서 밝힌 내 입장을 어느 정도 예증하고 확증해주었으리라 믿는다. 즉 의지는 항상 가장 강한 동기에 의해서, 혹은 의욕을 자극하는 가장 지대한 선행 경향을 갖고 있는 정신의 주관에 의해서 결정된다. 그러나 동기의 힘을 구성하는 것에 대해 내가 행복할 만큼 제대로 설명했든 어떻든, 이 문제를 다루는 데 내가 실패했다고 해도 이것이 이 명제 자체를 무너뜨리지는 못할 것이다. 왜냐하면 이 명제는 그 자체 속에 이미 이것을 입증하는 증거가 있기 때문이다. 이는 계속 이어지는 글에서 중대한 목적이 된다. 인간의 자유에 대해서 내가 말해야 할 바를 다 말하기도 전에 이 명제가 참되다는 것이 분명히 드러날 것이다.[6]

6　JE는 다음과 같은 예를 들어 인간의 자유의지 교리가 구원론에 어떻게 적용될 수 있는지
　　말했다. "그리스도에게 나아오기를 원하는 자는 누구든지 올 수 있다. 바로 그런 이유 때
　　문에 의지는 매인 것이 아니다. 이 자유는 하나님 찾기를 거부하는 것이 심히 비합리적
　　이며, 도리어 우리의 죄책감을 더 증대시킨다고 말한다. 그러면 누가 나아오기를 바라는
　　가?…바로 성령께서 완전히 불가항력적인 거듭남의 일을 이미 일으킨 사람만이 올 수 있
　　다." Boice, James Montgomery, and Philip Graham Ryken, *The Doctrines of Grace:
　　Rediscovering the Evangelical Gospel* (Crossway, 2002), 85.

3장

필연, 불가능, 불능, 우연의 의미

"필연적"(necessary), "불가능한"(impossible) 등등의 단어는 자유의지와 도덕 행위와 관련한 논쟁에서 많이 사용된다. 따라서 이 단어들이 품고 있는 의미를 분명히 해야 한다.

"반드시 ~해야 한다"(must)란 하나의 필연이 거기에 있다는 뜻이다.

내가 여기서 어떤 일이 반드시 일어나되 그 반대는 일어날 수 없다고 할 때, 우리는 그 일을 "필연적"이라고 한다. 하지만 이런 정의는 "필연적"이라는 단어에 대한 적합한 정의 혹은 설명이라고 할 수 없다. "반드시 ~해야 한다"(must)라는 단어를 하나의 필연(必然)[1]이 거기에 있다는 뜻으로 설명해야 옳은 설명일 것이다. "해야 한다"(must), "할 수 있다"(can), "할 수 없다"(cannot)라는 단어들도 "필연적인", "불가능한"이라는 단어들만큼이나 설명이 필요하다. 전자의 단어들은 주로 어린아이들이 사용하고, 또 후자보다 더 일찍이 그 뜻을 어느 정도 알게 된다.

"필연적"이란 어떤 일이 불가능 없이 불가항력적으로 반드시 일어난다는 뜻이다.

이 단어는 일반 대화에서 무엇을 비교할 때 사용하는 상대적 용어로, 앞서 언급한 그 일이 이미 끝났으며 방해하거나 변개할 수 없다는 것을 입증해준다. 그렇지만 그런 일의 존재에 대한 어떤 반대가 예상된다. 이런 반대에 직면하는 것이 "필연적"이란 단어다. 이 단어의 본질적 의미는 가정할 수 있는 모든 반대에도 불구하고 존재하거나 혹은 앞으로 존재할

---

1 그렇게 될 수밖에 없는 일, 우연(偶然)의 반대말이다. 에드워즈는 만물 만사의 결과에는 원인이 있다는 인과론적 사고와 하나님이 제1원인으로 계신다는 신적 결정론적 사고를 한다. 이는 서양철학의 형이상학적 전통 아래서 당연시되어왔고 우연은 없다고 간주되어왔다. 아르미니우스주의자들이 자유의지를 주장하며 칼뱅주의자들의 필연은 비합리적이라는 냉소적인 비판에 대하여, 에드워즈는 비판과 옹호를 하며 자신의 필연과 자유의지 양립론(compatiblism)을 전개한다.

일로 정의할 수 있다. 즉 "필연적"이라는 말은 그것이 존재하지 않는 것이 불가능하다고 말하는 것과 같다. 그러나 "불가능한"이란 단어도 명백히 상대적인 용어다. 이것은 어떤 일을 발생시키려고 노력했으나 결과를 내기에는 불충분한 능력이 예견되었을 때 쓰는 말이다. "불능한"(unable)이란 말도 상대적 용어인데, 이는 불충분한 능력 혹은 노력과 관련이 있다. "불가항력적"(irresistible)이란 단어 역시 상대적이며, 어떤 결과를 불러일으키는 힘 혹은 능력에 어느 정도 저항하지만, 그 힘에 맞서거나 결과를 막기에는 불충분하다는 뜻이다. 필연과 불가능에 대한 일반적인 개념은 노력이나 욕구를 꺾는 어떤 것을 내포한다.

여기서 몇 가지 유념해야 할 사항이 있다.

JE **필연적인 것은 사람이 아무리 반대해도 필연적이다.**

1. 우리 자신과 다른 사람에게서, 혹은 어떤 방면에서 반대에 봉착하거나 봉착할 것으로 예상되는 데도 불구하고 발생하는 것을 **대개** 필연적이라고 말한다.

JE **필연적인 것은 사람이 전적으로 반대해도 필연적이다.**

그러나 우리 자신에게서 가정될 수 있는 모든 반대에도 불구하고 존재하거나 존재하고 말 것은 **우리에게** 필연적이라고 한다. 이같이 동일한 사실을 "불가능한"이란 단어와 다른 유사 용어들에서도 관찰할 수 있다.

JE **"필연적인", "불가능한", "불가항력적"이란 우리가 아무리 반대/노력해도 소용없다는 뜻이다.**

2. "필연적", "불가능한", "불가항력적" 등등의 용어는 특히 자유와 도덕 행위와 관련한 논쟁에서 앞에서 서술한 두 가지 의미 중 후자로,[2] 즉 **우리에**

게 필연적이고 불가능하다는 의미로, 그리고 **우리 자신이** 가정할 수 있는 모든 반대 혹은 노력과 관련하여 사용된다.

JE **우리의 의지로서 자의적으로 반대하나 소용이 없으므로 가상적인 반대일 뿐이다**

3. "필연"(*necessity*)이란 단어는 일상적이고 통상적인 용법에서 상대명사 (relative)[3]로 쓰인다. 그리고 이 단어는 반대가 언제나 불충분하다고 가정하는 것과 관련이 있다. 어떤 것이 **우리에게** 필연적이라고 말할 때, 이것은 우리 의지의 가상적인 반대이거나, 어떤 것을 반대하거나 부정하고자 하는 우리 자신의 자의적 노력 혹은 수고와 관련이 있다. 왜냐하면 우리가 어떤 사건을 자의적으로 반대한다 할지라도, 우리는 유효한 반대를 하지 못하기 때문이다. 비록 우리가 현재나 미래의 어떤 일이 반대로 되기를 바라며 노력하거나, 또는 그 일이 발생할 수 없게 막거나 제거하려고 시도해도 그 일은 반드시 일어나며, 혹은 필연적으로 일어난다고 말한다. 이때 우리의 그러한 반대는 항상 우리의 의지들의 반대로 구성되어 있거나 우리의 의지들의 반대를 의미한다.

JE **필연적이란 단어는 달리 무언가를 할 수 없다는 뜻이므로 "불가능한, 불가항력적, 불능한"과 같은 뜻이다.**

통상적으로 사용하는 모든 유사 단어와 문구가 그런 식으로 사용되고 통용된다. 우리가 어떤 일을 하고 싶은 대로 해도 그것을 달리 어찌 할 수 없을 때, 그것이 우리에게 **필연적**이라고 말한다. 그렇게 하여 우리는 그

---

2 앞쪽에 있는 전자의 의미: 어떤 반대도 소용없다 혹은 방해하거나 변경하지 못한다. 후자의 의미: "필연적"이란 어떤 일이 불가능 없이 불가항력적으로 반드시 일어난다는 뜻이다.

3 상대명사(relative)란 절대명사에 상반된 것으로, 다른 것들과의 관계에서 그 자체가 갖고 있는 것을 서술하는 명사다.

일을 하려 하거나, 그것이 일어나게끔 하려고 그것을 위해 노력하거나, 혹은 최소한 그것을 바라고 추구함에도 불구하고 우리의 모든 욕구와 노력이 헛될 때, 흔히 그것이 우리에게 **불가능하다**고 말한다. 우리의 모든 반대와 저항이 꺾이고, 그와 반대로 하려는 우리의 모든 노력이 꺾여버릴 때 그것이 우리에게 **불가항력적**이라고 말한다. 그리고 어떤 일을 하려는 우리의 가상적 욕구와 노력이 불충분할 때 우리는 그것을 하기에 **불가능하다**고 말한다.[4]

JE 에드워즈가 그 단어들의 일반적 의미는 지지하지만 통상적/학술적 의미에 대해서는 주의를 요청한다.

우리는 일상적인 언어에서 이런 말들을 앞서 언급한 의미로 이해하고 사용하는 데 익숙하다. 그런 언어 습관 속에 자랐고, 어릴 때부터 언제나 그런 의미로 사용해서 이제는 그 습관이 고착되고 정착되었다. 이런 용어들은 우리의 의지, 욕구, 노력에 대한 관념과 강하게 연결되어 있어서, 이런 단어들을 들을 때마다 우리의 마음속에는 그런 관념이 자연스레 떠오른다. 이 단어들은 우리의 의지, 욕구, 노력에 대한 관념들과 결합되고 연합되어 있어서 불가피하게 함께 간다. 어느 하나가 다른 것을 연상시키면

---

4 알렌 구엘소(Allen Guelzo)는 자유와 필연의 관계에 대한 JE의 입장이 "화해주의" (reconciliationism) 혹은 "온건한 결정론주의"(soft determinism)에 해당한다고 해석했으나, 나중에 "양립론주의자"(compatibilist)라고 변경하여 해석했다. JE는 신적 예정과 인간 자유가 서로 양립 호환적이므로 그 사이에 모순이 없다고 믿는다. 스티븐 윌슨(Stephen Wilson)과 로버트 케인(Robert Kane)도 역자와 함께 JE를 양립론주의자로 해석한다. 참고. 이 책 594-95쪽을 보라. Allen Guelzo, "Freedom of the Will," in *The Princeton Companion to Jonathan Edwards*, ed. Sang Hyun Lee (Princeton University Press, 2005), 126; Robert Kane, *A contemporary introduction to free will* (Oxford University Press, 2005), 148; Stephen Wilson, *Virtue Reformed: Rereading Jonathan Edwards* (Brill, 2005), 193, 220.

그것은 또 다른 하나를 수반하며, 이는 우리가 살아 있는 한 결코 분리될 수 없다. 이 단어들을 일상적인 의미와 다르게 학술 용어로 사용한다면 더더욱 각별한 주의를 기울여 사용해야 한다. 그렇지 않으면 무의식적으로 일상적인 용법으로 사용해 아주 모순된 방식으로 적용하게 될 수 있다. 이 용어들을 학술 용어로 사용하려 할 때 극도로 주의하지 않으면 관념들 사이에 있는 이런 습관적 연결 때문에 우리는 추론과 논증에서 스스로 오판하고 혼란에 빠지게 될 것이다.

JE **충분한 반대 혹은 불충분한 의지/노력이란 허용되지 않으므로 그건 가정일 뿐 묵살된다. 그런 용어들은 가정할 수 있는 반대나 의지, 노력을 기술하는 데 사용하기에 부적합하다.**

4. 지금까지 살펴본 바에 의하면 다음 내용이 도출된다. "필연적", "불가능한", "불가항력적", "불능한" 등등의 용어들에 반대나 불충분한 의지, 불충분한 노력이 있다고 가정해서는 안 되며 가정될 수도 없다. 그런데 가정된다고 하면 바로 그 성질 자체가 그런 반대나 의지 및 노력을 배제하고 부정해버리는 경우가 되며, 이 용어들은 본래의 정확한 의미가 아닌 일상적인 용법을 아주 벗어나게 된다. 이유는 뻔하다. 그런 경우에는 우리가 이런 용어들을 가정할 수 있는 반대나 의지 및 노력에 대해 논할 때 사용할 수 없기 때문이다. 따라서 이 용어들을 그렇게 사용하면, 무의식적으로 사용하거나 본래의 의미와 다른 새로운 의미로 사용하는 것이다.

○ 예증 **사람이 악보다 선을 더 좋아한다는 것은 있을 수 없는 가정일 뿐이다.**

예를 들어 만약 어떤 사람이 악보다 선을 더 선호하는 시간 동안, 악보다 선을 선택하는 것이 그에게 필연적이며 반드시 그래야 한다고 그 같은 방식을 따라 확증한다면, 그 선택을 지속하며 또 그는 그 선택을 하는 것 외에 달리 무엇을 하는 것이 불가능하고 불가항력이라고 단언한다면, 그같이 말하는 사람은 "해야 한다", "불가항력적" 등등의 용어를 아무 생각 없이 무의식적으로 사용하거나 통상적인 의미를 벗어난 전혀 다른 의미를 부여하는 것이다. 이 예는 앞에서 살펴본 대로 가정할 수 있는 반대와 반발과 저항에 관한 것이다. 하지만 바로 이 가정은 가상적 반대와 반발의 저항을 용인하지 않으며 부정한다. 왜냐하면 그렇게 가정된 경우는 무엇을 하고 싶어 하는 경우이며, 그리고 무엇을 선택하는 경우이기 때문이다.

형이상학자들의 용어 오용: (1) 가정 불가능한 경우를 가정하여 기술하는 데 사용, (2) 창세전의 하나님의 존재에 대하여, (3) 하나님/사람/천사의 성향과 활동에 대하여

5. 앞서 언급한 내용을 보면 철학자들과 형이상학자들은 "필연적", "불가능한" 등등의 용어를 자주 통상적인 용법이나 원어의에서 벗어나 다르게 사용하는 것을 흔히 볼 수 있다. 왜냐하면 그들은 반대가 가정되지도 않거나, 반대를 가정할 수도 없는 수많은 경우에 그 용어를 적용하기 때문이다. 이처럼 그들은 하나님 외 다른 것이 존재하지 않았을 때, 곧 창세전부터 존재하신 하나님의 존재에 관하여 논하는 데 그런 용어를 사용한다. 또한 하나님의 자기 사랑, 하나님의 의를 사랑하심과 악을 증오하심 등등 신적 존재의 수많은 성향과 행위를 가리킬 때 그런 용어들을 사용한다. 그리하여 그런 학자들은 그 용어를 창조된 지적 존재인 천사와 사람의 성향과 행위와 관련하여 많은 사례에 대하여 적용한다. 이 사례에 대한 가정 속에서 의지의 전적인 반대는 묵살되고 부정된다.

철학적 필연 = 사물들의 확실성
형이상학적 필연 혹은 철학적 필연은 사물들의 확실성(certainty, 불가피성)과 전혀 다르지 않다.[5] 나는 지금 지식의 확실성에 대해서 말하는 것이 아니라, 그 사물들 자체에 있는 확실성에 대해서 말하고 있다. 사물 자체의 확실성은 그 사물에 대한 지식의 확실성의 토대가 된다. 또한 그 확실성은 사물을 확증하는 명제(proposition)[6]의 무오성에 기초한다.

철학적 필연 때문에 사물이 존재할 수밖에 없다거나, 혹은 그 반대로 존재할 수 없다는 정의는 때로 철학적 필연에 대한 적합한 설명이 되지 못한다. 다음 두 가지 이유 때문에 그렇다.

첫째, "할 수 있다"(can), "할 수 없다"(cannot)라는 단어는 "필연"이란 단어만큼의 설명을 요한다. 앞의 단어를 가지고 뒤의 단어를 설명하는 것은, 뒤의 단어를 가지고 앞의 단어를 설명하는 것과 같다. 이처럼 만약 우리가 "어떤 사물이 존재할 수밖에 없다"(cannot but be)고 말할 때, 누군가 그게 무슨 뜻이냐고 묻는다면, "어떤 사물이 필연적으로 존재할 수밖에 없다"고 설명하면 된다. 또한 그 사물이 "필연에 의해서 존재할 수밖에 없다"고 말함으로써 우리는 필연을 설명하게 된다.

둘째, 그런 단어 정의는 앞에서 지적했듯이 큰 불편을 야기할 수 있다. "할 수 없다" 혹은 "불능한"이란 단어는 상대적이며, 할 수 없거나 불능하다고 말하는 바로 그것을 위해서 발휘되거나 또는 발휘될 수도 있는 힘과 관련이 있다. 그러나 방금 살펴본 바와 같이 철학자들이 사용했던 "필연"이란 단어는 그런 힘과 관련이 없다.[7]

5　JE, "Of Being," *WJE* 6:202-7. MS#880, *WEJ* 20:122.

6　명제(命題, proposition)란 논리적으로 뜻이 분명한 문장을 말한다. 서술문으로서 그 내용에 대한 진리값 참이나 거짓 중 어느 하나만을 부여할 수 있는 문장이다.

7　조지프 프리스틀리(Joseph Priestley, 1734-1804)가 삼위일체론을 부정하고 단일신론을 주장하는 "유니테리언 만인구원주의자"(Unitarian universalist minister)로 불렸으나, 그는 자유의지를 극단적으로 반대했다. "과거와 현재와 미래의 만사가 분명히 자연의 창조주께서 목적하신 대로 되며 또 그분은 그것들을 위해서 섭리하신다." Joseph Priestley, *The*

철학적 필연은 가상적 반대에도 굴하지 않고 확증된 사물들의 연결이요, 실존이다.

철학적 필연은 어떤 것이 참이라고 확증해주는 명제의 주어와 술어에 의해서 표명된 것 사이에 있는 확고부동한 연결이다. 그런 연결이 있을 때 그 명제 속에서 확증된 것은 어떤 반대나 상반된 노력이 그 상황 속에서 가정되었든지 혹은 가정될 수 있든지 혹은 가정될 수 없든지 간에 철학적인 의미에서 필연적이다. 실체, 특성, 활동 혹은 환경 어느 것이든지 그 실재를 확증하는 주어와 명제의 술어는 완전히 확실한 연결, 그리고 형이상학적 의미에서 필연적이라고 말하는 사물의 실재 혹은 존재를 포함하고 있다. 나는 다음에 이어지는 글에서 필연이 자유와 대치되는 모순적인 것이 아님을 증명하려 할 때 "필연"이라는 단어를 바로 이런 의미에서 사용할 것이다.

어떤 것의 실재를 확증해주는 명제의 주어와 술어는 여러 가지 방식으로 완전히 확실하게 연결되어 있다.

명제의 주어와 술어의 세 가지 연결 방식
첫째, 그것들은 본질상 자체적으로 연결되어 있다.

(1) 그것들은 그들 자체 내에 완전하고 완벽하게 연결되어 있다. 왜냐하면 그것들이 연결되어 있지 않다고 가정하는 것은 모순이나 불합리를 의미하기 때문이다. 이처럼 많은 것들이 본질상 필연적이다. 사람들이 생각하는 존재의 영원한 실재는 그 자체가 필연적이다. 최상위 존재(being in

---

Doctrine of Philosophical Necessity Illustrated (London, 1777), pp. 7, 8; "필연주의자의 교리는 칼뱅주의 교리와 완전히 상반된다." 그럼에도 불구하고 그는 에드워즈를 다음과 같이 비판한다. "철학적 필연 교리는 최근의 칼뱅주의자들이 주장하는 것인데, 에드워즈가 최고의 주장자다.…그러나 그의 이론 체계가 칼뱅주의 교리와 일치하지 않고 모순됨이 몇몇 필수 교리들을 내버림으로써 드러났다." Idem, pp.157, 160-61.

general)[8]의 실재를 부인하거나, 절대적이며 보편적인 것은 아무것도 없다고 말하는 것 자체가 가장 큰 불합리일 수 있기 때문이다. 말하자면 그것은 모든 불합리의 총체다.

그리하여 하나님의 무한성과 다른 속성들은 필연적이다. 2+2=4가 되는 것도 본질상 필연적이고, 원의 중심에서 원둘레로 직선의 줄을 그을 때 그 길이가 모두 같은 것도 필연적이다. 다른 사람이 자신에게 무엇을 해주기를 기대하는 대로 다른 사람에게 그렇게 해주어야 하는 것도 필연적이며 당연하고 합당한 것이다. 무수한 형이상학적 진리와 수학적 진리도 그 자체로 필연적이다. 그 진리들을 확증해주는 명제의 주어와 술어는 그 자체로 완전히 연결되어 있다.

둘째, 그것들은 과거에 이미 연결되어 있었고 현재에는 고정 및 확정되어 있다.
(2) 어떤 것의 실재를 확증해주는 명제의 주어와 술어의 연결은 고정되어 있을 수 있고 확고할 수 있다. 왜냐하면 그 사물의 실재는 이미 발생하여 현재에 실재하거나 과거부터 실재해오고 있기 때문이다. 말하자면 실재가 확실해진 것이다. 그러므로 현재와 과거의 실재를 확증해주는 명제는 그런 방식으로 확고하게 절대적으로 참이 되었다. 과거 사건은 그 문제의 실재와 관련해서 문제를 확정시키고 결정하였으며, 그 실재는 참된

---

8 최상위 존재: being as being(존재로서의 존재, ens inquantum ens), being in general (최고의 존재), common being(보편적 존재, ens commune) 이 같은 용어들은 형이상학의 주제에 해당한다. 여기서 최상위 존재(being in general)는 니콜라 말브랑슈(Nicolas Malebranche, 1638-1715)가 만든 말로서 육체적·정신적 현상을 주관하는 유일한 실제적 원인 혹은 실체로서의 하나님을 지칭하며 그는 "모든 존재의 총체"로 불렸다. 참고로 JE는 다른 곳에서 이렇게 말했다. "하나님은 모든 존재의 총체요, 그분의 존재 없이는 아무 존재도 존재할 수 없다. 모든 사물은 그 안에 있으며 그분은 모든 것 속에 계신다." MS#880, *WEJ* 20:122.

속성이 되지 않을 수 없게 만들었다. 이처럼 무엇이든지 이미 발생하였던 것의 실재는 현재에 필연적인 것이 된다. 그것이 발생하였다는 것이 참 외에 달리 될 수 있다는 게 불가능해진다.

셋째, 필연적인 다른 것들도 연결되어 있으므로 필연적일 수밖에 없다. 결과적으로 명제도 확고하게 연결되어 있다.

(3) 어떤 것의 존재를 확증해주는 명제의 주어와 술어는 결과적으로(*consequentially*) 실제적이고 확고하게 연결되어 있다. 그러므로 그것의 실재는 결과적으로 필연적이다. 앞서 살펴본 두 방식 중 하나를 고려해볼 때, 그것은 필연적인 어떤 다른 것과 확실히 확고하게 연결되어 있다. 그것은 완전히 그리고 철저히 그 본질상 절대적으로 필연적인 것과 연결되어 있거나, 아니면 이미 실재가 확실해진 어떤 것과 연결되어 있다. 이 같은 필연은 두 가지 혹은 그 이상의 명제들이 서로 연결되어 있거나, 그 같은 연결에 의해서 설명될 수 있다. 다른 필연적인 것과 완벽하게 연결되어 있는 것들은 그 자체가 결과의 필연성에 의해서 필연적이다.

그리고 여기서 관찰하게 될 것은 미래나, 이후에 존재할 모든 것이 필연적이라고 흔히 말하는데, 그것은 오직 이 마지막 방식으로만 필연적이라고 할 수 있다는 사실이다. 그들의 실재 자체가 필연적이지는 않다. 만약 필연적이라면 그것들이 항상 실재했어야 하기 때문이다. 그것들의 실재가 그저 확실해졌다거나, 이미 발생했었다는 것으로 필연적이라고 할 수 없다. 앞으로 일어날 어떤 것이 필연적이거나 혹은 필연적일 수 있는 유일한 방식은 그것이 본질상 필연적인 것, 또는 이미 일어났던 것과의 연결에 의한 방식이다. 그러므로 하나가 필연적이면 뒤따라오는 또 다른 것도 필연적이다.

또한 이 방식은 영원 전부터 있었던 것들을 제외한 나머지 과거의 모든 것이 출현하기 전부터 필연적이었거나, 필연적으로 출현할 수 있게 하였던 유일한 방식이다. 아무런 결과나 사건 혹은 시작이 있었거나 있게 될 모든 것이 필연적으로 존재했거나 이후로 존재하게 만드는 유일한 방식이 바로 이것이다. 이것은 특히 의지의 활동과 관련된 논쟁을 할 때 나타나는 필연이다.

형이상학적 필연 개념 = 필연에 대한 통상적인 이해
사물들은 일반적 필연 아니면 특정한 필연을 품고 있으므로 모두 다 필연적이다.
필연에 대한 통상적인 이해, 곧 필연을 제대로 관찰하기 전에 갖고 있는 이해와 일맥상통하는 형이상학적 필연 개념에 관해서 더 관찰하는 것이 논의에 도움이 될 것이다. 존재하는 것들이 **일반적** 필연이든 혹은 **특정한** 필연이든 다 필연적이라고 흔히들 말한다.

일반적 필연: 일반적인 것의 실재 속에 있는 필연
모든 것을 다 고려해보아도 그것의 실재의 확실성에 대한 근거가 있을 때, 혹은 가장 일반적이며 보편적인 견지에서 그것의 실재를 확증해주는 명제의 주어와 술어가 절대 확실하게 연결되어 나타날 때, 그것의 실재는 일반적으로 필연적이라고 말할 수 있다.

특정한 필연: 특정한 사람, 특정한 사물 혹은 특정한 시간에서의 필연
어떤 사건 혹은 사물의 실재에 특정한 필연이 있을 때 필연적이라고 말할 수 있다. 그 사람이나 사물 혹은 시간에 대하여 고려할 수 있는 어떤 것도 그 사건의 확실성, 혹은 그 사물의 실재 때문에 상황을 전혀 변경할 수 없을 때, 특정한 사람이나 사물 혹은 특정한 시간에 관하여 필연적이라고 말할 수 있다. 혹은 그것이 실재를 확증해주는 명제의 주어와 술어가 절대 확실히 연결되는 데 영향을 미치지 않을 때 필연적이라고 할 수 있다. 따라서 특정한 필연이 있는 것은 적어도 특정한 시간이나, 사람, 사물에서는 가장 일반적이고 절대적인 필연이 있는 것과 같다. 이처럼 사람들에게는 자신이 전혀 손쓸 수 없는 많은 일이, 적어도 그 당시에는 자신의 의지와 전혀 무관한 실재들이 발생한다. 이것이 일반적으로 필연적이든 아니든지에 상관없이 특정한 사람에게는 필연적이요, 그 당시에 그들의 어떤 의욕에도 필연적이다. 이것은 그 문제와 관련한 의지의 모든 활동에 필연적이다.

나는 이렇게 관찰한 내용을 다음에 이어지는 글에서 제공하는 특정한 실례에 적용하고자 한다. 특정한 필연이 있는 것이 일반적 필연도 더불어 있는지 그렇지 않은지는 나중에 차근히 검토해볼 문제다. 여하튼 이 경우에도 특정한 필연과 일반적 필연으로 필연의 종류를 구별하는 데는 영향을 미치지 않는다.

JE **철학자들과 신학자들은 더 포괄적인 의미를 부여한다.**

앞서 설명한 내용들은 일상 언어에서의 원래 의미보다 더 포괄적이고 다양한 의미를 지니고 있다. 그리고 철학자들과 논쟁적인 신학자들에 의해 전문 용어로 흔히 사용되었던 "필연적" 혹은 "필연"이라는 용어를 설명하는 데 도움이 된다.

JE **"필연적", "필연" ↔ "불가능한", "불가능"**
불가능은 부정적 필연, 곧 어떤 것이 발생하지 않는다는 필연이다.

"필연적", "필연"이란 용어의 의미를 설명하기 위해서 남겨진 말은 그 반대말이라 할 수 있는 "불가능한", "불가능"으로서 이 용어도 "필연적, 필연"의 의미를 잘 설명해주기 충분하다. 왜냐하면 후자의 용어들은 부정적이고 전자의 용어들은 긍정적이라는 점 외에는 차이가 없기 때문이다. 불가능은 부정적 필연, 곧 어떤 것이 결코 발생하지 않는다는 필연이다. 그리고 불가능은 필연과 함께 원래의 통상적 의미는 다르지만 유사한 다양성 속에서 전문 용어로도 사용된다.

동일한 내용이 "불능한"(unable), "불능"(inability)이란 단어에서 관찰될 수 있다. 앞서 이미 밝힌 대로 원래의 일반적인 용법에서 이런 용어들은 그 상황에 가정될 수 있지만, 그것이 이루어지는 데는 불충분한 의지와 노력이 관계가 있다. 그러나 그 용어들은 철학자들과 신학자들, 특히 자유의지에 대해 논쟁하는 자들에 의해서 아주 다른 의미로 훨씬 더 포괄적인 의미로 흔히 사용된다. 그리고 이 용어들은 그 결과를 초래하기 위한 의지나 노력이 가정되지 않고 가정될 수도 없는 경우에, 즉 그런 경우의 성격 때문에 그럴 수 없고 그런 가정을 부정하고 제외하는 많은 경우에 적용된다.

JE **"우발적"(contingent)이란 어떤 것이 출현하는 기존 과정에서 원인이나 선행 조건과의 연결이 없을 때, 그리고 예견할 수 없을 때를 말한다.**

"필연적", "불가능한", "불능한"이란 단어들을 논쟁하는 저자들은 통상적인 의미로 그것을 사용하지 않는다. "우발적"(contingent)이란 단어도 마찬가지다. 어떤 것이 출현하는 기존 과정에서 원인이나 선행 조건과의 연결이 인식되지 않을 때, 그래서 예견할 수 있는 방법이 없을 때, 이 단어의 원래 의미대로 무엇이든지 "우발적"이라고 말하거나 "우연히" 혹은 "돌발적"으로 일어난다고 말할 수 있다. 우리가 걱정하고 있는 어떤 것이 우리의 예상과 달리, 그리고 우리의 계획과 의도를 벗어날 때, 우리는 그것을 우발적 혹은 돌발적(accidental)이라고 말한다.

"우발적"이란 사전 근거나 이유가 절대로 없을 때 그렇게 말한다.

그러나 "우발적"이란 단어는 아주 다른 의미로도 많이 사용된다. 그 사건을 예견하기 위해서 우리가 분별할 수 없는 일련의 것들과 연결된 것들에 대해서는 이 단어가 사용되지 않는다. 그러나 사전 근거 혹은 이유가 절대적으로 없는 것에 대해서 말할 때 사용된다. 그 어떤 것의 실재는 사전 근거 혹은 이유와 확고하고 확실하게 연결되어 있다.

4장

자연적 필연과 도덕적 필연, 그리고 자연적 불능과 도덕적 불능

앞서 설명했듯이 지적 존재가 한 명제의 주어일 때 한 명제의 주어와 술어에 의해서 의미를 부여받은 것의 절대 확실한 연결로 구성된 필연은 도덕적 필연과 자연적 필연으로 뚜렷이 구별된다. 이런 구별이 적합하고 완벽한지 혹은 그렇지 않은지를 당장은 살피지 않겠지만, 자주 사용하는 이 용어들이 어떻게 이해되는지 그리고 다음에 이어지는 글 속에서 어떤 의미로 사용되는지 살펴보고자 한다.

JE "도덕적 필연" = 책무의 필연, 의무와 양심의 결박하에 있는 사물들의 연결

"도덕적 필연"(moral necessity)이란 표현은 다양하게 사용된다. 때로 이것은 책무의 필연을 가리킬 때 사용된다. 우리는 벗어날 수 없는 의무(duty)와 양심(conscience)의 결박 아래 있는 사람을 가리켜 필연 아래 있다고 말한다. 그리하여 "필연"이란 단어는 흔히 이익에 따른 큰 책무(great obligation)를 가리킬 때 사용된다.[1] 때때로 "도덕적 필연"이란 말은 사물들의 분명한 연결이 있음을 뜻하는 것이며, 그런 연결은 개연적 증거(moral evidence)[2]의 근거가 된다. 그러므로 절대적 필연과도 구별되며, 완전 무오한 확실성의 토대가 되는 사물들의 확실한 연결과도 구별된다.

---

1 JE는 젊은 칸트를 읽을 수 없었으나 유사한 사상이 있다. 그는 필연과 자유의지를 조화시키려 했다. 칸트도 의지의 자율성을 강조하며 자율적 도덕법칙을 존엄한 의무로 받아들일 것을 강조하여 의무론적 윤리를 주장하였다. 『서양근대철학』(서양근대철학회, 창비, 2001), 82; Lara Denis, Oliver Sensen, *Kant's Lectures on Ethics* (Cambridge University Press, 2015), 145.
2 개연적(蓋然的) 증거란? 어떤 사실들이 참일 것이라고 지지해주는 증거를 일컫는 법학 용어다. 이는 수학적 증거와 대조되는 증거로서 사람의 사고의 확신, 감각의 사용, 사람의 증언, 유추, 귀납의 방식을 통하여 얻은 증거다.

JE **"도덕적 필연"이란 인간의 활동과 행위의 가능성이 상당히 높다는 뜻이다.**

이런 의미에서 "도덕적 필연"이란 세상에서 인간이 자신의 안전과 이익을 고려하며 다른 사람을 사회의 일원으로 대할 때, 세상에서의 그들의 행동과 행위가 일반적으로 충분히 만족스럽고 사람들에게 신뢰받을 가능성(probability)이 상당히 높다는 뜻이다.

JE **"도덕적 필연" = 결과 + 연결의 필연 = 도덕적 원인(힘과 연결)과 확고한 의욕들과 활동들로부터 나온다.**

그리고 때때로 "도덕적 필연"이란 말은 성향 혹은 동기의 힘, 그리고 이것들 사이에 있는 많은 연결과 도덕적 원인으로부터, 즉 그런 확고한 의욕과 활동으로부터 일어나는 결과와 연결의 필연을 뜻한다. 따라서 나는 다음에 이어지는 글에서 "도덕적 필연"이란 문구를 그 같은 의미로 사용할 것이다.

JE **"자연적 필연"이란 사람이 자연적 원인들의 힘 아래에 있을 때다.**

내가 "자연적 필연"을 사람에게 적용할 때는 사람이 자연적 원인의 힘으로 인해 그 힘 아래 있다는 뜻이다. 이것은 마음의 습관과 습성, 도덕적 동기와 자극 같은 도덕적 원인이라 부르는 것과는 구별된다.

자연적 필연의 실례들

이와 같이 어떤 특정한 환경 가운데 놓인 사람들은 필연에 의해서 특정한 감각의 주체가 된다. 그들은 몸이 다쳤을 때 고통을 느끼고, 눈을 떴을 때 환한 빛 가운데서 자기 앞에 나타난 물체들을 본다. 그리하여 그들이 그 용어들을 이해하는 순간, 일정한 명제들의 진리에 동의한다. 2+2=4이고, 검은색은 흰색이 아니며, 평행선들은 서로 마주치지 않듯이, 자연적 필연에 의해서 사람의 몸은 자기를 떠받쳐주는 것이 아무것도 없을 때는 아래로 내려간다.

그러나 여기서 두 가지 종류의 필연에 대해서 조심해야 할 몇 가지를 열거하고자 한다.

JE **도덕적 필연, 자연적 필연 = 절대적 필연**
의지는 가장 강한 동기에 의해서 결정된다. 의지가 동기와 성향에 대하여 저항할
수 있어도 후자가 더 강하면 끌려갈 뿐이다.

1. 도덕적 필연은 자연적 필연과 마찬가지로 절대적이다.[3] 즉 필연적 결과와 자연적 원인이 자연스럽게 연결되어 있듯이, 도덕적 원인과 필연적 결과가 완전히 연결되어 있다. 모든 경우에 의지가 필연적으로 가장 강한 동기에 의해서 결정되는지, 혹은 의지가 항상 그런 동기에 대해 저항하거나, 현재 가장 강한 성향에 대해 반대할 수 있는지 없는지에 상관없이, 설사 그 문제가 반박당하더라도, 아무도 부인하지 않을 것이라고 내가 가정하는 것은, 어떤 경우에는 하나의 선입관과 성향 혹은 주어진 동기가 너무나 강하면 의지의 활동이 확고하여 동기와 뗄 수 없을 정도로 서로 연결될 수 있다는 것이다.

JE **의지가 동기/성향에 대해 저항할 때 일어나는 어려움을 극복할 수 있는 능력을**
사람이 얼마만큼 가졌는가에 따라서 극복 혹은 굴복하게 된다.

---

3 JE의 도덕적 절대주의(moral absolutism): 에드워즈는 인간 행동을 바르거나 그르다고 판단할 때에 그 행동 당시 상황과 상관없이 변치 않는 절대적 기준이 있다고 믿는다(특별히 이 책 제3장과 제4장). Cf. Norman Fiering, *Jonathan Edwards's Moral Thought and its British Context* (Chapel Hill: University of North Carolina Press, 1981), 107, 144; R. G. Frey, *Absolutism and Its Consequentialist Critics* (Rowman & Littlefield, 1994), 110.

연결 = 도덕적 원인들 ▸ "도덕적 필연" ▸ 도덕적 결과들

동기들 혹은 사전 성향이 매우 강할 때, 모든 의지가 그것에 대해 저항하는 데는 어려움이 있다는 것을 모두가 인정할 것이다. 만약 동기나 사전 성향이 더욱더 강해진다면 그 어려움은 더욱 커질 것이다. 그러므로 동기나 사전 성향이 일정한 정도 이상으로 힘을 얻게 되면 어려움도 그만큼 커져 극복이 완전히 불가능해질 것이다. 거기에는 분명한 이유가 있다. 왜냐하면 사람에게 어떤 능력이 있어 어려움을 극복할 수 있을 것이라는 예상이 당연시될지라도, 그 능력이 무한하지 않아 일정 한계를 넘지 못하기 때문이다. 만약 한 사람이 10정도의 어려움을 20정도의 힘으로 극복할 수 있다면 그것은 그 힘의 정도가 어려움의 정도를 넘어서기 때문이다. 하지만 만약 그 어려움이 30 혹은 100이나 1,000정도로 증가하고 힘은 증가하지 않는다면, 그의 힘은 어려움을 극복하기에 절대적으로 불충분할 것이다. 따라서 도덕적 원인과 결과 사이에 확실하고 완전한 연결이 있을 수 있음을 누구든지 인정해야 한다. 나는 오직 이런 경우만을 "도덕적 필연"이라고 부른다.

JE **도덕적 필연과 자연적 필연은 다르다. 도덕적 성질의 습관, 동기, 원인이 인간 의지나 그 활동에 지배적이다.**

2. 나는 도덕적 필연과 자연적 필연을 구별한다. 어떤 사물이 도덕적 필연에 의해서 발생해도 사물의 본질은 도덕적 필연과 서로 관련이 있으며, 또한 어떤 사물이 자연적 필연에 의해서 발생해도 사물의 본질은 자연적 필연과 서로 관련이 있다.

도덕적 습관이나 동기가 너무 강해서 활동이나 의지가 절대적으로 확실히 따라갈 때, 사물의 본질에 그 원인이 있다. 그러나 이 같은 두 종류의 필연을 그렇게 부른다. 그리고 그 필연들은 각기 다른 이름으로 구별됨이 분명하다. 왜냐하면 결국 중요한 구별 혹은 차이가 둘 사이에 있기 때문이다. 이 같은[4] 차이가 연결된 두 단어의 본성 속에 있는 만큼 그 연결의 본성 속에는 그렇게 많이 있지 않다. 그 결과와 연결된 원인은 특정한 종류의 원인이다. 즉 어떤 하나의 습관적 사전 성향이든지 혹은 지성에 드러낸 어떤 동기이든지 간에 그것은 도덕적 성질의 원인이다. 그리고 그 결과 역시 특정한 종류의 결과로 도덕적 성질과 유사하며, 그 도덕적 성질은 영혼의 어떤 성향이나 의욕 혹은 자의적 활동으로 이루어진다.

JE **단순한 본성이란 아무런 선택이 가미되지 않은 상태, "본성"과 "선택"이 보편적으로 완전히 구별된 것을 말한다. 자연적 필연에서나 물질계에서 인간은 자연법칙을 깨고 선택할 수 없다.**

도덕적 필연과 구별되는 필연을 자연적 필연이라고 부르는 이유는 "단순한 본성"(mere nature)이란 단어가 통상적으로 통용되듯이 아무런 선택(choice)[5]이 가미되지 않은 자연적 상태를 의미하기 때문이다. 그리하여 "본성"이란 단어는 종종 "선택"에 대한 반대어로 사용된다. 그 이유는 본성이 실제로 우리의 선택에 어떤 영향력을 끼치지 않기 때문이 아니라, 아마도 (우리의 선택이 본성에 의해서가 아닌) 사건의 식별 가능한 명확한 과정 속에서 본성에 대한 개념을 맨 처음 갖게 되기 때문일 것이다. 우리는 수많은 부분에서 우리가 선택을 해도 아무런 소용이 없는 것을 목격한다. 특히 물질계에서 그러하며, 물질계의 수많은 부분 속에서 더욱 그

---

4   JE는 1754년 초판 22쪽에서 새로운 불완전 문장으로 시작했고, 폴 램지는 ": which…"로 수정했으나, 본 번역서에서는 ". Which…."로 원상 회복시켜서 번역한다.

5   "choice"는 특히 둘 중 하나를 택할(selection) 때나 어떤 결정(decision)을 내릴 때 쓰여 선택이라고 번역하며, "election"은 보통 선거에서 어느 누구를 뽑는 선출을 말하며 신학에서 역시 하나님께서 구원 대상을 택하시는 것을 선택이라고 번역한다.

러하다. 일정한 과정 속에서는 질서와 방식이 연속된다는 것을 너무나 뚜렷하고 쉽게 인식할 수 있다. 그러나 우리가 그 법칙과 연결(기존의 법칙에 따라 실제로 발생하는 연결이 있지만)을 쉽게 인식하지 못하는 곳에서는 사건이 일어나는 방식을 다른 이름으로 표기한다.

물질계와 무생물계에서 일정한 과정에 따라 가시적으로 구별 가능하게 발생하는 것이 아닌 사물들의 경우, 사람들은 사건이 일어나는 방식을 본성의 이름을 따라 명명하는 것이 아니라, "돌발"(accident), "우연"(chance), "우발"(contingence) 등등의 이름으로 명명한다. 또한 사람들은 "본성"과 "선택"이 완전히, 그리고 보편적으로 구별된 것처럼 둘 사이를 구별 짓는다.

JE **도리어 인간은 본성의 영향을 받아 선택을 한다.**

반면에 많은 경우에 선택은 다른 사건들처럼 본성으로부터 일어난다는 것을 아무도 부인하지 못할 것이다. 그러나 기존 법칙에 따른 의욕의 활동들이나 선택의 활동들과, 그리고 그 원인들 사이에 있는 의존과 연결이 쉽게 인식될 수 있을 정도로 명확한 것은 아니다. 말하자면 선택이란 특히 물질적이고 감각적인 것들에서 목격되는 사물의 아주 명확한 법칙 혹은 질서와는 판이하게 다른, 동작과 활동의 새로운 원리다.

JE **선택과 본성의 관계에 대한 오해: 선택과 본성은 구별되지만 분리되지는 않는다.**

또한 우리는 다음을 관찰할 수 있다. 선택은 자주 그 같은 외적 목표들을 지닌 일련의 사건들을 조정하고 개입하고 변경한다. 그리고 그 사건들이 혼자 방임되어 있거나 자신들 속에 있는 동작 법칙에 의해서 진행되도록 방임되어 있다면, 그 선택은 그렇게 하도록 내버려 두지 않고 달리 진행되게 하는 역할을 한다. 그런 이유 때문에 마치 선택이 본성과 완전히 구별되는 하나의 동작 법칙이요, 완전히 반대되는 것처럼 보일 수 있다. 왜냐하면 이 명칭들[6]은 숙고나 연구 없이 감각적으로 가장 쉽게 보이는 것에 의해 제안받은 것을 대충 갖다 붙였기 때문이다.

JE 인간이 자기 의지로 도덕적 필연을 거부할 수 없다.

3. 앞서 설명한 것 가운데 "도덕적 필연"이란 명칭이 의미하는 바와 같이, "필연"이란 단어도 원래 뜻과 목적에 따라 사용되지 않고 있다는 것을 주의하지 않으면 안 된다. 앞에서 관찰한 바와 같이, "필연적", "불가능한", "불가항력적" 등등의 용어들은 일상적인 대화에서, 그리고 가장 적합한 의미로, 어떤 가상적인 의지의 반대나 노력이 불충분하여 이룰 수 없다는 뜻과 항상 관련 있는 상대적 용어다. 그러나 도덕적 필연의 경우에는 그런 반대나 상충된 의지와 노력이 있을 수 있다고 가정할 수 없다. 도덕적 필연은 성향과 의지 자체의 필연성이요, 도덕적 필연을 반대하거나 거부하려는 의지의 억지를 허용하지 않는다. 왜냐하면 동일한 개인의 의지가 그 의지의 현재 활동 속에서 자신의 의지를 반대한다고 하거나, 현재의 선택이 현재의 선택에 반대한다거나 거부한다고 가정하는 것은 우스꽝스럽기 때문이다. 이는 동일한 시간에 동일한 동체(動體) 속에 두 개의 상반된 동작이 있다고 말하는 것이 우스꽝스러운 것과 같다. 그러므로 바로 그러한 가정의 경우는 반대하고 저항하는 의지가 도덕적 필연을 무력화할 수 있다든지 없다든지 하는 어떠한 시도도 허용하지 않는다.

JE 도덕적 불능은 성향의 반대나 부족에서 온다.

자연적 필연과 도덕적 필연에 대하여 앞서 말한 것이 자연적 불능

---

6 "돌발"(accident), "우연"(chance), "우발"(contingence) 등등의 이름.

(*inability*)과 도덕적 불능의 의미를 설명하는 데 도움이 될 것이다.[7] 우리가 무언가를 하고 싶어 하는 의지가 있어도 할 수 없을 때, 흔히 우리는 한 가지 일을 하기에 선천적(*naturally*)으로 불능하다고 말한다. 왜냐하면 가장 일반적으로 본성이라고 불리는 것이 그 일을 허용하지 않기 때문이다. 혹은 지성의 능력이나 육신의 체질에, 아니면 외적 목표들 속에 의지와는 무관하나 방해하는 결함이나 장애가 있기 때문이다. **도덕적 불능은 그런 것들 중 어느 하나로도 이루어져 있지 않으나, 도리어 성향의 부족 혹은 상반된 성향의 힘 때문에 나타난다. 또는 의지의 활동을 유도하고 자극하는 마음속의 충분한 동기가 부족하든지, 아니면 반대에 대한 동기가 더 우세해 보이기 때문이다.** 이 같은 두 가지 내용은 하나로 요약될 수 있다. 한마디로 말해 도덕적 불능은 성향의 반대나 부족에 있다. 즉 동기의 결함이나 상반된 동기가 더 우세하기 때문에 그 같은 일을 하고 싶어 하거나 그 일하기를 선택하는 것이 불가능하다. 또한 그 사람이 성향의 부족 혹은 반대 성향이 더 우세하기 때문에 그런 선택을 하기에 불능하다.

JE 도덕적 불능의 몇 가지 실례

도덕적 불능의 몇 가지 실례를 들어보자. 높은 지조와 정절을 지닌 여인

---

7 "물에 빠진 이웃집 아이를 구하지 못했을 때, 수영을 못해서 그랬다면 자연적 불능이고 자연적 필연이요 책임이 없으나, 알면서도 방관했다면 그것은 도덕적 불능이고 도덕적 필연이요 책임이 따른다." 또 다른 예로 마르틴 루터는 1521년 보름스 국회에서 말하기를, "내가 여기에 선 것은 이것 외에 다른 행동(자신의 개혁 의지를 번복하는)을 할 수 없기 때문이다"라고 했다. 자기 육신의 다리가 불구가 되어서 반대자들에게 못 가는 것이 아니라는 얘기다. 이처럼 그의 "불능"은 로마 가톨릭교회에 대하여 "자유롭게" 반대한 의지에서 나온 "필연적" 결과다. Sam Storm, http://www.samstorms.com/all-articles/post/edwards-on-the-will Cf. 이 책 418쪽을 보라.

은 자기 하인에게 자기 몸을 파는 짓을 못하는 도덕적 불능을 소유하고 있을 것이다. 부모를 심히 사랑하고 자기 책임을 다하는 아이가 자기 아버지를 죽이고 싶어 하는 것은 불능하다. 또 어떤 아주 음탕한 사람은 좋은 기회나 유혹이 있을 때 자제력이 부족해 정욕 채우기를 금하는 것이 불능하다. 술주정뱅이는 이런저런 상황 속에서 독주 마시기를 참는 일에 불능하다. 어떤 아주 악독한 사람이 자기 원수에게 선량한 활동을 하고자 애쓰거나 그의 번영을 기원하는 것은 불능하다. 또 어떤 사람은 악한 습성이 지배하는 힘의 영향 아래 있어 사랑과 명성을 받기에 가장 합당한 사람을 사랑하는 일이 불능하다.

JE **강한 습관으로 도덕적 불능을 극복할 수 있다.**

덕을 내포한 강한 습관과 대단한 수준의 성결은 대체적으로 죄악을 사랑할 수 없게 하는 도덕적 불능을 일으킨다. 또한 악한 사람이나 일에서 만족을 얻을 수 없게 만들고, 선하고 덕 있는 삶보다 악한 삶을 선호하거나 선택하기 불능하게 만든다. 다른 한편으로 악에 대한 강한 성향은 이런 성향을 가진 사람이 거룩을 사랑하거나 선택할 수 없게 불능 아래 두며, 무한히 거룩한 존재를 사랑하거나 그분을 자신의 최고선으로 선택하고 애착하는 것을 막는다.

　여기서 도덕적 불능은 일반적이고 습관적인 도덕적 불능과 특정하고 임시적인 도덕적 불능으로 구별하는 것이 좋다.

JE **일반적이고 습관적인 도덕적 불능—의지는 선량한 활동을 실행할 능력이 없다.**

일반적이고 습관적인 도덕적 불능은 고정된 습관적 성향 혹은 분명한 습관적 결함이나 어떤 특정한 종류의 성향 부족 때문에, 그 본성이나 종류에 해당하는 모든 의지의 실행과 활동을 할 수 없는 불능이 마음속에 있다. 이처럼 본성이 병든 사람은 착한 본성을 가진 사람이 평상시에 행하는 선량한 활동을 실행하기에 불능하다. 그리고 습관적으로 감사하지 않으려는 사람은 감사할 줄 아는 성향이 확연히 결여되어 이런저런 감사 행위를 실행하기에 불능하다.

JE 특정하고 임시적인 도덕적 불능—의지는 어떤 특정한 활동을 실행할 능력이 없다.

특정하고 임시적인 도덕적 불능은 현존하는 동기들의 결함이나 지성의 주관에 대한 촉발의 결함으로 인해 특정 활동을 할 수 없는, 의지와 마음의 불능을 뜻한다. 만약 의지가 항상 가장 강한 동기에 의해서 결정된다면, 특정하고 임시적인 도덕적 불능 속에 있는 의지는 달리 다른 것을 행하는 것이 언제나 불능하다. 의지를 자극하고 유발할 수 있는 모든 것을 고려해볼 때 지금 가장 크고 유리한 동기를 의지가 거부하는 것은 어떤 경우에도 가능하지 않다.

JE 일반적이며 습관적인 도덕적 불능—사람의 욕구와 노력이 있어도 강한 습관 때문에 소용이 없다. 강한 습관은 의지를 꺾되, 이성은 의지를 꺾지 못한다.

두 가지 도덕적 불능 중 하나인 일반적이며 습관적인 도덕적 불능은 일정하게 습관적이며 일반적인 불능인데, 보통 "불능"(inability)이라는 이름으로 불린다. 왜냐하면 "불능"(inability)이란 단어가 원래 의미상 가장 적합하고 어떤 일정한 결함(defect)과 관련되어 있기 때문이다. 또한 여기에 "불능"이라는 단어가 주어지는 또 다른 이유가 있다. 앞서 살펴보았듯이 "불능"이란 단어는 원시적이며 가장 일반적인 용법에서 상대적 용어(relative term)[8]로서, 욕구하고 노력한 일을 이루기에 불충분한, 그리고

---

8 상대적 용어(relative term)란 논리적 용어로서 완전하거나 절대적이지 않으며, 따라서 사

그런 경우에 가정되는 의지나 노력과 관련한 것이다. 이 불능의 모습과 그림자가 오직 일시적인 경우와 원인으로부터만 일어나는 활동에서보다는 고착된 강한 경향으로부터 일어나는 활동에서 더 많이 나타난다.

JE **의지의 현재 활동은 서로 상반될 수 없으나, 의지의 미래 활동은 서로 상반될 수 있다.**

사실상 일시적이든 습관적이든 간에 의지의 현재 활동과 상이하거나 상반된 의지와 노력이란 있을 수 없다. 왜냐하면 그러한 가정은 현재의 의지가 현재의 의지와 다르다고 억측하는 것이기 때문이다. 그러나 의지의 미래 활동에 상반되거나 혹은 미래에 일어날 것처럼 보이는 의욕에 상반되는 의지와 노력은 있을 수 있다. 한때의 의지 활동이 다른 때의 의지 활동과 상반될 수 있다고 가정하는 것은 모순이 아니기 때문이다. 그리고 의지의 미래 활동을 금지하거나 선동하는 욕구와 노력이 있을 수 있다. 그런 욕구와 노력이 많은 경우 고착된 경향으로 인해 불충분하거나 소용없을 수 있다. 그러나 때가 되면 강한 성향은 꺾이고, 모든 반대는 차단된다.

JE **의지의 미래 활동이 일시적으로 변화할 수 있지만, 고착된 끈질긴 경향은 의지와 이성이 거부해도 소용이 없고 도덕적 불능에 이른다.**

그런 관점에서 보면 사람은 강한 경향에 묶인 불쌍한 노예라고 할 수 있다. 그러나 단지 일시적이고 임시적인 미래 활동이 변하는 것은 비교적 쉬울 수 있다. 왜냐하면 특정한 경우나 일시적 원인이 무엇인지가 미리 예상된다면 그 경우나 원인이 흔히 쉽게 저지되거나 외면당하게 될 것이기 때문이다. 그래서 고정된 성향과 관련된 도덕적 불능을 특별히 그냥

물이나 관계를 명확히 나타내기 위해서는 언급이나 첨언이 필요하다.

"불능"이라고 부른다. 따라서 의지가 시간적 거리를 두고 간접적으로 스스로 거부하되, 끈질긴 성향이 있는 경우에는 소용이 없다. 이성이 의지의 현재 활동을 거부하더라도 이성의 저항은 불충분할 것이다. 이 의지의 활동이 강한 성향에서 나올 때 역시 그렇다.

JE 도덕적 불능 = 자연적 불능, 왜?—의지와 성향의 부족 때문에

그러나 도덕적 불능과 관련된[9] "불능"이란 단어가 본래의 의미와 너무나 다른 의미로 사용되고 있다. 이 단어의 용법대로 적절하게 적용하자면 이것은 오직 자연적 불능만을 가리키고, 흔히 사람이 행하기 불능한 일에 대하여 현재의 의지나 성향이 개입되어 있는 경우에만 적용된다.

일반적이며 습관적인 도덕적 불능의 실례

악독한 사람이 얼마나 악독하든지, 그가 자기 손으로 다른 사람을 때리는 것을 스스로 막지 못했다거나, 이웃에게 친절을 베푸는 일을 할 수 없었다고 말하는 것은 통상적인 어법에 맞지 않다. 또한 술주정뱅이가 술에 대한 욕망이 약해지도록 할 수 없었으며, 자기 입에서 술잔을 떼지 못했다고 말하는 것도 통상적인 어법에 맞지 않다.

JE 참: 인간은 무엇을 하고 싶으면 할 수 있는 존재다.
거짓: 인간은 무엇을 하고 싶어 하는데도, 무엇을 하고 싶어 할 수 없는 존재다.

엄밀히 말해서 만약 사람이 어떤 일을 자기 선택 속이나 선정 속에 두고 있다면, 그 일은 그의 능력의 범위 안에 있는 것이다. 그리고 만약 사람이 어떤 일을 하고 싶고 또 그것을 할 수 있을 때, 하기 불능하다는 말은 정

---

9 이 책에서는 "concerning"을 사용하나 1754년 판에서는 "concerned"를 사용했다.

말이지 결코 있을 수 없다. 의지가 있는 외적 활동을, 그리고 의지가 있으면 쉽게 실행될 수 있는 외적 활동을 사람이 실행할 수 없다고 말하는 것은 모순이다. 의지를 의존하는 이런 자발적인 외적 활동을 실행할 수 없다고 말하는 것이 부적합하다면, 그가 의지의 활동 자체를 실행할 수 없다고 말하는 것은 어떤 의미에서 더더욱 부적합하다. 왜냐하면 그가 무엇을 하고 **싶다면서도 그것을 할 수 없다고 말하는 것은 어불성설이기** 때문이다. 이 경우에 자기가 무엇을 하고 싶다면 그것을 하는 것이 그에게 쉬울 것이라는 것은 참일 뿐 아니라, 그렇게 무엇을 하고 싶어 하는 것은 이미 무엇을 하고 있는 것이다. 사람이 어떤 것에 의지를 가질 때 그것은 실행되고, 또 실행되어야 할 것이지 그 외 다른 것은 아무것도 없다. 따라서 이 같은 자발적인 외적 활동에서 불이행의 원인이 힘이나 능력이 부족해서라고 탓하는 것은 옳지 않다. 왜냐하면 여기서 부족한 것은 능력이 아니라 의지이기 때문이다. 성향 외에는 정신의 기능, 본성의 능력 및 다른 모든 것이 충분하다. 즉 의지 외에는 부족한 것이 아무것도 없다.

5장

자유와 도덕 행위의 개념

JE **자유란? 모든 사람이 갖고 있으며 자기가 좋아하는 대로 할 수 있는 능력이나 기회, 혹은 조건**

일상 언어에서 사용하는 "자유"(freedom, liberty)라는 단어의 명백한 의미는 무엇인가? 자유는 모든 사람이 갖고 있는 것으로서, 자기가 좋아하는 대로 할 수 있는 능력이나 기회, 혹은 조건을 말한다. 다른 말로 하자면 자신이 하고 싶은 대로 어느 관점에서나 행하고 처신할[1] 때 당면하는 방해나 장애로부터 자유로움을 말한다. 그리고 자유와 상반되는 것을 어떻게 부르든 그것은 사람 자신이 하고 싶은 대로 처신하지 못하게 방해하거나 불가능하게 하는 것, 혹은 달리 하도록 요청받는 것이다.

JE **자유나 그 상반된 것 양자 모두에 의지적 기능을 포함한다.**

위에서 언급한 내용이 "자유"(liberty)라는 단어의 일반적인 용법에 해당한다면, 그리고 대화법을 배웠고 편견 없는 사람이라면 아무도 다음 내용을 부정하지 않을 것이다. 정상적인 대화 속에서 자유나, 또는 자유와 상반되는 것이 어떤 존재나 사물에서 기인한 것이라 할 수 없고, 흔히 "의지"(will)로 불리는 정신의 기능(faculty), 능력(power) 혹은 속성을 가지고 있는 것에 기인한다고 해야 맞다. 왜냐하면 의지를 갖고 있지 않으면 그 의지에 따라 행할 기회나 능력도 가질 수 없고, 의지에 반하는 행동을 하도록 요청받을 수도 없으며, 의지에 응하는 행동으로부터 제한당할 수도 없기 때문이다.

---

1 JE, 나는 "행함"(doing)이라고 말할 뿐 아니라 "처신함"(conducting)이라고도 말한다. 왜냐하면 행하기를 자의적으로 삼가함, 잠잠히 앉아 있음, 침묵을 유지함 등등을 정확히 "행함"이라고 일컫기에는 적절하지 않지만, 바로 이런 행동에 대하여 자유가 실행되는 것이 사람의 처신이기 때문이다.

JE 자유나 그 상반된 것 어느 것도 의지 자체에 속하지 않는다. 의지는 인간의 정신 기능 중 하나이지 의지 그 자체가 어떤 선택을 하는 능력을 가진 행위자는 아니다.

그러므로 자유(liberty) 혹은 그 반대가 의지 자체에 속한다는 말은 우리가 단어의 원래 적합한 의미에 따라 의미와 무의미에 대해 판단한다면, 의미에 대한 적절한 설명이 아니다. 왜냐하면 의지 자체가 의지를 갖는 행위자(agent)가 아니며, 또 선택의 능력 자체가 선택의 능력을 가지고 있는 것이 아니기 때문이다. 의욕이나 선택의 능력을 소유한 것은 사람 혹은 그 영혼이지 의욕 그 자체의 능력이 아니다. 그리고 자기 의지에 따라 행하는 자유를 가진 자는 그 의지를 소유한 행위자 혹은 행동자이지 그가 소유한 의지가 아니다.

JE 사람 혹은 영혼에게 자유가 있는 것이지 의지 자체에 자유가 있는 것이 아니다.

○예증 새가 나는 자유는 새 자신이 가진 것이다.

예를 들어 풀려난 새에 날 수 있는 능력과 자유가 있는 것이지, 그 새의 나는 능력에 날 수 있는 능력과 자유가 있는 것이 아니다. 자유로움은 교활함, 용감함, 관대함, 질투함과 같이, 힘과 능력을 소유한 행위자의 속성이다. 곧 그 같은 자질은 사람의 속성이지 속성의 속성이 아니다.

두 종류의 반자유: 속박(강제, 강요)과 제한(방해, 불능)

일상 언어에서 자유라고 부르는 것과 상반되는 것에는 두 가지가 있다. 하나는 속박(constraint)이다. 동일한 의미로는 강제, 강요, 압력이 있는데, 이는 자기 의지와 반대된 것을 하도록 요청받는 것을 말한다. 또 다른 하나는 제한(restraint)이다. 이는 자기 의지에 따라서 행하는 것에 방해를 받거나 할 수 있는 능력이 없는 것을 말한다. 그러나 의지가 없는 사람은 그런 일의 주체가 될 수 없다. 동일한 내용을 로크(Locke)가 『인간 오성론』(*An Essay concerning human understanding*)에서 분명하게 밝혔으므로 나는 이것에 대해서 더 길게 말할 필요가 없다.[2]

통상적인 의미의 자유: 자기가 무엇을 하고 싶어 하는 대로 혹은 자신의 선택에 따라서 행하거나 행동할 능력과 기회

JE의 자유 정의: 그 선택의 원인 혹은 발단으로부터 나온 어떤 것

통상적으로 자유라 불리는 것에 관하여 한 가지 더 살피고 싶은 것이 있다. 즉 자기가 무엇을 하고 싶어 하는 대로, 혹은 자신의 선택에 따라서 행하거나 처신할 능력과 기회는 자유가 의미하는 모든 것이다. 그러나 자유라는 단어의 의미는 그 선택의 원인 혹은 발단으로부터 나온 어떤 것도 고려되지 않는다. 곧 그가 어떻게 그런 의욕을 갖게 되었는지 조금도 고려되지 않는다. 그 의욕이 어떤 외적 동기에 의해서 비롯되었는지, 어떤 내적 경향에 의해서 결정되었는지, 혹은 그 의욕이 아무런 원인 없이 일어났는지, 그 의욕이 필연적으로 선행하고 있던 어떤 것과 연결되어 있는지, 아니면 연결되어 있지 않은지 모두 조금도 고려되지 않는다. 사람이 자기 의욕이나 선택대로 자기가 의지를 가진 대로 할 능력이 있고, 그의 의지를 추구하고 실행하는 데 방해하는 것이 아무것도 없다면, 그 사람은 자유에 대한 일차적이며 일반적인 개념대로 전적으로 완전히 자유롭다.

아르미니우스주의자/펠라기우스주의자들은 자유를 완전히 다른 의미로 사용한다.

앞서 설명한 것으로서 인류의 보편적인 개념대로, 일반적으로 통용되는

---

2 John Locke, *Essay*, bk. II, ch. 21, nos. 14-21; 1:319-24.

대로 자유가 무엇을 뜻하는지 충분히 밝혔다고 생각한다. 그러나 아르미니우스주의자들과 펠라기우스주의자들,[3] 그리고 칼뱅주의를 반대하는 기타 다른 사람들이 그 단어를 사용하는 대로 하자면 완전히 다른 의미가 된다. 다음 몇 가지는 그들이 말하는 자유의 개념들이다.

Ar 자유란 의지 안에 있는 자기결정력이나 어떤 확고한 주권이다.

1. 자유란 의지 안에 있는 자기결정력이나 의지가 자기 자신과 자신의 활동들을 다스리는 확고한 주권이다. 이로써 의지는 의지 자신의 의욕을 결정한다. 자신의 의지 없이는 다른 어떤 원인에 의한 의지의 결정을 의존하지 않으며 의지의 활동들보다 앞선 어떤 것에 의해서 결정하지도 않는다.

Ar 자유란 이렇지도 저렇지도 않은 무관심 중립 평형 상태에 있는 것이다.

2. 그러한 무관심(indifference) 중립 상태도 그들이 생각하는 자유에 속한다. 혹은 의욕이 활동하기 이전에 정신이 평형 상태에(*in equilibrio*) 있는 것을 말한다.

Ar 자유란 필연이 아닌 우연에서 기인한다.

3. 우발(contingence)도 자유에 속하며, 자유에 필수적인 어떤 것이다. 이것은 앞서 설명한 바와 같은 "자유"라는 단어의 일반적인 의미가 아니라, 자유가 실재하기 직전의 어떤 근거나 이유와 연결되는 고정되고 확고한

---

3 펠라기우스(Pelagius, ca. AD 354-ca. AD 420/440)는 영국 태생으로 아우구스티누스의 원죄, 전적 타락, 예정 교리를 부정하고, 하나님의 은총보다 인간의 자유의지가 우선한다는 교리를 주창하여 418년 카르타고 공의회에서 이단이라 선고받았다.

연결 혹은 모든 필연에 반대되는 어떤 것이다.[4]

JE 도덕적 행동이 의지의 자유에서 나오는 것이 아니라, 사람 자신이 자유를 가지고
선악 간의 도덕적 행동을 한다.

그들은 자유의 본성이 그런 것들로 구성되어 있다고 가정한다. 사람의 의
지가 그런 의미를 띤 자유를 가지고 있지 않다면, 제아무리 그가 자기 의
지에 따라 활동하는 자유 속에 있을지라도 그는 진정한 자유를 가진 것
이 아니라고 그들은 가정한다.

JE 도덕 행위자는 도덕적 행동자요, 평가받을 자다. 도덕적 기능/감각 그리고 능력을
가진 존재이기 때문이다.

도덕 행위자는 도덕적 속성을 내포한 행동(actions)을 할 수 있는 존재요,
그리고 그 행동 때문에 도덕적 의미에서 선하거나 악하거나, 덕스럽거
나 악덕하거나, 훌륭하거나 결함 있다는 평가를 받는 존재다. 도덕적 선
과 악에 대한, 혹은 칭송이나 책망, 상급이나 징벌에 대한, 도덕적 기능이
나 감각은 도덕 행위(moral agency)에 속한다. 그리고 도덕적 기능(moral
faculty)에 일치하는 행동에 참여하도록 자극하는, 지성과 이성의 주관에
제공된 도덕적 자극 혹은 도덕적 동기에 의해서, 행위자가 자신의 행동들
이 받는 영향을 받아들이는 자질(capacity)도 도덕 행위에 속한다.

---

4 예를 들어 동전이 떨어지면 "앞면"이 나올지 "뒷면"이 나올지, 그 결과를 대개 우연이라고
한다. 이 대목에서 스피노자의 말을 기억하면 에드워즈의 결정론을 이해하기 쉽다. 리처
드 메이슨(Richard Mason)이 파악하는 대로, 스피노자와 에드워즈는 우연에 대해서 거
의 동일한 입장을 취한다. "우연은 우리의 지식이 부족하여 하는 소리지, 실제로 자연세계
에는 우연이 존재하지 않는다." Richard Mason, *The God of Spinoza: A Philosophical
Study* (Cambridge University Press, 1997), 62.

JE 도덕적 기능/감각을 갖지 않아 도덕 행위자가 아닌 실례들: 태양, 불, 짐승

태양은 지구를 따뜻하게 하고 땅이 열매 맺게 하는 원인이요, 지구에 탁월하고 유익하지만 도덕 행위자는 아니다. 그 행동이 선하지만 덕이 있거나 악덕하지도 않다. 한 도시에서 불이 나면 많은 지역이 황폐해지고 많은 사람이 극심한 불행을 겪지만 불은 도덕 행위자가 아니다. 불의 작용에는 결함이나 죄가 없고, 따라서 징계를 받지도 않는다. 짐승도 도덕 행위자가 아니다. 어떤 짐승의 행동은 심히 유익하고 반가우나, 다른 어떤 짐승의 행동은 심히 혐오스럽다. 그렇지만 그들은 도덕적 기능이나 잘잘못에 대한 감각을 가지고 있지 않다. 짐승은 지성을 발휘해서 선택하거나, 혹은 추론과 반성의 능력에 따라 행동하지 않고 오직 본능에 따라서만 행동한다. 짐승은 도덕적 원인에 영향을 받을 수 없으며, 따라서 그들의 행동은 죄악스럽다거나 덕이 있는 것과는 상관없다. 또한 짐승은 그들의 행위로 인해, 도덕 행위자가 자신의 과오나 선행에 따라 도덕적 판단을 받는 것처럼 도덕적 판단을 받는 도덕적 주체가 아니다.

JE 통치자와 백성의 도덕 행위는 자신이 처한 정황, 도덕적 원인, 선악에 대한 지식에 따라 차이가 있다.

이 지점에서 통치자의 도덕 행위와 백성의 도덕 행위 사이에 정황상의 차이가 있음을 기억하자. 나는 이 차이를 정황적 차이라고 부른다. 왜냐하면 이것은 정황적 차이에서 생기고, 양자가 영향을 받을 수 있는 도덕적 원인에만 차이가 있기 때문이다. 통치자가 자신의 능력의 범위 안에서만 행할 때 그는 백성들처럼 도덕법과 그에 따른 위협 및 약속과 상벌에 대해 영향을 받지 않는다. 하지만 둘은 도덕적 선과 악에 대한 지식에 의해서는 영향을 받을 수 있다. 그러므로 이 같은 관점에서 보면, 전혀 백성이 활동하듯 하지 않으시고 자신의 피조물들에 대한 통치자로서의 자질만으로 활동하시는 지존자(Supreme Being)의 도덕 행위는 피조된 지적 존재의 도덕 행위와 다르다.

JE **하나님은 도덕적 통치자로서 지고의 선, 거룩, 의를 소유한 도덕 행위자이시다.**

하나님의 행위, 특히 하나님이 도덕적 통치자로서 실행하시는 행위는 도덕적 성격을 띠고, 도덕적으로 최고로 선하며, 가장 완전히 거룩하고 의롭다. 우리는 그분이 다른 모든 사람들보다 뛰어난 도덕적 자극(moral inducement)에 의해서 가장 최고의 영향을 받았다는 개념을 가져야 한다. 즉 도덕적 자극은 하나님이 이런저런 사물들 속에서 기대하시는 도덕적 선이다. 그러므로 하나님은 가장 적절한 의미의 도덕 행위자요, 모든 도덕적 능력과 행위의 근원이며, 모든 선과 도덕적 선의 근거와 법칙이시다. 하나님은 모든 것 위에 가장 높으신 분이기 때문에, 법이나 명령, 약속이나 위협, 상급이나 징벌, 권고나 경고의 영향 아래 있는 것이 불가능하다.

JE **사람은 하나님의 자연적·영적·도덕적 형상으로 지음 받은 도덕 행위자로서 필수적인 자질, 곧 지성과 분별력을 부여받았으므로 칭송 혹은 징벌을 받아 마땅하다.**

도덕 행위자의 필수 자질은 최고의 완전에 거하시는 하나님께 있다. 도덕적 선과 악의 차이를 인식할 수 있는 지성과 같이, 어떤 것이 칭송받을 만하고 다른 어떤 것이 책망과 징계를 받을 만한지 그 도덕적 가치와 결함을 판별하는 능력이 하나님께 있다. 또한 선택하는 능력, 지성의 인도를 받은 선택, 자기 선택이나 즐거움에 따라 행하는 능력, 그리고 최고의 의미의 칭송을 받아 마땅한 일을 할 능력이 다 하나님께 있다. 하나님은 인간을 만드실 때 자기 형상(창 1:26, 27과 9:6을 보라)대로 지으시고 그 형상 속에 그 같은 능력들을 포함시켰다. 그분은 그 형상으로 인간과 짐승을 구별하셨다. 즉 사람은 본성의 기능들과 원리들로서 도덕 행위를 할 수 있다. 사람은 상당 부분 하나님의 자연적 형상과 영적·도덕적 형상으로 지음을 받았고, 처음 지음 받을 때 하나님의 형상, 곧 도덕적 탁월함을 부여받았다.[5]

---

5 JE는 사람 안에 하나님의 두 가지 형상과 속성, 원리, 즉 자연적인 것과 영적(도덕적)인 것이 있다고 주장하였다. 자연적 형상은 여전히 사람에게 있지만 불완전하다. 지성/지식/이성/열정/양심/의지 등이 그렇다. 반면 하나님의 위대하심, 다른 피조물에 대한 통치력, 영적·도덕적 형상은 완전히 상실되었다. 거룩함이나 도덕적 탁월성도 마찬가지다. 그렇지만 인간의 "자연적 능력"은 타락 후 부분적으로 상실되었다. 그리고 타락한 인간 속에 "자연적 곤란" 역시 잔재하지만, 성령께서는 사람의 자연적 능력을 도와주신다. Cf. Jonathan Edwards, *Religious Affections*, WJE 2:207, 256; idem, *Original Sin*, WJE 3:381; idem, *True Virtue*, WJE 8:590.

제 2 부

아르미니우스주의자들의 자유의지

1장

의지가 자기결정력을 지녔다는 아르미니우스주의자들의 "자유의지" 개념은 명백한 모순이다

Ar의 주장대로 인간의 도덕 행위에 자유의지가 필수적인가?

앞에서 나는 인간의 의지에 대해서 논쟁할 때 사용하는 주요 용어와 문구가 지닌 의미, 특히 인류의 일상 언어와 보편적 이해에 따른 "자유"가 무엇인지, 그리고 아르미니우스주의자들이 이해하고 주장하는 바에 따른 자유가 무엇인지 살펴볼 필요가 있는 것들에 주의를 기울여왔다. 여기서는 아르미니우스주의자들이 의지의 자유를 어떻게 이해하는지 살펴보고자 한다. 그와 더불어 도덕 행위(moral agency)[1]가 가능해지기 위해서, 혹은 누구든지 선해지거나 악해지기 위해서, 그리고 명령이나 충고, 칭송이나 책망, 약속이나 경고, 상급이나 징벌의 대상이 되기 위해서 필수적이라 가정하는 아르미니우스주의자들의 의지의 자유에 대해서 고찰하고자 한다. 또한 일상 언어에서 의미하는 자유로 앞서 상술한 것이 충분한지 아닌지에 대해서, 그리고 그 같은 유일한 자유만이 누구든지 도덕 행위자(moral agent)가 되게 할 수 있는지, 그리하여 방금 언급한 것들의 진정한 대상이 되게 할 수 있는지 고찰하고자 한다.

Ar의 주장대로 과연 의지가 모든 자유로운 활동을 결정하는 자기결정력을 지니고 있는가?

제2부에서는 아르미니우스주의자들이 주장하는 "의지의 자유"가 과연 가능한가, 혹은 상상 가능한가[2]에 대해 고찰하고자 한다. 도덕 행위 등등에

---

1   JE는 인간을 도덕(적) 행위자(moral agent)로 보고 하나님을 도덕(적) 통치자(moral governor)로 본다. 여기서 도덕적(moral)이란 도덕규범을 잘 지키며 착하다는 뜻이 아니라 선악 간의 원리와 관련된 것, 즉 도덕과 관련된 것을 일컫는다.

2   의지는 자유로운가? "의지의 자유"란 아르미니우스주의자들이 말하는 대로 하면 "의지 자체의 자유", "완전히 자유로운 의지" 혹은 "자유의지"(free will)라 할 수 있고, JE에 따르면 의지 자체에는 자유가 없으나 그 사람이 자유롭다는 것이다. 즉 인간이 도덕에 순종하거나 불순종할 자유가 있다는 뜻이다. 그리고 하나님도 자유로우시나 하나님은 오직 선을

어떤 종류의 의지의 자유가 필요한지에 대해서는 다음 제3부에서 살펴볼 것이다.

제2부에서는 무엇보다도 의지 안에 자기결정력이 있다는 주장에 대해서 살펴볼 것이다. 즉 아르미니우스주의자들에 따른 의지의 자유는 주로 무엇으로 이루어져 있는지 살펴보고자 한다. 그리고 의지 그 자체가 의지의 모든 자유 활동을 결정한다는 주장이 얼마나 엉뚱한지 혹은 그렇지 않은지, 그리고 명백한 모순인지 아닌지 조사하고자 한다.

Ar 의지 자체가 자유 활동을 결정한다.

JE 활동이 행위자인 사람에게서 나오는 것이지 그 사람의 능력이나 의지에서 나오는 것이 아니다

여기서 나는 "의지 자체가 자신을 결정한다"(the will's determining itself)와 같은 표현이 심히 부적절하다는 것을 굳이 꼬집지는 않겠다. 왜냐하면 엄밀히 말해 활동은 행위자에게서 기인하지, 행위자의 능력에서 나오는 것이 아니기 때문이다. 존 로크가 말한 대로,[3] 부적절한 표현은 많은 오해

행할 자유밖에는 없다는 것이다. 그럼에도 불구하고 많은 사람이 JE의 입장을 제대로 파악하지 못하고 오해한다. "사람은 전적으로 완전히 자유롭다"(man is fully and perfectly free), "사람이 자의적으로 활동하며 자신이 즐거워하는"(men act voluntarily, and do what they please), "그런 자유 활동들 속에서만 그는 자유롭다"(in them alone was the man was free), "사람은…자기가 선택하는 대로 행할 수 있다"(a man...can do as he chooses), "그런 자유는 필요하지 않다"(there is no need of any such liberty). 이 책 93, 127, 439, 654쪽을 보라. 본서에서 "의지의 자유"를 "자유의지"로 혼용한다.

3 JE와 로크의 관계: JE는 로크의 사상을 어느 정도 그리고 어떻게 수용하는가? 두 사람은 아르미니우스주의자들이 주장하는 것처럼 의지 자체에 능력이 있다는 점은 공히 부정하며 자유가 영혼의 능력이라는 점은 공히 인정한다. 지성과 의지로 이분하는 데는 두 사람이 공히 동의하나 JE는 양자가 항상 일치 상통한다고 하고, 로크는 양자가 상충할 수 있다고 한다. 본서의 역자 서론; Editor's Introduction, *WJE* 1:47-65; Paul Helm, "John Locke and Jonathan Edwards: A Reconsideration," *Journal of the History of Philosophy* 7 (1969): 51-61을 보라.

와 혼란을 불러일으킨다. 물론 아르미니우스주의자들이 의지가 의지 자신을 결정한다고 말할 때, 그 의지는 "무언가를 하고 싶어 하는 영혼"(the soul willing)⁴을 뜻한다.

Ar 의지 = 결정자 = 자의적으로 능력을 발휘하는 영혼

의지를 결정자(determiner)라고 부를 때, 그들이 의미하는 것은 자의적으로 무언가를 하고 싶어 하거나 활동하는 능력을 발휘하고 있는 영혼을 말한다. 이렇게 단정하는 이유는 내가 그들을 그렇게 해석한다고 했을 때 크고 명백하게 모순되지 않으며, 또 그 외에는 달리 어떤 것도 의미하지 않기 때문이다. 활동함(acting)의 능력이나 원리가 어떤 일을 행한다고 말하는 모든 경우에, 우리가 뜻하는 바는 활동함의 능력을 가진 행위자가 그 능력을 발휘하는 중에 능력 혹은 원리를 행한다는 것이다.

가령 "용기가 용감하게 싸운다"고 말할 때, 우리가 의미하는 바는 용기 있는 사람이 용맹스럽게 싸운다는 것이다. "사랑이 사랑할 대상을 찾는다"고 말할 때는 사랑이 있는 사람이 사랑을 줄 대상을 찾는다는 뜻이다. "지성이 인식한다"고 말할 때, 우리가 의미하는 것은 영혼이 그 같은 정신적 기능을 발휘하는 중에 있다는 것이다. 그러므로 흔히 "의지가 판단하거나 결정한다"고 말할 때, 그 의미는 사람이 무언가를 하고 싶어 하며 선택하는 능력을 발휘하는 중에 있다거나, 의지가 있는 영혼이 결정한다는 것이다.

---

4 JE가 영국 철학자 윌리엄 오컴(William of Occam, 1287-1349)의 글을 읽지 않았을 수 있지만 그는 오컴의 의지에 대한 정의를 아르미니우스주의자들의 정의로 간주했다. 왜냐하면 그가 보기에 오컴은 하나님의 가장 특징 있는 활동, 곧 지성이란 생각하는 영혼이요, 의지란 뭔가를 하시기를 바라는 영혼이라고 주장하기 때문이다. David W. Clark, "Ockham on Human and Divine Freedom," *Franciscan Studies* 38 (1978): 132-33.

Ar 의지가 의지 자신의 모든 자유 활동을 결정한다. 의지가 의지를 결정한다.

그러므로 만약 의지가 의지 자신의 모든 자유 활동을 결정한다면, 영혼이 무언가를 하고 싶어 하는 힘, 또는 선택하는 능력을 발휘하여 의지의 모든 자유 활동을 결정하는 것이다. 이것은 의지가 선택의 활동을 결정한다는 말과 같다. 의지는 의지 자신의 활동을 선택함으로써 자기 자신의 활동을 결정한다.

의지가 의지를 결정한다면 선택은 선택을 명령하고 결정(determine)한다. 선택의 활동들은 그 결정(decision)에 달렸고, 그리고 선택의 다른 활동들의 행위를 이어간다. 그러므로 의지가 의지 자신의 모든 자유 활동을 결정한다면, 그때 선택의 모든 자유 활동은 그 자유 활동을 선택하는 선택의 선행 활동에 의해서 결정된 것이다. 그리고 의지나 선택의 선행 활동 역시 하나의 자유 활동이라면 그런 원리에 의해서, 또한 이 같은 자유 활동 속에서 그 의지는 자기결정적(self-determined)이다. 즉 그 같은 방식으로 자유 활동은 영혼이 자의적으로(voluntarily) 선택하는 활동이다. 다시 말해 자유 활동은 선택하는 의지의 선행 활동에 의해서 결정되는 활동이다.

Ar의 모순 의지 자체가 모든 활동을 결정한다 해도, 모든 것이 능력을 시행하는 사람/영혼에 의해서 결정되었다고 말해야 하는데 그렇게 말하지 않는다.

마지막에 언급한 활동에 대해서 동일한 내용이지만 다시 한 번 살펴보자. 그런 개념의 활동은 우리를 곧바로 모순으로 끌고 간다. 왜냐하면 그것은 바로 나머지 전체를 통제하고 결정하는 1차 활동보다 앞서 선행하는 의지의 활동, 혹은 의지의 1차 자유 활동보다 앞서 선행하는 의지의 자유 활동을 가정하기 때문이다. 그게 아니면 결국 우리는 후속 활동을 결정하는 의지의 활동에 이르지 않으면 안 된다. 그렇다면 의지는 자기결정적이지 않으며, 이 같은 자유 개념 속에서 의지는 자유 활동도 아니다. 그러나 만약 연결된 기차의 기관차처럼 일련의 행위를 결정하고 확정하는 1차 활동에 자유가 없다면, 이어지는 다른 어떤 객차에도 자유로운 활동은 있을 수 없다. 이것은 얼핏 보기에도 명확해 보이지만, 이제부터 논증해보일 것이다.

Ar **의지가 의지를 결정하며, 의지의 활동을 결정한다.**

JE **의지의 활동은 선행하는 의욕의 활동에 의해서 결정된다.**

우리는 의지(will)가 우리 몸의 지체를 통솔하며 그 지체들의 동작과 행동을 결정하고 명령한다고 알고 있는데, 만약 의지가 의지 자신을 통솔하고 또 의지 자신의 동작과 활동을 결정한다면, 의지는 이것들을 동일한 방식으로, 심지어는 선행하는 의욕에 의해서도 동작과 활동을 결정할 것이다. 의지는 의욕(volition)[5] 혹은 선택의 활동에 의해서 손발이 어느 방향으로 움직일지를 결정한다. 그리고 의지가 무엇을 결정하고 지시하거나 명령할 수 있는 다른 방법은 전혀 없다. 의지가 무엇을 명령하든 의지는 의지의 활동으로 명령한다. 그리고 만약 의지가 의지 자신의 명령 하에 자신을 두고, 의지 자신의 활동 속에서 자기결정을 내린다면, 의지는 의지 자신의 명령 하에 있는 다른 것을 결정하는 것과 같은 방식으로 자신과 자신의 활동을 결정할 것이다.

Ar **의지의 자유의 자기결정 = 의지는 의지 자신의 명령에 따라 결정을 내리고, 의지**

---

5 Will은 영혼이 좋아하는 무엇이든 선택하는 것을 말한다. Volition이란 일반적으로는 의지력, 결단, 의욕, 의지 작용으로 번역하나 JE는 의지의 한 활동, 선택의 활동으로서 사람이 하고 싶어 하는 것을 하고자 하는 의욕으로 보았다. 그래서 이 책에서는 "의욕"(意欲; 심지[心志])으로 해석한다.

자신이 의지 자신의 의욕들을 결정한다.

JE 그렇게 결정된 의지의 의욕들조차 선행하는 의욕에 의해서 결정된다.

만약 의지의 자유가 이렇게 이루어지면, 즉 의지가 의지 자신의 명령과 지시하에서 자신과 자신의 활동을 결정한다면, 그리고 의지의 의욕이 의지 자신에 의해서 결정된다면 결국은 모든 자유로운 의욕도 그 자유로운 의욕을 지시하고 명령하는 또 다른 선행 의욕으로부터 일어난다. 그리고 지시하고 있는 의욕 역시 자유롭다면, 그 의욕 속에서 의지 역시 자기결정적이다. 그 말은 곧 이렇다. 지시하고 있는 의욕은 그 의욕을 선행하고 있는 또 다른 의욕에 의해서 결정된다. 일련의 과정 전체에서 제1의욕에 이를 때까지 계속 그렇게 될 것이다. 그리고 만약 그 제1의욕이 자유로우며 의지가 제1의욕 안에서 자기결정적이라면, 제1의욕은 자신을 앞서가고 있던 또 다른 의욕에 의해서 결정될 것이다.

Ar의 모순 의욕이 자유로워 스스로 결정한다면, 그 의욕을 앞서 가고 있던 또 다른 의욕에 의해서 결정된다고 말해야 하지만 그렇게 말하지 않는다.

그러나 이것은 모순된 주장이다. 왜냐하면 그들이 가정하는 대로 일련의 상황 속에서 최초에 해당하는 제1의욕을 지시하거나 결정하기 위해서 그 제1의욕을 앞서는 것은 어떤 것도 있을 수 없기 때문이다. 그러나 만약 그 같은 제1의욕이 의지의 어떠한 선행 활동에 의해서도 결정되지 않는다면, 그 활동은 의지에 의해서 결정된 것이 아니다. 그리고 의지의 자기결정으로 이루어졌다는 "자유"(freedom)[6]에 대한 아르미니우스주의자들

---

6   JE는 Freedom, liberty 둘 다 혼용한다. Liberty(freedom) of the will = free will(9회 사용). 우리에게 "자유"(free)는 흔히 그저 아무것이나 자기 하고 싶은 것을 자기 마음대로 하는 것을 일컫는다. 그러나 자유의 정확한 의미는 외부로부터 제약이나 구속을 받지 않는 독립적인 상태를 말한다.

의 개념을 따를지라도, 그 활동은 자유롭지 않다. 만약 후속하는 활동을 결정하고 확정 짓는 의지의 제1활동이 자유롭지 않다면, 그 의지에 의해서 결정되는 그다음의 어떤 활동도 자유로울 수 없다.

JE 사람은 자유로워도 사람의 의지는 자유롭지 않고 의지의 선행 활동에 의해서 결정된다.

가령 의지의 활동에 일련의 다섯 활동이 있는데, 마지막 다섯 번째 활동이 네 번째 활동에 의해서 결정되고 네 번째 활동은 세 번째 활동에 의해서, 세 번째 활동은 두 번째 활동에 의해서, 두 번째 활동은 첫 번째 활동에 의해서 일어난다고 가정해보자. 만약 첫 번째 활동이 그 의지에 의해서 결정되지 않고 자유롭지도 않다면, 그 활동 중 어떤 활동도 의지에 의해서 결정되지 않는다. 즉 각각의 활동은 그들 그대로이며 다른 아무것도 아니라는 사실은 애초에 의지에서 기인하는 것이 아니라, 그 일련의 활동 중 첫 번째 결정에서 기인한다. 그 첫 번째 활동은 의지를 의존하지 않고, 의지가 전혀 관여하지 않는다. 의지와 상관없는 이 첫 번째 활동이 나머지 활동들이 어떻게 될지를 결정하고, 그들의 존재를 결정짓는다. 따라서 그들의 존재를 결정하는 첫 번째 결정은 의지에서 나온 것이 아니다. 의지의 다섯 가지 연속 활동이 아니라 열 가지 혹은 백 가지나 만 가지 활동을 상상해봐도 똑같다. 만약 첫 번째 활동이 자유롭지 않고 의지 밖의 어떤 것에 의해서 결정된다면, 그리고 그 첫 번째 활동이 다음 활동과 일치하는 결정을 한다면 그리고 그다음이 또 그다음을, 계속해서 그렇게 결정한다면 어떤 활동도 자유롭지 못한 활동이지만, 애초부터 모든 활동이 의지 밖에 있는 어떤 원인(cause)[7]에 의존하고 그 원인에 의해서 결정된

---

7 JE의 사상을 이해하는 데 가장 중요한 용어 하나가 원인이다. 원인은 하나님이 인간 심성에

다. 따라서 그 경우에는 모든 자유가 배제되고, 이 같은 (에드워즈의) 자유 개념대로 하면 의지의 어떤 활동도 자유로울 수 없다.

○ 예증 **만 개의 고리 사슬: 첫 번째 연결고리가 움직이면 그다음 모든 고리도 움직인다. 첫 번째 고리의 동작은 어떤 다른 것에 의해서 움직인다. 사람의 동작과 방향이 의지 외의 그 무엇에 의해서 결정된다.**

만 개의 고리로 이루어진 긴 사슬이 있다고 가정해보자. 그중 첫 번째 연결고리가 움직이면 그다음 고리를 움직이게 만들고 그다음 것은 또 그다음 것을 움직이게 만든다. 그리하여 전체 사슬이 움직이도록 하고, 이때 동작의 방향은 첫 번째 고리의 동작에 의해서 결정된다. 그 첫 번째 고리는 어떤 다른 것에 의해서 움직여진다. 이 경우에는 하나의 고리를 제외한 모든 고리가 동일 사슬의 다른 고리에 의해서 움직이게 된다. 그렇지만 사람의 동작도, 그 동작의 방향도, 그 사슬 안에 있는 자체 동력이나 자기결정력으로부터 나오는 것 같지 않다. 즉 각각의 연결고리는 그 사슬에 속하지 않은 어떤 것에 의해서 즉각적으로 움직인다.

JE **의지가 활동의 원인이 아니며, 그 활동을 결정하는 자유를 갖고 있지 않다.**

만약 그다음 활동을 하게 하는 원인이 되는 제1활동에서 의지가 자유롭지 않다면, 제1활동에 의해서 하게 된 그다음 활동에서도 의지는 자유롭지 않다. 왜냐하면 사실 의지가 그 제2활동을 하게 하는 원인이 되었지만

심은 것으로, 일반 감각의 원리이며 모든 존재와 사건의 근원이다. 특히 원인은 도덕적 원인(moral cause)과 자연적 원인으로 구별하고, 인간은 하나님의 은혜로 도덕적 원인을 구비하게 되며 그렇지 않은 존재에는 자연적 원인밖에 없다. 에드워즈는 이를 은유(기차, 사슬)로 설명한다. 원인→동기→의지→의욕(volition)→결과(활동). 긍정적인 모든 원인은 하나님(제1원인, the first cause)이시다. 따라서 우리는 JE를 인과론자(causationist)라고 부른다.

그 의지가 제2활동을 자유롭게 야기시키지는 않았기 때문이다. 즉 제2활동을 야기시키는 선행 활동은 자유롭지 않았다. 그리고 다시 말하자면, 만약 의지가 두 번째 활동에서도 자유롭지 않다면, 두 번째 활동에 의해서 영향을 받은 세 번째 활동에서도 그렇다. 왜냐하면 세 번째 활동 역시 자유롭지 않은 의지의 활동에 의해서 결정되기 때문이다. 그리하여 우리는 다음 활동으로 계속 나아간다. 의지의 네 번째 활동, 다섯 번째 활동, 그리고 얼마나 오랫동안 연속된 활동을 하더라도 상황은 같다.

만약 전체 사슬이 의지하고 있고 나머지 모두를 결정하는 첫 번째 고리가 자유로운 활동이 아니라면, 의지는 그 활동 중 어느 것에도 원인이 되거나 결정하는 자유를 가질 수 없다. 그 이유는 바로 의지가 첫 번째 활동에 의해서 모든 활동을 결정하는데 그 첫 번째 활동이 자유로운 활동이 아니기 때문이다. 따라서 이때 의지는 의지가 활동을 하게 하는 원인이 전혀 되지 않으며, 그 활동을 하도록 결정하는 자유는 더더욱 갖고 있지 않다. 이와 같이 아르미니우스주의자들의 자기결정력을 지녔다는 "의지의 자유"에 대한 이해는 자기모순적이요, 스스로 세상과 완전히 담을 쌓는 격이다.[8]

---

8 의지는 자유로운가? 본서의 핵심 질문에 대해서 JE는 다른 책에서 대답하기를, "사람은 더 자유롭다. 혹은 그들이 말하는 바에 의하면, 그는 의지의 자유를 더 가지고 있었다"(he was more free, or, as they speak, had more freedom of will). JE, "FALL AND FREE WILL," MSC No.291, *WJE* 13:383.

2장

의지의 자기결정력에 대한
반박 방식

Ar 의지가 의지 자신의 의욕/활동을 결정한다.

JE 의지의 활동은 선행 활동에 의해서 결정된다.

앞서 관찰한 것들의 추론을 피하려 한다면, 다음 사항을 주의 깊게 되새겨야 한다. 아르미니우스주의자들이 의지가 의지 자신의 활동을 결정한다고 주장할 때, 이는 의지가 의지 자신의 활동을 선행하는 어떤 활동에 의해서 결정한다거나, 의지의 한 활동이 또 다른 활동을 결정한다는 것을 뜻하지 않는다. 그것은 의지의 힘이나 능력 혹은 의지의 능력을 사용하고 있는 영혼이 의지나 영혼 자신의 의욕을 결정한다는 뜻이다. 결국 의지는 활동이 결정되기 이전에 진행되고 있던 어떤 선행 활동 없이 의지 자신의 의욕을 결정한다는 것이다.

이렇게 은근히 회피하면 아주 심각한 모순들로 가득 차게 된다. 고백하건대 이런 회피는 내 자신이 집요하게 연구하고 있는 바다. 그리고 아르미니우스주의자들은 누구나 이 회피를 하고 있다고 가정하는 것이 내가 그들에게 실례를 범하는 일이 될 수 있다. 그러나 이것이 내가 할 수 있는 최선의 일이라고 생각하기 때문에 이것을 살펴보면서 몇 가지를 지적하고자 한다.

아르미니우스주의자들의 주장과 모순

Ar 선행하는 활동 없이 의지와 영혼의 능력으로만 자신의 활동과 의욕을 결정한다.

JE 의지의 선행 활동 없이 의욕은 결정될 수가 없다.

첫째, 의지의 힘 혹은 능력이 의욕의 활동을 결정한다면, 즉 의지의 능력으로 혹은 실행하는 영혼이 활동을 결정한다면, 이것은 영혼이(의지가)[1] 의지의 활동에 의해서 의욕을 결정한다는 말과 같다. 왜냐하면 의지의 능

---

1 JE는 의지(will)와 영혼(soul)과 정신(mind)을 때로는 동일시한다.

력을 실행하는 것과 그 능력이 활동하는 것은 동일하기 때문이다. 그러므로 의지의 능력 혹은 그 능력을 사용하거나 발휘하고 있는 영혼이 의욕을 결정하지만, 결정된 그 의욕이 선행하는 (의지의) 활동 없이 의욕을 결정한다고 말하는 것이 되어 모순이다.

Ar 의지의 능력(의지력/선택력)이 의욕을 선택하고 활동을 결정한다.

JE 왜 다른 선택은 하지 않는가? 굳이 그 하나를 선택하는 것은 무언가로부터 영향을 받았기 때문이다.

둘째, 의지의 능력이 의지의 활동을 결정한다면, 그때는 선택하는 능력이 의지의 활동을 결정한다. 왜냐하면 앞에서 살펴본 대로 의지의 모든 활동 속에는 선택이 있으며, 의지력은 곧 선택력이기 때문이다. 그러나 선택하는 능력이 의욕의 활동을 결정한다면, 선택하는 능력은 의욕을 선택함으로써 활동을 결정한다. 왜냐하면 선택하는 능력이 다른 것을 선택하지 않고 다른 것보다 유독 그 하나를 선택한다고 말하는 것은 극심한 모순이기 때문이다. 그러나 선택하는 능력이 의욕을 선택함으로써 의욕을 결정한다면, 그 의욕의 활동은 의욕을 선택하는 선행 선택에 의해서 결정된다고 말해야 옳다.

Ar 의지는 선행 활동 없이 자기 의욕을 스스로 결정한다.

JE 그렇게 내리는 결정도 하나의 활동이며 결국 또 하나의 원인이 된다.

셋째, 의지의 능력이나 영혼이 자신의 의욕을 의지의 어떤 활동 없이 결정한다고 말하는 것은 모순이다. 영혼이 무엇이든 지시하고, 결단하고, 결정하는 것은 의지가 활동하는 것이기 때문이다. 그리고 이것은 전제되어 있는 것이다. 여기서 영혼은 의지의 활동을 결정하는 데 어떤 것을 일어나게 하거나 행하는 문제에서 하나의 원인이 된다. 즉 하나의 결과가 나오게 하기 위해서 영혼이 자기 스스로 행사하는 것이다. 그 결과는 의욕의 결정 혹은 특정한 의지의 활동이다. 그러나 의지의 활동 결정이라는 결과를 얻기 위한 영혼의 행사 혹은 활동이 그 결과와 동일하지는 않지만, 그 결과에 앞선 선행 행사 혹은 활동임이 틀림없다.

Ar 의지 안에 주권이 있으므로 의지는 의욕 결정력도 가지고 있다.

JE 의욕의 결정 = 의지의 활동 = 가정된 능력과 주권의 실행

다시 말하자면 의지의 자유에 대한 그 같은 개념을 옹호하는 자들은 의지 안에 확고한 주권이 있어, 의지가 자신의 의욕을 결정할 수 있는 능력을 갖는다고 말한다. 따라서 그들은 의욕의 결정 그 자체가 의지의 활동이라고 믿는다. 그리하여 의욕의 결정은 그들이 있다고 가정하는 의지의 능력과 주권에 의해서 이루어졌다고 믿는다.

Ar의 딜레마 A. 의지가 의지 자신의 자유로 자신의 활동을 결정한다.

B. 의지가 능동적이어서 자기 활동을 한다.

JE C. 의지 스스로 의지를 결정하는 것도 하나의 활동이다. 그 활동은 선행하는 것에 좌우되므로 의지의 자기결정력 개념에 따른 자유란 있을 수 없다.

다시 말해 만약 의지가 의지 자신을 결정한다면, 그 의지가 자신의 의욕을 결정하는 데 능동적이거나 혹은 그 반대일 것이다. 의지가 능동적이라면 그 결정은 의지의 활동이고, 따라서 여기에는 또 다른 것을 결정하는 의지의 활동이 있다. 만약 의지가 결정하는 데 능동적이지 않다면, 어떻게 의지가 의지 안에서 자유를 행사하겠는가? 이같이 의지의 자유에 대한 아르미니우스주의의 개념을 옹호하는 이 신사분들은 의지가 자신의 활동을 결정할 때 자유를 행사한다고 가정한다. 그러나 만약 의지가 결정하는 데 능동적이지 않다면 어떻게 그런 일이 가능하겠는가? 확실한 것

은 의지 혹은 영혼은 자신이 활동하지 않는 것에서나 자기 스스로 행사하지 않는 것에서는 어떤 자유도 행사할 수 없다는 것이다. 그러므로 이같은 딜레마[2]의 어느 한쪽 입장을 취한다 할지라도, 자기결정력으로 구성된 자유 개념은 뒤집힌다.

자기결정력을 지녔다는 자유의지에 대한 에드워즈의 반박

만약 의지 자신의 모든 자유 활동을 결정하는 의지의 활동이 있다고 한다면, 의지의 자유 활동 하나가 또 다른 하나의 활동에 의해서 결정될 수 있을 것이다. 따라서 의지의 모든 자유 활동, 곧 제1차 자유 활동조차도 그에 선행하는 자유 활동에 의해서 결정된다는 모순에 직면하게 된다. 반대로 만약 의지가 의지 자신의 활동을 결정할 때 의지의 활동이나 실행이 없다면, 그 활동을 결정하는 데 행사되는 자유란 없다는 말이다. 결국 그 말은 그 자유는 존재하지도 않는 것이며, 의지 자신의 활동을 결정하는 결정력을 갖고 있지도 않다는 뜻이다. 즉 이것은 의지의 자기결정력을 가진 자유 같은 것이란 존재하지 않는다는 말이다.

Ar의 호소 그 활동이 결정된 의욕에 앞서 선행한다고 속단하지 말라!

그런데도 그들은 또 이렇게 말할 것이다.

만약 영혼이 영혼 자신의 의욕을 결정한다면, 영혼이 그렇게 하는 데 능동적

---

2 여기서 딜레마는 먼저 일상에서 흔히 사용되는 것이 아닌 수사학적 용어로 양도논법이다. 딜레마라는 용어의 어원과 같이(dilemma [Greek: δίλημμα "double proposition"]) 두 전제(前提) 모두 참이 아니기 때문에 결론이 참이 아닌 거짓으로 도출된다는 논리다. 즉, A이면 C이고, B이면 C다. A 또는 B다. 그러므로 C다. 즉 상대방의 전제 어느 쪽을 취해도 상대방에게 불리한 결론이 나온다.

임이 틀림없고, 그 결정 자체가 반드시 의지의 활동이라는 우리의 주장이 사실이다. 하지만 그 활동이 결정된 의욕보다 앞서 선행한다고 단정하지 마라. 의지나 영혼은 하고 싶어 하는(*in willing*) 의지의 활동을 결정할 뿐이다. 즉 의지는 의욕의 바로 그 활동 속에서 의지 자신의 의욕을 결정한다. 또한 의지는 의지의 활동이 그렇게만 하고 그 외 다른 활동을 하지 못하도록 자극하는[3] 어떤 선행 활동 없이 활동을 행사하며, 다른 행위가 아닌 바로 그 의지 활동을 지시하고 제한한다.

만일 누구든지 아르미니우스주의자들의 사고방식대로 말한다면 다음 세 가지 중 어느 하나를 의미할 것이다.

(1) 결정하고 있는 활동은 비록 자연 질서상 결정된 활동 이전의 것이지만, 시간 순서상 그 이전의 것은 아니다.

(2) 결정하고 있는 활동은 시간 질서 속에서 혹은 자연 질서 속에서 결정된 활동 이전에 있었던 것도 아니고 진정으로 구별될 수 있는 것도 아니다. 그러나 영혼이 의욕 활동을 결정하는 것과 의욕의 활동을 행사하는 것은 동일한 것이다. 정신이 특정한 활동을 행사하려고 노력하는 것은 그 활동을 야기하고 결정하는 것이기 때문이다.

(3) 그 의욕은 원인도 결과도 없지만, 의욕의 존재와 결정은 그 어떤 근거나 이유 없이 자신의 확고한 결정으로 말미암아 일어난다.

이제 이 세 가지를 하나씩 명백하게 살펴보고자 한다.

JE **원인으로서의 결정하는 활동이 시간 순서상 결과로서의 결정된 활동 이전에**

---

3 1754년 초판에서는 "행사"(exert)라는 단어를 사용하였으나 오류정정목록에 따라 이 책에서는 "자극"(exite)으로 정정한다.

존재한다.

(1) "의지의 결정하는 활동이 시간 순서상 결정된 활동 이전에는 존재하지 않는다"는 말이 이들이 의미하는 전부라면, 그 말이 사실로 인정될지라도 자신들의 주장에는 전혀 도움이 되지 않을 것이다. 만약 결정하는 활동이 자연 질서상 결정된 활동 이전에 있었다면, 결정된 활동의 존재 원인과 근거가 되며, 마치 시간 질서상 먼저 있었던 것처럼 서로 구별되고 의존한다는 것을 입증해준다.

○ 예증 **구별된 신체 동작의 원인과 발생, 건축자와 건축된 집, 아버지와 그에게서 태어난 아이, 연결된 쇠사슬**

신체가 특정 방향으로 움직이는 이 특정한 동작은 그 동작 원인에 의해서 발생한 동작과 시간적 차이가 없지만, 그 원인에 의해 발생된 특정 동작과 동일할 수 없고, 시간 순서상 결과 이전에 있는 다른 원인과 구별되는 원인임이 틀림없다. 마치 집을 짓는 건축가가 그가 짓는 집과 구별되고, 아버지가 자기가 낳은 아들과 구별되는 것처럼 말이다.

JE **제1활동만이 의지의 활동 없이 결정하는 활동이요, 나머지 모든 활동을 결정하는 활동이므로 자유 활동이 아니다.**

만약 결정하는 의지의 활동이 결정된 활동과 구별된다면, 그리고 자연 질서상 결정된 활동 이전에 있었다면, 우리는 이 활동을 결정하는 또 다른 활동으로 계속해서 거슬러 올라갈 수 있고, 자연 질서상 제1활동 이전에 의지의 활동이 없는 차례 선상에서의 제1활동으로까지 거슬러 올라갈 수 있다. 그리고 최종적으로 그 제1활동은 의지에 의해서 결정되지 않은 활동이요, 그들이 가진 자유 개념으로 하자면 자유 활동이 되지 않는다. 그 제1활동이 나머지 모든 것을 결정하는 활동이므로, 그 나머지 모두는 자유 활동이 될 수 없다.

많은 고리로 연결된 사슬의 첫 번째 고리를 손으로 잡아당기면, 나머지는 모두 자연스럽게 시간차 없이 동시에 따라온다. 이때 한 고리의 움직임은 다른 고리의 움직임보다 자연 질서상 앞선다. 마지막 고리는 그 직전 고리에 의해서 움직이고, 그 직전 고리는 또 그 직전 고리에 의해서 움직인다. 그리고 이런 식으로 첫 번째 고리에 이를 때까지 계속하면, 첫 번째 고리는 어떤 다른 고리에 의해서 움직이는 것이 아니라 전체 사슬과 구별되는 무언가(something)에 의해서 움직인다. 바로 이 실례는 고리 하나의 동작이 시간 순서상 다른 고리의 동작을 따라 잇는 것처럼, 사슬의 어느 부분도 스스로 움직이는 힘에 의해서 움직여지는 게 아님을 잘 증명해준다.

Ar 결정하는 활동이 시간적으로 결정된 활동 이전에 있지 않으며 구별되지 않는다.

JE 시간적으로 전후에 놓인 결정하는 활동과 결정된 활동은 원인과 결과로 맞물려 있으며 서로 자유롭지 않다.

(2) 만약 누군가 의지의 결정하는 활동이 시간 순서상이든 자연 질서상이든 결정된 활동 이전의 것이 아니고, 둘은 서로 구별되지 않으며, 의지 활동의 실행이 그 활동의 결정이며, 영혼이 어떤 확고한 의욕을 실행하려는 것이 의욕의 활동을 야기하며 결정하려는 것이라고 주장한다면, 나는 이 문제에 대해 다음과 같이 논평하고자 한다. 애매모호하고 이해하기 힘든 표현 때문에 논점이 쉽게 흐려지고 사라지는 것 같지만, 그렇게 주장하는 자들은 자기 주장을 스스로 반박하고 있는 셈이다.

의욕이란 무엇인가?

의욕(volition)의 활동 자체는 정신의 결정임을 의심할 여지가 없다. 즉 의욕의 활동 그 자체는 정신이 하나의 결론을 맺는 것이요, 정신에 제시된 두 가지 혹은 더 많은 것 중에서 하나를 선택하는 것이다. 그러나 정신이 외부에 있는 선택의 대상 중에서 결정하는 것은 여러 가지 가능한 선택의 활동 중에서, 선택의 활동 그 자체를 결정하는 것과 동일하지 않다.[4]

무엇이 의지로 하여금 그런 선택을 하도록 영향을 주거나 결정하게 만드는가?

질문은 이것이다. 무엇이 정신이나 의지로 하여금 그런 결론 혹은 선택에 이르도록 영향을 주고 지시하고 결정하는가? 다시 말해 의지가 그 같은 결론을 내리고 달리 하지 않는 원인, 근거 혹은 이유는 무엇인가? 아르미니우스주의자들의 자유 개념에 따라 답하자면 이렇다. "의지는 스스로 그렇게 활동하도록 영향을 주고 명령하고 결정한다." 만약 그렇다면 나는 그 활동이 어떤 선행 활동에 의한 것임이 틀림없다고 대답할 것이다. 그런데 그 활동이 무언가(something)에 의해서 일어나고 영향을 받아 결정되었다고 말하면서, 동시에 시간 순서상 혹은 자연 질서상 선행하는 어떤 것에 의해서 결정되지 않는다고 말하는 것은 모순이다. 왜냐하면 어떤 방식으로든 하나의 일에 원인이나 이유가 있다는 것은 그 일에 자연 질서상 앞서 있었다는 것을 의미하기 때문이다.

Ar **의지나 정신은 스스로 지시하고 영향을 주고 결정을 내린다.**

JE **어떤 원인을 가지고 있으며, 이 같은 원인은 결과와 구별되고, 결과 이전에 선행한다.**

존재하게 된 의지의 특정 활동이나 실행이 무엇이든 간에 정상적으로 결

---

4 JE는 여기서 의욕(volition)을 의지와 구별하여 분명한 정의를 내린다. 표준국어대사전에서 의지(意志, will)는 "어떠한 일을 이루고자 하는 마음"으로, 의욕은 "마음에 품은 의지"로 정의하나, JE는 의욕을 의지가 결정하는 본질적 활동작용으로 규명한다.

정되었다면, 그 활동이 존재하게 된 데에는 다른 것이 아닌 어떤 특별한 원인이 있었으며, 특정한 결정 방식에 의해서 활동이 존재하게 된 데에는 어떤 원인이 있었을 것이다. 의지는 어떤 원인의 영향으로 그 일을 결정했을 것이다. 이 같은 원인은 결과와 구별되며, 결과 이전에 선행하는 원인이었다. 그러나 의지나 정신이 스스로 그런 활동을 행사하기 위해서 지시하고 영향을 주고 결정을 내린다고 말하는 것은 그 행사가 원인인 동시에 결과라고 말하는 것과 같다. 다시 말해 그런 활동을 행사하는 것은 그 활동을 행사하게 된 원인이 되는 것이다. 여기서 문제는 그 활동을 행사하는 영혼의 원인과 이유가 무엇이냐는 것이다. 자유에 대한 아르미니우스주의자의 개념에 따르면 그 대답은 다음과 같다. "영혼은 그런 활동을 행사하고 또한 그 행사는 활동의 원인이 된다." 이로 말미암아 이들의 주장을 따른다 할지라도 의지의 행사는 자연 질서상 앞서며 활동과 구별된다.

Ar 영혼이 의지의 활동을 행사하는 것은 아무런 원인 없이 스스로 하는 것이요, 영혼에게는 자기결정력을 가진 의지의 자유가 있다.

JE 무의미한 말로 하는 그 같은 억지는 혼란을 야기할 뿐이다.

(3) 만약 그들의 말이 "의지의 어떤 특정한 활동을 하는 영혼의 행사가 아무런 원인 없이 스스로 발생한다"라는 의미라면, 그리고 "영혼이 다른 것보다 그러한 의욕을 행사하며 그 선택을 하기로 결정한 근거 혹은 이유가 전혀 없다"라는 의미라면, 나는 이렇게 답하겠다. 만약 이것이 아르미니우스주의자들이 열렬히 주장하는 대로, 의지가 의지 자신의 활동을 결정하고 의지의 자유는 의지의 자기결정력에 있다는 의미라면, 그들은 그 자신들과 다른 사람들을 의미 없는 말로 혼란스럽게 할 뿐이다.

무엇이 의지를 결정하는가?

Ar 의지 자신이

JE 무언가에 의해서

"무엇이 의지를 결정하는가?"라는 질문에 대한 아르미니우스주의자들의 답은 이렇다. "의지가 스스로 결정한다." 이에 대한 논쟁을 모두 살펴보면 무언가(something)가 의지를 결정한다고 당연시하고 있음을 볼 수 있다. 그리고 이 대목에 대한 논쟁점은 과연 무언가가 그 의지를 결정하는가, 혹은 의지의 결정은 어떤 원인이나 근거가 있는가가 아니라, 그 결정의 근거가 어디에 있는가, 의지 자체 속에 있는가, 아니면 다른 곳에 있는가에 관한 것이다. 그러나 만약 그들이 의도한 것이 위에서 언급한 그대로라면, 아무것도 의지를 결정하지 않고, 의욕은 자기 존재의 원인이나 근거를 안이든 밖이든 전혀 갖고 있지 않다고 해야 할 것이다. 의지의 모든 자유 활동의 근원으로서의 자기결정력에 관한 잡음이 많으나 그 문제가 제대로 설명되었을 때 뜻하는 바는 이것일 것이다. 어떤 힘도, 어떤 자기 결정력(self-determining power)도, 그리고 다른 어떤 것도 의지의 자유로운 활동의 근원이 전혀 되지 못한다. 그런 활동은 어떤 것으로부터도 나오지 않으며, 어떤 원인이나 능력 및 영향력과도 전혀 관련이 없는 것이다.

Ar의 자유 개념

그럼에도 의지의 자유 활동이 아무런 원인 없이 일어나는 사건이라는 것은 아르미니우스주의자들의 자유 개념 속에 확실히 암시되는 내용이다. 그렇지만 이것은 아르미니우스주의자들의 많은 다른 이론들과 크게 상충되고, 그들의 자유 개념이 의미하는 것과도 상반된다. 그들의 견해가 피력하는 바는, 의지의 확고한 결정이 아무런 원인도 없다는 것이다. 왜냐하면 아르미니우스주의자들은 의지의 자유 활동이 우발적 사건이요,

우연은 그들의 자유 개념에 있는 자유에 필수적이라고 주장하기 때문이다. 그러나 확실한 한 가지는 그 사건의 확고한 실재에 대한 사전 근거나 이유, 즉 사건에 선행하며 사건을 결정하는 원인을 가진 것들은 우연히 일어나지 않는다는 사실이다. 만일 선행하는 어떤 것이 인과관계나 인과적 영향에 의해서 다음에 일어날 것과 그 발생 방식을 결정하고 확정한다면, 그것이 발생할지 발생하지 않을지는 더 이상 우발이 아닌 것이다.

"의지의 자유로운 활동이 원인 없이 일어나는 사건인가?"라는 질문은 의지의 자유에 관한 논쟁의 많은 측면에서 매우 중요하기 때문에, 다음에 이어지는 두 장에서 이 문제에 대해 특별히 더 살펴볼 것이다.

3장

사건, 특히 의욕은
그 존재의 원인 없이 일어날 수 있는가?

원인은 사물을 낳는 능동적 동력 혹은 영향력을 지녔다.

이 주제에 대한 논의를 시작하기 전에 내가 이 글에서 "원인"(cause)이란 단어를 어떤 의미로 사용하는지 설명하고자 한다. 실제로 이 단어보다 더 적합한 다른 말이 없기에 때때로 나는 평소보다 더 광범위한 의미로 이 단어를 사용할 것이다. 흔히 이 단어는 어떤 사물을 산출하는 능동적 동력 혹은 영향력을 지닌 것만을 가리키는 극히 제한된 의미로 사용된다. 그러나 능동적이고 산출적인 영향력을 지니지 않은 사물들도 많다. 하지만 그 사물들은 왜 다른 것들보다 더 특정한 사물들인지, 혹은 왜 그것들이 다른 것들이 되지 않고 그런 특정한 사물들이 되었는지, 그 근거나 이유가 있기에 원인인 것들이 많다.

JE **만사의 동작 방식이 다 다르고 원인도 다 다르나 서로 연결되어 있고 상호 의존적이다.**

○ 예증 **햇빛, 해, 봄, 겨울**

가령 낮에는 햇빛이 있어 수증기를 올라오도록 하는 원인이 되듯이 동일한 방식으로, 밤에는 햇빛이 없어서 이슬이 떨어지게 하는 원인은 아니다. 그리고 봄에는 해가 가까워지는 것이 얼었던 물을 녹이는 원인이 되듯이 동일한 방식으로, 겨울에는 해가 멀어지는 것이 물을 얼게 하는 원인은 아니다. 그럼에도 해의 부재나 멀어짐은 밤과 겨울에 일어나는 그런 결과들과 서로 연결되어 있고 상호 의존적인 전건(前件, antecedent)[1]이다. 비록 해의 부재가 전혀 능동적이지 않으며 아무런 능동적인 영향력도 끼치지 않지만, 이 전건은 왜 그 결과들이 다른 시기가 아니라 하필 그 시

---

1 논리학에서 전건이란 후건(consequent)의 반대말로서 가설적 명제, 혹은 전제 조건, 이유를 일컫는다. 예를 들어, 겨울에 해가 짧으면 날씨가 춥다. 해가 짧지 않다. 그러므로 춥지 않다(If P, then Q. Not P. Therefore, not Q).

기에 일어나는지에 대한 근거와 이유가 된다.

두 가지 원인: 자연적 원인과 도덕적 원인, 도덕적 원인만이 실제적이며 진정한 원인이다.

또한 내가 인과관계에 대해 말할 때, 나는 자연적 원인이라고 불리는 것과 구별되는 도덕적 원인에 대해서 말한다. 도덕적 원인은 그 어떤 원인들보다 더 합리적인 의미의 원인이요, 어떤 사건을 일으키는 실제적 영향력을 가졌으며, 하나의 사건이 발생하는 진정한 근거와 이유가 될 수 있다.

그러므로 내가 이 책에서 자주 사용하는 "원인"이란 단어는 사건과 관련된 자연적·도덕적·능동적·수동적인 어떤 전건을 가리킨다. 여기서 말하는 사건은 그것이 사물이든 혹은 그 사물의 방식과 상황이든지 간에 원인에 의존적이다. 이때 원인은 그 사건이 일어나지 않았으면 좋았을 텐데 왜 군이 일어났는지에 대한, 혹은 왜 사건이 다르게 일어나지 않고 군이 그런 식으로 발생했는지에 대한 전체적인 혹은 부분적인 근거와 이유가 된다.

JE **선행 사건과 후속 사건은 서로 연결되어 있다.**

다른 말로 하자면 선행 사건과 후속 사건은 연결되어 있고, 그 선행 사건이 어떤 능동적 영향력을 가지고 있든 없든, 그것은 왜 후행 사건을 확정하는 명제가 참인지에 대한 이유를 말해준다. 그리고 이에 동의하며 "결과"(effect)라는 단어에 대해 정확히 말하자면, 이것은 어떤 원인이라기보다 오히려 어떤 사건의 결론이다.[2]

---

2 JE의 기회원인론(occasionalism)은 하나님의 절대 주권을 의미한다. 하나님이 유일한 실

JE **모든 사물들은 원인에서 발생하며 원인에 의존하며 이와 연결되어 있다.**

원인에 대해 내가 생각하는 의미를 좀 더 조심스럽게 설명함으로써, 모든 사물들은 어떤 원인 때문에 발생하며, 원인에 의존하며, 그리고 원인과 연결되어 있다는 내 주장에 대하여 트집을 잡거나 반대할 기회를 엿보는 모든 것을 미리 차단할 수 있을 것이다.

원인 없이 아무것도 존재할 수 없다.

원인이라는 단어를 쓰면서 나는 그런 것을 의미한다고 설명했으며, 이제는 원인 없이는 아무것도 발생하지 않는다고 주장하려 한다. 스스로 존재하는 것은 영원부터 있어온 것이며 불변하는 것임이 틀림없다. 그러나 존재하기 시작하는 모든 것은 스스로 존재하는 것이 아니므로 그것들은 자기 존재 외에 어떤 근원이 없으면 안 된다.

왜 만물이 존재하는가? 그 원인은 무엇인가?

과거에 존재하지 않았던 것이 현재에 존재하기 시작한다는 것은 그것이 무엇이든 왜 존재하기 시작하는지 그 원인을 가지고 있음이 틀림없다는 사실을 숙지하는 일은, 하나님이 모든 인류의 정신에 심으신 보편적·선천적 상식의 제1명령이다. 그리고 과거, 현재, 미래에 존재하는 모든 것의 존재에 대한 우리의 모든 추론의 주된 근거다. 보편 상식 안에 있는 이 명령은 사물들의 본질과 양태, 혹은 사물들과 그 사물들의 양식과 상황을

제적 원인이요, 유일한 참 본질(실체, substance)이시다. 피조된 실체들은 사건들의 동력인(작용인, efficient or moving cause)이 될 수 없고, 하나님만이 모든 사건들의 제1원인이 되신다. 이 이론은 "수정된" 원인론이 아니라 "양립적" 원인론으로 해석할 수 있다. 참고. Oliver Crisp, "How Occasional was Edwards's Occasionalism?," *Jonathan Edwards:Philosophical Theologian*, Paul Helm and Crisp, Oliver D. eds. (Aldershot: Ashgate, 2003), 69-77.

동일하게 고려한다.

○ 예증 **정지 상태의 신체가 움직이기 시작하든지, 혹은 움직이던 신체가 방향을 전환하든지 간에 여기에는 어떤 원인 혹은 이유가 있다.**

만약 지금까지 가만히 있던 신체가 정지 상태에서 벗어나 움직이기 시작한다면, 우리는 자연스럽게 그리고 필연적으로 새로운 양태의 존재에 대한, 지금껏 존재하지 않았던 신체의 존재 자체에 대한, 어떤 원인이나 이유가 있다고 가정한다. 그리하여 만약 신체가 지금까지 어떤 일정 방향으로 움직였는데 갑자기 동작의 방향을 바꾸거나 옛 모습을 벗어버리고 새 모습을 취하거나 혹은 그 색깔을 바꿔야 한다면, 새로운 양태의 출발은 새로운 사건이다. 따라서 인간의 정신은 이런 새로운 양태에 대한 어떤 원인이나 이유가 있다는 것을 필연적으로 가정하게 된다.

만약 이 같은 보편 상식(common sense)[3]의 중대 원리가 사라지면, 결과에서부터 원인에 이르기까지의 모든 추론은 끝이 나고, 가장 직접적이며 즉각적인 직관(直觀, intuition)[4]에 의해서 얻은 지식을 제외한 어떤 존

---

3 보편 상식(La. *sensus communis*; Gk. *koine aisthesis*)이란 모든 인류가 지닌 즉각적인 판단이나 인식, 보통 사람들이 공통적으로 지닌 공감하는 지식 양식(良識)을 말한다. 에드워즈가 이 책에서 반박했던 아르미니우스주의자 조지 텀블(George Turnbull, 이 책 참조)의 수제자였던 토마스 리드(Thomas Reid, 1710-1796)는 조지 버클리(George Berkeley)의 지나치게 관념을 주장하는 관념론, 존 로크(John Locke)의 경험론, 데이비드 흄(David Hume)의 회의론에 반기를 들고, 언어, 현상계, 인식, 판단, 수학, 논리학, 인과법칙, 선악의 구별 등등에서 보편 상식을 발견하여 이런 원리들을 모두 과학과 인식의 기초로 삼고, 보통 사람들의 실재론적 관념을 주장했다. 또한 Scottish Common Sense Realism, Scottish school, common sense school 학파를 형성하였다. Gordon Graham, *Scottish Philosophy in the Nineteenth and Twentieth Centuries* (Oxford University Press, 2015), 73.
4 직관이란 의식적으로 이성적인 추론이나 분석을 하지 않고 어떤 것을 직접 이해하고 인식하는 작용, 또는 그 결과로 얻은 내용을 말한다.

재에 대한 모든 지식도 끝이 난다. 특히 하나님의 존재에 대한 우리의 모든 증명은 물거품이 된다. 우리는 우리 자신의 존재로부터, 한때는 존재하지 않았으나 이제 존재하기 시작한 다른 것들의 존재로부터 하나님의 존재를 주장한다. 그리고 모든 구성 요소와 존재 양식을 가진 이 세상의 존재로부터 하나님의 존재를 주장한다. 우리가 눈으로 뚜렷이 볼 수 있는 모든 것은 그 요소 자신의 본질에 필수적이지 않다. 그러므로 자기 스스로 존재할 수 없고, 원인을 가지고 있다. 그러나 그 자체가 필연적이지 않은 것들이 원인 없이 존재를 시작할 수 있다는 모든 주장은 헛되다.

신존재 증명 방법

Ar 사물들의 본질에는 신존재에 대한 지식의 기초가 없고, 영원하고 절대 보편적인 것에 대한 지식도 없다. 그러나 우리에게는 충분한 지성의 힘과 이해가 있어 직관적으로 그것을 알 수 있다.

JE 신을 직관적으로도 알 수 있으나 불확실하다. 따라서 우리는 그분을 (1) 모든 사물의 원인/결과를 통하여 후험적(*a posteriori*)으로,[5] (2) 직관이 아닌 논증으로, (3) 입증된 필연을 통하여 선험적(*a priori*)으로 알게 된다.[6]

사실 하나님의 작품에서 하나님의 존재를 증명하지 못했다고 해서 사물의 본질 속에 하나님의 존재에 대한 지식의 근거가 없다고 단정하고 싶

---

5 "*a priori*"는 사전부터(from the former)라는 뜻으로 선경험(시간적으로 앞선다는 뜻이 아님)으로부터, 선험적인, 연역적인 논증방식이다. "*a posteriori*"는 사후로부터(from the latter)라는 뜻으로 결과에서 원인을 분석해 들어가는 귀납적인 논증방식이다. 이렇게 구별되는 두 종류의 인식론은 어떻게 아느냐는 문제를 다룰 때 사용한다. 이 인식론에는 무엇을 경험하지 않고 사전에도 알 수 있다는 선험적·초월적 인식론(칸트)과 그 반대로 반드시 경험한 사후에 무엇을 인식한다는 경험주의(로크)가 있다.

6 JE의 신존재 증명 방법은 토마스 아퀴나스의 5가지 신존재 증명 방법과 매우 흡사하다. 운동, 능동인, 필연성, 사물비교, 자연목적으로부터의 증명.

지는 않다. 그러나 나는 하나님이 계시지 않다는 가정, 곧 최상위 존재(being in general)를 부정하며 영원하고 절대적이며 보편적인 것은 하나도 없다는 가정은 엄청난 모순이라고 단언한다. 그리고 그것이 존재하지 않을 수 없다는 데 대한 직관적 증거, 또한 영원하고 무한하며 가장 완전한 존재가 틀림없이 존재한다는 데 대한 직관적 증거의 근거 역시 엄연히 있다. 만약 우리가 일반적이며 보편적인 존재 혹은 그 존재와 동일한 무한하고 영원하며 가장 완전한 신적 본성(divine nature)과 본질(essence)에 대한 분명한 개념을 파악할 수 있는 충분한 지성의 힘과 이해가 있다면 그 근거는 더욱 확실하다. 그러나 우리는 논증을 통해 하나님의 존재에 대한 지식에 제대로 이르지 못할 것이다. 그렇지만 우리의 증거는 직관적이다. 우리가 그 증거를 눈으로 볼 때, 그 자체가 필연적인 다른 사물들, 곧 그 본성이 모순되고 상충되는 사물들과 상반된 것들을 보는 것과 같이 본다. 우리는 "2×2=4"라는 것을 알듯이, 그리고 원에는 각이 없다는 것을 알듯이, 그 증거를 직관적으로 알아본다. 만약 우리가 다른 사물에 대한 관념(idea)을 가지고 있듯이 보편적이며 무한한 존재에 대한 명확한 개념(notion)을 가지고 있다면, 그런 존재가 없을 거라는 가정이 모순됨을 최대한 직관적으로 보게 될 것이다. 또한 그 존재에 대한 가장 일반적인 추상적 개념을 가지고서도 그 존재가 없을 가능성에 대해서는 의문의 여지가 없음을 즉각적으로 알게 될 것이다. 그러나 직관적·독립적 방법으로 그것을 확실히 알 수 있는 지성과 능력이 우리에게는 없다.

인간이 하나님의 존재를 알 수 있는 길은 사도 바울이 로마서 1:20에서 말한 바와 같다. "창세로부터 그의 보이지 아니하는 것들 곧 그의 영원하신 능력과 신성이 그가 만드신 만물에 분명히 보여 알려졌나니 그러므로 저희가 핑계하지 못할지니라." 첫째, 우리는 위로 올라가서 후험적으로(a posteriori) 혹은 결과로부터 하나의 영원한 원인이 있음이 틀림없다는 것을 증명할 수 있다. 둘째, 그런 다음에 직관이 아니라 논증을 통하여, 이 존재는 필연적으로 실재하는 것임이 틀림없음을 증명할 수 있다. 셋째, 우리는 그의 존재가 입증된 필연으로부터 내려가서 그분의 수많은 완전하심을 선험적으로(a priori) 증명할 수 있다.

JE의 인과율 원리 | **원인 없이는 아무것도 존재할 수 없다.**

그러나 만약 그 자체가 필연적이지 않은 것도 반드시 하나의 원인이 있음이 틀림없다는 보편 상식의 이 중대한 원리를 포기하면, 지금까지는 원인이 없어 스스로 존재하지 못했던 사물이 이제는 존재할 수 있고, 존재하기 시작할 것이라는 주장이 가능할 것이다. 이 같은 주장대로 하면 피조물에서부터 창조주에 이르기까지 위로 올라가며 논증하는 모든 방식과 하나님의 존재에 대한 모든 증거는 단 한방에 끝장날 것이다. 이 경우에는 이 세상의 존재와 세상에 있는 피조물을 통해서, 혹은 그들의 존재 방식, 질서, 아름다움(beauty)과 효용을 통하여서도 하나님이 존재하신다는 것을 증명할 수 없을 것이다. 왜냐하면 만약 어떤 것이 전혀 원인이 없이 존재한다면, 그것은 결과에 상응할 수 있는 원인이 없이 존재하는 것이기 때문이다. 존재하기 시작하는 것은 하나의 원인을 갖고 있으며, 또한 그것은 결과에 상응하고 상통하는 하나의 원인을 갖고 있음이 인간의 정신에 똑같이 자연스러운 가정이요, 결론이다. "하나의 원인이 없이는 아무것도 존재할 수 없다"는 결론을 내리도록 우리를 끌어가는 원리는 동시에 우리로 하여금 "원인 속에 뭔가가 더 있지, 원인보다 결과 속에 더 있을 수 없다"는 결론을 내리게 한다.

Ar의 가설 **의지의 활동은 원인 없이 일어나는 자유 활동이다.**

만약 "어떤 것이 원인 없이 발생할 수 있다"고 일단 허용하게 되면, 우리는 하나님이 존재한다는 증거를 갖고 있지 않을 뿐 아니라, 현재 자신의 직접적인 관념과 의식 외에는 그 어떤 것도 존재를 증명할 수 없게 된다. 왜냐하면 결과에서 원인을 추적하는 논증을 제외하면 달리 무엇을 증명할 방법이 없기 때문이다. 우리는 현재 주관 속에 직접적으로 갖고 있는 관념들에서부터, 직접적으로 갖고 있지 않은 다른 사물들을 추론한다. 또한 현재 우리 안에 있는 자극받은 감각들(sensation)에서부터 감각의 원인들, 곧 우리를 제외한 사물들의 존재를 추론할 수 있다. 그리고 우리는 이런 사물들의 존재에서부터 그들이 의존하는 다른 사물들의 존재를 논증한다. 원인에 대한 결과로서 말이다. 우리는 기억으로 우리 자신이나 어떤 다른 것이든지 그 과거 존재를 추론한다. 현재 우리의 정신 속에 들어 있는 관념들은 과거의 관념과 감각들의 결과들이다. 우리는 단지 정신 속에 순간적으로 존재하는 관념들만 인지할 뿐, 다른 어떤 것도 직접적으로 인지하지 못한다. 그리고 그런 방식에 의해서만 다른 것들은 또 다른 것들과 필연적으로 연결되어 있고 상호 의존적이라는 것을 인지하거나 인식한다. 그러나 만약 어떤 것이 원인 없이 존재할 수 있다면, 그런 모든 연결과 의존은 해체되며, 우리가 가진 지식의 모든 방식은 날아가 버린다. 만약 "어떤 것이 무존재(nonexistence)에서 나와서 원인 없이 스스로 존재하기 시작한다"는 가정에 모순과 곤란이 없다고 한다면, 셀 수 없이 많은 것이 무존재에서 나온다고 가정해도 모순과 난제가 없을 것이다. 왜냐하면 아무런 사물이나 아무런 난제가 증가되지 않으면, 아무런 사물이나 아무런 난제도 없이 가만히 있기 때문이다. 즉 0을 가지고 아무리 곱하기를 해도 총액은 변하지 않는 것과 같다.

그리고 내가 반대하는 가설, 즉 원인 없이 일어난다는 의지의 활동에 대한 가설에 따르면 "이 세상에서 매일 매 시간 모든 시대에 걸쳐 무수히 많은 사건이 계속해서 아무런 원인이나 이유 없이 우연히 일어난다"는 것이 사실일 수 있다. 과연 그렇다면 모든 도덕 행위자가 끊임없이 계속해서 그렇게 한다는 뜻이 된다. 이 같은 우발, 이 같은 무작용, 이 무작용인도 행위자가 살아 있는 한, 그리고 그에게 기회가 있는 한 얼마든지 그런 종류의 결과를 낳을 수 있다는 말이 된다.

JE 모든 사건에는 어떤 원인이 있다.

단 한 가지 종류의 사물들만, 즉 의지의 활동만이 스스로 일어나는 것 같아 보였는데, 이런 한 종류의 사물들이 일반적으로 스스로 일어나고, 이 사건이 가능한 대상이 있는 곳이라면 어디서나 계속해서 일어난다면, 이 것은 바로 이 사건과 다른 사건 사이에 차이를 만드는 원인이 있음을, 즉 사건 속에 어떤 원인이 있음을 드러낸다. 왜냐하면 우발은 맹목적이어서 어떤 특정한 종류의 사건을 지목하거나 선택하지 않기 때문이다. 무는 선택하지 못한다. 무원인(No-Cause)은 존재를 야기하지 못하고, 다른 모든 것과 구별되는 특정한 종류 하나를 발생시키지도 못한다. 가령 오직 단 한 종류의 물질, 즉 물이 하늘로부터 떨어진다고 해보자. 이런 일이 온 세상에 모든 세대에 걸쳐 매우 지속적으로 매우 자주, 아주 많이 일어난다는 것은 단순한 우연 말고도 무엇인가가 그런 일 안에 있음을 보여준다.

Ar의 가정 원인이나 선행 사건이 없어도 사물들이 발생할 수 있다.

JE의 반박 그런 가정하에서는 사물들이 영속적으로 특정한 것이 될 수 없으며, 그것들은 자기들을 수용해줄 수 있는 여지, 주체, 기회가 제공될 때에만 존재하게 될 것이다.

만약 비실재(nonentity)가 이제 막 존재하려고 하며, 그리고 그 사물이 자신의 존재나 존재의 종류 혹은 방식이 의존하는 원인이나 선행 사건이 없이도 존재할 것이라고 가정한다면, 혹은 그 사물들—돌, 별, 짐승, 천사, 사람의 몸, 영혼, 자연체들의 새로운 동작 혹은 모습, 동물들의 새로운 감각, 인간 지성의 새로운 관념, 의지 안에 있는 새로운 의욕, 혹은 무한대의 모든 가능성 중 어떤 다른 것—이 존재하게 될지 아닐지를 결정하는 것이 원인이나 선행 사건 없이 존재하게 될 것이라고 가정한다면, 온 세상에 셀 수 없이 많은 사물이 지금도 그 같은 방식으로 존재하고 있다고 할지라도, 이 같은 종류의 존재 모두가 어느 하나의 특정한 종류가 되거나, 모든 시대에 걸쳐 특정하다고 기대할 수는 없다. 또한 이런 종류의 존재가 발생할 여지가 있는 곳이나 가능한 대상이 있는 곳에서 반드시 발생하며, 그 존재들이 기회가 있을 때면 언제든지 지속적으로 발생할 것이라고 기대할 수도 없다.

Ar의 반론 **어떤 것이 원인 없이 존재 가능하며, 다른 것들과 달리 의지의 자유 활동이 특별한 본질을 가진 존재라면 어떤가?**

JE의 답변 **그들의 존재 원인의 부정은 도리어 존재하는 어떤 원인에 대한 실마리를 제공한다.** 만약 원인 없이도 존재(existence)하는 종류의 사건(event)에 의지의 자유 활동이 있다고 가정한다면, 그리고 의지의 자유 활동이 다른 사물들과 아주 다른 본성의 존재라고 말한다면, 그런 이유 때문에 다른 사물들은 선행하는 근거나 이유 없이 존재할 수 없으나, 의지의 자유 활동은 아무런 선행 근거나 이유 없이도 존재할 수 있다는 말이 된다. 만약 그들이 이같이 진지하게 반론한다면, 그들은 이상하게도 자신의 주장을 망각하고 있음이 드러날 것이다. 왜냐하면 사물의 존재 근거가 없다는 그들의 주장은 동시에 사물이 존재하는 어떤 근거에 대한 실마리를 제공하기 때문이다.

그러므로 내가 관찰하는 것은 존재의 특정한 본성이 다른 사물과 결코 다르지 않고 동일하다는 것이요, 그 사물이 원인 없이 존재하는 것에 대한 토대를 마련해주지 않는다는 것이다. 왜냐하면 이것은 존재의 특정한 본성이 그 존재에 선행하는 하나의 사물이 된다고 가정하는 것이기 때문이다. 따라서 이러한 상황에서는 존재의 원인이나 이유도 없이 존재할 수 있는 길을 열어주는 하나의 사물이 된다고 가정하는 것이 된다.

그러나 어떤 면으로 보아도 하나의 사물이 존재하게 하거나 첫 존재 방식 혹은 상황으로 가는 길을 여는 사물은 그 존재에 선행하는 것임이 틀림없다. 그 결과의 구별된 본성은 결과에 속하는 어떤 것이지만, 존재하기 전에 어떤 활동을 발생시키기 위해 거꾸로 뒤돌아가서 영향을 끼칠 수는 없다.

JE 의욕은 그 특정한 성질상 원인이 없으면 일어나지 않고, 아무런 작용도, 영향도 끼칠 수 없다.

의욕이라 불리는 사물은 그 특정한 성질상 원인이 없으면, 아무것도 할 수 없고 아무런 영향력도 행사할 수 없다. 그리고 의욕이 존재한 이후에는 의욕이 영향력을 끼치기에는 이미 너무 늦다. 왜냐하면 그때는 의욕이 어떤 특정한 성질의 도움 없이 이미 자기 존재를 확고히 했기 때문이다. 그러므로 인간의 영혼 혹은 천사 혹은 지구 혹은 온 우주가 원인 없이 존재하게 되었다는 가정과 마찬가지로, 의지의 활동이 원인 없이 발생한다는 가정도 사실은 이성을 거스르는 일이다. 그리고 만약 일단 우리가 의욕과 같은 종류의 결과가 원인 없이 발생한다고 인정할지라도 어떻게 무수한 다른 종류의 결과들 역시 원인 없이 발생한다고 말할 수 있겠는가? 의욕이 원인 없이 발생하여 그 존재를 가졌다고 가정하는 것이 불합리한 이유는 의욕의 결과가 특정하기 때문이 아니라, 지금까지 발생하여 존재하는 모든 사물들에게도 흔히 있는 보편적인 어떤 것이기 때문이다. 즉 그 사물들이 그 본성상 자존적(self-existent)인 것이 아니라, 필연적인 것이기 때문이다.

4장

의욕은 원인 없이
영혼의 본성적 활동에 의해서
나올 수 있는가?

IW 육신적 존재는 수동적이어서 원인/이유 없이는 아무것도 발생시킬 수 없지만, 영적 존재는 능동적이어서 아무런 이유 없이도 어떤 일을 스스로 일으킨다.

JE 모든 존재는 이유 없이 아무것도 발생시킬 수 없다.

『하나님과 피조물의 자유의지에 대한 소론』[1]의 저자 아이작 왓츠(Isaac Watts, IW로 약기)는 의지 안에 있는 자기결정력에 관한 그의 교리를 반대하는 사람들에게 다음과 같이 반박했다. "왜 그것이 존재하는지, 그리고 왜 다른 방식이 아닌 이런 방식으로 존재하는지에 대한 충분한 이유가 없으면 아무것도 존재하지 않거나 아무것도 발생하지 않는다." 이 반박에서 왓츠는 "합리적이고 철학적으로 말해서 수동적인 존재", 곧 유형적인 사물들 안에서 이유 없이는 아무것도 발생하지 않는다고 인정하지만, "자기 안에 활동의 근원을 가지고 있으며 스스로 결정할 수 있는 능동적인 본성의 존재들인 영혼들(spirits)" 안에서는 이유 없이 어떤 것도 발생할 수 없다는 것을 부인한다. 여기서 왓츠는 분명히 그 사건이 의지의 활동으로서 왜 일어나는지 혹은 왜 다른 방식이 아닌 이런 방식으로 일어나는지에 대해서는 충분한 이유 없이도 영혼(spirit) 속에서 일어날 수 있다는 입장임을 주장하고 있다. 즉 영혼의 본성적 활동이라는 이유로 일어날 수 있다는 것이다. 그러나 그는 이 문제에 대해 부주의하고 경솔하다. 그 이유를 살펴보자.

IW 영혼은 능동적인 존재이므로 영혼 자신의 결정 그 자체가 원인이다.

1. 아이작 왓츠가 야기한 반대와 난제는 그의 대답이나 해답 속에서는 찾을 수 없다. 그 자신이 제기한 바와 같이 이것은 매우 어려운 난제다. 왜

---

1 Isaac Watts, *An Essay on Freedom of Will in God and in Creatures* (London, 1732). 왓츠(1674-1748)는 당대 최고의 찬송가 작곡가로, 이 책에서는 토마스 처브, 다니엘 휘트비와 더불어 에드워즈의 3대 아르미니우스주의자 논적 중 한 사람으로 등장한다.

사건이 존재하는가? 혹은 왜 그 사건이 다른 방식이 아닌 굳이 이런 방식으로 존재하는지에 대한 충분한 이유 없이 어떻게 발생하는가? 그는 자신이 제기한 이런 난제를 해결하거나, 의욕에 관한 질문에 답변하는 대신에 이것을 스스로 잊어버리고 전혀 모순되며 엉뚱한 질문을 야기하고 답한다. 그는 능동적인 존재 자신의 결정을 원인으로 간주하고, 그 결과에 대한 충분한 원인이라고 말한다. 그리고 해결되지 않은 모든 난제와 질문에 대해서는 대답하지 않은 채 그냥 내버려 둔다. 하지만 그 질문은 다시 다른 질문을 야기한다. 즉 그가 말하는 영혼 자신의 결정이 어떻게 존재하게 되었는지, 그리고 영혼의 결정이 원인 없이 어떻게 존재하게 되었는지에 대한 답은 아직 그대로 남아 있다.

영혼의 활동은 결과의 원인이 될 수 있으나, 원인이 없는 결과의 주체가 되거나 되도록 돕지는 못한다. 이것은 왓츠가 의지의 활동에 관해 가정하는 바다. 어떤 존재가 그 본성적 활동에 의해 자기 밖의 다른 존재에서 나온 원인 없이 결과를 낳거나 결과의 존재 방식을 결정하는 것은 불가능하다. 마찬가지로 그것이 본성적 능동성에 의해 자기 안에서 원인 없이 결과를 낳거나 결과의 존재 방식을 결정하는 것도 불가능하다. 만약 하나의 능동적 존재가 자신의 활동을 통하여 어떤 외부 대상에 결과를 낳고 결정한다고 하면서, 그 결과가 원인 없이 나왔다고 말한다면 이 얼마나 모순된 말인가!

IW 영혼이 특정한 활동을 하는 이유는 그 영혼이 능동적 본성을 갖고 있기 때문이다.
JE 영혼의 본성적 활동이 왜 영혼이 활동하는지 그 활동 원인은 될 수 있어도, 왜 굳이 그 활동을 하는지에 대한 특정한 활동의 원인은 될 수 없다. 그 원인은 다름 아닌 특정한 활동 경향에 있기 때문이다.

2. 활동력을 부여받은 영혼은 어떻게 활동하는가? 그 영혼이 왜 다른 것

은 하지 않고 굳이 그 활동을 하려 하는가? 혹은 그 영혼이 왜 굳이 그러한 특정한 결정을 따라서 활동하는가? 영혼의 활동력은 왜 영(예, 사람의 영혼)이 잠잠히 있지 않고 활동하는지 그 원인이 될 수 있겠지만, 영혼의 활동력만이 왜 그 영혼의 활동이 그러하며 또 그렇게 제한받으며 지시받으며 결정되는지에 대한 원인은 될 수 없다. 능동적인 본성은 일반적인 사물(*general thing*)이요, 누구나 가지고 있는 본성의 활동 경향과 능력이고, 왜 영혼이 주어진 기회 혹은 이유에 따라 활동하는지에 대한 원인이 될 수 있다. 그러나 이것만이 왜 영혼이 특정한 활동을 다른 시간이 아닌 그런 시간에 하려고 애쓰는지에 대한 충분한 원인이 될 수는 없다. 이를 볼 때, 하나의 일반적인 활동 경향 외에 어떤 특정한(*particular*) 활동 경향이 있음이 틀림없다. 즉 각각의 활동에 대한 특정한 경향이 있음이 틀림없다. 왜 사람의 영혼이 그러한 방식으로 자기 활동력을 이용하는지에 대한 질문이 제기되면, 그 영혼이 자기 활동력을 가지고 있기 때문에 다른 방식이 아닌 굳이 그렇게 자기 활동력을 이용한다는 답이 나올 것이다. 과연 이러한 대답이 이성적 인간에게 만족스러울까? 도리어 전혀 엉뚱하게 들리지 않을까?

IW 능동적 존재가 활동하면 결과가 생긴다. 제1차 활동이 활동 원인이 된다.

JE 말도 안 되는 모순이다. 자신의 활동이 활동 자체의 원인이 될 수 없다. 제1차 활동의 결정 원인이나, 혹은 그 활동의 실행이 원인이라면 결과를 낳을 수 있다.

3. 능동적인 존재가 자신의 활동력(activity)을 통해서는 결과들을 가져올 수 없지만, 자신의 활동함을 인해 일어나는 것을 통해서는 결과들을 가져올 수 있다. 그는 자신의 활동력을 실행하는 것 외에 그 어떤 방식을 취해도 결과를 초래할 수 없다. 따라서 그 활동력을 실행하지 않고는 아무런 열매도 맺을 수 없다. 그는 정적인 활동력으로서는 아무것도 일어나게 할

수 없다. 그러나 그 자신의 활동력의 실행은 행동(action)이다. 그러므로 그의 행동이나 활동력의 실행은 그의 활동 결과에 앞선 것임이 틀림없다. 만약 능동적인 존재가 자신의 활동력이 미치고 있는 또 다른 존재 안에서 어떤 결과를 일으키며, 그 결과가 자신의 활동에서 나온 열매라면, 그의 활동이 먼저 실행되거나 노력한 것이며 그 활동의 결과가 따라나올 것이다. 만약 그 능동적인 존재가 자기 자신의 대상이며, 그의 활동력이 자기 자신과 교분이 있어 자기 스스로 어떤 결과를 낳고 결정한다면 거기에 대등한 이유가 있음이 틀림없다. 그리고 여전히 자신의 활동력을 실행하면 그 결과가 뒤따른다. 즉 그는 실행으로서 결과를 파생하고 결정한다. 그러므로 그의 활동력이 제1차 활동의 결정 원인이나 활동의 실행 자체가 될 수는 없다. 그 원인이나 실행으로부터 활동의 결과가 나온다. 그가 말하는 대로 활동력의 제1차 실행이 활동력의 제1차 실행보다 앞서며, 활동력의 제1차 실행이 활동의 제1차 실행의 원인이라고 말한다면, 이것은 모순이다.

IW 능동적 실체인 영혼이 활동 결정의 원인이다. 영혼의 제1차 활동은 다양한 결과를 낳는다.

JE 동일한 실체 속에 다양한 원인이나 영향력이 없으므로 다양한 결과가 나올 수 없다.

4. 영혼이 비록 하나의 능동적인 실체이지만 제1차 활동을 제외한 다른 자기 자신의 활동을 **다양하게** 할 수 없다. 영혼이 **다른** 활동 혹은 다른 결과를 결정하는 원인, 때로는 이런저런 종류의 다른 결과가 될 수 없다는 사실은 이렇게 해서 명백해졌다. 만약 그런 사실과 반대라면 영혼이 **어떤 면에서 보면, 구별이 안 되는** 동일한 원인, 곧 동일한 인과력(causal power),[2] 힘, 혹은 영향력인데도 여러 **다른** 시간에 여러 다른 결과를 낳을 수 있다는 말이 된다. 왜냐하면 영혼이 활동하기 전에 그 영혼의 동일

한 본성, 그리고 영혼의 본성이 실행되기 전에(즉 본성의 질서상 이전에) 있던 영혼의 동일한 능동적 본성이 다른 결과들의 원인, 즉 다른 시간에 다른 의욕의 원인이 될 수 있다는 말이기 때문이다. 그러나 영혼이 활동하기 전 그 영혼의 실체와, 그리고 능동적 본성이 실행되기 전에 있던 그 영혼의 능동적 본성은 동일한 것으로 차이가 없다. 왜냐하면 그 원인에서 어떤 인과적 실행이나 힘 혹은 영향력이 제1차 변화를 겪도록 하는 것은 다름 아닌 어떤 활동이기 때문이다.

그러나 만약 그 영혼이 다양한 결과를 낳을 수 있는 다른 인과관계나 다양한 인과력 혹은 영향력을 갖고 있지 않다면, 그 영혼은 결과의 다양성에 전혀 영향력을 미치지도 손을 쓰지도 않는다는 사실이 자명하다. 그리고 영혼 속에 있는 어떤 것이 결과의 차이를 일으키는 것이 아니다. 그 말은 곧 이 말과 같다. 즉 그 영혼이 결과의 다양성을 결정짓지 않는다. 이런 사실은 그의 가설과 상반된다. 영혼이 활동하기 전에, 그리고 그런 면에서 어떤 차이가 있기 전에, 그 영혼의 실체는 다른 상태와 상황 속에 있을 수 있다는 것이 사실인데도, 내가 반대하는 자들은 영혼의 다른 상황이 의지의 활동을 결정하는 원인이 될 수 있다는 것을 인정하지 않는다. 자기결정과 자기동작에 대한 그들의 개념과 상반되기 때문이다.

IW **영혼은 자의적·선택적·능동적이고 자유로운 존재로서 선택을 하여 자의적 결과를 일으키고, 선택의 모든 자유 활동을 한다.**

JE **영혼은 자신의 활동에 의해서 의지 혹은 선택의 자유 활동을 일으키지 않는다.**

5. 내가 반대하는 신학자들의 가정을 다시 새겨보자. 엄밀히 말해서 영혼

---

2 인과력(causal power)이란 어떤 조건 아래서 한 사물이 다른 사물에 변화를 일으키는 힘(능동적인 힘)이다.

에게 활동들이란 없고, 자유로운 의욕들만 있을 뿐이다. 그 말은 이런 뜻이 된다. 영혼은 자의적이거나 선택적인 존재이므로 능동적인 존재다. 그리고 영혼은 결과를 능동적으로 산출할 때마다 자의적으로 그리고 선택적으로 결과를 산출한다.

그러나 그렇게 결과를 낳는 것은 영혼 자신의 선택에 따라서, 그리고 그 선택의 귀결로서 결과를 낳는 것과 동일하다. 만약 그렇다면 확실히 영혼이 의지 혹은 선택의 모든 자기 활동 자체를 낳는 것은 아니다. 이 가정대로라면 이것은 자의적이고 선택적으로 혹은 선택의 모든 자유 활동의 결과에 따라서 선택의 모든 자유 활동이 나온다는 말이다. 이 주장은 선택의 제1차 자유 활동 이전의 자유 활동 문제로 하여금 앞서 언급한 모순과 직면하게 한다.

이들이 내세우는 행동 개념대로, 의욕을 결정하고 일으키는 의지나 선택의 자유 활동 없이도 의욕이 정신 속에서 일어난다고 말한다면 그 정신이 의욕의 능동적·자의적 원인이 아니라고 말해야 옳을 것이다. 왜냐하면 의욕은 선택이나 계획에 의해서 일어나거나 조절되는 것이 아니기 때문이다. 그러므로 정신은 사건과 관련된 제1차 주요 의욕의 능동적·자의적·결정적 원인이 될 수 없다. 하나의 계획을 세우는 원인으로서의 정신은 정신 자신의 계획의 결말로서 결과를 낳게 할 뿐이지, 자기 자신의 모든 계획을 세우는 원인이 되지는 않는다. 선택 원인(elective cause)으로서의 정신이 단지 그 선택의 결론에 따라 그리고 선택에 따른 결과를 낳게만 하지, 그 자신의 모든 선택의 선택 원인이 되게 하지는 않는다. 왜냐하면 제1차 선택 이전에 또 다른 하나의 선택이 있기 때문이다. 그러므로 정신의 능동적 원인이 자기 활동의 결말에 따른 결과를 낳게는 하지만, 정신 자신의 모든 활동을 결정하는 원인이 되지는 못한다. 왜냐하면 그의 주장은 여전히 같은 식으로 모순되기 때문이다. 그 모순은 결정하는 활동이 제1차 활동과 교분이 있고, 그 제1차 활동보다 선행하며, 그 제1차 활동의 존재와 존재 방식에 인과적 영향력을 끼친다고 가정한다.

IW 영혼은 자신의 의욕을 야기하며 결정할 수 있는 능력이 있다.

JE 그 말은 영혼이 자기가 좋아하는 대로 자기 의욕을 자극시킬 수 있는 능력이 있다는 말이다.

"하나님으로부터 활동 능력을 부여받은 한 존재로서, 영혼이 자기 자신의 의욕을 야기하며 결정할 수 있는 능력을 가졌다"는 주장을 하는데 그 말은 단지 "하나님께서 그 영혼에게 가끔씩 최소한 영혼의 기분에 따라서 혹은 영혼의 선택에 따라서 의욕을 자극시킬 수 있는 능력을 주셨다"는 의미일 뿐이다. 그리고 이 주장이 모두 경우에 확실히 의미하는 바는 이렇게 해서 이미 일어난 모든 의욕보다 앞서는, 즉 제1차 의욕보다 앞서는 선택이 있다는 것이다. 이 같은 가정은 앞서 언급했던 엄청난 모순[3]에 빠져들게 만든다. 그러므로 영혼의 본성적 활동력은 의지 속에 있는 자기결정력에 대한 개념이 야기한 난제를 해결하지 못하며, 그 모순과 불합리를 해결하는 데도 전혀 도움이 되지 않는다.

---

3   램지는 에드워즈가 자기 주장을 로크로부터 끌어왔을 가능성이 크다고 추정한다. Ramsey, "Introduction," *WJE* 1:63-65.

5장

자유의지의 모순

아르미니우스주의자들의 불합리한 변명은
자유의 근거를 설명하지 못한다

JE 의지의 자유 활동은 의지의 선행하는 다른 활동에 의해 영향을 받아 결정된다.

앞장에서 "영혼의 능동적 본성"으로서는 왜 의지의 활동이 일어나는지, 혹은 왜 활동은 다른 방식이 아닌 이런 방식으로 일어나는지 그 이유를 증명할 수 없음에 대해 살펴보았다. 또한 사건의 존재와 존재 방식이 아무런 원인에 의해서나 어떤 선행에 의해서 확정되거나 결정되지 않는다는 의미에서 그 의욕이 우발적인 사건이 될 수 있다고 증명될지라도, 의지의 자체 결정으로 구성되어 있다는 아르미니우스주의자들의 의지의 자유 개념대로 하자면, 의지의 자유를 확립하려는 아르미니우스주의자들의 목적에 전혀 맞지 않을 것이라는 내용에 대해 살펴보았다. 이 말은 의지의 모든 자유 활동이 활동을 결정하기 전에 미리 선행하고 있던 의지의 어떤 활동에 의해서 결정된다는 것을 가정하는 격이 된다. 의지가 어떤 것을 결정하는 것은 영혼이 무언가를 하고 싶어 함(willing)으로써 어떤 것을 결정하는 것과 같다. 의지가 의지의 그 활동을 하고 싶어 하거나, 즉 의지의 그 활동을 선택함으로써 결정하는 것 말고는 의지가 의지의 활동을 결정할 수 없다.

Ar 아르미니우스주의자의 자유 활동에 대한 유사 이해

(1) 영혼이 자의적으로 결정하지 않는 그 어떤 것을 의지가 결정한다.

(2) 영혼이 자기 의지로 하지 않는 그 어떤 것이 의지에 의해서 이루어진다.

(3) 의지가 의지 자신의 활동을 결정한다.

JE 의지가 어떤 것을 결정한다는 것은 영혼이 자원하여 어떤 것을 결정한다는 것이지 의지가 의지의 결정을 한다는 것이 아니다.

그러므로 이 경우 의지에는 두 가지 활동이 있음을 알 수 있다. 하나의 활동은 다른 활동보다 앞서가며, 하나는 또 다른 하나에 밀접해 있다. 그리고 후자는 전자의 목표요, 전자에 의해서 선택을 받는다. 만약 의지가 선

택에 의해서 활동을 일으키거나 결정하지 않는다면, 의지는 전혀 활동을 일으키거나 결정하지 않는다. 왜냐하면 선택에 의해서 결정되지 않은 것은 자의적으로(voluntarily)나 자원적으로(willingly) 결정되지 않은 것이기 때문이다. 말하자면 영혼이 자원적으로 결정하지 않는 그 어떤 것을 의지가 결정한다는 말은, 영혼이 자기 의지로 하지 않는 그 어떤 것이 의지에 의해서 이루어졌다고 말하는 것과 같다.

그러므로 만약 의지가 의지 자신의 활동을 결정한다고 하는 아르미니우스주의적인 의지의 자유를 주장한다면, 의지의 모든 자유 활동이 선행하는 자유 활동에 의해서 일어나고 결정된다는 상투적인 불합리와 모순을 다시 주장하는 것이다. 그런 불합리한 주장은 자유 활동이 선행(先行)하는 어떤 것에 의해서도 확정되지 않으며, 자유 활동이 아무런 원인 없이 일어나며, 우발적이라는 주장과도 상통하지 않는다. 그러므로 그런 둘러대기는 문제 해결에 전혀 도움이 되지 않으며, 도리어 그 같은 종류의 자유를 뒷받침해주기보다는 직접적으로 무너뜨리기까지 하므로 그만두어야 한다.

의지의 선행 활동에 의해서 결정하는 방식이 아닌 다른 방식, 즉 영혼이 영혼 자신의 의지 활동들을 결정한다는 가정이 나와도, 여전히 의지의 자유의 원인에 대한 설명에 도움이 되지 않을 것이다. 영혼이 지성의 활동에 의해서나 어떤 다른 힘에 의해서 활동들을 결정한다 해도, 의지 자체가 스스로 결정하지 않는다. 그러므로 의지의 자기결정력이란 것은 말이 되지 않는다. 자유에 대한 아르미니우스주의자들의 의견에 따르면, 의지 자신의 선택 외에 다른 어떤 것에 의해서 결정되며 영혼에 의해 실행되는 자유는 어떤 자유인가? 나는 의지의 활동이 지시를 받아 효력 있게 결정되고 확정될 수 있다고 생각한다. 그러나 활동의 결정은 영혼 자신의 의지와 즐거움에 의한 것이 아니다. 그것은 그런 결과를 낳는 의지 활동의 선택, 즉 의지의 실행과 전혀 상관없다. 만약 결과를 도출하는 데 의지와 선택이 실행되지 않는다면, 아르미니우스주의자들의 생각대로 결과를 도출하는 데 어떻게 의지의 자유가 실행된다고 말할 수 있겠는가?

Ar 의지의 자유 활동의 결정은 의지/영혼 자신의 자유 선택에 의해서, 그리고 다른 선행하는 자유 활동에 의해서 이루어진다.

JE 그 말은 제1차 자유 활동 이전에 또 다른 선행하는 자유 활동이 있었다는 뜻이 되므로 아르미니우스주의자들의 자유 개념과 모순된다.

그러므로 아르미니우스주의자들이 의지가 의지 자신의 활동을 스스로 결정한다는 자유 개념을 지지하지만 그 개념은 스스로 무너질 수밖에 없다. 그들의 주장대로 만약 의지의 모든 자유 활동이 영혼 자신의 자유 선택이나 의지의 본성상 혹은 시간상 선행하는 자유 활동에 의해서 결정된다면, 그것은 대모순으로서 그 사건과 관련된 제1차 자유 활동조차도 그에 앞서 선행하는 자유 활동에 의해 결정된다고 말하는 격이다. 혹은 그들의 말대로 의지의 자유 활동이 영혼의 어떤 다른 활동에 의해서 결정되는 것이지 의지 혹은 선택의 활동에 의해서 결정되는 것이 아니라고 말할지라도 역시, 의지 자체에 의해서 결정되는 의지의 활동들로 이루어졌다는 그들의 자유 개념을 스스로 와해시키는 격이 된다. 또 혹은 그들의 주장대로 만약 의지의 활동이 그 활동을 선행하는 어떤 것에 의해서도 결정되지 않는다고 말한다면, 도리어 그 활동이 어떤 원인에 의해 결정되거나 확정되지 않는다는 의미에서 우발적이라고 말한다면, 그 말 역시 의지가 의지 자신의 활동을 결정하는 것으로 구성된 그들 자신의 자유 개념을 무너뜨리게 된다.

이것이 아르미니우스주의자들이 주장하는 자유 개념의 실상이다. 이 때문에 이것을 옹호하는 아르미니우스주의 저자들은 이런 주제에 대하여 말할 때 총체적인 모순에 빠질 수밖에 없다. 예를 들어 휘트비 박사[1]는 『의지의 자유 강론』(Discourse on the Freedom of the Will)[2]에서, 칼뱅주의자들은 인간의 자유가 "자기가 하고 싶어 하는 것을 하는 능력 안에만"(only in a power of doing what he will) 있다고 주장하는데 이 점에서 토마스 홉스와 일치한다면서 반대한다.

DW 자유란? 필연과 상관없이 영혼이 하고 싶은 것을 하는 것이요, 그 능력으로 이루어져 있다.

JE 자유란? 필연하에서 하고 싶은 것을 하는 것이다.

그럼에도 불구하고 휘트비 박사는 이와 동일한 자유 개념을 가지고서 자유란 "인간이 지닌 감각과 보편적 이성이 내리는 명령이요, 자연의 빛에 의해서 규정된 하나의 법칙"이라고 설파한다. 즉 "자유란 우리 자신으로부터 활동하는 능력, 혹은 우리가 하고 싶어 하는 것을 행하는(DOING WHAT WE WILL) 능력"이라는 것이다.[3] 그가 말하는 대로 자유란 참으로 "인간의 감각과 보편적 이성"과 일치한다. 따라서 휘트비 박사가 그런 자유는 자유 자신과도 상치한다는 것을 전혀 알아채지 못한다는 것은 그리 놀랄 일이 아니다. 만약 자유가 그런 것이라면, 무엇이라고 말할 수 있겠는가? 그 말이 만약 휘트비 박사가 다른 데서 주장한 대로 자유는 우리가 "하고 싶어 하는 것"을 하는 능력일 뿐 아니라, 필연 없이 무언가를 하고 싶어 하는 것을 자유라 한다면, 여전히 동일한 질문이 다시 제기된다. 필

---

1 다니엘 휘트비(Daniel Whitby, 1638-1726, DW로 약기)는 아이작 왓츠와 토마스 처브와 더불어 JE가 논적으로 삼은 당대 3대 아르미니우스주의자 중 한 사람이다.

2 Whitby, *A Discourse Concerning the Five Points*, Dis. IV, ch. 4 (2d ed. London, 1735), 350-52.

3 Whitby, 326.

연 없이 무엇을 하고 싶어 하는 그 자유는 상충된 필연에 의해서 제재를 받지 않고 우리가 좋아하는 대로(as we please) 하고 싶어 하는 능력이 아니라면 무엇인가? 혹은 다른 말로 하면 그것은 **자기 자신의 선택에 따라서** 활동하고 싶어 하는 영혼의 자유란 말인가?

휘트비 박사가 자신의 보증인으로 간주하는 교부들의 말을 인용하면서, 거듭 인정하고 가정하는 것이 바로 그것이다. 이를테면 그는 오리게네스(Origen)의 글들을 인용하여 자기 입장에 대한 증거로 삼는다. "영혼은 자기 자신의 선택에 의해서 활동한다. 그리고 영혼은 자유롭게 자신이 하고 싶어 하는 것을 하는 지체에 이끌리는 경향이 있다."[4]

그는 유스티누스(Justin Martyr)의 글도 인용한다.

기독교 교리대로 말하자면, 운명에 따라 이루어지거나 고난당하는 것은 아무것도 없고, 모든 사람은 자신의 자유 선택에 따라 선을 행하기도 하고 악을 행하기도 한다.[5]

그리고 유세비우스(Eusebius)의 글도 인용한다.

만약 운명이란 것이 있다면 모든 철학과 경건은 전복된다.…이 모든 것들이 하늘의 별들이 안내하는 필연에 의해 좌지우지되고, 우리 자신의 자유 선택에서 나오는 묵상과 실행은 전혀 쓸데없어진다.[6]

또한 그는 마카리우스(Macarius)의 글도 인용한다.

---

4 Whitby, 342.
5 Whitby, 360.
6 Whitby, 363.

하나님은 사람들의 자유를 수호하시기 위해서 그들의 몸이 죽기까지 하는 고난을 친히 당하셨다. 선이든 악이든 그들의 선택에 달렸다.…성령에 의해 활동하는 사람들은 어떠한 필연하에 붙잡혀 있지 않고, 스스로 자신들을 조정하며 이생에서 하고 싶은 것을 할 수 있는 자유를 가지고 있다.[7]

DW 사람은 선행하는 것에 영향을 받지 않고, 자신의 자유 선택으로만 선이나 악을 행한다.

JE 사람은 선행하는 자유 선택으로 선하거나 악한 활동을 한다.

이처럼 휘트비 박사는 칼뱅주의자들의 자유 개념이 홉스의 의견과 같다고 정죄하면서도, 사실상 그 자유 개념으로 들어온다. 즉 자유란 영혼 자신의 선택으로 하는 영혼의 활동이요, 사람들이 자기 자신의 자유 선택으로 선이나 악을 행함이요, 사람들 자신의 자유 선택으로 말미암아 일어나는 것을 실행함이요, 그들이 선이나 악을 선택하고 또 자신이 하고 싶어 하는 것을 행함이다. 그리하여 만약 사람이 자기 의지의 활동들을 할 때 그런 자유를 행사한다면, 그 자유는 사람들이 하고 싶어 하는 대로, 혹은 "자신들의 자유 선택에 따라" 의지의 활동을 실행하는 중에 있거나, "그들의 선택으로부터 나오는"[8] 의지의 활동들을 실행하는 중에 있음이 틀림없다.

그리고 그의 말대로 할지라도 자유 선택이 의지의 자유 활동보다 앞서 선행한다고, 혹은 선택의 활동이 그 **선택으로부터 나오는** 의지의 활동

---

7 Whitby, 369-70. 휘트비가 인용하는 마카리우스의 말은 다음과 같다. 그리스도인들의 몸이 홀연히 유한하게 변화되었다면, "그 기이한 일을 본…세상은 그들 자신의 자유의지에 의해서가 아니라, 일종의 필연에 의해서…선하게 바뀌었을 것이다.…그러므로 하나님은 사람이 가진 의지의 자유를 보존하신다."

8 Ramsey, "Introduction," *WJE* 1:87-88.

보다 선행한다고 믿어야 옳다는 것을 만인이 인정할 것이다. 그리고 만약 의지의 모든 자유 활동에서도 그렇다면 이 경우에 실행된 의지의 제1차 자유 활동보다 앞서 선행하고 있는 자유 선택 혹은 자유의지가 있다는 결론에 이르게 된다. 이제 이것이 모순인지 아닌지 판단해보자. 그리고 끝으로 아르미니우스주의 저자들의 사상 체계 속에 그런 모순들을 피할 수 있는 가능성이 있는지 모두 판단해보자.

휘트비 박사의 주장대로 자유란 사람이 자기가 하고 싶어 하는 것을 하는 것이며, 사람이 외적 활동을 할 때뿐만 아니라 의지의 활동을 할 때도 자유를 행사한다면, 자유가 의지의 활동 안에서 행사되는 한, 자유는 "사람이 무언가를 하고 싶어 하는 것에 대한 의향"(*willing what he wills*)이라고 할 수 있다. 이 말은 다음 두 가지 중 하나를 의미한다고 보아야 한다. (1) 사람은 자기가 하고 싶어 하는 대로 하고 싶어 할 수 있는 능력을 가지고 있다. 왜냐하면 사람은 자신이 하고 싶어 하는 그것에 의지를 갖기 때문이다. 그러므로 사람은 자신이 하고 싶어 하는 능력을 갖고 싶어 하는 능력을 가지고 있다. 만약 이것이 아르미니우스주의 저자들이 의미하는 것이라면, 의지의 자유와 자기결정력에 대한 모든 주장은 전혀 쓸데없어진다. 이 이상 더 격론할 것은 없다. 곧 사람의 정신은 그 정신이 하는 것을 하며, 정신이 주체인 것의 주체이다. 혹은 현재의 정신이 그 사람의 정신이다. 이 점에 있어서는 아무런 논쟁거리가 없다.

혹은 이 말은 (2) 사람은 자기가 좋아하는 대로 혹은 무언가를 하고 싶어 선택하는 대로 하고 싶어 하는 능력을 가지고 있다는 의미다. 다시 말해 사람에게는 한 가지 선택 활동에 의해서 또 다른 하나를 선택할 능력이 있다. 즉 의지의 선행 활동에 의해서 후행하는 의지의 활동을 선택할 힘이 있다. 그리고 이런 관점에서 보면 자기 자신의 선택을 실행하려는 능력을 가지고 있다는 뜻이기도 하다.

그리고 만약 이것이 그들이 의미하는 것이라면, 그들은 상대 논쟁자에게 질질 끌려갈 수밖에 없으며, 도리어 그들 자신의 이성을 혼란스럽게 할 수 있다. 왜냐하면 여전히 이 질문이 다시 제기되기 때문이다. 후행 활동을 선택하는 의지의 선행 활동의 자유가 사람에게 있는가? 동일한 원리들에 입각하자면 그 대답은 이렇다. 그 선행 활동의 자유는 그가 하고 싶어 하는 대로, 혹은 그가 선택하는 대로 하고 싶어 하는 의향 속에 있다. 그러므로 그 질문은 무한히 계속 되돌아온다. 그리고 동일한 대답도 무한히 계속된다. 따라서 그들의 입장이 지지받기 위해서는, 의지의 자유 활동이 모든 사람의 영혼 속에서 영원 전부터 선행하는 자유 활동에 의해서 선택된다는 것을 믿어야 한다.[9]

---

9 폴 램지는 에드워즈가 자기 주장을 로크로부터 끌어왔을 가능성이 크다고 추정한다. Ramsey, "Introduction," *WJE* 1:63-65.

6장

완전히 무관심한 사물들[1]에 대한 의지의 결정[2]

아르미니우스주의자들의 주장은 의지의 자기결정력에 관한 중대한 논증으로, 압도적인 동기가 제공되지 않는 경우에도 우리가 의지를 결정하는 능력을 가지고 있음을 보편적으로 경험한다고 가정한다. "이 의지(앞서 가정한 대로)는 정신의 주관에서 볼 때 완전히 동일한 두 가지 혹은 그 이상의 것들 가운데서 하나를 취하는 선택을 한다. 그리고 그 의지는 완전히 무관심 중립 상태에 있지만, 우리는 하나를 선택하는 데 전혀 어려움이 없다. 그 의지는 어떠한 지배적인 유인에 의해서도 영향을 받지 않고 그 의지 위에 군림하는 주권적 능력에 의해서 하나를 즉각 스스로 결정할 수 있다."

IW **자유의지란? 아무런 제재를 받지 않는 의지 내부의 주권적인 결정이다.**

가령 앞서 언급한 저자 아이작 왓츠[3]는 『자유의지 소론』(*Essay on the Freedom of the Will*, 1732)[4]에서 다음과 같이 가정한다(pp. 25-27).

의지는 현재의 불안에 의해서도, 가장 명백한 선에 의해서도, 지성의 최종 명

---

1 "indifferent" 아직 어떤 선택이 없는 중립 상태를 나타내는 단어로서, 이 책에서는 인간 상태에 대한 아르미니우스주의자들의 입장을 나타내는 용어로 사용되었다. 그러나 많은 사람들이 부정적 의미의 "disinterested"(무관심)과 많이 혼동한다. 특히 존 로크는 *tabula rasa*(blank slate, 빈 칠판, 백지)란 단어를 사용하여 인간이 태어날 때의 정신과 정신의 빈 상태를 나타냈다.

2 Guelzo, 69. Watts's voluntarist conception of the will of God; Edwards's notion of God's necessary will.

3 아이작 왓츠(Isaac Watts, 1674-1748)는 600편 이상의 찬송가를 지어서 영국 찬송가의 아버지라 불렸고, 그 외에도 논리학, 존재론, 철학, 신학 등에 관한 다양한 저술을 남겼으며, 논리학(*Logic*)은 당시 예일 대학과 하버드 대학에서 교재로 사용되기도 했다. 특히 그는 에드워즈 최초의 대외적 작품인 『놀라운 회심 이야기』가 뉴잉글랜드에서 출판되기 전에 영국에서 먼저 출판할 것을 권유하고 직접 그 책의 서문을 쓰기도 했다. 그렇지만 신학 사상적으로는 에드워즈와 다른 아르미니우스주의 성격을 띠었다.

4 Watts, *Essay*, sec. 2; *Works* 2:250.

령에 의해서도, 그 어떤 다른 것에 의해서도 결정되지 않고 오직 영혼의 주권적인 자기결정력 그 자체인 의지에 의해서 결정되는 경우가 많다. 그리고 그 영혼은 어떤 경우에도 다른 영향을 받아서 이런저런 활동을 하고 싶어 하지 않는다. 단지 영혼이 하고 싶은 대로 이런저런 활동을 한다. 가령 나는 내 얼굴을 남쪽으로든 북쪽으로든 돌릴 수 있다. 나는 내 손가락을 아래로든 위로든 가리킬 수 있다.…즉 이런 식으로 지성으로부터 아무런 이유 없이 그저 의지가 원하는 대로, 의지가 주권적으로 스스로 결정한다. 이때 의지는 자기 내부로부터 일어난다. 그리고 모든 영향과 제재로부터 자유로운, 자신의 완전한 선택 능력을 나타낸다.

위의 소논문 66, 70쪽과 73, 74쪽에서[5] 저자는 의지가 "전혀 동기 없이 결정되고, 동기나 선호의 근거 없이 활동한다"고 가정한다. 이 주장에 대하여 내가 관찰한 바는 다음과 같다.

IW의 가설 **의지가 무관심 중립 상태 속에서 어떤 것을 선호하고 선택한다 = 정신이 선호/선택하기 이전에는 무관심 중립 상태다 = 무관심 중립 상태가 아닐 때까지는 선택하지 않는다.**

JE **의지가 무관심 중립 상태에 있으면 선택을 할 수 없다.**

1. 바로 이 같은 가설은 스스로 모순되고 전복될 것이다. 이 같은 중대한 논쟁의 핵심 가설은, 의지가 여러 가지 사물들 중에서 다른 것보다는 굳이 그 어떤 하나를 완전히 무관심 중립한 상태 속에서도 선택한다는 것이다. 이 가설은 이렇게 말하는 것과 같다. 즉 정신이 어떤 선호를 하고 있지 않을 때에도 정신에게 선호가 있다. 그렇다고 이 가설이 이런 것을

---

5 Watts, *Essay*, sec. 6, *obj*. 3, 4; *Works* 6:265-67.

의미하지는 않을 것이다. 정신이 어떤 선택을 하기 전까지는 그 정신이 무관심 중립 상태에 있다. 혹은 정신이 어떤 선호를 하기 전까지는 그 정신이 무관심 중립 상태에 있다. 정신이 무관심 중립 상태를 벗어나기 전까지는 무관심 중립 상태에 있다. 이 저자는 자기가 이 가설을 주장하면서 누군가와 논쟁에 휩싸이게 될 것이라고는 상상하지 못했을 것이다. 선택하는 정신이 한때는 무관심 중립 상태에 있었으나, 일단 정신이 선택하면 계속 무관심 중립 상태에 남아 있지 않다. 그 까닭은 다른 말로 하자면 정신은 무관심 중립 상태의 상황에서는 전혀 선택할 수 없기 때문이다. 이 외에도 저자는 의지가 선택하기 전에는 무관심 중립 상태에 있다고 주장하는데, 그 말은 의지가 다른 것 앞에서 어떤 하나를 선택한다는 것이 아니라, 선택하는 순간에 정신이 무관심 중립적이라고 가정함이 분명하다. 그에 따르면 무관심 중립적이지 않고 다른 상태에 있다는 것은 의지가 선택한 결과로 그렇게 되는 것이 아니다. 그리고 택함 받은 것이 다른 것보다 더 나아 보이고 다른 것보다 더 기분 좋게 보이는 것도 이미 내린 의지의 선택으로부터 나온 결과가 아니다. 그는 이렇게 말한다(p. 30).

제시된 대상들이 하나같이 알맞거나 좋아 보이는 경우에, 의지는 안내자나 관리자 없이 홀로 있으므로, 의지 자신의 결정으로 자기 자신의 선택을 한다. 이때 의지는 자기결정력이 된다. 그리고 그런 상황 속에서 의지는 자신의 선택에 의해서 스스로 자기에게 좋은 것을 행한다. 즉 의지는 자신이 택한 좋은 것에서 자기 자신의 즐거움과 기쁨을 창조한다. 마치 어떤 사람이 아무도 없는 황야에서 주인 없는 땅을 자신의 소유와 재산으로 삼고, 그로 인해 즐거워하는 것과 같다. 의지는 무관심한 것들이 놓여 있는 곳에서 그것들을 더 기분 좋게 만들어주는 것이 아무것도 없음을 깨닫지만, 곧 즐거움이 의지 자신의 선택과 견인(perseverance) 가운데서 일어나는 것을 느낀다. 우리는 우리가 선택한 것들을 사랑한다. 그 이유는 단지 우리가 선택했기 때문이지 다른 이유는 없다.

말하자면 이렇다. 우리는 많은 것을 먼저 선호하기 시작해 이제는 그것들에 대해 더 이상 무관심 중립적이지 않으려고 한다. 그 이유는 단지 그것들을 이전에 선호했고 선택했기 때문이지 다른 이유가 없다.

JE의 주장 **선호/선택 ≠ 선호/선택 그 자체의 근거/열매/결과**

선택 = 선호함, 혹은 선호 ≠ 결과

우리는 이 저자가 이 문제를 경솔하게 다루었음을 알아차릴 수 있다. 선택 혹은 선호는 동일한 실례에서 시간상으로나 본질상으로나 선택 혹은 선호 그 자체보다 앞설 수 없다. 선택 혹은 선호가 그 자체의 근거나 그 자체의 열매 혹은 결과가 될 수 없다. 다른 것보다 그 한 가지를 선택하는 활동은 그 한 가지를 선호하고 있는 중이요, 그 한 가지에 더 큰 가치를 두고 있는 중이다. 그러나 정신이 다른 것보다 그 한 가지에 더 큰 가치를 둔다는 것은, 정신이 그 한 가지에 더 큰 가치를 둠의 결과가 아니라는 것이 우선 자명하다.

IW **의지는 의지가 좋아하는 대로 스스로 결정 내릴 때까지, 완전히 무관심 중립 상태에 있다.**

[그런데도] 이 저자는 말하기를(p. 36),[6] "의지는 완전히 무관심 중립상태에 있을 수 있다. 그러면서도 그 의지는 이것 아니면 저것을 선택하기로 스스로 결정 내릴 수 있다." 그리고 같은 페이지에서 다시 말하기를, "내

---

6 Watts, *Essay*, sec. 3, *prop*. 8; *Works* 6:253.

가 양자택일을 하는데 완전히 무관심 중립 상태에 있을지라도 내 의지는 선택하기로 스스로 결정 내릴 수 있다." 그리고 다시 말하기를, "내가 어느 것을 선택해야 할지는 그저 내 의지의 활동에 의해서 결정된다." 만약 그 선택이 의지의 전적인 활동에 의해서 결정된다면, 그 선택은 선택의 전적인 활동에 의해서 결정된다. 그리고 이 문제, 즉 의지의 활동 그 자체는 선택의 활동에 의해서 결정된다는 것에 관하여, 저자는 72쪽에서 자기 생각을 표현한다. 제시된 대상들 중에 더 월등하게 적합한 것이 없는 경우에 대해 말하면서 그는 이런 말을 한다. "그럴 때 의지는 의지 자신의 선택에 의해서 활동해야 하고 또 의지가 좋아하는 대로(as it *please*) 스스로 결정해야 한다."

JE **의지의 활동 근원은 더 즐거운 것, 더 기분 좋은 것을 선호하고 선택하는 결정 내림이요, 선호한 것에 대한 관념이 정신과 의지를 좌우한다.**

그 말 속에는 "의지의 활동 근거와 근원이 되는 바로 그 결정 내림(determination)은 **선택과 즐거움에서 나오는 활동이다**"라는 가정이 내포되어 있다. 그 선택 안에서 어떤 활동은 더 기분 좋게 느껴지고, 정신은 다른 활동에서보다 그 활동 안에서 더 즐겁다. 바로 이 선호와 더 월등한 즐거움이 이 경우에 정신이 하는 모든 것의 근거가 된다. 그리고 만약 그렇다면 정신은 정신이 스스로 결정할 때 무관심 중립 상태에 있는 것이 아니다. 오히려 다른 것보다 그 한 가지를 하며, 그 한 가지 방식에 따라 스스로 결정을 내린다. 그러므로 의지는 무관심 중립 상태에서는 전혀 활동하지 않으며, 의지가 취하는 제1차 단계에서도 마찬가지고, 의지 활동의 제1차 발동과 시작에서도 마찬가지다. 혹 지성은 무관심 중립 상태에서 활동이 가능할지 모르지만, 의지는 절대로 중립 상태에서 활동할 수 없음이 확실하다. 왜냐하면 의지가 활동하기 시작하는 것은 의지가 선택하거나 선호하기 시작하는 것과 아주 똑같기 때문이다. 만약 의지의 제1차 활동에서 정신이 어떤 것을 선호한다면, 선호한 것에 대한 관념은 그 때 정신을 지배하며 좌우할 것이다. 혹은 동일한 뜻인데, 그 관념은 의지에 지배적인 영향력을 행사할 것이다. 그러므로 이 주장은 정신에 지배적인 영향력을 행사하지 않고, 정신의 주관에서 아무리 살펴보아도 완전히 동일한 두 가지 사물들 혹은 그 이상의 사물들 가운데 하나를 정신이 주권적인 힘으로 선택할 수 있다는 그의 가설을 가차 없이 타파한다.

IW 의지는 무관심 중립 상태에서 선택한다. 정신은 나름대로의 선호에 따라 스스로 선택한다.

JE 그의 모순된 가설은 결국 자기 가설을 부인하고 상대방의 주장을 인정하는 꼴이 되었다.

이 저자는 두 가지 혹은 그 이상의 사물들 중에서 하나를 무관심 중립 상태에서 선택하는 의지의 능력에 관한 그의 중대한 주장에서 결국 자기 가설을 부인하고, 동시에 그가 뒤집고 싶어 하는 상대방의 관점을 인정하고 주장하는 격이 되었다. 그는 의지가 선택할 때 선택된 사물에 대한 관념이나 의견의 지배적인 영향력에 좌우되지 않는다는 가설을 세웠다. 그러나 이러한 자신의 가설을 뒤집지 않고서 자기 주장을 내세우는 것이 불가능해졌다. 그 주장에서 제기한 가설은 스스로 모순이며 그 주장 자체를 부정한다. 의지가 완전 무관심 중립 상태에서 스스로 결정하는 활동 혹은 다른 어떤 활동을 한다는 가정은 정신이 선택 없이 선택한다는 주장과 같다. 정신이 완전 무관심 중립 상태에 있을 때 자신이 좋아하는 대로 할 수 있다는 말은, 정신이 따르고 싶은 즐거움이 없을 때에도 정신의 즐거움을 따를 수 있다고 말하는 것과 같다. 그러므로 둘 다 똑같이 좋아 보이는 케이크 두 개 혹은 달걀 두 개 등등이 있을 때는 선택하기가 어렵다. 이와 관련하여 저자는 정신이 사실상 하나의 선택을 하고 있다고 가정하므로 결국 저자가 가정하는 것은 정신이 하나의 선호를 가지고 있다는 말이 된다. 이 같은 난제를 해결하는 데 그 자신이 골몰하는 것처럼 그의 반대자들도 마찬가지로 애를 쓴다. 이런 실례가 조금이라도 그의 목적에 부합하면 사람이 선택 없이 선택한다는 가설을 그 실례들이 증명해주겠지만, 이런 주장은 그의 목적에 부합하지 않는다. 이는 자신의 논적들의 주장과도 상반되고, 그 자신의 주장과도 충돌한다.

IW의 가설 의지는 어떤 외부 원인이나 영향 없이 무관심 속에서 선택하는 결정을 한다. 의지의 결정은 대상에 대한 것이지 활동에 대한 것이 아니다

JE 의지는 특정한 지배적인 원인에 의해서 활동한다. 의지의 결정은 사실상 대상에 대한 것이 아니라 선행하는 원인에 영향을 받아 하는 활동에 대한 것이다.

○ **예증** 제비뽑기나 주사위 던지기가 원인 없는 돌발적인 사건처럼 보이지만, 철저히 어떤 동기와 원인 하에 있는 정신의 단계별 결정에 의해서 행동으로 옮겨진다.

2. 앞에서 열거한 실례들은 정신이 선택할 때 자신에게 지배적인 영향력을 행사하는 어떤 것에 의해 영향을 받는다는 것을 보여줄 뿐 아니라, 또한 어떻게 해서 그렇게 되는지 보여준다. 우리가 자신의 경험을 조금만 생각해보면, 그리고 그런 상황 속에서 자신의 정신 활동을 잘 생각해보면 이 문제를 잘 풀 수 있을 것이다.

가령 내가 체스판 앞에 앉아 있다고 가정해보자. 나는 고수가 명령했거나, 친구가 놀자고 했기 때문에, 혹은 내 자신의 실력과 자유에 대해 시험해보고 싶거나, 어떤 다른 생각 때문에, 체스판의 칸들 가운데 어떤 하나에 내 손가락을 대기로 결정한 것이다. 이때 이 행동은 아무에게나 흔히 주어지는 제1차 제안이나 내 자신의 제1차 목적에 의해서 제지받거나 규제받은 것이 아니다. 또한 총 64개의 사각형 중에서 어느 하나를 다른

것보다 더 맘에 들어 한다고 생각할 수 있는 것이 그 사각형 자체 속에는 전혀 없다.

JE **정신은 절대 무관심 중립 상태에 있을 수 없고, 항상 어떤 지배적인 영향을 받는다.**
이 경우에 내 정신은 눈에 가장 좋아 보이는 칸에 손을 대기로 결정하며, 통상적으로 돌발[7]이라 부르는 것에 내 정신을 맡기기로 결정한다. 그 순간 나는 내 눈에 확 띄는 한 칸에, 혹은 내 마음에 딱 들어오는 칸에, 혹은 돌발 같은 다른 어떤 것에 의해 지시를 받는 칸에 손을 댄다. (가령 모든 것이 한순간에 이루어질 수도 있겠지만) 정신의 작용에는 몇몇 단계가 있다. 제1단계는 체스판의 어느 한 칸에 손을 대기로 결정하는 정신의 대략적인 결정이다. 제2단계는 또 다른 **대략적인** 결정으로서 바로 그 정신을 어떤 특정한 방식으로 돌발에 맡긴다. 그 순간에 눈이나 정신에 가장 좋아 보이는 칸에 손을 대기로 결정하는 것이다. 혹은 그 정신은 어떤 다른 유사한 돌발에 자신을 맡긴다. 마지막 제3단계는 특정한 결정의 단계로서 손가락을 특정한 한 칸에, 즉 정신이 돌발에 의해 사실상 다른 칸보다 훨씬 더 많이 제안해왔던 바로 그 칸에 대기로 결정한다.

이제 이런 단계 가운데 어떤 단계에서도 정신이 절대 무관심 중립 상태에서는 작용하지 않으며 도리어 각 단계에서 지배적인 원인에 의해 영향을 받는다는 것이 분명해졌다. 제1단계에서 정신이 64개의 사각형 중 어느 하나에 손을 대기로 결정하는 대략적인 상황에서도 그렇다. 정신은

---

7 JE, "다른 곳에서 살펴본 대로(이 책 109쪽을 보라.) 통상적으로 '돌발 사고'(accident)라고 부르는 것은 '우발'(contingence)이라고 부르는 아르미니우스주의자들의 형이상학적 개념과 전혀 다르다. 이 우연은 선행하는 어떤 것과는 전혀 상관없다. 그러나 돌발은 사물들의 질서 속에서 발생하지만, 예기치 않게 그리고 사람들의 의도에서 기인하지 않는 어떤 일 속에서 일어나는 것이다."

어디에서나 절대로 무관심 중립 상태에 있지 않다. 어떤 실험을 하려고 할 때나 친구의 요구가 있을 때, 혹은 다른 어떤 지배적인 동기가 있을 때와 같이 정신은 항상 유인을 받는다. 제2단계에서도 마찬가지다. 2단계는 눈에 확 띄거나 마음에 들어오는 칸에 손을 댐으로써, 자기 정신을 돌발에 맡기기로 결정한다. 여기서 정신은 그런 법칙에 따라서 진행하든 진행하지 않든 절대적으로 무관심 중립 상태에 있지 않다. 그러나 정신은 그 법칙을 선택한다. 왜냐하면 그 순간에 그 법칙이 앞서 말했던 총체적 목적을 성취하기에 편리하고 필수적인 수단으로 나타나기 때문이다. 최종 단계인 제3단계에서도 마찬가지다. 정신은 정신의 주관 하에서 사실상 가장 지배적인 특정 칸에 손가락을 대기로 결정한다. 그 정신은 이 부분에 전혀 무관심 중립적이지 않고 오히려 지배적인 원인과 이유에 영향을 받는다. 이것은 선행 결정의 수행이다. 즉 이 결정은 제2단계에서 필수 조건으로 나타났으며 이미 확정되었던 것이다.

이 경우 돌발(accident)은 사람의 결정에 한순간도 방해받지 않고 늘 기여할 것이다. 하나의 대상이 다른 대상보다 눈이나 관념을 훨씬 더 지배하게 할 것이다. 우리가 선명한 햇빛 속에서 눈을 뜨면 많은 대상이 동시에 시야를 사로잡고, 셀 수 없이 많은 형상이 즉시 눈에 맺힌다. 그러나 눈에 비친 여러 형상이 동시에 정신을 주목시키지는 않는다. 설사 그렇다 할지라도 그 주목이 한동안 계속되지는 않을 것이다.

정신의 주목은 대체로 정신의 관념들(ideas)과 관련이 있다. 여러 관념이 정신의 주관과 주의 속에서 동시에 동일한 힘을 발휘하지 않는다. 혹은 제아무리 감지될 수 있는 기간이라 해도 동일한 힘을 유지조차 하지 못한다. 이 세상 어디에도 정신의 관념보다 더 끊임없이 변하는 것은 없다. 그 관념들은 인식할 수 있는 최소한의 시간 동안만큼도 정확히 동일한 상태로 있지 않다. 그렇지만 인식 가능한 유일한 시간은 오직 정신 자신의 관념들이 가지는 연속적 변화들이나 연속에 의해서만 가능하고, 정신에게 판단받고 인지될 때다. 그러므로 정신의 주관들과 인식들이 정확히 동일한 상태로 남아 있으나, 인지할 수 있는 연속이 전혀 아니므로 인식되지 않고 또 그럴 수 있는 때와 장소가 없다.

JE **돌발처럼 보인다고 원인 없이 그렇게 됐다고 말하면 안 된다.**

앞서 언급했던 각 단계에서 의지의 활동이 특별한 원인 없이 일어나지 않으며, 모든 활동은 지배적인 원인에 기인한다. 또한 내가 말하는 돌발, 혹은 불가해한 과정에서 일어나는 활동, 정신이 스스로를 돌발에 맡기고, 돌발에 인도받는 것도 원인 없이 일어나지 않는다. 정신이 돌발에 의해서 인도받기를 결정할 때에도 아무런 원인 없는 어떤 것에 의해서 결정되는 것이 아니다. 마치 정신이 제비뽑기 혹은 주사위 던지기로서 인도받기를 결정했을 때, 정신이 아무런 원인 없는 것에 의해서 결정된 것이 아님과 마찬가지다. 왜냐하면 주사위를 던지는 당사자에게는 주사위가 그런 식으로 떨어지는 것이 돌발적이지만, 아무도 주사위가 왜 그렇게 떨어졌는지에 대한 원인이 없다고 가정하지 못하기 때문이다. 우리의 연속적인 관념들 속에 있는 타의적(involuntary) 변화들의 원인이 포착되지 않을 수 있겠지만, 공중에 떠도는 먼지가 변화무쌍하게 움직이는 것처럼, 혹은 계속해서 무궁무진하게 변하는 해수면의 물결처럼 변화에는 다 원인이 있다.

앞서 말한 상황처럼 정신이 결정할 때 의지가 완전히 무관심 중립 상태로 아무런 유인에도 감동받지 않고 활동한다고 주장하는 사람들의 생각에는 특히 두 가지 혼동이 도사리고 있다.

IW의 오류 **실제로 사람이 무관심하게 있지 않고 항상 특정한 한 가지를 선호한다는 사실을 망각했다.**

○ 예증 달걀 두 개, 케이크 두 개가 다 맛있어 보이는데 어느 것을 선택하겠는가?

1. 그들은 문제의 요점을 놓치고 있는 것 같다. 아니면 적어도 문제의 초점을 주의 깊게 살피지 않는 것 같다. 그들이 반박하고자 하는 문제는 이렇다. 정신이 제안받은 대상에 대하여, 곧 달걀 두 개와 케이크 두 개가 다 맛있어 보여 그중 하나를 가리키고 만져보고 손으로 잡는 활동을 하는데, 과연 그 정신이 무관심 중립 상태에 있느냐는 것이다. 그러나 정작 고려해야 할 문제는 사람이 자기 자신의 활동에 무관심 중립 상태로 있는지, 즉 사람이 이런 대상에 대해서 다른 것보다 그 한 가지 활동을 더 선호하는지 그렇지 않은지에 관한 것이다. 이 경우 정신의 결정과 선택에서, 정신과 가장 즉각적이고 직접적으로 관계있는 것은 제시된 대상 자체가 아니라, 제시된 대상에 대해 취할 행동이다. 이 대상들은 동일하게 보일 수 있고, 이로 인해 정신은 제대로 된 선택을 할 수 없다. 그러나 의지의 다음 활동은 손으로 만지거나 잡는 등의 방식으로 취할 외적 활동들이다. 이런 활동들은 동일하게 보이지 않아도 다른 활동들보다 그 한 가지 활동을 제대로 선택할 수 있다. 정신의 각 진행 단계에서 결정을 간접적이거나 부적절하게 하지 않는 한, 그 결정은 대상에 관한 결정이 아니라 활동에 관한 결정이다. 그 활동은 이 대상에 대한 어떠한 선호 때문이라기보다는 다른 이유 때문에, 그리고 대상과 전혀 상관없는 이유들 때문에 정신이 선택하는 활동에 관한 결정이다.

정신이 대상을 손에 쥐기 전이든 후든, 정신은 다른 대상들보다 그 한 대상을 늘 제대로 선택한다는 사실을 가정할 필요가 없다. 실제로 인간은 다른 것보다 그 하나를 손으로 잡거나 만지기를 선택한다. 그러나 그 이유는 정신이 손으로 잡았거나 만졌던 그 사물을 진정으로 선택하기 때문이 아니라, 외적인 이유 때문이다. 두 가지가 제안될 경우, 사람은 어떤 이유 때문에 자신이 평가절하하는 것을 취하기를 선택하거나 선호하며, 자신의 정신이 **선호하는** 것을 취하지 않기를 선택하기도 한다. 이 경우 손으로 잡았던 그 사물을 선택하는 것과 손으로 잡기로 선택하는 것은 별개의 일이다. 그리하여 제시되었던 두 가지 사물은 정신의 평가를 받을 때 동일하며, 어느 하나도 선호받지 못하는 상황에 있다. 사실과 경험을 통하여 배우는 명확한 진리는 이것이다. 정신은 항상 다른 활동보다 그 한 가지 활동을 선택한다는 것이다. 그러므로 아르미니우스주의 저자들이 그들의 목적을 이루기 위해 들고 나오는 논증들이, 정신이 완전 무관심 중립 상태의 활동에서 그 **활동**을 선택한다는 것을 증명해야지, 정신이 완전 무관심 중립 상태에서 그 **대상**에 대한 그 활동을 선택한다는 것을 증명할 필요는 없다. 정신이 완전 무관심 중립 상태에서 그 활동을 선택하는 것은 정말 가능하다. 그럼에도 불구하고 의지는 선행하는 원인과 적절한 지배적 영향 없이는 전혀 활동하지 않는다.

IW의 오류 대략적인 결정과 특정한 결정을 구별하지 못했다. 직접적인 특정 활동을 하는 현 상황 속에서는 무관심 중립 상태에 있을 수 없다는 사실을 망각했다.

2. 이 문제가 혼란스럽고 어려운 또 하나의 이유는 이렇다. 일반적인 무관심 중립 상태, 즉 거리가 더 먼 일반적인 주관 속에서 이루어진 것에 관한 무관심 중립 상태, 그리고 특정한 무관심 중립 상태, 즉 활동 당시의 특정한 상황 속에서 나타난 차기의 직접적인 활동에 관한 무관심 중립 상태가 구별되지 않기 때문이다. 사람이 일반적인 무관심 중립 상태 속에서는 자기 자신의 활동에 완전히 무관심 중립 상태로 있을 수 있으나, 특정한 무관심 중립 상태 속에서는 무관심 중립 상태로 있을 수 없다. 이를테면 앞서 말한 대로 체스판의 사각형 중 하나를 만지는 실례와 같이, 내가 그 사각형 중 하나에 손을 댄다고 가정할 때, 나는 내가 어느 칸에 손을 대느냐에 대하여 완전히 무관심 중립 상태에 있을 수 있다. 왜냐하면

그 문제에서 나는 정신의 진행 제1단계에 있어 그 물체를 멀리서 대략적으로 보고 있기 때문이다. 그러나 실제로 마지막 단계에 이르렀을 때, 즉 내 눈이나 정신에 가장 많이 들어오는 것에 내가 손댈 것이라고 결정하는 바로 그 단계에 이르렀을 때, 이처럼 즉각적으로 그리고 특정한 상황 속에서 고려된 그 칸에 손을 대는 활동은 내 정신이 그 활동에 대하여 결코 절대적으로 무관심 중립 상태에 있지 않다는 것을 말해준다.

7장

무관심 중립 상태에 있다는
자유의지

제1부에서 논의한 내용으로 자유가 무관심 중립 상태(indifference), 혹은 평형 상태(*equilibrium*)에 있고, 이로써 의지는 선행하는 결정이나 선입관이 전혀 없으며, 어느 한쪽에 사로잡힌 성향으로부터 자유롭다는 주장이 모순됨을 입증하였다. 다시 말해 의지의 결정은 어느 방향으로든 전적으로 의지 자체로부터 나오며, 오직 의지 자체의 능력과 의지 위에 군림하는 주권으로부터 기인한다는 주장은 모순이다.[1]

그러나 이 주장은 오랫동안 널리 받아들여졌으며, 펠라기우스주의자들(Pelagians), 반펠라기우스주의자들(semi-Pelagians), 예수회(Jesuits), 소키누스주의자들(Socinians), 아르미니우스주의자들(Arminians), 그리고 다른 파들이 주장해왔으므로 더 꼼꼼히 살펴볼 필요가 있다. 따라서 나는 지금부터 이 개념에 대해서 더 철저하고 특별하게 조사하겠다.

자유가 무관심 중립 상태에 있다고 하는 사람들의 주장을 내가 이해하지 못한다고 생각하거나, 그런 사람들의 이론을 제대로 파악하지 못하고 있다고 생각하는 사람들이 있다. 이런 오해를 불식시키기 위해서 내가

---

1 휘트비 박사와 다른 아르미니우스주의자들은 다른 종류의 자유가 있다고 구별한다. 하나님의 자유와 하늘에 있는 완전한 영들의 자유, 그리고 시험(trial) 상태에 있는 사람의 자유가 다르다는 것이다. 휘트비 박사는 전자의 자유는 필연으로 이루어졌으나, 후자의 자유는 필연이 없다고 주장한다. 그리고 이 후자의 자유가 칭송과 책망, 상급과 징벌, 교훈과 금지, 약속과 경고, 권면과 배척, 언약과 조약의 주체가 되는 우리의 존재에 필수 불가결하다고 가정한다. 또 그는 이런 자유에 무관심 중립 상태가 필수적이라고 가정한다. 그의 책 『5대 교리 강론』(*Discourse on the Five Points*, Dis. IV, ch. 1, pp. 299, 300)에서는 강제로부터의 자유뿐 아니라 필연으로부터의 자유에 대해 말하면서, "자유는 우리가 인식하는 대로 시험이나 시련을 받을 수 있게 만드는 데 필수 불가결하고, 우리의 활동이 칭송 혹은 책망받을 가치가 있게 만들며, 사람이 상급 혹은 징벌받을 가치가 있게 만드는 데 필수 불가결하다"고 말했다. 동일한 문제를 다루면서 그다음 쪽에서는 이렇게 말한다. "손다이크(Thorndike) 씨의 말이 이런 목적에 잘 맞다. '무관심이 모든 자유에 필수 불가결하다고 우리가 말하지 않지만, 노력하고 성숙한 사람의 자유에서만큼은 무관심 중립이 필수 불가결하다. 하나님은 타락한 인간에게 화평과 화해의 조약과 조건들을 제공하시되, 또한 교훈과 금지, 약속과 경고, 권면과 배척도 더불어 제공하신다.'"

그 문제에 대해서 정통하다는 것을 나타내지 않으면 안 되겠다.

자유의지의 전통적 옹호론자들

Ar 의지의 자유는 무관심 중립 상태로 이루어져 있다.

수정론자 무언가를 하고 싶어 하는 영혼의 능력이 무관심 중립 상태에 있다.

의지의 자유는 무관심 중립 상태라고 할 때, 그들 중 일부는 의지의 성향 혹은 경향의 무관심에 대해 잘 모르면서, 마치 무언가를 하고 싶어 하는 영혼의 능력의 무관심에 대해 이해하고 있는 것처럼 의지의 자유에 대해서 말한다. 그리고 그들이 주장하기를 의지는 의지 자신의 선택하는 힘 혹은 능력에 대해 무관심 중립 상태에 있으므로, 오른쪽이나 왼쪽 어느 방향으로든 무관심 속에서 갈 수 있으며, 이 활동이나 저 활동 어느 활동이든지 활동하거나 활동을 금할 수 있다고 한다. 이 주장은 그저 특정 저자들만의 수정안 혹은 그들이 새로 고안해낸 것으로 보이고, 무관심의 자유를 지지하는 옹호자들이 흔히 사용하는 표현 방식과 전혀 일맥상통하지 않는다. 그리고 나는 수정론자들이 무언가를 하고 싶어(willing) 하거나 선택(choosing)하는 영혼의 힘 혹은 능력에 대해서 영혼이 무관심하다는 것과, 선호나 선택 자체에 대해 영혼이 무관심하다는 것이 다르다고 구별 지을 때, 그들 자신이 말하고 있는 의미를 제대로 알고 있는지, 그리고 자신들이 말하는 의미를 확실하게 파악하고 있다고 착각하면서 자신을 속이고 있지는 않은지 스스로 잘 살펴보기를 간절히 바란다. 무언가를 하고 싶어 하는 의지의 능력(ability)이나 힘(power)에 대하여 영혼이 무관심하다는 말은 의지의 능력이나 기능의 상태가 무관심하다는 것, 혹은 그 능력과 기능을 가진 영혼 자체가 능력을 실행하기 위해 내려야 할 선택 속에 남아 있는 상태가 무관심하다는 말이다.

Ar **무관심 중립 상태가 의지의 자유에 필수적이다. 어떤 집착이나 선결정력으로부터 자유로우므로 의지 자체가 결정력을 가진다.**

그러나 이처럼 난해하고 불가사의한 구별을 더 이상 강조하고 싶지 않다. 그 난해함을 오용하는 사람들이 무엇을 말하고 또 무엇을 뜻하는지 추측할 수 있다. 그들이 의지의 자유에 무관심이 필수적이라 말할 때, 목적을 가지고 무엇을 의도했다면 적어도 아르미니우스주의자들에 의해 그렇게 했을 것이다. 즉 그러한 무관심은 의지에 대해 아직 아무것도 결정하지 않은 채 그냥 내버려 둔다. 그러나 의지는 실제적인 경향으로부터 자유로우며, 선결정(predetermination) 밖에 있으므로 **자기결정하는 능력**을 실행할 수 있는 여지를 남긴다. 그러므로 의지의 자유는 의지 자체가 자유 활동의 결정자(determiner)로서 갖는 이 같은 여지와 기회에 있으며 또 그것들에 달렸다.

JE **영혼/의지는 완전히 무관심하거나 자유로울 수 없다. 왜냐하면 항상 어떤 성향 아래에 있기 때문이다.**

내가 여기서 제일 먼저 관찰하고자 하는 것은, 이런 고약한 이론 체계의 자유가 존재 가능하기 위해서는 무관심이 완전하고 절대적이어야 한다는 것이다. 즉 의지는 모든 선행하는 지배력이나 성향으로부터 완전히 자유롭지 않으면 안 된다. 왜냐하면 의지가 의지 자신의 주권적 능력을 자신의 의지에 행사하기 전에 이미 어떤 성향을 갖고 있다면, 그 의지의 성향은 전적으로 의지 자신에게서 기인하지 않은 것이 되기 때문이다. 두 가지의 반대 것들이 영혼에 선택하도록 제시될 때 영혼이 완전히 무관심 중립 상태에 있지 않다면, 그 영혼은 단순히 자기결정을 내리는 데 필요한 자유가 없는 상태이다.

JE 의지는 압도적인 성향을 벗어나지 못하며 다른 자유 결정 활동을 하지 못한다. 의지는 항상 성향을 따를 뿐이다. 그런 의미에서 의지의 자유란 없다.

아무리 작은 선행 편향(bias)이 있을지라도, 아르미니우스주의자들이 내세우는 자유 개념과 충돌한다. 선행하는 성향이 의지를 붙잡고 있으며 또 성향이 제거되지 않으면 그 성향은 의지를 묶어버리기 때문에, 의지는 성향을 따르지 않고는 활동이 전적으로 불가능해진다. 한 가지 확실한 것은, 의지는 의지 안에 주둔해 있는 지배적인 성향을 거슬러 활동하거나 선택할 수 없다는 것이다. 다른 가정은 의지가 현재 의지를 압도하는 성향 혹은 무언가를 하고자 하는 성향을 가진 것에 반대하는 성향이 있다는 것이다. 의지는 자신이 선택하며 선호하는 것, 즉 고려한 모든 것을 향하여 마음이 기울고 쏠린다. 의지 자신의 현재 선호와 반대되는 것을 선호하거나 현재 선택과 반대되는 것을 선택하는 것이 불가능하듯이, 의지가 주둔해 있는 현재의 압도적인 성향에 반대하기로 하는 선택 역시 불가능하다. 그러므로 의지가 오랫동안 마음이 기울었던 성향의 영향을 받고 있는 한, 의지는 새로운 자유 활동 혹은 자기결정의 활동이 되는 어떤 활동을 할 자유가 없다. 자기 스스로 결정한 자유 활동은 의지가 모든 것으로부터 자유로운 자유를 가지고 행사하기로 결정하는 활동임이 틀림없다. 가령 그런 자유가 존재한다면 그 자유는 당시 의지가 의도하는 방향이 아닌 다른 방향으로 향하게 하는 것이 불가능할 것이다.

Ar 의지가 강하여 사전 성향을 거부할 수 있다.

JE 의지는 그만큼 강하지 않다. 의지는 사전 성향을 거부하지 않고 순응한다. 그런 의미에서 의지에게 자유란 없다.

만약 누군가가 말하기를 "무관심이 완전할 필요까지는 없지만, 직전의 성향과 선호가 여전히 남아 있되 심히 강하거나 매섭지만 않다면, 의지의 힘이 그 성향과 선호를 반대하고 거부하는 것이 가능할 수도 있을 것이다"라고 한다면, 이는 엄청난 모순이다. 왜냐하면 의지의 강도는 그 정도로 강하지 못해 한 가지 방식과 그 반대 방식으로, 그리고 동시에 둘 다 활동하게 만들지 못한다. 의지의 힘은 의지 자신에게 선호하는 동시에 선호하지 않도록 하기 위해서, 혹은 의지 자신의 현재 선택과 상반된 선택을 하도록 야기하는 주권이나 명령을 내리지 않는다.

그러므로 의지가 최소한의 선행 편향만 가지고 있더라도, 의지 자신이 스스로 의지 자신과 상반된 방식을 결정하는 자유를 얻기 전에, 그 자유는 완전히 사라질 것이다. 만약 의지가 스스로 자신과 동일한 방식을 결정한다 하여도 그것은 자유로운 결정이 아니다. 왜냐하면 의지가 그렇게 할 전적인 자유를 얻은 것이 아니기 때문이다. 의지의 결정은 의지 자신에게서 나오지 않지만, 사전에 의지의 선행 성향 속에서 부분적으로 결정되어 있다. 이 경우 의지가 행사하는 모든 자유는 성향의 증가에 있다. 성향(inclination)은 의지가 선행 편향에 의해서 가지고 있었던 것보다 훨씬 많은 성향을 내보낸다. 심히 많은 성향이 의지 자체로부터, 그리고 절대적 무관심으로부터 나온다.

Ar 의지가 무관심/평형에서 활동하므로 자유롭다.

JE 의지가 선행 성향을 따라 활동하며 절대적 무관심이란 불가능하므로 자유로울 수 없다.

의지에 그런 식의 사전 경향이 있어도, 성향을 추가로 더 내보내는 경향은 없다. 그러므로 이 사전 경향은 의지가 자유롭다는 (아르미니우스주의) 관점에서 의지의 활동과 관련하여 고려하는 사항이 아니다. 따라서 처음에 언급했던 것과 같이, 의지가 자유롭다는 관점에서 의지의 활동은 절대적 무관심 혹은 평형(equilibrium)에서 시작한다는 (아르미니우스주의의)

주장으로 되돌아온다.

JE 천체도 선행 편향에 의해서 계속 운동한다.

○ 예증 **지구는 중력에 의해서 중심으로 향하고, 자전력에 의해서 더 빨리 그리고 추가적인 운동을 한다.**

이 주장을 다음의 예를 들어서 설명하자면 이렇다. 어떤 하나의 천체 내에 스스로 움직이는 주권적인 자전력(self-moving power)이 있다고 가정해보자. 그러나 이 천체는 선행하는 편향에 의해서 이미 운동 중이다.[2] 예를 들어 지구의 중심으로 향하는 중력[3]이 있고, 지구는 선행하는 경향에 의해서 이미 1°의 운동을 하고 있다고 가정해보자. 그런데 지구는 자전력으로 1°의 운동을 더 추가하면, 오직 만유인력에 의해서 움직이는 것보다 훨씬 더 급속한 속도로 지구의 중심을 향하여 이동한다. 이 경우에 자전력으로 말미암아 얻은 모든 것은 추가된 운동이요, 지구의 중력으로 말미암아 얻은 다른 운동은 전혀 고려되지 않으며, 자유로운 자전력에 의해서는 어떤 작은 결과도 내지 않음이 명백하다. 그 결과는 마치 천체가 완전 정지 상태에서 스스로 1°의 운동을 했다고 말하는 것과 같다.

---

2 에드워즈는 신학자요, 과학자였던 아이작 뉴턴(Isaac Newton, 1643-1727)이 발견한 물체의 운동 법칙 3가지—관성의 법칙(제1법칙), 가속도의 법칙(제2법칙), 작용과 반작용의 법칙(제3법칙)—를 그의 신학논증에 자주 적용했다. Isaac Newton, *Philosphiœ Naturalis Principia Mathematica* (Mathematical Principles of Natural Philosophy, 1687). Jonathan Edwards, *Original Sin*, *WJE* 3:399.

3 만유인력(universal gravitation)은 질량을 가지고 있는 물체와 물체 사이에 나타나는 끌어당기는 힘이다. 이 인력은 모든 물체 사이에 존재해서 만유인력이라 한다. 중력(gravity)은 지표 부근에 있는 물체를 지구 쪽 방향으로 끌어당기는 힘이다. 에드워즈는 그런 힘이 어디서 나왔냐고 묻고, 만물을 붙드시는 하나님의 힘(히 1:3)이라고 대답한다. 이 부분에서 에드워즈의 자연 신학의 위대함이 드러난다. "Of Atoms," *WJE* 6:230, 235.

JE 저울도 자기편향력을 지닌 자전력에 영향을 받아 한쪽으로 기울듯이, 사람의 의지도 선행 영향으로부터 자유롭다는 절대 무관심 중립 상태에 있다면 아무런 활동을 할 수 없다.

양팔 저울에 작용하는 자전력(self-moving power)을 가정해보자. 반대쪽 접시보다 1g 정도 더 무거운 접시에 자전력이 있다고 해보자. 이 말은 자전력이 절대적 평형 상태에서 1g의 편향(preponderation)을 스스로 더 할 힘이 있다는 말과 같다. 이 자전력은 저울의 절대적 평형을 잃게 만드는 힘을 가지고 있으며, 자전하면서 자기선행편향력(self-preponderating power)을 가지고 있지만 그 이상의 다른 힘은 없다. 그러므로 자전력의 자유로운 힘은 이런 식으로 항상 절대 평형에서부터 측정될 수 있다.

무관심이 자유에 필수적이라면, 이때 무관심은 절대적 무관심 중립 상태가 아니면 안 된다는 것을 증명하기 위해 더 이상 다른 말을 할 필요가 없을 것이다. 그리고 의지에 절대적 무관심이 없다면, 자유도 있을 수 없다. 그 자유 때문에 의지가 의지 자신의 우두머리가 되며, 자신의 결정자가 될 수 있는 것이다. 그 자유로 인해 의지는 전혀 수동적이지 않고, 의지의 운동과 결정에서 다른 어떤 것의 능력과 지배에 굴복하지 않는다.

이런 것들을 많이 살펴보았으니 이제는 무관심과 평형으로 이루어져 있다는 자유 개념과, 그런 상태에 있다는 의지의 자기결정이 모순되거나 불합리하지는 않은지 검토해보자.

Ar 의지의 활동은 자유의 상태에서만 가능하다.

이제 여기서는 공인된 진리의 공식을 정리하고자 한다. 즉 모든 자유 활동은 자유의 상태 **속에서** 이루어지지, 자유의 상태 **이후에** 이루어진 것이 아니다. 의지의 활동이 자유로운 활동이라면, 이 같은 의지의 활동은 자유의 **상태** 속에서, 그리고 자유의 **시간** 속에서 실행된다. 자유 활동이 자유의 상태에서 즉각적으로 나온다고 말하는 것으로는 충분하지 않고, 자유는 여전히 계속되어야 하고 또 자유로운 활동과 함께하며 공존하지 않으면 안 된다. 즉 영혼은 자유를 소유한 상태 속에 있다. 왜냐하면 영혼의 자유 활동에 대한, 곧 영혼이 자유를 사용하고 행사하는 활동에 대한 개념이 바로 그러하기 때문이다. 만약 영혼이 활동할 바로 그 시간에 자유를 소유하고 있지 않다면, 그때 영혼은 자유를 발휘할 수 없다.

Ar의 모순 영혼이 자유로우며 절대 무관심 중립 상태에 있다면서 다른 것을 선택한다고 말하는 것은 모순이다.

JE 의지와 자유는 서로 상반되며 파괴적이다. 자유는 더 이상 없다.

이제 다음과 같이 질문할 수 있다. 무관심의 상태를 뜻하는 자유의 상태에 대한 개념에서 볼 때, 의지가 자유의 상태에 있다면 사람의 영혼이 어떻게 의지의 활동을 유발할 수 있겠는가? 혹은 의지가 절대 평형 상태에서 어느 하나의 방식을 고집하지 않는 상태에 있다면, 영혼이 어떻게 선택이나 선호의 활동을 실행할 수 있겠는가? 이렇게 질문을 제기함으로써 우리는 그들의 단정적인 답변이 잘못됐다는 것을 잘 보여줄 수 있다. 완전히 동일한 본능 속에서 영혼이 모든 것에 절대적으로 무관심할 때, 영혼이 다른 것보다 그 한 가지를 먼저 선택한다는 답변은 얼마나 우스꽝스러운지 모른다! 이 말은 "영혼은 아무런 선호를 갖고 있지 않은데 다른 것보다 그 하나를 선호한다"라고 말하는 것과 같다. 동작이 휴지(休止) 상태에 있을 수 없고, 저울의 기울어짐이 평형 상태에 있을 수 없는 것처럼, 선택과 선호는 무관심의 상태에 있을 수 없다. 동작은 휴지 그다음 찰나이므로, 동작이 휴지와 함께 전혀 혹은 조금도 공존할 수 없다. 따라서 선택은 무관심 중립 상태 후에 즉각 있을 수는 있지만, 무관심 중립 상태와 함께 공존하지는 못한다. 선택의 시작 순간이라 해도 무관심 중립 상태에 있는 것이 아니다. 가령 그것이 자유라면 의지의 활동은 자유의 상태 속에서나 시간 속에서 조금도 실행되지 않는다. 의욕과 자유는 서로 일치하거나 서로에게 필수적이지 않다. 동작과 정지, 빛과 어둠, 혹은 삶과 죽음처럼, 그들은 서로 반대되고, 서로를 배제하고 파괴시킨다. 그러므로 의지는 완전한 무관심 상태인 자유 시간에 전혀 활동하지 않고, 활동을 시작조차 하지 못한다. 자유는 의지가 활동을 시작하는 첫 순간 완전히 끝나고, 발휘되기를 중단한다. 따라서 활동을 시작하기 20년 전에 자유가 그쳤다 해도 그 활동에 닿을 수 없는 것처럼, 자유는 활동에 영향을 미치거나 자격을 부여할 수 없고, 활동에 명칭이나 혹은 그 일부도 부여할 수 없다. 자유가 존재하기를 그친 순간, 자유는 다른 무엇의 자격 요건이 되기를 포기한 것이다. 빛과 어둠이 서로 즉각적으로 이어져 있어도, 몇십년 후 혹은 몇 달 후가 아니라 완전히 어두운 첫 순간에 빛이 나간 후에는 빛이 어떤 것을 빛나게 하거나 밝게 하기 위한 조건을 아무것도 채우지 못한다. 완전한 죽음이 시작하는 첫 순간에는 아무것도 살아 있다고 할 수 없다. 자유도 마찬가지다. 만약 자유가 무관심으로 이루어져 있거나 무관심을 가리킨다면, 선호 혹은 편향의 첫 순간에 극미한 자유조차 보여줄 수 없을 것이다. 그러므로 영혼이 가지고 있거나 어떤 의욕 활동을 할 때 사용하는 자유가 무관심으로 이루어질 수 없음이 명백하고, 무관심이 자유의 본질에 속한다고 가정하는 아르미니우스주의자들의 의견은 완전히 모순되고 불합리의 극치를 달린다.

이런 식의 주장은 사람을 속이고 헷갈리게 할 뿐, 이성적인 논증을 회피하는 것이다. 그들은 이렇게 말한다. "의지가 의지의 자유를 행사하는 것은 선택 혹은 경향 자체의 활동이 아니라, 어떤 특정한 선택 혹은 선호를 하기로 스스로 **결정하는** 것이다. 의지의 자유로운 활동, 곧 의지 자신의 주권을 사용하는 의지의 활동은 무관심의 상태로부터 어떤 특정한 선호를 하기로 변경하거나 **전환**하도록 야기시키거나 또 그렇게 결정하는 것이다. 혹은 지금까지 수평을 이루고 있던 균형에 어떤 특정한 전환을 내리도록 결정을 내리는 것이다. 그리고 의지가 자유의 상태, 즉 완전한 평형 상태에서 자신을 완벽하게 다스리면 의지는 그렇게 활동할 수 있다." 이 같은 방식으로 자유의 개념을 표현하는 것이 문제를 이전보다 조금이라도 더 잘 해결할 수 있는지 함께 지켜보자.

Ar 의지는 절대 무관심 자유 평형 상태에 있다.

JE 그렇다고 해도 의지는 그 상태에서 벗어나기로 결정한다. 의지 안에서 결정한다면 의지의 자유가 더 이상 그 결정 가운데서 행사될 수 없다.

그들의 완고한 주장은 의지가 선호 없이 절대 평형 상태에서 스스로 변화하기로 결정하며, 특정한 선택이나 선호를 스스로 자극하기로 결정한다는 것이다. 이제 이 주장이 과연 앞서 살펴봤던 동일한 모순에 봉착하지 않는지 살펴보자. 의지가 절대 평형 상태에서 스스로 빠져나와 의지 자신에 어떤 특정한 경향을 주기로 결정한다면, 나는 다음의 사항을 묻고 싶다. 영혼은 선택하는 데 어떤 특정한 경향을 결정짓지 않는지? 혹은 의지가 그렇게 하기로 하는 결정에 이르는 것이 영혼이 그렇게 하기로 하는 선택에 이르는 것과 같은지 아니면 다른지? 만약 영혼이 선택의 어떤 특정한 경향을 선택하지 않는다면, 혹은 선택을 행사하지 않는다면, 영혼은 그것을 자의적으로 결정하지 않는 것이다. 그리고 만약 영혼이 그것을 자의적으로 결정한다면, 혹은 영혼 자신의 의지로 결정한다면, 어떻게 의지의 자유가 그 결정 가운데서 행사될 수 있겠는가? 선택이 자의적으로 수행되지 않고, 또 의지가 관련되지도 않았다면 그런 결정 가운데서 어떤 종류의 자유가 영혼에 의해 행사되겠는가? 그러나 만약 결정이 선택의 활동이라고 인정한다면, 그리고 영혼이 아직도 절대 무관심 상태에서 그 상태로부터 빠져 나와 스스로 한 가지 방향으로 전환하기로 결정한다면, 영혼은 이미 선택에 도달하였고 그 방향을 선택한 것이다.

Ar **영혼은 무관심 중립 상태에서 선호 없이 스스로 선택하며, 선택 없이 스스로 활동한다.**

이로써 우리는 앞서 주목했던 모순과 동일한 모순에 그들이 봉착하는 것을 여기서 목격한다. 영혼은 선택의 상태와 평형의 상태를 동시에 유지할 수 있다. 즉 영혼은 절대 무관심한 상태에 있으며, 다른 방식보다 그 한 가지 방식을 선택하고 있지 않지만, 이미 한 가지 방식을 선택하는 중이다. 이런 식의 주장은 표현을 애매하게 하여 모순을 다소 감출 수 있을지는 몰라도, 더욱 무의미하며 모순을 더할 따름이다. 말하자면 의지의 자유 활동, 혹은 자유와 무관심 상태에서의 의지의 실행 활동은 의지 속에 있는 선호와 전혀 다르다. 그러나 의지가 스스로 선호를 일으키거나 낳으려고 하는 것은, 영혼이 선택 없이 스스로 선택(무언가를 하고 싶어 하는 것과 선택하는 것은 동일하다)하며, 선호의 시작 혹은 제1차 선택을 일으키거나 낳으려고, 선호 없이 스스로 선호하는 것과 같다. 다시 말해 이 말은 제1차 선택은 제1차 선택을 낳기 위해서 선택 없이 스스로 실행된다는 것이다.

Ar **자유와 무관심 중립 상태는 동일하다. 후자로부터 자유와 활동이 나온다.**

JE **무관심 중립 상태 속에서라면 의지는 선택이나 결정 및 활동에 아무것도 행사하지 못한다.**

이 모순을 피하려 한다면 자유의 상태와 무관심의 상태가 동일하지 않다는 것과, 전자는 후자가 없어도 가능하다는 것을 인정하지 않으면 안 된다. 그러나 어떤 종류의 무관심은 의지 활동의 자유에 여전히 필수적이다. 즉 말하자면 무관심은 자유보다 앞서는 것이 필연적이라고 시인해야 한다. 자유가 무관심의 상태로부터 직접적이고 즉각적으로 일어나야 한다는 것이 의지 활동의 자유에 필수적이다. 그러나 이런 말은 여전히 아르미니우스주의자들의 자유의 원인을 정당화하는 데 도움이 되지 않을 것이며 동의도 되지 않을 것이다. 왜냐하면 만약 그 활동이 무관심 상태로부터 직접 나온다면, 선행하는 선택이나 선호로부터 직접적으로 나오는 것이 아니기 때문이다. 그러나 만약 활동을 선택하고 결정하는 데 개입하는 선택 없이, 활동이 무관심 상태로부터 직접적으로 일어난다면, 그 활동은 선택에 의해서 결정된 것도 아니요, 의지에 의해서 결정된 것도 아니다. 정신은 이 일에서 자유로운 선택을 행사하지 않으며, 자유로운 선택과 자유의지는 의지의 활동을 결정하는 데 전혀 손을 쓰지 않는다. 이것은 의욕의 자유에 대한 그들의 개념과 전적으로 상반되는 내용으로서 그들이 수용하지 못할 것이다.

이 난제와 모순을 피하기 위해 "정신의 자유는 의지의 활동을 정지시키는 능력과, 적절히 고려되기까지 의지를 무관심 상태에 묶어두는 능력으로 구성되어 있다"고 가정하는 사람이 있을 수 있다.[4] 그리고 그가 또 "어쨌든 그런 방식으로는 무관심이 자유에 필수적이지 않지만, 정신은 무관심 상태 속에서 정신 자신의 선택을 해야 하며, 혹은 의지의 활동은 무관심으로부터 직접 나와야 한다"고 말한다면, 그 점에서 무관심은 의지가 활동하는 자유에 필수적이 된다. 즉 그에 따르면 자유는 의욕의 활동을 금하거나 정지시키는 능력과, 적절히 숙고되기까지 잠시 정신을 무관심 상태 안에 묶어두는 능력으로 이루어져 있다. 만약 이런 가정이 문제를 해결하는 데 도움이 될 것이라고 생각하는 사람이 있다면, 그것은 엄

---

4   로크가 그런 가정을 한다. Locke, *Essay*, Bk. II, ch.21, no. 47, 53, 57.

청난 착각이다. 이 같은 주장은 모순을 풀지 못하고 그 문제에 얽힌 어려움도 해결하지 못한다. 다음 사항들을 살펴보면 그들이 무슨 주장을 하는지 더 분명해질 것이다.

Ar **의욕의 활동이나 정지하기로 선택하고 결정하는 것도 의욕의 자의적 활동이다.**

1. 의욕의 정지시킴(*suspending*)과 같은 것이 존재하지 않지만 실제로 존재한다면 그것은 의욕의 활동 그 자체다. 만약 정신이 정신의 활동을 정지시키기로 결정한다면, 정신은 그것을 자의적으로 결정하고, 어떤 것을 고려하여 그것을 정지하기로 선택하는 것이다. 이 선택이나 결정은 의지의 활동이라는 것이 위의 가설 속에 전제되어 있다. 그 이유는 의지의 자유는 그렇게 할 수 있는 의지의 능력으로 구성되어 있고, 그렇게 하는 것은 의지가 의지의 자유를 실행하는 것이기 때문이라고 한다. 그러나 만약 자유가 의지의 활동이 아니라면, 어떻게 의지가 의지 안에서 자유를 실행할 수 있겠는가? 의지의 자유는 아무것 안에서나 실행되지 않고 의지가 하는 것 안에서만 실행된다고 해야 옳다.

Ar **의지의 활동 정지(무관심 중립 상태로 묶어둠)를 결정하고 주도하는 것은 의지의 자유요, 능력이다.**

2. 이 같은 활동 정지 결정은 의지의 활동일 뿐 아니라, 위의 가설에 따르면 의지의 유일한 자유 활동이다. 그 이유는 의지의 자유는 의지가 활동 정지를 결정하는 데서 구성되기 때문이라고 한다. 만약 그렇다면 활동 정지 결정은 우리가 의지의 자유에 대한 논쟁을 하는 데, 그리고 사람의 자유가 무엇으로 구성되는지에 대한 관찰을 하는 데 반드시 짚고 넘어가야 할 의지의 모든 활동이다.

앞서 언급한 난제들이 해결되지 못한 채 아직 그대로 남아 있고, 직전의 질문이 다시 우리에게 제기된다. 즉 자유 활동들 속에 있는 의지의 자유는 무엇으로 구성되어 있는가? 어떻게 해서 무관심이 이 활동에 필수적인가? 그리고 만약 정지 결정 활동이 의지가 자유로울 때 하는 유일한 활동이라면, 의지의 정지 활동을 결정하는 의지의 자유는 무엇으로 구성되어 있는가? 어떻게 무관심이 이 활동에 필수적인가? 그들이 둘러댈 것으로 고려되는 예상 답변은 이렇다. "이 같은 정지 활동에서 의지의 자유는 정지 가부에 대한 철저한 숙고를 할 수 있는 기회가 왔을 때, 이 활동조차 정지시킬 수 있는 능력으로 되어 있다." 그러나 이런 주장은 직접적으로 가장 큰 총체적인 모순에 빠져들게 만든다. 우리가 논의하고 있는 것은 정지 활동 그 자체다. 따라서 우리에게는 정지할지 말지를 결정하기 위한 숙고와 정지 사이에 간격이 전혀 없다. 정지 자체가 연기될 수 있기 때문이다. 이런 가정은 좀 우스꽝스럽다. 왜냐하면 우리가 정지할지 말지를 고려하는 정지의 결정을 연기하는 것도 곧 실제로 정지하는 것이나 마찬가지기 때문이다. 정지할지 말지를 고려하는 기간 동안, 사실상(*ipso facto*) 그 활동은 정지된다. 활동 정지와 즉각적 활동 사이에 중도란 없다. 그리고 이것 아니면 저것을 동시에 피하기란 불가능하다. 따라서 우리가 어느 하나를 행하기 전에 숙고할 수 있는 틈이 없다.

Ar **자유는 정지의 활동이요, 정지를 결정할 능력으로 구성되어 있다. 자유는 활동을 정지시키는 의욕 속에 있고, 정지를 고려할 수 있는 시간이나 여유는 없다.**

JE **그런 자유는 없다. 있다손 치더라도 자유는 의욕 속에 있지 않고 활동 속에 있다. 정지 아니면 활동이지 중립이나 고려할 시간은 없다.**

게다가 이 주장은 또 다른 점에서 우스꽝스러운 모순과 연결된다. 왜냐하면 자유가 활동을 정지할지 말지 하는 결정이 온통 정지하는 정신의 능력으로 구성되어 있다는 결론에 도달하기 때문이다. 이때 정지하는 것이 최선의 결정인지 아닌지를 고려할 수 있는 시간이 있을 것이다. 그리고 만약 자유가 단지 이 같은 능력으로만 구성되어 있다면, 이런 자유야말로 다음의 사항들을 살펴봐야 한다. 우리는 이제 이렇게 질문해봐야 한다. 정지의 결정을 연기하는 이 같은 활동과 관련된 자유가 어떻게 무관심으로 구성되어 있는지, 혹은 어떻게 무관심이 자유에 필수적인지. 우리가 검토한 가설에 따르면, 자유는 활동을 정지할지 말지 고려할 시간을 가지고 있으며, 마지막에 언급한 활동이라도 정지시킬 수 있는 능력이 있다고 한다. 그렇다면 자유와 관련된 동일한 난제와 질문이 다시 제기되고, 이것은 영원히 계속될 것이다. 그 같은 자유는 자유 활동과 같은 것은 존재하지 않는다는 사실 말고는 아무것도 보여줄 게 없다. 이것은 자유의 실행을 **무한히** 후퇴시키고, 세상 밖으로 몰아내 버린다.

이 외에도 더 심한 착각과 엄청난 모순이 그 문제 속에 또 다른 방식으로 숨어 있다. 의욕의 특정한 활동과 관련하여 의지가 자유롭다고 할 때에, 어떻게 혹은 어떤 면에서 의지가 자유로운지에 대한 설명과 같이, 사람들은 의지의 자유가 그 **활동**을 정지하기로 결정하는 능력으로 구성되어 있다고 억측한다. 이런 주장대로 하면 자유를 의욕의 활동 속에서 찾지 않고, 도리어 전적으로 다른 선행 활동 속에서 찾는다는 뜻이 된다. 이 주장은 질문과 답변에서 모두 가정되었던 것과 상반된다. 질문은 의욕의 **특정한 활동** 속에서 정신의 자유가 무엇으로 구성되어 있는가다. 그리고 답변은 **활동** 속에서 정신의 자유가 무엇으로 구성되어 있는지를 보여주는 듯하지만, 실제로는 전혀 엉뚱한 이야기를 늘어놓는다. 자유가 전혀 그 활동 속에 있지 않고 다른 활동 속에, 즉 **그 활동을 정지시키는** 의욕 속에 있다는 것이다. 따라서 이 답변은 모순될 뿐 아니라, 목적과도 상관이 없으며 또 그 목적을 벗어난다. 왜냐하면 이 답변은 의지의 자유가 질문 중인 그 활동으로 구성되어 있다는 것을 보여주지 못하기 때문이다.

대신 이 답변은 자유가 전혀 그 활동으로 구성된 것이 아니라, 어떤 다른 활동으로 구성되어 있다고 가정한다. 즉 그 활동을 정지시키고 고려하는 시간을 가진 의욕과 구별되는 어떤 다른 활동으로 구성되어 있다는 것이다. 그리고 그 활동과 관련하여 정신이 자유롭다고 말하면서 어떻게 해서 그런지에 대해서는 아무런 설명도 하지 않는다. 이 같은 답변은 정신의 자유가 사실상 정지의 활동 혹은 정지를 결정하는 활동으로 구성되어 있다는 가정이다.

결론적으로 정신의 자유는 무관심 중립 상태로 이루어져 있지 않고, 무관심은 자유에 본질적이거나 필수적이지 않으며, 자유에 무관심은 조금도 포함되어 있지 않다. 따라서 아르미니우스주의자들의 가설은 모순과 자가당착으로 가득 차 있을 뿐이다.

8장

모든 필연을 거부하는
자유의지

아르미니우스주의자들이 본 논쟁에서 주장하는 인간의 자유에 있어서 가장 중요하고 가장 본질적인 것 한 가지는 의욕이, 혹은 의지의 활동이 우발적인 사건이라는 것이다.[1] 그들은 우발(contingence)이 속박(constraint)뿐 아니라 모든 필연에 반대된다고 간주한다. 그러므로 나는 이 문제를 특별히 짚고 넘어가지 않을 수 없다.

Ar **의욕이나 의지의 활동은 모두 우발적이다. 우연은 필연과 상충된다.**

JE **우발적인 의욕은 없다. 원인과 이유가 없는 결과의 발생은 없다.**

1. 내가 살피고 싶은 것은 강제(coaction)[2]가 따르는 어떠한 필연도 없이, **자연적 귀결에 따른 필연도 없이**, 혹은 선행하는 어떤 것과의 무오한 연관도 없이 발생한다는 의미의 우발적인 의욕과 같은 것이 있는지 혹은 있을 수 있는지에 대한 문제다.

2. 만약 우발적인 의욕과 같은 것이 있거나 있을 수 있다면, 그것이 자유의 원인 문제를 해결하는 데 도움이 되는지 살피고 싶다.

I. 의욕이 이런 방식으로 항상 우발적으로 발생하는지 혹은 발생할 수 있는지에 대한 문제를 살펴보자.

먼저 기억해야 할 것이 있다. 어떤 것도 원인 없이, 즉 다른 방식이 아닌 굳이 이런 방식으로 존재해야 하는 이유 없이 발생할 수 없다는 것은 이미 증명되었다. 이에 대한 증거는 의지의 활동들에서 나타났다. 그렇다

---

1 의욕적 우발 행위: 리처드 멀러(Richard Muller)는 이 점이 아르미니우스주의의 핵심 논리라고 어디선가 밝혔다.

2 Ramsey, 에드워즈는 강제(coaction)란 단어를 외면적 강압을 의미할 때 사용한다. 휘트비는 "마차 끝에 묶인 개는 끌리지 않고도 따라가겠지만, 만약 따르지 않는다면 질질 끌려서 따라가게 된다"고 예를 들어 그 단어의 의미를 설명한다(*Dis*. IV, ch. 4, no. 2; p. 355).

면 의지 활동의 원인이나 존재 이유를 가지고 있는 것들이 그들의 원인과 연관되어 있는 까닭에, 한 번도 우발적이거나 필연 없이 존재하였던 적이 없었다. 이 같은 사실은 다른 사항들을 고려해보면 더 잘 드러날 것이다.

Ar **사건에는 사건이 존재하게 된 발생 근거와 원인이 있고, 그것은 모두 연관되어 있으며 사건은 원인에 의존한다.**

1. 사건(event)이 존재(existence, 있게 됨, 발생) 근거와 원인을 가지고 있는데도, 그 존재 원인과 연관되어 있지 않다고 우기는 것은 말도 안 되는 모순이다. 그들은 이렇게 말한다. 그 사건이 원인과 연관되어 있지 않다면, 원인에 의존해 있는 것이 아니다. 그 사건의 존재는 사건의 영향력으로부터 벗어나 있어 사건의 영향에 관여할 수도 있고 혹은 관여하지 않을 수도 있다. 사건의 존재가 원인의 영향을 받든 받지 않든 그저 단순한 우연일 뿐이다. 이 말은 사건이 원인의 영향에 의존하지 않는다는 것과 같다. 그러나 사건이 그 원인에 의존하지 않는다고 말하는 것은 모순이다. 즉 이 말은, 사건은 사건의 원인도 아니요, 원인의 결과로서의 사건도 아니라고 말하는 것과 같다. 만약 어떤 하나와 다른 하나 사이에, 서로 영향에 의존하는 연결과 의존으로 이루어져 있는 관계가 없다면, "원인"(cause)과 "결과"(effect)라는 용어가 의미하는 관계가 둘 사이에는 없는 것이 확실하다. 사건이 원인에 의존적이고 연관성을 갖고 있다면, 이 경우에는 많은 인과관계(causality)가 있다. 원인은 사건 속에서 사건의 의존 대상이 되는 것 이상으로는 어떤 일도 행하거나 초래하지 못한다. 만약 우리가 연결과 의존이 전체적이 아니라 부분적이라고 말한다면, 그리고 결과가 연결과 의존을 가지고 있기는 하지만 전적으로 의존하는 것은 아니라고 한다면, 사건 속에 있는 모든 것이 그 원인의 결과가 아니요, 그 사건의 일부만

이 그것으로부터 일어나며, 다른 부분은 어떤 다른 방식으로 일어난다고 말하는 것과 같다.

Ar의 가설 원인 없이 사건과 사물이 우발적으로 존재한다.

JE 사건은 원인과 필연적으로 연결되어 있다. 동일한 원인, 상태, 상황에서는 사건이 원인의 영향을 받지 않는다.

2. 만약 원인과 필연적으로 연결되지 않은 어떤 사건이 존재한다고 가정하면, 우리의 전제와는 반대로, 어떤 원인도 없이 존재하는 사물들이 존재한다는 결론이 도출된다. 그런 상황에서 원인의 영향과 필연적으로 연결되지 않은 어떤 사건이 존재한다면, 그 사건이 원인의 영향을 받거나 따르거나 혹은 그렇지 않더라도 사건은 우발적일 것이다. 원인이 동일하고 원인의 영향도 동일하며 동일한 상황에 처했을 때, 그 사건은 원인을 따를 수도 있고 따르지 않을 수도 있다. 그리고 만약 사건이 원인을 따랐다면, 사건이 원인의 영향을 안 따랐던 것이 아니라 따랐던 것인데 그렇다면 왜 따랐는가? 그것에 대한 원인이나 이유는 없다. 그러므로 원인이나 이유가 없이 일어나는 어떤 사건이 있다. 즉 그 사건과 필연적 연결이 없는 원인으로부터 받은 영향을 따른 결과다. 만약 결과가 선행하는 어떤 것과도 필연적 연결이 없다면, 원인이 동일할 때와, 동일한 상태와, 동일한 상황에서는 때로는 사건이 원인을 따르거나 혹은 따르지 않는다고 가정할 수 있다.

이 같은 괴상한 현상에 대한 원인과 이유는 무엇인가? 즉 한 실례에서는 결과가 따라오고, 또 다른 실례에서는 결과가 따라오지 않는 이 같은 상이성에 대한 원인과 이유는 무엇인가? 그들의 가정대로 했을 때 명백한 것 한 가지는 아무런 원인이나 근거가 없다는 것이다. 즉 절대로 원인 없이 생겨난 사물들의 존재와, 그리고 세상의 현 상태를 있게 만든 현재의 방식 속에 어떤 것(something)이 있다고 말하는데, 이 말은 그들의 가정과 상반되는 것이요, 앞에서 그들이 말했던 것과도 상반된다.

Ar의 가설 사건들이 존재 원인과 근거를 가지고 있으나, 그 사건들의 원인과 필연적으로 연결되어 있는 것은 아니다.

JE 동일한 시간과 상황이라도 사건에 충분한 영향력을 끼치는 원인이 있으면 어떤 경우에도 결과가 항상 발생한다.

3. 어떤 사건이 존재하게 만드는 하나의 원인과 근거를 가지고 있으나, 그 사건과 원인이 필연적으로 연결되어 있지는 않다고 가정하는 것은, 그 사건들이 사건의 원인이 아닌 다른 어떤 원인을 가지고 있다고 가정하는 것과 같다. 이처럼 만약 결과가 원인과 영향, 그리고 영향력 있는 상황과 필연적으로 연결되어 있지 않다면, 내가 앞서 살핀 대로 원인이 때때로 동일한 영향력을 동일한 상황에서 실행할 수는 있으나 결과는 생기지 않을 수 있다고 가정할 수 있고, 이는 있을 법한 일이다. 그리고 이것이 실제로 다른 모든 실례에서 일어나는데, [이 실례에서는 일어나지 않는다면] 사실상 이 실례는 원인의 영향력이 결과를 낳기에 충분하지 않다는 증거가 된다. 만약 그 영향력이 충분했다면, 그 영향력은 결과를 낳을 수 있었을 것이다. 그럼에도 불구하고 또 다른 실례를 가정해보면 완전히 동일한 영향력을 가진 동일한 원인이 있을 때, 그리고 어떤 영향을 끼치는 모든 환경이 동일할 때, 그 원인에 결과가 **따라온다**. 이 마지막 실례에서의 결과는 원인의 영향력에 의해서 일어난 것이 아니라, 어떤 다른 방식에 의해서 일어났음이 명백하다. 왜냐하면 앞에서 입증된 바와 같이 원인의 영향력이 결과를 내기에 충분치 못하기 때문이다. 그리고 만약 그 영향력이 결과를 내기에 충분치 못하다면, 결과를 내는 것은 영향력에 기인할 수 없지만, 어떤 다른 것에 기인하거나, 아니면 아무것에도 기인하

지 않음이 틀림없다. 그리고 만약 그 결과가 원인의 영향력에 기인한 것이 아니라면, 그것[그 원인]은 원인이 아니다. 이것은 원인이 사물의 존재 근거와 이유가 되면서, 동시에 그 사물의 존재 근거와 이유가 안 되며 또 그렇게 되기에 충분치 않다는 모순에 빠뜨린다.

이러한 가설에 대한 추가 논증이 불필요할 만큼 이 문제가 명백히 정리되었는데 그렇지 않다면, 나는 이렇게 말하고 싶다. 앞에 가정한 경우에서 원인 같아 보이지만 그것은 원인이 될 수 없다. 그 원인의 능력과 영향력은 그런 결과를 내기에 불충분하다는 것이 철저한 논의를 통해 입증되었다. 그리고 만약 그것이 결과를 내기에 충분치 않다면, 그것은 결과를 낳지 못한다. 달리 말하자면 무엇을 할 능력이 없는데도 무엇을 할 능력이 있다고 말하는 것과 같다. 만약 결과를 낼 수 있는 충분한 능력이 원인 안에 있고, 결과를 내기 충분한 상황 속에 있으면, 그리하여 그 결과가 **한 번** 실제로 발생한다면, 원인의 영향과 상황이 모두 동일할 때 **매번** 그 결과를 낼 것이다. 바꾸어 말하면 정확히 동일한 영향력을 가진 상황에서, 한때 충분치 않은 원인으로 판명되었던 것이 다른 때라고 해서 충분하다고 판명될 수 없다. 따라서 만약 결과가 나오더라도, 결과는 원인에 기인하는 것이 아니다. 단, 시간의 차이가 영향을 끼치는 상황이라면, 이것은 그들의 가정과 상충된다. 왜냐하면 영향력을 끼치는 모든 상황이 다 동일하다고 가정했기 때문이다. 게다가 이것은 시간을 원인이라고 가정하는 것이다. 또 이 말은 다른 사물이 원인이 된다는 가정과 상반된다. 그런데 만약 시간의 차이가 영향력을 갖고 있지 않다면, 원인이 어떤 때는 결과를 낳기 충분하나 다른 때는 아니라고 말하는 것은 엄청난 모순이다. 이것은 원인이 특정한 때에 결과를 낳기에 충분하나 동일한 때에 동일한 결과를 낳기에는 충분치 않다고 말하는 것만큼이나 엄청난 모순이다.

결론적으로 모든 결과는 원인 혹은 결과가 존재하는 참된 근거나 이유와 필연적으로 연결되어 있음이 확실하다. 그리고 앞서 증명한 바와 같이 원인 없는 사건이란 있을 수 없다. 그리고 아르미니우스주의자들이 가정하는 방식을 따라, 의지의 자유 활동이 우발적이라 하여도 이 세상에 우발적인 사건이란 있을 수 없다.

9장

의지의 활동과 지성[1]의 명령,
그 연관성

JE 의지의 활동과 지성의 명령이 어떤 특별한 면에서 연관성이 있는 것은 사실이다.

모든 필연을 배제하며, 즉 귀결(consequence)과 연결(connection)의 필연이 필수적이지 않다는 우발적(contingent)인 성격을 띤 의지의 활동이란 전혀 있을 수 없음이 확실하다. 왜냐하면 의지의 모든 활동은 어떤 면에서 지성(understanding)과 연관되어 있고, 이미 앞서 설명한 대로 가장 명확히 좋아(good) 보이는 것이기 때문이다. 즉 영혼은 항상 현재 정신에 가장 좋아 보이는 것, 곧 그 정신의 전체 주관 속에서 숙고한 것을 선택한다. 이때 정신의 주관 속에 있는 모든 것은 가장 기분 좋아하는 (agreeable) 것들이다. 왜냐하면 앞서 살핀 바와 같이 사람들이 자의적으로 활동하고 또 자기가 좋아하는 것을 할 때, 자신이 가장 기분 좋아하는 것을 행한다는 사실보다 더 명확한 것은 없기 때문이다. 그런데도 이와 반대로 말하는 것은, 사람들이 자신에게 가장 만족스럽고 가장 즐거워 보이는 것을 선택하지 않거나, 혹은 자신이 선호하는 것을 선택하지 않는다고 말하는 것과 같다. 그런 주장은 이 문제를 불합리한 모순으로 끌고 간다.

JE 아르미니우스주의자들도 그 연관성을 인정하나 필연성은 부인한다.

의지의 활동이 지성의 명령(dictate)이나 관점(view)과 연결되어 있다는 것은 실로 자명하다. 특별히 휘트비 박사, 사무엘 클라크 박사 같은 주

---

1 지성(understanding)은 넓게는 사고하는 능력을 의미하며, 일반적으로는 여러 감각적 능력인 감성과 대립되는 의미로서 철학에서는 오성(惡性)으로 번역한다. 이와 유사하게 에드워즈도 로크와 함께 영혼에 두 요소, 즉 지성(지식적·관념적 요소, speculative or rational faculty)과 의지(감성적 요소, sensible or sensual faculty)가 있다고 보았다. 그런 기초 위에서 에드워즈는 주지주의(主知主義, intellectualism) 입장을 나타낸다. 즉 그는 감정이나 의지보다는 지적인 요소가 정신 작용을 주도한다고 보며, 감정이나 행동보다는 지성이나 이론, 사유 따위의 지적인 것을 중시한다. 결국 의지는 사람이 내리는 지성의 명령을 따라서 어떤 일을 결정한다고 본다.

요 아르미니우스주의 저자들도 이를 인정하였다. 턴불 박사는 비록 필연의 교리는 반대하지만 이것은 인정한다. 그는 자신의 책 『기독교 철학』 (*Christian Philosophy*, p. 196)에서 [의지의 활동이 지성의 명령을 따른다]는 동일한 주장에 관하여 찬동하면서 다른 철학자의 글을 다음과 같이 인용하였다.

> (어떤 유명한 철학자가 말하기를) 인간은 아무것에나 자기를 내맡기지 않는다. 그러나 자기가 하고자 하는 것에 대한 이유를 밝히는 데 도움이 되는 다른 견해가 있으면 그것에 자기를 내맡긴다. 사람이 어떤 능력을 발휘하든, 지성이 잘 전달했든 잘못 전달했든 정신은 그 빛을 가지고 끊임없이 자신의 기능을 처리해나간다. 그리고 참 빛이든 거짓 빛이든 그 빛은 지성의 모든 작용력에 지시를 내린다. 아무리 의지가 절대적이고 억제할 수 없다 해도, 지성의 명령에 복종하지 않을 수는 없다. 신전에는 성상들이 있고, 우리는 그 상들이 인류에 줄곧 어떤 영향을 끼쳤는지 목격해왔다. 그러나 사실상 사람들을 지속적으로 지배하는 보이지 않는 힘은 사람들의 정신에 맺혀 있는 관념과 형상이고, 모든 사람이 대체로 그것들에 복종한다.[2]

그러나 이제 이 같은 주장이 아르미니우스주의자들 자신과 그들의 자유 개념과 상충되지 않고 서로 정확히 일치하는지 공정한 고찰을 진행해보자.

DW의 가설 성령께서 우리의 지성을 조명해주시기만 하면 되지 우리의 의지에 능력을 행사할

---

2 George Turnbull, *The Principles of Moral and Christian Philosophy* (London, 1740), 2 vols. 2 (containing *Christian Philosophy*), 196.

필요는 없다. 우리 자신이 선악과 복음을 분별하고 선택하거나 거부할 수 있다.

휘트비 박사는 의지의 활동과 결정이 이루어야 할 최대의 선에 대한, 혹은 피해야 할 최대의 악에 대한 지성의 이해와 주관(主觀)이 항상 따라서 일어난다고 가정한다. 다시 말해 의지의 결정은 지성 속에 있는 다음 두 가지 사항에 따라서 늘 틀림없이 일어난다.

1. 선과 악의 정도에 따라서, 곧 이루어야 할 선의 정도와 피해야 할 악의 정도에 따라서, 이 선과 악은 지성에게 제안되고, 지성은 이것을 감지하고 관찰하고 주목한다.

2. 선과 악에 대한 지성의 주관, 주목, 혹은 감지의 정도는 주의와 숙고에 따라 증가한다. 휘트비 박사는 이에 반대되는 견해에 대해 스스로 모순되고 자가당착에 빠져(칼뱅주의자들과의 논쟁에서 그가 고수하는 모든 의견에서와 같이) 굉장히 고압적인 자세로 업신여긴다. 이 같은 모순은 그의 『5대 교리 강론』 속에 고스란히 나타나 있다. 다음과 같은 일부를 보아도 알 수 있다.

지성으로 하여금 본성적으로 인지하도록 만든 것은 그 지성에 제공되고 감지되고 고려되거나 언급되었던 정보임이 확실하다. 왜냐하면 그 외에는 다른 아무것도 우리가 진리의 지식에 이르도록 하는 다른 요건이 없기 때문이다. 다시금, 의지로 선택하도록 만드는 것은 지성에 의해서 인가받은 어떤 것이다. 그리고 결국 그 어떤 것은 영혼에 선하게 보이는 것이다. 의지가 거부하는 모든 것도 지성에 의해 판단받은 것이며, 그것은 의지에 악으로 보인다. 그렇다면 의지가 거부하는 것은 지성에 의해서 제시되었던 어떤 것이요, 의지에 악하게 비치었던 것이다. 하나님이 우리에게 요구하시는 것은, 곧 악을 거부하고 선을 선택하는 것이고, 오직 이것이 그분의 요구사항의 전부다. 그러므로 정보가 제안되고 감지되고 고려되었다고 해서 지성으로 하여금 인가

하도록 만들기에는 충분치 않다. 즉 선과 악이 균등한 지지를 받을 때, 제안받은 최대의 선과 경고받은 최대의 악은 의지로 하여금 선을 선택하고 악을 거부하도록 매료시키기에 충분치 않다. 이는 사실상 **의지로 하여금 선택하거나 거부하도록 움직이게 하는 유일한 것이** 있다고 하여도 의지가 그렇게 하도록 매료시키기에는 충분치 않다는 말이다. 이것은 의지 자체에 상반되기에 필연적으로 거짓이다. 만약 우리에게 복음이 제시하는 진리에 대한 본성적인 반감이 있다면, 그것은 복음의 진리에 주의를 기울이지 못하도록 우리를 불쾌하게 만들 수 있으나, 우리가 복음의 진리를 이해하고 주의를 기울일 때, 우리의 죄에 대한 자각을 방해할 수 없다. 이렇게 되면 우리가 선택하고자 하는 선에 대한 저항 역시 우리 안에 있다. 이 저항심은 우리가 복음을 최고선으로 믿고 인정하기를 거부하게 만들 수도 있다. 또한 우리 안에 거부해야 하는 악의 경향이 있다면, 이것은 우리가 복음에 경고된 악을 최고악으로 믿지 못하게 할 수 있다. 그럼에도 불구하고 **우리는 우리가 정말 최고선이라고 믿는 것을 여전히 선택할 것이다. 그리고 우리가 그런 자각하에 있는 한 최고악이라고 이해하는 것을 계속해서 거부할 것이다.** 그러므로 선하신 성령께서 우리의 지각을 조명해주시는 일이 이 목적에 필요한 유일한 조건이다. 우리는 앞에 놓인 것에 주의를 기울이며 우리의 책무를 확신하게 될 것이다. 따라서 우리는 복음의 축복이 최고선이요, 복음이 경고하는 화가 최고악이라는 것을 인식할 수 있다. 그리하여 하나는 선택하고, 다른 하나는 거부할 수 있을 것이다.[3]

JE **휘트비 비판: 의지가 지성의 조명, 자각, 경고를 따라 최선을 선택하고 최악을 거절한다는 가정은 잘못되었다.**

---

3 Whitby, *Discourse on the Five Points*, pp. 211-213 (Dis. III, ch. 1).

여기서 그의 주장이 얼마나 명확히 독단적인지 좀 더 관찰해보자. 그가 주장한 바는 이렇다. 지성에 제시된 최고선과 경고된 최고악이 대등하게 믿어지고 고려될 때, 의지로 하여금 선을 선택하고 악을 거절하게 하기에 충분하다. 그리고 그 선과 악은 의지가 선을 선택하고 악을 거절하도록 의지를 움직이는 유일한 것이다. 그렇게 가정하지 않으면 본래의 주장과 상충된다. 그러므로 그의 주장은 당연히 잘못된 것이 된다. 따라서 우리가 가장 주요한 선이라고 실제로 믿는 것이 여전히 선택될 것이요, 악중에서도 가장 악하다고 이해하는 것이, 우리가 계속 그렇게 자각하는 한 우리에 의해서 거부될 것이다. 파악된 선과 악의 정도, 그리고 제안받은 선과 악에 대한 이해, 주목, 자각의 정도를 고려하면서, 제안받은 가장 큰 선이나 악과 관련한 의지의 결정은 항상 지성의 조명, 자각, 경고를 따른다. 이것을 이보다 더 확실하게 말할 수는 없을 것이다. 그리고 그것이 당연하며, 어떤 경우에도 예외는 없다. 왜냐하면 그는 다른 가정이 있다는 것 자체가 모순이라고 주장했기 때문이다.

DW 선한 선택을 하도록 의지를 변화시키는 성령의 근원적 작용은 필요 없다!

내가 이 문제에 예민한 것은 휘트비(Daniel Whitby) 박사가 이런 주장을 펼치는 목적이 칼뱅주의자들을 반박하기 위함이라는 것을 알기 때문이다. 그는 칼뱅주의자들을 반대하면서, 의지가 선한 선택을 하도록 그것을 변화시키는 의지에 대한 하나님의 영의 철저한 근원적인 작용이 필요 없음을 증명해 보이려 한다. 그러면서 하나님의 작용과 협력이 지성에 관념을 제공하는 도덕적인 것에 지나지 않음을 보이려 한다. 그는 우리가 지성에 제공된 관념에 주의를 기울이면, 이 목표를 반드시 달성하기에 충분하다고 생각한다. 그러나 그의 계획이 무엇이든, 결정하며 거절하는 데 의지의 모든 결정이 필연적이라는 것을 더 직접적으로 그리고 더 완전하게 입증할 수 있는 것은 아무것도 없다. 이것은 의지의 자유에 대한 그 자신의 개념과도 직접적으로 상충한다. 만약 의지의 결정이 항상 이런 방식으로 최고선과 최대악에 대하여 지성의 빛, 자각, 주관(view)을 따른다면, 그리고 이것이 의지를 움직이는 유일한 것이요, 다르게 가정하는 것이 모순이라면, 의지가 의지의 일부 활동에서만 아니라 선택하고 거절하는 모든 활동에서 **필연적으로** 지성의 이 같은 빛 혹은 주관을 따른다는 것이다. 그러므로 의지는 자신의 어떤 활동도 자기 스스로 결정하지 않는다. 의지의 모든 활동, 즉 모든 선택과 거절 행위는 어떤 선행 원인을 의존하고 그것과 필연적으로 연결되어 있다. 이런 원인은 의지 자체나 의지 자신의 어떤 활동도 아니고, 그 정신 기능과 관련된 것도 아니다. 그것은 또 다른 기능과 관련된 어떤 것이요, 모든 활동에서 의지를 앞서가며 그것을 일일이 다스리고 결정한다.

DW 의지의 활동은 지성과 의지의 선행 활동을 의존할 따름이지 필연적이지 않다.

이 지점에서 일단 내릴 수 있는 답변은 다음과 같은 말이 사실이라는 것이다. 휘트비 박사의 말대로 하자면, 의지의 최종 결정은 항상 지성의 최고선에 대한 자각과 경고를 의존하며, 둘은 서로 틀림없이 연결되어 있다. 그렇지만 의지의 활동이 필연적으로 일어나는 것은 아니다. 왜냐하면 지성의 자각과 경고가 드러난 증거물에 대하여 주의하며 주목하기로 결정할 때, 의지가 그것의 선행 활동에 일차적으로 의존하기 [의지의 활동은 그 선행 활동에 달렸기] 때문이다. 그런 식으로 정신은 귀결적이고 또 궁극적인 의지의 선택을 결정하기에 충분하며 효과적인 자각을 얻는다. 또한 의지가 주목을 할지 안 할지를 결정하는 선행 활동과 관련하여 의지는 필연적이지 않다. 그리고 이 말은 하나님이 객관적인 빛을 충분히 발하실 때, 정신을 향해 그 빛에 주목하라고 명령할지 안 할지의 여부를 결정할 수 있는 자유가 의지에게 있다는 의미이기도 하다.

　이보다 더 빈약하고 불충분한 답변은 없을 것이다. 왜냐하면 이 같은 의지의 선행 활동이 주목하고 고려하는 것도 여전히 의지의 활동이기 때문이다. (만약 앞에서 그가 가정한 바와 같이 의지의 자유가 그런 것으로 이루어져 있다면, 선행 활동은 의지의 활동임이 확실하다.) 그리고 선행 활동이 의지의 활동이라면, 그것은 선택 혹은 거절의 활동이다. 그러므로 만약 휘트비 박사의 주장이 참이라면, 의지의 활동은 명확한 최고선 혹은 최고악에 대한 지성 안에서 선행하는 빛에 의해서 결정된다는 뜻이 된다.

DW　지성의 빛만이 의지를 움직인다.

　왜냐하면 그는 "의지로 하여금 선택 혹은 거절하도록 움직이는 유일한" 것은 빛이라고 주장하기 때문이다. 그러므로 의지가 선택의 또 다른 결과를 위해, 제시받은 객관적인 빛에 주목할는지 안 할는지를 선택하는 데 빛이 작용하는 것이 틀림없다. 이 같은 활동은 다른 활동보다 결코 덜 필연적이지 않다. 만약 두 가지 활동을 결정하기 위해 앞에 언급했던 두 활동보다 앞서서 여전히 선행하고 있는 또 다른 활동 하나가 필요하다고 가정한다면, 그 활동 역시 의지의 또 다른 활동이요, 선택의 활동이다. 그리고 그런 동일한 원리를 따르자면 최고선도 지성 안에 있는 일정한 빛에 의해서 결정됨이 틀림없다.

JE　휘트비가 그렇게 주장한다면, 결국은 의지가 자유롭지 않다고 말하는 것이며 그 필연성을 인정하는 것이 된다.

　우리가 원하는 대로 많은 의지의 활동을 가정해보자. 그 활동들이 각각 선행하는 하나의 활동으로 구성되어 있고, 그 활동이 최고요 가장 적합한 선이라고 할 때, 지성 안에 있는 일정한 빛에 의해서 그 모든 활동이 각각 필연적으로 결정된다. 그리고 여기서 휘트비 박사의 자유 개념을 따르면 어떤 활동도 자유롭지 않다. 만약 사람들이 그들에게 비친 빛에 주목하지 않는 이유가 이전에 범한 악한 활동에 의해 물든 잘못된 습성 때문이라면, 그것들 때문에 그들의 정신은 하나님이 그들에게 주신 진리에 주목하고 고려하는 것을 꺼리게 되고, 결국은 그런 난제를 전혀 피할 수 없게 된다. 그렇다면 다시 이 질문이 제기된다. "앞서 선행하던 악한 활동 속에서는 무엇이 그 의지를 결정하도록 만들었는가?" 휘트비 박사의 원리를 따라 현재까지 밝혀진 바에 의하면, 그 결정 요인은 최고선과 최대악에 관한 지성의 주관(view)이다. 휘트비 박사의 주장대로 만약 지성의 주관이 의지로 하여금 선택이나 거절을 하도록 하는 유일한 것이라면, 선택과 거절의 모든 활동은 인간이 존재한 순간부터 이 주관에 의해서 움직이고 결정된다. 그리고 그 활동을 자극하고 통제하는 지성의 주관이 그 활동보다 선행한다. 그렇다면 인간의 존재에서부터 의지의 모든 활동에 이르기까지 의지는, 밖에 있는 원인에 의해서, 그리고 의지의 어떠한 활동에 의해서 기인하거나 의존하지 않는 원인에 의해서 필연적으로 결정된다.

JE **휘트비가 악수를 두었다.**

(1) 그는 자기 주장의 근거를 허물었다.

(2) 도리어 반칼뱅주의자들을 방해했다.

바로 이 같은 이론은 휘트비 박사의 의지의 자유에 대한 전체 이론 체계를 단번에 완전히 허물어버린다. 그는 유기, 선택, 만인구원, 충분하고 효력 있는 은혜, 그리고 사람의 의지의 자유 같은 주제를 다룰 때 사용하는 근거들, 즉 하나님의 명령, 약속, 경고, 부르심, 초청, 훈계에 있어서 하나님의 선하심, 의로우심, 미쁘심, 신실하심에 대해 자신이 내세운 주장의 모든 근거를 허물어버린다. 그리고 그의 책에서 수도 없이 많이 하나님이 분명히 의롭지 못하고, 미쁘지 못하며, 외식적이며, 거짓되며, 잔혹하다고 책망함으로써, 칼뱅주의자들의 교리를 반대하는 모든 함성에 찬물을 끼얹었고 맥이 빠지게 해버렸다.

클라크의 가설 의지는 지성의 명령을 따라서 결정 혹은 선택을 한다. 지성의 최종 명령은 의지의 활동과 동일하다.

JE 그렇다면 그런 결정은 자유와 선택의 결과가 아니고, 선택의 자유가 의지의 결정에 아무런 영향을 끼치지 못한다는 뜻이며, 의욕의 결정이 있기 전에 지성의 명령이 먼저 있었다는 말이 된다.

사무엘 클라크(Samuel Clarke) 박사는 자신의 저서 『하나님의 존재와 속성 논증』(*Demonstration of the Being and Attributes of God*, pp. 95-99)[4]에서 의욕과, 지성의 최종 명령과의 필연적 연결로 의욕의 필연성을 입증하는 주장을 회피하려 한다. 이 책에서 그는 지성의 최종 명령이 의지의 활동 그 자체이지, 다른 별개의 것이 아니라고 가정한다. 그러나 설사 그렇다 해도 의지의 활동의 필연성을 입증하는 주장을 약화시키지는 못할 것이다.

JE 휘트비가 지성의 주관이 의지를 움직인다고 말한 반면, 클라크는 지성의 명령이 의지의 결정과 동일하다고 말한다.

클라크 박사의 가정대로 지성의 명령과 의지의 결정 혹은 선택이 정말 동일하다면, 의지의 결정은 **선택의 산물 혹은 결과**일 수 없다. 그리고 만약 그렇다(동일하다)고 한다면, 선택의 자유가 의지 안에서 아무런 역할도 하지 않은 것이 된다. 의욕이나 선택에서 자유는 필수적이다. 즉 선택

---

4 제6판(London, 1725), p. 93.

은 그 자유를 막을 수 없다. 만약 지성의 최종 명령(the last dictate)이 의욕의 결정 그 자체와 동일하다면, 그 의욕의 결정은 필연적이다. 이처럼 의욕이 자신의 존재 여부를 결정할 기회를 가질 수 없다면, 의욕보다 앞서 이미 존재해왔던 그것이 무엇이든 결정할 기회를 가진다는 말이 된다. 그것이 곧 의욕의 발동과 존재 자체이다. 그러나 한 가지 사물이 존재하기 시작한 후에는 자신의 존재에 관하여 결정할 수 있는 기회가 더 이상 없으며, 자기 자신의 존재를 결정하기에는 이미 너무 늦다.

클라크 **자유란 영혼 혹은 정신이 좋아하는 지성의 명령을 선택하는 것이다.**

자유가 아르미니우스주의자들의 가정대로, 의지가 전혀 필연에 얽매이지 않고 자유로운 기회를 갖고 의지 자신의 활동을 결정하는 것이라면 이 말은 다음과 같다. 즉 자유란 영혼이 좋아하거나 선택하는 의지의 결정을 내릴 수 있는 힘과 기회를 소유하는 것을 말한다. 만약 의지의 결정과 지성의 최종 명령이 동일하다면, 자유란 정신이 좋아하고 선택하는 지성의 명령이 무엇이든 수용할 수 있는 힘이 된다. 그러나 이 말은 모순이다. 왜냐하면 지성이 명령을 내리기 전에조차 선택하는 결정을 하며 그 근거를 내놓는다는 말이기 때문이다. 따라서 이 말은 지성의 명령이 선택의 결정 그 자체라는 말과 조화를 이루지 못한다.

이럴 경우에 다른 방도는 없고, 다만 또 다른 결정 이전에 있었던 한 가지 결정과 그 결정의 원인과 관련하여 있었던 오래 묵은 모순을 재현시킬 수 있을 뿐이다. 그 한 가지 결정 이전에 또 다른 결정이 있었고, 그 결정을 결정짓는 또 다른 결정, 그리고 그런 식으로 모순은 무한히(*in infinitum*) 소급된다. 만약 지성의 최종 명령이 의지의 결정 그 자체이고, 아르미니우스주의적 자유 개념대로 명령으로부터 영혼이 자유롭다면, 지성의 명령이 존재하기 이전에, 모든 경우에 영혼이 자의적으로 그리고 영혼 자신의 선택에 따라서 지성의 명령을 결정할 것이다.

그렇지 않다면 지성의 명령은 의지에 필수적이다. 또한 그 명령에 의해서 결정된 활동들 역시 필연적이다. 그러므로 지성의 명령보다 앞선 정신의 결정, 즉 그 명령보다 앞선 선택의 활동, 곧 지성의 명령을 선택하고 결정하는 활동이 있다. 그리고 의지의 자유 활동이라 할 수 있는 선택의 선행 활동 역시 지성의 또 다른(직전의) 최종 명령과 분명히 동일하다. 만약 정신도 지성의 명령 속에서 자유롭다면 그것은 여전히 또 다른 것에 의해서 결정됐음이 틀림없다. 이것은 무한히 계속될 것이다.

JE 지성과 의지는 영혼의 다른 두 기능이다.[5]
아르미니우스주의자들의 자유 개념

이 외에도 만약 지성의 명령과 의지의 결정이 동일하다면, 이는 지성과 의지를 혼동하는 것이요, 그 둘을 동일시하는 것이다. 그 둘이 동일하든 말든 이제는 반박하고 싶지 않다. 다만 관찰해보고 싶은 것은 만약 그 둘이 동일하며 아르미니우스주의자들의 자유 개념이 옳다면, 모든 자유는 지성 안에 있는 자기결정력으로 이루어지고, 모든 필연으로부터 자유롭다. 즉 자유란 독립적이며, 의지 자신의 활동과 결정 이전에 있었던 선행하는 어떤 것에 의해서도 결정되지 않는 비결정적인(undetermined) 것이다. 그리고 이처럼 지성이 독립적이면 독립적일수록, 그리고 지성 자신의 결정에 대하여 주권적이면 주권적일수록 자유는 더욱더 자유로울 것이다. 이로 말미암아 도덕 행위자인 영혼의 자유는 사물들의 어떤 증거 혹은 외관으로부터 지성이 독립하거나 또는 지성의 결정보다 앞선 정신의 주관에 무엇이 제시되든 그것으로부터 지성이 독립하는 것이다. 이것

---

5 *Religious Affections*, WJE 2:96.

은 도대체 어떤 자유의 일종인가! 이때 자유란 증거를 따르든 반대하든 그것을 판단하는 능력, 자유, 편리로 이루어져 있다. 또한 정신 자신의 주관에 분명히 나타나 보인 것에 대하여 유쾌한 것으로나, 혹은 불쾌한 것으로 판단하도록 항상 정신에 주관적 명령을 내린다.

Ar **자유란 도덕적 수단, 지성, 이성의 힘으로부터 독립하는 것이다.**

JE **그러면 지성에 하는 모든 적용, 그리고 모든 도덕적 교훈과 훈계가 다 허사가 된다.** 그 같은 자유가 사람들로 하여금 설득력 있는 추론, 논쟁, 훈계, 그리고 이 같은 도덕적 수단과 자극의 적격한 주체가 되지 못하게 함이 확실하다. 이처럼 인류가 소유한 것들을 이용하자는 것이 모든 필연을 배제하는 자유 개념을 옹호하는 아르미니우스주의자들의 주된 주장이다.

> 이 주장에 따르면 사람들이 자유로울수록, 도덕 수단의 통제를 덜 받고, 증거와 이성의 힘에 덜 종속되며, 결정을 내릴 때 그 수단의 영향으로부터 더 독립적이 된다.

그리고 지성과 의지가 동일한지 아닌지 상관없이 필연을 배제한 아르미니우스주의자들의 자유 개념을 고수하기 위해서 클라크 박사는 다음과 같이 가정한다.

> 자유의지(free will)는 지성에 의해서 결정되지 않으며, 지성과 필연적으로 연결되어 있지도 않다. 그리고 그 연결로부터 더 멀어질수록 자유는 더 커진다. 자유가 충분하고 완전해졌을 때, 의지의 결정은 지성의 명령들과 전혀 연결되지 않는다.

만약 이런 가설이 사실이라면 자유로운 덕행을 유도하기 위해서 지성에 가하는 모든 호소는 허사가 된다. 그리고 모든 교육, 교훈, 초청, 훈계와 주장과 설득도 다 허사가 된다. 이런 것들은 단지 지성에 하는 호소일 뿐이며, 정신의 주관에 선택 대상들을 분명하고 생생하게 제시할 따름이다. 그러나 만약 의지가 자기결정적이고 지성으로부터 독립적이라면, 무슨 목적으로 선택을 결정 내리도록 지성에게 이렇게 사물들이 묘사되는 것일까?

10장

동기의 영향과 필연적으로 연결된 의욕,
자유의지에 대한 처브[1]의 모순된 주장과 논증

JE 의지의 활동에서 동기는 활동 원인이요, 그 활동은 결과다.

Ar 의지는 동기나 유인 없이 무엇을 하고 싶어 하며 선택한다.

의지의 각 활동에는 원인이 있고, 결론적으로 (이미 입증된 것에 의하면) 각 활동은 원인과 필연적으로 연결되어 있다. 따라서 의지의 각 활동은 무엇이든지 어떤 동기에 의해 자극을 받는 것이 명백하다. 왜냐하면 만약 의지나 정신이 행하는 방식에 따라 무언가를 하고 싶어 하며 선택하는 중에 있을 때, 동기나 유인 없이 그렇게 하도록 자극을 받는다면, 의지/정신 자신이 그 자신에게 제안하는 목적을 가지고 있지 않거나, 혹은 그런 제안을 하는 데 있어서 추구하는 목적을 가지고 있지 않으며, 의지/정신은 아무것도 목표로 삼지 않으며, 아무것도 추구하지 않기 때문이다. 그리고 의지/정신이 아무것도 추구하지 않는 경우에, 무엇을 구하려고 쫓아가거나 어떤 것에 아무런 성향이나 선호를 발휘하지 않기 때문이다. 그러나 이런 주장은 문제를 모순으로 끌고 간다. 왜냐하면 정신이 어떤 것을 하고 싶어 하는 것과, 그리고 정신이 선호와 성향의 활동에 의해서 어떤 것을 추구하는 것은 동일한 것이기 때문이다.

그러나 만약 의지의 모든 활동이 동기에 의해 자극을 받는다면, 동기는 의지의 활동 원인이 된다. 만약 의지의 활동들이 동기에 의해 자극을 받는다면, 동기는 자극받는 활동의 원인이 된다. 즉 그 동기들은 파생되

---

1 토마스 처브(Thomas Chubb, 1679-1747, TC로 약기)는 에드워즈가 지목한 3명의 아르미니우스주의자 논적 중 한 사람으로 영국 이신론자(Deist)다. 이신론은 17-18세기 유럽의 계몽주의 시대에 나타난 이성주의적 종교관으로서 신의 존재와 진리의 근거를 인간 이성이 인식할 수 있는 자연적인 것에서 구하는 이론이다. 이 이론은 신을 세계의 창조자로는 인정하지만, 세상 일에 관여하거나 계시와 기적으로 자기를 나타내는 인격적 주재자로서의 신은 부정하며, 피조물에게 자연법칙을 주어서 스스로 통치하도록 한다고 믿는다. 이러한 사조는 에드워즈로 하여금 자유의지에 대한 아르미니우스주의자들의 잘못된 이해가 자연스럽게 이신론주의에 근거한 것임을 확신하게 만들었다.

는 활동과 그 활동의 존재 원인이 된다. 그렇다면 의지의 활동이 존재함은 바로 그 활동의 동기에 의한 결과다. 동기들은 동기 또는 유도로서는 아무것도 하지 않지만, 동기/유도의 영향에 의해 어떤 것을 한다. 그리하여 그 동기들의 영향으로 많은 것이 이루어졌고, 그것이 곧 동기의 결과다. 그것은 결과에 대한 개념이요, 또 다른 사물의 영향에 의해서 일어난 어떤 것이다.

JE **필연적 연결: 동기(의지 활동의 원인) ▸ 의욕(동기의 결과) ▸ 의지 활동**

만약 의욕이 확실히 동기의 결과라면, 그 의욕은 동기와 필연적으로 연결되어 있다. 앞서 입증한 바와 같이 모든 결과와 사건은 필연적으로 그 존재의 적절한 근거 및 이유와 연결되어 있다. 이처럼 의욕은 필연적이며 의지 속에 있는 자기결정력으로부터 나오지 않음이 명백하다.

JE **의욕은 사전 동기를 따르지, 의지에 영향을 받지 않는다. 그보다는 동기가 의지로 하여금 편향·편중하게 한다.**

Ar **의지는 무관심 상태에서 어떤 선호를 결정한다.**

의욕은 사전 동기 및 유도에 의해서 일어나되, 의욕들을 스스로 결정하고 야기하고 자극하도록 주권적 능력을 발휘한다는 [그런 개념의] 의지에 의해서 일어나지 않는다. 이 주장은 의지가 어떤 선호를 향한 결정을 스스로 내리기 위하여 무관심과 평형 상태에서 활동한다는 주장과 일맥상통하지 않는다. 왜냐하면 동기들은 의지를 편향하게 만들며, 의지에 일방적으로 어떤 특정한 성향 혹은 편중을 제공하는 방식으로 작용하기 때문이다.

TC **의지는 사전 근거나 이유에 의해서, 즉 동기와 자극에 의해서 활동한다. 의지/정신이 어떤 동기에 의해서 유인될지 말지를 결정/선택한다. 의지의 선택이 동기**

를 앞선다.

처브는 자기의 『다양한 주제에 관한 소논문』(*A Collection of Tracts on Various Subjects*)[2]에서 자유에 대한 이론 체계를 여러 방식으로 발전시켰다. 하지만 그의 이론은 자체적으로 큰 반란이 있고 자기모순적이기에 여기서 살펴보는 것이 적절하겠다.

TC **동기와 자극이 의지 활동의 유일한 근거다.**

I. 처브는 완강히 주장하기를, 의지는 모든 활동에서 동기와 자극에 의해 영향을 받는다고 하며, 그리고 이 동기와 자극은 의지가 일으키는 모든 활동의 사전 근거와 이유가 되고, 어떤 다른 경우라도 반드시 동기와 자극이 그렇게 된다고 한다. 그는 "활동을 자극하는 동기 없이는 어떤 활동도 일어날 수 없다"(p. 262)고 말한다. 그리고 "의욕을 유도하는 사전의(PREVIOUS) 이유나 동기 없이는 어떤 의욕도 일어날 수 없다"(p. 263)라고 하며, "활동을 유도하는 어떤 이유나 동기가 없다면 활동은 일어나지 않을 것이다. 사전 이유 없이도 정신으로 하여금 활동하게끔 영향을 끼치는 능동적인 정신 기능이 발휘될 것이라는 가정은 말도 안 된다"(p. 310)라고 말한다. 257쪽에서도 동일하게 말한다. 그리고 그런 것들[동기와 자극]은 우리가 절대적으로 확신할 수 있는 내용이요, 또한 하나님이 도덕적으로 완전하시다고 확신할 수 있는 우리의 유일한 근거라고 말한다"(pp. 252-255, 261-264).

TC **의지/정신은 제시되는 동기를 먼저 수용할지 거절할지를 결정한다.**

그럼에도 불구하고 그의 이론에 따르면, 우리로 하여금 활동하도록 자극

2　Thomas Chubb, *A Collection of Tracts on Various Subjects* (London, 1730).

하고 실제로 의욕의 근거가 되게 하는 동기들의 영향은 정신의 의욕이나 선택에 의한 결과다. 왜냐하면 처브는 모든 자유 활동에서 정신이 동기의 자극을 받는 의욕의 주체가 되기 전에 먼저 그 주체가 되기를 선점한다고 강력하게 주장하기 때문이다. 정신이 제시된 동기에 순응할지 말지를 선택한다고 주장하는 것이다. 각종 동기가 제시될 때, 정신은 어떤 것을 따르고 어떤 것을 거부할지 선택한다. 따라서 처브는 256쪽에서 "각 사람은 제시된 동기에 따라 일치하거나 상반되는 행동을 할 수 있는 능력이 있고, 그 행동을 금할 능력도 있다"고 말한다. 257쪽에서는 "모든 사람에게는 이 각각의 동기가 자극하는 것을 즐거이 수용하여 행동을 취하거나, 거부하여 행동을 금할 자유가 있다.…사람에게는 압도적인 동기를 거부할 만큼의 능력과 자유가 있고, 압도적이지 않은 동기를 거부할 자유도 있다"라고 말한다. 310, 311쪽에서는 또 이렇게 말한다. "도덕 행위자가 되기 위해서는 이 같은 도덕적 동기에 따라서 활동을 수행하거나 활동을 제어할 능력이 필수적이다." 그는 다른 여러 곳에서도 유사한 취지의 글을 쓴다. 이 글들에 의하면 의지는 압도적인 동기의 영향을 받기 전에 먼저 활동하여, 제시된 동기에 순응하기로 선택 혹은 거부한다. 그리고 정신이 동기에 의해서 유인되기 전에 어떤 동기에 유인될지는 정신의 즐거움 혹은 선택에 의해서 먼저 결정된다.

TC   정신/의욕이 먼저 활동하여서 어떤 동기가 정신의 의욕이나 선택의 근거와 이유가 되는지 결정을 내린다.

TC의 가정   동기가 결과를 내기 전에 선택은 이미 있었으며, 동기가 가진 영향력조차 선택의 결과다.

그렇다면 이것들은 어떻게 서로 조화를 이룰 수 있을까? 어떻게 정신이 먼저 활동하며, 어떤 동기가 정신의 의욕이나 선택의 근거와 이유가 될

수 있는지를 의욕과 선택권으로 결정 내릴 수 있을까? 그 주장은 다음을
가정한다.

> 동기가 결과를 내기 전에, 선택은 이미 내려졌다. 그리고 동기가 압도하기 전
> 에 실제로 의욕의 근원이 되기 위하여, 의욕은 이미 실행되었다. 의욕은 의
> 욕의 결과요, 근원으로서 동기가 지배하도록 만든다. 만약 정신이 이미 동기
> 를 따르고 동기의 자극에 응하기로 선택했으면, 정신은 그 자극에 응할 필요
> 가 없다. 왜냐하면 동기가 자극하려던 일에 이미 결과가 나왔기 때문이다. 의
> 지는 그 자극과 함께 앞서 있었으므로, 그 자극은 너무 늦게 들어와 나중에는
> 필요 없고 쓸데없어진다. 만약 한 가지 일을 하도록 권유하는 동기에 정신이
> 응하기로 이미 선택했다면, 그 정신은 권유받은 그 일을 선택했음을 암시한
> 다. 바로 그 선택 활동은 유인하는 동기의 영향보다 앞서 오며, 그리고 동시
> 에 선택의 근원이 된다. 이는 마치 아들이 자기를 낳은 아버지와 이전부터 함
> 께 있었던 것과 같다. 선택의 근거여야 할 동기가 영향의 근원이 된다. 그
> 리고 역으로(*vice versa*), 선택은 동기의 영향을 받아서 나타난 귀결이요, 동
> 기의 영향 또한 바로 그 선택의 귀결이라고 가정할 수 있다.[3]

JE **동기가 의지를 지배한다면, 어떻게 동기가 의지의 활동이나 선택의 사전 근거와**
이유가 되겠는가?

게다가 만약 의지가 동기의 영향을 받기 전에, 의지를 유도해서 활동하고
선택하도록 만들기 위해, 그리고 의지가 활동과 선택의 결실과 귀결을 위
해, 동기가 의지를 지배한다면 어떻게 동기가 활동과 선택의 사전 근거

---

3 처브는 어떤 동기를 선호하여 선택했는지 어떤 영향을 받았는지는 선택한 다음에 결과적
으로 일어난 일이라고 말한다.

와 이유가 될 수 있겠는가? 그러므로 사물들의 본성상 의욕을 유도하는 사전 이유와 동기 없이는 의욕이 일어날 수 없다. 그리고 이 활동은 귀결적인데,[4] 어찌 동기를 따른단 말인가? 그런데도 처브는 그와 같은 것들이 확실하며 불문의 진리라고 주장한다. 결론적으로 바로 그 동일한 동기가 **사전의 것이면서도 귀결적이요**, 앞서 있는 것이면서도 뒤에 있는 것이요, 동일한 일의 근거이면서 산물이다!

TC **의지가 동기에 자극받아 활동하게 되므로, 동기/자극은 의지 활동의 수동적 근거가 된다.**

II. 처브는 의지에 관하여 앞서 언급한 모순된 개념을 선뜻 수용한다. 즉 그는 어떤 의욕 활동이 발생하기 전에, 동기가 의지의 활동 근거가 되도록, 의지가 먼저 동기를 향해 활동하며 동기에 순응할지 말지를 선택한다고 말한다. 그리고 의지의 활동에 대한 동기와 자극을 "활동의 수동적 근원 혹은 이유"[5]라고 부른다. 이는 아주 주목할 만한 문장이긴 하지만 나는 감히 다음과 같이 단정할 수 있다. 이보다 더 이해하기 힘든 문장은 없으며, 둔스 스코투스(Duns Scotus)나 토마스 아퀴나스(Thomas Aquinas)의 모든 작품에서 볼 수 있는 구별되며 일관된 의미를 그에게서는 찾아볼 수 없다. 처브가 활동 혹은 의욕에 있어서 동기를 수동적이라고 주장할 때는, 그 문제가 수동적이거나 혹은 그가 말하고 있는 활동이 수동적임을 뜻함이 틀림없다. 그렇지 않다면 그 주장은 자신의 목적 및 논증 계획과는 전혀 상관이 없다. 그가 의미하는 것은(만약 이것이 의미로 불릴 수준이라면),

---

4 에드워즈가 자주 사용하는 용어인데, 이는 그의 사상을 대변한다. "귀결적"(consequent) 이란 "결과로서 따라오는"(following as a result)이란 뜻인데 더욱 쉬운 용어로는 "결과적" 이라고 할 수 있다.

5 Chubb, *Tracts*, 257, 258, 263, 264.

동기에 순응하는 쪽을 택하면서, 동기를 활동의 근거로 만들거나 혹은 동기로부터 그 영향을 산출하기로 결정하는 것이다. 그리하여 동기가 자신의 자극 및 존재의 사전 근거가 되게 결정하면서, 의욕에 대한 동기는 의욕에 의해 위에서(*upon*) 혹은 향하여(*towards*) 먼저 활동하게 된다.

혹자 **영혼이 존재의 원인을 따라 활동하기 때문에 존재의 원인은 그 존재의 수동적 근거가 된다.**

어떤 사람이 다음과 같이 말한다면 이것 역시 똑같은 모순이다. 그에 따르면 사람의 영혼 혹은 그 영혼의 존재 이전에 있었던 다른 어떤 것이 영혼을 존재하게 만든 원인을 선택하고, 그 원인으로부터 영향을 산출하기 위해서, 그리고 그 존재가 존재하도록 만들기 위해서, 존재의 원인에 따라서 활동한다. 그리하여 존재의 원인은 그 존재의 수동적 근거가 된다!

JE **TC는 동기 없이는 의욕이 발생하지 않는다고 인정하면서도 아이러니하게 동기/자극은 의지 활동의 수동적 근원이 된다고 오해한다.**

처브는 동기나 자극이 의욕을 일어나게 하는 근거가 된다고 아주 분명히 주장한다. 그는 동기나 자극이 의지의 활동(pp. 391, 392)을 실행하는 근거 혹은 이유라고 말하고, "의욕은 의욕을 유도하는 어떤 사전 근거 혹은 동기 없이는 발생(*TAKE PLACE*)할 수 없다"(p. 263)고 명확히 말한다. 또한 동기로부터(*FROM*), 동기의 영향으로부터(*FROM THE INFLUENCE*) 나오는(p. 252), 활동을 산출(*PRODUCTION*)하기 위해서 동기가 사람에게 미치는 영향으로부터 나오는(p. 317) 활동에 대해서 말한다. 이에 대해서는 더 반복하지 않겠다. 동기가 의욕이 실행되고 발생하는 근원이 될 수 있을지 없을지는 쉽게 판단된다. 그러므로 처브에 따르면 활동의 산출은 동기의 영향으로부터 나오지만, 의욕의 근원이 되기 전의 동기는 수동적이거나 의욕에 따라 활동하게 된다.

그러나 나는 이렇게 말하고 싶다. 어떤 한 사람이 있어서, 다른 사람들이 말하는 바 그 의미를 잘 파악하고, 그들의 불명료함과 불합리함을 잘 비판할 수 있다면, "활동의 수동적 근거"라는 이 문구 속에서 처브가 뜻하는 그 의미를 잘 설명해보일 수 있었을 것이며, 그리하여 처브가 뜻하는 의미가 무엇인지 분명히 설명해주어서 혼동을 피할 수 있었을 것이다.

TC의 오류 **동기가 수동적인 이유 (1) 동기는 의욕으로 선택하게끔 유인할 따름이다. (2) 동기는 의욕의 존재 근원일 따름이다.**

처브가 동기를 "활동의 수동적 근거"라고 말할 때 의미하는 것은, 활동의 근거로서의 의욕이 수동적이라는 것이 아니라, 어떤 다른 선행 의욕(비록 그의 목적과 논증과 전체 주장이 결코 그런 가정을 허용하지 않겠지만)이 수동적이라는 뜻이라고 가정하겠지만, 그런 추리는 문제를 해결하는 데 조금도 도움이 되지 않는다. 그 이유는 이렇다.

(1) 영혼은 의욕 혹은 선택의 활동을 하는데, 이 같은 활동에 의해서 동기가 다른 의욕으로 유인할 때 순응하기로 선택하며, 다른 의욕에 의해서 다른 어떤 것을 선택한다고 가정해도, 이때 가정되는 두 가지 의욕은 사실상 동일한 것이다. 어떤 것을 선택하도록 유인하는 동기의 힘에 순응하기로 선택하는 의욕 혹은 선택은 앞서 살핀 대로 동기가 유인하는 그 사물을 선택함과 같은 것이다. 따라서 여기서 의욕을 두 가지로 구별한다고 해서 문제가 해결되지 않는다.

(2) 동기가 동일한 의욕을 자극하지 않고, 전혀 다른 선행 의욕을 자극한다면, 그 동기는 수동적이라고 가정할 수 있다. 그럼에도 불구하고 처브에 의하면, 의욕의 존재 근거로서의 동기나 자극 없이는 선행 의욕도 일어날 수 없다. 왜냐하면 그는 "의욕을 일으키는 어떤 사전…동기 없이

의욕이 일어난다고 가정하는 것은 불합리하다"고 주장하기 때문이다.

JE 굳이 말하자면 동기가 영향을 미친 그 의욕에 대하여만 수동적이라 할 수 있겠지만, 그 이전의 의욕에 대해서는 그렇게 말할 수 없다.

그러므로 결국 이 가정은 동일한 모순에 봉착한다. 만약 모든 의욕이 사전 동기를 가지고 있어야 한다면, 일련의 전체 활동에서 제1차 의욕은 사전 동기에 의해서 자극받음이 틀림없다. 그럼에도 불구하고 제1차 의욕에 대한 동기는 수동적이라고 할 수 있겠지만, 또 다른 선행 의욕에 대한 동기는 수동적이 될 수 없다. 왜냐하면 이 가정에 따르면 그것이 제1차 의욕이기 때문이다. 그러므로 만약 동기가 어떤 의욕에 수동적이라면, 그 동기가 근원이 되는 바로 그 의욕에 대하여만 수동적일 뿐이다.

TC 의욕이 항상 가장 강한 동기를 따르는 것은 아니며, 때로는 가장 약한 경향을 따르기도 한다.

JE 이 말은 의지가 동기 없이, 그리고 동기에 정신을 기울게 하는 선행하는 이유 없이 활동할 수 있다는 말이 된다. 그렇다면 이는 도리어 자기주장과 상반된다.

III. 위에서 처브가 주장했듯이 모든 의욕은 동기를 가지고 있으며, 그 사물의 본질상 "유도하는 어떤 동기 없이는" 일어날 수 없다. 그런데도 그는 의욕이 항상 가장 강한 동기를 따르는 것은 아니라고 주장한다. 혹은 다른 말로 의욕은 상반된 것에 대한 동기를 넘어서, 의욕 그 자체 이전에 먼저 있었던 동기가 가진 더 월등한 힘에 의해서 통제되는 것이 아니라고 한다. 258쪽에 있는 말을 그대로 옮기자면, "물리적 원인은 항상 가장 강한 것이 지배하지만 도덕적 원인은 다르다. 도덕적 원인은 때로는 더 강한 것이, 때로는 더 약한 것이 지배한다. 그리고 이런 차이에 대한 근거는 명백하다. 즉 우리가 도덕적 원인이라고 부르는 것은 엄밀히 말해서 원인이 전혀 아니다. 그것은 어떤 활동을 하거나 혹은 어떤 활동을 저지하는 아주 수동적 이유 혹은 자극에 지나지 않기 때문이다. 내가 앞서 밝힌 대로 우리에게는 그런 자극을 따르거나 거절할 수 있는 능력과 자유가 있다."

TC **의지는 항상 가장 강한 동기에 의해서, 의욕 자체보다 앞선 어떤 힘에 의해서 결정되지 않는다.**

그러므로 처브는 이 단락 전체에 걸쳐 다양한 표현을 사용해 다음과 같이 주장한다. "가장 강한 동기가 의미하는 바가 사건 속에서 실제로 압도적이라고 터무니없이 말하지 않는다면, 의지가 항상 가장 강한 동기에 의해서 결정되는 것은 아니다.[6] 이것은 동기 속에 있는 것이 아니라 의지 속에 있다. 따라서 의지는 항상 가장 강한 동기에 의해서도, 의욕 자체보다 앞선 어떤 힘에 의해서도 결정되지 않는다." 그리고 그는 다른 곳에서도 여러 차례 주장하기를, 의지는 의지의 실제 결정보다 앞서는 사물의 구조나 상태로부터, 혹은 다른 어떤 상황에서 얻는 동기의 우세한 힘이나 이점에 의해서 결정되지 않는다고 한다. 사실상 인간의 자유에 대한 그의 논의 전체가 이 주장을 담고 있고, 그의 이론 체계 전체가 이 주장에 기초해 있다.

TC **동기들 속에 선택을 위한 다양한 힘이 있으나 제한적이다.**

그러나 이것들은 서로 양립할 수 없다. 선택을 할 때 동기들 속에, 선택 그 자체보다 앞선 선행 동기들 속에 다양한 힘 같은 것이 있다. 처브 자신도 "동기들은 정신이 활동하도록 '미리 권유하고' '자극하고' '유도하고'

---

6 I.e. unless by the motive prevailing because it was strongest, we mean to say "that it prevailed, because it *did prevail*"(Chubb, *Tracts*, 258).

'성향을 품게 한다'"고 가정한다. 이 말은 동기들 그 자체 속에 "권유하는" 어떤 것, 의욕을 유도하고 성향을 품게 하는 어떤 경향, 의욕 자체보다 앞서 선행하던 그 무엇이 내재되어 있음을 의미한다. 만약 동기가 그 자체 속에 그런 성질과 경향을 가지고 있다면, 그것은 의심할 여지없이 다양하나 제한적으로 가지고 있을 것이다. 어떤 동기들은 더 많이 가지고 있고, 다른 동기들은 더 적게 가지고 있을 것이다. 동기들의 성격과 상황들을 고려해봤을 때, 이런 경향을 가장 많이 가진 동기가 가장 큰 동기고, 이런 경향이 가장 적은 동기가 가장 약한 동기다.

TC 의욕이 항상 가장 강한 동기를 따르는 것은 아니며, 때로는 가장 약한 것을 따르기도 한다.

이 모든 것을 고려했을 때, 동기를 유도하고 자극하는 데 의욕이 때로는 가장 강하거나 가장 앞선 경향 혹은 강점을 가진 동기를 따르지 않고, 도리어 가장 약한 동기, 즉 정신의 주관 속에 이전부터 들어와 동기를 유도하는 가장 약한 경향을 지닌 동기를 따른다는 말이라면, 의지는 전혀 동기 없이, 그리고 동기에 정신을 기울게 하는 선행하는 이유 없이 활동한다는 뜻이 된다. 이는 처브 자신의 말과도 상반된다. 활동을 유도하는 선행 동기 없이 의지가 진행해야만 하는 활동은 가장 약한 동기를 선호하는 활동이다. 다음과 같이 말하는 것이 얼마나 우스꽝스러운지 모른다. "다른 동기보다 저 동기를 더 선호하게 만들며, 저 동기 속에 있는 사전 이유를 정신은 살핀다. 그리고 동시에 동기에게 어떤 선호를 제공해주는 정신의 사전 주관 속에 동기가 있으므로, 동기 속에, 즉 그 동기의 성질, 상태, 상황들 속에는 아무것도 없다. 그러나 그 반대로 이런 모든 측면들에서 한 동기와 함께 경쟁에 참여하고 있는 다른 동기는 유인하고 감동시키는 데 필요한 것 대부분을 가지고 있으며, 그 다른 동기는 선택과 선호에 대한 경향 대부분을 가지고 있다."

JE 동기가 둘이 있으면 선호받으려고 서로 경쟁하며, 더 월등해 보이고 더 선호할 만한 것이 선택된다.

TC 선호의 행동에는 사전 이유가 없다. 동기는 선호받는 것 속에 있지 않고 다른 상반된 것에 있다.

그 말은 선호 활동을 하는 동기에 대한 사전 근거와 이유는 있으나, 선호 활동에 대한 사전 이유는 없다는 말이 된다. 이 가정대로 하자면 경쟁하는 두 동기 속에 있는 모든 것은 선호 활동보다 앞서 있는 선호로 기우는 경향인데도, 선호받는 것 속에 있지 않고 전혀 다른 것 속에 있다. 왜냐하면 더 월등해 보이는 힘과 선호 가능성을 보이는 모든 것이 그 다른 것 속에 있기 때문이다.

TC 사건의 사전 근거가 한 가지 사물 자체 속에 있으므로 사전 이유 없이 다른 사물을 뒤따른다.

그런데도 처브는 선호 활동이 선호받은 동기 속에 있는 "사전 근거와 이유"로부터 나온다고 가정한다. 그러나 이 말들이 일관성이 있는가? 한 사건의 사전 근거가 한 가지 사물 자체 내에 있다면, 그 사건에 대한 사전 경향은 그 한 가지 사물 속에 있을 수 없는가? 만약 사물이 아무런 사전 경향이 없는데도 다른 사물을 뒤따른다면, 그 사물은 다른 사물을 뒤따르는 어떤 방식의 사전 이유 없이 다른 사물을 뒤따름이 분명하다고 우리는 생각해야 할 것이다.

TC 정신은 자기 주관 속에서 다른 것보다 더 연약한 동기를 선호한다.

JE 모든 선호가능성 혹은 선호에 대한 사전 경향이 항상 다른 편에 혹은 가장 강한 동기 속에 있다. 무시되고 거부되는 사전 경향은 이미 선호받은 동기에는 아무런 영향을 끼치지 못한다.

이 쟁점 속에서 처브는 다음과 같이 가정한다. 사건은 그 사건의 존재 근거로서의 선행하는 것이나 사전 사물을 뒤따른다. 그런데도 그 존재 근거는 그 사건을 향한 경향도, 그 반대 경향도 가지고 있지 않다. 사건이란 동기가 정신의 사전 주관 속에 들어와 있을 때, 정신(mind)이 더 약한 동기에게 내어주는 선호다. 직접 접해 있는 선행은 긴밀히 경쟁하는 두 가지 동기들에 대해서 정신이 갖고 있는 주관(view)이다. 이 같은 정신의 사전 주관 속에 있는, 모든 선호됨 혹은 선호에 대한 사전 경향은 반대편에 있거나, 반대 동기 속에 있다고 가정된다. 그리고 선호의 모든 무가치함과, 상대적 방치, 거부, 혹은 저평가를 하고 싶어 하는 사전 경향은 선호받은 편에 있다. 그런데도 불구하고 이 같은 정신의 주관 속에 "활동을 자극시키며, 활동으로 정신을 충동하는" 이런 선호 활동의 "사전 근거 혹은 이유"가 있다고 가정된다.

이런 가정이 모순인지 아닌지는 독자의 판단에 맡기고자 한다. 만약 그것이 모순이 아니라면 결과에 선행하는 사전 경향이 결과가 뒤따르지 않는 근거와 이유가 된다고 말하여도 모순이 아닐 것이다. 그리고 사건에 대한 사전 경향의 부족, 상반된 것에 대한 경향의 부족이 왜 그 사건이 뒤따르는지에 대한 참된 근거와 이유가 된다고 말하여도 모순이 아닐 것이다.

JE **정신의 주관 속에서 비교하며 경쟁하는 사물들을 선택/선호하는 활동은 상대적이다.**

선택 혹은 선호의 활동은 상대적이다. 그런 점에서 이것은 정신의 주관 속에서 비교하며 경쟁하는 관계에 있는 두 가지 혹은 그 이상의 사물들을 참조해서 활동한다.

TC 정신은 동기 없이 열등한 것을 선호한다. 그 의지는 상대적이나 활동은 절대적이다.

○ **예증 1** 배고픈 사람은 제공된 두 음식 중에 식욕이 가장 적게 느껴지는 것을 선택하고, 가장 강한 식욕이 느껴지는 것을 거부한다.

만약 이런 상대적 활동에서 정신이 더 열등해 보이는 것을 선호한다면, 정신은 동기나 유인이나 어떤 유혹도 받지 않고 절대적으로 활동할 것이다. 이처럼 배고픈 사람 앞에 먹고 싶은 음식 두 가지가 다 있을 때, 그는 어느 한 음식을 다른 것보다 더 먹고 싶어 한다. 이때 둘 중 어느 하나를 취하도록 유인하는 상황이나 자극이 없고 그저 식욕만 있을 때, 식욕이 가장 적게 느껴지는 것을 선택하고 식욕이 가장 강하게 당기는 것을 거부한다면, 그것은 절대적으로 어떤 사전 동기나, 자극, 이유 혹은 유혹 없이 마치 그가 식욕이 전혀 없을 때와 같이 내려진 선택이다. 왜냐하면 이 경우에 그의 의욕은 그가 선택하는 음식을 다른 음식과 비교해보는 상대적인 주관에 따른 상대적 활동을 하는데, 이 같은 주관 속에서 그의 선호는 사전 근거를 절대적으로 갖고 있지 않으며 모든 사전 근거와 동기와 상반되기 때문이다. 그리고 이런 식으로 선택 활동이 일어날 때, 그 사람 속에 어떠한 원칙이 있다 할지라도, 동일한 원칙 아래 어느 한편에 대한 동기가 전혀 없어도 의욕이 일어날 수 있다.

의욕 속에 있는 정신이 동기를 초월할 수 있다면, 정신은 동기 없이 홀로 활동할 수 있다. 동기를 초월할 때 정신은 동기의 접근 영역 밖에, 동기의 영향권 밖에, 따라서 동기 없이 홀로 활동할 수 있다는 얘기다. 의욕이 동기의 힘과 경향을 뛰어넘어 간다면, 특히 동기의 경향과 반대로 간다면, 이 말은 의욕이 동기로부터 독립해 있음을 시사한다. 그리고 비록 그렇다손 치더라도 처브가 이렇게도 줄기차게 한 주장에 대한 근거가 뒷받침되지 못할 것이며, 심지어는 "사물들의 본질상 의욕은 의욕을 유도하는 동기 없이는 일어날 수 없다"고 한 주장조차도 그럴 것이다.

○ 예증 2 **양팔 저울에서 가벼운 접시가 내려가고, 무거운 접시가 올라갈 수 있다.**

만약 그런 방식으로 지존자(the most high)가 양팔 저울에 자연의 힘 혹은 활동을 제공한다면, 무게가 다른 물건을 각각 좌우 접시에 올렸을 때, 자연의 힘은 더 가벼운 접시가 내려가게 하고 더 무거운 접시는 올라가게 할 수 있을 것이다. 그런 가정은 다음과 같은 억지 주장을 펴게 된다. 이것은 마치 양팔 저울에 물건이 없을 때에 저울이 스스로 움직이는 것처럼, 저울의 동작이 접시에 올려진 물건의 무게에 달린 것이 아님을 증명한다. 그리고 더 무거운 접시의 반대 방향으로 스스로 움직이기에 충분한 이 저울은 무게가 전혀 없을 때도 접시를 반대 방향으로 스스로 움직이기에 충분할 것이다.

TC의 가정 **의지는 어떤 동기 없이는 전혀 동요할 수 없으므로 동기 의존적이다.**

JE의 반박 **말은 의존적이라고 하나 실제로는 서로 독립적이다. 의지는 활동할 때 동기 속에 어떤 사전 근거를 두지 않고 스스로 결정한다.**

처브는 의지가 어떤 동기 없이는 전혀 동요할 수 없으며, 또한 한 사물에 동기가 있으나 상반된 사물에는 동기가 없는 경우, 의욕은 반드시 그 동기를 따를 것이라고 가정한다. 이런 가정은 의지가 동기들을 전적으로 의존함을 사실상 인정하는 것이다. 만약 의지가 동기를 전적으로 의존하지 않는다면, 의지는 동기 없이는 스스로 무엇을 거의 할 수 없으며, 혹은 상반된 동기의 힘과 무게로부터 도움을 받지 않으면, 분명히 동기에 반항하여 스스로 무엇을 거의 할 수 없으며, 스스로 동기에 거의 저항할 수 없다. 그럼에도 의지 앞에 여러 가지 상반된 동기가 제시될 때, 의지는 자기가 좋아하는 동기를 이용할 수 있고, 그 동기가 주는 영향을 선택할 수 있으며, 가장 강한 영향을 무시하거나 가장 약한 영향을 따를 수 있다는 처브의 주장은 결국 의지가 동기로부터 전적으로 독립되어 있다고 가정하는 것이다.

처브의 가정에서 더 명확히 밝혀지는 바는 의욕이 어떤 동기 속에서도 전혀 사전 근거를 두지 않는다는 것이다. 처브의 주장대로 의지가 동기의 월등한 선제적 힘에 의해 결정되는 것이 아니라, 스스로 자신의 동기를 결정하고 선택한다면, 경쟁 중인 동기들이 유도하는 힘과 경향이 모든 면에서 정확히 동일할 때, 의지는 그중 어느 하나를 따를 수도 있다. 그리고 이 경우 의지가 어떤 때는 이것을, 또 어떤 때는 다른 것을 따를 수 있다. 만약 이 주장이 사실이라면 의지의 활동에 나타나는 다양성은 어느 동기 속에서든지 사전 근거 없이 일어나는 것임이 분명하다. 왜냐하면 그 동기들 속에 이전부터 있어온 모든 것은 아무런 다양성도 없고 정확히 완전히 동일하다고 가정되기 때문이다. 선행하는 것 속에 이전부터 있어온 모든 것이 지닌 완전한 동일성이 귀결적인 것들 속에 있는 다양성의 근거와 이유가 될 수 없다. 그리고 그 근거에 있는 완전한 동일성은 왜 그 동일성이 동일한 귀결이 뒤따라오지 않는 이유가 될 수 없다. 그러므로 이같이 다양한 귀결의 원천은 다른 데서 나올 것이다.

TC의 주장 **의욕을 유도하는 동기 없이는 의욕이 발생하지 못한다. 그렇지만 동기들의 사전 작용 없이도, 정신은 따를 동기를 스스로 선별하고 선택할 수 있다.**

그리고 마지막으로 처브가 다음과 같은 주장을 부단히 펼치고 있음을 확인할 수 있다. 의욕을 유도하는 어떤 동기 없이는 의욕이 일어날 수 없고, 동기는 사전에 정신으로 하여금 의욕을 유발시킨다. 그런데도 또한 처브는 동기들에게 있는 사전의 월등한 힘과 관계없이도 정신은 자기가 따라야 할 동기를 선별하고 선택한다고 주장한다. 이 같은 주장 속에서 명확히 드러나는 가정은, 정신이 어떤 동기 하나를 다른 동기보다 더 선호하는 것과 관련하여, 이런 의지를 유발하는 것은 동기가 아니라 의지 자신이라는 것이다.

TC 행위와 필연은 서로 조화를 이루지 않는다. 사람의 의지는 선악을 택하여 행할 수 있는 능력/자유를 가지고 있다. 원하면 반대를 선택할 자유도 가지고 있다.

IV. 처브는 필연과 행위(agency)가 서로 완전히 모순된 개념이라고 가정한다. 그리고 하나의 존재가 필연적 행위자(agent)라는 가정은 명백한 모순이라고 말한다(p. 311). 또한 자유의 주체에 대한 그의 논의 전체에 걸쳐, 필연은 행위나 자유와 조화를 이룰 수 없다고 가정하며, 달리 가정하는 것은 자유와 필연, 행동과 감정을 동일시하는 것과 같다고 본다. 따라서 그는 엄밀히 말해서 행동은 없고 의욕만 있을 뿐이라고 가정한다. 그리고 육체나 정신 속에 있는 의욕의 결과에 관하여 그 자체로서는 필연적이라 생각되지만, 의욕의 결과가 필연적이지 않은 활동의 결과라면, 그 결과가 자유롭다고 가정한다.[7]

그럼에도 불구하고 처브에 의하면 의욕 자체가 **의욕의 결과**다. 즉 그것은 자유로운 의욕의 모든 활동이다. 따라서 처브에 따르면 의욕의 모든 활동은 필연적이다. 자유로운 의욕의 모든 활동이 의욕의 결과 그 자체라는 것은 분명히 그에 의해 주장된 사실이다. 341쪽에서 그는 이렇게 말한다. "만약 한 사람이 내가 위에서 증명한 그런 피조물이라면, 즉 그가 선하거나 악한 것을 선택할 수 있는 능력 혹은 자유를 가졌으며, 이 중 어느 것이든 그 사람 자신의 자유 선택의 문제라면, 그는 **자신이 좋아한다면** 그 반대를 **선택하고** 행할 것이다." 여기서 처브는 사람에게 있는 선하고 악한 모든 것이 그 자신의 선택 결과라고 가정한다. 따라서 그의 선한

---

7 Ramsey, 그것들은[의욕의 결과들] 도덕적 활동이라 불린다. "이 경우에 주로 추가되는 '자유'란 단어는 전적으로 불필요하다. 왜냐하면 모든 행위자는 자유롭기 때문이다. 그가 행위자라면 하나의 필연적인 행위자란 명백한 모순이다"(Chubb, *Tracts*, 311).

혹은 악한 선택 자체가 곧 그의 즐거움 혹은 선택의 결과다. 즉 다시 말해 **"만약 그가 좋아한다면 그 반대를 선택할 것이다."** 386쪽에서도 그는 그렇게 가정한다. "비록 사람이 언제나 더 좋은 것을 선택할 것이라는 생각이 아주 합리적인 생각이지만,…그럼에도 그가 자신이 좋아한다면 다른 선택을 할 수 있다." 이 말은 마치 사람이 선택을 한다면, 다른 것도 선택할 수 있다는 말과 같다. 그는 계속해서 "사람이 좋아하면, 자신에게 좋은 것을 선택할 수도 있다"고 말한다. 그리고 같은 쪽에서 다시 이렇게 주장하기를, "의지는 어떤 특정한 종류의 좋은 것(good)에 대한 이해가 더 크든 작든, 이해에 의해서 제한당하지 않고, 자신이 좋아하는 종류의 좋은 것을 선택하는 데 자유롭다." 이 말은 선행하던 선택에 의해서 결정된 선택 자체의 활동을 전제로 하면서, **의지는 자신이 선택할 종류의 좋은 것을 선택할 수 있는 자유를 가지고 있음을 뜻한다.** 이때 처브가 말하는 자유란 사람이 자기 몸을 좋아하는 대로 선택의 선행 활동에 따라 움직일 힘을 가지고 있을 뿐 아니라, 자기 영혼의 정신 기능을 사용하거나 발휘할 능력이 있다는 것을 의미한다. 따라서 그는 379쪽에서 정신 기능에 대해 말하면서 "사람에게는…이 같은 정신 기능을 자신이 좋아하는 대로 무시하거나, 선용 혹은 악용할 수 있는 힘과 자유가 있다."

TC **사람의 행동은 본성에서 나온 필연의 산물이 아니라, 자유 선택에서 나온 자유의 산물이다.**

그리고 선택의 활동, 혹은 즐거움의 실행은 그렇게 해서 선택된 활동보다 앞서 선행하는 것이며, 선택된 활동과 선택 활동 그 자체를 지시하고 명령하며 산출한다는 그의 가정이 283쪽에 매우 분명하게 나타나 있다. "사람은 자기 활동을 명령할 수 있다. 그리고 그 활동은 자기 자유로 구성되어 있다. 사람은 자기가 좋아하는 대로 스스로 즐거움을 제공하거나 거부할 수 있다." 377쪽에서는 이렇게 말한다. "만약 사람의 행위가…자유 선택 혹은 선별의 산물이 아니라, 본성의 필연으로부터 파생되었다면…사람은 자신의 행위로 인하여 받을 상급과 징벌의 합당한 대상이 될 수 없다. 반면에 사람의 행동이 선하든 악하든 그것이 의지의 산물이거나 자유 선택의 산물이라면, 어떤 경우든 그 산물은 사람의 능력 속에 있으며, 반대를 선택한 것도 그의 자유다. 사람이 자기 스스로 행동하기로 선택했으므로 그는 상급이나 징벌의 합당한 대상이 된다." 이같이 말미에서 그는 **"사람이 선택하는 것에 따른 선택의 자유"**에 대해서 말하고 있다. 그러므로 그가 선택의 주체라고 말하는 행실(behavior)은 선택함(*CHOOSHING*) 그 자체이며, 또한 그 선택함에 따른 결과로서의 외형적 행위(conduct)다. 그리고 처브가 "모든 자유 행동을 자유 선택의 산물(*PRODUCE*)"이라고 말할 때는 외형적 행동뿐 아니라, 선택의 활동 자체도 의미하는 것임이 분명하다. 이것은 372-373쪽에 있는 처브의 주장을 볼 때 아주 명백하다.

처브의 이런 가정과 주장들은 이중적 큰 모순과 불합리성을 안고 있다.

JE **여기서 처브가 모든 자유 활동이 자유 선택의 산물이라고 할 때, 이 자유 선택은 선행하는 원인에 해당한다.**

1. 처브처럼 선택의 모든 자유 활동이 "지시에 의한 것", 그리고 "자유로운 선택의 산물"이라고 가정하는 것은, 선택의 제1차 자유 활동도 그런 경우에 속한다고 가정하는 것과 같다. 또한 결국은 사람이 실행했던 선택의 제1차 자유 활동도 선택이 하는 선행 활동의 "산물"이라고 가정하는 것이 된다. 그러나 바로 그 제1차 활동이 그 자신의 활동에 선행했던 또 다른 활동의 산물이라고 말하는 것은 모순이라는 점을 독자들에게 이해시키기 위해 애쓸 필요가 전혀 없을 것이다.

JE 선행하고 있는 활동의 결과로서의 모든 선택 활동은 선행하고 있는 원인과 필연적으로 연결되기 때문에, 선택의 활동도 자유롭지 않고 필연적이다.

2. 처브가 주장하는 대로 선택의 모든 자유 활동이 선택 활동의 산물이거나 그 결과였다는 말이 가능하고, 또 사실이라고 해도, 그의 원리에 따르면 단 하나의 선택 활동도 자유로울 수 없으며 모든 활동이 필연적이 된다. 왜냐하면 선행하고 있는 활동 결과로서의 모든 선택 활동은 그것에 선행하는 원인과 필연적으로 연결되기 때문이다. 처브 자신이 389쪽에서 말하길 "자기 동작 능력(self-moving power)이 실행될 때, 그 능력은 결과의 필연적 원인이 된다"고 했으니, 보상 가능하거나 징벌 가능하다는 자유 활동에 대한 그의 개념은 모순들의 총체가 된다. 그것이 자유 활동이지만, 자유에 대한 처브 자신의 개념대로 할지라도 필연적이다. 그러므로 자유 활동을 자유롭다고 가정하는 것은 모순이다.

그의 말대로 하자면

모든 자유 활동은 자유로운 활동의 산물이다. 그러므로 시작이 있는 행위자에게는 시작도 없이 연속적으로 이어지는 무한대의 자유로운 활동이 있어야 한다. 이때 무한대의 자유로운 활동이 있고 그것들 모두가 자유롭지만, 동시에 아직은 어느 하나도 자유롭지 않고 무한대의 전체 사슬 속에 있는 모든 활동은 필연적 결과다. 모든 활동에는 상벌을 줄 수 있지만, 행위자는 상벌을 받을 만한 어떤 하나의 활동 때문에 상벌의 대상이 될 수 없다. 행위자는 그런 모든 활동에서 능동적이고 어떤 활동에서도 수동적이지 않지만, 그럼에도 불구하고 어떤 것에 있어서도 능동적이지 않고, 모든 것에 있어서 수동적이다.

TC 동기가 의지의 실행/활동의 원인이 아니다. 활동을 산출하는 데 동기는 수동적이며 인과관계가 없다.

JE **동기는 의지를 자극하고, 의욕을 움직인다. 동기는 의지가 활동하게 하는 "원인"이다.**

V. 처브는 동기가 의지를 활동하게 하는 "원인"이라거나, 사람 속에 있는 동작 원리가 동기에 의해서 **"움직였다"** 혹은 **"실행하도록 야기되었다"**는 것을 아주 완강한 어조로 부인한다.

> 사람 안에 있는 동작 원리가 모든 동기처럼, 사람 밖에 있는 외부의 어떤 것에 의해서 움직였거나 혹은 실행하도록 야기되었다면, 그 자체 밖에 있는 외부 원리에 의해서 움직였다는 뜻이므로 자기동작 원리에 의한 것이라고 말할 수 없다. 다시 말해 자기동작 원리가 그 자체 밖에 있는 외부 원인에 의해서 **움직였거나** 혹은 실행하도록 야기되었다고 말하는 것은 어리석은 것이요 모순이다(p. 388).

그다음 페이지에서도 처브는 동기가 어떤 경우에도 원인이 되지 않는다고 여러 곳에서 주장한다. "동기는 활동을 산출하는 데 단지 수동적일 뿐이며, 인과관계(causality)가 없고…의지를 실행하는 원인이 되는 인과관계도 없다."

이제 처브의 주장이 다른 여러 곳에서 하는 주장과 일치할 수 있는지에 대해 관찰해보자. 다음을 숙고해보자.

JE **처브가 헷갈리는지, 다른 여러 곳에서는 동기가 의지 활동의 원인이라고 말한다.**

1. 처브는 동기에 대해서 "의지를 활동하게 하는 자극"이라고 수차례 말한다. 또 "동기는 의욕을 자극하고 유도한다"고 말한다. 그리고 동기는 이같은 목적을 위해 필수적이고, "사물들의 이유와 본질상, 의욕을 자극시키는 동기들 없이는 의욕이 일어날 수 없다"고 말한다. 그러나 동기가 의

지를 자극한다면, 동기는 의욕을 움직일 것이다. 이렇게 말하고선 처브는 "의지가 동기에 의해서 움직인다고 말하는 것은 모순이다"라고 다른 소리를 한다. 그리고 다시 말하기를(표현이 중요한 문제라면) 동기가 의욕을 자극한다면, 동기는 의욕이 자극받는 원인이 되고, 의욕을 자극받게 한다는 것은 의욕이 나타나도록 혹은 실행되도록 야기한다는 것이다. 317쪽에서 처브는 동기가 능동적 기능의 "실행"(exertion)에 필수적이라고 말한다. 자극한다는 것은 어떤 것을 능동적으로 하는 것이고, 어떤 것을 한다는 것은 그것이 그 어떤 것에 의해서 행해지도록 하는 원인임이 분명하다. 창조하는 것은 창조되게 만드는 원인이 되는 것이고, 만드는 것은 만들어지게 하는 원인이 된다는 것이고, 죽이는 것은 죽임당하게 하는 원인이 된다는 것이다. 되살아나게 하는 것은 되살림 받게 하는 원인이 된다는 것이고, 자극하는 것은 자극받게 하는 원인이 된다는 것이다.[8] 자극하는 것은 가장 엄밀한 의미로 하나의 원인이 되는 것이요, 또한 부정적 기회원인(occasion)일 뿐 아니라, 긍정적 영향에 의한 존재의 근거도 된다. 즉 자극(exciting)에 대한 개념은 결과가 일어나도록 혹은 존재하도록 야기하는 영향력을 실행하는 것이다.

JE 처브 자신이 동기들을 "압도적인 영향"이라고 자인함으로써 결국은 그것이 원인이라고 인정한다.

2. 처브는 317쪽에서 동기를 "영향"과 "압도적인 영향"에 의한 활동의 근거와 이유라고 스스로 말한다. 그렇다면 이제 원인은 그 영향에 의한 사물의 근거와 이유가 되는 어떤 것, 즉 압도적이어서 효력이 대단한 영향이 아니라면 무엇을 의미하겠는가?

---

8 Chubb, *Tracts*, 263.

JE 처브는 자기 말을 번복한다. 동기들이 "활동의 산출을 위한 압도적인 영향"을 행사한다고 말했으면서, 그것을 원인이라고 부르면 모순이라고 말한다.

3. 처브는 동기가 압도적인 영향에 의한 행동의 근거와 이유라고 말할 뿐만 아니라, 같은 317쪽에서 그 동기의 영향에 대해 "행동의 산출을 위한 압도적인 영향"이라고 명확하게 말하고 있다. 이 같은 주장은 처브의 자기모순을 더 선명하고 명백하게 드러낸다. 결과를 산출한다 함은 확실히 결과를 야기함(causing)이며, 산출적 영향은 어떤 것이라 할지라도 인과적 영향이다. 그리고 다른 어떤 사물의 근거가 될 압도적인 영향을 끼치는 것은, 원인과 같은 사물이 존재하는 한 그 사물의 원인이라 할 수 있다. 처브는 이 같은 영향이 동기가 행동을 산출하게 하는 데 미친다고 말하면서도, 그 동기가 원인이라고 말하는 것은 어리석은 일이요, 일종의 모순이라고 덧붙인다.

JE 처브가 같은 말을 반복하는 것은 내 주장에 더 동의하는 격이다. 지성 속에서 일어나는 동기와 그 정신에 성향을 불러일으키는 사전 이유가 행동에 필수적이다.

4. 그는 같은 쪽에서 다시 한 번 더 언급하기를, 동기란 행위자로 하여금 "동기의 영향으로 말미암아" 행동하도록 "성향을 불러일으키는 것"이라고 말한다. 그의 말은 다음과 같다.

> 동기는 지성 속에서 일어나고, 지성의 산물로서 행동에, 즉 능동적 정신 기능의 **실행**에 필수적이다. 왜냐하면 그 기능은 정신으로 하여금 활동하도록 **성향을 불러일으키는** 어떤 **사전 이유** 없이는 실행될 수 없기 때문이다. 이로 인해 분명해지는 것은 사람에게 다른 활동보다 특정한 어떤 활동에 대한 성향이 불어넣어졌다고 할 때,…이것을 가리켜 정확히 **압도적인 영향**이라고 한다. 이 압도적인 영향은 사람에게 하나의 동기로 하나의 행동을 산출하게 하

거나, 혹은 모든 다른 동기 앞에서 꿈적도 하지 않고 휴면 상태에 있게 하거나, 혹은 상반된 행동을 산출하게 한다. 동기가 어떤 활동의 근거와 이유인 것 같이 압도적인 동기는 행위자로 하여금 그 같은 행동을 수행하도록 성향을 불러일으킨다.[9]

동기들이 정신으로 하여금 행동하도록 성향을 불러일으킨다면, 이때 동기는 정신이 성향을 갖게 되는 원인일 것이다. 동기들이 정신으로 하여금 성향을 갖게 만드는 것은 그 정신이 무언가를 하고 싶게 만드는 것이며, 정신이 무언가를 하고 싶게 만드는 것은 정신이 의지를 갖게 만드는 것이다. 그런즉 동기는 의지의 활동 원인과 동일하다. 그런데도 처브는 동기가 의지의 활동 원인이라고 가정하는 것은 불합리하다는 동일한 주장을 편다.

결론 **처브가 반대하는 에드워즈의 입장은 이렇다. "동기는 의지가 활동하게 하는 사전 근거와 이유다"**

우리가 이런 것들을 종합적으로 비교해보면, 다시 한 번 모순 덩어리를 발견하게 될 것이다. "동기는 의지가 활동하게 하는 사전 근거와 이유다." 게다가 동기는 "필연적" 근거와 이유 없이는 실행될 수 없고 사물의 본질상 일어날 수도 없다. 그리고 동기는 이런 의지의 활동을 "자극"하되, 압도적인 영향으로서 그렇게 한다. 실로 "그 영향은 의지의 활동을 산출하기 위한, 그리고 의지가 활동하도록 정신의 성향을 불러일으키기 위한 압도적인 영향"이다. 그런데도 처브는 동기가 의지의 활동 원인이 된다거

---

9 즉 다른 말로 하자면, 그것이 가장 강했기 때문에 압도적인 동기에 의한 것이 아니라면, 우리가 의미하는 것은 "그 동기가 압도하였기 때문에 압도적인 동기"라는 것이다(Chubb, *Tracts*, 258).

나, 혹은 의지의 원리가 동기에 의해서 움직였거나 실행하도록 야기되었다거나, 그 동기가 "의지의 활동 산출에, 혹은 의지의 실행 원인이 되는데 어떤 인과관계가 있다"고 주장하는 것을 모순이라고 고집한다.

우리는 처브가 발전시킨 이런 가정들에 대해서 충분히 고찰했다. 처브는 도리어 엉뚱한 모순을 낳았다. 동기 없이는 의욕이 있을 수 없다는 보편적 상식의 명령과 연결된 모든 필연을 배제한 (의지의) 자기결정력으로 이루어졌다는 자유의 개념은 처브로 하여금 그런 모순들에 빠지게 만들었다. 이런 고찰을 통하여 우리는 다음과 같은 사실을 확인했다. 이 같은 자유 개념이 의욕 속에 있는 동기의 영향과 조화를 이루는 것은 절대 불가능하다. 정신이 목적하고 구하고 기대하고 추구하는 동기나 유도 없이는, 곧 정신의 주관 속에 있는 어떤 것 없이는, 의지의 활동이나 정신의 선택 혹은 선호가 있을 수 없음이 자명하다. 따라서 **아르미니우스주의자**들이 주장하는 자유 개념은 우주 어디에도 없으며, 그것을 상상하기조차 불가능하다는 것이 가장 분명한 사실이다.

11장

도덕 행위자의 의욕에 대한
하나님의 확실한 예지

**JE 하나님은 인간이 무슨 의욕을 가지고 있으며 또 무슨 행동을 할지 미리 다 알고
계신다.**

도덕 행위자의 의지 활동은, 모든 필연이 배제되었다는 의미로 이해되는
우발적인 사건이 아니라는 사실이 그런 사건들에 대한 하나님의 확실한
예지(foreknowledge)에 의해서 밝혀진다.

이 논쟁을 취급하면서 첫째, 하나님은 도덕 행위자의 자의적인 행위
에 대한 확실한 예지를 가지고 계심을 입증하고자 한다. 둘째, 도덕 행위
자의 의욕이 연결이나 결과의 필연성이 배제된 우발적인 것이 아님을, 그
리고 어떻게 그런 결론이 나오게 되었는지를 보여주고자 한다.

먼저, 도덕 행위자의 자유 행동에 대해 하나님은 절대적이며 확실한
예지를 가지고 계심을 입증하고자 한다.

스스로 그리스도인이라고 고백하는 사람에게 이를 증명하는 것은 전
혀 불필요하다고 생각하는 사람이 있을 수 있다. 그러나 그렇지 않다. 필
요하다. 그들 중에도 도덕 행위자의 자유 활동에 대한 하나님의 확실한
예지를 부인하는 사람들이 있는데, 그들은 성경을 하나님의 말씀으로 믿
는 척할 뿐이다. 최근에 특히 그런 사람이 많다. 그러므로 나는 이 글이
허용하는 범위 내에서 지존자의 선지(prescience)에 대한 증거들을 철저
히 고찰할 것이다. 나는 그 증거들이 성경의 진리를 소유하고 있다고 가
정한다.

주장Ⅰ 하나님은 예지하므로 예고하신다.

내 첫 번째 주장은 그런 사건들에 대한 하나님의 예고(prediction)에 근거
한다. 먼저 여기서 다음 두 가지를 원리로 제시하고자 한다.

JE **하나님이 예지하지 못하시면 예언할 수 없다.**

(1) 만약 하나님이 예지하지 못한다면, 하나님은 그런 사건들을 예언 (pretell)하실 수 없을 것이다. 즉 하나님은 그것들에 대해서 단정적이고 확정적으로 예언하실 수 없다. 만약 하나님께서 그런 종류의 사건들에 대하여 불확실한 추측만을 갖는다면, 하나님은 단지 불확실한 추측만을 선포하게 될 것이다. 확실한 예언은 예지하는 것을 확언하거나 확실한 예지를 선포하는 것이다.

JE **하나님이 사람의 의욕을 예지하지 못하시면 사람의 미래 행동을 예언할 수 없다.**

(2) 만약 하나님이 도덕 행위자의 미래 의욕에 대해서 확고하게 예지하지 못하신다면, 이런 의욕으로부터 나와서 그 의욕을 따르는 사건들을 확고하게 예지하지 못하시는 것이다. 하나의 존재는 다른 존재에 의존하고, 하나의 존재에 대한 지식은 다른 존재에 대한 지식에 의존한다. 이때 그 하나는 다른 것보다 더 확실할 수 없다.

Ar **하나님은 사람의 무수한 의욕과 그 무수한 결과에 대해서 아실 수 없다.**

도덕 행위자의 의욕의 결과가 얼마나 광대하며 광범위한지 모른다. 그 결과는 우주 전체 삼라만상의 변개에까지 이르며, 일련의 연속적인 사건 속에서 영원히 계속되고, 사물들의 진행 속에서 무한대로 연속되며, 끝없는 사건들의 연장 혹은 사슬 속에서 계속될 것이다.

[정말 하나님이 확실히 예지하지 못하신다면] 그 의욕들의 결과들이 처음 일어날 때부터 하나님이 그것들에 대하여 의욕을 [확실히] 갖고 계신 것처럼, 이 모든 귀결들에 대해서 모르고 계신다는 것이 틀림없다. 그리고 중요하고 광활하며 방대한 이 모든 사건들과 그 사건들에 달린 사물들의 전체 상태가 하나님으로부터 감춰져 있어 알지 못함이 틀림없다.

JE 이 세상의 역사는 도덕 행위자들의 의욕의 결과요, 그 연속이다.

아무도 이 같은 가정을 부인하지 않고 다 수용할 것이라고 생각한다. 이제 다음을 살펴보자.

사람들의 도덕 행위와 도덕 자질에 대한 하나님의 예고

1. 사람들의 도덕 행위와 도덕 자질, 선과 악, 악독과 선행, 상급받을 만한 일과 징벌받을 만한 일에 대해서 하나님이 미리 말씀하셨다.

하나님의 백성을 떠나 보내라 하시는 하나님의 명령을 순종하길 거부하는 **바로**의 도덕 행위는 미리 예언되었다. 하나님은 모세에게, "내가 아노니 강한 손으로 치기 전에는 애굽 왕이 너희가 가도록 허락하지 아니"(출 3:19) 할 것이라고 말씀하셨다. 여기서 하나님은 바로의 장래 불순종을 추측하는 것이 아니라 알고 있다고 확언하신다. 출애굽기 7:4에서 하나님은 "바로가 너희의 말을 듣지 아니할 터인즉 내가 내 손을 애굽에 뻗쳐 여러 큰 심판을 내리고 내 군대, 내 백성 이스라엘 자손을 그 땅에서 인도하여 낼지라"라고 말씀하신다. 그리고 출애굽기 9:30에서 모세는 바로에게 "그러나 왕과 왕의 신하들이 여호와 하나님을 아직도 두려워하지 아니할 줄을 내가 아나이다"라고 말한다. 출애굽기 11:9도 보라.

우상숭배를 맹렬히 반대한 **요시야**의 도덕 행위와 그의 특정한 행위들이 그가 태어나기 300년 전에 이미 예언되었고, 이 예언은 기적에 의해서 인침을 받았으며, 두 번째 예언자에 의해서 이 예언이 반드시 이루어지리라고 반복되고 확증되었다(왕상 13:1-6, 32). 또한 이 예언은 예언된 그때가 오기까지 분파적이고 우상숭배적인 예배, 그리고 (요시야가 장차 벧엘의 제단에서 분향해버릴) 산당 제사장의 우상숭배를 지지하는 이스라엘 백성의 도덕 행위에 관한 것이기도 했다.

예언자 미가는 **아합**의 어리석고 죄악된 행실을 예언했는데, 그가 여호와의 말씀을 듣기 거부하고, 도리어 거짓 예언자들의 말을 들어 길르앗 라못으로 올라가 멸망하게 될 것이라고 했다(왕상 21:20-22).

하사엘의 도덕 행위는 잔혹하여 정죄받을 것이라고 예언되었다. 이에 대하여 하사엘은 "당신의 개 같은 종이 무엇이기에 이런 큰일을 행하오리이까!"(왕하 8:13)라고 하였다. 여기서 예언자 엘리사는 자신이 짐작한 바가 아니라 알고 있는 바를 말했다. "하사엘이 이르되 '내 주여 어찌하여 우시나이까' 하는지라. 대답하되 '네가 이스라엘 자손에게 행할 모든 악을 내가 앎이라. 네가 그들의 성에 불을 지르며 장정을 칼로 죽이며 어린아이를 메치며 아이 밴 부녀를 가르리라' 하니"(왕하 8:12).

고레스의 도덕 행위는 그가 태어나기 오래전부터 예언되었다. 그는 하나님을 참 신으로 인정하고, 하나님의 백성에게 긍휼을 베풀어 포로 된 유대인을 해방하고 성전 건축을 장려할 것이라고 예언되었다(사 44:28; 45:13; 참고. 대하 36:22, 23; 스 1:1-4).

다니엘 11장에 남방과 북방 왕들의 도덕 행위에 대한 실례, 특히 **시리아와 애굽 왕**들의 악한 행실에 대한 실례, 즉 그들의 타락, 폭력, 절도, 반역, 술수가 얼마나 많이 예언되어 있는가? 특별히 "에피파네스", 곧 뛰어난 사람이 아니라 "비천한 사람"이라고 불리는 **안티오쿠스 에피파네스**(Antiochus Epiphanes)의 극악무도함에 대해서 잘 예언되었다. 다니엘 11장과 8:9-14, 23, 끝 절까지 그의 아첨, 속임수, 거짓, "불행을 행하기로 작정한 그의 마음", "거룩한 언약을 거스르는 마음", 소스라칠 만한 방식으로 "거룩한 백성들을 짓밟아 죽이고", "거룩한 언약에 대해 분개하며 마음에 싫어하며 음모를 꾸미며", "성전의 견고한 곳을 더럽히며, 매일 드리는 제사를 폐하며, 멸망하게 하는 가증한 것을 세우고", 하나님이 분노하여 그를 멸망시키기까지 자기를 "스스로 높이고 하나님을 모독하는" 극도의 교만이 예언되었다.

그와 더불어 에피파네스가 박해할 당시 **유대인들의 도덕 활동**도 예고되었다. 다니엘서에는 많은 이들을 "그가 속임수로 타락시킬 것이나"(단 11:32-34), 하나님을 아는 다른 이들이 불굴의 용기와 영광스러운 끈기로 그를 대적할 것이라고 예언되었다(32절). 또 그들 중 지혜로운 자 몇몇이 넘어졌다가 회개할 것(35절)이라고 예언되었다.

그리스도는 주님을 부인하는 **베드로의 죄**와 함께 그 상황들을 확정적으로 예언하셨다. 그리고 자기 선생을 배반하여 무섭고 영원한 지옥 형벌을 받을 유다의 큰 죄를 확정적으로 예언하셨다(마 26:21-25과 다른 복음서의 병행 구절).

사람들의 도덕 사건에 대한 하나님의 예언

2. 하나님은 수많은 사건에 대해서 미리 말씀하셨다. 이 사건들은 특정 인물들의 도덕 행위에 따른 결과들이었으며, 그 사람들의 덕스럽거나 악한 행위에 의해서 이루어졌다.

하나님은 **이스라엘 자녀들이 애굽으로 내려가 거기서 살 것임**을 아브라함에게 미리 말씀하셨다(창 15장). 이 사건은 요셉을 파는 형들의 악함(wickedness)과 요셉의 여주인의 악함, 그리고 여주인의 유혹을 거부하는 요셉의 뛰어난 덕(signal virtue)에 의해서 일어나게 된다. 요셉의 꿈속에서 미리 예견된 일의 성취도 동일한 도덕 행위에 의거하였다.

요담의 비유와 예언(삿 9:15-20)은 **아비멜렉과 세겜 사람들의 사악한 행위**에 의해서 성취되었다. 엘리의 집에 대한 예언들(삼상 2-3장)은 **에돔 족속 도엑이 제사장들을 정죄하는** 사악함에 의해서, 그리고 놉(삼상 22장)에 있는 제사장들을 죽이는 **사울의 크나큰 불경건과 극도의 잔인함**에 의해서 성취되었다. 다윗에 대한 나단의 예언은 **자기 아버지를 대적하고** 아버지의 목숨을 노리며, 대낮에 아버지의 첩들과 동침하는 압살롬의 무시무시한 사악함에 의해서 성취되었다. 솔로몬에 대한 예언(왕상 11:11-13)은 **여로보암의 반역과 강탈**, 그의 악함(왕하 13:5-6, 참고. 13:18)에 의해서 성취되었다. 여로보암의 집안에 대한 예언(왕상 14장)은 **바아사의 음모, 모반**, 잔인한 살인들(왕상 15:27 등등)에 의해서 성취되었다. 바아사의 집에 대한 예언자 예후의 예언들은 **시므리의 모반과 존속 살해**(왕상 16:9-13, 20)에 의해서 성취되었다.

사람들의 장래 행위와 사건에 대한 하나님의 예언

3. 하나님은 수많은 사람과 집단과 세대로 이루어진 나라와 민족들의 장래 도덕 행위에 대해 자주 예언하셨다. 만약 도덕 행위자들로서 활동한 사람들의 의욕이 미리 드러나지 않았다면, 하나님의 법적 절차와 사람들의 덕과 악덕(vice)에 따른 결과로서의 수많은 다른 사건들이 어떻게 미리 알려질 수 있었겠는가?

이스라엘을 학대하는 **애굽 사람들의 장래 잔인성**과 그에 대한 하나님의 심판과 징벌은 그 일이 일어나기 오래전에 미리 예언되었다(창 15:13-14). **아모리 족속의 죄악**이 그들이 멸망당하기 합당할 만큼 "가득 차기"까지 점증될 것임이 400년보다 훨씬 전에 미리 예언되었다(창 15:16; 행 7:6-7). **예루살렘과 유다 땅의 멸망**에 대한 예언은 절대적이었다(왕하 20:17-19; 22:15-20). 이 멸망 예언은 히스기야 때 예언되었으며, 히스기야 시대 이후에 대해서는 아무것도 기록하지 않은 이사야서에서도 충분히 주장되었다. 그리고 이 예언은 대개혁(왕하 22장)이 시작된 요시야 시대에도 예언되었다. 또한 예언자들의 예언 가운데서 무수한 것들이 예루살렘과 유다 땅의 멸망 사건, 시기, 상황, 기간과 종료, 포로 귀환, 성전과 도시와 땅의 회복, 그리고 그 상황 및 결과들과 관련되어 있다. 즉 이것들은 큰 사건에 대한 예언들이 **절대적**이었음을 명백히 보여준다.

JE 예언되었음에도 불구하고 사람들의 죄악이 동력인이었으며 그로 인해 하나님께 징벌을 받았다.

그럼에도 불구하고 이 사건은 사람들의 두 가지 도덕 행위와 연결되어 있고, 그것들에 따라 결정된다. 첫째, 이 사건의 동력인(efficient cause)[1]으로서 바벨론 왕과 그 백성들의 강탈과 폭력이다. 이것은 하나님이 크게 분노하시며 철저히 징벌하시겠다고 자주 말씀하신 것들이다. 둘째, 유대인들의 최종적 완고함이다. 이 큰 사건은 유대인들의 최종적 완고함이라는 동력인에 좌우된다고 자주 언급된다(렘 4:1; 5:1; 7:1-7; 11:1-6; 17:24-27; 25:1-7; 26:1-8, 13; 38:17-18). 그러므로 만약 갈대아인들과 유대인들의 도덕 행위가 미리 예언되지 않았다면, 그 멸망과 포로 됨도 미리 예언될 수 없었을 것이다. 그리고 백성들은 예루살렘과 유다 땅이 멸망하고 완전히 황폐해지기까지 "끝내 완고할" 것이 예언되었다(사 6:9-11; 렘 1:18, 19; 7:27-29; 겔 3:7; 24:13-14).

이스라엘의 애굽에서의 장래 타락 예언

하나님은 이스라엘 땅을 떠나 애굽으로 내려간 유대인들이 참하나님을 버리고 우상숭배하는 최종적 완고함에 대해서 예언하셨다. 그리고 맹세로 그 예언을 확증하셨다(렘 44:26-27). 하나님은 그 백성들(사 48:3-8)에게 그들의 배신과 완고함 때문에 일어날 사건에 대해서 이미 예언하셨음을 알린다. 하나님은 그들이 완고해질 것을 예지하셨고, 하나님의 참 유일

---

1 아리스토텔레스는 고대 그리스의 철학자들 특히 플라톤의 사상을 집대성하여 사물의 생성, 운동, 혹은 변화에는 일반적으로 질료인(material cause), 동력인(작용인, moving or efficient cause), 형상인(formal cause), 목적인(final cause) 등 4가지 원인이 있다는 원리를 제시하였다. 에드워즈는 여기서 사물의 변화를 주도하는 원인으로서의 "동력인"이란 개념과 용어를 차용하고 있다.

하신 하나님 되심을 그들로 깨닫게 하려고 그 사건들을 미리 선언하셨다.

장래에 일어날 바벨론의 멸망과 심판에 대한 예언

바벨론의 멸망은 수많은 상황과 더불어 독재 군주 느부갓네살과 그 후계자들의 극도에 달한 교만과 오만, 그리고 다른 민족들을 파괴하는 악랄함, 특히 이 독재자들이 태어나기 전부터 참되신 하나님과 그의 백성을 대적하고 자기를 찬양하는 것 때문에 임한 하나님의 심판이라고 예언되었다(사 13, 14, 47장; 참고. 합 2:5-20; 렘 50, 51장). 예레미야 25:14에 보면 바벨론의 멸망은 그들의 손이 행한 대로 받는 보응, 곧 바벨론 사람들 특히 고관과 지도자들이 저지른 부도덕 때문이었다. 그날 밤 성은 파괴되었고 벨사살의 우상숭배 잔치의 환락과 만취가 이미 예언되어 있었다(렘 51:39, 57).

유대인들의 바벨론 포로 귀환에 대한 예언

유대인들이 바벨론 포로에서 귀환할 것이라는 예언은 수많은 상황과 더불어 아주 자주 자세히 언급되었다. 귀환 약속은 아주 단호하고(렘 31:35-40; 32:6-15, 41-44; 33:24-26), 귀환 시기도 예정되어 있었다(렘 25:11-12; 29:10, 11; 대하 36:21; 겔 4:5-6; 단 9:2). 그럼에도 불구하고 이 예언들은 그들의 귀환을 그들이 회개한 결과로 본다. 그들의 회개는 그 자체로 매우 분명하고 특별하게 예언되었다(렘 29:12-14; 31:8-9, 18-31; 33:8; 50:4-5; 겔 6:8-10; 14:22, 23; 20:43, 44).

그리스도의 고난과 핍박에 대한 구약 예언

메시아가 사람들의 악(malice)과 잔혹(cruelty)으로 인해 큰 고통을 당할 것이라고 구약에 예언되어 있고, 그 예언은 대체로 완전하게 주어졌다

(시 22편은 신약에서 그리스도에게 적용된다. 마 27:35, 43; 눅 23:34; 요 19:24; 히 2:12). 마찬가지로 시편 69편도 그리스도에 대해 말하고 있음이 신약성경에 의해서 확증되었다(요 15:25; 7:5 등등; 롬 15:3; 마 27:34, 48; 막 15:23; 요 2:17; 19:29). 같은 내용이 이사야 53장과 50:6, 그리고 미가 5:1에도 예언되었다. 그들의 잔인함이 그들의 죄이고, 도덕 행위자로서의 행위였다. 이방 관원들과 유대 지도자들이 힘을 합하여 그리스도를 대적할 것도 예언되었다(시 2:1-2; 참고. 사 4:25-28). 유대인들은 대체로 메시아를 거부하고 경멸할 것이라고 예언되었다(사 49:5-6; 8:14-16; 참고. 롬 10:19; 사 65장 초반 부분; 롬 10:20-21). 그리스도가 유대인 대제사장들과 통치자들에게 배척 당할 것도 미리 예언되었다(시 118:22; 참고. 마 21:42; 행 4:11; 벧전 2:4, 7).

그리스도의 고난과 핍박에 대한 자신의 예언

그리스도는 자신이 장로와 대제사장과 서기관들에게 넘겨져, 조롱당하고 매를 맞으며 십자가에 달릴 것을 예언하셨고, 그들에 의해 죽기까지 무참히 정죄받을 것을 예언하셨다(마 16:21; 20:17-19; 눅 9:22; 요 8:28). 예루살렘 거민들이 그리스도의 죽음(눅 20:13-18)에 대해서 걱정하나 찬동할 것임도 예언하셨다(눅 13:33-35). 그리스도는 자기 때문에 제자들 모두가 실족하고, 그날 밤 자신은 배신당하며 그들에게 버림받을 것이라고도 예언하셨다(마 26:31; 요 16:32). 또한 그리스도는 자신이 이 세대와 사람들로부터 버려지고, 그들의 완고함은 멸망에 이르기까지 계속될 것이라고도 예언하셨다(마 12:45; 21:33-42; 22:1-7; 눅 13:25-35; 17:25; 19:14, 27, 41-44; 20:13-18; 23:34-39).

이방인들의 회심과 유대인들의 시기에 대한 예언

신구약 성경에 유대인들이 메시아를 거부할 것이라고 예언된 바와 같이,

너무나도 많은 곳에서 이방인들이 그리스도를 영접하며 하나님의 백성이 되는 특권에 참예할 것이라고 예언되어 있다. 이것 때문에 유대인들이 이방인들을 시기하리라는 것 역시 구약에 예언되었다(신 32:21; 참고. 롬 10:19). 그리스도 자신도 자주 이방인들이 참 신앙을 수용하고, 자기 제자와 백성이 될 것이라고 예언하셨고(마 8:10-12; 21:41-43; 22:8-10; 눅 13:28; 14:16-24; 20:16; 요 10:16), 또한 그때에 유대인들이 이방인들을 시기하리라고 예언하셨다(마 20:12-16; 눅 15:26에서 끝 절). 유대인들의 오만도 예언되었다(행 22:18). 그리스도는 자기 제자들이 유대인들과 이방인들로부터 큰 핍박을 당할 것이라고 자주 예언하셨다(마 10:16-18, 21, 22, 34-36; 24:9; 막 13:9; 눅 10:3; 12:11, 49-53; 21:12, 16-17; 요 15:18-21; 16:1-4, 20-22, 33). 또한 특정한 사람들의 순교에 대해서도 예언하셨다(마 20:23; 요 13:36; 21:18, 19, 22). 그리스도는 가까운 장래에 사마리아 성에 복음의 큰 성공이 있을 것이라고 예언하셨고, 이는 이후에 빌립의 설교를 통하여 성취되었다(요 4:35-38). 그리스도는 자신이 떠난 후에(마 24:4-5, 11) 미혹하는 자들이 많이 일어날 것이며, 많은 제자들이 배교할 것이라고도 예언하셨다(마 24:10-12).

사도 바울이 당할 핍박에 대한 예언

사도 바울이 이 세상에서 당할 핍박도 예언되어 있었다(행 9:16-23; 21:11). 사도 바울은 에베소 성도들에게 이렇게 말하였다. "내가 떠난 후에 사나운 이리가 여러분에게 들어와서 그 양 떼를 아끼지 아니하며 또한 여러분 중에서도 제자들을 끌어 자기를 따르게 하려고 어그러진 말을 하는 사람들이 일어날 줄을 내가 아노라"(행 20:29-30). 바울은 자기가 그 일을 알고 있다고 말한다. 그러나 만약 하나님이 도덕 행위자들의 장래 활동들을 알지 못했다면, 바울도 그것을 알지 못했을 것이다.

사람들의 미래 행위와 사건에 대한 하나님의 예지

4. 하나님이 도덕 행위자들의 미래 활동을 미리 알지 못했다면, 우리가 성경에서 읽을 수 있는 적그리스도의 대배교 행위에 관한 모든 예언, 즉 그 죄인[2]의 출생, 통치, 악한 행위들, 그리고 그의 도구들과 추종자들, 그의 통치 범위와 장기집권, 통치자들과 다른 사람의 정신에 영향을 끼쳐 타락하게 하고 우상숭배와 여타 더러운 악행에 끌어들이는 것, 그의 잔혹한 대핍박, 이 같은 큰 유혹들 아래서 성도들의 활동 등은 어떻게 나올 수 있었을까. 만약 도덕 행위자들의 의욕들이 예견되지 않은 것이라면, 모든 예고된 것들에 대해서 모른 채 이런 모든 예언들이 그저 읊조려진 것이라고 할 수 있다.

대배교와 관련한 모든 예고는 다 사람의 선과 악, 선악에 달린 그들의 행실과 열매, 결과, 그리고 사건과 관련 있는 것으로 도덕적 성질을 띤다.[3] 그것들은 아주 구체적이고 대부분 정확한 특성과 묘사와 더불어 성격, 행위, 영향, 결과, 연장, 지속, 기간, 상황, 최종 결과 등등이 자주 반복된다. 이런 것들을 특별히 언급하기에는 너무 많다. 따라서 하나님이 자유 행위자들의 미래 도덕 행위에 대해 확실히 알지 못한 채 그 모든 것을 예언했다고 가정하는 것은 지상 최대의 모순일 것이다.

종말론적 사건에 대한 예지와 예언

5. 만약 하나님이 사람들의 의지의 미래 활동과 도덕 행위자들의 행위를 예지하시지 못한다면, 신구약 성경에 예언된 메시아의 나라가 탄생하고 설립되고 우주적으로 확장된다는 위대한 사건은, 하나님이 이런 사건 중

---

2 여기서 "그 죄인"(the Man of Sin)이란 "불법의 사람"(Man of Lawlessness), 즉 적그리스도를 뜻한다(살후 2:3-10).
3 여기서 JE는 이 세상 역사를 도덕 사건의 도덕 역사로 본다.

어떤 것이 발생하고 또 발생하지 않을지를 모른 채 단지 추측만으로 예언하고 약속한 것이 된다. 왜냐하면 그 나라는 이 세상에 속한 것이 아니요, 외형적인 것들로 구성된 것이 아니라 사람들 안에 있으며 사람들 마음속에 있는 덕(virtue)의 통치로 이루어지고, 성령 안에서 의와 평강과 희락 속에 있기 때문이다. 하나님 나라는 실제로 하나님께 찬송과 영광을 돌리는 행위 가운데서 드러난다. 메시아는 사람들을 죄에서 구원하시고 영적 원수들에게서 구출하시기 위해 오셨다. 그는 우리를 위해 자기를 드려 우리를 모든 불의에서 구속하시고, 정결하게 하셔서 선한 일에 열심을 내는 자기 백성이 되게 하신다. 그러므로 그의 성공은 사람들의 마음을 선하게 하고, 주의 권능의 날에 즐거이 헌신하는 자들이 되게 하는 데 있다. 그가 자기 원수들을 정복하는 것은 사람들의 타락과 악덕(vice)과 싸워 승리하는 것이다. 그리고 그런 성공과 승리와 통치와 지배는 자주 명확히 예언되었다. 그의 나라가 이 땅에 충만해질 것이며, 모든 백성과 민족과 언어가 그를 섬기며 그에게 순종할 것이다. 그리하여 모든 민족이 주님의 산으로 올라갈 것이다. 그는 그의 길을 그들에게 가르치고 그들은 그의 길을 걸을 것이다. 모든 사람이 그리스도에게로 나아오며, 물이 바다를 덮음같이 여호와를 아는 지식이 온 세상에 충만할 것이다(사 11:9; 성경에 있는 대로 하자면, 그 지식은 참된 선과 믿음을 뜻한다). 또한 하나님의 율법이 사람의 내면에 박히고 그들의 마음에 새겨질 것이며, 따라서 하나님의 백성은 완전히 의로워질 것이다.

메시아의 나라와 그리스도에 대한 참 신앙의 우주적 편만에 대한 예고

구약성경에 나오는 예언의 상당 부분이 이와 같은 예언에 속한다. 나는 여기서 메시아의 나라와 예수 그리스도에 대한 참 신앙의 우주적 편만에 대한 예언이 가장 결정적인 방식으로 전해졌으며, 하나님의 맹세로 확정되었음을 관찰하고 싶다.

이사야 45:22-25은 이렇게 말한다. "땅의 모든 끝이여, 내게로 돌이켜 구원을 받으라. 나는 하나님이라, 다른 이가 없느니라. 내가 나를 두고 맹세하기를 '내 입에서 공의로운 말이 나갔은즉 돌아오지 아니하나니 내게 모든 무릎이 꿇겠고 모든 혀가 맹세하리라' 하였노라. 내게 대한 어떤 자의 말에 '공의와 힘은 여호와께만 있나니 사람들이 그에게로 나아갈 것이라'." 그러나 여기서 만약 하나님이 도덕 행위자의 의지를 확실히 예견하지 못하셨다면, 하나님도 몰랐을 수 있는 사건들에 대하여 지존자로서의 결정적인 선포와 위대한 맹세가 엄중하게 전달된 것이란 말이 된다.

유대인의 회복과 이방인의 회심에 대한 비유와 예고

그리고 같은 목적으로 그리스도와 그의 사도들이 하신 모든 예언도 모르고 하신 예언이 될 것이다. 예를 들면 하나님 나라를 가리켜 시작은 미약하나 나중은 심히 창대해지는 겨자씨, 가루 서 말 속에 갖다 넣어 전부를 부풀게 한 누룩 등등에 비유하는 우리 구주의 예언들, 그리고 유대 민족이 하나님의 참된 교회로 회복되고 이방인의 충만한 수가 들어올 것이라는 서신서의 예언들, 그리고 인류의 도덕적 상태가 영광스럽게 변화할 것이라는 예언들, 적그리스도의 멸망, 세상의 나라들이 우리 여호와의 나라, 곧 그의 그리스도의 나라로 변화하고, 교회에 성도들의 의를 나타내는 희고 깨끗한 세마포가 수여됨에 관한 요한계시록 전체의 예언들도 모르고 하신 예언이라고 해야 할 것이다.

결론 1 예지가 없었으면 불확실성에 근거한 것이다.

아브라함, 이삭, 야곱에 대한 하나님의 위대한 약속과 맹세가 신구약 성경에서 대단히 명백하게 나타난다. 즉 그들의 씨가 세상의 모든 민족과 족속을 이루고 축복을 받았는데, 만일 하나님이 도덕 행위자들의 의지를 확실히 예지하시지 못했다면, 이것은 불확실성 속에서 이루어진 일이 된다. 왜냐하면 이 약속의 성취는 그리스도의 구속 역사를 성공시키고, 세상 민족 위에 그의 영적 나라를 세우는 데 있기 때문이다. "모든 왕이 그의 앞에 부복하며 모든 민족이 다 그를 섬기리로다"(시 72:11)와 "그의 이름이 영구함이여, 그의 이름이 해와 같이 장구하리로다. 사람들이 그로 말미암아 복을 받으리니 모든 민족이 다 그를 복되다 하리로다"(시 72:17)에서 나타나고 예언된 대로 사람들이 그리스도를 인정하고 의지하며, 그를 사랑하고 섬기는 것 말고는 그리스도 안에서 복을 받을 길이 없다. 예언자 미가의 예언에서 나타난 대로 야곱과 아브라함에 대한 맹세는 사람들 안에 있는 불의를 진압함으로써 성취되었다(미 7:19-20).

결론 2 예지가 없었으면 추측에 근거한 것이다.

그러므로 도덕 행위자들의 의지에 대한 확실한 예지가 없다면, 인류에게 하신 첫 복음의 약속, 즉 우리의 첫 조상에게 하신(창 3:15) 메시아의 구원과, 메시아가 사탄에 승리할 것이라는 대예언도 추측에 근거한 것이 된다. 왜냐하면 사탄에 대한 그리스도의 승리는 사람이 죄로부터 구원받는 것, 즉 사탄이 사람을 유혹하여 자기 나라를 이루는 악과 부정에 대한 선과 성결의 승리이기 때문이다.

하나님은 선지와 예지를 통하여 예언하신다. 사람들의 의지와 자의적 활동은 사건을 일으키도록 서로 연결되어 결정된다.

6. 만약 하나님께 도덕 행위자들의 장래 활동에 대한 선지(prescience)가 없었다면, 성경 전반의 예언에 대한 예지(foreknowledge)도 없었을 것이다. 성경 예언의 대부분이 보편적 예외가 아니면 도덕 행위자들의 활동과

행위에 관한 것이거나, 혹은 그런 것들을 따라 결정되는 사건들이고, 그런 것들과 연결된 어떤 방식에 관한 예고들이기 때문이다. 대부분의 성경 속 예언은 사람들의 악에 대한 법적 결정과 심판, 혹은 선과 의에 대한 상급, 의인을 사랑한다는 각별한 표명, 죄인들의 불의를 용서하고 신적 은혜의 풍성함을 극대화하는 죄인들에 대한 주권적 긍휼의 표명, 혹은 지금까지 지혜롭게 잘 순응한 하나님의 도덕적 통치 대상자들의 행위와 이런저런 측면에서의 섭리의 시행과 관련되어 있다. 이 예언은 도덕 행위자들의 의지와 자의적 활동을 통하여 장래에 있을 사건을 규정하거나 그 의지와 활동에 따른 결과, 그리고 그것에 따라서 조절되고 정해진 것을 규정한다. 그러므로 예언된 사건은 도덕적 사건이거나, 아니면 그 사건과 연결되어 도덕적 사건으로 조절되는 다른 사건들이다.

인간의 의지 활동을 예견하시는 하나님이 세상의 미래 역사를 예언하신다.

만일 하나님이 사람들의 의지를 예견하지 못하신다면, 성경 전반에 나타난 예언은 알지 못하고 하신 예언이 될 것이다. 이것은 다음 사실을 곰곰이 생각해보면 더 확연히 드러난다. 인간 세계의 미래 상태에 속하는 거의 모든 사건, 제국들, 나라들, 민족들, 사회들 속에서 일어난 변화와 혁명이 무수히 많은 방식으로 사람들의 의지 활동을 따라 결정되었다. 수없이 많은 인간의 의지에 의존하는 것이다. 아주 미미해 보이는 단 하나의 사건도 그것이 진행되는 일련의 과정 속에서 가장 중대하고 광대한 사건과 연계될 수 있다. 그리고 인류의 상태가 계속되는 모든 세대에 지금까지 진행되어온 상황과는 완전히 다른 상황이 되게 야기할 수도 있다.

○ 예증 **세계의 정복자들은 자기 부모들의 의지 활동을 물려받았다.**

예를 들어 세계의 정복자들과 같은 특별한 사람들의 출현은, 하나님 아래서(under God) 모든 후세대에 걸쳐 세상의 모든 귀결적 상태 속에서 중추적 역할을 했다. 느부갓네살, 고레스, 알렉산드로스, 폼페이우스, 율리우스 카이사르와 같은 특별한 사람들의 등장은 그들의 부모로부터 계속 이어지고, 서로 원인이 되었던 수천만 개의 의지 활동들에 의존해서 결정되었음이 분명하다. 아마 이런 의지들은 대부분 동일 세대의 수백수천 명의 다른 사람들의 무수한 의욕에 따라서 결정되었을 것이다. 그리고 그것들은 지난 세대를 살았던 다른 사람들의 무수한 의욕에 따라서 결정되었을 것이다. 우리가 거슬러 올라가 보면 어떤 방식에서 그 사건의 원인(occasion)이었던 의욕의 수량은 강의 물길들처럼 마침내 무한대에 이를 때까지 점증될 것이다.

JE **무수한 선행 환경과 사건은 사물들을 존재하게 하고, 또 그 사물들은 사람들의 의욕을 일으킨다.**

이 문제를 충분히 잘 숙고하는 사람들에게는 이것이 전혀 이상하지 않을 것이다. 우리가 생식과 관련한 생명의 기본 요소들 혹은 근본 요소들인 남성의 정액 안 정자와 여성의 자궁 안 난자에 대해 철학자들이 말해주는 수많은 사실을 떠올려보면, 나머지 모든 것과 구별되는 하나의 임신이나 출산을 위한 부모들의 성행위 시간과 환경, 그리고 그들의 몸 상태 등등과 관련한 일들을 무한히 분초마다 의존하지 않으면 안 된다. 그것들은 무수한 선행 환경과 사건에 따라서 결정되고, 그들의 의지의 선행 활동에 따라서 무한한 방식으로 결정된다. 그 의지들의 활동은 그들 삶의 과정에서 일어나는 무수한 일들에 의해서 발생한다. 그 과정 속에서 그들 자신과 이웃 사람들의 행동은 무수한 방식으로 서로 연결되어 있다. 그리고 다른 사람들의 의욕이 많은 방식으로 그들의 임신과 출생에 관여한다. 그리하여 그들이 생명을 보존하는 것과 그 상황 속에서 적지 않은 특정 결정과 활동을 하는데, 이것이 바로 유명한 혁명들의 유인(誘因)들이었으며, 혁명은 그런 것들을 의존하였다.

○ 예증 **우는 말을 탄 사람을 왕으로 하자는 제안이 사람의 정신에 들어왔고 거기에 사람의 의지가 관여되어 있었다. 그 결과 다리오 I세가 왕이 되었다.**

예를 들면 점성술사들(Magi)에게 대항하는 페르시아 내의 반역 음모자들이 페르시아 제국의 승계를 위해 모의할 때, 그중 한 음모자에게 떠오른 생각은 그들이 다음 날 아침에 함께 말을 타고 올 때, 우는 말을 탄 사람이 왕이 되게 하자는 것이었다. 그러한 것이 그의 정신에 들어오는 일은 무수한 사건들에 의존한다. 그 사건들은 인류의 의욕들이 관여된 것들이다. 이 사건으로 결국 히스타스페스(Histaspes)의 아들 다리오가 왕이 되었다.[4] 만약 그렇게 되지 않았다면 아마도 권력 승계자는 다른 사람이 되었을 것이며, 페르시아 제국의 모든 상황도 완전히 달라졌을 것이다. 어쩌면 알렉산드로스는 제국을 정복할 수 없었을지도 모른다. 그리고 이어지는 모든 세대에서 세계 정세가 엄청나게 달라졌을 것이다.

○ 예증 **알렉산드로스의 보존, 백성의 번영, 대혁명도 선행 사건의 발생에 달렸고, 사건 발생은 사람의 선행 의지에 달렸다.**

이외에도 많은 다른 사건에서 더 많은 실례를 찾을 수 있다. 예를 들어 알렉산드로스의 보존을 좌우한 일들이 있었다. 그의 삶의 무수히 많은 절박한 고비에서 사소한 일 하나가 상황을 그에게 불리하게 만들었을 수 있다. 그리고 로마 백성들의 보존과 번영을 좌우한 일들이 있었다. 그들의

---

4 단 9:1에서의 아하수에로의 아들은 다리오 II세다. 본문에서는 히스타스페스의 아들 다리오 I세다.

왕국과 공화정 초창기와 그 이후에 발생한 사건들이 그것을 결정했다. 그들의 국가에서 일어난 모든 후속 변화들, 그리고 그 이후 인간 세계에서 나타난 대혁명들도 선행 사건의 발생에 달렸었다. 이러한 예시들만으로도 분별력 있고 사려 깊은 사람은 모든 세대에 걸친 인간 세상의 모든 상태, 옛 예언자들 시대 이후로 지금까지 매 세대를 살아온 모든 사람의 존재가 바닷가의 모래알보다 더 많은 의욕 혹은 의지의 활동들에 달렸음을 확신하기에 충분할 것이다.

JE 하나님은 정확하게 의지의 미래 활동을 예견하시어 미래 사건들을 예견하신다.

그러므로 하나님이 가장 정확하고 완전하게 사람들의 의지의 미래 활동을 예견하지 못하신다면, 다윗, 히스기야, 요시야, 느부갓네살, 고레스, 알렉산드로스에 관해서 늘 말씀하셨던 모든 예고, 또한 네 제국과 그 혁명들에 관하여, 그리고 이 세상의 나라들, 민족들, 사회들에 일어나는 모든 전쟁, 폭동, 승리, 번영과 몰락에 관하여 알지 못한 채로 말씀하신 것이 된다.

Ar 이신론적 하나님 이해: 하나님이 사람의 의지와 자유 활동을 예견하지 못하신다.

그러므로 하나님이 사람의 의지와 자유 활동을 예견하지 못하신다는 개념대로 하자면, 하나님은 인간 세상의 미래 상황에 대해 아무것도 예견하지 못하는 분이 된다. 하나님은 세상에 사는 한 사람의 존재를 예견하실 수 없으며, 물론 사건도 예지하실 수 없는 분이 된다. 그렇지만 그의 직접적인 능력으로 비상 개입함으로써 스스로 일을 발생시킬 수 있다. 또한 물질적 자연계에서 운동 법칙과 자연 질서에 따라 사물들이 발생하는 것이지, 인간의 활동 혹은 역할과는 무관하다. 즉 아주 유능한 수학자나 천문학자처럼 하나님은 천체 변혁과 외형적 창조 기계의 더 큰 수레바퀴를 아주 정밀하게 계산할 수 있는 분이 된다는 것이다.

Ar 하나님은 아무것도 예견할 수 없다.

아르미니우스주의자들은 우리가 이 문제를 면밀히 살펴보면, 하나님은 이와 같은 것들조차 절대적으로 확실하게 예견하지 못한다고 우리를 설득시킬 만한 이유가 나타날 것이라고 주장한다.

이유 1 하나님은 비상 개입 시기와 도덕계의 상태를 예견하지 못하시므로

첫째, 하나님은 비상 개입 시기를 예견하실 수 없으므로, 하나님의 능력의 즉각적 비상 개입 사건으로 이루어진 사물들 역시 예견하지 못하신다. 그리고 도덕 세계의 상태를 예견하실 수 없으므로, 도덕 세계도 예견하지 못하신다. 왜냐하면 하나님이 이렇게 개입하실 때마다 언제나 그런 신적 개입을 요청하는 도덕계의 상태에 따라 개입하시기 때문이다.

따라서 하나님은 전 세계적 홍수, 아브라함의 소명, 소돔과 고모라의 멸망, 애굽의 전염병, 그리고 이스라엘의 구속, 가나안 일곱 족속의 추방, 이스라엘의 가나안 땅 정복을 확실하게 예견하실 수 없었다. 왜냐하면 이 모든 것들은 도덕 세계의 상태에 속하는 사물들과 연결된 것으로 나타나기 때문이다. 하나님은 심판 날과 대환난 날의 가장 적합한 시간을 아실 수 없다. 왜냐하면 그것은 도덕 세계 안에서 일어나는 사물들의 과정과 상태에 주로 달렸기 때문이다.

이유 2 하나님은 사람들의 의욕과 도덕계의 미래 상태를 알 수 없으므로

둘째, 그런 가정 위에서라면 우리[이신론자]는 다음과 같은 주장을 합리적으로 수용할 수 없다. 즉 보통 천문학자라면 사물들의 일반적인 상태 속에서 작용하는 것들을 측량할 수 있듯이, 하나님도 사물들의 과정 속에서, 자연 물질계에서, 어떤 사물들이 발생할지 확실히 예견하실 수 있다. 왜냐하면 도덕계는 자연계의 목적(end)이요, 자연계 내에서 사물들의 과정은 의심할 여지없이 도덕계 내에 있는 하나님의 계획들을 따라가기 때문이다. 그러므로 하나님은 도덕계 내에서 사물들의 상태와 관련한 원인을 찾으시는데, 또 그 [도덕적] 원인 때문에 하나님은 자연계 내에 있는 사물들의 과정에 비상 개입하고 방해하고 중단시키신다. 그리고 자연계 운행의 더 큰 원동력 속에 있어서조차 원인이요, 궤도 속에 있는 태양을 멈추게 하려는 데 있어서조차 원인이다. 그리고 만일 하나님이 사람들의 의욕들을 예견할 수 없고, 또 도덕계의 미래 상태를 모르신다면, 하나님은 늘 하셨던 대로, 이런 방식으로 아직도 개입하실 큰 기회원인(occasion)[5]을 가지고 계신다는 것밖에는 아시지 못한다고 그들은 간주한다.

결론 1 **결론적으로 하나님이 사람의 의욕을 예견하지 못하시는 분이었다면, 성경은 모두 거짓이었을 것이다.**

앞에서 관찰한 사항들로 비추어볼 때 분명해지는 바는, 만약 하나님이 도덕 행위자들의 의욕을 예견하지 못하신다면, 사도 야고보의 관찰도 참일 수 없다는 것이다. "예로부터 이것을 알게 하시는 주의 말씀이라 함과 같으니라"(행 15:18).

---

5 기회원인론(occasionalism)은 모든 사건에는 원인이 있되 먼저 신이요, 그 후 따르는 피조물과 사건들은 신의 기회라는 것이다. 예로, 전쟁의 근본적 원인은 신이지만, 왕과 다른 왕의 충돌이 원인(기회원인)이 된다. 위의 이신론에 의하면 전쟁에서는 신이 원인이 되지 않으나, 원인론에서는 신이 원인이 되신다. 주창자 말브랑슈의 기회원인론은 신정론(theodicy)의 바탕이 되어 자연법칙의 한계 때문에 죄악이 발생한다고 하여 신을 변호한다. Stuart Brown, "10 The Critical Reception of Malebranche, from His Own Time to the End of the Eighteenth Century," in *The Cambridge Companion to Malebranche* (2000): 263-74.

결론 2 하나님이 사람의 의욕을 예지하지 못하신다면, 성경의 모든 예언은 단순 추측이었을 것이다.

앞에서 관찰한 사항들로 비추어볼 때 분명해지는 바는, 만약 하나님이 도덕 행위자들의 의욕을 예지하지 못하신다면, 성경의 모든 예언은 단순 추측에 불과하며 그 추측이 예언의 가장 좋은 근거가 된다. 그러므로 대부분의 경우 추측은 아주 불확실할 것이다. 하나님께도 불확실한 사건들인 무수한 무한대의 의욕들을 추측은 의존한다. 그러나 예언들은 절대적 예견으로 전달되었고, 그중 대부분이 가장 능동적인 방식으로 단호한 주장과 함께, 몇몇은 근엄한 맹세와 함께 전달되었다.

결론 3 아르미니우스주의자들의 개념대로 하자면, 그리스도는 거짓말쟁이가 되었을 것이다.

앞에서 관찰한 사항들로 비추어볼 때 분명해지는 바는, 만약 하나님이 미래 의욕들에 대해서 모르신다는 개념이 참이라면, 그리스도는 헛되이 말씀하신 것이 된다. 하나님의 도덕적 왕국과 사람들의 도덕 활동들에 의해 일어나는 일들에 관하여 여러 중차대한 예고들을 말씀하신 후, 예수님은 이렇게 말씀하셨다. "천지는 없어지겠으나 내 말은 없어지지 아니하리라"(마 24:35).

결론 4 전지하신 하나님이 모르신다면, 다른 존재와 차이가 없다.

하나님이 모르신다는 개념은 다음과 같은 결론을 도출한다. 하나님이 자기 예지에 대한 증거들로서, 즉 모든 다른 존재와 차별화되는 하나님의 독특한 영광에 대한, 그리고 하나님으로서의 자기 특권에 대한 증거로 하신 말씀 예언이 다 헛되이 하신 격이 된다(사 41:22-26; 43:9-10; 44:8; 45:21; 46:10; 48:14에서와 같이 말이다).

주장 II   JE의 타락전예정설(supralapsarianism)[6]: 하나님은 천사와 사람의 타락과 그 결과도 예지하셨다.

만약 하나님이 도덕 행위자들의 의욕을 예지하시지 못한다면, 천사와 사람의 타락을 예지하시지 못했을 것이며, 이런 사건의 결과로서 일어난 큰일도 예지할 수 없었을 것이다. 예를 들어 다음과 같다.

JE   하나님은 타락의 결과로서 일어난 큰일들을 타락 이전에 예지하셨다.

죄인들을 위해 자기 아들이 죽도록 세상에 보내신 일, 구속의 위대한 사

---

6   "292. SUPRALAPSARIANS," *The "Miscellanies," WJE* 13:384에서 JE가 프란시스 투레틴(Francis Turretine, 1623-1687)과 함께 타락전예정설과 타락후예정설을 두고서 어느 것이 옳은지 고민한 흔적을 읽을 수 있다. Franciscus Turretinus, Loc. IV (*De prædestinatione*), *quæstio* 9 (1, 376-86). JE는 다음처럼 각주를 덧붙였다. "Turretinus, "De prædestinatione," q. 9, and Mastricht, "De prædestinatione," §12," Lib. III, cap. 2 *Theoretico-practica theologia*, pp. 284-85. 이에 대하여 해리 스타우트(Harry S. Stout)는 투레틴이 타락후예정설론자였으나, 마스트리히트(Mastricht)는 타락전예정설론자로서 하나님이 택자와 유기자를 창세 및 타락 이전에 이미 예정했다는 입장을 가지고 있다고 해설했다. JE도 마스트리히트를 따라서 타락전예정설을 MSC No. 292과 본서에서 주장함으로써 이외 다른 모든 그의 교리와 일치를 꾀하였다. 지난 20세기의 에드워즈 전문 학자들은 크게 두 부류로 나뉘었다. 콘라드 체리(Conrad Cherry)와 스티븐 홈즈(Stephen Holmes)는 에드워즈를 타락전예정설론자로 해석했다. Conrad Cherry, *The Theology of Jonathan Edwards: A Reappraisal* (Garden City, N.Y., 1966), 101, 102, 104, 189; God of Stephen R. Holmes, *God of grace & God of glory: An account of the theology of Jonathan Edwards* (A&C Black, 2000). 올리버 크리스프(Oliver Crisp)는 중립적이었으나, 이 입장으로 바뀌었다. Oliver D. Crisp, *Revisioning Christology: Theology in the Reformed Tradition* (Ashgate Publishing, Ltd., 2011), 65. 반대로 존 거스트너(John Gerstner)와 마이클 맥클리몬드(Michael McClymond)와 제럴드 맥더모트(Gerald McDermott)는 에드워즈를 타락후예정설론자로 해석하였다. John Gerstner, *The Rational Biblical Theology of Jonathan Edwards* (Ligonier: 1992), 2:161, 164; Michael J. McClymond and Gerald R. McDermott, *The Theology of Jonathan Edwards* (New York: Oxford University Press, 2012), 335. 이에 대한 더 자세한 논쟁은 Douglas A. Sweeney, *Nathaniel Taylor, New Haven Theology, and the Legacy of Jonathan Edwards* (Oxford University Press, 2002), 214-16을 보라.

역과 관련한 모든 일들, 그리스도께서 오시기 전 4천 년 동안 그 사역을 준비하기 위해서 이루어진 모든 일들, 그리스도의 성육신, 탄생, 죽음, 부활과 승천, 하늘과 땅의 왕으로, 천사와 사람들의 왕으로, 우주의 머리로 그리스도를 세우심, 이 세상에 그리스도의 교회와 나라를 세우시고, 세상의 심판자로 그리스도를 세우심, 사탄이 그리스도의 나라에 반대하여 이 세상에서 행할 모든 것, 사람들과 마귀들이 심판의 대상이 되며 천사들도 면치 못할 심판 날의 중대한 청산.

타락전예정설의 증명 구절

[이신론자들은 한결같이 믿기를] 그런 모든 일들은 타락 이전에는 하나님이 모르셨던 것들이다. 그리고 만약 그렇다고 한다면, 다음 성경 구절들과 비슷한 다른 구절들은 아무런 의미가 없으며 사실을 거스르는 것들이다. "곧 창세전에 그리스도 안에서 우리를 택하사 우리로 사랑 안에서 그 앞에 거룩하고 흠이 없게 하시려고"(엡 1:4). "그는 창세전부터 미리 알린 바 되신 이나 이 말세에 너희를 위하여 나타내신 바 되었으니"(벧전 1:20). "하나님이 우리를 구원하사 거룩하신 소명으로 부르심은 우리의 행위대로 하심이 아니요, 오직 자기의 뜻과 영원 전부터 그리스도 예수 안에서 우리에게 주신 은혜대로 하심이라"(딤후 1:9). 또한 (구속 사역에서의 하나님의 지혜에 대해서 말하면서) "곧 영원부터 우리 주 그리스도 예수 안에서 예정하신 뜻대로 하신 것이라"(엡 3:11). "영생의 소망을 위함이라. 이 영생은 거짓이 없으신 하나님이 영원 전부터 약속하신 것인데"(딛 1:2). "하나님이 미리 아신 자들을 또한 그 아들의 형상을 본받게 하기 위하여 미리 정하셨으니 이는 그로 많은 형제 중에서 맏아들이 되게 하려 하심이니라"(롬 8:29). "곧 하나님 아버지의 미리 아심을 따라 성령이 거룩하게 하심으로 순종함과 예수 그리스도의 피 뿌림을 얻기 위하여 택하

심을 받은 자들에게 편지하노니 은혜와 평강이 너희에게 더욱 많을지어다"(벧전 1:2).

JE 하나님은 타락 후 사람의 의욕도 예지하셨다.

만약 하나님이 사람의 타락, 예수 그리스도에 의한 구속, 타락 후 사람의 의욕들을 예지하시지 못했다면, 하나님은 그 성도들에 대해서도, 그들을 특별한 사람들로서나 특별한 사회와 민족으로서 예지하시지 못했을 것이다. 하나님의 선택으로서나, 그들의 덕(virtue)이나 좋은 일들(good works)에 대한 단순한 예견(foresight)으로서, 그들의 구원과 관련한 어떤 것에 대한 예견, 혹은 그들이 그리스도에게서 얻을 은택이나 구속자에 대해 갖고 있는 마음 자세 같은 것들도 예지하시지 못했을 것이다.

주장 III 이성으로 보면 하나님이 후회하시나, 결국 그분은 후회하심이 없으신 완전한 우주의 통치자이시다.

하나님이 자유 행위자들(free agents)의 미래 의욕에 대해 모르신다는 가정대로 하자면 다음과 같은 주장이 가능하다. 많은 경우 하나님은 자기가 행하신 일에 대해 후회하시며 다르게 행했으면 좋았을 걸 하고 후회하심이 틀림없다고 여긴다. 이성적으로 따지자면 가장 중요한 문제들 속에 연관된 사물들의 사건, 즉 하나님의 도덕적 왕국의 문제들이 불확실하고 우발적이어서, 그분이 이전에 알고 있던 것과 전혀 다르게 자주 일어나는 것처럼 보인다. 예를 들어 창세기 6:6을 문자적 의미 그대로 이해하면 다음과 같다. "땅 위에 사람 지으셨음을 한탄하사 마음에 근심하시고", 그리고 "내가 사울을 왕으로 세운 것을 후회하노니"(삼상 15:11). 그러나 이와 상반되게 이해해야 할 것이다. "하나님은 사람이 아니시니 거짓말을 하지 않으시고 인생이 아니시니 후회가 없으시도다"(민 23:19). 그리고 "이스라엘의 지존자는 거짓이나 변개함이 없으시니 그는 사람이 아니시므로 결코 변개하지 않으심이니이다"(삼상 15:15, 29).

그뿐만 아니라 이 같은 개념으로부터 다음과 같은 것이 따라온다. 문자적으로 하자면 하나님은 계속해서 자기 마음에 후회하시고 근심하신다. 그리고 하나님은 실제로 세상을 통치하시면서 항상 무수한 실망을 겪으신다. 그러면서 다중적이고 항구적인 엄청난 당황과 고민에 빠진다. 그러나 이러한 말들은 "무소부재하시며 영원히 찬송받으실 하나님"이란 하나님의 직함과 잘 어울리지 않는다. 이 직함에 의하면 하나님은 우주 최고의 통치자로서 우주 위에 계시며 세상의 문제를 다스리시는 데 완전하고 항구적이며 지속적인 평안과 복락을 가지고 계신 분이다(참고. 롬 1:25; 9:5; 고후 11:31; 딤전 6:15).

주장 IV 하나님은 후회하지 않으시며 변경하지도 않으시며 불변하신 분이시다.

그 같은 개념을 따르면 다음과 같은 것이 뒤따라온다.

Ar (이성적으로 보면) 만사의 우발성과 불확정성 때문에 하나님은 항상 계획을 수정하신다.

하나님은 계속해서 자기가 행한 일을 후회하시는 것처럼, 장래 활동을 위한 그의 생각과 의도를 끊임없이 변경하고, 판단을 바꾸고, 기존 계획들을 포기하고, 새 전략과 제시를 만드신다. 왜냐하면 하나님의 도덕적 왕국의 상황 때문에, 그가 세운 계획의 주요 상황과 목적이 예견 부족으로 좌절을 겪을 가능성이 늘 있기 때문이다. 하나님의 제도는 도덕 행위자들의 활동이 갖는 우발성 때문에 무질서해지므로 하나님은 계속해서 자기 제도를 인권에 양보하신다. 따라서 하나님은 절대 불변의 존재라기보다는 오히려 어떤 존재에 대해서든지 무한히 후회하시고 의도를 변경하는 주체이시다. 이러한 명백한 이유 때문에 하나님의 막대하고 광대한 임무는 자신에게 일어나는 무한히 더 큰 숫자의 우발적이고 불확정적인 사물들을 이해하는 것이다.

이런 상황에서 하나님이 할 수 있는 일은 별로 없다. 하나님은 다만 상황이 허락하는 한 최선의 방식으로 단절된 계획과 무질서해진 활동을 교정하며 절단된 연결고리들을 수리하실 뿐이다. 만물의 최고이신 주님께서 가장 중요한 사물을 찾아낼 만한 능력이 전혀 없는 자가 되었기 때문에, 그분은 자신이 만들고 주의를 기울이는 세상을 통치하는 데 대단히 불행하고 불리한 상황에 처해 있다. 그것은 이후에 자기 제도를 함몰시키는 것으로 나타난다. 하나님께서 미리 알기만 했더라도 그것에 대한 일시적 조항을 만들었을 것이다. 많은 경우 하나님께서 일들을 계획하고 처리하시는 방식에 따라 우주에 크고 광대한 영향과 끝없는 결과를 불러일으키는 큰 사건들을 위한 사전 조항을 만들었어야 한다는 필요성이 강하게 느껴진다. 하나님이 이것을 나중에 알았을 때는 이미 너무 늦고, 미리 알았더라면 그에 따른 지시를 할 수 있었을 텐데 하는 허망한 욕구를 품을 수 있다. 이렇게 하나님을 실망시키고, 하나님의 조치가 수포로 돌아가며, 계속해서 하나님의 계획을 바꾸게 하고, 하나님을 난처하고 혼란스럽게 만드는 것은 사람의 능력 안에 있는 원리에 놓여 있으며, 또 이것은 사람의 묘책과 목적 및 활동에 의해서 일어난다.

JE **태초부터 지금까지 하나님은 계획하신 그대로 완전히 행하신다.**

그러나 어떻게 이런 가정들이 이성과, 그리고 하나님의 말씀과 일치하는가? 하나님의 말씀은 하나님의 모든 사역과 그가 항상 해야 하는 모든 일, 하나님이 운행하시는 일의 전체 전략과 일련의 작용이 태초부터 지금까지 완전히 하나님의 주관 속에 있음을 나타낸다. 또한 성경은 "사람의 마음에" 어떤 "고안"과 계획들이 있어도 "오직 여호와의 뜻만이 완전히 서리라"고 선포한다(잠 19:21; 시 33:10-11). "만군의 여호와께서 경영하셨은즉 누가 능히 그것을 폐하며 그 손을 펴셨은즉 누가 능히 그것을 돌이키랴"(사 14:27). 그리고 하나님은 "어떤 계획이나 생각에서도"(욥 42:2) 실수가 없다. "하나님께서 행하시는 모든 것은 영원히 있을 것이라. 그 위에 더할 수도 없고 그것에서 덜할 수도 없나니 하나님이 이같이 행하심은 사람들이 그의 앞에서 경외하게 하려 하심인 줄을 내가 알았도다"(전 3:14). 하나님이 세우신 뜻의 안정성과 영속성은 하나님의 예지와 연결되어서 분명하게 표현되었다. "내가 시초부터 종말을 알리며 아직 이루지 아니한 일을 옛적부터 보이고 이르기를 '나의 뜻이 설 것이니 내가 나의 모든 기뻐하는 것을 이루리라 하였노라'"(사 46:10). 그리고 어떻게 이런 것들이 하나님을 "변함도 없으시고 회전하는 그림자도 없으신"[7] 분으로 표현하며, 특히 자신이 세운 목적에서 변할 수 없다는 그분의 불변성에 대해 말하는 성경과 일치하는가? "나 여호와는 변하지 아니하나니 그러므로 야곱의 자손들아 너희가 소멸되지 아니하느니라"(말 3:6). "나는 스스로 있는 자이니라"(출 3:14). "그는 뜻이 일정하시니 누가 능히 돌이키랴. 그의 마음에 하고자 하시는 것이면 그것을 행하시나니 그런즉 내게 작정하신 것을 이루실 것이라. 이런 일이 그에게 많이 있느니라"(욥 23:13-14).

Ar 하나님이 인간의 의욕을 예측하지 못하여 당황하시고 한탄하셨다.

JE 하나님은 도덕 행위자들의 미래 의욕에 대해서도 미리 다 아신다.

주장 V 하나님은 천사와 사람의 창조·타락·구속을 예견하시고 실패 없이 다 성취하셨다.

---

7   약 1:17.

하나님이 자유 행위자들의 미래 의욕에 대해 모르신다는 개념과 그 개념의 결론을 철저히 살펴보면, 다음과 같은 내용이 따라온다는 것을 알 수 있다.

Ar 사람의 도덕 행위가 우발적이므로 하나님은 사람의 장래를 예견하지 못하신다.

하나님이 세상을 만드신 후에 자신의 창조 목적 때문에 완전히 황당해하시며, 이런 식으로 그가 지은 모든 위대한 작품들의 목적에 황당해하실 가능성이 있다. 도덕 세계는 명백히 자연 세계의 목적이며, 도덕 행위자들 이외의 나머지 피조물은 도덕 행위자들을 위해 하나님이 지으신 가구가 있는 집일 뿐이다. 그리고 도덕 세계의 좋거나 나쁜 상태는 도덕 행위자들이 도덕 행위를 개선하는 데, 즉 그들의 의지에 달렸다. 그러므로 만약 그것들이 우발적일 뿐 필연에 속하지 않아서 하나님에 의해서 예견되지 않는다면, 도덕 세계의 사물은 결정적일 정도로 잘못되어가며, 완전히 실패할 게 뻔하다.

그런 체계 가운데서는 인류가 자신의 도덕 행위를 악용함으로 인해 노아 홍수 이전에 심히 타락했을 때, 하나님이 "땅 위에 사람 지으셨음을 한탄하사 마음에 근심하시고"라고 하신 말씀이 당연히 문자적으로 해석되어야 할 것이다. 그렇다면 하나님은 세상을 만드실 때 그로 인해 실망하실 줄 몰랐고, 그것이 그분의 마음을 슬프게 했다. 그리고 실제로 모든 인간이 죄를 짓고, 대부분의 천사가 타락함으로써 그것이 입증되었다. 그들 모두가 그렇지 않을 것을 하나님은 어떻게 미리 알 수 없었는가? 그리고 아직도 그들 자신의 의지의 자유에 내버려진 그들을 변화시키기 위해 여러 수단을 사용하고 있음에도, 홍수 이전의 옛 세상 사람들처럼 모든 인간이 계속 배도하며 더욱더 악해지고 있음을 하나님은 어떻게 알 수 없었는가?

Ar 하나님은 천사와 사람이 자유의지 때문에 도덕 행위를 악용하고 타락할 것을 예견하지 못하셨고 이에 실망하셨다.

내가 논박하려고 분투하는 이 같은 이론 체계에 의하면, 사람이나 천사의 타락은 예견될 수 없었으며, 따라서 하나님은 이런 사건들 때문에 심히 실망하셨다. 메시아로 말미암은 우리의 구속과 마귀의 일을 멸하시려는 큰 계획과 모략, 그리고 하나님이 이런 계획들로 인해 핍박을 받으면서 행하신 모든 위대한 일은 하나님 자신의 실망의 산물일 뿐이다. 또한 그의 모든 이론 체계는 원래 심히 좋고 완벽하고 아름다웠으나 천사와 사람들의 자유의지(free will)로 인해 때 묻고 깨지고 뒤범벅이 되어버렸다. 그리고 하나님은 여전히 다시 한 번 완전히 실망할 수 있다. 자기 독생자의 성육신, 삶, 죽음, 부활과 승천에서, 그리고 사물들의 상태를 회복시키기 위해서 성취한 다른 위대한 일들이 성공을 거둘 것이라는 사실을 하나님은 여전히 알 수 없을 것이다. 회복이 인간의 자유의지(free will)에 달렸기 때문에 하나님은 어느 정도의 회복이 실제로 있을지도 전혀 알 수 없을 것이라고 여긴다.

JE 하나님이 사람의 의욕을 예견하지 못하셨다면, 어떻게 사람의 회개와 회복을 예지할 수 있었겠는가?

거의 모든 기독교계가 전체적으로 지독한 대배교(great apostacy)를 저질러 지금은 이교도보다 더 나쁜 상태가 되었다. 이것이 오랜 세월 동안 계속되었다. 하나님이 사람들의 의욕을 예견하지 못한다면, 어떻게 기독교계가 불신앙에서 돌이킬지 아닐지를 알 수 있었겠는가? 그리고 이 회복이 언제 어떤 방식으로 시작될지를 어떻게 미리 말할 수 있었겠는가? 사도는 이 회복이 자기 시대에 시작되었다고 말했는데, 그것이 그 시대에 얼마나 진행됐는지 어떻게 알 수 있었겠는가? 또한 유대인의 종교개혁에 효과적이지 못했던 복음이 이교도들의 배교나 그 민족의 변화에는 늘 효과적이었고, 이것이 오랜 세월 동안 확인되었음이 어떻게 알려질 수 있었겠는가?

성경은 자기를 위해서 세상을 만드시고 자기 즐거움을 위해 피조물을 창조하신 하나님께서 그 속에서, 그리고 그의 모든 사물들 가운데서 자기 목적을 실수 없이 성취하실 것이라고 계속해서 말씀하신다. 모든 것이 그분의 것이며 그분에게 속하며, 사물들의 최종 단계에서 하나님이 처음과 마지막이시라는 것이 계속해서 나타난다. "또 내게 말씀하시되 '이루었도다. 나는 알파와 오메가요, 처음과 마지막이라'"(계 21:6). 이런 말씀들은 하나님이 자신의 모든 작품 가운데서 실망하신다는 주장과 전혀 일치하지 않으며, 하나님이 착수하셨거나 행하신 어떤 일에 자기 목적을 이루지 못했다는 주장과도 전혀 일치하지 않는다.

12장

모든 필연성이 배제된
의욕의 우발성과 상충되는,
도덕 행위자의 미래 의욕에 대한
하나님의 확실한 예지

JE 사람들의 의욕/활동/사건은 우발적인 것이 아니라, 하나님이 예지하시고 결정한 필연적인 것이다.

지금까지 나는 하나님께서 도덕 행위자들의 의지의 활동에 오류가 없고 확실한 예지를 가지고 계시다는 사실을 입증했다. 이제 나는 두 번째로 그 귀결을 보여주고자 한다. 즉 연결 혹은 귀결이 필수적인 사건은 필연적(necessary)이라는 것을 보여주고자 한다.

지금까지 살펴본 주요 아르미니우스주의 신학자들은 한결같이 이 귀결을 부인하며 단언하기를, "만약 그 같은 예지가 인정될지라도 예지된 사건의 필연성에 대한 증거는 없다"고 한다. 이제 나는 이 문제를 특별하고 철저하게 조사하고자 한다. 특별하고도 전면적인 고찰을 통해 과연 그것이 사실인지 아닌지 정확한 결정이 날 것이라고 확신한다.

이 문제를 잘 조사하기 위해서 다음과 같은 사항들을 살펴보고자 한다.

모든 사물의 존재는 필연적이다.

I. 이미 존재하고 있는 혹은 존재해오고 있었던 어떤 것과 무오류하고 불가분하게 연결되어 있는 한 사물의 존재(existence, 출현)는 필연적이라는 것이 명확하다. 여기서 다음과 같이 말할 수 있다. [아르미니우스주의자들은 과거의 사물들은 현재의 사물들과 연관이 없다고 가정한다.]

현재에 존재하는 모든 사물은 과거부터 존재해오던 것이다.

1. 이전에 내가 필연의 본질에 대해 설명하면서 관찰했던 바는 과거 사물들(things) 속에서 그들의 과거 존재가 현재에 필연적이라는 사실이었다. 그런 면에서 존재가 이미 확정된 후에 존재 변화의 가능성은 이미 너무 늦다. 그 사물이 이미 존재해오고 있다는 참 사실 외에 다른 사실이 있기란 이제 불가능하다.

신적 예지도 과거부터 존재해오던 것이다.

2. 자유 행위자의 의욕에 대한 신적 예지(divine foreknowledge)와 같은 것이 존재한다고 가정하면, 그 예지는 이미 있었고, 오래전부터 존재해왔던 것이다. 따라서 그 존재는 현재 필연적이다. 현재에 이 같은 예지가 존재하고 혹은 이미 존재해왔다는 것 외에 다른 사실은 전혀 있을 수 없다.

필연적인 사물들과 불가분의 연결 속에 있는 사물들도 필연적일 수밖에 없다.

3. 필연적인 다른 사물들과 불가분하게 연결된 사물들 자체가 필연적이라는 것 역시 명백하다. 어떤 하나의 명제(proposition)의 진리가 필연적으로 참(true)인 다른 명제와 필연적으로 연결되어 있을 때, 그 명제 자체는 필연적으로 참이다. 그 외에 달리 말하면 모순이다. 그것은 불가분적으로 연결되었으니 끊어질 수 있다는 말과 같다. 만약 존재가 현재 필연적인 것과 불가분하게 연결되어 있는 그 자체가 필연적이 아니라면, 그 존재의 불가분한 연결에도 불구하고 그것은 존재하지 않을 수 있다. 그런 모순이 맞는지 아닌지는 독자의 판단에 맡기고자 한다.

사람의 의욕에 대한 완전한 예지가 있다면, 그런 사건들은 필연적으로 발생한다.

4. 만약 도덕 행위자의 의욕의 미래 존재에 대한 완전하고 확고하며 무오류한 예지가 있다면, 그 사건과 예지 사이에 무오하고 불가분한 연결이 있음이 명확해진다. 그러므로 앞서 진행한 관찰에 의하면 그 사건은 필연적 사건이 된다. 그 사건은 이미 있었고, 현재에 필연적이며, 존재해올 수밖에 없었던 존재와 무오하고 불가분하게 연결되어 있다.

그런데도 또 예지는 확실 무오하나, 그 예지와 사건이 불가분하게 연결되어 있지 않고, 분리와 오류가 있을 수 있다고 말하는 것은 심한 모순이다. 이것은 어떤 명제가 참이라고 무오류하게 알려진 사실과 그 명제가 사실상 참인 사실 사이에 필연적 연결이 없다고 단언하는 것과 같다. 그러므로 만약 미래 의욕에 대한 무오류한 지식이 있다면 그 사건은 필연적이다. 혹은 다른 말로 하면 그 사건이 발생하지 않을 수 없다는 사실은 완전하게 입증될 수 있는 명백한 사실이다. 왜냐하면 만일 그 사건이 불발할 가능성이 있다면, 미래 발생을 단언하는 명제가 이제는 참이 아닐 가능성이 있기 때문이다. 그러나 현재 참되고 무오류한 지식(즉 실수가 불가능한 지식)이 있다고 가정하는 것조차 얼마나 우스꽝스러운지 모른다. 현재에 참이라고 무오하게 알려진 그 명제 속에 현재 참이 없을 가능성이 있다는 말 속에는 모순이 내포되어 있기 때문이다.

미래의 사건이 예지 가능하며 필연적이라면, 증거가 있어야 하는데 증거가 없으므로 불합리하다고 주장하는 아르미니우스주의자들의 가정에 대한 에드워즈의 논박

II. 미래의 사건은 확실히 예지될 수 없으며, 그 사건의 존재가 우발적이며 필연이 전혀 없다는 주장(가정)에 대해 아래와 같이 (아르미니우스주의자들이) 증명을 시도한다.

Ar **지성인은 증거로서 사물을 명백하게 이해한다. 정말 증거가 있으면 알려지게 마련이다.**

증거(*evidence*)[1] 없이는 어떤 지식인도 사물을 확실히 알 수 없다. 그 외에 다른 가정은 불합리를 뜻할 뿐이다. 왜냐하면 어떤 지성(understanding) 이라도 사물을 확실히 알게 되는 것은 (증거가) 명백하기 때문이다. 그리

---

[1] 증거(evidence)란 여기서 특별한 의미로서, 미래 의욕/사건이 필연적으로 있게(존재) 될 것임을 입증해주는 증거 혹은 징표, 혹은 표적(sign, p. 260)과 같은 뜻이다.

고 그 지성에 사물이 명백하다는 것은 지성이 사물에 대한 **증거를 확인하는 것**과 같기 때문이다.

그러나 피조되었(created)거나 본유된(increated) 지성은 아무것도 없는 곳에서는 아무 증거도 볼 수 없다. 왜냐하면 그것은 존재하지 않는 것을 존재한다고 여기는 것과 같기 때문이다. 그러므로 만일 절대적으로 증거가 없는 진리가 있다면, 그 진리는 절대적으로 불가지한(unknowable) 것이 된다. 그런데 그 진리가 알려졌다고 가정하면 이는 모순이다.

JE **미래 사건이 우발적이고 비필연적이라면 자증이나 입증이 불가능하다. 그러나 필연적이라고 하면 가능하며, 현재에 예지 가능하다.**

만약 어떤 미래 사건이 있는데 그 사건의 존재가 우발적이요 비필연적이라고 말한다면, 그 사건의 미래 존재는 절대적으로 증거가 없을(*without evidence*) 것이다. 그 사건이 미래에 있을 것이라는 어떤 증거가 있다면 자증(*self-evidence*) 혹은 입증(*proof*), 이 두 가지 종류 중 하나일 것이다. 왜냐하면 증거에는 다른 종류가 있을 수 없고 오직 그 둘 중 하나이기 때문이다. 명백한 사물은 그 자체 스스로 명백하거나 어떤 다른 것에 의해서 명백해지기 때문이다. 즉 명백한 사물은 어떤 다른 것과의 연결에 의해서 명백한 것이다. 그러나 존재에 전혀 필연이 없는 미래 사물에는 이런 증거들 중 어느 하나도 없다. 그런 미래 사물은 자증적(self-evident)일 수 없다. 왜냐하면 만약 그 미래 사물이 자증적이라면 그 자체에서 나타나 보이는 것에 의해서, 즉 그 사물의 현재 존재 혹은 필연적 성질에 의해서 현재에 알려질 수 있기 때문이다. 그러나 이 두 가지는 그들 자신의 가정과 충돌한다. 그(들의) 가정 두 가지는 다음과 같다. 그 사물은 보일 수 있는 현재 존재를 가지고 있지 않으며, 미래에 필연적으로 존재하게 될 성질도 가지고 있지 않다. 그러므로 그 사물의 미래 존재는 자증적이지 못하다. 두 번째(가정은), 어떤 다른 것 속에 아무런 증명이나 증거가 없으며, 명백한 어떤 다른 것과의 연결에 대한 증거도 없다는 것이다. 이런 말 역시 그들 자신의 가정과 충돌한다. 즉 이것은 우발적(contingent) 사건의 미래 존재와 연결되어, 현재에 존재하는 것은 아무것도 없다는 가정이다. 왜냐하면 그 같은 연결은 그 사건의 우연성을 반대하고 도리어 필연성을 지지하기 때문이다.

이처럼 (그들에 의해서) 논증된 바는, 사물의 본질상 우발적이며 전적으로 비필연적인 (그런 사건이 있다 해도) 사건의 미래 존재에 대한 증거가 절대 있을 수 없다는 것이다. 이것은 자증적이지 않으며 입증되지도 않는다. 그러므로 그 사물은 실제로 명백하지 않다. 그리고 명백한 것으로 볼 수도 없고, 즉 다시 말해 불가지(不可知)한 사물이다.

Ar 절대 우연에 의한 천지창조

하나의 실례를 들어서 생각해보자. 그들은 이렇게 가정한다. 5760년 전에는 신적 존재 외에 다른 존재가 없었다. 그때 이 세상, 혹은 특정한 몸이나 영 모두가 일시에 무에서 존재하기 시작했고, 그 자신에게 특정한 성질과 형체를 취했다. 즉 그들은 모든 것이 절대 우연(absolute contingence) 속에서 하나님의 의도 없이, 혹은 다른 아무런 원인 없이, 그 물질 속에서 존재의 근거나 이유 없이, 혹은 선행하는 어떤 것과의 연결이 전혀 없이, 의존도 없이 존재한다고 가정한다.

JE 증거가 없는 것이 당연하다. 사건이 아직 일어나지 않았으니 그 어디에도 증거가 아직 있을 수 없다.

내가 가정할 수 있는 바는 그 사건에 대한 증거가 사건 전에는 있을 수 없다는 것이다. 그 사물 자체에는 보일 수 있는 사건에 대한 증거가 없다.

왜냐하면 그 사물 자체가 아직 없기 때문이다. 그리고 어떤 다른 사물 속에도 보일 수 있는 그 사건에 대한 증거가 없다. 왜냐하면 다른 어떤 사물 속에 있는 증거는 다른 어떤 사물과의 연결(connection)이기 때문이다. 그러나 그런 연결은 그(들의) 가정과 대치된다. 이 사물이 발생(happen)할 것이라는 증거가 지금까지 없었다.

Ar의 궤변 증거가 없다면 다름 아닌 그 특정한 사물이 발생하는 이유가 없기 때문이다. 또 이유 없이 그 사물이 발생하는 이유는 만사가 동일하고 동등하기 때문이다.

왜냐하면 그 가정에는 다른 어떤 사물이 아니라 왜 하필이면 그 사물이 발생하여야 하는지, 혹은 왜 하필이면 아무것도 아닌 그 사물이 발생하여야 하는지에 대한 이유가 없기 때문이다. 그리고 만약 그렇다면 과거에 일어난 만사가 정확히 동등한 것들이었으며, 그 사물과 다른 가능한 사물들과 관련하여 볼 때도 동일하고, 사물 중에 압도적인 것이 없으며 더 월등히 중요하거나 가치 있는 것도 없을 것이다. 그러므로 어떤 지성을 결정짓는 중요성이나 가치가 될 수 있는 것은 아무것도 없다. 즉 그 사물은 절대로 증거가 없었으며, 절대로 불가지한(unknowable) 것이었다.

JE의 반박 지성과 인식력과 관찰력이 무한하다면 몰라도 조금 성장했다고 사물의 증거를 식별할 수는 없다.

지성과 분별력이 성장했다고 해도 사물에 대한 표적이나 증거를 식별해내는 경향이나 진보까지 가져다주지는 않는다. 비록 그것이 무한대까지 성장할지라도 결코 허용되지 않는다. 관찰력의 성장은 멀리 떨어져 있고 아주 감추어져 있으며, 구름과 어둠 속에서 깊이 뒤얽혀 있는 증거를 식별해낼 수 있게 하는 원동력(tendency)을 제공하겠지만, 그러나 관찰력이 증대된다고 해서 아무것도 없는 곳에서 증거를 식별해낼 수 있는 원동력까지 제공되지는 않는다. 만약 관찰력이 무한히 뛰어나고 인식력이 무한히 크다면, 있는 모든 것을 한 존재가 볼 수 있되 완벽하고 쉽게 볼 수 있을 것이다. 그렇지만 그 인식력이 존재로 하여금 증거가 아닌 것을 감지해낼 수 있게 하는 경향을 제공해주지는 않는다. 그러나 반대로 그것은 아무것도 없다는 것을 아주 확실하게 식별해낼 수 있게 하는 원동력을 제공해준다.

Ar의 가정 사람의 미래 의욕이 필연적인 것은 아니요, 그래서 발생하지 않을 수 있다. 그렇지만 하나님은 확실히 예지하신다.

JE의 반박 그 말은 하나님의 예지, 곧 지식에 모순이 있다는 뜻이다.

III. 도덕 행위자의 미래 의욕이 필연적인 사건이 아니라고 아르미니우스주의자들은 가정할 수 있다.

Ar 그 사건들은 발생하지 않을 가능성이 있다.

혹은 동일한 방식으로 그 사건이 발생하지 않을 가능성이 있다고 가정하며, 그럼에도 하나님이 그 사건들을 확실히 예지하시고 만사를 다 알고 계신다고 가정하는 것은 결국 하나님의 지식 자체가 모순이 있다는 말이 된다.

Ar 그 사물이 확실히 존재할 수도 있고, 존재하지 않을 수도 있다.

왜냐하면 하나님은 사물이 전혀 오류 없이 존재할 것이며, 동시에 말하기를 그 사물이 너무나 우발적이어서 존재하지 않을 수도 있음을 확실히, 그리고 전혀 추측하지 않고도 알고 계신다고 하는 것은 하나님의 지식 자체가 모순이 있다는 말이 되기 때문이다. 혹은 하나님이 아시는 한 가지 사물이 그가 아시는 다른 사물과 완전히 상반된다고 가정하는 것이나 마찬가지다. 이것은 마치 하나님이 어떤 명제를 우발적이고 불확실한 진리에 속한다고 알고 계셨는데, 지금은 확실 무오한 진리에 속하는 명제로 알고 계신다고 말하는 것과 같다.

Ar의 불확실한 명제 미래 의욕에 필연이 전혀 없으므로 현재는 그 의욕을 방해하는 것이 아무것도 없으나, 나중에는 방해가 있을 수 있다.

만약 미래 의욕에 필연이 전혀 없으므로 현재는 그 의욕을 방해하는 것이 아무것도 없으나 나중에는 있을 수 있다고 한다면, 의욕의 미래 존재를 주장하는 명제가 너무나 불확실하므로 그 의욕을 방해하는 것이 아무것도 없지만, 그 명제의 진리는 완전히 실패하고 만다. 만약 하나님이 만물을 아신다면, 하나님은 그 명제가 그처럼 불확실하다는 것도 아실 것이다.

Ar의 모순된 명제 그런 불확실한 명제를 참이라고 알고 계시는 하나님의 지식과 상반된다.

그것은 그 명제가 전혀 오류 없이 참이라는 것을 하나님이 아신다는 것과 모순되고, 또 그 명제가 참이라는 것을 하나님이 전혀 오류 없이 아신다는 것과도 모순된다. 만약 그 사물이 정말 우발적이라면, 하나님이 그 사물을 그렇게 보실 것이다. 그리고 만약 하나님이 사물들을 우발적인 것으로 보신다면, 그것이 우발적인 것이라고 판정하실 것이다. 만약 그 사건이 필연적인 것이 아니라면, 그 사건이 결코 필연적인 것이 아닐 가능성이 있다. 그리고 만약 그 사건이 결코 필연적이지 않을 가능성이 있다면, 그 사건이 결코 필연적이지 않을 가능성이 있다는 것을 하나님은 알고 계신다. 그리고 그것은 그 사건의 존재를 주장하는 명제가 참이 아닐 가능성이 있음을 아시는 것이요, 그 명제의 진리가 불확실함을 아시는 것이다. 이것은 하나님이 그 명제를 확실한 진리로 알고 계시는 것과 완전히 모순을 이룬다.

Ar의 불합리한 모순	하나님은 우발적 사건이 있음을 알고 계시며, 모순들을 참이라고 알고 계시고, 한 사물을 두고서 확실하게 혹은 불확실하게 여기신다.

만약 의욕들 그 자체가 전혀 필연이 없으며 우연적인 사건들이라면, 그 사건들이 존재하게 될 것이라고 단정적으로 결정짓는 어떤 존재자가 가진 지식의 완전성에 대해서는 논쟁의 여지가 없지만, 그의 무지와 실수에 대해서는 그 여지가 남게 된다. 왜냐하면 그 명제가 그 본질상, 그리고 모든 것이 고려되었을 때 확실하다고 가정하시는 그분의 가정이 불확실하고 우발적이라고 주장할 가능성이 있기 때문이다. 그런 경우에 하나님은 우리가 인식할 수 없는 우발적 사건들을 아시는 여러 방식들을 가지고 계실 수 있다고 말하는 것은 우스꽝스럽다. 우리도 모순은 거짓이라고 알고 있는데 하나님이 모순들을 참이라고 알고 계신다고 말하거나, 혹은 하나님이 어떤 사물을 확실한 것으로 알고 계실 수 있으며, 동시에 우리는 그 방식을 이해하지 못하지만, 그 사물이 확실치 않은 것으로 알고 계실 수 있다고 말하는 것도 우스꽝스러운 일이다. 우리는 이해하지 못하지만, 하나님은 여러 방식으로 그런 것을 아시기 때문이다.

JE	하나님의 절대 작정, 절대 예지 때문에 사람의 자유가 제한되지 않는다.

결론 1. 앞서 관찰한 바와 같이, 하나님의 절대 **예지**가 인간의 자유와 상충하지 않은 것과 마찬가지로, 하나님의 절대 작정(decrees)으로부터 나온 사건의 필연성 때문에 절대 작정은 인간의 자유와 상충하지 않음이 분명하다. 왜냐하면 사건과 확실한 예지의 연결은 사건과 절대 작정의 연결처럼 무오 불가분하기 때문이다. 사건과 작정이 서로 불일치할 가능성이 사건과 절대 지식이 불일치할 가능성보다는 더 크다. 사건과 예지의 연결은 다음과 같이 가정해보면 절대적으로 완전하다. 그 지식의 확실성과 무오류성이 절대 완전하다고 가정되기 때문이다. 그리고 그것이 사실

이라면 그 확실성은 더 이상 증가할 수 없다. 또한 그 지식과 알려진 사물의 연결도 증가할 수 없다. 그러므로 만약 어떤 작정이 그 예지에 추가되어도 그 작정은 그 연결을 전혀 증가시키지 않으며, 혹은 그 연결을 더 무오 불가분하게 만들지도 않는다. 만약 그렇지 않다면, 지식의 확실성이 어느 정도의 추가로 말미암아 증가할 수도 있을 것이다. 그러나 이 말은 그 지식이 절대 완전하거나 가능한 최대의 정도로 완전하다는 가정과 상반된다.

미리 알려진 사물들이 전혀 오류 없이 미래에 존재할 필연성만큼이나, (동일한 말인데) 존재하지 않기란 그만큼 불가능하다. 이는 마치 그 사건이 이미 기록되어 지난 세대 내내 온 인류에게 알려지고 읽혔다고 할 때, 기록하는 것과 기록된 것 사이에 가장 완전하고 불가분의 연결이 있는 것과 같다. 이런 경우에 사건이 존재하지 않기란, 마치 그 사건이 이미 존재했던 것만큼이나 불가능하다. 그리고 하나의 작정이 어떤 사건을 이렇게 보다 더 확실하게 혹은 보다 더 필연적이게 만들 수는 없을 것이다.

JE 필연이 사람의 자유를 제한하는 것이 아니다.

그리고 비록 여태껏 증명한 것과 같은 그런 예지가 있다고 하여도, 연결과 귀결의 필연이 결코 사람 혹은 다른 피조물이 누리는 어떠한 자유와도 충돌하지 않을 것이다. 그리고 그것으로부터 이런 추론이 나오게 될 것이다. 전혀 필연성을 증대시키지 않는 하나님의 절대 작정들이 그 사건 작정(event decreed)을 필수적인 것으로 만들지만, 인간이 누리는 자유와 전혀 충돌하지 않는다. 그와 같이 그 절대 작정들이 그 사건 작정(event decreed)을 필수적인 것으로 만들지만, 그 사건이 발생하도록 하는 것 외에는 전혀 불가능하게 만들지 않는다. 그러므로 설령 하나님의 절대 작정들이 도덕 행위자로서의 사람의 자유, 혹은 시험 상태에 있는 자유, 혹은 사람이 누리는 자유가 어떤 것이든지 자유와 충돌된다 하여도 절대 작정들이 암시하는 필연성 때문에 그런 것은 전혀 아니다.

DW 하나님의 예지가 인간의 활동에 영향을 주지 않으며, 인간의 자유를 제한하지 않는다. 하나님의 작정은 적극적으로 그 목표를 달성한다.

휘트비 박사는 미래 사건들의 필연성과 관련하여 하나님의 예지와 작정들 사이에 큰 차이가 있다고 가정한다. 그는 『5대 교리 강론』(p. 474)[2] 등에서 다음과 같이 말했다.

> 하나님의 예지는 우리의 활동에 아무런 영향을 끼치지 않는다.…하나님이 직접 계시(immediate revelation)로 나에게 사람의 상태 혹은 활동들의 사건에 관한 지식을 알려주면, 그것들에 관한 내 지식은 그 사람의 활동들에 어떤 영향을 끼칠 수 있는가? 전혀 그럴 수 없다.…우리의 지식이 우리가 알고 있는 사물들에 영향을 끼치지 않는다. 우리의 지식이 없을 때보다 있을 때에, 사물들을 더 확고하게 혹은 미래에 존재할 가능성이 더 커지도록 영향을 끼치지 않는다. 이제 하나님 안에 있는 예지가 지식이다. 그러므로 지식이 현재 있는 사물들에 영향을 끼치지 않는 것 같이, 예지는 미래 사물들에 대한 영향도 끼치지 않는다. 그리고 결론적으로 달리 자유해질 어떤 행동에 대한 예지가 그 자유를 변경 혹은 축소할 수 없다.
>
> 반면에 선택에 있어서 하나님의 작정은 힘 있고 적극적이며, 실패 없이 목표를 달성할 수단의 준비와 공개를 내포한다. 따라서 하나님의 예지가 활동들을 필연적이게 만들지 않는다.

---

2 Whitby, *Discourse on the Five Points*, Dis. VI, ch. 1, pp. 474-75. As Ramsey found, Whitby cites Cicero, *De divination*, 1. 2. n. 14.

DW 오리게네스, 르 블랑, 클라크와 동의하며 하나님의 예지가 사물들에게 영향을
끼치지 않는다.

그리고 이런 목적(p. 473)으로 그는 오리게네스[3]의 글을 인용하며 말하기
를, "하나님의 예지가 미래에 있을 사물들의 원인이 아니라, 사물들의 미
래 존재가 그 사물들이 있게 될 것에 대한 하나님의 선지의 원인이 된다."
그리고 르 블랑(Le Blanc)[4]을 인용하며 말하기를, "이것이 이 난제의 가장
진실한 해법이다. 그 예지가 미래 사물들에 대한 원인이 아니라, 사물들
의 미래 존재가 사물이 예견되게 만드는 원인이다." 클라크(Clarke) 박사
도 자기 저서 『하나님의 존재와 속성 논증』(*Demonstration of the Being
and Attributes of God*, pp. 95-99)[5]에서 같은 방식으로 주장한다. 그리고
『하나님과 피조물의 자유의지에 대한 소론』(*The Freedom of Will, in God
and the Creature*)의 저자 아이작 왓츠도 휘트비 박사와 동일한 방식으로
동일한 목적[6]을 가지고 말한다. 그는 하나님의 선지식보다 후지식(after-

---

3 오리게네스(Origen=Origenes Adamantius, C. 185-C. 254, 이집트의 알렉산드리아 출
   생)는 신플라톤주의 신학자로서, 영혼이 이성적 요소와 비이성적 요소로 구성되는데, 이는
   비물질적이며 의지의 자유를 가지고 있고, 더 순수한 삶을 추구하는 힘이 있다고 주장했다.
   그는 의지의 자유가 이성의 본질적 활동이요, 하나님의 예지에 구애받지 않는다고 믿었다.
   Michael Frede, *A Free Will: Origins of the Notion in Ancient Thought* (University
   of California Press, 2011), 102-11을 보라.

4 (루이) 르 블랑(Louis Le Blanc de Beaulieu, 1614-1675)은 프랑스 볼리외 출신으로, 스
   당(Sedan)의 아카데미 교수였고, 구교와 신교의 화합안을 제시했으나 이루지 못했다. 남
   긴 저술은 다음과 같다. *Sermons*, a *Traite de l'Oigin aie la Sainte Ecriture* (London,
   1660); a collection entitled *Theses Sedanenses* (Sedan, 1675). Hoefer, *Nouv. Biog.
   Generale*, s. v. http://www.biblicalcyclopedia.com/B/beaulieu-louis-le-blanc-de.
   html

5 사무엘 클라크(Samuel Clarke, 1675-1729)는 아이작 뉴턴에게 가장 큰 영향을 받은 영국
   철학자다. 그는 자연주의와 상반되는 자연종교가 존재하고, 기독교 신앙은 이신론과 유사
   하다고 믿었으나, 자유의지 문제에서는 에드워즈의 반대자라 낙인찍혔다.

6 JE가 보기에 이 세 작가들은 소위 "열린 유신론"(Open Theism), 혹은 "열린 신학"(openness
   theology) 혹은 "열린 하나님"(openness of God)이라고 불리는 전형적인 아르미니우스

knowledge)이 이미 알려진 사물들을 필연적으로 만드는 데 더 많은 영향력을 끼친다고 주장한다.

Ar의 변명 **절대적 예지/선지식은 사건의 필연성을 입증할 수 있으나, 필연성을 일으키는 원인은 아니다.**

내가 모두에게 말하고자 하는 것은 이것이다. 지식에 관한 이런 주장, 즉 알려진 그 사물에 영향을 끼쳐서 그 사물이 필연적이게 하는 영향을 그 지식이 끼치지 않는다는 것은 그 목적과 아무런 상관이 없으며, 진행되어 온 논증 과정에 아무런 영향도 끼치지 않는다. 예지가 **필연적이게 하든 그렇지 않든**, 그것이 그 상황을 변화시키지는 못한다. 전혀 오류가 없는 예지는 미리 알려진 사건의 필연성을 입증할 수 있으나, 그것이 필연을 일으키는 것은 아니다. 만약 예지가 절대적이라면 이 예지는 알려진 사건이 필연적임을 입증할 것이다. 즉 어떻게 해서든지, 어떤 작정이나 다른 방식으로나, 있기만 하면 어떤 방식으로든지, 그 사건이 존재하지 않을 수 없음을 **입증**해줄 것이다. 왜냐하면 앞서 말한 대로 하나의 명제가 아직 참이라고 입증되지 않았는데도, 그 명제가 확실 무오하게 참으로 알려졌다고 말하는 것은 모순이기 때문이다.

Ar의 변명 **확실한 예지/선지식은 그 사건의 필연성을 일으키는 원인이 아니며, 그 필연성을 입증할 수 없다.**

이 같은 변명이 얼핏 보기에는 설득력이 있어 보인다. 즉 그들은 확실한 예지는 작정과 달리 하나의 사건으로 하여금 필연적이게끔 야기(cause)

주의적 가정, 즉 하나님이 세상을 완전히 통제하는 것이 아니라 사람이 중요한 선택들을 하도록 열어놓는 것에 대해 말한다.

하지 않고, 그 사건이 필연적이라고 입증해주지도 않는다고 말한다. 그러나 이 같은 주장은 설득력이 없다.

Ar의 변명 **사물이 입증하지 못한다. 입증할 다른 증거가 존재하지 않는다. 인과적 원인을 지닌 증거만이 입증 가능하다.**

왜냐하면 이 주장은 전적으로 다음과 같은 가정 위에 세워져 있기 때문이다. 즉 한 가지 사물이 필연적임을 아무것도 입증하지 못하고, 또 입증해줄 수 있는 증거도 전혀 없다. 그 사물을 필연적인 것으로 만들 수 있는 인과적 영향력을 지닌 것만이 입증해낼 수 있다. 그러나 이 같은 가정은 결코 있을 수 없다.

JE **예지가 사건의 불발 불가능성을 입증해줄 수 있으며 예지는 그 원인이 된다.**

비록 어떤 사건의 미래 존재에 대한 확실한 예지가 사건의 발생을 가능하게 만드는 첫째 사물은 아니지만, 그럼에도 이 예지는 사건의 불발이 불가능하다고 입증해줄 수 있으며, 그리고 확실하게 입증해주지만, 그 불가능이 일어난다. 만약 예지가 그 불가능의 원인이 아니라 결과라면, 그 불가능이 마치 그 원인인 것처럼, 그런 불가능이 있음을 예지가 입증해줄 수 있을 것이다.

JE **절대 무오하게 예지된 사물이 존재하지 못할 불가능성이란 절대 없다.**

원인에서 결과를 증명하는 것만큼이나, 결과에서 원인으로 파고 들어가는 증명도 강력한 논증이다. 전혀 오류 없이 예지된 한 존재는 그 불가능이 예지로부터 일어나든지 혹은 예지를 앞서든지 간에 도무지 실패할 수 없다는 것이 기정사실이다. 무엇이든지 존재할 가능성이 있듯이, 전혀 오류 없이 참이라고 알려진 사물이 참이 아니라고 증명되는 것이 불가능하다는 사실도 명백하다. 그러므로 그 지식이 필연의 원인이든, 혹은 필연이 그 지식의 원인이든지 간에, 참이라고 알려진 사물이 다른 사물로 되지 않을 것이라는 필연이 있다.

JE 후지식이든 선지식/예지든 상관없이 확실한 것이라면, 사건의 비존재 불가능이라는 명제가 참임을 입증해준다.

모든 확실한 지식은 그것이 선지식이든 후지식(after-knowledge)이든 부수적(concomitant) 지식이든 간에, 알려진 그 사물이 현재에 필연적이라고 입증해준다. 혹은 그 확실한 지식은 현재에 참이 아닌 다른 것이 되기에 불가능하다는 것을 입증한다. 내가 자유로이 인정하는 바는 예지가 후지식 이상으로 한 사물이 필연적이라고 입증해주지 않는다는 것이다. 그러나 확실 무오한 후지식은 알려진 그 명제가 참일 수밖에 없다고 입증한다. 즉 확실한 후지식은 해당 사건에 대해 과거 존재를 예고하는 명제가 참일 수밖에 없다고 입증한다. 그리하여 확고한 선지식은 해당 사건에 대해 미래 존재를 예고하는 명제가 참일 수밖에 없다고 입증한다. 두 가지 상황 모두에서 확증된 사건의 비존재(nonexistence)의 현재 불가능으로 이루어져 있는 명제들의 진리에 대한 필연성은 지식의 확실성에 대한 직접적 근거다. 그 같은 근거 없이는 지식의 확실성이란 있을 수 없다.

JE의 결과에서 원인으로 파고 들어가는 논증법: 지식의 확실성은 알려진 사물들 자체 속에 있는 확실성에 기인한다. 알려진 사물들을 보면, 그 예지의 오류 여부를 인지할 수 있다.

확실히 알려지기 이전의 사물들 자체 속에, 혹은 확실하다고 알려진 사물들 자체(같은 말인데) 속에 확실성이 있음이 틀림없다. 왜냐하면 지식의 확실성은 다름 아닌 알려진 사물들 자체 속에 있는 확실성을 아는 것, 혹은 인지하는 것이기 때문이다. 그러므로 사물들 속에 있는 확실성이 지식의 확실성의 근거가 되며, 알려질 수 있는 능력이 사물들로 하여금 확실한 것이 되게 한다. 그리고 그 확실성은 알려진 진리의 필연성일 따름이다. 즉 그 확실성이 참이 되지 않기란 불가능하다. 다시 말해 진리를 담고 있는 명제의 주어와 술어 사이의 연결은 확고 불변하다.

JE **주어 + 술어 = 명제; 사건은 가능하다 + 미래에 존재할 것이다 = 사건은 미래에 필연적으로 존재할 것이다.**

지식의 모든 확실성은 그 연결의 확고함을 보는 주관(view)에 있다. 따라서 어떤 사건의 미래 존재에 대한 하나님의 확실한 예지는 사건의 미래 존재를 단언하는 명제의 주어(subject)와 술어(predicate)의 확고 불변한 연결에 대한 하나님의 주관이다. 그 가능한 사건이 주어요, 그 가능한 사건의 미래 존재가 술어다. 만약 미래 존재가 그 사건과 확고 불변한 연결을 가지고 있다면, 그 사건의 미래 존재는 필연적일 것이다. 만약 전적으로 우발적이며 가능성이 없어 보이는 어떤 사건의 미래 존재를 하나님이 확실히 알고 계신다면, 하나님은 확고하게 연결되어 있지 않아 보이는 주어와 술어 사이에서 확고한 연결을 보신다는 것인데, 이는 모순이다.

JE **"단순" 지식은 사물에 영향을 끼치지 않으나, 확실한 지식은 확고한 미래를 가정하며, 사물 자체도 확실히 입증한다.**

"단순(mere) 지식은 알려진 사물에 영향을 끼쳐 그것을 더 확실하게 혹은 더 미래적이게 하지 않는다"라는 휘트비 박사의 말이 나는 참이라고 인정한다. 그러나 그 지식은 그 사물이 **이미** 미래적이고 확실한 것, 즉 필연적으로 미래적이라고 가정하며 입증한다. 미래에 대한 지식은 미래를 가정하고, 미래에 대한 **확실한 지식**은 그 지식보다 앞서 선행하는 **확고한**

미래를 가정한다. 그러나 그 사건이 참이라고 입증되지 않기 불가능한 사전 불가능성, 혹은 (동일한 사물) 그 사건의 필연성보다 지식의 확실성을 선행하는 더 확실한 사물의 미래는 없다.

Ar 원인으로서의 미래 사건 존재는 결과로서의 예지를 낳았다.

이 문제에 관하여 한 가지 더 살피고 싶은 것이 있다. 만약 그 문제가 앞에서 말했던 저자들의 가정대로라면, 하나님의 예지는 원인이 아니라 미리 알려진 사건 존재의 결과다. 이것은 이 예지가 그 사건 존재의 필연성을 추론하지 않는다는 것을 증명해 보여주는 것과는 거리가 멀다. 결국 그 반대 사실을 더 증명해줄 뿐이다. 그 이유는 사건의 존재가 잘 확립되고 확정되었으므로, 그리고 그 사건이 이미 실제로 존재하고 있으므로, 마치 과거에 이미 존재하고 있었던 것과 같다. 그 사건의 미래 존재는 이미 실제 영향과 동력을 가지고 있으며 **하나의 결과**, 즉 선지(prescience)**를 낳았다.** 그 결과는 이미 존재한다. 그리고 그 결과를 통하여 원인을 추정하듯이, 그 결과는 원인과 연결되어 있으며, 원인에 전적으로 의지한다. 따라서 마치 원인이랄 수 있는 미래 사건이 과거에 이미 존재했던 것처럼 보인다. 그 결과는 이미 존재를 가지고 있으므로 확고하며, 그 존재를 확신하고 있다. 그러나 그런 결과라고 해서 그 원인이나 근거, 이유보다 더 확고하고 확정될 수 없다. 이는 마치 건축물이 그 기초보다 더 견고할 수 없는 것과 같다.

○ **예증 반사경: 선지가 원인이 되어 미래 사건 존재를 결과로 낳는다. 천체들이 원인이 되어 반사경에 비칠 때 형상들이 그 결과로 잡힌다. 그 형상들이 과거부터 선행해온 결과들이요, 신적 정신 속에 있는 형상들에 대한 완전한 관념(idea)들이다.**

이 문제를 예증하기 위해서 거울에 비친 사물의 모습과 형상들(images),

예를 들어 반사망원경[7]에 보이는 천체의 형상들이 (멀리 있어 눈에 보이지 않는) 해당 천체의 실제 결과라고 해보자. 만약 그렇다면 망원경에 잡힌 형상들이 과거의 실제적 존재를 품고 있으므로, 그것들이 존재해왔던 것과 달리 다른 것이 되는 게 완전히 불가능해질 때, 그 형상들은 닮은 천체들의 참된 결과들이며, 천체들의 존재가 이 같은 결과들의 존재와 같이 실제적이며 무오하고 확고하며 필연적이라는 것을 입증해준다. 하나의 존재는 다른 존재와 연결되어 있고 서로 전적으로 의존하기 때문이다.

JE **사물의 미래 존재들이 원인이 되어, 사실적이며 필연적인 형상들이 그 결과로 나오도록 영향을 끼친다.**

이제는 어떻게 해서든 영향을 끼치는 (사건, 사물의) 미래 존재들을 가정해보자. 그 존재들은 사전에 결과를 낳도록 영향을 끼친다. 천 년 전부터, 실제로 선행하던 모든 세월 동안 존재해온 형상들이 거울 속에서 정확하고 완벽한 형상들을 스스로 야기하도록 영향을 끼친다. 그럼에도 이 형상들이 미래 존재들의 실제 결과들이며, 그 원인과 완전히 의존적으로 연결되어 있다고 해보자. 이런 결과들과 형상들은 이미 실제적 존재를 가지고 있고, 그것들이 자신들의 존재함을 완전히 확고하게 확정지으며, 또 전혀 달리 다른 것이 되는 것이 불가능하게 만든다. 이러한 사실은 다른 실례들에서와 같이 동일한 방식으로 다음의 내용을 입증해준다. 즉 그 형상의 원인이 되는 사물의 존재가 동일한 정도로 확실하며 확고하고 필연적이

---

7 반사경을 통해 물체에서 오는 빛을 모으고, 맺힌 상을 접안경으로 확대하여 관찰한다. 17세기 중반에 뉴턴은 굴절망원경의 색수차 문제를 극복하기 위해 오목거울을 이용한 반사망원경을 고안하였다. 뉴턴 식은 포물면의 오목거울을 주경으로 하고, 주경의 초점 바로 앞에 45°로 평면 반사거울을 부경으로 설치한 형태다. 빛이 경통을 통과하여 주경에서 반사되면 부경에서 다시 반사해 경통 밖에 상이 맺힌다.

다. 그러므로 거의 불가능할 것 같지만 그 형상들이 마치 과거에 이미 존재했던 것처럼 미래 존재들의 결과로 존재하게 될 것이다. 그리고 우리가 거울에 비친 형상들 대신 과거부터 선행해온 결과들이 신적 정신(divine mind)에 있는 형상들에 대한 완전한 이데아(idea)들[8]—영원 전부터 정신에 존재해 있는 정확한 결과들이요, 그들의 원인과 참으로 정확하게 연결된 것—이라고 가정하여도 이 문제에 별 차이가 발생하지 않는다.

Ar 하나님의 예지에 타당성이 없고, 모든 사건을 설명해줄 수 있는 완전한 지식이 이제는 없다.

일부 아르미니우스주의자들이 또 다른 것을 주장하여 도덕 행위자의 의욕의 우발성과 상반되는, 하나님의 선지 사실에서부터 나오는 설득력을 제거하려 하는데, 이것이 저들의 목적이다. "우리가 하나님의 예지에 대해서 말할 때, 그 말 속에 철저한 타당성이 없다. 비록 영원에서 영원에 이르기까지 있는 모든 사건에 대한 가장 완전한 지식은 하나님만이 가지고 계신다는 사실이 참일 수 있겠지만, 하나님 안에는 **이전**과 **이후** 같은 것이 없다. 하나님은 어떠한 변개도 없이 완전히 불변한 주관으로 모든 사물을 바라보신다."

JE 하나님의 예지는 진리가 필연적으로 나타나 존재하게 되었다는 것을 증명해준다.

이런 주장에 대한 나의 답변은 이렇다.

1. 이미 앞에서 밝힌 바와 같이 진리가 알려지기 이전이든, 이후든, 동시든 상관없이 하나님의 모든 확고한 지식은 그 알려진 진리의 필연성을 입증해준다. 하나님의 지식에는 변개가 없고, 우리가 하나님의 지식의 방식을

---

8   플라톤 철학에서 이데아, 곧 이상적인 원형(原型)을 의미한다.

이해할 수도 없어도 하나님이 확실히 알지 못하는 과거나 현재, 미래 사건은 없다는 것을 우리는 익히 잘 알고 있다. 하나님은 사건에 관한 확실한 지식 없이 결단코 존재하지 않으시며 존재하지 않으셨고 또 존재하지 않으실 것이다. 하나님은 모든 사건의 존재를 항상 확고 불변하게 아신다.

JE **우연이란 없다. 예지가 없는 것처럼 보이는 이유는 사물들이 사람이 보기에는 미래적이지만 하나님이 보시기에는 이미 과거부터 존재해온 것이나 마찬가지이기 때문이다.**

그리고 하나님은 항상 사물을 보실 때 그 사물이 실제로 존재하는 그대로 보신다. 따라서 우발적인 것이 존재할 가능성은 결코 없다. 그런 의미에서 보면 우발적인 것은 정말 아무것도 없다. 엄격히 말해서 만약 사물들에 대한 하나님의 예지가 없다면, 그것은 사물들이 우리에게는 미래적이나 하나님에게는 마치 과거에 존재했던 것과 마찬가지로 현재적이기 때문이다. 그 말은 이 말과 같다. 미래 사건들은 항상 하나님이 보시기에, 마치 과거에 이미 존재하고 있었던 것과 마찬가지로 명백하고 분명하고 확실하고 필연적인 것이다. 만약 하나님에게 미래 사건의 존재가 나타나지 않은 적이 전혀 없다면, 그 말은 마치 미래 사건이 현재 존재하고 이미 존재했던 것처럼, 그 존재를 실패할 가능성이 있었던 적이 전혀 없었다는 뜻이다.

JE **사물들을 정확히 아시는 하나님은 사람의 활동도 완전하게 하신다.**

하나님이 사물들을 보실 때 자신의 관념이나 판단에 어떤 변개하심이 없고 심히 완전하고 만고불변하게 보신다는 사실은 방해가 되지 않는다. 도리어 사람들의 도덕적 활동에 대해서도, 우리에게는 그것이 100년 후의 일이겠지만, 하나님은 확실하고 완전한 지식을 그의 정신에 "지금" 가지고 계신다. 이에 대한 반론은 그것이 방해가 된다고 가정한다. 그러나 앞에서부터 진행해온 논쟁들에 의하면 그것은 방해가 아니라, 오히려 이런 도덕적 활동들이 발생하지 않는 것이 현재에 불가능하다는 것을 믿게 만든다.

JE **사람의 미래 활동/사건들에 대한 하나님의 지식이 무오하다면, 필연적으로 발생할 것이다. 이처럼 예지와 사건 사이에는 완전한 필연적 연결이 있다.**

우리가 아는 대로 하나님께서는 자주 그러셨듯이 사람들의 미래 의지 활동들을 미리 알고 계시며, 특별히 그 활동들을 선포하고 예언하고, 그것을 하나의 책으로 기록되게 야기하실 수 있는 능력이 있으신 분이다. 그러므로 예고나 기록처럼, 마치 신적 지식이 사건 이전에 있었던 것과 마찬가지로, 하나님의 지식과 알려진 사건 사이에 있는 필연적 연결은 그 사건이 필연적이라는 것을 미리 앞서 잘 증명해준다. 만약 그 지식에 오류가 전혀 없고, 기록된 예고 속에 나타난 지식의 표현에도 오류가 전혀 없다면, 기록된 예고와 사건 사이에 무오류한 연결이 있다. 만약 그렇다면 그때에는 예고와 사건이 일치하는 것 외에 달리 다른 것이 되는 게 항상 불가능하다. 그리고 이것은 이렇게 말하는 것과 같다. "사건이 발생하지 않을 수 없다." 그리고 이렇게 말하는 것과도 같다. "그 사건의 발생은 필연적이다." 따라서 명백한 것은 하나님의 정신(God's mind)에 변천이라 할 수 있는 것이 없으므로, 하나님이 아시는 사건들의 존재의 필연에 대해서도 변경이 없다는 것이다.

JE **하나님의 예지가 완전하므로 불발 가능성이 없다는 것을 증명해준다.**

2. 뿐만 아니라 이것은 알려진 미래 사건들의 불발 불가능성에 대해서도 지금껏 제공한 증거를 결코 약화시키지 않는다.[9] 오히려 앞에서 진행된

---

9 앞에서 아르미니우스주의자들이 했던 주장을 가리킨다. Ar - 하나님의 예지에 타당성이 없

주장들의 타당성을 확립하고 증거의 명백함을 보여준다.

JE의 반론 **하나님의 지식의 확실성이 절대 완전하시므로 변경 불발이란 없다.**

(1) 왜 하나님이 소유한 지식은 변함이 없는가? 그 이유는 그 지식의 명백함과 확실성이 가능한 최고에 이를 정도로 절대 완전하기 때문이다. 하나님은 만물을 과거, 현재, 미래 언제든 동등한 증거를 통해 완전하게 살피시고, 미래 사물들을 마치 현재의 것처럼 아주 명백하게 바라보신다. 하나님의 주관은 항상 절대적으로 완전하고, 절대 불변의 완전은 변경을 허용하지 않으므로 변천도 허용되지 않는다. 알려진 사물의 실제 존재가 사물 자체의 명백함이나 확실성을 조금도 크게 하거나 더하지 못한다. 하나님은 없는 것을 있는 것으로 부르시는 이시고,[10] 현재에 없는 사물 모두가 마치 과거에 이미 존재하고 있었던 것처럼 하나님께는 동일한 것이다. 그러나 이런 내용은 하나님이 아시는 그 사물들이 존재하지 않을 불가능성에 대해 앞에서 행한 논증의 타당성을 더해준다. 이미 존재해왔던 사물들의 존재 실패는 불가능하다. 이에 대한 반론은 이 같은 주장을 약화시키지 못하고, 도리어 더 선명하고 강하게 만든다. 왜냐하면 미래 사건들의 존재가 마치 과거에 이미 있었던 것 같이 하나님의 주관 속에 있다는 말은, 그 사건들이 실제로 존재하게 되었을 때, 그 존재가 그 사건들에 대한 하나님의 주관 혹은 지식에 변경이나 변동을 전혀 일으키지 않는다고 가정하는 것이기 때문이다.

으며, 모든 사건을 설명해줄 수 있는 완전한 지식을 이제는 더 이상 가지고 계시지 않는다.
10　롬 4:17을 JE가 인용하였다. "기록된 바 내가 너를 많은 민족의 조상으로 세웠다 하심과 같으니 그의 믿은 바 하나님은 죽은 자를 살리시며 없는 것을 있는 것으로 부르시는 이시니라."

JE의 반론 하나님은 불변하시므로 그의 지식이 불변하며 그의 지식의 변천 역시 불가능하다.

(2) 그 반론은 하나님이 가진 지식의 **불변성**에 기초해 있다. 왜냐하면 하나님의 지식의 불변성이 그의 지식에 변천이 없도록 만들기 때문이다. 그러나 바로 이것이 내가 주장하고 있는 내용이다. 즉 알려진 사건들이 존재하기를 실패한다는 것이 절대 불가능함을 가장 직접적으로 그리고 가장 명백하게 나타내준다. 왜냐하면 만약 그런 실패가 가능하다면, 하나님의 지식과 사물들에 대한 하나님의 입장에 변화가 있을 가능성도 제기되기 때문이다. 또한 만약 알려진 사건이 하나님이 예상한 대로 존재하기를 실패하여 존재하지 않는다면, 하나님은 그것을 보고서 자기 생각을 바꾸어 자신의 이전 실수를 살펴볼 것이기 때문이다. 그로 인해 하나님의 지식에는 변화와 변개가 생길 것이다. 그러나 하나님이 불변하시기에 하나님의 주관이 변할 것이라는 주장은 전적으로 영원히 불가능하다. 그러므로 동일한 이유에서 알려진 사건이 존재하지 않는 것도 불가능하고, 최고의 정도로 불가능하다. 그리고 그 반대, 곧 예지된 사건이 존재하는 것은 필연적이다. 시간의 변천에 따라서 불변의 하나님이 변할 것이라는 사실보다 더 불가능한 일은 아무것도 없다. 하나님은 영원부터 영원까지 이르는 만물을 가장 완전하고 불변하는 주관 속에서 파악하신다. 그러므로 하나님의 영원한 전체 기간은 (하나님의) 무한하고, 전적이며, 동일하고 완전한 삶과 같다.

대체적으로 나는 다음과 같이 두려움 없이 말할 수 있다. 도덕 행위자들의 의욕에 대한 하나님의 확실한 예지는 필연이 전혀 없다는 사건의 우발성과 모순되며, 아르미니우스주의자들의 자유 개념과도 모순된다. 이것보다 더 엄정하게 논증할 수 있는 기하학적 공리나 명제는 없다.

결론 2 칼뱅주의의 작정 교리는 아르미니우스주의자의 운명론과는 다르다.

그러므로 하나님의 절대 작정에 대한 칼뱅주의자의 교리는, 하나님의 전지하심과 우주적 선지식을 인정하는 대부분의 아르미니우스주의 신학자들의 교리로부터 명백하게 도출되는 사물들에 대한 운명 그 이상의 어떤 것을 추론하지 않는다. 그러므로 칼뱅주의자의 교리가 토마스 홉스의 필연론 혹은 스토아학파의 운명론을 내포하고 있다는 아르미니우스주의자의 반론은, 칼뱅주의자의 교리에 반한 것이라기보다 오히려 자신들의 교리에 더 반한 것들이다. 그리고 이런 이유 때문에 아르미니우스주의 신학자들이 칼뱅주의자들에 대항해서 격렬한 이의를 제기하는 것은 적절한 행동이 아니다.

결론 3 비중생자는 자기 구원이 불가능하며, 이것이 강제 아래 있지 않지만, 이것이 필연이라는 칼뱅주의자들의 교리는 인간의 자유를 부정하고 필연을 추론한다며, 아르미니우스주의자들은 반대한다.

그러므로 필연 교리에 반하는 주장을 위시하여, 비중생자들 스스로는 구원의 조건을 성취하지 못하며, 영적 의무를 행하도록 요구하는 하나님의 명령을 수행하지 못한다는 비중생자들의 무능(inability) 및 효력적인 은혜에 관한 칼뱅주의 교리에 반하는 모든 주장은 모순이다. 나는 이런 근거 위에서 (하나님의 전지와 같은) 것들에 반하는 아르미니우스주의자들의 모든 주장을 말하고자 한다. 즉 칼뱅주의 교리는 비중생자들이 도덕적 활동에 있어서, 그리고 하나님께 인정받는 데 요구되는 것들에 있어서, 어떤 통제나 강제도 없지만 이를 필연적이라고 가정한다. 그리고 아르미니우스주의자들은 하나님의 명령, 약속, 경고의 합리성, 하나님의 충고와 초청의 신실성과 관련한 사람들의 의욕의 필연성에 대하여 반대한다. 아르미니우스주의자들은 칼뱅주의자들의 모든 교리가 필연을 추론하므로 인간의 자유와 모순된다고 그 교리들을 반박한다. 그러나 이 같은 아르미니우스주의의 모든 주장과 반박은 수포로 돌아갈 것이며, 그것들 스스로 헛되고 경솔하다는 공정한 판단을 받게 될 것이다. 그것들 스스로 모순된 주장을 반복하고 있으며, 칼뱅주의자들의 교리에 대한 비판이 그런 식으로 그들 자신의 교리에 대한 자충수가 되기 때문이다.

13장

선행하는 어떤 것과 연결된
도덕 행위자의 의욕,
아르미니우스주의의 자유 개념을
뒤집는 필연적 의욕

JE 의지 자체가 의지의 모든 활동의 원인이므로 그 결과는 필연적이요, 귀결적이요, 의존적이요, 수동적이다.

의지의 모든 활동에는 원인이 있거나, 아니면 원인이 없다. 만약 활동에 원인이 있다면, 이미 앞에서 논증한 바대로 활동은 우발적이 아니라 필연적이다. 결과는 원인에 필연적으로 의존적이고, 귀결적이며, 따라서 원인으로 하여금 그 원인이 하고 싶어 하는 대로 되게 한다. 만약 선행 활동에 의해 선택하고 결정하는 의지 자체가 원인이라면, 결정되고(*determined*) 야기된(*caused*) 활동은 여전히 필연적 결과임이 틀림없다. 활동 원인으로서의 선행 활동으로부터 야기되고 결정된 결과로서의 활동은 활동 원인의 동력을 저지할 수 없고, 손과 발의 동작처럼 결정과 명령에 전적으로 굴복할 뿐이다. 의지의 귀결적인 명령을 받은 활동은, 몸의 지체를 결정하고 명령하는 의욕들에 전적으로 굴복하는 것처럼 선행하는 결정 활동과 관련하여 필연적이고 수동적이다.[1]

JE 의지 자체에 의해서 결정되었으므로 자유로운 활동이요, 선행하는 활동에 따라서 결정되었으므로 필연적인 활동이다. 그러므로 의지의 모든 자유 활동이 필연적이다.

그러므로 만약 의지의 모든 자유 활동이 그렇다면 그 활동들이 모두 의지 자체에 의해서 결정된 결과들, 즉 선행 선택에 의해서 결정된 것이라면 그 활동은 모두 필연적일 것이다. 그 활동들은 모두 그 활동들 자신의

---

1 "효력적 은혜. 우리는 은혜 속에서 그저 수동적이지 않으며, 하나님이 일부를 하시고 우리가 나머지를 하는 것이 아니다. 하나님이 모두를 하시고 우리도 모두를 한다. 하나님은 모두를 일으키시며 우리도 모두를 행한다. 그것은 하나님이 우리 자신의 활동들을 일으키신다는 뜻이다. 하나님은 유일하게 적법한 작자요, 근원이시다. 우리는 그저 적법한 배우들이다. 우리는 어떤 측면에서는 전적으로 수동적이고, 어떤 측면에서는 전적으로 능동적이다." *WJE* 21:251.

원인이 되는 선행 활동에 굴복하고 결정적으로 확정된다. 심지어 결정하는 활동 자체도 그렇게 해서 결정된다. 활동이 자유롭고 자의적이지만, 선행하고 있는 또 다른 활동에 의해서 결정되고 확정되는 것이 틀림없으며, 따라서 그 활동은 필연적임이 틀림없다. 그러므로 의지의 모든 자유 활동은 필연적이고, 활동들이 필연적이지 않으면 자유로울 수 없다. 왜냐하면 활동들이 의지에 의해서 결정되지 않으면, 아르미니우스주의자들의 자유 개념대로 그 활동들이 자유로울 수 없기 때문이다. 즉 그 활동들은 선행 선택에 의해서 결정된다. 그 활동들의 원인은 그 활동들 자신들이 필연적임을 입증해준다. 그런데도 아르미니우스주의자들은 필연이 자유와 완전히 모순된다고 말한다. 그러므로 그들의 이론 체계를 따를지라도, 의지의 활동들이 필연적이지 않으면 자유로울 수 없다. 그런데도 그들은 활동들이 필연적이면 자유로울 수 없다고 말한다.[2]

Ar **의지가 활동의 주체이므로 원인이 필요 없고 자유롭다.**

JE **그들의 주장대로 의지는 결정에 능동적이지 않고 수동적이다.**

그러나 만약 그런 딜레마의 다른 부분을 살펴서 의지의 자유 활동에 원인이 없으며, 그 활동의 정확한 절대적 우연을 주장하기 위해서 그 활동을 선행하며 결정하는 것이 무엇이든지 간에 어떤 것과도 연결되어 있지 않다고 단정될지라도, 그리고 이런 일이 가능하다고 인정될지라도 여전히 그들의 반전을 돕지 못할 것이다. 왜냐하면 만약 의욕이 완전히 우연에 의해서 전혀 아무런 원인 없이 일어난다면, 의지의 활동도, 영혼의 선행 활동도, 그 원인이 아니었으며, 영혼의 결정이나 선택도 그 원인에 전혀 가담하지 않았다는 것이 확실하기 때문이다. 의지나 영혼은 사실상 자

---

2 1754년 초판에는 "필연적이지 않으면"으로 되어 있으나, 오류정정표에 따라서 수정하였다.

신에게 돌발적으로 일어난 일의 주체이지 원인이 아니다. 활동과 열정 (passion)에 대한 그들의 개념대로만 하여도 의지는 야기하거나 결정 내리는 데 능동적이 아니라, 순전히 수동적 주체일 따름이다.

Ar **의지가 좋아하는 대로 결정할 수 있으므로, 의지의 활동은 필연적이 아니라 우연적이다. 의지의 결정에 원인이나 명령자는 없다.**

이 같은 경우 합당한 원인으로서의 우발은 의지의 결정과 상극이다. 그리고 의지에 그 결정은 필연적이라 다른 것이 될 수 없었다. 만약 의지나 영혼이 다른 결정을 좋아했다면, 다른 결정을 할 수 있었을 것이라고 가정하는 것은, 그 활동이 선택이나 애호의 어떤 우선적인 활동을 의존한다고 가정하는 것이다. 이는 애초의 가정과 상반된다. 즉 이것은 결정의 원인이 결정을 내렸거나 다른 결정을 내리도록 지시했더라면, 다른 결정이 내려졌을 것이라고 가정하는 것이다. 그러나 이것은 그 결정의 원인이나 명령자가 전혀 없다고 하는 말과 일치하지 않는다. 영혼의 자유 활동을 전혀 의존하지 않는 것이 영혼에 필수적이다. 하지만 원인이 없는 영혼의 활동은 영혼의 자유 활동을 의존하지 않는다. 왜냐하면 그 가정대로 하자면, 영혼은 아무것도 의존하지 않으며 어떤 것과도 연결되어 있지 않기 때문이다.

아르미니우스주의가 말하는 자유란?

이 경우에 수동적인 지구는 지구 위에 떨어지는 것 때문에 필연적으로 사고를 당하듯이, 영혼도 때로는 일어나는 사건 때문에 필연적으로 곤란을 당한다. 그러나 이것은 아르미니우스주의자들의 자유 개념과 일치하지 않는다. 그들이 말하는 자유는 의지 자신의 활동 속에서 의지 스스로 결정하는 의지의 능력이다. 그리고 그 자유는 수동적이지 않고, 필연에 정복되지 않으며, 의지의 능력 속에서 전적으로 능동적이다. 이처럼 우발은 아르미니우스주의자들의 자유 개념에 속하긴 하지만 그들의 자유 개념과 일치하지 않는다.

내가 여기서 관찰하는 바에 대해서『하나님과 피조물의 자유의지에 대한 소론』(Essay on the Freedom of Will, in God and the Creature, pp. 76, 77)의 저자[3]는 다음과 같이 말한다.

아르미니우스주의가 말하는 우연이란 무엇인가?

우연(chance)이란 단어는 항상 의도(design) 없이 어떤 것이 이루어졌음을 의미한다. 우연과 의도는 서로 완전히 반대된다. 그리고 우연은 의지의 활동에 대해 적절히 적용될 수 없다. 의지가 모든 의도의 동인(動因, spring)이요, 의지가 선택하는 것이 무엇이든지 간에, 선택하는 그 사물 속에 어떤 월등한 합리성이 있든지 혹은 없든지 간에, 의지는 그것을 선택하기로 의도한다. 그리고 의지는 완벽하게 동일한 두 가지가 제시되었을 때, 자신이 원하는 한 가지만 스스로 결정하기를 의도한다.

IW   **의지는 선택하며 결정하는 모든 의도의 동인이며, 종종 그런 동인 없이 우연에 의해서도 활동이 발생한다.**

JE   **의지의 한 의도는 그 의도를 결정하도록 만들었던 선행 의도에게로, 그리고 또 다른 선행 의도에게로 되돌아간다.**

그러나 이 말 속에는 저자의 엄청난 실수가 담겨 있다. 그가 말하는 대로 "의지가 모든 의도의 동인"이라고 해도, 확실한 것은 의지가 항상 의도의

---

3   Isaac Watts, *Essay*, sec. 6, *ans.* to obj. 5; reprinted in *Works*, 6:268.

결과는 아니라는 것이다. 그리고 의지의 활동들 자체가 의도로부터 발현하지 않는데도 종종 발생하며, 우연에 대한 그의 정의대로 하자면, 결국은 우연에 의해서 결과가 일어난다. 그리고 만약 그가 말하는 대로 "의지가 선택하며 스스로 결정하기로 의도하는 것이 무엇이든 그것을 선택하기로 의도하면" 의지는 의지의 모든 의도를 결정하도록 의도한다. 즉 그렇게 결정하도록 의도하는 것은 한 가지 의도로부터, 한 가지 의도를 결정하는 하나의 선행 의도에게로, 그리고 또 다른 의도에게로 거슬러 올라가도록 우리를 이끈다. 그리고 무한히 그렇게 계속된다. 그 저자의 개념대로 하자면, 제1차 의도는 선행하는 의도의 결과이든지 우연에 의한 것이다.

JE 의지의 활동은 선행하는 원인과 연결되어 일어나고, 인간의 자유는 지성의 주관과 필연적으로 연결된 의욕들에서 나온다.

여기서 또 다른 하나의 대안을 제시하고자 한다. 의지 활동들과 그 활동들의 원인이면서 선행하고 있는 어떤 것(something)과의 연결에 관한 것이다. 그 어떤 것은 다른 것과 별 차이가 없다. 그 말은 이런 뜻이다. 인간의 자유(human liberty)가 지성의 주관들과 필연적으로 연결된 의욕들과 함께할 수 있고, 그리하여 필연과도 조화를 이룰 수 있다. 혹은 그러한 연결과 필연과는 모순되거나 상반된다. 전자의 입장은 모든 필연으로부터의 자유를 주장하는 아르미니우스주의자들의 자유 개념을 직접적으로 전복시킨다.

Ar 아르미니우스주의의 입장의 자유: 의지의 필연으로부터의 자유다.

JE 에드워즈의 입장의 자유: 우연에 맡기는 것은 비이성적·비지성적이다. 지성의 선행하는 주관들과 의욕 사이의 필연적 연결 속에서 나오는 의지의 자유는 인간의

기본권에 속하는 것이다.

만약 후자의 입장을 선택하고 말하기를, 의지의 그런 필연으로부터의 자유(freedom)로 이루어진 자유(liberty)는 지성의 선행하는 주관들과 의욕 사이의 필연적 연결과 모순된다고 하면, 영혼의 자유는 (적어도 부분적으로) 지성에 의한 활동들 속에서 억제와 제한과 통제로부터의 자유(freedom)이며, 지성의 주관들 및 명령들과 상반된 활동을 할 자유와 경향이다. 그리고 결과적으로 영혼은 자신의 활동 속에서 이같이 더 해제될수록 더 자유(liberty)로워진다. 이성의 어떤 명령이나, 혹은 지성에 의해서 이해되고 고려되거나 주목받은 것이 무엇이든지 간에 그것에 의해서 억제나 통제를 받지 않고, 혹은 그것과는 최소한의 연결도 없이 완전한 자유 속에서, 즉 전적으로 마구잡이로 활동할 수 있는 완전한 자유와 경향 속에서, 자유를 소유하고 누릴 때에 특히 이러한 이해가 인간 자유의 고상한 원리에 무슨 일이 일어나게 하는지 이제 고찰해보자. (지성과 이성의 명령에 의한 의지의 억제나 통제와 연결은) 의지가 자신의 결정을 내릴 때 가진 의지의 전적으로 완전한 주권과 모순된다. 인류가 자유에 대해서 이해하고 있는 개념은 어느 정도의 신성한 기본권이요, 청구할 가치가 있는 것이다. 그러나 사람이 이와 같이 비지성적·비이성적으로 활동할 경향이 전적으로 다분한 무모한 우연에 맡겨진다면, 그리고 마치 바람에 날리는 연기처럼 지각이 부족한 상태에서 지성의 안내를 받지 못하는 지독한 우연에 맡겨진다면, 사람에게 무슨 신성함이나 기본권이 있겠는가!

Jonat
Edwa
Freed
of the

제 3 부

자유의지가 필수적인가?

1장

하나님의 도덕적 탁월성은 필연적이지만 덕스러워 칭송받으시기에 합당하다

당면한 문제: 의지의 필연성을 완전히 배제시킨 자유가 도덕 행위에 과연 필수적인가?

지금까지 아르미니우스주의자들이 주장하는 의지의 자유에 관하여 고찰했던 첫 번째 문제, 즉 과연 그런 자유가 존재하는지, 이제까지 존재했는지, 혹은 항상 존재할 수 있는지, 그저 상상 속에서만 존재할 수 있는 것인지에 대해 살펴봤다. 이제 고찰할 주제로 제안받은 두 번째 문제, 곧 그같은 종류의 자유가 도덕 행위, 선과 악, 칭송과 책망, 상급과 징벌 등등에 과연 필요 불가결한 것인지 그렇지 않은지 살펴보겠다.

최고 도덕 행위자의 덕과 행위에 대해서, 그리고 모든 행위와 덕의 근원에 대해서 고찰함으로써 시작하려고 한다.

JE **하나님과 인간의 활동은 필연적이므로 덕이 있다면 칭송을 받는 것이 당연하다.**

DW **인간이 자유 없이 불가피하게 한 필연적 행동이라면 책망이나 칭송을 받을 수 없다.**

휘트비 박사는 『5대 교리 강론』(*Discourse on the Five Points*)에서 이렇게 말했다. "인간의 모든 활동이 필연적이라면, 덕과 악은 허명(empty names)[1]에 불과하다. 우리는 어떤 것에 대해서도 책망받거나 칭송받을 수 없게 된다. 왜냐하면 그가 어쩔 수 없이 한 것인데 누가 그를 책망하겠는가? 혹은 그가 피할 수 없어서 한 것인데 누가 그를 칭송받을 만하다고 판단하겠는가?"[2] 휘트비 박사는 수없이 많은 곳에서 이와 유사한 목적을 가지고 말했다. 특히 그는 의지의 자유에 대한 강론에서 활동의 책망이 당연하거나 칭송받을 만한 가치가 있기 위해서는 "강제(coaction)로부

---

1 언어철학에서 취급하는 문제로서 "허명"(虛名, empty names)이란 지시대상(referent)이 없는 고유명사(proper name)를 말한다. 의미를 가진 것 같지 않은데 의미가 있다는 것이다. 쉽게는 실제로 존재하지 않는 것을 가리킬 이름을 지어낼 때 쓰는 말이다.

2 Whitby, *Discourse on the Five Points*, Dis. I, ch. 1, p. 14.

터 뿐 아니라 필연으로부터의 자유(freedom)"가 필수적이라고 끈질기게 주장했다.[3] 그리고 잘 알려진 대로 아르미니우스주의 저자들의 최신 교리에 대해서도 동조한다. 일반적으로 그들은 이 같은 자유 없이는 덕이나 악, 혹은 상급이나 징벌이란 있을 수 없으며, 칭송받거나 책망받을 이유가 전혀 없다고 주장한다. 그럼에도 불구하고 휘트비 박사는 자기 책 300쪽에서 하나님에게는 이 같은 자유가 없다고 인정한다. 내가 지금까지 관찰한 바에 의하면 아르미니우스주의자들도 대체로 하나님은 필연적으로 거룩하시며, 하나님의 뜻(의지)은 필연적으로 선한 것을 향하여 결정 내려진다고 인정한다.

JE **하나님은 가장 거룩하고 가장 덕 있는 분이시므로 찬양을 받으시기에 합당하다. 하나님은 덕의 표본이요, 근원이시다.**

그리하여 이런 것들을 종합하면 한량없이 거룩하신 하나님은 항상 자기 백성들에게 덕 있는 분으로만이 아니라 모든 가능한 덕을 소유하신 존재로, 가장 절대적으로 순결하며 완전한 모든 덕(virtue)[4]을 소유하신 존재로, 어떤 피조물보다 무한히 더 밝고 상냥한 모든 덕을 소유하신 존재로 여김을 받으신다. 태양으로부터 빛줄기가 나오듯이 하나님은 덕의 가장 완벽한 표본이시오, 모든 다른 사람들의 덕의 근원이시다. 또한 하나님은 자신의 덕과 거룩 때문에 무한히 존중받으며 사랑받으며 존경받으며 칭송받으며 존귀해지며 찬양받으시기에 어떤 피조물보다 더욱더 합당하다는 여김을 받고 계신다. 하나님은 이 같은 분으로 성경 전체에 나타나 있다.

---

3 Ibid., Dis. I, ch. 1, p. 328.
4 "virtue"(ἀρετή, arétē)란 단어를 성경에서도 "덕"(德)으로 번역했으며 역자도 한글성경 번역을 따른다. 국립국어원 표준국어대사전에 의하면 덕이란 다음과 같다. 1. 도덕적·윤리적 이상을 실현해나가는 인격적 능력, 2. 공정하고 남을 넓게 이해하고 받아들이는 마음이나 행동.

DW, Ar **하나님은 필연적으로 거룩하시며 선하시며 덕이 있으시므로 찬양과 감사를 드릴 필요가 없다.**

휘트비 박사나 다른 아르미니우스주의자들이 주장하는 개념대로 말하자면,

이 존재는 덕을 전혀 소유하지 않은 존재다. 그 존재에게 덕의 기원을 둘 때, 그 덕은 "허명"일 뿐이다. 그리고 하나님은 칭송과 찬양받으시기에 합당한 분이 아니다. 왜냐하면 하나님은 필연 아래에 있어, 거룩하며 선하신 것 외에 다른 존재가 될 수 없기 때문이다. 그러므로 그것 때문에 그에게 감사를 드릴 필요가 없다. 지존자의 거룩, 공의, 신실 등등을 덕이 있어서 칭송받기에 합당한 자의 성품으로 여기면 안 된다.

Ar **하나님은 필연적으로 선하시고 자기결정적으로 그렇게 된 것이 아니므로 덕이 있는 것은 아니다.**

하나님 안에 있는 그런 성품들이 선하다는 것을 그들도 부인하지는 않겠지만, 그들이 하는 말의 진의를 우리가 이해하지 않으면 안 된다. 그들에게 하나님의 그런 성품은 도덕 행위자가 아닌 다른 어떤 존재 안에 있는 선(the good, 善)보다 더 덕이 있거나 더 칭송받을 만한 본질을 지닌 것이 아니다. 그것은 태양의 광명함과 지구의 비옥함처럼 선한 것이긴 하나, 덕이 있는 것은 아니다. 왜냐하면 이런 특성들이 이런 천체들에 필연적이긴 하나, 자기결정력의 결과는 아니기 때문이다.

하나님이 덕 있거나 칭송받으시기에 합당하신 분이 아니라는 개념에 대해서, 성경을 잘 아는 그리스도인들에게는 그런 개념을 기술하고 특별하게 서술한 성경 본문을 제시하는 것 외에 다른 논박이 불필요하다. 하나님은 모든 면에서 최고의 방법으로 덕 있으며 극진히 칭송받으시기에 합당하신 분이라는 것을 나타내는 성경 본문을 가져오는 일은 끝이 없

고, 복음의 빛 아래서 자란 이들에게는 전혀 불필요한 일이다.

DW, Ar 사람들은 존경을 받을 가치가 있어도, 하나님은 그럴 가치가 없다.

휘트비 박사와 같은 부류의 다른 신학자들이 필연적인 것은 "칭송받을 가치가 없다"고 설명하고 주장하는 것이 그들에게는 당연한 일일 것이다. 동시에 그들은 하나님의 완전하심이 필연적이라고 인정하긴 했지만, 결국에는 하나님이 칭송받으시기에 합당하지 않다고 했다. 그들의 용어 중 "칭송"(praise)은 일정한 종류의 존중, 존경, 혹은 존경받을 만한 경의에 대한 실행 혹은 증거를 뜻한다.

그런데 사람들은 자신들의 심히 작고 불완전한 덕 때문에도 칭송, 존중, 존경을 받을 가치가 있다고 하면서 하나님은 자신의 무한한 의, 거룩, 선하심에도 불구하고 칭송받을 가치가 없다고 감히 말할 수 있겠는가? 그렇게 말하는 이유는 다음과 같다.

Ar 덕인은 특별히 탁월한 존엄을 소유하고 있기에 칭송받기 합당하다.

보통 덕인(virtuous man)은 자신이 소유한 특정한 종류의 특별한 탁월함이 그가 누리는 특권이요, 정말 선호하는 것이기 때문에, 그리고 특정한 존엄이기 때문에 그렇게 말할 것이다. 그러나 그것은 하나님 안에 있는 탁월함과 친절함이나 영예로우심과는 전혀 비교가 되지 않는 것이다. 하나님의 탁월함은 불완전하거나 의존적이지 않고 출중하다. 그러므로 덕인의 탁월함은 하나님으로부터 얻는 것이 아니며, 하나님이 그 근원이나 모본이 된 것도 아니다. 하나님은 존경과 경외의 대상이시므로, 그런 측면에서 볼 때 그 사람과 경쟁 관계에 있을 수 없다. 사람은 특별한 존경과 칭송과 영광을 주장할지 모르나, 하나님은 그런 것을 요구하시지도 않는다. 진실로 그 덕인이 양자택일(*ad utrumque*)[5]의 자유를 실행하여서 덕을 선택한 것 때문에, 하나님은 자신이 받으실 존경과 칭송에 대하여, 자신의 필연적 거룩 때문에 관여할 권리를 스스로 포기하신다. 그 존경과 칭송은 강하고 아름다울 수밖에 없는 어떠한 보석보다도 더 귀하다.

JE **덕인이 받을 칭송과 하나님이 받을 칭송은 완전히 다르다. 하나님은 존중, 사랑, 칭송, 존경, 칭찬, 혹은 감사, 곧 모든 칭송을 받으시기에 합당하시다.**

그리고 과연 그렇다면 덕인에게 돌아가야 할 독특한 존경은 그 성질과 종류에 있어서 하나님께 돌아가야 할 것과 얼마만큼 현격한 차이가 있는지 설명되어야 한다. 그 독특한 열정(affection)을 어떻게 묘사하고 이름 짓는가? 그것은 존중, 사랑, 칭송, 존경, 칭찬 혹은 감사인가? 성경 전체에서 하나님은 이 모든 것을 받으시기에 합당한 지존의 대상으로 묘사된다. 우리는 성경에서 "영혼이 주를 찬양하며", "마음을 다하고 성품을 다하고 뜻을 다하고 힘을 다하여 하나님을 사랑하라"는 구절을 읽는다. 그리고 그분과 그분의 의로운 행위를 경배하고, 혹은 그런 것들을 경이롭고 놀라운 것으로 묵상하며, 그분을 존경하고, 영화롭게 하고, 송축하며, 경배하고, 찬미하며, 감사드리며, 찬양드릴 것에 대해서도 읽는다. 선한 것을 받거나 선하게 이루어진 것에 대해서도 사람이 아니라 "여호와께 영광을 돌리고" "아무 육체라도 하나님 앞에서 자랑하지 못하게 하며"[6] 하나님이 모든 영광을 받으시기에 합당한 분으로 존경받아야 한다는 말씀

---

5 JE는 본문에서 양자택일에 해당하는 낱말을 영어 없이 라틴어 *"ad utrumque"*를 사용했다. *WJE* 온라인 판은 친절하게 사전적 해설을 추가했다. *ad utrumque*는 "양편에서"(On both sides)라는 뜻으로서 어느 한 가지를 선택하거나, 어떤 방향이나 방식 혹은 편에서 활동할 자유를 말한다. 램지(Ramsey)의 해설은 온라인 판에서는 생략되었으나, 사람이 좋아하는 것이 무엇이든 어느 방식으로나 방향으로 행동할 자유, 혹은 두 가지 사물 중 어느 하나를 선택할 자유에 대해 말한다.

6 고전 1:29.

도 읽는다. 그렇다면 그 존경(respect)은 어떤 것인가? 아르미니우스주의자들이 "칭송"(praise)이라고 부르는 존경, 즉 사람은 자신의 덕 때문에 받을 가치가 있으나 하나님은 받을 가치가 전혀 없다고 하는 이 존경은 어떤 것인가? 무슨 정열(passion)이며, 열정(affection)이며, 혹은 실천(exercise)인가?

Ar **하나님이 자유나 선의에서가 아니라 필연에 의해서 억지로 선을 행하시는데, 왜 우리가 칭송을 드려야 하나? 그런 하나님은 선하실 수 없다.**

만약 하나님의 도덕적 완전과 그의 활동이 필연성 때문에 칭송받을 가치가 있는 존재라는 게 모순이요, 휘트비 박사의 강론에 분명히 내포되어 있고 추론되는 대로 그것이 강제의 필연성 때문이라면, 왜 우리가 감사해야 하는가? 하나님이 강제로 선하신 분이 되었다면, 자유에서나 선의로부터, 마음의 친절로부터가 아니라 단순한 충동에 의해서 혹은 외면적 필연에 의해서 우리에게 선을 베푼 우리 동료 피조물 중 하나에게 우리가 감사할 이유가 있는 것 이상으로 하나님의 선하심에 대해 감사드려야 할 이유가 있는가? 아르미니우스주의자들은 하나님이 필연적으로 선하고 자애로운 존재이시라고 가정한다. 이런 이유를 들어서 그들은 칼뱅주의자들이 주장하는 여러 교리에 반박할 때 자신들의 주요 주장들의 근거를 세운다. 아르미니우스주의자들의 말에 따르면 칼뱅주의 교리들은 "확실히" 거짓이고, 그것들이 참이 되기는 "불가능"하다. 그것들이 하나님의 선하심과 일치하지 않기 때문이다. 이 주장은 하나님이 선하시지 않기란 불가능하다고 가정한다. 왜냐하면 하나님이 선하시지 않은 존재가 되는 게 가능하다면, 그들의 주장대로 할지라도 이런 교리들 속에 있는 진리가 불가능하다는 그들의 주장은 좌초될 수밖에 없기 때문이다.

JE 엄밀히 말해서 우리의 도리이지만 하나님이 우리에게 베푸신 선에 대한 우리의 칭송이 충분할 수 없고 제대로 보상을 해드릴 수도 없다.

가장 엄밀한 의미에서 하나님 안에 있는 그 같은 선(virtue)이 "상급받을 만한"(rewardable) 것이 아니라고 한다면, 그 이유는 하나님이 자기 피조물들로부터 상급들을 받기에 충분해야 할 자신의 도덕적 완전과 활동에서 공로(merit)가 부족하기 때문이 아니라, 하나님은 그 피조물로부터 어떠한 상급이나 선사를 받고 있을 정도가 아니라 모든 능력 위에 무한히 뛰어난 분이시기 때문이다. 하나님은 이미 무한히 그리고 영원히 행복하시며, 우리는 하나님께 유익한 존재가 될 수 없다. 그러나 하나님은 여전히 자신의 선 때문에 우리의 지대한 선행을 받으시기에 합당한 분이시며, 그리고 가령 우리의 선함이 하나님의 수준까지 미칠 수 있다 해도, 하나님은 우리의 선행의 결과와 표현으로서의 우리의 선사를 받으시기에 합당하시다. 하나님이 자신의 선하심 때문에 감사와 찬양을 받으시기에 합당하다면, 우리가 그분의 친절에 보답하는 것은 당연하다. "내게 주신 모든 은혜를 내가 여호와께 무엇으로 보답할까?"[7]는 감사에서 나오는 자연스러운 표현이고, 우리가 할 수 있는 한 하나님의 선하심에 답례하며, **받은 은택에 따라 다시 보답하는 것은** 우리의 임무다. 그분의 존재는 우리가 도달할 수 있는 한계보다 더 무한히 높고 뛰어나시지만, 그럼에도 우리는 하나님에 대한 보답으로서 감사를 표현할 기회를 가질 수 있다. 하나님은 다른 사람들을 자신의 수혜자로, 특히 우리의 가난한 형제들을 자신을 대신하여 우리의 자선의 대상으로 삼도록 지명하셨다.

---

7 시 116:12 인용.

2장

예수 그리스도의 인성적 영혼에 있는 의지의 활동

필연적으로 거룩함에도 불구하고 진실로
덕 있으며 칭송받을 만하며 상급받을 만하다

DW 강제나 필연으로부터의 자유가 도덕 행위자에게 필요 불가결한 요소다.

JE 자유가 아니라 필연이 필요하다. 예수님도 필연적으로 완전히 거룩한 율법준행자
로서 덕이 있었으므로 칭송받으셨다.

지금까지 나는 휘트비 박사가 어떻게 다음의 주장을 하는지 고찰했다. 그
는 강제(coaction)로부터뿐 아니라 필연으로부터의 자유가 "덕 혹은 악
덕, 칭송 혹은 책망, 상급 혹은 징벌에 필요 불가결하다"고 말한다. 또한
그는 앞서 언급했던 책(pp. 301, 314, 328, 339-342, 347, 361, 373, 410)에서,
그런 동일한 자유가 한 사람이 지시나 금지의 율법을 행하는 준행자가
되는 데 절대 필요 불가결하다고 주장한다. 그리고 약속과 경고(pp. 298,
301, 305, 311, 339-340, 363)의 율법을 행하는 준행자가 되는 데 있어서도,
시험을 받고 있는 상태(p. 297 등등)에서도 필요 불가결하다고 주장한다.

그러므로 이제 이런 것들을 염두에 두고 우리 주 예수 그리스도께서
이 세상에서 자신의 인성(human nature) 속에서, 비하 상태 속에서 나타
내신 도덕 행위와 실천에 대해서 살펴보고자 한다. 첫째, 내가 설명하고
싶은 것은 그분의 거룩한 행위가 필연적이었다는 것이다. 즉 그 행위가
필연적이 아닌 다른 것이 되는 게 불가능하며, 그분은 자신의 삶에서 각
각의 모든 활동이 완전히 거룩하신 분이었다. 둘째, 그분의 거룩한 행위
는 덕의 성질을 띠며, 칭송받을 가치가 있다. 그리고 그분은 율법과 지시
와 명령의 준행자였으며, 약속과 상급의 대상이었다. 또한 시험(trial)의
상태 속에도 있었다는 것을 설명하고자 한다.

JE 그리스도의 활동은 오직 거룩할 뿐이다.

I. 그리스도의 인성적 영혼의 의지에서 나오는 활동들은 어떠한 경우, 정
도, 혹은 환경에서도 거룩한 것 외에 달리 다른 것이 되는 게 불가능하였
다. 그리고 그 활동은 하나님의 본성과 의지와 일치했다. 다음의 사항들

이 이 같은 점을 명확하게 해준다.

그리스도는 죄로부터 보호함을 약속받았기 때문에 거룩할 수 있었다.

1. 하나님은 그리스도를 모든 시험 아래서 자신의 영으로 보호하시며 높이실 것을 아주 완전하게 약속하셔서, 그리스도는 자신이 세상에 온 목적을 달성하는 데 실패할 수 없었다. 만약 그가 죄에 빠졌더라면, 그 목적을 달성할 수 없었을 것이다. 우리는 이 약속을 가지고 있다.

> 내가 붙드는 나의 종, 내 마음에 기뻐하는 자 곧 내가 택한 사람을 보라. 내가 나의 영을 그에게 주었은즉 그가 이방에 정의를 베풀리라. 그는 외치지 아니하며 목소리를 높이지 아니하며 그 소리를 거리에 들리게 하지 아니하며 상한 갈대를 꺾지 아니하며 꺼져가는 등불을 끄지 아니하고 진실로 정의를 시행할 것이며 그는 쇠하지 아니하며 낙담하지 아니하고 세상에 정의를 세우기에 이르리니 섬들이 그 교훈을 앙망하리라(사 42:1-4).

그리스도께서 하나님의 영으로 옷 입으실 것과, 그리스도께서 외치지 아니하며, 목소리를 높이지 아니할 것에 대한 이 같은 약속은 그리스도께서 지상에 출현하신 시기와 관련 있다. 이 약속의 본질과 신약성서에서의 약속의 적용(마 12:18)을 미루어볼 때 명백하다. 그리고 그 말씀들은 성령으로 말미암아 그리스도께서 그렇게 붙들림 받아 죄로부터 보호받으실 것이라는 약속을 의미한다. 특히 교만과 허영으로부터, 그리고 이 세상의 영광과 세상 왕의 위세, 혹은 사람들의 칭송과 박수로부터 붙들림 받으실 것이다. 그리하여 그리스도는 그렇게 붙들림 받아 이 세상에 온 자신의 목적을 이루는 데, 승리의 심판을 가져오는 데, 그리고 지상에서 은혜의 나라(kingdom of grace)를 세우는 데, 결단코 실패하지 않을 것이다. 다음 구절들에서 이 같은 약속이 아주 엄숙한 분위기 가운데 확증되었다.

하늘을 창조하여 펴시고 땅과 그 소산을 내시며 땅 위의 백성에게 호흡을 주시며 땅에 행하는 자에게 영을 주시는 하나님 여호와께서 이같이 말씀하시되 "나 여호와가 의로 너를 불렀은즉 내가 네 손을 잡아 너를 보호하며 너를 세워 백성의 언약과 이방의 빛이 되게 하리니 네가 눈먼 자들의 눈을 밝히며 갇힌 자를 감옥에서 이끌어내며 흑암에 앉은 자를 감방에서 나오게 하리라. 나는 여호와이니 이는 내 이름이라"(사 42:5-8).

이 세상에서의 그리스도 비하(humiliation) 시점과 관련 있는 이사야의 다음 구절도 이 같은 약속들과 아주 유사하다.

이스라엘의 구속자, 이스라엘의 거룩한 이이신 여호와께서 사람에게 멸시를 당하는 자, 백성에게 미움을 받는 자, 관원들에게 종이 된 자에게 이같이 이르시되 "왕들이 보고 일어서며 고관들이 경배하리니 이는 이스라엘의 거룩하신 이 신실하신 여호와 그가 너를 택하였음이니라." 여호와께서 이같이 이르시되 "은혜의 때에 내가 네게 응답하였고 구원의 날에 내가 너를 도왔도다. 내가 장차 너를 보호하여 너를 백성의 언약으로 삼으며 나라를 일으켜 그들에게 그 황무하였던 땅을 기업으로 상속하게 하리라. 내가 잡혀 있는 자에게 이르기를 '나오라' 하며 흑암에 있는 자에게 나타나라 하리라. 그들이 길에서 먹겠고 모든 헐벗은 산에도 그들의 풀밭이 있을 것인즉"(사 49:7-9).[1]

---

1 JE는 사 49:7-9을 참조하면서 실제 인용에서는 9절을 생략했으나 본서에서는 추가하여 회복시켰다.

그리고 우리는 이사야 50:5-9에서 하나님이 메시아를 도우실 것이라는 메시아의 자기 확신이 표현된 것을 볼 수 있다. 하나님이 메시아의 귀를 열거나, 그의 마음을 하나님의 명령에 두도록 하심으로써, 메시아는 반역하지 않고 참고 견디며, 배교하거나 등 돌리지 않을 것을 확신할 수 있었다. 또한 우리는 메시아가 하나님의 도우심으로 멸시와 고난의 시험들 가운데서도 순종의 길에서 요동치 않을 것이라는 확신을 가짐을 볼 수 있다. 메시아는 자기 얼굴을 부싯돌 같이 굳게 하면서 자기 계획으로 인하여 수치를 당하거나 좌절하지 않을 것과, 마침내 맡은 일을 충성스럽게 다 이루실 것으로 승인받으며 인정받으실 것을 알고 계셨다.

주 여호와께서 나의 귀를 여셨으므로 내가 거역하지도 아니하며 뒤로 물러가지도 아니하며 나를 때리는 자들에게 내 등을 맡기며 나의 수염을 뽑는 자들에게 나의 뺨을 맡기며 모욕과 침 뱉음을 당하여도 내 얼굴을 가리지 아니하였느니라. 주 여호와께서 나를 도우시므로 내가 부끄러워하지 아니하고 내 얼굴을 부싯돌같이 굳게 하였으므로 내가 수치를 당하지 아니할 줄 아노라. 나를 의롭다 하시는 이가 가까이 계시니 나와 다툴 자가 누구냐? 나와 함께 설지어다. 나의 대적이 누구냐? 내게 가까이 나아올지어다. 보라, 주 여호와께서 나를 도우시리니 나를 정죄할 자 누구냐? 보라, 그들은 다 옷과 같이 해어지며 좀이 그들을 먹으리라(사 50:5-9).

JE 하나님의 약속의 절대 확실성 때문에 메시아의 범죄 불가능성이 보장되었다.

2. 그 같은 것이 하나님이 메시아에게 하신 모든 약속, 곧 중보자의 지위와 인격 속에서 내다보이는 메시아의 장래 영광에 대한, 그리고 나라와 성공에 대한 약속들로 비춰볼 때 명백하다. 메시아의 거룩이 실패하고, 죄를 범하였다면 그런 영광을 얻을 수 없었을 것이다. 하나님의 절대적인

약속은 그 약속된 사물들을 **필연적인** 것으로 만들며, 그 사물들의 실패를 절대 **불가능**하게 만든다. 그리고 그 같은 방식으로 그 약속은 그 사물들을 필연적인 것으로 만든다. 약속된 사물들은 그 약속을 의존하며, 그 약속 없이는 효력을 나타낼 수 없다. 그러므로 그리스도의 거룩이 결코 실패할 수 없음이 다음과 같은 절대적인 약속들에서 나타난다. "여호와는 맹세하고 변하지 아니하시리라. 이르시기를 '너는 멜기세덱의 서열을 따라 영원한 제사장이라' 하셨도다"(시 110:4). 그리고 시편에 있는 각 구절에 포함된 모든 다른 약속을 볼 때도 명백하다. "내가 나의 왕을 내 거룩한 산 시온에 세웠다 하시리로다. 내가 여호와의 명령을 전하노라. 여호와께서 내게 이르시되 '너는 내 아들이라. 오늘 내가 너를 낳았도다'"(시 2:6-7).[2] "용사여 칼을 허리에 차고 왕의 영화와 위엄을 입으소서. 왕은 진리와 온유와 공의를 위하여 왕의 위엄을 세우시고 병거에 오르소서. 왕의 오른손이 왕에게 놀라운 일을 가르치리이다"(시 45:3-4). 여기서부터 시작하여 이 시편 끝 절까지 말씀하신 모든 약속, 이사야 52:13-15, 53:10-12에 나타난 모든 약속을 볼 때도 마찬가지다. 이사야 49장에서 하나님이 구속자로서의 메시아에게 하신 성공과 통치와 영광에 대한 모든 약속들도 마찬가지다.

JE 하나님이 의롭고 죄 없는 구세주를 주신다고 약속하셨기 때문이다.

3. 하나님께서 구약 시대에 하나님의 교회를 위로하시기 위해 의롭고 무죄한 구세주를 주실 것이라고 자주 약속하셨다.

여호와의 말씀이니라. "보라, 때가 이르리니 내가 다윗에게 한 의로운 가지를

---

2 JE가 8절까지 인용하고서는 6, 7절 두 절이라고 실수했다.

일으킬 것이라. 그가 왕이 되어 지혜롭게 다스리며 세상에서 정의와 공의를 행할 것이며 그의 날에 유다는 구원을 받겠고 이스라엘은 평안히 살 것이며 그의 이름은 여호와 우리의 공의라 일컬음을 받으리라"(렘 23:5-6).

그날 그때에 내가 다윗에게서 한 공의로운 가지가 나게 하리니 그가 이 땅에 정의와 공의를 실행할 것이라(렘 33:15).

이는 한 아기가 우리에게 났고 한 아들을 우리에게 주신 바 되었는데 그의 어깨에는 정사를 메었고 그의 이름은 기묘자라, 모사라, 전능하신 하나님이라, 영존하시는 아버지라, 평강의 왕이라 할 것임이라. 그 정사와 평강의 더함이 무궁하며 또 다윗의 왕좌와 그의 나라에 군림하여 그 나라를 굳게 세우고 지금 이후로 영원히 정의와 공의로 그것을 보존하실 것이라. 만군의 여호와의 열심이 이를 이루시리라(사 9:6-7).

이새의 줄기에서 한 싹이 나며 그 뿌리에서 한 가지가 나서 결실할 것이요…지식과 여호와를 경외하는 영이 강림하시리니…공의로 그의 허리띠를 삼으며 성실로 그의 몸의 띠를 삼으리라(사 11:1, 26, 5).

내 종이 형통하리니(사 52:13).

그는 강포를 행하지 아니하였고 그의 입에 거짓이 없었으나 그의 무덤이 악인들과 함께 있었으며 그가 죽은 후에 부자와 함께 있었도다(사 53:9).

만약 이런 약속들이 실패하는 것이 불가능하다면, 그리고 율법의 일점일획이라도 없어지지 않고 다 이루어짐보다 천지의 없어짐이 더 쉽다고[3] 한다면, 그리스도께서 죄를 짓는 것은 아무리 작은 죄라도 불가능하다. 그리스도께서도 스스로 표명하시기를, 자신에 관한 말씀들이 성취되지 않는 것은 불가능하다고 하셨다.

또 이르시되 "내가 너희와 함께 있을 때에 너희에게 말한 바 곧 모세의 율법과 선지자의 글과 시편에 나를 가리켜 기록된 모든 것이 이루어져야 하리라 한 말이 이것이라" 하시고(눅 24:44).

내가 만일 그렇게 하면 이런 일이 있으리라 한 성경이 어떻게 이루어지겠느냐, 하시더라(마 26:54).

그러나 이는 성경을 이루려 함이니라 하시더라(막 14:49).

그리고 사도도 표명하기를,

성경이 응하였으니 마땅하도다(행 1:16-17).

JE 구약에서 하나님이 맹세까지 한 약속이 실패하기는 불가능하기 때문이다.

4. 구약에서 하나님이 교회에 대하여 주신 모든 약속, 즉 에덴동산에 있던 우리의 첫 조상에게 주신 약속에서부터 시작하여 예언자 말라기에 의해 전달된 약속에 이르기까지, 장래 구세주로서의 메시아에 대한 모든 약속은 그리스도께서 완전한 거룩을 지켜내지 못하는 것이 불가능함을 보

---

3   "내가 율법이나 선지자를 폐하러 온 줄로 생각하지 말라. 폐하러 온 것이 아니요, 완전하게 하려 함이라. 진실로 너희에게 이르노니 천지가 없어지기 전에는 율법의 일점일획도 결코 없어지지 아니하고 다 이루리라"(마 5:17-18).

여준다. 구세주로서의 메시아에 대하여 하나님의 교회에 주신 고대의 예고들은 약속의 성격을 띤다. 이것은 그 예고들 자체를 보면, 그리고 그 예고를 전달하는 방법을 보면 명백하다. 신약성경에서 그 예고들은 명백하게, 그리고 매우 자주 약속들이라고 일컬어진다. 누가복음 1:54-55, 72, 사도행전 13:32-33, 로마서 1:1-3, 15:8, 히브리서 6:13 등등에서와 같이 말이다. 이 약속들은 창세기 22:16-17에서와 같이, 자주 엄청난 위엄 속에서 주어지고 맹세로 확인되었다.

> 이르시되 여호와께서 이르시기를 "내가 나를 가리켜 맹세하노니 네가 이같이 행하여 네 아들 네 독자도 아끼지 아니하였은즉 내가 네게 큰 복을 주고 네 씨가 크게 번성하여 하늘의 별과 같고 바닷가의 모래와 같게 하리니"(참고. 눅 1:72-23; 갈 3:8, 15-16).

히브리서 6:17-18에서 사도는 아브라함에 대한 약속에 대해서 이렇게 언급한다.

> 하나님은 약속을 기업으로 받는 자들에게 그 뜻이 변하지 아니함을 충분히 나타내시려고 그 일을 맹세로 보증하셨나니 이는 하나님이 거짓말을 하실 수 없는(impossible) 이 두 가지 변하지 못할(immutable) 사실로 말미암아 앞에 있는 소망을 얻으려고 피난처를 찾은 우리[4]에게 큰 안위를 받게 하려 하심이라.

이 말씀들 가운데 성취의 필연성 혹은 (동일한 것이지만) 그 반대의 불

---

4 1754년 초판에는 "그"로 되어 있다.

가능성이 충분히 선포되어 있다. 그리하여 하나님은 다윗에게 맹세하신 메시아의 큰 구원의 약속을 확증하셨다.

주께서 이르시되 "나는 내가 택한 자와 언약을 맺으며 내 종 다윗에게 맹세하기를 내가 네 자손을 영원히 견고히 하며 네 왕위를 대대에 세우리라" 하셨나이다(시 89:3-4).

다윗에게 하신 이 같은 약속과 맹세만큼 확실하고 논쟁의 여지없이 성경에 풍성하게 밝혀져 있는 것은 없다(시 89:34-36; 삼하 23:5; 사 55:3; 행 2:29-30; 13:34을 보라). 성경은 다윗의 혈통인 메시아의 영원한 통치에 관하여 다윗에게 한 약속과 맹세가 실패할 수 없음을 명명백백하게 밝힌다.

그날 그때에 내가 다윗에게서 한 공의로운 가지가 나게 하리니 그가 이 땅에 정의와 공의를 실행할 것이라.…여호와께서 이와 같이 말씀하시니라. "이스라엘 집의 왕위에 앉을 사람이 다윗에게 영원히 끊어지지 아니할 것이며"(렘 33:15 등등).[5]

여호와께서 이와 같이 말씀하시니라. "너희가 능히 낮에 대한 나의 언약과 밤에 대한 나의 언약을 깨뜨려 주야로 그때를 잃게 할 수 있을진대 내 종 다윗에게 세운 나의 언약도 깨뜨려 그에게 그의 자리에 앉아 다스릴 아들이 없게 할 수 있겠으며 내가 나를 섬기는 레위인 제사장에게 세운 언약도 파할 수 있으리라"(렘 33:20-21).

---

5 "렘 33:15 등등"이 아니라 사실은 16절을 건너뛰고 15과 17절을 인용했다.

25-26절에서도 그와 같다. 이처럼 성경에는 메시아의 큰 구원과 왕국에 관한 구약 시대에 세워진 약속들의 실패가 불가능하다는 사실이 풍성하게 나타나 있다. 그 말은 이런 뜻이다. 메시아는 둘째 아담으로서, 아브라함과 다윗의 약속된 씨로서, 첫 아담처럼 자신의 본래 상태에서 떨어지는 것이 불가능하다.

JE **성부가 약속하고 맹세하셨기 때문에 메시아는 구속 사역을 완성하지 못하거나 실패하여 범죄할 수 없었다.**

5. 구약성경의 대부분이 구약 시대에 하나님의 교회에 주신 모든 약속, 즉 메시아 강림 이후 복음 시대에 교회가 경험할 영광의 증대와 교회의 대확장, 교회의 빛, 자유, 거룩, 기쁨, 교회의 원수에 대한 승리 등등이 증가할 것이라는 약속들로 구성되어 있다. 이 약속들은 자주 반복되고, 다양하게 나열되어 있고, 엄청나게 큰 위엄과 장엄한 분위기 속에 소개되며, 표상적이고 상징적인 묘사들로 풍성하게 엮여 있다. 내가 감히 말하건대 이 모든 약속은 메시아가 구속 사역을 완성할 것이라는 사실을 암시한다. 그리고 그 말은 메시아가 만사를 성부의 뜻(will)대로 행하며, 성부께서 메시아에게 지정하신 사역을 끝까지 해내실 것임을 암시한다. 이 모든 약속은 자주 맹세로 확증되었다(사 54:9과 해당 문맥, 62:8을 읽어보라). 이런 약속들이 실패한다는 것은 전혀 불가능하다고 나타나 있다(사 49:15과 해당 문맥; 54:10과 해당 문맥; 51:4-8; 40:8과 해당 문맥). 따라서 메시아가 실패하거나 죄를 범한다는 것은 불가능했다.

JE **메시아에게 한 약속의 확실성은 메시아의 직계 부모에게 한 동일한 약속에 의해서 뒷받침되기 때문이다.**

6. 메시아가 첫 아담처럼 본래의 무결과 거룩을 끝까지 지키지 못하고 실

패하기란 불가능한 일이었다. 왜냐하면 하나님이 그의 어머니인 복된 동정녀와 그녀의 남편에게도 동일한 약속을 하셨기 때문이다. 그 약속들이 내포하는 바는 다음과 같다. "이는 그가 자기 백성을 그들의 죄에서 구원할 자이심이라 하니라."[6] "주 하나님께서 그 조상 다윗의 왕위를 그에게 주시리니",[7] "영원히 야곱의 집을 왕으로 다스리실 것이며 그 나라가 무궁하리라."[8] 이 약속들은 확고하여 실패가 불가능했다. 엘리사벳이 "주께서 하신 말씀이 반드시 이루어지리라고 믿은 그 여자에게 복이 있도다"(눅 1:45)라고 묘사한 대로, 동정녀 마리아는 그 약속들을 전적으로 신뢰했고 믿음의 토대에 굳게 서서 합리적으로 행동했다.

JE 우리의 구속을 위해서 그리스도께서 범죄하여 실패하면 안 되는 것이 필연적이기 때문이다.

7. 그리스도께서 죄를 지어 우리를 위한 구속 사역이 실패할 수 있었다는 말은 성경에 계시된 하나님의 영원한 목적과 작정에 일치하지 않고 모순된다. 그 목적과 작정은 하나님이 예수 그리스도 안에서, 그리스도에 의한 구원을 타락한 인간에게 제공하는 것이요, 복음의 설교를 통하여 죄인들에게 구원을 제시하는 것이다. 이 같은 절대 작정은 아르미니우스주의자들도 부인하지 않는다. 이것은 고린도전서 2:7, 에베소서 1:4-5과 3:9-11, 베드로전서 1:19-20과 같은 성경들에 (논쟁의 여지없이) 많이 나타나 있다. 아르미니우스주의자들도 이 같은 절대 작정이 그 본문들 속에 나타나 있다고 인정한다. 그리고 아르미니우스주의자들이 말하는 민족과 사회에 대한 선택, 기독교회에 대한 일반적 선택, 특정한 사람들에 대한 조건

---

6 마 1:21.

7 눅 1:32.

8 눅 1:33.

적 선택도 이 절대 작정을 내포한다. 하나님이 그리스도에 의해서 구원이 효과적으로 일어날 것을 절대적으로 작정하지 않으셨다면, 하나님은 세상의 기초를 놓기 전에 그리스도를 믿고 순종하는 모든 사람을 구원하신다는 작정을 하실 수 없었을 것이다. 그리고 (아르미니우스주의자들 스스로 강력하게 주장하듯이) 하나님의 작정이 필연을 내포하므로, 그리스도께서 우리를 위한 구원을 끝까지 이루시고 실제적으로 완성해내셔야 하는 것과, 그리스도께서 죄를 지어 실패하지 않아야 한다는 것이 필연적이었다.

JE 거짓말을 하실 수 없는 하나님[9]이 성자에게 하신 약속이기 때문이다.

8. 그리스도의 거룩이 실패할 가능성이 있었을 것이라는 말은 하나님께서 자기 아들에게 만세 전에 약속하신 것과 일치하지 않고 모순된다. 왜냐하면 그 구원은 그리스도로 말미암아 사람들에게 주어지며, 그의 모든 충성스러운 추종자들에게 구원이 수여될 것이라는 사실이 사도에 의해서 전파된 확고 무오한 약속 안에 나타나 있기 때문이다. "영생의 소망을 위함이라. 이 영생은 거짓이 없으신 하나님이 영원 전부터 약속하신 것인데"(딛 1:2). 이것은 아르미니우스주의자들도 거부하지 않는 것 같다.[10]

JE 창세전에 성부에게 한 성자의 약속이 확실하고 변개될 수 없기 때문이다.

9. 그리스도께서 자기 아버지의 뜻을 행하지 못하고 실패할 가능성이 있었다고 말하는 것은 성자가 인성을 취하기 전, 태초부터 성부와 함께 계셨던 로고스(*logos*, 말씀), 곧 성자가 성부께 한 그 약속과 일치하지 않고 모순된다. 시편 40:6-8(히 10:5-9의 사도의 해석과 비교해보라)에 나타난 바

---

9 히 6:18

10 JE, Whitby, *Discourse on the Five Points*, pp. 48-50.

와 같이, "주께서 내 귀를 통하여 내게 들려 주시기를 제사와 예물을 기뻐하지 아니하시며 번제와 속죄제를 요구하지 아니하신다 하신지라. 그때에 내가 말하기를 '내가 왔나이다. 나를 가리켜 기록한 것이 두루마리 책에 있나이다. 나의 하나님이여, 내가 주의 뜻 행하기를 즐기오니 주의 법이 나의 심중에 있나이다' 하였나이다." 자기 주인을 섬기기 좋아해 뭐라도 하고 싶어 하는 종이 그날에 자기 귀를 뚫고 자기 주인과 함께 그의 영원한 종이 되기로 한 언약에 대한 명백한 언급이 어디에 있는가. 이 언약은 업무를 공식적으로 인정하고 공지하는 사사들이 아마 공문서 기록철, 소위 "두루마리 책"에 삽입하였을 것이다(출 21장). 만약 창세전에 성부와 함께 계셨으며 세상을 지으신 로고스가 인성 안에서 성부의 뜻을 수행하기로 한 언약이 맺어졌으며, 그 약속이 이같이 기록되었다면, 그 약속이 실패하기란 **불가능**했음이 확고해졌다. 따라서 그리스도께서 인성 안에서 성부의 뜻을 수행하지 못하고 실패한다는 것은 **불가능**한 일이었다.

JE **그리스도께서 도덕적으로 완전하지 못하였으면 우리의 구원이 물거품이 될 수 있었다.**

10. 그리스도께서 자기 아버지의 뜻을 행하는 데 실패할 가능성이 있었다면, 그리하여 죄인들을 위한 구속을 효과적으로 이루는 데 실패할 가능성이 있었다면, 세상의 태초부터 시작하여 그리스도의 죽음에 이르기까지 구원받은 모든 성도의 구원이 확고한 기초 위에 세워지지 않았다는 뜻이 된다. 메시아와 그 자신이 죽기까지 순종함으로써 이룬 그의 구속이 타락한 인간의 모든 후손에게 필요한 구원의 기초가 되었다. 그러므로 구약의 성도들이 죄를 용서받고 하나님의 은혜를 약속받고 구원받았음에도 불구하고 오신 메시아가 죄를 범할 가능성이 여전히 있었다면, 이 모든 것이 본래 확고하거나 안정돼 있지 못하며 실패할 가능성이 농후한

기초 위에 있었다는 뜻이 된다. 그럴 가능성은 결코 있을 수 없다.

이를테면 하나님은 자기 아들이 하고 있는 것과 장래에 행할 것이라고 약속한 것을 신뢰하셨다. 그리고 그것을 대단히 의존하셨고, 마치 그것이 이미 성취된 것처럼 그것에 기초해서 사람들을 구원하시려고 실제로 일을 진행하셨다. 그러나 그리스도께서 하나님의 뜻을 행하는 데 실패할 수도 있다는 가정하에서라면, 하나님의 이 같은 신뢰와 의존은 약해서 부러질 듯한 막대기에 기대는 것과 같았을 것이다. 구약의 성도들은 메시아에 의해서 이루어지고 완성될 장래 구속에 대한 약속들을 신뢰하고 그 구속을 바라보며 위로를 받았다. 아브라함은 그리스도의 날을 바라보고 즐거워했으며, 그와 다른 족장들은 그 약속에 대한 믿음 가운데서 죽었다(히 11:13). 그러나 그들의 믿음과 위로와 구원이 요동하며 넘어질 기초 위에 세워졌다는 가정 하에서는, 그리스도께서 이사야 28:16과 같이 그들에게 "시험한 돌"(tried stone), "견고한 기촛돌"이 될 수 없었을 것이다. 다윗은 자기의 씨, 곧 메시아의 장래 영광스러운 통치와 구원에 관하여, 자기와 함께하시는 하나님의 언약을 전적으로 믿었다. 그는 그것이 "그의 모든 소원, 그의 모든 소망"이라고 말하며, 이 언약은 "만사에 구비하고 견고한" "영원한 언약"이라고 스스로 위로했다(삼하 23:5). 그러나 그리스도의 덕이 실패할 수도 있는 것이었다면 그의 이 믿음은 실수였을 것이다. 그 덕이 자신의 인성적 영혼 속에 있는 자유의지(free will)의 결정에 전적으로 근거한 것이라면, 그가 생각한 대로 그리스도께 그렇게 큰 위로를 확실하게 받을 수 없었을 것이다. 그의 인성적 영혼이 필연에 순응하지 않았다면 아무렇게나 결정될 수 있었을 것이고, 또한 예루살렘의 구속됨을 바라보며 이스라엘의 위로를 기다렸던 사람들의 의존(눅 2:25, 38), 모든 것을 버리고 예수님을 따랐던 제자들의 확신, 장래에 주의 나라의 은택을 누릴 것에 대한 확신도 모래 위에 세워진 것이 될 수 있었다.

JE 그리스도는 예언하신 대로 모두 순종하고 시험을 이기셨다. 그렇지 않았으면 그는 정죄받았을 것이다.

11. 인자 예수 그리스도는 순종의 길을 마치기 전에, 그리고 유혹과 시험을 받는 동안에 장차 자신의 왕국에서 받을 영광과 교회의 확장, 자신을 통한 이방인의 구원 등등을 적극적으로 많이 예고하셨다. 그리고 장차 자기 왕국에서 자신의 참 제자들에게 베풀 축복에 대한 약속도 많이 하셨다. 그리스도는 제자들에게 자신의 이 약속을 전적으로 의존하라고 요구하셨다(요 14장). 그러나 그리스도께서 자기 사역에 실패할 가능성이 있었다면, 제자들은 그 같이 의존할 근거를 갖지 못했을 것이다. 그리고 그리스도는 위대한 일들에 대해 단호한 약속을 남발한 것과, 그의 추정(presumption) 때문에 정죄를 받을 수도 있었을 것이다. (그리스도의 사역이 실패할 가능성이 있었다면) 그 일들은 단순한 우연에 달린 것이 되기 때문이다. 즉 그 일들은 죄냐 거룩이냐 하는 양자택일의 자유(freedom)로 구성되어 있는 그의 자유의지(free will)의 결정들(determinations), 그리고 이리 갈까 저리 갈까 하는 수천 가지의 미래의 실례 속에서 작용하는 무관심 중립 상태와 또 부대적으로 발생하는 사건에 관여하고 있는 그의 자유의지의 결정들에 의존했을 것이기 때문이다.

이처럼 그리스도에게 있는 인성적 영혼의 의지에서 나온 활동들이 거룩하지 않고 성부의 뜻에 부합하지 않기란 **불가능**하였음이 명명백백하다. 다른 말로 하자면 그 활동들은 필연적으로 부합하였다.

이 사실을 입증하는 일이 예상보다 더 오래 걸렸다. 저명한 아르미니우스주의자들 몇몇이, 특히 에피스코피우스(Episcopius)[11]가 이 사실에

---

11 Ramsey, 시몬 에피스코피우스(Simon Episcopius, 1583-1643)는 네덜란드 신학자로 아르미니우스와 고마루스(Gomarus) 아래서 공부했고, 레이던 대학에서 고마루스의 후임 교수가 되었다. 도르트 총회(Synod of Dort, 1618-1619) 이전에 이미 항론파

동의하지 않았기 때문이다. 그리고 나는 도덕 행위, 덕, 명령과 금지, 약속이나 경고, 상급이나 징벌, 칭송이나 책망, 공로와 과실을 위해서 의지의 자유가 필수적이라고 주장하는 아르미니우스주의자들과 그런 자유를 반대하는 칼뱅주의자들이 벌이는 논쟁을 이 문제의 명확하고 절대적인 요점이라고 생각한다. 그러므로 이제 고찰을 진행하겠다.

그리스도는 과연 거룩한 도덕 행위자였는가?

II. 그리스도가 이 땅에서 거룩한 행위를 하실 때 명령, 약속 등등을 따르는 도덕 행위자였는지 아니었는지를 고찰하고자 한다.

DW 필연 없이 양자택일할 수 있는 자유만 필요하다. 약속이 활동의 동기가 되면, 그 활동에 양자택일의 자유는 없다.

JE 제자들의 도덕적 활동의 동기와 자극으로서의 약속들을 그리스도께서 사용하셨으며, 성부도 성자에게 그렇게 하셨다. 그리스도의 의지는 죄나 거룩 중 양자택일의 자유가 아니라 거룩과 선으로만 결정되어 있었다. 그러므로 그는 항상 거룩하였다.

휘트비 박사는 필연이 빠진 양자택일(*ad utrumlibet*)의 자유가 법과 명령들에 필수 조건(requisite)이요, 필연은 금지명령이나 금지와는 서로 완전히 모순된다고 매우 자주 말한다.

JE 그리스도께서도 성부의 명령을 받아 필연적으로 행하며 그것에 대한 상급을 약속 받으셨다.

그러나 여전히 우리는 그리스도께서 자기 아버지가 하시는 명령의 대상

(Remonstrants)의 지도자 중 한 명이었고, 그런 주장 때문에 한동안 추방되었다가 나중에 네덜란드로 다시 돌아와 암스테르담에 새로 설립된 항론파 신학교의 총장이 되었다.

임을 읽을 수 있다(요 10:18; 15:10). 그리스도는 자신이 말하거나 행한 모든 것이 성부께 받은 명령대로였다고 말씀하신다(요 12:49-50; 14:31). 그리고 우리는 그리스도가 성부의 명령에 순종하는 장면들을 자주 본다(롬 5:19; 빌 2:8; 히 5:8).

DW **상급 약속은 순종의 유발일 뿐이요, 그 순종은 필연적 결정에 의한 것이 아니다.**

휘트비는 설명하기를, 약속들은 사람들이 자신들의 의무를 행하도록 자극하는 동기로서 주어진 것일 뿐이요, 혹은 그런 약속들로 인하여 감동받고 자극받음은 사람들이 양자택일의 자유도 없이 어떤 한 가지를 필연적으로 하도록 결정되어 있는 상태와 완전히 서로 모순된 것이라고 한다(특별히 pp. 298과 311을 보라).

JE **성경과 기독교 신앙이 엉터리가 아니라면, 선한 의지를 가지고 선한 결정을 내리는 것에 대하여 성부의 상급 약속이 있는 것은 당연한 일이다.**

그러나 기독교 신앙이 참이라면, 이 저자가 주장하는 바는 명백히 거짓이다. 기독교에 혹은 성경에 아무리 작은 진리라도 확실히 있다면, 인자 그리스도 예수는 자기 의지로 무오류하고 불변하며 확실하게 선(good)을, 오직 선만을 결정하였다. 그런데도 그리스도는 하나님께서 자기에게 맡기신 사역을 견인하고 완수하면, 자기에게 주어질 영광스러운 상급에 대한 약속들을 하나님께로부터 받았다(사 53:10-12; 시 2편; 110편; 사 49:7-9).

그리스도가 자기 제자들에게 상급을 약속하셨다.

누가복음 22:28-29에서 그리스도는 자기 제자들에게 이렇게 말씀하셨다.

너희는 나의 모든 시험 중에 항상 나와 함께한 자들인즉 내 아버지께서 나라를 내게 맡기신 것 같이 나도 너희에게 맡겨.

이 말씀은 제자들을 지명하여 나라를 맡기겠다는 언약 혹은 약속을 가장 잘 나타내준다. 그리스도의 말씀은 분명히 이런 의미다.

그 같은 시련 속에서 끝까지 견디고 이겼으므로, 아버지께서 내게 하나의 왕국을 약속하셨듯이 너희가 나의 유혹과 시험에 동참하고 굳세게 인내하고 이겼으므로, 내가 약속하건대 너희로 하여금 내 상급을 함께 나누는 자가 되고, 너희에게 하나의 왕국을 주리라.

그리고 이 말씀들은 요한계시록 3:21에 잘 설명되어 있다.

이기는 그에게는 내가 내 보좌에 함께 앉게 하여주기를 내가 이기고 아버지 보좌에 함께 앉은 것과 같이 하리라.

아버지께서 그리스도에게 상급을 약속하셨다.
그리스도는 자신의 순종과 고난에 대해서 영광스러운 성공과 상급을 아버지께로부터 약속받았을 뿐 아니라, 이런 약속들을 순종하고 고난당하도록 하는 동기와 자극으로 삼으신다는 것을 성경은 분명히 설명해준다. 특별히 아버지께서 자기에게 맡기신 왕국에 대한 약속, 그리고 아버지와 함께 보좌에 앉으실 것에 대한 약속이 이를 잘 설명해준다.

이러므로 우리에게 구름같이 둘러싼 허다한 증인들이 있으니 모든 무거운 것과 얽매이기 쉬운 죄를 벗어버리고 인내로서 우리 앞에 당한 경주를 하며 믿음의 주요, 또 온전하게 하시는 이인 예수를 바라보자. 그는 그 앞에 있는 기쁨을 위하여 십자가를 참으사 부끄러움을 개의치 아니하시더니 하나님 보좌 우편에 앉으셨느니라(히 12:1-2).

DW 예수는 자신의 자유의지로 하지 않고 필연에 의해 억지로 했으니 덕이 없으며 상급받을 가치가 없다.

예수 그리스도의 의지(뜻)는 거룩이나 죄에 대한 양자택일의 자유가 아니라 불변하게 어떤 하나로 결정되었기 때문에, 그의 거룩하고 탁월한 기질과 활동, 그리고 큰 시험들 아래서 이룬 순종은 덕 있는 것이 아니며 칭송받을 만한 것도 아니라는 주장을 그리스도인에게서 듣는 것만큼이나 이상한 일도 없을 것이다. 따라서 다음과 같은 그리스도의 행위 안에 덕(virtue)이 없다고 말하는 것, 곧 그리스도의 모든 비하(humility), 겸손, 오래 참음, 사랑, 원수를 용서함, 세상으로부터 모욕당함, 천국 정신, 하나님의 뜻(의지)에 순복, 하나님의 명령에 대한 완전한 순종(그는 죽기까지, 심지어 십자가에서 죽기까지 순종했다), 고난당하는 자에 대한 큰 긍휼, 인류에 대한 공평한 사랑, 큰 시험 가운데서 하나님과 사람에 대한 신실, 십자가에 못 박히면서도 자기 원수들을 위해 기도함 등등의 일들에 덕이 없다는 것은 터무니없는 말이다. 어떤 그리스도인이 그 같은 일들에 대하여 "덕"(virtue)을 적용한다면 그 덕은 "오로지 허명(empty name)[12]에 불과할 뿐이다"라고 말한다면 이는 정말 이상한 일일 것이다. 그리고 그런 일들 가운데에 그리스도의 공로(merit)로 인정할 만한 것이 아무것도 없고, 즉 그리스도는 아무 "가치"가 없는 존재이고, 하나님과 사람으로부터 상급과 칭송과 명예와 존경을 받을 가치가 없는데, 왜냐하면 하나님의 의지(뜻)는 그런 일들에 대해서나 혹은 상반된 일들에 대해서 무관심 중립 상태

---

12 앞 장의 첫 주를 참고하라(이 책 p. 333).

이거나 자유롭지 않았으며, 도리어 그런 탁월한 일들에 대한 강한 성향과 경향 아래에 있었으므로, 그가 상반된 일을 선택하는 것이 불가능했기 때문이라고 말하는 자들이 있다면 이는 가당치 않은 일이다. 이 같은 이유에서(휘트비 박사의 표현을 빌리면) 그리스도의 인성이 그런 일 중 하나 때문에 상급을 받는 것은 "상당히 비합리적이다"라고 말하는 그리스도인이 있다면, 이는 아주 이상한 일일 것이다![13]

이 교리대로 하자면, "모든 창조물보다 먼저 나신 자"[14]는 성경에 분명히 "만사에 탁월함"(in all things the preeminence)을 가진 자로, 그리고 그의 덕에 근거하면 덕, 명예, 존중, 칭송, 영광을 받을 가치에서 모든 피조물 중 최고로 나타나 있으나, 그들(아르미니우스주의자들)에게는 상급이나 칭송받을 가치가 성도들 중 가장 작은 자보다도 더 못하다는 것이다. 뿐만 아니라 그는 완전히 수동적이며 자연적 필연에 의해서 움직이는 시계나 단순한 기계보다도 더 가치가 없다는 뜻이 된다.

JE 어쩔 수 없는 필연에 의한 활동이라고 칭송을 못 받을 이유가 있는가? 성부와 천사들도 칭송하였는데 아르미니우스주의자들은 하나님을 믿지 않는 것 같다.[15]

그리스도는 우리의 모범이 되셨다.

만약 우리가 성경적 서술들을 가지고 그런 일들을 판단하자면, 우리는 그리스도께서 우리의 본성을 입으시고 우리와 함께 세상에 거하시며 고난당하시면서 우리의 죄악을 대속하셨을 뿐 아니라, 그분이 우리의 본성과 환경 속에서, 그리고 우리의 시험 속에 있으면서도 영광스러운 승리의 덕을 실천하셨고 우리의 가장 적합하고 알맞은 모범과 지도자와 대장이 되

---

13 Whitby, *Discourse*, Dis. I, ch. 1, no. 3; p. 15.

14 골 1:15.

15 JE는 아르미니우스주의를 이단, 이신론자, 무신론자로 취급한다.

셨다는 사실을 믿을 만한 이유가 충분하다. 우리는 그분 안에서 우리 인간이 실천하는 것이 마땅한 선의 특별한 유익, 곧 아름다움(beauty),[16] 친근함(amiableness), 참된 경의와 영광을 볼 수 있다. 그리하여 우리는 동일한 영광과 영예를 구하고, 동일한 영광스러운 상급 얻기를 배우며 활기를 띠게 될 것이다(히 2:9-14; 5:8-9; 12:1-3; 요 15:10; 롬 8:17; 딤후 2:11-12; 벧전 2:19-20; 4:13을 보라). 그러나 그 모든 것이 필연적이요, 어쩔 수 없이 했으므로 그가 행한 모든 것 가운데 어떠한 선이나 공로, 상급이나 영광 혹은 칭송받을 만한 가치가 전혀 없다고 한다면, 자유로운 피조물인 우리가 계속해서 잘하도록 인내함으로써 영예와 영광과 덕을 추구하도록 우리에게 활기를 불어넣고 자극하는 적합한 것이 어떻게 있을 수 있겠는가?

하나님이 그리스도를 칭송하고 증명했다.

하나님은 자기 종의 의에 대해서 특별히 아주 기뻐하셨다고 말씀하신다. "여호와께서 그의 의로 말미암아 기쁨으로."[17] 구약의 제사들은 하나님께 향기로 표현되었다. 그러나 그리스도의 순종은 그 제사들보다 훨씬 더 받으실 만한 것으로 표현되었다.

주께서 내 귀를 통하여 내게 들려주시기를 [주의 종이 기꺼이 순종하는 만큼] 제사와 예물을 기뻐하지 아니하시며 번제와 속죄제를 요구하지 아니하

---

16 JE는 하나님의 미(beauty of God)를 신학화하였다. 다음의 학자들이 선구적으로 JE의 미학적 관점들을 캐내어 그의 윤리학에 적용하고 그 기초를 놓았다. Roland A. Delattre, "Aesthetics and Ethics: Jonathan Edwards and the Recovery of Aesthetics for Religious Ethics," *The Journal of Religious Ethics* 31 (2), 277-97; Clyde A. Holbrook, *The Ethics of Jonathan Edwards: Morality and Aesthetics* (Ann Arbor: University of Michigan, 1973).

17 사 42:21 인용.

신다 하신지라. 그때에 내가 말하기를 "내가 [주인의 부름에 기쁘게 응답하는 종으로서] 왔나이다. 나를 가리켜 기록한 것이 두루마리 책에 있나이다. 나의 하나님이여, 내가 주의 뜻 행하기를 즐기오니 주의 법이 나의 심중에 있나이다" 하였나이다(시 40:6-8).

"이는 내 사랑하는 아들이요, 내 기뻐하는 자니 너희는 그의 말을 들으라" 하시는지라(마 17:5).

그리고 그리스도는 아버지의 명령을 준수하여 자발적으로 목숨을 버리는 놀라운 순종을 보여줌으로써 아버지가 자신을 사랑하신다는 것을 우리에게 분명히 알려준다.

"아버지께서 나를 사랑하시느니라. 이를 내게서 빼앗는 자가 있는 것이 아니라. 내가 스스로 버리노라.…이 계명은 내 아버지에게서 받았노라" 하시니라(요 10:17-18).

천사들도 그리스도를 칭송하고 그의 덕을 증명했다.
그리고 죽기까지 순종한 그리스도에게 과연 전혀 공로가 없으며, 칭송과 가장 영화로운 상급을 받을 만한 가치가 없다면, 천군 천사들에 대해서 요한계시록 5:8-12에 있는 설명대로 하자면 그들은 엄청난 실수를 한 것이다.

그 두루마리를 취하시매 네 생물과 이십사 장로들이 그 어린 양 앞에 엎드려 각각 거문고와 향이 가득한 금 대접을 가졌으니…새 노래를 불러 이르되 "두루마리를 가지시고 그 인봉을 떼기에 합당하시도다. 일찍이 죽임을 당하사"…내가 또 보고 들으매 보좌와 생물들과 장로들을 둘러 선 많은 천사의 음성이 있으니 그 수가 만만이요, 천천이라. 큰 음성으로 이르되 "죽임을 당하신 어린 양은 능력과 부와 지혜와 힘과 존귀와 영광과 찬송을 받으시기에 합당하도다" 하더라.

그리스도는 자신이 받을 영생을 성부가 주신 계명에 대한 순종의 상급이라고 말씀하신다.

"내가 내 자의로 말한 것이 아니요, 나를 보내신 아버지께서 내가 말할 것과 이를 것을 친히 명령하여 주셨으니 나는 그의 명령이 영생인 줄 아노라. 그러므로 내가 이르는 것은 내 아버지께서 내게 말씀하신 그대로니라" 하시니라 (요 12:49-50).

하나님은 그리스도께서 자기의 의로운 종이 되시는 것 때문에, 큰 시련과 고난 가운데서도 지킨 영광스러운 덕 때문에 그에게 위대한 것들에 대한 분깃을 주실 것이라고 약속하신다.

그가 자기 영혼의 수고한 것을 보고 만족하게 여길 것이라. 나의 의로운 종이 자기 지식으로 많은 사람을 의롭게 하며 또 그들의 죄악을 친히 담당하리로다. 그러므로 내가 그에게 존귀한 자와 함께 몫을 받게 하며 강한 자와 함께 탈취한 것을 나누게 하리니 이는 그가 자기 영혼을 버려 사망에 이르게 하며 범죄자 중 하나로 헤아림을 받았음이니라. 그러나 그가 많은 사람의 죄를 담당하며 범죄자를 위하여 기도하였느니라(사 53:11-12).

가장 큰 상급을 받으시는 그리스도

성경은 하나님에 대해서 그의 어떤 다른 종들보다도 그리스도에게 훨씬 더 큰 상급을 주시는 분으로 묘사한다.

> 오히려 자기를 비워 종의 형체를 가지사 사람들과 같이 되셨고 사람의 모양으로 나타나사 자기를 낮추시고 죽기까지 복종하셨으니 곧 십자가에 죽으심이라. 이러므로 하나님이 그를 지극히 높여 모든 이름 위에 뛰어난 이름을 주사(빌 2:7-9).

> 왕은 정의를 사랑하고 악을 미워하시니 그러므로 하나님 곧 왕의 하나님이 즐거움의 기름을 왕에게 부어 왕의 동료보다 뛰어나게 하셨나이다(시 45:7).

그리스도도 순종함으로 은택을 얻는 상급을 받았다.

그리스도의 순종의 열매로 수여된 영광스러운 은택들(benefits)이 타당한 성질의 상급이 아니라고 반발할 여지는 조금도 없다. 가장 적합한 의미에서의 상급이란 무엇인가? 상급이란 성품이나 활동에서 도덕적으로 탁월한 어떤 열매로서 수여된 은택, 즉 그 도덕적 탁월을 아주 기뻐한다는 것과 그것 때문에 호의를 갖고 존중한다는 것을 표하는 은택이 아니겠는가? 만약 우리가 상급의 성질에 대해서 가장 엄격하게 고찰해보고서, 그중 가장 우수한 성질의 상급을 도출한 다음에 그런 상급을 그 같은 묘사 속에 내포되어 있는 것들, 즉 합당한 공로 혹은 약속의 결과로서의 은택의 부여에 대하여 부연할지라도 여전히 드러나는 바는, 그것은 다른 아무것에도 속하지 않으나 그리스도께서 고난 후 받으실 영광에 속하는 것이라고 성경이 가장 명백하게 표현한다. 앞서 이미 살펴본 바와 같이 "의"와 "순종"으로 불리는 도덕적으로 탁월한 어떤 것의 결과로 수여되는 영광스러운 은택이 있었다. 그 같은 의와 순종에 대한 큰 총애, 사랑, 아주 좋아함이 수여자 안에 있었다. 그 순종 가운데는 합당한 공로나 은택을 받을 만한 가치가 있었고, 그 순종에 대한 약속의 성취로서 은택이 수여되었다. 즉 은택은 그리스도께서 그 같은 순종을 **수행했으므로**, 또는 수행하였기 때문에 수여되었다.

그리스도는 순종하는 과정에서 그리스도의 시험들이라고 불리는 어려움과 고통에 직면하였지만 잘 극복하여 상급을 받으셨다.

이 모든 것들 위에 내가 부연하고자 하는 바는 그리스도께서 이곳에 육체로 계실 동안 분명히 시험을 받으셨다는 사실이다. 그리스도는 마지막 아담으로 불렸으며(고전 15:45; 롬 5:14), 우리를 위하여 일어나 활동하시기 위해서 인간적 본성을 취하시고, 종의 형체를 가져 율법 아래에 있으면서 첫 아담처럼 시험의 상태에 처하셨다. 휘트비 박사는 다음 세 가지가 시험 중에 있는 사람들의 증거라고 제시한다(『5대 교리 강론』, pp. 298, 299). 즉 시험 혹은 유혹이라고 하는 고통을 겪고 있음, 그들이 약속의 대상자가 됨, 사탄의 유혹에 노출되어 있음 등이다. 그리스도께서도 분명히 이 세 가지의 대상이 되셨다. 그리스도께 주어진 약속들에 관하여서는 내가 이미 이야기했다. 그리스도께서 순종하시는 과정에서 직면했던 어려움과 고통은 그리스도의 유혹 혹은 시험들로 불린다.

너희는 나의 모든 시험 중에 항상 나와 함께한 자들인즉(눅 22:28).

그가 시험을 받아 고난을 당하셨은즉 시험받는 자들을 능히 도우실 수 있느니라(히 2:18).

우리에게 있는 대제사장은 우리의 연약함을 동정하지 못하실 이가 아니요,
모든 일에 우리와 똑같이 시험을 받으신 이로되 죄는 없으시니라(히 4:15).

그리고 그리스도께서 사탄에게 시험을 받으셨다는 것은 아무도 반박
하지 않을 것이다.

3장

하나님이 사람을 죄에 내버려 두어서
타락하고 책망받음은 도덕적 필연과
도덕적 불능에 모순되지 않는다

DW 필연적으로 범한 죄이므로 인간에게 책임이 없다.

JE 범죄에는 의지의 자유가 동원된다. 고로 범죄자는 책망받아야 마땅하다.

휘트비 박사는 강제(coaction)로부터의 자유뿐 아니라 필연으로부터의 자유는 "죄"(sin)라는 이름을 달고 있는 어떤 것에, 그리고 책망받을 만한 활동에 필수적이라고 주장한다. 그는 이렇게 말한다(『5대 교리 강론』 3판, p. 348).

이처럼 죄와 행동이 필연적으로 일어난다면, 부작위(不作爲)와 작위(作爲)의 죄들(their sins of omission or commission)[1]이란 죄명을 씌우는 것은 불합리하다. 성 아우구스티누스[2]의 정의에 따르면 자유란 죄가 성립되는 데 필수적이요, 죄란 죄인이 삼갈 수 있는(*a quo liberum est abstinere*)[3] 행동이다. 다음 세 가지[4]는 하나의 활동, 혹은 부작위(태만)가 책망받을 때 필수적인 요소들이다. (1) 그 활동을 행하느냐 혹은 참느냐는 우리의 능력에 속한 것이다. 왜냐하면 오리게네스와 모든 교부들이 말하듯이, 사람이 할 수 없는 것을 하지 않은 것 때문에 책망받지는 않기 때문이다.

---

1 작위(commission, 위반)란 의식적으로 하는 적극적인 행위다. 부작위(omission, 태만)란 마땅히 할 일을 의식적으로 하지 않는 행위를 말한다.
2 여기서 인용 문장은 JE의 것이 아니라 DW의 것이다. DW는 다시 "St. Austin"이라고 이름을 표기하며, 자기를 지지해주는 인물로 히포의 성 아우구스티누스를 거론한다. Aurelius Augustinus, *De gratia et libero arbitrio* (On Grace and Free Will) Whitby, *Discourse on the Five Points*, Dis. IV, ch. 3, no. 4.
3 JE가 DW의 라틴어 문장을 인용하면서 DW가 의역한 것을 생략했다. "*a quo liberum est abstinere*" = "from which the sinner might abstain."
4 JE는 사람이 작위/활동에 대해서 책망하려면 3가지 요소가 있어야 한다고 말하지만 "1"만 하고 다시는 숫자를 사용하지 않아 독자들이 찾기 어려울 것 같아, 여기서 3가지 요소를 분류하고 요약한다. (1) 우리의 능력한계에 의한 악행은 책임이 없기 때문에, (2) 필연의 악행은 책임이 없기 때문에, (3) 죄 짓도록 버림받았으므로 책임이 없기 때문에. 2, 3은 역자가 분류하고 숫자를 만들어 넣었다.

(2) 그리고 휘트비는 다른 곳에서도 다음과 같이 주장한다. "누구든지 필연적으로 악을 행할 때 그들이 행하는 것은 악덕이 아니므로, 그들은 과실에 대해서 정죄받지 않으며 책망, 비방 혹은 불명예를 당할 이유가 없고 그에 대해 책임질 필요도 없다."

JE 하나님께서 사람을 죄에 내버려 두었다 해도 사람은 여전히 책망받는다.

만약 그런 것들이 참이라면 필연에 대한 휘트비 박사의 의견에서, (3) 하나님이 죄에 내버려 둔 모든 사람은 죄를 짓더라도 책망받지 않을 것이다. 그러나 성경이 우리에게 올바르게 알려주는 대로 하자면, 사람이 죄에 내버려 둠을 당하는 일이 공정하다는 것이 확실하다.[5] 성경은 이것에 대해 자주 언급한다.

그러므로 내가 그의 마음을 완악한 대로 버려두어 그의 임의대로 행하게 하

---

5 이중예정론(Double predestination of election and reprobation): 엘리아스 스미스 (Elias Smith, 1769-1846)는 침례교파였으나 유니테리언에 빠져 있었다. 1792년에 *An Essay on the Fall of Angels and Men; with Remarks on Dr Edwards's Notion of the Freedom of the Will, and the System of Universality*를 발행하여 이 책에서 JE 가 "사람은 자유 행위자가 아니다"라고 주장한다고 비판하면서 아르미니우스주의는 "이 성과 계시가 일치하고 조화를 이룬다"며 찬양했다. 그러나 그해 12월에 JE의 *History of Redemption*을 읽고 "그날 오후 유니테리언주의를 차버렸다." 그리고 다음과 같이 온건한 칼뱅주의로 전향하는 고백을 남겼다. "하나님은 어떤 특정 일부가 구원받도록 결정하셨는데, 그들이 그리스도를 믿음으로 말미암아 구원받도록 결정하셨다. 그리고 하나님은 어떤 일부가 비참해지도록 결정하셨는데, 그들이 그리스도를 믿지 않음으로 말미암아 비참해지도록 결정하셨다. 일부가 믿을 것이지만, 모두가 믿을 수도 있다. 이같이 나는 복음을 모든 피조물에게 전할 수 있으며, 누가 택함받은 자인지 알지 못하므로, 모두에게 전해야 할 내 의무를 다하지 않으면 안 된다. 그리고 주님은 택하지 않은 자들 가운데서 자기피택자를 택하시는 방법을 알고 계신다." Elias Smith, "The Life, Conversion, Preaching, Travels, and Sufferings of Elias Smith: Volume I. Boston"(1840), 189, 213; idem, *An Essay on the Fall*, 13.

였도다(시 81:12).

하나님이 외면하사 그들을 그 하늘의 군대 섬기는 일에 버려두셨으니(행 7:42).

그러므로 하나님께서 그들을 마음의 정욕대로 더러움에 내버려 두사(롬 1:24).

이 때문에 하나님께서 그들을 부끄러운 욕심에 내버려 두셨으니(롬 1:26).

또한 그들이 마음에 하나님 두기를 싫어하매 하나님께서 그들을 그 상실한 마음대로 내버려 두사 합당하지 못한 일을 하게 하셨으니(롬 1:28).

하나님께서 사람들을 죄에 내버려 두심이란?

하나님께서 "저희를 마음의 정욕대로 내버려 두심"이 무슨 뜻인지 특별히 탐구할 필요는 없다. 여기서는 그것이 하나님께서 하시고자 하는 것을 하시거나 혹은 보류하시는 방식으로서 이런저런 측면에서 사물들에 대해 그렇게 명령하시거나 처리하시는 것을 의미함이 틀림없다고 하는 것으로 충분하다. 그리하여 사람들이 죄 가운데 계속 머무르게 되는 결과가 발생한다. 하나님이 사람들을 내버려 두시는 만큼, 그들이 내버려 둠을 당하는 결과가 많든 적든 발생한다. 만약 하나님이 자신의 행동으로 혹은 허용으로 명령하여 결과적으로 죄가 발생하지 않도록 하신다면, 이 사건은 사람들이 그 같은 결과에 내버려 둠을 당한 게 아님을 증명해줄 것이다. 만약 그 결과가 악(evil)이 아닌 선(good)이라면, 하나님의 자비가 악에 있지 않고 선에 있음이 드러날 것이다. 이 자비는 사람들을 악에 내버려 두신 하나님의 심판과 상반된다. 만약 사람들이 악에 내버려 둠을 당함이 결과적으로 틀림없이 발생한다면, 이 심판의 대상자들인 사람들은 이 결과를 반드시 겪을 것이고, 따라서 이 결과는 필연적일 것이다.

JE **강제/필연에 따른 죄라고 해서 무험의가 되는 것은 아니다.**

○ 예증 **애굽에서의 유대인들의 불신, 가룟 유다의 배반**

만약 강제(*coaction*)뿐만 아니라 모든 필연(*all necessity*) 때문에 사람이 무험의 판정을 받는다면, 그리스도께서 유다를 악에 내버려 두셨고, 이미 그의 특정한 저주를 선언하셨으며, 유다가 자기를 진실로 배반할 것이라고 선언하셨기 때문에 유다는 무험의가 된다. 그런 가정하에서라면 유다가 자기 주인을 배반한 것이 유죄가 되지 않는다. 비록 그가 그렇게 하는 것이 가장 극악한 죄요, 그리스도를 십자가에 못 박는 빌라도의 죄보다 더 극악무도하다고 그리스도께서 말씀하셨지만 말이다. 그리고 "내가 나의 큰 이름으로 맹세하였은즉 애굽 온 땅에 사는 유다 사람들의 입에서 다시는 내 이름을 부르며 주 여호와의 살아 계심을 두고 맹세하노라 하는 자가 없으리라"(렘 44:26)라고 하나님이 맹세하셨던 단순한 사실 때문에, 예레미야 시대에 애굽에 있던 유대인들이 참 하나님을 경배하지 않던 일이 무죄가 되지 않는다.

DW **도덕적 불가능 혹은 불능 때문에 죄는 어쩔 수 없는 것이다. 도덕적 곤란이 크면 클수록 그만큼 죄를 피하기가 더 어려우므로 덜 책망받는다.**

JE **죄에 내버려 둠은 하나님의 심판이므로 죄를 피하는 것이 불가능하다. 도덕적/자연적 불가능이나 곤란 때문에 변명할 수 없다.**

휘트비 박사(『5대 교리 강론』[*Discourse on the Five Points*], pp. 302-303)는 이 세상에 속한 사람들이 항상 하나님에 의해서 죄에 내버려졌으므로 그들의 의지가 필연적으로 악을 행하도록 결정지어졌음을 부인한다. 비록 그로 인해 악에 대한 강한 기호와 성향을 가지고 있어 선을 행하기가 "심히 어렵다"(exceeding difficult)는 것을 인정하면서도 말이다. 그러나 그가 설명하는 것을 우리가 옳다고 인정할지라도, 죄에 내버려 둠은 하나님의 심판이라는 개념을 칭송 혹은 책망하는 데 자유가 필수적이라는 그의 자유 개념과 조화시키기는 어렵다. 그러므로 죄에 내버려 둠은 오히려 죄를 피하기가 불가능해진다고 생각하는 편이 더 낫다. 만약 죄를 피하지 못하는 도덕적 불능이 사람에게 전적인 변명거리가 된다면, 동일한 이유로 죄를 피하는 데 곤란함이 사람에게 부분적인 변명거리가 되기 때문이다. 이때 곤란의 정도에 따라 변명할 수 있는 정도도 정비례할 것이다. 만약 도덕적 불가능(impossibility) 혹은 도덕적 불능(inability)이 자연적 불능과 동일한 영향력[가정된]을 가져 어떤 것을 하지 않거나 피하지 못하는 사람들에게 변명거리가 될 수 있다면, 의심할 여지가 없이 동일한 방식으로 도덕적 곤란(*moral difficulty*)[6]과 자연적 곤란(*natural difficulty*) 역시 동일한 영향력을 가지고 있으므로 사람들에게 변명거리가 될 수 있을 것이다.

그러나 모두가 인정하듯이 자연적 불가능은 전적인 변명거리가 되고, 자연적 곤란 역시 부분적으로 변명되며, 곤란의 정도에 반비례하여 그 활동이나 부작위(태만)가 덜 책망받는다. 자연의 빛으로부터 말미암는 가장 선명한 명령들에 따라서 모든 자연적 곤란은 어느 정도 면책되므

---

6 예를 들면, 도덕적 불가능/불능은 다윗이 유혹을 이기지 못해 밧세바와 간음한 경우이고, 자연적 불가능/불능은 물에 빠진 아이를 구하려다 구하지 못해 아이를 죽인 경우다. 도덕적 곤란은 진실을 말하면 상대방이 봉변을 당할까 봐 거짓 증거한 경우이고, 자연적 곤란은 내 몸이 아파서 이웃을 돕지 못한 경우다. 그렇게 해서 자기 죄에 대한 변명이 가능하다고 생각하는 것이 아르미니우스주의자들의 생각이다.

로, 이 경우에는 마치 곤란이 없었던 것처럼 태만이 심한 책망을 받지 않는다. 그리하여 곤란이 심하면 심할수록 곤란의 증가에 따라 변명을 더 많이 할 수 있다. 그리고 자연적 불가능이 모든 책망을 전적으로 변명하고 차단하듯이, 곤란이 불가능에 가까이 접근할수록 사람도 그 근접 정도에 따라 책망받을 책임이 더 적어진다. 만약 도덕적 불능 혹은 도덕적 필연의 경우가 태만에 대한 변명을 하는 데 자연적 필연이나 자연적 강제와 똑같은 영향을 끼친다면, 동일한 이유 때문에 악을 향한 강한 기호 혹은 성향으로부터 일어나는 도덕적 곤란은 태만에 대한 변명을 하는 데 자연적 곤란과 조금도 다르지 않은 영향을 끼칠 것이다. 그것을 휘트비 박사는 저희 마음의 정욕대로 내버려진 사람들의 경우에도 그렇다고 인정한다.

그러므로 그런 사람들의 책임은 곤란과 반비례하여 더 줄어들고, 불능에 근접할수록 더 줄어든다. 만약 도덕적 곤란의 정도가 10이라면 활동이 아주 불능해져 전적으로 변명할 수 있게 만들고, 곤란의 정도가 9라면 그 사람은 대부분 면죄받으며 곤란이 전혀 없었을 경우보다 10분의 9만큼 덜 책망받는다. 그가 책망받을 정도는 단지 10분의 1뿐이다.

DW **부작위(태만)는 자유를 가지고 범죄를 저지른 사람의 문제이지, 경향이나 도덕적 곤란이 점증하여 일어난 일이 아니다.**

아르미니우스주의의 원리에 따르면 그 이유는 분명하다. 왜냐하면 의지에 선행하는 기호와 경향에 의해서 곤란이 점증할 때, 무관심 중립 상태의 자유와 의지의 자기결정은 축소되고, 의지가 자유로운 활동으로 순전한 자기결정을 내리려 할 때 많은 방해와 장애를 받기 때문이다. 만약 장애의 정도가 10이라 모든 자유를 다 빼앗겼으면, 9 정도의 장애는 10 정도의 자유에서 9를 빼앗긴 후에 1만 남은 것이다. 그러므로 동일한 조건이라면[7] 부주의에 해당하는 죄에 대해 책망받을 것이 1밖에 되지 않는다. 이 사건에서 그는 자신의 행동이나 부주의에 대해 자유를 가지고 있는 만큼만 책망받을 것이다. 왜냐하면 책망이나 칭송은 (그들이 말하는 대로) 전적으로 자유의 선용 혹은 악용으로부터 야기되기 때문이다.

이 같은 모든 주장을 미루어볼 때 사람은 한쪽으로 기운 강한 기호와 경향 때문에, 그리고 그 반대로 행하기 어려운 것 때문에 죄나 책망받을 만한 어떤 것에 결코 노출되지 않는다. 왜냐하면 곤란이 증대되면 그만큼 요구와 기대도 감소하기 때문이다. 비록 한 측면에서 죄나 잘못에 노출됨이 증가할지라도, 즉 악한 활동이나 부작위(태만)에 노출됨이 증가할지라도, 또 다른 측면에서 감소됨으로써 그것을 상쇄해버린다. 다시 말해 악한 활동이나 태만의 죄악스러움 혹은 책망할 만함이 동일한 비율로 감소한다. 그러므로 결국 죄책이나 책망에 노출됨은 이전과 똑같이 그대로 남아 있다.

○ **예증** 저울처럼 자유 행위자가 자기운동력을 가졌을지라도, 태만하거나 뜻밖에 당면한 곤란으로 인해 실패하면 책망받아야 마땅하다.

그것에 대해 실례를 들어 설명하기 위해서, 균형 접시저울의 한 접시가 지성을 가진 자유 행위자이고, 이 접시는 자기운동력(self-moving power)[8]이 있어 그 운동력으로 움직이며, 어느 정도의 결과를 낳을 수 있다고 가정해보자. 예를 들어 10kg 되는 추의 무게에 해당하는 힘으로 위

---

7 *ceteris paribus* = 모든 관련 사항들, 요인들, 혹은 요소들의 변동이 없을 경우.

8 플라톤은 "자기운동자"(self-moving mover)를 신(god)으로 이해한다. 영혼은 독특한 자기 운동, 즉 자율적 운동을 하는 특징을 갖고 있기 때문이다. *Laws*, X, 895-9, Jowett's translation; J.C.A. Gaskin, "Philosophy and the Existence of God," *An Encyclopedia of Philosophy*, G.H.R. Parkinson, ed. (UK: Routledge, 2012), 335, and also Henri Pemberton, *A View of Sir Isaac Newton's Philosophy* (1728), 34-5.

로나 아래로 스스로 움직일 수 있다. 그리고 그 접시는 일반적인 조건 속에서 그 힘으로 아래로 스스로 움직이라는 요청을 받을 수도 있고, 또 그렇게 할 수 있는 능력과 전적인 자유를 가지고 있다고 가정해보자. 그러므로 그렇게 하지 못하고 실패하면 책망받게 될 것이다. 그러나 반대쪽 접시에도 10kg의 동일한 무게의 추가 놓인다고 가정해보자. 그 추는 그 힘으로 자신의 자기운동력과 완전한 균형을 이룬다. 그리하여 접시가 아래로 향하는 동작을 절대 불가능하게 만들고, 어떤 동작도 전혀 허용하지 않는다. 그런데 반대쪽 접시에 단지 9kg만 있다고 가정해보자. 그 무게 때문에 그 접시의 동작이 전혀 불가능해지는 것은 아니지만, 그래도 더 곤란해진다. 그리하여 그 접시는 1kg의 힘이 더 있어야 아래로 움직일 수 있다. 그러나 바로 이것이 이런 조건들하에서 그 접시에 요구된 모든 것이고, 그 접시의 동작의 나머지 9개 부분들로부터 전적으로 면책받는 것이다. 그리고 만약 이런 조건들하에서 이 접시가 움직이는 동작을 태만히 하고, 균형 정지 상태에 머문다면, 그 접시가 책망받는 모든 이유는 그 동작의 1/10 부분에 대한 태만 때문이다. 그 접시가 일반적인 조건들하에서만큼 많은 동작의 자유와 기회가 있다면, 그때는 요구받는 더 큰 동작을 하지 않은 것에 대해 책망받을 것이다. 그러므로 이 같은 새로운 곤란이 접시로 하여금 책망받을 만한 어떤 것에 대한 위험을 더 증가시키지 않는다.[9]

그리고 이처럼 마음의 강퍅함에 내버려 둠을 통하여서, 혹은 실로 어떤 다른 수단을 통하여서든, 사람의 의무를 다루는 방식에 있어서, 혹은 죄에 대한 성향을 다루는 방식에 있어서 당면하는 곤란에 대해서 그같이

---

9 이 실례에서 독자가 주의할 것은 여기에 서술된 가정이 아르미니우스주의 입장이라는 점이다.

가정하는 것은, 휘트비 박사의 자유, 덕과 악덕, 책망과 칭송 개념을 따를 지라도 모순이다. (그에 의하면) 죄와 책망을 피하는 것과 덕스럽고 칭송 받을 가치가 있는 것을 행하는 것이 공히 항상 쉬운 것임이 틀림없다.[10]

DW **버림받고 불능하여 필연적으로 죄를 지을 수밖에 없어서 죄를 지었으므로 그 사람은 책망받지 않는다.**

JE **전적으로 타락하여 순수할 능력이 없어 죄를 지은 사람이 책망받는 것은 당연하다.**

휘트비 박사의 자유, 책임, 덕, 죄 등등에 대한 개념은 그를 또 다른 큰 모순으로 끌고 간다. 그는 필연이 죄나 과실의 본질과 모순된다고 아주 분명히 주장한다. 앞서 언급했던 책 14쪽에서는 이렇게 말한다. "사람이 어쩔 수 없이 한 일인데, 누가 그 사람을 책망할 수 있겠는가?" 그리고 15쪽에서는 이렇게 말한다. "사람이 자기 힘으로는 도저히 피할 수 없어서 범한 일인데 그 사람을 징계하는 것은 상식적으로 불의하다."[11] 그리고 341쪽에서는 자기 주장을 확증하기 위해서 교부 중 한 사람을 인용하며 이렇게 말한다. "사람이 순종할 자유의지와 힘을 가지고 있지 않다면, 왜 하나님은 명령하시겠는가?" 그리고 다시 그 페이지와 그다음 페이지에서 이렇게 말한다. "명령받은 것을 행할 자유가 사람에게 없다고 하면서 그 사람에게 명령하는 것은 어리석은 짓이다. 요청받은 것을 행할 능력이 없는 사람에게 정죄를 내리는 것은 불의하다'고 누구든지 아우성치지 않겠는가?"[12] 373쪽에서는 또 다른 교부를 인용하면서 이렇게 말한다. "순종 아니면 불순종 두 가지로 나눠질 수 있는 법이 사람에게 주어졌으나 본

---

10 이 문장은 JE가 아니라 휘트비의 주장이다.

11 Whitby, *Discourse on the Five Points*, Dis. I, ch. 1, no. 3.

12 Whitby, *Discourse*, Dis. IV, ch. 2, no. 4.

성에 묶여 있는 사람을 거스를 수 있는 법이란 있을 수 없다."[13]

그럼에도 불구하고 다름 아닌 동일한 휘트비 박사는 타락한 사람은 완전한 순종을 할 능력이 없다고 주장한다. 그는 165쪽에서 이렇게 말한다. "아담의 본성은 계속 순수하게 죄 없이 살 수 있는 능력을 가지고 있었으나, 우리의 본성은 그런 것을 가져본 적이 전혀 없었다."[14] 우리가 계속 순수하게 죄 없이 살 수 있는 능력이 없었다면 당연히 죄는 필연적이고, 심지어 우리가 죄를 피할 능력이 없다는 것조차도 죄가 될 수 있다. 따라서 다른 곳에서 다음과 같이 그가 주장하는 것들이 참이 될 수 없다. "우리가 필연적으로 하게 되었다면, 부작위의 죄든 작위의 죄든 그런 죄표를 붙일 만한 일이 아니다"(p. 348).[15]

만약 순수(innocent)해지는 게 우리의 능력에 속한 일이 아니라면, 결백(blameless)해지는 것도 우리의 능력에 속한 일이 아니다. 우리의 능력에 속한 일이라면, 우리는 책망받을 수밖에 없는 필연 아래에 놓인다. 이 주장이 필연은 책망 혹은 칭송과 모순된다는 그의 주장과 어떻게 일치하겠는가? 우리가 하나님의 모든 명령에 완전히 순종하는 것이 우리의 능력에 속한 게 아니라면, 우리는 명령받은 대로 행할 능력이 없으므로, 어떤 명령을 어느 정도 범할 수밖에 없는 필연 아래에 놓인다. 우리의 능력에 속한 일이라면, 왜 그는 사람들이 행할 능력도 없는데 하나님이 능력 이상의 것을 명령하신다며 비이성적이고 바보스럽다고 성토하는가?

Ar **우리에게 능력 이상의 것을 요구하는 하나님은 불의하시다. 그리스도께서 죽으신**

---

13 Whitby, *Discourse*, Dis. IV, ch. 5, no. 2., St. Macarius of Egypt (4th c. CE), Homily 26 인용함.

14 Whitby, *Discourse*, Dis. II, ch. 6, no. 7.

15 Whitby, Discourse, Dis. IV, ch. 3, no. 3.

새 법에 비추면 불완전한 순종은 죄가 되지 않는다.

아르미니우스주의자들이 하는 타락한 사람의 불능에 대한 주장이 그들끼리도 대체로 아주 불일치한다. 그들은 다음과 같이 아주 강력히 주장한다.

우리의 현재 힘과 능력 이상의 것을 우리에게 요구하시는 하나님은 불의하시다.

또한 이렇게 주장한다.

우리는 이제 완전한 순종을 할 능력이 없으며, 그리스도께서 우리의 불완전한 순종을 만족시키기 위해서 죽으셨으며, 우리의 불완전한 순종이 완전한 순종을 대신하여 받아들여질 수 있도록 길을 만드셨다.

바로 이 점에서 그들은 가장 큰 모순을 몰지각하게 드러내고 있다. 왜냐하면 (내가 다른 곳에서 살핀 대로) 그들은 다음과 같이 주장하기 때문이다.

인간에게 자비하신 하나님이 본래부터 그 아래 있었던 엄격한 헌법 혹은 법을 폐지하시고, 그 대신 더 온화한 헌법을 세우셔서 우리를 그 새 법 아래에 두셨다. 그리하여 타락 후 우리의 불쌍하고 연약하며 무력한 환경을 따르는 불완전하고 신실한 순종 그 이상의 것을 요구하지 않는다.

스테빙 그리스도의 새 법은 불완전한 순종에 대해서 징계하지 않는다.

JE 그리스도께서 징계받지 않을 불완전한 순종을 속하시려 쓸데없이 죽으셨나?

어떻게 이런 주장들이 서로 조화되겠는가? 이제 나는 이렇게 묻고 싶다. 우리의 불완전한 순종은 어떤 법을 위반했는가? 그것들이 아무 법도 위반하지 않았다면 그것들은 아무런 죄도 아니다. 그리고 그것들이 죄가 아니라면 그것들을 만족시키기 위해서 그리스도께서 죽을 필요가 있었겠는가? 그러나 만약 그것들이 죄라면, 어떤 법을 위반했다면 그 법은 무슨 법인가? 그것들은 새 법의 위반이 될 수 없다. 왜냐하면 새 법은 불완전한 순종 혹은 불완전한 것들이 있는 순종 외에 다른 것을 요구하지 않기 때문이다. 그러므로 순종에 불완전한 것들이 따랐다고 해서 새 법을 위반한 것은 아니다. 그것은 새 법이 요구하는 만큼의 순종이기 때문이다. 그리고 그것들이 옛 법을 위반한 것도 아니다. 왜냐하면 그들이 옛 법은 완전히 폐지되었으며, 우리가 그 영향을 전혀 받지 않는다고 말했기 때문이다. 또한 그들은 우리에게 완전한 순종을 요구하시는 하나님이 공의롭지 못하다고 말한다. 왜냐하면 하나님은 우리가 행할 수 있는 이상을 요구하시거나, 그것을 행하지 못했을 때 징계하시기 때문이다.

그러므로 그들의 이론 체계대로 하자면, 우리의 순종의 불완전한 것들은 징계를 받을 만한 일이 못 된다. 그렇다면 우리의 순종의 불완전함을 만족게 하시려고 그리스도께서 죽으실 필요가 있을까? 아무 결함도 없고, 그 본성상 징계받을 일도 없는 그리스도께서 우리의 순종을 만족스럽게 하시려고 고난당하실 필요가 있을까? 우리의 **불완전한** 순종이 열납되도록 하기 위해서 그리스도께서 값을 지불하여 사시려고 죽으실 필요가 있을까? 그들의 이론 체계대로 하자면 **불완전한** 순종 외에 다른 순종이 요구되면 그 자체가 불의한 것이 된다. 하나님이 열납하지 않으시는 불의한(불완전한) 순종을 열납하시도록 만들기 위한 길을 열기 위해 그리스도께서 죽으실 필요가 있을까? 하나님이 불의하게 행하지 않도록 설득하고자 그리스도께서 죽으실 필요가 있을까?

만약 그들이 답하는 대로 그리스도께서 우리를 위한 옛 법을 만족시키기 위해서 죽으셨으므로 우리는 그 법 아래에 있지 않고 도리어 더 관대한 법 아래 있을 수 있는 여지가 생겼다고 한다면, 나는 이렇게 묻고 싶다. (그들의 원리대로 하자면) 죽든지 살든지 우리의 현 상태에서는 그 법을 지킬 만한 능력이 없어서 우리가 옛 법 아래에 있다면, 그 자체가 불의하다는 옛 법 아래에 있지 않도록 하기 위해 그리스도께서 죽으실 필요가 있을까?

스테빙 우리도 원죄로 인하여는 불가능하므로 새 법을 행할 능력과 용서의 조건으로서의 은혜가 필요하다며 하나님께서 그것을 요구하시는 것은 불합리하고 불의하며 잔인하다.

JE 용서의 조건인 은혜 없이는 그 조건을 이행할 수 없으며, 그 은혜는 절대적인 빚과 같은데 우리는 하나님이 요구하시든지 거두시든지 불평할 수 없다.

아르미니우스주의자들이 우리가 피할 수 없는 불완전한 것들을 해결하기 위해서 그리스도의 속죄가 필요하다고 말하는 내용에서뿐 아니라, 새 법에 대한 신실한 복종을 할 수 있게끔 하나님이 베푸시는 은혜에 대해 말하는 내용이 각자 서로 다르다.

> 사실 내가 인정하는 바와 같이, 하나님의 새 은혜가 없으면 우리는 원죄로 인한 전적 불능으로 용서의 조건을 이해할 수 없다. 그러나 하나님은 우리 모두에게 은혜를 주시며, 그 은혜로 우리는 용서의 조건을 이해할 수 있게 되었다. 그 근거 위에서 하나님은 가장 공의롭게 은혜를 요구하실 수 있으며 요구하신다(스테빙 박사[16]).

---

16 JE, Henry Stebbing, *A Treatise Concerning the Operations of the Holy Spirit, Being the Substance of the late Reverend and Learned Dr. William Clagett's Discourse upon That Subject, with Large Additions* (London, 1719; 2nd, ed., 1725), 112-13. Stebbing abstracted the words of Dr. William Clagett, in his book against Dr. Owen. See "Book of Minutes on the Arminian Controversy" (Gazeteer Notebook), in *WJE* Online 37:34.

만약 스테빙 박사가 정확히 말하고자 하는 의향이 있다면, 그가 의미하는 "은혜"는 은혜로 말미암은 혹은 자유 은총과 친절로 말미암은 지원(assistance)을 뜻할 것이다. 그럼에도 불구하고 그는 동일한 곳에서 원죄 때문에 용서가 불가능해졌는데 하나님께서 용서의 조건으로서의 은혜를 요구하시는 것에 대하여 아주 "불합리하고 불의하며 잔인하다"고 말한다. 은혜가 과연 그런 것이라면, 하나님이 용서의 조건을 이행할 수 있도록 지원해주시고 능력을 주시는데 그러면 그 은혜는 무엇이란 말인가? 은혜 없이는 우리가 이행할 수 없는 **용서의 조건으로서의** 은혜를 하나님이 요구하신다는 것을 감안할 때, 은혜는 하나님이 베풀어주실 수밖에 없으며, 또 하나님이 거두어들이시면 불의하며 잔인하다고 할 수 있는 것이다. 그 은혜는 절대적인 빚인데 왜 은혜라는 말로 불리는가?

4장

자연적 불능과 도덕적 불능

불능한데 왜 명령을 내리시는가? 그래서 불순종할 수밖에 없는데 왜 책임을 지우는가에 대한 에드워즈의 답변이다.

Ar 필연은 법이나 명령과 모순된다. 자연적 불능과 도덕적 불능은 동일하다.

JE 필연은 법이나 명령과 조화된다. 자연적 불능과 도덕적 불능은 다르다.

아르미니우스주의 저자들 대부분은 필연이 법이나 명령과 모순된다고 주장한다. 특히 하나님께서 사람이 할 수 없는 것을 하라고 명령한다는 생각은 어리석다고 주장한다. 이런 경우에 그들은 자연적 불능과 도덕적 불능 사이에 어떤 차이가 있다는 사실을 인정하지 않는다. 그러므로 이제 이 문제를 특별히 살펴보고자 한다.[1]

그리고 더 명확히 하기 위해서 다음 사항들을 뚜렷하게 열거해보자.

영혼은 명령의 대상이요, 명령을 수신 및 인식하며, 의지의 기능을 소유하여 순종/불순종한다. 의지는 명령의 대상이요, 명령에 의해서 활동들을 요청받는다. 육체의 동작과 상태는 명령에 의해서 이루어진다.

---

1 예정론은 선교에 소극주의자가 되게 하는가? 1770대 후반에 영국의 서트클리프(Sutcliff), 풀러(Fuller), 라일랜드(Ryland)가 이 책을 읽었다. 그리고 이 책이 크게 기여하는 자연적 불능과 도덕적 불능의 구별 교리는 그들이 오랫동안 지켰던 의무적 신앙(duty faith, 믿어야 하는 책임은 사람에게 있다)에 대한 질문에 답하도록 했다. 라일랜드는 존 뉴턴(John Newton)에게서 *The Consistency of the Sinner's Inability to comply with the Gospel⋯. On John 6:44* (1769, by John Smalley, a disciple of Edwards and Bellamy)을 빌려서 읽었다. 그 책을 읽고 정리하여 선언하기를, 죄인들은 더 이상 자연적 불능 상태에 있지 않으므로 복음에 대하여 자유롭게 반응하도록 초청받을 수 있게 되었다. 이 같은 해답은 윌리엄 캐리(William Carey)와 앤드류 풀러(Andrew Fuller) 같은 사람들로 하여금 선교에 능동적인 자가 되게 만들었다. D. Bruce Hindmarsh, "The Reception of Jonathan by Early Evangelicals in England," in *Jonathan Edwards at Home and Abroad: Historical Memories, Cultural Movements, Global Horizons*, David William Kling, and Douglas A. Sweeney, eds. (Univ. of South Carolina Press, 2003), 207-8.

I. 의지의 결과인 활동들만이 아니라 의지 자체도 지시(precept)나 명령(command)의 고유한 대상(object)이다. 말하자면 인간 의지의 이런저런 상태나 활동들은 많은 경우에 명령에 의해서 사람에게 요구되었던 것이다. 그리고 사람의 육체나 정신 상태의 변화도 의욕의 결과로서 일어난다. 이것이 가장 명백한 사실이다. 왜냐하면 지시나 명령을 적합하게 그리고 직접적으로 받는 주체(subject)는 영혼뿐이기 때문이다. 영혼은 명령을 수신하거나 인식할 수 있는 유일한 존재다. 육체의 동작이나 상태는 영혼에 굴복하며 영혼의 활동과 연관되어 있듯이, 명령(이란 형상에서)에서 나온 질료(matter)[2]라고 할 수 있다.

그러나 이제 그 영혼은 가장 직접적이고 정확한 의미에서, 어떠한 명령에도 동의하거나 양보 혹은 순응할 수 있는 의지의 기능 외에 다른 기능이 없다. 오직 의지의 기능으로만 영혼이 직접적으로 불순종이나 순응을 거부할 수 있다. 왜냐하면 "동의하는", "양보하는", "용납하는", "순응하는", "거절하는", "거부하는" 등등의 바로 그 개념들은 그 용어의 의미대로 하자면 다름 아닌 의지의 특정한 활동이기 때문이다.

순종의 제1차적인 의미는 한 사람의 의지가 다른 사람의 의지에 굴복하고 양보하는 것이다. 불순종은 명령자의 표명된 의지에 피명령자의 의지가 동의하지 않으며 순응하지 않는 것이다. 의지의 활동 외에 다른 활동들은 육체의 특정 동작들이고 영혼 속에서의 변경들(alterations)로서, 다른 활동은 오직 간접적으로 일어나는 순종 아니면 불순종일 따름이며, 자연의 기존 법칙을 따라 의지의 상태 혹은 활동들과 연결되어 있을 따름이다.

---

2 아리스토텔레스는 존재하는 모든 사물이 형상(form, 形相)과 질료(matter, 質料) 두 가지로 이루어져 있으나, 불변하는 "근본적인 실재"(substance, ουσία)는 질료가 아니라 형상이라고 보았다.

그러므로 명확해진 사실은 의지 자체가 요구될 수도 있다는 것이다. 선한 의지(good will)를 가진 존재가 명령을 내릴 수 있는 가장 적합하고 직접적인 주체가 된다. 그리고 이 선한 의지가 명령이나 지시에 의해서 규정되거나 요구받지 못한다면 아무것도 일어날 수 없다. 왜냐하면 다른 사물들은 선한 의지의 열매들이므로, 그 의지를 의존하는 것 외에 달리 요구받을 수 없기 때문이다.

JE 일련의 의지 활동 중 제1활동은 후행 활동들을 결정지으며, 명령의 주체 역할을 하고 순종이나 불순종을 결정한다.

결론 1. 만약 의지의 여러 가지 활동 혹은 하나의 활동이 또 다른 활동을 따르고, 하나의 결과가 또 다른 결과를 따르는 일련의 활동들이 있다면, 제1활동이면서 결정 내리는 활동(*first and determining act*)은 정확히 명령의 주체이며, 그 활동을 의존하는 귀결적 후속 활동들의 주체이기도 하다. 그뿐 아니라 더욱 특별한 것은 명령이나 지시가 그 활동과 고유한 관련이 있다는 것이다. 전체 사건을 결정하는 것은 이 활동이기 때문이다. 이 활동 속에서 순종 혹은 불순종이 독특한 방식으로 나온다. 그 귀결적인 활동들은 모두 명령에 굴복하며 명령에 의해서 통제받고 결정된다. 이처럼 결정짓고 통제하는 활동이 지시의 고유한 주체임이 틀림없으며, 아니면 다른 아무것도 지시의 고유한 주체가 될 수 없다.

Ar 영혼이 선행 활동을 하며 의지의 모든 활동과 의욕을 결정한다!

JE 영혼의 활동은 의지의 활동이 아니며, 명령은 의지의 문제이므로 영혼이 명령에 굴복할 수 없다.

결론 2. 앞서 관찰하였던 것으로부터 도출되는 또 한 가지는, 의지가 무슨 활동을 해야 할지를 지시하며 결정 내리는 경우에, 의지의 모든 자유 활동 혹은 선택의 활동보다 선행하는 어떠한 종류의 영혼 활동이나 행사가 설령 있다 할지라도, 그 같은 영혼의 활동이나 행사는 어떠한 명령 혹은 지시에 대하여 직접적으로든 간접적으로든, 직설적으로든 우회적으로든, 어떤 면에서든지 올바르게 굴복될 수 없을 것이다. 그런 활동들은 의지의 활동이 아니기 때문이다. 의지의 모든 활동보다 선행하는 것이 있다고 가정해보자. 그래서 그것이 모든 의지의 활동을 결정하고 발생시킨다 하여도 그것들은 의지의 활동이 아니므로, 그것들 속에는 어떤 명령에 대한 동의나 순응이 있을 수 없다. 그것들은 명령이나 지시에 **간접적으로나 우회적으로** 굴복될 수 없다. 왜냐하면 그것들이 아무리 의지의 모든 활동보다 선행한다고 한들 의지의 결과나 귀결과 같지 않기 때문이다. 그러므로 설령 모든 의욕을 결정짓는 영혼의 본래 활동에 어떤 순종이 있다고 할지라도, 그것은 의지와는 전혀 무관한 순종의 활동일 것이다. 그 순종은 의지의 모든 활동보다 선행하는 것이다. 그러므로 영혼이 그 같은 활동 속에서 순종하거나 불순종한다고 할지라도, 그것은 전적으로 비자의적 활동이다. 그 사건 속에 의지의 자의적인 순종이나 반항, 순응이나 반대란 없다. 그렇다면 이것은 도대체 어떤 종류의 순종 혹은 반항인가?

Ar **의지의 자유란 영혼이 자신의 모든 의지 활동을 결정하는 것이다.**

그리고 앞서 말한 바와 같이 의지의 자유가 도덕 행위에 필수적이며, 사람들이 도덕적 통치[3]의 주체가 되는 데 있어서 필수적이라고 주장해왔던

---

3 도덕적 통치(moral government)란 용어는 네덜란드인 휴고 그로티우스(Hugo Grotius, 1583-1645)에 의해서 처음 사용되었고, 후에 JE에 의해서 다시 사용되었다. 나다니엘 테일러는 JE와 아주 유사하게 정의했다. (1) 도덕적 통치란 도덕적 존재들이나 도덕적 행동을 할 수 있는 존재들에게 끼치는 영향이다. (2) 완전한 도덕적 통치란 도덕적 통치자를 내포한다. (3) 완전한 도덕적 통치의 영향은 도덕적 존재들의 행동을 통솔하여 그들의 입장에서 행동의 훌륭한 목적을 확고히 하기 위한 목적이다. Nathaniel W. Taylor, *Lectures on*

것 대신에, 의지의 자유가 영혼이 의지의 활동들을 결정하는 것으로 구성되었다고 하는 아르미니우스주의자들의 개념은 완전히 모순된다. 설령 영혼이 자신의 **모든** 의지 활동을 결정한다고 해도, 지금까지 살핀 대로 하자면 영혼은 그런 점에서 명령 혹은 도덕적 통치에 굴복하지 않을 것이다.

JE **의지의 활동 중에서 선행 활동이 명령의 주체 역할을 한다. 그러므로 활동은 필연적이다.**

왜냐하면 영혼의 본래적인 결정 활동은 의지의 활동이거나 선택의 활동이 아니며, 또한 의지의 모든 각 활동(*every act*)보다 선행하기 때문이다. 그리고 영혼은 의지의 활동 자체에서 명령의 주체가 될 수 없다. 그 의지의 활동이 의지 자신의 선행 결정 활동을 의존하고, 그 활동에 의해서 결정되기 때문이다. 이것은 필연적이요, 자의적이지 않은 활동, 즉 의지의 선행하는 결정 활동의 필연적 귀결이자 결과라는 점을 고려하면 더욱 그렇다. 그 사람은 자신의 외적 활동들 속에서 명령이나 통치의 주체가 될 수 없다. 왜냐하면 이 모든 활동이 필연적이요, 의지의 활동 자체의 필연적 결과이기 때문이다.

그러므로 그들의 이론 체계대로 하자면 인간은 어떠한 활동에서도 명령 혹은 도덕적 통치의 주체가 될 수 없다. 사람의 모든 도덕 행위는 전적으로 배제되고, 이 세상에 덕이나 악에 대한 여지가 남지 않는다.

JE **아르미니우스주의 주장대로 사건이 순전히 우발적으로 일어나며 사람이 무관심의 자유로 행한다면, 법과 지시는 아무 소용이 없다.**

---

the Moral Government of God, vol. 1 (New York: Clark, Austin, and Smith, 1859), 7-10.

따라서 도덕적 통치와 법, 지시, 금지, 약속 혹은 경고의 모든 사용과 전적으로 모순되는 것은 아르미니우스주의의 이론 체계이지 칼뱅주의자의 이론 체계가 아니다. 그것들과 아르미니우스주의 원리를 조화시킬 수 있는 방법은 아무것도 없다. 왜냐하면 영혼은 의지의 활동보다 앞서 선행해 가지 않으며, 또 그 영혼에게는 선행하는 결정 활동이란 없기 때문이다. 그러나 의욕들이 아무런 원인 없이 결정하는 순전히 우발적인 사건(pure accident)에 의해서 일어나는 사건들(events)이라면, 이것은 법과 지시의 모든 사용과 가장 명백하게 모순된다. 법이 순전히 우발적인 사건을 지시하고 통제하는 데 아무 소용이 없다고 하는 것보다 더 분명한 사실은 없다. 그것이 순전히 우발적인 사건이라고 가정한다면, 선행하는 어떤 것에 의해서 통제될 수 있는 경우란 있을 수 없다. 그것은 우연(chance)에 의해서, 즉 어떠한 원인이나 법칙도 없이 아무렇게나 발생한다. 덕이나 악에 자유가 필수 불가결하며, 무관심 중립 상태(indifference)를 필수로 하는 아르미니우스주의적 개념대로 하자면, 자유는 법과 지시에 완전히 무용지물이 된다. 왜냐하면 법의 목적은 **어느 한편에게 구속력을 행사하는** 것이고, 명령의 목적은 의지를 한쪽 방향으로 전환하는 것이기 때문이다. 그러므로 그 명령들이 의지를 그 방향으로 전환하거나 편향하지 않으면 아무런 소용이 없다. 그러나 만약 자유가 무관심 중립 상태로 이루어졌다면, 명령들이 의지를 한쪽 방향으로만 기울게 하는 것은 자유를 훼손시키며, 의지를 평형 상태에서 빼내는 것과 같다. 그러므로 편향을 가지고 있는 의지는 구속력을 행사하는 법의 영향력 아래에 있으므로, 의지가 그 영향을 받지 않고 자기가 원하는 대로 스스로 어느 쪽을 결정할지는 완전히 그 의지 자신에게 맡겨진 것이 아니다.

JE 사람이 명령을 받고서도 의지가 부족하거나 반대한다는 것은 도덕적으로 불능하다는 뜻이다.

II. 앞서 나는 어떠한 경우에 있어서나 선도하고 결정짓는 기원적인 활동들 속에서 특별히, 의지 자체가 지시와 명령의 적격한 주체이며, 또한 의지의 결과들로서의 신체의 이동들 등등의 주체라는 것을 입증해왔다. 이제 이 두 번째 부분에서는 그 경우에 있어서 **기원적이며 결정짓는 활동** 속에 있는 의지 자체의 반대 혹은 부족에 대해서 관찰하고자 한다.

내가 말하는 바는 이 같은 활동에서 제안받았거나 혹은 명령받은 일에 대하여 의지의 반대 혹은 순응 실패가 있다는 사실은 그 일에 도덕적으로 불능함을 나타낸다는 것이다. 다른 말로 하자면 의지의 상태나 활동은 **사건에서 기원적이며 결정 내리는** 것인데, 명령이 의지의 어떤 특정한 상태나 활동을 요구할 때마다, 그 명령을 받은 사람이 명령과 그것이 주어진 환경들에도 불구하고 여전히 그 상태나 활동에 의지가 부족하거나 반대한다면 그는 명령을 순종할 도덕적 능력이 없는 것이다.

JE **반대 성향이 우세할 때만이 아니라 성향이 부족해도, 도덕적으로 불능하여 순종할 수 없다.**

자연적 불능과 구별되는 **도덕적 불능**의 성격에 관하여 첫 부분에서 살핀 대로 명백한 것은 이 점이다. 사람이 반대 성향의 영향 혹은 유리한 입장 아래에 있을 때나 그런 환경들과 전망 속에서 성향이 부족할 때, 어떤 것을 하기에 도덕적으로 불능하다는 말을 들을 수 있다. 앞에서 입증된 사실을 미루어볼 때 의지는 항상 그리고 각각의 모든 활동 속에서 가장 강한 동기에 의해서 필연적으로 결정된다. 따라서 모든 사물을 고려해봤을 때, 의지를 움직이는 가장 큰 힘과 유리한 입장을 지닌 동기를 거스를 수 있는 능력이 의지에게는 항상 없다. 그러나 이런 것들에 대해 더 이상 주장하지 않아도 지금 정리한 입장, 즉 의지가 자신의 **기원적이며 결정짓는**

성향이나 활동 속에서 어떤 일에 반대하거나 순응하지 못할 때, 그 의지는 순응할 능력이 없다는 사실이, 다음 두 가지 사항을 고려해보면 분명히 드러나게 된다.

의지는 성향을 따라 활동하며 현재의 활동을 변경하지 못하나 미래 활동은 거부할 수 있다.

1. 의지가 그같이 다르거나 상반된 선도 활동(leading act)이나 성향 (inclination)의 시간 속에 있을 때, 그리고 또한 실제로 성향의 영향력 아래 있을 때에도 마찬가지로, 의지는 자기 스스로 상반되게 실행하거나 순응할 목적으로 변경할 수 있는 능력이 없다. 그 성향이 성향 자신을 변화시킬 수 있는 능력이 없다. 그리고 이런 분명한 이유 때문에 성향은 자기 자신을 변화시키고 싶은 성향을 나타낼 수 있는 능력도 없다. 현재 한 선택이 또 다른 것이 되기를 선택할 수도 없다. 왜냐하면 선택하라고 하면 이제 현재의 선택과는 다른 어떤 것을 선택할 것이기 때문이다. 가령 의지가 이제 모든 것을 고려해보고 저쪽으로 가고자 하는 성향을 띠거나 선택한다면, 의지는 모든 것을 고려해보고 이쪽으로 오기를 선택할 수 없으며 이쪽으로 오게 만드는 것을 선택할 수도 없다. 정신이 지금 진실로 다른 어떤 성향으로 향하도록 자기 자신을 변화시키고 싶은 성향을 가지게 되었다고 가정하는 것은, 그 정신이 현재까지 하고 싶다는 성향을 가졌던 것과는 달리 이제는 진실로 다른 것을 하고 싶은 성향을 가졌다고 가정하는 것이다. 의지를 보였던 어떤 먼 미래의 의지 활동을 의지가 거부할지 모르나, 의지 자신의 현재 활동은 거부하지 않을 것이다.

의지가 이미 반대하는 활동 중에 있거나 그런 성향 아래에 있을 때는, 의지 자신의 어떤 활동을 다 한다 해도 명령에 순응하지 못한다.

2. 의지가 그같이 다르거나 상반되는 선도적·기원적 활동의 시간 속에 있을 때, 혹은 실제로 다르거나 상반되게 결정짓는 **선택이나 성향**의 영향력 아래 있을 때는, 의지의 선도 활동과 관련하여 의지가 명령받은 일에 대하여 의지 자신이 어떤 활동을 다한다고 해도 순응하는 것이 불가능하다. 따라서 이때 의지가 어떤 선행하는 활동을 다할지라도 순응하기로 결정되는 것은 불가능하다. 그런 가정대로라면 선행 활동이란 없기 때문이다. 즉 그 경우에는 반대적인 혹은 불순응적인 활동이 **기원적이며 결정 내리는** 활동이다. 그러므로 내가 확신하는 틀림없는 사실은 만약 명령이 주어졌을 때 **결정 내리는 제1활동**이 불순응적이라면, 그 정신(mind)은 도덕적으로 순종할 만한 능력이 없다는 것이다. 왜냐하면 정신에 순종할 수 있는 능력이 있다고 (아르미니우스주의자들처럼) 가정하는 것은, 정신의 결정 내리는 제1활동이 달라지도록 결정하고 그 원인을 야기할 수 있는 능력이 그 정신에게 있다고 가정하는 것이요, 정신의 통치하며 통제하는 제1활동을 더 잘할 수 있는 능력을 그 정신이 가졌다고 가정하는 것이기 때문이다. 이는 우스꽝스러운 일이다. 왜냐하면 그것은 의지의 결정 내리는 제1활동을, 의지의 선행 활동을, 즉 제1활동보다 선행하는 활동, 곧 모든 것의 기원적이며 통치하는 활동을 또다시 선도하고 통치하는 활동이 있다고 가정하는 것이기 때문이다. 이는 모순일 따름이다.

여기서 그것이 말하고자 하는 바가 다음과 같을 수 있다. 즉 정신이 하고 싶어 하는 것을 제쳐 두고서 다른 것을 결정하고 지시할 수 있는 선행 활동이란 있을 수 없다. 그렇기 때문에 의지의 기원적·선도적 활동 속에서 정신은 자기가 하고 싶어 하는 것과는 반대되는 것을 하고 싶어 할 수 있는 어떤 능력을 가지고 있지 않다. 그리고 의지가 변화에 대한 성향을 현재에는 나타낼 수 없기 때문에 의지는 직접적으로 자기 자신을 변화시킬 수 없다. 그럼에도 그 정신은 행동으로 나아가기를 **삼가며**, 또 그것을 고려해볼 수 있는 시간을 가질 능력을 현재에 가지고 있다. 이는 아마도 성향 변화의 원인이 될 수 있을 것이다. 나의 답변은 이렇다.

JE 의지의 활동이란 명령받아 수행하는 정신의 모든 활동이다.

(1) 내가 앞서 살폈던 반박 내용을 반대자들이 잊어버린 것 같다. 곧 어떤 일을 고려해보기로 결정하는 그 자체가 바로 의지의 활동이다. 이 의지의 활동이 능력과 자유를 행사하는 정신의 모든 활동이라고 가정한다면, 이 의지의 활동은 지시에 의해서 명령받고 요구받은 모든 것이다. 그리고 이 활동이 의지가 명령받아서 하는 활동이라면, 명령받은 활동에 관하여 관찰된 모든 것이 참이 된다. 그리고 의지의 부족은 명령받은 활동 등등을 행사할 수 없는 도덕적 불능의 일종이다.

JE 의지의 제일 선도 활동 이전에 그 활동을 결정해주는 또 다른 활동이 있다.

(2) 우리가 지금 논하고 있는 것은 그런 경우나 그 사건과 관련한 의지의 제1선도 활동에 관한 것이다. 고려하기로 결정 내리거나, 반대로 고려하지 않고 즉각 진행하기로 결정 내림이 제1선도 활동이라면, 혹은 그것이 그렇든지 그렇지 않든지 제1선도 활동 이전에 그 활동을 결정해주는 또 다른 활동이 있다면, 혹은 기원적 선도 활동이 무엇이든지 간에 상관없이 여전히 선행하고 있다는 증거(proof)가 있는 게 확실하므로 선도 활동의 불순응은 순응치 못하는 도덕적 불능을 뜻한다.

내 반대자들은 이런 사실들은 모든 도덕적 불능이 다 동일하며, 또 사람들이 모든 경우에 그리고 모든 실례에서와 마찬가지로 실제로 하고 싶어 하는 것 외에 달리 다른 것은 도덕적으로 불능하여 하고 싶어 할 수 없다는 것을 추론해줌을 반대한다. 이러한 반대에 대한 답변으로 나는 다음 두 가지 사항을 꼭 살피고자 한다.

JE 사람의 의지는 도덕적 필연에 의해서 활동하므로, 필연적 활동 외에 다른 활동을 할 능력이 없다. 경우에 따라서 그리고 사람에 따라서 그 불능이 더하기도 한다.

첫째, 한결같이 불능하다(*equally* unable)는 말이 실제로 불능하다(*really* unable)는 의미라면, 그 불능이 단지 도덕적인 것에 국한될 경우에 의지는 도덕적 필연에 의해서 활동하며, 다른 경우와 마찬가지겠지만 도덕적인 경우에는 진실로 그리고 정확히 도덕적으로 달리 다른 활동을 하기가 불능하다. 내가 겸허히 숙지하는 대로 이 내용은 이 책의 앞부분에서 완전하고 충분하게 논증되었다고 믿는다. 그럼에도 불구하고 어떤 측면에서 그 불능(inability)은 다른 경우들에서보다 어떤 특정한 경우에 더 크다고 말할 수 있을 것이다. 그 사람이 참으로 불능하며(도덕적 불능이 참으로 그저 불능으로 불릴 수 있지만), 여전히 다른 사람들보다 어떤 특정한 것들을 할 수 있는 능력이 덜 있을지도 모른다. 이처럼 사람들이 자연적으로 불능하여 할 수 없는 일들 가운데서 그러하다.

○**예증** 100kg만 들 수 있는 사람은 101kg을 들 수 있는 힘이 없듯이, 동기나 성향에 반대되는 것을 하기에 불능하다.

어떤 사람이 100kg의 무게밖에 들어 올릴 수 없다고 하자. 그 사람은 10,000kg을 들어 올릴 능력이 없을뿐더러 참으로 그리고 실제로는 불과 101kg도 들 수 있는 힘이 전혀 없다. 그러므로 일상적인 표현을 사용하자면, 그 사람은 자기 능력의 1kg을 초과한 것 때문에 더 불능하다. 도덕적 불능에서도 마찬가지다. 참으로 사람은 도덕적으로 현재의 성향과 반대되는 것을 선택하기에 불능하다. 그 성향이 최소한으로 지배하고 있을지라도 말이다. 혹은 그 동기와 반대되는 것도 마찬가지다. 즉 그 동기는 모든 것을 고려하여도 최소한의 정도로 눈에 보이는 다른 모든 동기보다 의지를 지금 움직이게 할 수 있는 훨씬 더 월등한 힘과 유리한 입장을 가지고 있다. 그러나 여전히 그는 하나의 아주 강한 습관과 깊이 뿌리내린 강렬한 성향 혹은 힘의 세기에서 다른 모든 것을 훨씬 능가하는 동기를 거부할 수 있는 능력을 결코 가지고 있지 않다. 또한 불능은 어떤 측면이나 특정한 경우에 다른 것들보다 더 클 수 있다. 마치 그 불능이 **그런 종류의 모든 활동에 대하여 더 총체적이며 광범위**할 수 있는 것처럼 말이다. 그래서 어떤 다른 의미에서 볼 때 총체적이며 습관적인 도덕적 불능을 가진 사람들은 불능하고, 또 그들은 **임시적이며 특정한** 불능만을 가진 사람들에 비해서 도덕적 능력과는 더 거리가 먼 사람들이다.[4] 이처럼 자연적 불능의 경우, 날 때부터 눈먼 사람은 다른 방식이 아니면 보는 것이 불능하다는 말을 들을 수 있으며, 그리고 또 어떤 특정한 측면들에서 볼 때, 시력이 일시적인 구름이나 안개에 의해 방해받는 사람보다 볼 수 있는 능력이 덜한 사람이다.

JE **오래된 습관에서 현재적·미래적 의욕/선택이 일어난다. 그러므로 그 의욕을 변경하거나 회피하기에 불능하다.**

이 책의 제1부에서 강하게 고착된 습관(*strong and settled habit*)을 대동하는 불능에 관하여 고찰하였던 것을 여기서 다시 기억해보자. 즉 이 같은 특이한 도덕적 불능은 그런 고정된 습관(fixed habit)을 대동하며, 돌발적 의욕(*occasional volition*)과 구별된다. 돌발적 의욕이 그런 습관과 일치하는 그 같은 종류의 미래적 의욕들(future volitions)을 피하려고 애써도 소용없으며 불충분하다.

비록 현재적 의욕(present volition)이나 선택에 상반되는 어떤 참된 신실한 욕구와 노력이 있을 수 있다는 것은 불가능하지만, 멀리서 얼

---

4 도덕적 불능을 판별하기 위해서 이 책의 제1부 4장을 참조하라.

핏 보면 그런 종류의 의욕과 상반되어 보일 수 있다. 어떤 한 사람이 자신의 특정한 성향이 미래에 실행되는 것을 막기 위해서 수단을 강구하며 사용하고, 그런 목적을 위해서 자기 습관이 제거되기를 바랄 수 있지만, 그의 갈망과 노력에도 불구하고 아무 소용이 없을 것이다. 어떤 의미에서 그 사람은 불능하다는 말을 들을 수도 있다. 이 외에도 정말 "불능한"(unable)이란 단어는 하나의 상대적 용어(*relative term*)이며, 소용없는 노력들과 관련 있다. 그럼에도 이 단어는 현재적 노력들과 관련 있지 않고, 오히려 먼 미래적 노력들과 관련 있다.

JE **오래된 습관을 그만두는 것은 불가능하다. 그렇게 반대하는 욕구와 노력들은 현재적 욕구와 상반되어 보일 따름이지 실제로 상반된 것은 아니다. 그것들은 이질적이지 않고 동질적이다.**

둘째, 앞서 관찰한 바와 같이 어떤 도덕적인 문제든지 간에 사실상 불능은 "불능"(inability)이란 단어만으로 정확히 표현되지 않는다는 사실을 기억해야 한다. 그리고 엄밀히 말해 사람이 어떤 일을 자기 선택의 범위 안에 두고 있다면, 그는 그것을 자기 능력의 범위 안에 두고 있다고 말할 수 있다. 그가 지금 어떤 일을 좋아한다면 언제나 그 일을 할 수 있을 때, 혹은 그 일에 대한 합당하고 직접적이며 즉각적인 갈망을 가지고 있을 때는 불능하다고 말할 수 없을 것이다.

사람이 어떤 강한 습관의 실행들을 피하기에 불능하다는 말을 들을 수 있다. 그 같은 강한 습관을 실행하기를 반대하는 욕구들과 노력들에 대하여, 사람은 그런 실행을 기피하기에 불능하다는 말을 들을지 모르며, 두 가지 측면에 있어서 그 욕구들과 노력들은 요원하다.

첫째, 시간과 관련하여 그 욕구와 노력들은 현재적 의욕과 결코 상반된 것들이 아니라 멀리서 얼핏 보기에 상반되어 보일 따름이다.

둘째, 그 욕구와 노력들의 성질과 관련하여 이 같은 반대 욕구들은 직접적으로 정확하게 습관과 성향 자체에 대해, 혹은 성향이 실행되는 의욕들에 대해 상반되는 것이 아니다. 왜냐하면 이런 반대 욕구들과 습관 및 성향은 서로 동질적이기 때문이다. 그러나 이 양자는 자신들을 대동하거나 혹은 자신들의 귀결이 되는 어떤 다른 것과만 상반될 따름이다. 정신의 거부는 전적으로 다른 어떤 것과 상반된다고 규정된다. 성향이나 의욕은 그 자체로서는 직접적인 반대를 전혀 당하지 않으며, 이질적이고 낯선 어떤 것 때문에 오로지 간접적으로 멀리서 반대를 당할 뿐이다.

JE **사람이 도덕적으로 불능하나 의지의 선한 상태와 활동을 명령에 의해서 합당하게 요구받을 수 있다.**

III. 의지 자체의 반대, 혹은 명령받은 어떤 일에 대한 의지의 부족은 그 일에 대한 도덕적 불능을 암시한다. 그럼에도 불구하고 의지의 선한 상태나 선한 활동이 명령에 의해서 가장 정당하게 요구되어 발생한 일이라면, 어떤 경우들에 있어서는 의지의 그런 상태나 활동이 정당하게 요구될 수 있다. 의지의 그런 상태나 활동을 명령받은 후, 현재에 아직 그런 것이 존재하지 않거나 부족할 수도 있다. 그러므로 사람들이 그런 것들에 대해 도덕적으로 불능하여 실행할 수는 없으나 정당하게 명령받을 수는 있다. 아직 존재하지도 않는 의지의 상태나 그런 활동이 명령에 의해서 요구될 수도 있다. 왜냐하면 오직 이미 존재하는 의욕만이 명령받을 수 있다면 지시(precept)는 아무 소용이 없기 때문이다. 모든 경우에서 명령들이 전혀 성과를 내지 못하고 부당한 것일 수 있다.

Ar **정당한 명령인데 누가 불순종하랴?**

JE **그 말은 결국 정당한 명령에는 필연적으로 순종한다는 뜻이다.**

그리고 그 명령이 주어지기 전에 의지가 부족한데도 요구받을 수 있을 뿐 아니라, 명령받은 후에 의지가 부족해질 수도 있다. 명령의 표명과 같은 그런 것은 의지를 발생시키거나 자극하는 데 효과적이지 않을 수 있다. 반면에 합당하고 정당한 명령이라면, 어떤 경우에도 불순종과 같은 일이 당연하지 않거니와 가능하지도 않다. 그리고 변명 불가한 혹은 책망받을 불순종의 경우란 상상 불가하다. 이와 같은 주장은 아르미니우스주의자들조차 자신들의 원리를 따라서 확증할 수 없을 것이다. 왜냐하면 이 주장은 정당하고 합당한 명령들에 대해서 항상 **필연적**으로 순종해야 한다는 우리의 주장을 뒷받침해주기 때문이다. 그리하여 아르미니우스주의자는 우리가 지적하는 그 점을 완강하게 부인하며, 곧 법과 명령이 필연과 조화를 이룬다는 점을 부인하며 자기들의 이론을 스스로 뒤집는다. 명령이 하달된 후에도 성향이 계속해서 반대하거나 부족을 뜻하는 불능 때문에 불순종이 면책받는다면, 그때는 사악함도 그런 식으로 면책해주는 그 불능 속에서 항상 면책받을 것이다.

JE 사람은 자신의 악한 성향과 사악함 때문에 도덕적으로 불능하다.

Ar 사람의 도덕적 불능과 사악함은 서로 상관이 없다.

변하지 않는 사실은 이것이다. 사람의 마음속에 사악함이 있으면 있을수록, 그만큼 더 사악함을 악화시키고자 하는 성향이 있으며, 그리고 그만큼 더 선에 대하여서는 도리어 더 큰 도덕적 불능을 가지고 있다. 사람의 도덕적 불능은 악한 성향의 힘과 사악함으로 구성되어 있다. 그런데도 아르미니우스주의 원리에 따르면 불능은 사악함과 상관이 없으며, 사람이 얼마나 더 불능하느냐에 따라 그만큼 더 사악함과 거리가 멀어진다고 주장한다.

도덕적 불능: 사람의 악한 성향과 사악함으로부터 일어난 것이므로 변명할 수 없다.

자연적 불능: 자연적 능력의 부족 혹은 외부적 방해로부터 일어나는 불능은 면책 받을 수 있다.

그러므로 전체적으로 명백한 사실은 오직 (싫증[disinclination]으로 구성된) 도덕적 불능 때문에 사람이 부당한 지시나 명령을 받았다고 변명할 수 없으며, 명령의 불순종이나 불순응에 대해 결코 면책받지 못한다는 것이다.[5]

자연적 능력의 부족 혹은 외부적 방해(이것만이 정확히 불능이라고 불린다)로부터 일어나는 자연적 불능(natural inability) 때문에 의심 없이 완전히 면책받거나, 어떤 것이 부당한 명령의 문제가 된다. 사람들이 명령받을 것으로 예정된 어떤 선한 일을 행하거나 활동하는 것으로부터 책임을 면제받으면, 그 원인은 의지 자체에 있지 않으며 지성이나 육체 혹은 외부 환경의 능력에 있으며, 그 의지와 본질적으로 상관없는 어떤 결점이나 장애 때문에 면책받는 것임이 틀림없다.

여기서 두세 가지 사항들을 관찰해보자.

면책받을 수 있는 행위: 지성의 자연적 기능이나 능력이 부족하여 일어난 경우

면책받을 수 없는 행위: 의지나 성향이 악한 도덕적 상태에서 일어난 경우

1. 사람들이 의지 자체나 열정(의지가 실행될 때 나타나는 특정한 형태들일 뿐이다)의 내재적 활동에서 진행되는 영적 의무나 활동에 대하여, 혹은 어떤 선한 일에 대하여, 공정하게 면책받는다면 그 이유는 지성의 자연적 기능 안에 있는 능력이 부족하기 때문이다.

따라서 천사에게 요구되는 것과 동일한 영적 의무들, 혹은 마음의 거

---

5 이 책 120, 397쪽을 보라.

룩한 열정과 활동들이 사람에게는 요구될 수 없다. 사람은 지성의 능력이 천사보다 현저히 열등하기 때문이다. 그래서 사람들은 자신들이 보지도 듣지도 알지도 못하지만 호의적인 사람에게는 인간 지식의 생득적 상태와 능력에 따라 어떤 식으로든지 사랑을 베풀 것을 요구받을 수 없다. 그러나 만약 동기의 불충분함이 자연적 지성의 상태로부터 일어난 것이 아니라, 의지나 경향 자체의 도덕적 상태로부터 일어난 것이라면, 동기의 불충분을 이유로는 면책받지 못할 것이다. 어떤 사람이 큰 친절과 관용을 베풀지라도 그 친절을 받는 사람에게 악덕하고 감사치 않는 성향이 있다면, 그에게 감사를 유발시키기는 충분치 않을 것이다. 이 경우에 동기의 불충분함이 의지나 마음의 성향에서부터 비롯되었으므로 전혀 면책받을 수 없다. 그러나 이 같은 친절과 관용이 감사를 유발하기에 충분하지 않으며, 상대방의 정신 기능의 상태와 정도에 적합한 소통 수단이 없어 알려지지 않았다면, 이 불충분함은 완전히 면책받을 수 있는 자연적 불능과 관련 있다.

JE 신체의 동작, 정신의 활동은 의지 자체의 내재적 활동이 아니라, 의지 및 의욕과 직접적으로 연결되어 일어난 의지의 결과다. 의지는 받은 명령에 전적으로 순응하여 자기 의무를 수행한다. 반대로 의지가 순응하지 않고 의욕이 없어 자연적 불능이면 완전한 면책을 받을 수 있다.

2. 몸의 동작들 혹은 정신의 활동들과 변화들은 의지 자체의 내재적 활동들이나 상태로 이루어진 것이 아니라, 의지의 결과들로서 요구받기로 되어 있는 것들이다. 내가 말하고자 하는 바는 의지의 그런 예상된 결과들 가운데, 지성의 능력 부족이란 일어나지 않는다는 것이다. 그 같은 불능과 유일한 변명은 결과들과 의지 사이의 연결 부족으로 이루어져 있다. 먼저 의지가 전적으로 순응하였으며, 그리고 제안받았던 결과가 자기 의

욕과 연결되어 있지 않았다는 것을 자연의 법칙들에 따라 증명하면, 그 사람은 완전히 면책받을 것이다. 그 사람은 요구받은 일에 대하여 자연적 불능을 가지고 있다. 왜냐하면 앞에서 관찰한 바와 같이, 의지 자체가 명령에 의해서 직접적으로 그리고 즉각적으로 요구받을 수 있는 모든 것이기 때문이다. 그리고 다른 것들은 오직 간접적으로 의지와 연결되어 있다. 그러므로 의지가 전적으로 순응하였다면, 그 사람은 자기 의무를 다한 것이다. 그리고 다른 것들이 자기 의욕과 연결되어 있다고 입증하지 않는다면, 그것은 자기와 상관없는 일이라는 뜻이다.

자연적·도덕적 불능이 동일한 불능이지만, 지성과 힘의 불완전과 한계로 인한 것이 아니면 변명할 수 없는 장애다.

3. 앞서 언급했던 이 같은 종류의 자연적 불능들과, 면책받는 모든 불능, 이 양자를 분석하면 다음 한 가지로 축약된다. 즉 자연적 능력 혹은 힘의 부족, 지성의 능력 혹은 외적 능력의 부족이다. 외적 결점과 장애가 있을 때에, 지성 및 힘의 불완전과 그 한계로 인한 장애가 아니라면, 그것들은 장애가 아니다.

JE **타락하여 도덕적으로 불능한 인간은 하나님의 권유(invitations)보다는 하나님의 명령(commands)을 받는 것이 합당하다.**

결론. 사람이 어떤 일에 대해 도덕적 불능을 가지고 있는데, 그 일이 정당한 지시나 명령의 문제가 될 수 있다면, 동시에 그 일은 정당한 권유와 권고의 문제도 될 수 있다. 아주 많은 명령과 권유들이 동일한 일에 주어진다. 단지 환경적인 차이가 있을 뿐이다. 명령은 그것이 권유일 뿐이라고 말하는 이의 의지 표명이요, 순응을 기대한다는 증거다. 명령과 권유 사이에는 큰 차이가 없다. 이 둘 사이의 주요한 차이는 명령하거나 권유하는 이가 의지를 집행하는 데 있다. 권유에는 그것을 집행하는 이의 친절함이 있고, 그의 의지는 선함(goodness)으로부터 나온다. 반면 명령에는 그것을 집행하는 이의 **권위**가 들어 있다. 그러나 말하는 이의 근거가 무엇이든지 간에, 그의 주장이 무엇이든지 간에, 그의 의지나 기대를 보지 못함이 어떤 경우에는 다른 경우보다 더 많이 목격된다. 그러므로 사람이 권유에 의해서(by invitation)보다는 명령에 의해서(by command) 지시받은 일에 대해 도덕적으로 불능하여 할 수 없다는 것을 알게 되므로, 자신이 갖고 있지도 않은 의지나 기대를 표명하도록 지시하는 그 사람 속에 있는 불신실성이 더 잘 드러난다. 그러므로 타락한 인간은 신실하신 하나님의 권고와 권유로 말미암아 그리스도를 믿고 다른 영적인 복음의 의무들을 이행하기 불능하다는 내 주장에 대해 아르미니우스주의자들이 끈질긴 반론을 펼치지만 힘을 크게 잃었다.

5장

욕구와 노력의 신실성

선한 일들의 불이행에 대한 변명

신실하게 욕구하며 노력했다고 해서 죄를 짓거나 선을 행치 않는 자기 잘못에 대해서 면책받을 수 있는가? 선한 목적 없이 선한 일을 행하기만 하면 정당한가?

JE 불신자들도 다 그렇게 한다. 진실한 욕구와 노력이란 선이나 덕이 있는 욕구와 노력이다.

Ar 이행하지 못해도 신실한 욕구가 있고 노력했으면 괜찮다. 그에게 책임이 없다.

많은 사람이 무수히 주장한 바와 같이, 어떤 사람들이 죄에 대한 회개, 하나님을 향한 사랑, 복음서에 나타나고 제시된 그리스도에 대한 진심 어린 영접 등등과 같은 영적인 의무를 이행할 능력이 없어도 그런 일들을 신실하게 욕구하며 노력할 수 있다. 그러므로 그들은 면책받는다고 주장한다. 그리고 신실하게 욕구하며 노력하지만 행할 수 없는 것들에 대한 부작위(omission) 때문에 책망하는 것은 비합리적이라고 주장한다.

이 문제에 관하여 다음 사항들을 살펴보자.

Ar의 모순 영적 의무를 신실하게 욕구하지만 이행할 수 없다는 말

1. 다음과 같은 가정은 큰 실수이자 모순이다. 의지 자체의 실행으로, 혹은 마음의 성향과 경향으로 구성되어 있는 사랑, 영접, 선택, 거절 등등의 영적 의무를 사람이 신실하게 선택하며 욕구하지만, 그럼에도 불구하고 사람에게는 그것들을 이행하거나 실행할 수 있는 능력이 없다. 이 말은 모순이다. 왜냐하면 사람이 자신의 성향과 반대되는 또 하나의 성향을 동시에 직접적이고 정확하며 신실하게 갖고 싶어 한다는 가정은 이치에 맞지 않기 때문이다. 이 말은 사람이 무엇을 하고 싶어 한 다음에 다시 그것이 하고 싶지 않게 되었다고 가정하는 것이기 때문이다. 사람이 자신의 의지와 성향의 상태 및 활동 속에서 정확하게 직접적으로 그 의무에 찬동한다면, 그는 그 상태와 활동 속에서 그 의무들을 이행한다. 왜냐하면

그 의무들 자체가 바로 의지의 상태와 활동들로 이루어져 있기 때문이다. 그 의무들은 그렇게 형성되고 지시받은 의지의 상태와 활동들로 이루어진다. 영혼이 정당하고 신실하게 의지나 선택의 특정하게 제시된 활동에 찬동한다면, 영혼은 그 안에서 그 선택을 자기 것으로 여긴다. 움직이는 신체가 제안받은 동작 방향에 대해서 찬동하면, 그 찬동은 그 방향으로 움직이는 것과 같다.

Ar의 모순 **의무를 이행하지 않으면서 욕구한다는 말**

2. 내면적인 의무(inward duties)를 이행하지 않으면서 "욕구"(desire)와 "의향"(willingness)[1]이 있다고 말하는 것은 그런 의무에 대한 그저 간접적이고 소원한 관심일 뿐이며, 의향이라고 잘못 지칭하는 것이다. 왜냐하면 (앞서 관찰한 대로) 그 같은 의향은 멀리 있고 미래에 있을 선한 의욕들과만 관련 있기 때문이요, 또한 항상 이런 의욕들과 욕구들 자체가 아닌 이질적이며 이색적인 다른 어떤 것이 그런 의욕들과 욕구들을 결정짓는 객체이기 때문이다.

○ **예증** **술꾼이 금주에 실패한 이유는 진실된 의향과 욕구가 없었기 때문이다.**

술꾼은 독한 술을 마시고 싶어 하는 애호와 강한 욕구에 지배를 받고, 덕에 대한 어떤 애착도 없기에 계속해서 술을 마신다. 동시에 그는 욕심이 극히 많으며 옹색하지만, 예상되는 자신의 재산 탕진과 가난에 대해서는 몹시 괴로워하며 슬퍼한다. 그렇게 함이 일종의 금주의 덕에 대한 "욕구"(desire)라고 할 수 있을 것이다. 그리고 그의 현재 의지는 자신의 과

---

1 Willingness란 무언가를 자진해서 하고자 함을 말한다. 의지에 견주어 "의향"(意向)이라고 함이 좋겠다.

도한 욕망을 만족시키는 것이지만, 그럼에도 그는 자기 돈을 쓰지 않기로 하는 반의향(unwillingness)을 통하여 무절제의 미래 활동들을 삼가며, 과음하지 않기로 마음먹기를 욕구할 것이다. 그러나 그는 여전히 계속해서 술을 마신다. 그의 희망 사항과 노력은 불충분하며 비효과적이다. 그런 사람에게는 이 같은 악덕과 악덕에 속하는 사악한 행위들을 버리고자 하는 적합하고 직설적이며 신실한 의향이 없다. 왜냐하면 그는 술을 과도하게 마시려는 활동을 계속해서 자의적으로 하기 때문이다. 그의 욕구를 절제하고자 하는 것을 의향(willingness)이라고 부르는 것은 극히 잘못되었다. 그런 덕에 대한 욕구는 참된 욕구가 아니다. 왜냐하면 자신의 희망을 결정짓는 것은 그런 덕이 아니고, 그의 희망들은 참된 덕과 직접적인 관련이 전혀 없기 때문이다. 자기 욕구의 전적인 힘을 결정짓고 소모하게 하는 것은 그저 **자기 돈을 절약**하여 가난을 피하고자 함이다. 절제의 덕이 탐심의 악덕을 만족시키는 필수적 수단으로조차 간주되어도 아주 교묘하고 심히 부당할 뿐이다.

○예증 **악인이 성결을 요망하나 신실한 의향은 없다. 이는 어떤 병자가 싫어 하던 약을 요망하는 것과 같다.**

이처럼 심히 부패하고 악독한 마음을 가진 어떤 사람이 있다. 그는 하나님과 예수 그리스도를 사랑하지 않고, 육신이 심히 저속한 성향을 가지고 있어서 종교적인 것들에 반감을 보이고 이를 극도로 혐오한다. 그런데 그는 대를 이어 내려오는 유전병으로 인해, 어린 나이에 요절하는 집안 출신으로 오래 살 소망이 희박하다. 그리고 그는 그리스도에게 드려야 할 사랑의 필연과, 그분의 죽음과 고난에 대한 감사의 필연 속에서 영원한 멸망으로부터 구원받는다는 교육을 받고 자랐다. 그 자신이 신성모독적이며 육욕에 속한 마음을 계속 가지고 있으면서, 이 같은 상황들 아래서 영원한 고통에 대한 두려움 때문에 그런 성향을 가질 수 있기를 욕구한다면, 그는 아직도 하나님과 신앙에 대해서 습관적 증오와 적대감을 계속 품고 있는 것이며, 전혀 그런 사랑과 감사의 실천이 없는 것이다(의심할 여지없이 마귀들도 그런 수단에 의해서 그들이 지옥으로부터 벗어날 수 있다면, 그들이 가진 기질의 모든 마귀적인 본질들에도 불구하고 거룩한 마음을 요망할 것이다). 이 경우에 그에게는 그리스도를 사랑하고 그분을 자신의 최고선(chief good)으로 선택할 신실한 의향이 없다. 이러한 거룩한 성향과 실행은 그의 의지의 직접적 목표가 전혀 아니고 그는 이러한 영혼의 경향이나 욕구를 조금도 갖고 있지 않다. 모든 것이 단지 고통에서 벗어나기 위한 목표에 맞춰 결정지어졌다. 그리고 이런 은혜와 경건한 의욕은 바람직하지 않아 보인다. 마치 어떤 병자가 살고 싶어서 지독히 싫어 하던 쓴 약을 요구할 때처럼 말이다. 이것은 다음 사항들을 나타낸다.

간접적 의향은 명령이 요구하는 의지의 실행이 아니라 다른 목적으로 인한 다른 성질의 의욕이다.

3. 지금까지 언급한 이 같은 간접적 의향은 명령이 요구하는 의지의 실행이 아니라 전적으로 다른 것이다. 다른 성질의 의욕이며 다른 목표들을 두고서 함께 결정지어진 의욕이다. 그 의향은 명령이 추구하는 덕이 전적으로 부족하다.

다른 성질의 의욕은 요구된 의무와 간접적으로 관련되어 있고 의지가 부족하며 덕이 전무하다.

4. 이같이 다른 성질의 의욕은 요구받은 의무에 대해 단지 간접적인 어떤 관련만 있을 뿐이다. 또한 그 의욕은 명령받은 선한 의지 자체의 부족에 대해서 변명할 수 없고, 그 명령에 반응하거나 명령을 완수하지 못하며

그 명령이 추구하는 덕이 전혀 없다.

○ 예증 **좋은 아비를 미워하는 못된 아들이 미래를 우려한 나머지 아버지를 사랑하고 존경하려는 동기불순한 간접적 의향이 있다고 해서 하나님이 요구하신 명령 불이행에 대한 책임을 면할 수 없다**

이 문제를 더 예증해보자. 어떤 아들에게 무척 훌륭한 아버지가 있다. 아버지는 항상 아들을 자상하고 친절하며 온화하게 대한다. 그 아버지는 아들을 지극한 사랑과 정성 어린 보살핌으로 대할 뿐 아니라 부유하기까지 했다. 그러나 아들에게는 뿌리 깊은 사악과 악독의 성향이 있어 계속해서 병적으로 아버지를 미워한다. 그럼에도 아버지에 대한 자신의 증오 때문에 상속권을 박탈당하며, 가난과 비참한 상황에 몰려, 결국은 자기 파멸을 초래할 것을 우려한다. 이것은 그의 탐욕과 야망과는 정반대의 일이다. 그러므로 그는 자신의 성향이 달라지기를 욕구한다. 그러나 그의 사악하고 악독한 성향으로 인해 그는 여전히 아버지를 증오한다. 그런 아들이 자기 아버지를 사랑하고 존경하고자 하는 간접적인 의향이 있다고 하여, 하나님이 그에게 요구하시는 자기 아버지에 대한 이런 성향들을 실제적으로 불이행하는 것에 대하여, 하나님 앞에서 면책받거나 면죄받지 못한다. 그러나 만일 그가 면책받거나 면죄받는다면 그것은 다음 두 가지 이유 중 하나에 해당할 것이다. (1) 의향이 있으면 명령에 대해서 반응하고 완수하기 때문이다. 그러나 그 가정대로라면 그의 의향은 그렇지 않다. 왜냐하면 그가 명령받은 일은 자신의 아버지께 합당한 사랑과 존경을 드리는 것이기 때문이다. 만약 그 명령이 당연히 합당하고 공정하다면 그것은 명령받은 일에 대하여 책임이 있다. 즉 오직 그 의무에 대해서 반응할 수 있는 것에 대하여 책임이 있을 뿐이지 그 외에 다른 일에 대해서는 책임이 전혀 없다. 혹은 (2) 최소한 그의 간접적인 의향 속에 덕이나 선이 있기 때문이다. 그 덕은 요구된 덕과 동일한 것이다. 그리하여 그 덕은 요구된 덕과 조화를 이루거나 아니면 대항하며, 요구된 덕의 부족을 보충해 주기 때문이다. 그러나 이 이유 역시 그 가정과 상반된다. 단지 돈과 명예에 대한 애착으로부터 나온 그 아들의 의향이 경건하다면, 그에게 요구되는 존경심의 부족을 상쇄할 만한 선함(goodness)은 그 속에 없다.

JE 신실한 욕구가 있다고 다 덕 있는 것이 아니다.

지금까지 기술한 간접적인 의향 속에 있는 신실성과 실재가 그 의향을 더 이상 개선하지 못한다. 덕에 있어서나 악덕에 있어서나, 실제적이고 (real) 정성 어리면(hearty) 흔히 신실하다고 일컬어진다. 어떤 사람들은 신실하게 나쁘다(bad), 또 어떤 사람들은 신실하게 착하다(good). 그리고 또 어떤 사람들은 자기 본성상 무관심한 일들에 신실하며 진심 어릴 수 있다. 마치 배고픈 사람이 신실하게 음식을 먹고 싶어 하는 것과 같다. 그러나 신실하고 정성 어리며 진지한 선(good) 가운데 있는 존재일지라도, 덕스러운 일 속에 있지 않으면 덕이 아니다. 해적단이나 마적단에 입단하는 사람도 신실하며 정성 어릴 수 있다. 귀신들이 그리스도께 자신들을 괴롭게 하지 말라고 부르짖으며 구했을 때 그것은 가식이 아니었다. 귀신들도 고통당하지 않으려는[2] 자신들의 욕구에는 아주 신실했다. 그러나 그것이 그들 자신의 의지나 욕구를 덕 있게 하지는 못했다. 사람이 자신의 본능과 본성보다 별로 나을 게 없는 신실한 욕구를 가지고 있다고 해서, 요구받은 덕의 부족에 대한 변명이 될 수 없다.

---

2 "큰 소리로 부르짖어 이르되 '지극히 높으신 하나님의 아들 예수여 나와 당신이 무슨 상관이 있나이까? 원하건대 하나님 앞에 맹세하고 나를 괴롭히지 마옵소서' 하니"(막 5:7; 참고. 눅 8:28).

JE 욕구와 마찬가지로 노력에도 진실한 선함이 없으면 아무것도 아니다.

앞서 언급한 바와 같이 사람이 자기 의무를 행하려는 간접적인 욕구나 의향이 신실하다는 것이 이행의 부족에 대한 변명이 될 수 없는 것처럼, 그런 의향으로부터 나오는 노력에 대해서도 마찬가지다. 의지의 결과와 표현이 되는 노력 속에는 선함이 의지보다 더 많이 있을 수 없다. 따라서 한 사람의 노력이 신실하고 진실하며 대단할지라도, 더구나 그 노력이 자기 최선의 능력일지라도, 의지에서 기인하는 것이 진실로 선하며 덕스럽지 않으면, 도덕적 의미와 관점으로 볼 때 그것들은 어떤 목적에도 영향력이나 중요성을 갖지 못한다. 하나님이 보시기에 진실로 덕이 없는 것은 전혀 선하지 않다. 그러므로 하나님의 계산대로 하면 덕 없는 일은 어떠한 도덕적 결점에 대해서 제안하거나 만족하거나 변명하거나 보충할 가치, 중요성, 혹은 영향력이 없다. 왜냐하면 선(good) 외에는 아무것도 악(evil)과 맞먹을 수 있는 것이 없기 때문이다.

○**예증** 저울에 올려진 사물이 무게가 나가지 않으면 균형을 잡을 수 없다. 진실한 선함은 무게가 나가는 추와 같다.

가령 한쪽 접시저울에 악이 올려져 있다면 반대편 저울에 아무리 큰 신실하고 진실한 욕구와 많은 노력을 올려놓아도 그 모든 것에 진실한 선함이 없다면 무게가 나가지 않는 것과 같다. 그러므로 그것은 반대편 저울에 올려진 실제적인 무게와 균형을 이루는 데 아무런 영향을 미치지 못한다.

○**예증** 실수에서 0을 천 번 빼도 그 총 수가 빼기 전과 같다.

그 노력은 실제 숫자 앞에 있는 천 개의 영을 빼도 총액이 처음에 있었던 숫자가 그대로 남는 것과 같다.

JE 진실한 덕이 없는 노력은 선한 영향력을 발휘하지 못하고 그저 악을 피하게 해줄 뿐이다.

사실상 그런 노력들은 소극적인 선한 영향력을 가지고 있다. 그같이 적극적인 덕(positive virtue)[3]이 없는 노력은 적극적인 도덕적 영향력을 가지고 있지 않으나, 어떤 경우에는 적극적인 악을 피하게 할 수 있다.

○ 예증 물에 빠진 빚쟁이를 구한 이유가 돈 때문이라면 그것은 선행이 아니다.

어떤 사람이 수영을 못하는 이웃과 함께 물에 빠졌는데 그 이웃이 살기 위해 자기 손으로 그를 붙잡고 있다. 그 이웃은 자신에게 빚이 많은 사람이었다. 만약 그에게 악한 의지가 있다면 이웃이 빚을 갚지 않았으므로 물에 빠져 죽게 내버려 두고 싶은 유혹에 빠질 수 있지만, 그는 그런 유혹을 거부한다. 그 이유는 자기 이웃을 사랑하기 때문이 아니라 돈을 사랑하기 때문이다. 이웃이 죽으면 자신에게 빚을 갚지 못하기 때문이다. 물에 빠져 죽을 뻔한 이웃을 살렸어도 그가 한 일은 하나님이 보시기에 전혀 선하지 않다. 하지만 그가 의도적으로 자기 이웃을 물에 빠져 죽게 내버려 두었더라면 처하게 될 수 있었던 더 큰 정죄에 처했을 테지만, 구해 줌으로써 벗어날 수 있다.

Ar 하나님이 신실한 욕구와 노력에 근거해서 사람을 면죄해주시는 이유는 그 속에 적극적인 도덕적 가치가 있기 때문이다.

그러나 아르미니우스주의자들은 칼뱅주의자들을 반박하면서 신실한 욕구와 노력은 사람에게 면책을 주며 하나님께서 열납하시는 것이라고 강조한다. 그런 면책과 열납 등등의 것들은 그 욕구와 노력 안에 있는 적극

---

3 적극적인 덕, 곧 실행함으로 나타나는 덕이다.

적인 도덕적 중요성 및 영향력과 관련된 일임이 명백하다는 것이다. 그들은 신실하고 정직하게 노력(그들이 일컫기를)하며, 사람이 할 수 있는 도리를 하는 것 등등에 근거해서 하나님이 용납해주시고, 의롭다 해주시며, 혹은 면죄해주시는 것은 사람의 그런 행위에 어떤 도덕적 가치가 있고, 선으로 간주되며, 결점을 상쇄해줄 만한 어떤 것이 있기 때문이라고 주장한다.

"신실한"이란 용어의 불명료한 정의로 인한 혼동: 그들은 사람의 노력이 신실하면 결함이 없고 덕 있다고 간주한다.

그러나 여기에는 "신실한 노력들"(sincere endeavors)이란 문구의 불명료함 때문에 야기되는 잘 알려지지 않은 큰 결함이 도사리고 있다. 사실상 도덕적·영적 문제들과 관련한 것들을 표현하는 데 사용되는 용어 대부분이, 적어도 그 가운데 아주 많은 용어가 불명료하며 불분명한 의미를 전달하고 있다. 그리하여 끊임없이 실수가 생기고, 강한 편견에 빠지게 되며, 복잡하게 얽힌 혼동과 끝없는 논쟁이 야기된다.

　"신실한"(sincere)[4]이란 용어는 선한 것을 뜻할 때 가장 흔히 사용된다. 사람들은 습관적으로 이 용어를 "정직한"(honest)과 "올바른"(upright)이란 용어와 동일시한다. 그러나 이런 용어들은 가장 예리하고 엄격한 의미에서 선한 것에 대한 개념을 환기시켜준다. 외모를 보시지 않고 중심을 보시는 이[5]의 눈에 선한 것 말이다. 또한 사람들은 누구든지 신실하면 확실히 용납받을 것이라고 생각한다. 어떤 사람이 자신의 노력이 신실하다는 말을 들으면, 그 말은 그의 생각 속에서 덕스러운 성향에 따라 그의 마

4　라틴어 sincērus(깨끗한, 물들지 않은)에서 온 말이다.
5　삼상 17:7에 근거한 문장인데 초판본 편집자가 잘못한 것으로 간주된다. 이 역서에서 성경대로 수정한다.

음과 의지가 선하며 의무에 아무런 결함이 없다고 여기게 만든다. 그는 자신에게 요구된 바를 행하고자 정직히 그리고 올바르게 욕구하며 노력한다고 여긴다. 그리고 이런 말은 아르미니우스주의자들로 하여금 다음과 같은 것을 가정하게 만든다. 그는 자신의 능력 이상의 노력을 했는데도, 그 노력이 수포로 돌아갔다고 그를 징벌하는 것은 아주 난처하고 비합리적이다. 그러나 우리는 "신실한"이란 용어가 지닌 다음과 같은 다른 의미들을 주목해야 한다.

"신실함"이란 공언하였거나 단정지은 어떤 것을 향한 의지와 노력의 실재다.

1. "신실함"이란 용어는 공언했거나 주장한 어떤 것을 향한 의지와 노력의 실재(*reality of will and endeavor*)를 의미할 뿐 그 이상을 뜻하지 않는다. 그런 원칙이나 목표가 있으면 본질과는 상관없이 거기로부터 이 같은 실제적 의지와 참된 노력이 일어난다. 만약 사람이 직접적이든 간접적이든 어떤 것을 갖고자 하는 실제적 욕구가 있거나 그것을 갖고자 노력한다면, 그가 활동하는 원리의 선함이나 악함 혹은 활동 목표의 탁월함과 가치에 대해서는 전혀 고려하지 않고, 그는 신실하게 그것을 욕구하거나 노력한다는 말을 듣는다.

○ 예증 **이웃집 아내를 취하기 위해서 그녀를 신실하게 돕는 남자**

한 남자가 이웃집 아내에게 친절을 베푼다. 그녀가 아파서 쇠약할 때 도와주고 필요할 때마다 친절을 베푼다. 그 남자는 그녀의 건강과 원기가 회복되기를 바라며 자신이 노력하고 있음을 과시하려 한다. 그리고 과시하기만 하는 것이 아니라 그 겉치레 속에는 하나의 실재가 있다. 그는 진지하고 정성을 다하여 그녀의 건강이 회복되기를 바라며, 그것을 위해서 진정으로 자신이 할 수 있는 최대의 노력을 다한다. 그리고 그것을 신실하게 욕구하며 노력한다는 말을 듣는다. 아마도 그가 활동하는 원리가 사악하고 수치스러운 열정에 있지만, 그럼에도 진실하게 행하기 때문일 것이다. 그는 그녀와 불륜을 행하면서 그녀의 건강과 활기가 회복되기를 진심으로 욕구한다. 그렇게 해서 그는 그녀와 죄악된 쾌락에 빠진다.

"참 신실함"이란 의지와 노력이 실재하되 순수하고 덕이 있어야 진실한 신실함이다.

2. "신실함"이란 단지 이런저런 종류의 의지와 노력의 실재(reality, 實在)만이 아니라, 덕 있는 신실성(virtuous sincerity)을 의미한다. 다시 말하자면 그것은 덕이나 의무의 문제인 특정 활동을 수행하는 데 행위뿐만 아니라, 덕의 형태와 본질도 그 활동 속에 있음을 의미한다. 덕의 형태와 본질은 활동을 통제하는 목표와 그 활동 속에서 실행되는 원리로 이루어진다. 이 같은 수행에는 활동의 실재, 이를테면 의무의 본체(body)가 있을 뿐 아니라, 그 본체에 정확히 소속한 영혼(soul)도 있다. 이런 의미에서 사람이 사악한 견해나 사심(私心, by-end)이 아닌 순수한 의도(pure intention)를 가지고 활동할 때 신실하다는 말을 듣는다. 그는 이런저런 목적으로 인해 실제로 그 일이 이루어지고 자질이 갖추어지기를 욕구하며 추구한다. 뿐만 아니라 누구에게 강요받거나 매수되지도 않은 그 일을 직접적으로 그리고 정당하게 하고 싶어 한다. 즉 그 일의 덕은 정확히 그 의지의 목표(object)다.

전자의 의미에서 볼 때, 사람은 그저 가식적이지 않을 때 신실하다는 말을 들으며, 또 전혀 아무런 실제적인 욕구나 노력이 없었는데 특별한 일이 성취되고 드러났을 때도 그런 말을 듣는다. 후자의 의미에서 볼 때, 사람은 가식적인 영혼 속에 있는 덕 그 자체의 실재나 그 덕 자체의 본질이 없이, 그저 의무 사항을 단순히 행함 속에 있는 덕을 과시하지 않을 때에 신실하다는 말을 듣는다. 어떤 사람이 전자의 의미에 의하면 신실할 수 있으나, 후자의 의미에 의해서는 마음을 살피시는 하나님이 보시기에 사악한 외식주의자가 된다.

그러나 두 번째 종류의 신실함에만 하나님이 보시기에 참으로 가치 있고 열납할 만한 것이 있다. 이것이야말로 성경이 말하는 내면적 신실함, 올바름, 정직함, 진실함이요, 온전한 마음이라 일컬어진다.

두 종류의 신실성: 하나님이 거부하시는 신실과 열납하시는 신실

만약 반드시 있어야만 할 신실성과 반드시 있어야만 할 신실성의 정도가 존재한다면, 그리고 사람이 능히 이행할 수 없거나, 혹은 자신의 신실한 욕구들과 노력들과 연결되어 있음을 입증하지 못하는 어떤 것이 부수적으로 존재한다면, 그 사람은 하나님 보시기에 전적으로 면책받으며 면죄받는다. 그 사람의 의지는 자기 행위 때문에 확실히 열납될 것이다. 그리고 그런 신실한 의지와 노력이야말로 하나님이 명령에 의해서 그에게 엄정히 요구하신 모든 것이다.

그러나 욕구들과 노력들 속에 있는 다른 종류의 신실성은, (앞에서 살핀 대로) 덕이 없기에 어떤 경우든지 하나님 앞에서 추천하거나 만족 혹은 면죄받을 수 있는 것이 아니며, 적극적인 도덕적 중요성이나 영향력이 없다.

신실성 속에 거룩이 없으면 헛것이다.

결론 1. 그러므로 다음과 같은 사실을 추론할 수 있다. 앞에서 언급했던 첫째 종류에 해당하는 신실성의 어떤 도덕적 중대성을 고려해보아도, 거기에는 하나님이 마음속에 참된 덕이나 거룩이 없는 사람들의 욕구와 기도와 노력과 분투와 순종에 대하여, 구원이나 은혜나 구원을 위한 도움이나 혹은 영적인 유익을 베푸시겠다고 우리가 믿고 생각하게끔 우리를 이끌 만한 사물의 이치와 본성을 전혀 찾아볼 수 없다. 비록 우리가 거룩함이 없는 사람에게 모든 신실함과 최대한의 노력이 있을 수 있다고 가정할지라도 말이다.

JE **그리스도 경외, 하나님 사랑, 거룩 사랑—거룩한 성향과 실천이 구원의 필수 요건이다.**

어떤 사람들은 구원의 조건(condition)이면서 초자연적 쇄신(supernatural renovation)의 결과인 거룩한 실천들을 하나님이 요구하시는 것에 대해 반론을 제기한다. 즉 그리스도에 대한 숭고한 존경, 하나님에 대한 사랑, 그 쇄신을 위해서 거룩을 사랑하는 것 등등에 대해 그들은 그 같은 내면적 성향과 실천이 본질상 사람이 행할 수 없는 능력 이상의 일이라고 반박하며 빠져나간다. 그러나 우리는 사람들이 신실하게 노력하며, 신실하게 행할 수 있을 뿐 아니라 그렇게 할 때 그 노력이 열납된다고 결론 내릴 수 있다. 그리고 이것은 사람이 하나님의 은총의 대상으로 받아들여지기 위해 하나님이 요구하시고, 구원의 조건으로 지정하신 것임이 틀림없다.

JE **의지/마음에 선한 덕이 있는 원리, 성향, 혹은 활동에서 나온 것이 아니라면 사람의 활동에 덕이 없다.**

내가 관찰하려는 것에 관하여 사람들이 신실하며, 그렇게 행할 수 있을 뿐 아니라 그 행위 때문에 용납될 것이라고 말하는 데에는 어떤 덕, 어느 정도의 참으로 선한 덕에 대한 가정이 명백하게 포함되어 있다. 비록 그 덕을 요망하는 데까지 자라지는 않지만 말이다. 왜냐하면 사람들이 "할 수 있는 것"을 하는 것이라면, 그리고 그들이 그렇게 하는 것이 마음의 선한 원리, 성향, 곧 의지의 덕 있는 성향이나 활동으로부터 나온 것이 아니라면, 그들이 할 수 있는 것을 하는 것이 어떤 측면에서는 그들이 무엇을 전혀 하지 않는 것보다 나을 게 없다. 이 경우에 사람이 자신이 할 수 있는 것을 하는 데에 자기 일을 하는 풍차보다 더 크고 적극적인 선함이 있는 게 아니다. 왜냐하면 그 활동은 덕으로부터 진행되는 것이 아니기 때문이다. 그리고 이런 노력의 신실성 속에나, 우리가 할 수 있는 바를 하는 것의 신실성 속에는 아무것도 없다. 즉 그런 신실한 노력과 행위에는 적극적인 은총과 용납에 대한 더욱 합당하고 적절한 추천을 받게 하거나, 혹은 상급이나 실제적 은택을 받게 하는 데 유익한 조건이 되는 것이 아무것도 없다. 이것은 우리가 아무것도 하지 않는 것보다 더 나은 게 전혀 없다. 이 두 가지 신실성 모두 참된 도덕적 중요성 혹은 가치에 있어서 아무것도 아니기 때문이다.

JE 이교도들의 신실한 노력에는 여호와의 구원이 보이지 않는다.

결론 2. 그러므로 다음과 같은 내용이 추론될 수 있다. 이교도들은 자신의 정신적 빛에 따라 신의 의지를 찾으며 그를 기쁘게 하기 원하고, 그렇게 해서 앞으로 있을 신의 노여움과 진노를 피하며, 신의 은총을 통해 미래에 행복을 얻고자 하는데 (위에서 설명한 의미로 볼 때) 이 노력들은 신실하다. 그러나 하나님이 이 신실한 이교도들에게 구원에 필요한 수단을 확실히 주시며, 참된 거룩과 영생을 어떤 방식으로든 반드시 베푸실 것이라고 우리가 확신하게끔 우리를 이끌 만한 사물의 이치와 본성을 전혀 찾아볼 수 없다.

6장

덕에 필수적이지 않으며
모순된 무관심 중립 상태의 자유

자유와 도덕 행위에 대한
아르미니우스주의 개념과 모순된
덕 있거나 악덕한 습관 혹은 성향

Ar 무관심 중립 상태에서 덕 있는 활동이 나오며, 더 자유롭다.

JE 의지의 무관심 중립 상태란 있을 수 없으며 오히려 활동에 대한 성향이 있다.

아르미니우스주의자들이 말하는 의지의 자유가 덕(미덕, virtue)과 악덕 (vice)에 필요 불가결하다고 가정하는 것은 여러 가지로 보아 보편 상식 에 어긋난다.

Ar 무관심/의지의 자유가 덕과 악덕에 필수적이다.

아르미니우스주의자들이 가정하듯 무관심 중립 상태(indifference)[1]가 의 지의 자유에 속하고, 자유의 상태에서 수행되는 덕 있는 활동에 필수적이 라면, 다음과 같은 결론이 나온다. 즉 무관심 중립의 상태에서 덕 있는 활 동이 수행되면 무관심 중립이 덕 있는 활동에 필수적이다. 그리고 덕 있 는 활동이 무관심 중립의 상태에서 수행되면, 그때는 의심할 여지없이 무 관심 중립의 시간에 수행되는 것이다. 그리하여 또 다음과 같은 결론이 나온다. 즉 덕 있는(virtuousness) 활동을 위해서는 마음이 활동을 수행하 는 시간에 무관심 중립 상태에 있어야 한다. 그리고 수행되는 활동과 관 련하여 마음이 더 무관심 중립적이며 냉랭할수록 그 마음이 훨씬 더 좋 아질 것이다. 그렇게 되면 그 활동이 훨씬 더 큰 자유 속에서 수행되기 때 문이다.

JE 덕은 무관심 속에 있지 않고 도리어 덕을 향한 마음의 성향 속에 있다.

그러나 그런 주장이 자연의 빛과 일치하는가? 인류의 모든 세대의 사람

---

1 여기서 "무관심"이란 어떤 것에 관심을 두지 않는다는 부정적인 상태가 아니라 현재의 심 리 상태가 외적 혹은 내적 원인에 영향을 받지 않고 치우치지 않는 텅빈 백지 같은 중립의 무관심한 상태를 말한다. 이 개념은 아르미니우스주의자들의 개념으로 독자의 이해를 돕 기 위해서 "중립" "상태"란 단어를 덧붙였다.

이 가지고 있는 덕 개념과 일치하는가? 덕은 무관심 중립과 반대되는 것에, 곧 덕 있는 활동을 향한 마음의 경향과 성향 속에 놓여 있다. 그러므로 그 성향이 강하면 강할수록 무관심 중립에서 그만큼 멀어지고, 그 마음에 덕이 있으면 있을수록 덕에서 나오는 활동도 그만큼 훨씬 더 많이 칭송받을 것이다.

Ar **무관심 중립 상태 혹은 평형 상태에서 의지가 활동할 수 있다.**

JE **그럴 수 없다. 정신은 항상 그런 상태에 있지 않고 그 상태에서 벗어나 다음 활동을 한다.**

우리가 (앞에서 입증한 것과 반대로) 의지가 무관심 중립의 상태에서 어떤 활동을 한다고 가정하면, 예를 들어 의지의 결정 내림, 즉 무관심 중립 상태에서 의지가 스스로 빠져나와 편향을 한쪽으로 끌어가기로 하는 의지의 결정 내림이 있다고 가정한다면, 아르미니우스주의 원리에 의해 다음과 같은 결론이 나온다. 즉 덕은 의지의 이 같은 활동이나 결정 내림에서만, 오직 그 무관심 안에서만 발생하고 존재한다. 왜냐하면 정신이 무관심 중립 상태와 그렇게 되었을 때 있는 자유의 상태에 머무는 한에서만 덕이 실행되기 (덕이 그런 상태에 머물지 않는 한 실행되지 않기) 때문이다.

왜냐하면 일단 정신이 평형 상태(equilibrium)에서 벗어났을 때는 더이상 그런 상태에 있지 않기 때문이다. 그런 차후에 따라오는 모든 활동은 성향으로부터 나오는데, (평형 상태에 머물면서는) 덕이나 악덕의 본질을 가질 수 없다. 혹은 만약 무관심 중립의 상태와 자유 속에서 의지가 할 수 있는 일이 오직 활동하는 일과 그 문제를 고려해보기로 결정하는 것이라면, 이 결정은 그 상태 안에서만 덕을 가지며, 고려에 의해 국면이 바뀐 다음에도 (그다음) 활동으로 진행될 수 없다.

그러므로 아르미니우스주의 원리들로부터 다음과 같은 귀결이 나온다. 정신을 따라서 어떠한 수단에 의해서나 이루어진 모든 것은 일단 그 정신의 평형 상태에서 나와 이미 하나의 성향에 사로잡히고, 그 성향으로부터 덕이나 악덕이 일어난다. 그런데도 그들은 성향이 덕이나 악덕의 본성(nature)과 전혀 관련이 없으며 책망이나 칭송받을 만한 근거가 없다고 말한다.

JE **신실하며 덕 있는 활동은 무관심에서 일어나는 것이 아니라, 선한 원리나 선한 성향이 있는 덕 있는 마음에서 나온다.**

아르미니우스주의자들이 신실하며 덕 있는 활동에 대해서 갖고 있는 이런 개념은 인간의 보편 상식과 얼마나 분명히 상반되는가? 그것들은 **강한 성향과 경향이 있는** 마음으로부터 나오는 활동이다. 그리고 마음의 성향이 강하면 강할수록 더 확실하고 결연하면 할수록 덕의 신실성(sincerity)은 더 커지고, 그 덕의 진실성과 실재도 더 커진다. 그러나 만약 정신의 평형 상태에서 행한 어떤 활동이 있다거나, 혹은 마음의 완전한 무관심 중립 상태와 냉정한 상태에서 직접 행한 활동이 있다손 치더라도, 그런 활동은 실상 마음속에 있는 어떤 선한 원리나 경향에서 일어날 수 있는 것이 아니다. 그리고 결과적으로나 보편 상식적으로나 그런 것들 속에는 신실한 선함(goodness)이 있을 수 없으며, 마음의 덕도 있을 수 없다. 덕 있는 마음을 갖고 있다는 것은 덕을 좋아하는 마음을 갖고 있다는 것이며, 덕과 친구가 되는 것이지 덕에 대해서 완전히 냉랭하거나 무관심 중립을 지키는 것이 아니다.

JE **의지의 선행하는 선택에 의해서 결정된 활동만 덕 있거나 악덕할 수 있다.**

그 외에도 무관심 중립 상태에서 행해졌거나 그런 상태로부터 직접 일어난 활동은 덕 있는 활동이 될 수 없다. 그 활동은 어떤 선행 선택

(preceding choice)에 의해서 결정된 것이 아니기 때문이다. 선행하는 선택이 있다면, 그 선택은 활동과 무관심 중립 상태 사이에 위치한다. 그 말은 무관심 중립 상태에서 직접 일어나는 활동이 있다는 그들의 가정과 상충된다. 그러나 아르미니우스주의 원리대로 해도 선행하는 선택에 의해서 결정된 활동이 아니라면 덕 있거나 악덕한 것이 될 수 없다. 왜냐하면 그것들은 의지에 의해서 결정된 선택이 아니기 때문이다.

Ar **선택의 선행하는 활동에 의해서 행동이 결정된다면 무관심 중립의 자유 없이 한 행동이므로 덕/악덕에 대한 판단을 받을 이유가 없다.**

그러므로 이렇게나 저렇게나 아르미니우스주의자들의 원리대로 하자면 어떤 활동도 덕 있거나 악덕한 것이 될 수 없다. 활동이 선택의 선행하는 활동에 의해서 결정되면(be determined), 그 활동은 덕 있는 것이 될 수 없다. 왜냐하면 그 활동이 무관심 중립의 상태에서 이루어진 것이 아니고, 그런 상태로부터 직접 일어난 것이 아니며, 자유의 상태에서 이루어진 것도 아니기 때문이다. 그러나 그 활동이 선택의 선행하는 활동에 의해서 결정된 것이 아니라면 그 활동은 덕 있는 것이 될 수 없다. 왜냐하면 의지가 그 활동 안에서 자기 스스로 결정 내린(self-determined) 것이 아니기 때문이다. 그러므로 (그들의 원리대로 하자면 결국) 덕이나 악덕은 온 우주 어디에도 설 자리를 전혀 찾을 수 없다는 것이 명백해졌다.

JE **실행하지 않고 찰나만이라도 무관심 중립 상태에 머무는 것은 상당히 악덕하고 사악한 짓이다.**

그 외에도 덕 있는 활동이 자유 상태라는 개념의 무관심 중립 상태에서 수행되는 것이 덕 있는 활동에 필연적이라는 말은 벌써 보편 상식에 어긋난다. 무관심 중립 그 자체가 많은 경우에 악덕하며 그 정도가 상당히 심각하다는 것이 보편 상식이다. 마치 내가 이웃 사람이나 가까운 친구를 만났는데, 혹은 내가 아주 극심한 고통에 빠졌을 때 내게 가장 큰 은혜를 베푼 사람을 만났는데, 그중 누군가가 위급하여, 내가 하기 쉬운 일을 도와달라고 요청할 때 내 마음이 그것에 무관심 중립 상태를 지키고 있음을 내가 알게 되는 것과 같다. 그리고 하나님을 모욕하라거나 내 아버지를 살해하라는 등 말로 다할 수 없는 못된 짓을 하라는 제안을 받았을 때 잠깐이라도 무관심 중립 상태에 머무는 것은 상당히 악덕하고 사악한 짓이다.

JE 무관심 중립 상태의 자유가 덕/악덕에 필수적이라는 아르미니우스주의자의 주장은 다음과 같은 위험 요소가 있다. 죄의 경중에 대한 구별이 없어진다. 극악무도함을 상쇄시킨다.

더 관찰해야 할 것은 다음과 같다. 이러한 무관심 중립의 자유가 덕과 악덕에 필수적이라고 가정하는 것은 다른 범죄에 대한 죄책감의 수준에 있는 큰 차이를 없애버리고, 결국 간음, 수간, 살인, 위증, 모욕 등등과 같은 가장 흉악하고 파렴치한 불법의 극악무도함을 상쇄시켜버린다. 아르미니우스주의 원리에 의하면 이 같은 범죄와 관련하여 정신이 완전한 무관심 중립 상태에 머물러 있어도 전혀 해가 없다는 말이 된다. 그들은 말도 안 되는 소리를 이렇게 계속한다. 무관심 중립 상태가 그런 범죄를 피하는 데 있는 어떤 덕을 위해서나, 혹은 그런 범죄를 행하는 데 있는 어떤 악덕을 위해서 절대적으로 필수적이다.

JE 무관심 중립 상태란 행동 대기 중이요, 행동 직전 상태일 따름이다. 평형 상태는 정신이 무엇을 하고자 하는 충만한 상태다.

그러나 그 범죄와 관련하여 무관심 중립 상태에 있는 정신은 그것들을 행하기 바로 직전에 대기 중이다. 정신은 그 사실을 선택해서 범하기에 무한히 가까운 직전이다. 왜냐하면 평형 상태는 1단계의 편향 바로 직전 단계이고, 최소한 정도의 편향(모든 것을 고려했을 때)도 선택이기 때문이다. 그뿐 아니라 의지가 범죄와 관련하여 완전한 평형 상태에 있는 것은 그 범죄를 거절하려는 정신만큼이나 그것들을 선택하려는 정신으로 충만한 상태에 있으며, 또 그것을 하지 않으려는 정신만큼이나 그것을 하려는 정신으로 충만한 상태에 있다는 뜻이다. 그들의 말대로 하자면 그런 범죄들을 선택하고 범하려는 극악무도함이 어디에서 성립할 수 있겠는가? 정신의 평형 상태가 유지되는 곳에서는 행함과 금함의 개연성이 정확히 동일한지라 그런 상태에 자주 있어도 해로운 일이 있을 수 없으며, 다른 것보다 한 가지 경향을 더 갖지 않는다면 우발의 성격과 법칙을 따를지라도 당연히 다음과 같은 주장이 나올 것이다. 즉 그런 성향의 불가피한(*inevitable*) 결과로서 사람이 사물들을 자주 거절하는 것만큼이나 자주 그것들을 선택한다. 그것이 대체적으로 그렇게 되는 것이 필연적이다. 그 결과가 동일함은 원인의 동일한 경향에 의해서 일어나는 자연스러운 귀결이거나, 아니면 그 결과는 그런 사물들의 선행 상태에 의해서 일어나는 자연스러운 귀결이다. 그 결과가 그렇게 해서 나오는데, 우리는 왜 그렇게 심한 책망을 받아야 하는가?

JE 아르미니우스주의자는 자유가 행동에 필수라고 주장하나 도덕적 습관/성향의 존재는 부인한다. 성향은 무관심과 상반되고, 아르미니우스주의자 자신도 그 성향 아래에 있다.

자유에 대한 아르미니우스주의자들의 이론 체계는 덕 있거나 악덕한 습관 혹은 성향과 같은 것들이 존재한다는 사실과 전적으로 모순된다는 것이 많은 방식을 동원하여 살핀 대로 명백해졌다. 그들의 말대로 **무관심 중립**의 자유가 도덕 행위에 필수적이라면 마음의 습관적 경향에 덕이 설 수 있는 자리가 없어진다. 도리어 그 경향들은 무관심 중립과 상반되며, 그 경향들의 본성상 무관심을 깨뜨리고 배제시킨다. 그들이 가정하는 것은 자유가 실행되지 않는 것이면 어떤 것이라도 덕이 있을 수 없다는 것이다. 그러나 그들 자신도 그런 경향과 편향 아래 있으면서 무관심 중립을 실행하는 것에 대해 이야기하는 것이 얼마나 우스꽝스러운지 모른다!

Ar 의지 자체가 스스로 결정한 자유 행위에 대해서만 칭송이나 책망을 받아야 한다.

아르미니우스주의자들의 말대로 (의지가 아닌) 의지 안에 있는 자기결정력(*self-determining power*)이 도덕 행위, 칭송, 책망 등등에 필요 불가결하다고 하면, 의지에 의해서 행한 그 어떤 것도 칭송이나 책망받을 것이 못 되며, 의지 자체가 <u>스스로</u> 움직이고 요동하고 결정한 것과 의지 안에 있는 주권적 힘으로 국면을 바꾼 것만이 칭송이나 책망을 받을 것이라는 말이 된다. 그러므로 의지는 자신의 정신적 평형 상태를 벗어나지 못하며, 편향이 미리 결정되어 결과를 낸 것도 아니다. 따라서 자기결정적 활동 외 다른 아무것도 예상되지 않는다.

Ar 습관적 경향은 자유를 저해하므로 그 자체가 덕 있거나 악덕한 것이 될 수 없다.

JE 습관적 경향은 아무도 거부하지 못할 강한 성향이므로 사람이 필연적으로 무엇을 할 수밖에 없다.

그리고 습관적 경향은 아르미니우스주의가 덕이나 악덕에 필수적이라고 가정하는 자유와 모순된다. 물론 습관적 경향 그 자체가 덕 있거나 악덕하지는 않다. 그런 동일한 결론이 아르미니우스주의의 교리, 곧 자유, 칭송, 책망 등등과 필연이 상호 모순된다는 주장에서 나온다. 아무도 부인하지 못할 것은 편향과 경향이 너무 강하여 극복할 수 없으며, 그 편향과 경향에 상반되는 것을 의지가 결정할 리 없으므로 필연을 수반할 수밖에

없다는 사실이다. 휘트비 박사는 선과 관련한 하나님, 천사들, 영화된 성
도들의 의지에 관하여 논할 때, 그리고 악과 관련한 마귀들의 의지에 관
하여 논할 때,[2] 이런 사실을 인정한다. 그러므로 필연과 자유가 상호 모순
되면 확고한 경향이 그 정도로 힘이 강하여 모든 덕과 악덕, 칭송 혹은 책
망을 전혀 용납하지 않는다. 그리고 습관이 이 같은 힘에 가까우면 가까
울수록 그것들이 그만큼 더 자유를 잠식하며, 칭송과 책망을 감소시킬 것
이다. 매우 강한 습관들이 자유를 깨뜨리면 덜 강한 습관들이 힘의 정도
에 따라서 자유를 편향적으로 방해할 것이다. 이 말은 다음과 같다. 어떤
활동이 아무런 경향이나 습관적 편향이 전혀 없이 실행되었을 때 가장
덕 있거나 악덕한 활동이 된다. 왜냐하면 그때 가장 많은 자유를 가지고
실행되었기 때문이다.

Ar 편향은 도덕적 불능을 야기해 도덕 행위에 모순되며, 다른 활동을 방해한다.

JE 마음속에 악한 편향과 경향이 있는 것을 어찌 부인하겠는가?

정신에 선입견을 주입시키는 모든 고정된 편향(fixed bias)은 상반된 다
른 사물에 대해서는 일정한 정도의 도덕적 불능을 야기한다. 그리하여 정
신은 편향되어 편견을 갖게 되며, 또 그만큼 상반된 사물에 대해서는 방
해가 일어난다. 그리고 도덕적 불능이 도덕 행위 혹은 덕이나 악덕의 본
성과 상호 모순된다고 그 도덕적 불능을 부정할지라도 마음의 악한 성
향이나 경향의 습관적 타락과 같은 것은 존재한다. 예를 들면 탐욕, 교만,
원한, 잔인, 혹은 그 외 다른 무엇이든 훨씬 더 많은 면죄를 받은 사람들
일수록 이 같은 종류의 악행을, 그리고 악덕의 본성을 훨씬 더 적게 행한
사람들이다. 반대로 그들이 무슨 탁월한 성향과 경향을 가지고 있다고 할

---

2 Referring to Whitby, *Discourse*, p. 300.

지라도 그것들은 덕이 훨씬 덜 있는 것들이다.

Ar **마음의 습관적 성향이 덕 있거나 악덕한 것이 될 수 없으며, 도덕적 능력과 자기 결정력을 무력화 혹은 방해할 정도의 힘만 있다.**

명백해진 것 한 가지는 마음의 습관적 성향(habitual disposition)이 더 크든 작든 상관없이 어떤 정도로도 덕 있거나 악덕할 수 없다는 아르미니우스주의자의 주장이 맞거나, 아니면 그것들로부터 나온 어떤 행동도 다 칭송이나 책망을 받을 대상이 될 수 있다는 주장이 맞다는 것이다.

왜냐하면 습관이 모든 도덕 능력과 자기결정력을 전적으로 무력화할 정도로 힘이 있다고, 혹은 방해할 정도로 힘이 있다고 가정하지만 습관의 그런 활동조차도 편향에서 나오며, 부분적으로는 자기결정에서 나온다는 것을 부인하지는 못할 것이기 때문이다.

Ar **선행하는 편향으로부터 습관이 나온다고 믿지 말고, 자기결정력으로부터만 일어난다고 믿으라.**

그럼에도 아르미니우스주의자는 이 같은 경우에 선행하는 편향으로부터 나오는 모든 것은 고려하지 말고 제쳐두어야 하며, 덕이나 악덕의 정도를 측정하는 데 그 편향이 어떠한 영향도 끼치지 않으니 자기결정력으로부터 일어나는 것만 고려해야 한다고 억지 주장을 한다. 왜냐하면 자유는 습관 속에서 더 이상 실행되지 않기 때문이다.

Ar **습관적 경향의 실행은 도덕성과 관련이 없다.**

그러므로 내가 보기에 아르미니우스주의자들은 습관적 경향(habitual inclination)의 실행에 해당하는 모든 것을 그 활동의 도덕성(morality)에 해당하지 않는다면서 내팽개쳤다. 그들의 눈에 이런 습관의 실행은 그 습관을 더 강하게 혹은 약하게 하는데도 그들은 항상 이것들이 덕이나 악덕의 본성 그 어떤 것도 갖고 있지 않다고 한다.

Ar 습관은 자연적이거나 선천적이므로 덕 있거나 악덕할 수 없다.

JE 그것들은 자유를 행사하여 일어난 활동의 결과이며 반복적인 자유 활동에 의해서 획득되고 설정되었으므로 그 속에 덕과 악덕의 성질이 함유되어 있다.

여기서 누구든지 이 모든 것에도 불구하고 정신의 습관들 속에 덕과 악덕의 본성이 함유되어 있다고 말할 수 있다. 왜냐하면 이런 습관들은 정신이 자유를 행사하여 일어난 활동들의 결과일 수 있기 때문이다. 앞서 언급된 이유들이 자연적 습관들이나 생득적·선천적 습관들은 덕 있거나 악덕한 것이 될 수 없다고 증명하겠지만, 그럼에도 불구하고 반복적인 자유 활동들에 의해서 획득되고 자리 잡은 습관들이 덕 있거나 악덕한 것이 될 수 없다는 사실은 증명하지 못할 것이다.

그러한 반대자에게 하고 싶은 말은 이렇게 빠져 나가는 것이 문제 해결에 전혀 도움이 되지 않는다는 사실이다.

JE 사람이 자유 속에 산다고 하지만, 결국은 필연 속에 산다. 예를 들어 자기 자유를 행사하겠다는 사람의 결국이 그렇다.

만약 덕과 악덕의 본성(nature)에 의지의 자유가 필수적이라면, 거기에 덕이나 악덕이 없고, 단지 자유가 행사된 바로 그 일에 있어서만 덕이나 악덕이 있다. 어떤 사람이 자기가 하는 한 가지 혹은 그 이상의 일들 속에서 자유를 행사하여도 그다음에는 그 활동에 의해서 그런 환경으로 들어가게 되고, 그 속에서 그의 자유는 중단되며 필연적으로 발생하는 일련의 장기적 활동이나 사건이 거기서 따라 나온다. 결국 (아르미니우스주의자가 보기에) 이 같은 귀결적 활동은 덕 있거나 악덕하지 않으며, 상급 혹은 징벌을 받을 만한 것이 아니다. 그러나 (나의 결론은) 이런 필연에 기초한 자유 활동만이 그럴만한 것이다. 그 자유 활동 속에서만 사람이 자유롭기 때문이다.

Ar **사람이 자기 자유로 행한 일에 대해서 심판을 받는 것은 공정하다. 그러나 필연적 결과에 대해서 도덕적 평가를 받는 것은 모순이다.**

○ 예증 **몸의 건강, 시계의 성능, 열매의 맛**

후속 결과들은 필연적이다. 그 결과들이 덕이나 악덕의 성질을 더 많이 가지고 있지 않다. 오히려 일련의 절제 혹은 무절제의 자유 활동의 결과들로서 생긴 육체의 건강 혹은 질병이 더 많이 가지고 있다. 혹은 오히려 발명가의 자유 활동의 결과들로서 생긴 벽시계의 좋은 성능이 덕의 성질을 더 많이 가지고 있다. 혹은 오히려 정원사의 자유롭고 충성스러운 활동의 결과들로서 생긴 정원 과실의 달콤함과 좋음이 도덕적 선이 되는 것을 더 많이 가지고 있다.

Ar **자유로운 원인과 자유로운 활동 속에서 행한 행동들만이 덕 있거나 악덕한 것이 될 수 있다.**

아르미니우스주의자들의 주장대로라면 자유(liberty)가 행동들(actions)의 도덕성(morality)에 절대 필요 불가결한 것이요, 필연이 그 자유와 전적으로 모순된다고 하면, 결국 필연적 결과들이 어떤 것이든 그 결과들이 원인으로 하여금 심히 선하거나 악한 것이 결코 되지 않게 하고, 또 그 결과들이 덕 있거나 악덕한 것이 될 수 없다. (아르미니우스주의자들이 타협적으로 말한 것처럼) 덕이나 악덕은 오직 자유로운 원인(*free cause*) 안에만 있다. 휘트비 박사는 이에 대해 동의하며 다음과 같이 가정했다. 천국에 있는 성도들의 선한 습관과 지옥에 있는 정죄받은 사람들의 악한 습관은 집행유예 상태에서 하는 자유 활동의 결과다. 그 습관과 관련한 필연은 그들이 상급받을 만하거나 징벌받을 만하지 않음을 보여준다.

JE **좋은 혹은 나쁜 습관과 성향에서 나온 행동에 덕이나 악덕이 없단 말인가?**

대체적인 사실은 이렇다. 자유와 도덕 행위에 관한 아르미니우스주의자들의 개념이 옳다면 겸손, 온유, 오래 참음, 긍휼히 여김, 감사, 관대, 경건(heavenly-mindedness)과 같은 습관이나 자질에 덕이 없다는 결론이 나온다. 아버지와 어머니, 아내와 자녀들, 혹은 우리 자신의 목숨보다 그리스도를 더 사랑하는 것 때문에 받는 칭송은 전혀 칭송받을 만한 것이 아니다. 다른 한편으로 아주 인색하고 지독하며 악의로 가득 찬 성향 때문에, 하나님과 신성하고 거룩한 것들을 습관적으로 싫어하며 감사하지 않으며 신성모독하는 것 때문에, 그리고 사람들에게 포악하고 시기하며 잔인한 것 때문에도 전혀 악덕이나 책망을 받을 필요가 없게 된다. 이 모든 것은 마음의 성향과 경향이다. 간단히 말해 정신에 덕이나 악덕과 같은 자질은 없으며, 선천적인 덕과 거룩, 혹은 사악과 죄도 없게 된다.

Ar **못된 욕망, 습관, 성향이 강할수록 그들의 악행이 더 확고하여도 그것에 대한 책임은 더 작아진다. 그 욕망은 선천적으로 타고난 원인이기 때문이다.**

그리고 (그들이 첨언하기를) 덕 있거나 사악하다고 불리던 습관이나 성향이 강하면 강할수록 되레 그것들이 실제로 그렇게 되는 것과 더 거리가 멀다. 사람들의 못된 욕망이 강하면 강할수록 그들의 교만, 시기, 불평, 악의가 더 확고해진다. 그럼에도 그들이 책망받는 것과는 거리가 더 멀어진다.

Ar의 원리를 따르면 다음 실례에서 금방 모순을 발견할 수 있다.

○ 예증 1 **악인에 대한 이웃의 무비판**

어떤 사람이 자신의 반복된 활동으로 인해, 혹은 어떤 다른 수단으로 인해 최악질의 나쁜 성향의 사람이 되고, 자기 이웃에게 무례하며, 모욕과 악의를 가지고 지독하게 대하려는 경향을 가지고 있다면, 그는 노여움을 받거나 최소한의 책망을 받을 만한 성향과는 거리가 더 멀 것이다.

○ 예증 2　착한 사람에 대한 무상급

반대로 어떤 사람이 가장 탁월한 영의 소유자인데, 그 영이 그로 하여금 아주 호감가게 하며 칭송받을 정도로 온유하고 호의적인 등등의 활동을 하고 싶도록 강한 경향을 일으킨다면, 그는 그가 받을 만한 어떤 상급이나 칭송과는 거리가 훨씬 더 멀 것이다.

○ 예증 3　예수의 선행은 거룩한 성향에 따른 것이므로 찬송받을 이유가 없다.

그 같은 원리대로 하자면 인자이신 예수 그리스도는 자신의 마음속에 가지고 있었던 아주 강한 경향들 때문에 거룩과 친절의 활동을 행했는데, 이로 인해 칭송받는 것은 말이 되지 않는다. 그리고 무엇보다도 무한히 거룩하시며 은혜로우신 하나님은 찬송받으시는 것과 무한히 거리가 멀며, 하나님의 선한 경향들은 무한히 강하시므로 하나님은 자유로우신 것과는 거리가 가능한 최대한 멀다. 따라서 모든 경우에서 누구든지 덕에 대한 경향들이 더 강하면 강할수록, 그래서 덕을 더 사랑하면 사랑할수록 그는 덜 덕스러워지고, 악을 더 사랑하면 사랑할수록 그는 덜 사악해진다. 이 원리들이 성경과 일치하는지 혹은 그렇지 않은지는 모든 그리스도인과 성경을 읽는 모든 사람의 판단에 맡기자. 그리고 이 원리들이 보편 상식과 일치하는지는 지성을 가진 모든 인간의 판단에 맡기자.

Ar 천사나 사람 안에 덕이나 악덕이 존재하지 않으며 이를 구별할 필요가 없다.

우리가 이런 아르미니우스주의 원리를 추구한다면, 우리는 덕과 악덕이 이 세상에서 완전히 떠나 더 이상 없음을 알게 될 것이다. 그리고 덕이나 악덕 그 어느 것도 하나님과 천사들 안에서나 사람들 안에서 결코 없었으며 또 영원히 있을 수 없음을 알게 될 것이다. 앞서 살펴본 바와 같이 경향, 성향 혹은 습관이 덕 있거나 악덕할 수 없다. 이 원리대로 하면 의지의 자유와 모든 도덕 행위의 기초가 무너지고, 덕이나 악덕의 모든 가능성이 사라질 것이다.

JE 아르미니우스주의자들의 주장대로 습관과 성향 자체가 덕 있거나 악덕한 것이 아니라고 할 때 일어나는 문제들

습관과 성향 자체가 덕 있거나 악덕하지 않다면, 그런 성향의 실행도 덕 있거나 악덕하지 않을 것이다. 왜냐하면 경향의 실행이 자유롭게 자기 스스로 결정하는 의지의 실행이 아니요, 그 의지의 자유의 실행이 아니기 때문이다. 결국 선하거나 악한 성향에서, 혹은 선하거나 악한 성향에서 나오는 활동에서 누구도 덕이나 악덕을 갖지 못한다. 그리고 이 경향 혹은 성향이 습관적이든지 아니든지 상관없이, 그 경향이 원인으로서 그 결과인 의지의 활동 이전에 단 한순간만 존재할지라도, 그 필연적 결과에서 나온 상황을 변경하지 못하고 실행할 따름이다. 그러나 습관적이든 우발적이든 활동을 결정하는 사전 성향이 전혀 없다면, 그 활동을 결정하는 것은 자유 선택이[3] 아니게 된다.

따라서 그 활동을 결정하는 것은 우발이다. 이 우발(contingence)은

---

3 여기서 선택이란 논리상 자유 선택을 말한다. 자신이 가진 성향에 따라서 한 것이 아니라면 선택 혹은 자유가 아니라는 뜻이다.

사람 안에 있는 무엇으로부터 일어나는 것이 아니라, 사람에게 발생하는 것이다. 그 사람이 어떠한 경향이나 선택을 하든지 우발이 필수적이다. 그러므로 우발이 그 사람을 더 낫게 혹은 더 못하게 만들 수 없다. 어느 한 나무에 백조나 꾀꼬리가 앉는 일이 더 자주 나타난다고 해서 그 나무가 다른 나무들보다 더 나은 것은 아니다. 혹은 어떤 바위 안에 방울뱀이 들어가는 일이 더 자주 나타난다고 해서 그 바위가 다른 바위들보다 더 못한 것은 아니다. 그러므로 성향들이 고정적이든 변동적이든, 선하든 악하든 그 속에 아무런 덕도 악덕도 존재하지 않는다. 이전의 성향이 선하든 악하든 성향으로부터 나오는 활동 속에는 아무런 덕도 악덕도 존재하지 않는다. 이전의 경향이 전혀 없이 나오는 활동 속에는 어떤 덕도 악덕도 없다. 그렇다면 우리는 어디서 덕이나 악덕이 있을 수 있는 곳을 찾을 수 있을까?

7장

도덕 행위에 대한 아르미니우스주의 개념

덕 있거나 악덕한 행동에서 동기와 유인의
모든 영향과 모순된다

Ar 의지 자체의 자유에 의한 스스로의 활동이 아니면 덕 있거나 악덕할 수 없다.

JE 의지는 항상 동기에 자극받아 활동한다. 어떤 동기에 자극받아 활동하였느냐에 따라 덕 있거나 악덕한 활동이 된다.

자유가 덕이나 악덕에서 없어서는 안 되는 필수 요소라는 아르미니우스주의자들의 자유 개념이 보편 상식과 부합하지 못하며, 덕 있거나 악덕한 습관 및 성향과 모순되고, 도덕적 활동에서 동기들의 모든 영향과도 모순된다.

JE 정신의 상황들이 정신의 경향을 움직이고 그 경향은 정신의 선택을 결정한다.

선택하기에 앞서 어떤 성향(inclination)의 우세, 혹은 그 성향을 움직이는 경향(tendency)을 가진 상황들의 우세가 있든지 없든지 상관없이 성향은 아르미니우스주의자들의 의지의 자유에 대한 개념과 상충한다. 사실상 그 말은 이 말과 같다. 정신의 상황이 자신의 경향을 어느 한쪽으로 쏠리게 하며 전환시키려 한다고 말하는 것은 그런 상황 아래 있는 정신의 경향이 그쪽 방향으로 유도한다고 말하는 것과 같다.

Ar 동기들이 정신에 어떤 경향을 제공해주며 영향을 끼친다면, 그 정신의 자유를 훼손하고 그 자유결정권을 박탈하는 것이다.

동기들이 경향을 변경하며, 정신에 새 편향을 불어넣는다고 말하는 것이 가장 합당하다고 생각하는 사람이 있을지라도, 현재의 논의와 관련한 주장을 변경시키지 못할 것이다. 왜냐하면 동기들이 정신에 어떤 경향을 제공함으로써 영향을 끼친다면, 그 동기들이 정신의 무관심 중립 상태를 파괴하고 정신을 하나의 편향 아래 가둠으로써 영향을 미치기 때문이다. 그러나 사실상 그것은 아르미니우스주의자들의 자유를 묵살하는 것이다. 그들이 해석하는 대로 동기들이 그렇게 하는 것은 의지를 의지 자신의 자기결정에 내맡기는 것이 아니라, 도리어 의지 위에서 영향을 끼치며, 의지를 움직이고 결정하며, 그리고 의지 자신이 결정하기 이전에 선행하는 외부적인 어떤 힘에 의지를 굴복시키는 것이다. 그러므로 동기에 의해서 행한 것은 덕 있거나 악덕한 것이 될 수 없다. 그 외에도 의지의 활동이 동기에 의해 자극받는다면 그 동기들은 의지의 활동들의 원인이다. 그것들은 의지의 활동을 필연적인 것으로 만든다. 마치 결과들이 필연적으로 원인의 동력을 일으키는 것과 같다. 그리고 동기의 영향과 힘이 의욕을 야기시킨다면, 동기의 영향이 의욕을 결정하고 의욕은 아무것도 스스로 결정하지 않는다. 따라서 아르미니우스주의자들의 인식대로(이미 널리 밝힌 대로), 의욕이 자유롭지 않으므로 결과적으로 의욕은 덕 있거나 악덕한 것이 될 수 없다.

Ar의 가정 **자유는 다른 행동들을 고려할 목적으로 현재 하던 행동을 정지하고 있는 힘에 있다.**

다른 경우들에서 일종의 함량 미달의 둘러대기라는 판명을 받았던 가정은 이번 경우에도 유사한 방식으로 억지 주장에 가깝다. 즉 그 가정은 자유가 (다른 행동을) 고려할 목적으로 현재 행동을 정지하고 있는 힘으로 이루어져 있다고 주장한다.

JE **의지는 다른 동기들을 고려 및 비교한 후에 결국 가장 강한 동기를 필연적으로 결정하고 따른다.**

진실로 의지는 결국 가장 강한 동기를 따른다는 필연 아래 있지만, 동기를 철저하게 숙고하며, 그 동기의 실제적 영향력을 다른 동기들의 강점과 비교해볼 수 있는 기회가 있을 때까지, 그 의지는 제시된 동기를 따라 활동하기를 현재에 보류할 것이다. 나는 다음과 같이 대답하고자 한다.

여기서 다시 한 번 기억해야 할 사항은 그렇게 보류하고 고려하기로 결정 내림이 자유가 실행되는 유일한 의지의 활동이라면, 모든 덕과 악덕은 의지의 활동으로 이루어져야 한다는 것이다. 그리고 그 활동들은 이 같은 고려를 따라서 나오는 활동들이요, 이 고려의 필연적인 결과들이다. 그 활동들은 사람들이 수면 상태에 있을 때 일어나는 선하거나 악한 사건들보다 더 덕 있거나 더 악덕한 것들이 아니며, 오히려 잠에서 깨어 있을 때 행한 것의 결과들이다. 그러므로 나는 여기서 두 가지 사항들을 살피고자 한다.

Ar **모든 덕과 악덕은 고려해보는 시간을 갖느냐 갖지 않느냐에 따라 결정된다.**

JE **아르미니우스주의자들은 악의 본질을 무시한다.**

1. 모든 경우에서 모든 덕과 악덕이 고려해보는 시간을 갖느냐 갖지 않느냐를 결정 내리는 데 있다고 아르미니우스주의자들이 가정하는 것은 보편 상식과 맞지 않는다. 왜냐하면 그런 가정은 간음, 살인, 남색, 신성모독 등등과 같은 가장 혐오스러운 범죄들의 악함이 그것들 자체의 혐오스러운 본성에 있는 것이 아니라, 단지 그 활동들이 저질러지기 전에 철저히 고려하기를 등한히 한 나태(neglect)에 있다고 말하기 때문이다. 그렇게 말함으로써 그 활동들의 악함을 하찮은 문제로 여기며, 모든 범죄를 동일하게 만들어버리는 것이다. 그런 극악무도한 악행들을 선택하도록 제시받았을 때, 고려하기를 나태히 함이 다른 경우들에서 나태한 것보다 더 악하다고 말한다면, 나의 대답은 이렇다. 그것은 모순이다. 이는 마치 그 일(그 악행들을 선택하도록 제시받음)이 아직 발생하지 않았는데 그 일이 발생했다고 가정하는 것과 같은 모순이다. 즉 모두 도덕적으로 악하며 모든 악덕함과 극악무도함이 단순히 고려의 부족만이 아니라고 가정하는 것이다.

그것이 가정하는 바는, 고려와 무고려 이전에 특정 범죄들 그 자체가 본성상 이미 다른 활동보다 더 극악무도한 짓이라는 것이다. 이러한 사실은 사람으로 하여금 어떤 특정한 경우에는 다른 것들보다 사전에 더 많이 고려해야 할 의무 아래에 있게 만든다.

Ar **모든 덕과 악덕은 단지 의지의 활동에만 있고, 의지가 고려하느냐 하지 않느냐를 결정한다.**

JE **덕과 악덕은 가장 강한 동기에 유도되어 가장 강한 동기를 따르는 필연적인 의지의 활동에 달렸다.**

2. 그들의 말대로 모든 경우에 덕과 악덕은 단지 의지의 활동에만 있고, 의지가 고려하느냐 마느냐를 결정한다고 할지라도, 이런 사실이 현재의 논의에 아무런 영향도 끼치지 않는다. 왜냐하면 이 같은 결정에 대한 의지의 활동에서 여전히 그 활동은 어떤 특정한 동기에 의해서 유도되어 필연적으로 가장 강한 동기를 따르기 때문이다. 그리하여 오로지 덕 있거나 악덕한 그런 활동에서조차 그 활동이 필연적이다.

동기의 영향을 받는 도덕 행위에 대한 아르미니우스주의 개념의 모순에 대해서 한 가지 더 살펴보고자 한다. 내가 믿기로 아무도 부인하지 못할 것은, 동기들은 대단히 강력한 정신 앞에 놓이고, 강한 빛에 드러나며, 불가항력적일(invincible) 정도로 강하고 지배적인 환경 아래에 놓이지만, 그 정신은 그토록 강한 동기들에게 굴복할 따름이다.

Ar **동기가 의지를 결정한다면 자유가 침해된다.**

이 경우 아르미니우스주의자들이 주저 없이 하는 말은 이것이다. "자유가 침해되었다." 만약 그들의 말대로라면 그 동기들의 엄청난 힘의 절반만 표출되어도, 그 동기들이 동기들 자신의 힘에 비례하여 그만큼 자유를 저지하며, 자유를 침해하는 길의 중반까지 갈 것이다. 만약 1000 정도의 동기가 모든 자유를 박탈한다면, 500 정도의 동기는 자유의 절반을 박탈할 것이다. 만약 1 정도의 동기의 영향력이 전혀 자유를 침해하거나 감소시키지 않는다면, 2 정도의 영향력도 더 이상 자유를 감소시키지 않을 것이다. 왜냐하면 0×2=0이기 때문이다. 그리고 만약 2 정도의 동기가 의지의 자유를 감소시키지 않는다면, 4, 8, 16이나, 6000 정도의 영향력도 더 이상 자유를 감소시키지 않을 것이다. 왜냐하면 0×0×0×χ…=0이기 때문이다.

JE   **자유와 상극적 동기나 도덕적 설득이 있지 않는 한 동기가 자유를 침해하지 않는다.**

Ar   **그래도 자유를 침해하는 동기가 없는 것이 최선이나, 동기가 적으면 차선이 될 수 있다.**

자유와 완전히 상반된 동기 혹은 도덕적 설득(moral suasion)[1]의 본성 안에 아무것도 없다면, 가장 큰 동기라 할지라도 그 자유를 방해할 수 없을 것이다. 그러나 자유와 상반된 동기의 본성 안에 무엇이 있다면, 아무리 작은 동기라 할지라도 자유를 어느 정도 방해할 수 있다. 선한 행동에 대한 불가항력적인 동기들이 그 활동의 모든 자유와 덕을 박탈한다면, 그 동기들이 더 강압적일수록 그 활동이 훨씬 더 악하며 덕이 훨씬 덜하다. 동기들이 약하면 약할수록 덕의 원인은 더 선하고 동기가 전혀 없는 것이 최선이다.

JE   **아무런 동기 없이 선택한 일에는 아무 선한 목적도 덕도 없다.**

이제 그런 것들이 보편 상식과 부합하는지 고찰해보자. 가령 영혼이 아무런 동기도 없이 선택하는 어떤 특수한 경우들이 있다고 용인된다면, 그런

---

1 도덕적 설득은 상대방의 신념, 활동, 정책을 변경시키기 위해서 도덕적 원리들을 사용하는 간접적 설득 방식을 말한다. 즉 도의에 호소하는 설득이다.

선택에 무슨 덕이 있을 수 있겠는가? 나는 그 같은 선택에는 아무런 현명함이나 지혜가 없다고 확신한다. 그런 선택은 선한 목적을 위해서 내린 것이 전혀 아닐 것이다. 왜냐하면 그런 선택에는 전혀 목적이 없기 때문이다. 만약 그 선택에 어떠한 목적이라도 있어서, 그 목적을 관망한다면 그 활동을 자극하는 동기가 될 것이다.

그리고 그 활동이 선한 목적을 위한 것이 아니며, 선한 목표로부터 나온 것이 아니라면 그 활동에 선한 의도는 없다. 그러므로 덕에 대해서 우리가 가지고 있는 모든 선천적 개념들에 의하면, 공중에 떠 있는 연기가 아무 목표나 목적 없이 바람 부는 대로 움직이며, 어디로, 왜 가는지 모르는 것처럼 그런 인간의 활동도 그리하여 더 덕이 없다.

Ar 상의, 권고, 제안, 충고 같은 원인들에 자극받은 활동은 의지의 자기결정에 의한 것이 아니므로 덕이 없다.

JE 그러면 덕으로 선도하거나, 악덕을 예방하는 일체의 노력이 쓸데없는가?

결론 1. 이로 미루어 보건대 다음 내용은 명백한 사실이다. 아르미니우스주의자들이 강력히 주장한 상의, 권고, 제안, 충고 등등에 대해서 칼뱅주의자들이 말할 때 아르미니우스주의자들이 반론을 제기하는 것은 정말 자기 자신에게 돌을 던지는 것과 같다. 왜냐하면 상의, 권고, 제안, 충고에 이미 동기와 유도가 표출되어 있고, 또 그 동기와 유도는 의지의 활동을 자극하고 결정하며 이보다 더 선한 결과를 내도록 작용하는 다른 방식이 없기 때문이다.

그런데 아르미니우스주의자들의 원리를 따르자면 그런 원인에 의해서 자극받은 의지의 활동은 덕이 있을 수 없다. 왜냐하면 그 활동들이 그런 원인들로부터 나온 것이므로, 그 활동들은 의지의 자기결정력으로부터 나온 것이 아니기 때문이다. 그리하여 이제 드러나는 것은 사람으로 하여금 어떤 덕 있는 의욕이나 자의적인 활동을 하게끔 설득하려는 이유를 제공하는 것이 가치 없는 일이라는 것이다. 덕을 세우는 지혜롭고 자상한 방식들(ways of virtue)을 사람들에게 제시하는 것이나, 혹은 혐오스럽고 어리석은 악덕의 방식들을 제시하는 것은 다 헛되다.

자유와 도덕 행위에 대한 이 같은 개념은 교육, 설득, 훈계 혹은 모범으로써 사람들을 덕으로 선도하려는 일체의 노력들을 마비시킨다. 왜냐하면 그 같은 일체의 노력이 사람들을 실질적으로(materially) 덕 있는 데로 유도할 수는 있겠지만, 동시에 그런 노력들이 자유를 파괴해서 덕의 모양을 빼앗아 가버리기 때문이다. 그 노력들은 자신들의 힘으로 의지를 평형 상태에서 밀어내 버리고, 국면을 결정하고 변경하며, 그 의지의 손아귀로부터 자기결정력의 작용을 못하도록 탈취한다. 그리고 주어진 교훈들이 선명하면 선명할수록, 사용된 주장이 더 힘 있으면 힘 있을수록, 설득이나 모범이 더 감동적이면 감동적일수록, 그것들 자신의 계획이 수포로 돌아갈 가능성이 더 많아 보인다. 왜냐하면 그 노력들은 의지를 그 평형 상태에서 밀어내고, 의지의 자기결정의 자유를 방해하며, 그리하여 덕의 모양과 칭송받을 만한 것이 무엇이든 그것의 본질을 배제시키려는 훨씬 더 큰 경향을 갖고 있기 때문이다.

그러므로 그런 아르미니우스주의자들의 원리에서 드러나는 분명한 사실은 하나님은 사람의 덕에 관여하는 손을 갖고 있지 않으며, 물리적 혹은 도덕적 영향력을 발휘하여서 덕을 전혀 함양시키지도 않는다는 것이다. 하나님이 세상에 덕을 함양시키기 위해서 사용하시는 도덕적 방법들(moral methods) 중 그 어느 것도 그런 목적을 달성하는 경향을 갖고 있지 않다. 태초부터 지금까지 하나님이 예언자들이나 사도들 혹은 자기 아들 예수 그리스도로 말미암아 사람들에게 주신 모든 교훈, 모든 권고, 제안, 약속, 위협, 경고, 충고와 하나님이 교회의 공식 예식들과 섭리 속에서 사용하신 모든 수단(means), 그리고 성령의 모든 일상적·비상적 영향력이 어떠한 측면에서 보아도 정신의 덕 있는 활동을 자극하거나 혹은 어떤 면에서든지 도덕적으로 선하며 칭송받을 만한 것을 함양하도록 하기 위한 경향을 전혀 갖고 있지 않다는 것이다.

덕을 함양하는 3가지 방식: (1) 성령이 마음에 철저히 역사, (2) 지성에 도덕적 동기 제공, (3) 의지에 자기결정의 기회 제공

왜냐하면 이런저런 방식이 있지만 다음 세 가지 중 한 가지 외에는 덕을 함양시킬 수 있는 다른 방법이 없기 때문이다(아르미니우스주의자들은 3번 방식을 고집한다).

(1) 성령이 마음에 끼치는 철저한 근원적 작용(physical operation)[2]으로 인해 덕을 함양시킬 수 있다. 그러나 모든 아르미니우스주의자의 공통된 의견에 의하면 이런 방식을 통해 사람들 안에 일어난 모든 결과에는 덕이 없다. (2) 도덕적으로 지성(understanding)에 동기를 표출함으로써, 의지 안에 있는 선한 활동을 자극할 수 있다. 그러나 앞서 논증하였듯이 동기들에 의해서 자극받은 의욕은 필연적이며, 자기 동력(self-moving power)에 의해서 자극받지 않는다. 따라서 그들의 원리대로 하자면, 그 의욕들 속에는 덕이 없다. (3) 그 의욕들은 다른 것에 의해서 야기되지 않고 감동받지 않으며 영향받지 않는 의지 자신의 자기결정에 의해서, 제안받은 대상들을 선택할지 아니면 거절할지 자기 스스로 결정할 수 있는 기회를 의지에게 줌으로써 덕을 함양시킬 수 있다. 그리고 만약 이것이

---

2 Physical이란 단어와 함께 infusion, operation, conversion을 "신체적·물리적"이란 직접적 의미가 아니라, 성령의 초자연적 역사를 가리키며 본질을 변화시키고 몸에까지 영향을 끼친다는 뜻으로 사용한다. 우리말로 "뼛속까지"라는 뜻으로 본 역자는 "철저한" 혹은 "근원적"이라고 번역한다.

모든 것이라면, 그 모든 수단이 악 외에 덕을 더 이상 함양하지 못할 것이다. 왜냐하면 그 수단들이 어떤 식으로든지, 대상이 선하든 악하든 의지를 아무 경향 아래에도 두지 않고, 스스로 결정할 수 있는 기회를 의지에게 내맡기기 때문이다. 그리하여 선을 선호하듯이 악을 선호하여 결정할 수 있는 기회에 내맡겨진다.

아르미니우스주의 교리의 부정적 결과

그처럼 극악무도하고 파렴치한 결과가 분명히 아르미니우스주의자들의 교리에서 나온다. 그렇지만 그들은 그 혐의를 다른 사람들에게 돌린다. 즉 하나님은 죄인들을 위해 심히 많은 충고와 경고, 제안, 강청 등등을 제공하시며 그 속에서 그들이 죄를 버리고 덕의 방식들로 복귀하도록 불합리한 역할을 수행하신다. 그러므로 그의 모든 것이 신실하지 못하고 사람들을 현혹시킬 따름이다.

그러한 그들의 교리로부터 다음과 같은 것이 따라 나온다. 하나님이 목표하시는 결과를 향상시키고자 하는 경향의 태도를 그 일들이 갖고 있지 않음을 알고 계시면서도 하나님은 그 일들을 행하신다는 것이다.

그리고 그 일들이 어떤 영향력을 갖고 있다 할지라도 바로 그 영향력은 그런 결과와 부합하지 않으며, 도리어 그 결과를 막으려 한다는 것을 하나님은 알고 계신다. 그러나 이것은 무한히 거룩하시며 진실하신 하나님께 신실하지 못하다는 오명을 뒤집어씌우는 것이다!

그러므로 그 교리의 결과를 추적해보면 그들의 교리가 지존자의 체면을 흉측하게 손상시키며, 그분에게 외식의 혐의를 돌리는 것을 알 수 있다. 이 같은 교리는 아르미니우스주의자들의 것이지 칼뱅주의자들의 것이 아니다. 최소한 그들의 빈번하고 격앙된 항의와 악담에 따르면 그렇다.

JE **선한 의도, 목표, 목적, 동기 없이 어떤 덕 있는 활동이란 있을 수 없다.**

결론 2. 이 장에서 그동안 살펴본 것에 의하면 다음과 같은 사항이 다시 나타난다. 아르미니우스주의 원리와 개념을 공정하게 검토하고 그 논증의 결과를 추적해보았을 때 밝혀지는 것은, 그 원리와 개념들이 분명히 세상에서 모든 덕을 차단시키며 어떤 경우에든지 그런 것이 존재할 수 있는 가능성을 없애거나 혹은 그것에 대하여 마음을 품을 수 있는 가능성조차 없앤다는 것이다.

왜냐하면 아르미니우스주의 원리들에 따른 덕이나 악덕에 대한 개념은 불합리와 모순을 내포하기 때문이다. 또한 어떤 선한 의도나 목표가 없는 정신에게서 덕 있는 활동을 예상하는 것은 그 자체가 불합리하고 비상식적이요, 그리고 그들의 원리에 따르면 선한 의도나 목표를 가진 덕 있는 활동을 예상하는 것은 불합리한 일이다. 왜냐하면 하나의 목적을 위해서 활동하는 것은 하나의 동기에서부터 활동하는 것이기 때문이다. 우리가 그런 아르미니우스주의 원리들을 의존한다면 선한 계획과 목적을 가진 덕 있는 활동은 설 자리가 없다. 그리고 선한 계획과 목적을 가지지 않고는 덕 있는 활동이 있을 수 없음이 자명하기에, 결국 덕 있는 활동은 전혀 존재할 수 없을 것이다.

JE **경향, 동기, 목적 없이 수행된 활동은 의지의 선택 활동이 아니므로, 덕 있거나 악덕한 활동이 있을 수 없다.**

결론 3. 아르미니우스주의자들이 가진 개념에서는 도덕 행위와 의지의 기능의 존재가 양립할 수 없음이 명백하다. 그리고 덕 있거나 악덕한 활동과 같은 어떤 것이 존재한다 할지라도 그것이 의지의 활동일 수 없고, 의지의 활동과 관련된 것도 전혀 아니다. 왜냐하면 경향이 없이 수행된 활동은 의지의 어떠한 관심이나 동기 혹은 목적 없이 수행된 것임이 틀림없기 때문이다. 의지의 활동에 있는 영혼이 동기나 목적을 갖고 있지 않다면, (앞서 관찰한 대로) 그 활동에 있는 영혼은 아무것도 구하지 않으며 아무것도 추구하지 않으며 아무것에도 경향을 나타내지 않는다. 이 말이 의미하는 바는 그 활동에 있는 영혼은 아무것도 욕구하지 않고 아무것도 선택하지 않는다는 것이다. 그러므로 이 경우에 선택의 활동이란 없다. 그리고 이 말은 그 경우에 의지의 활동이 없다는 말과 같다. 즉 온 우주로부터 덕 있으며 악덕한 모든 활동을 아주 효과적으로 차단시켜버린다는 뜻이다. 그 말대로 하자면 의지가 관심을 두고 있는 곳에 덕 있거나 악덕한 활동은 존재할 수 없다. 그런데 이성의 가장 명료한 정언명법들과, 자연의 빛, 그리고 아르미니우스주의자들 자신의 원리대로 하자면 의지가 관심을 두지 않은 곳에는 덕 있거나 악덕한 활동이 있을 수 없다. 그러므로 덕 있거나 악덕한 활동을 위한 여지가 전혀 없다.

JE **사람이 사전 경향이나 동기에 영향받아 도덕 활동을 하므로 하나님은 그것들을 선지하시고 예측하신다.**

결론 4. 지적 존재들의 도덕 활동 중에서 어느 활동도 선재하는 사전 경향이나 동기에 의해서 영향을 받지 않는다고 한다면, 또 하나의 이상한 결론이 나올 수밖에 없다. 즉 하나님은 자기 피조물들이 미래에 행할 어떤 도덕 활동에 대해서도 예지하지 못하실 뿐 아니라 추측할 수도 없으며, 그 활동에 관하여 가능한 예측도 할 수 없다. 왜냐하면 이런 성격의 일들에서 모든 추측은 사전 성향(previous disposition)과 동기(motive), 이 두 가지에 대한 어떤 인식이나 이해에 달렸기 때문이다. 그러나 앞에서 살핀 대로 도덕 행위에 대한 아르미니우스주의자들의 개념의 진정한 결론은 두 가지를 전적으로 배제한다.

제 4 부

자유의지를 옹호하거나 반대하는 이유

1장

마음의 성향과 의지의 활동에서 나오는
덕과 악덕의 본질[1]은 그 성향과 활동의
원인에 있지 않고 본성에 있다

Ar 덕 있음이나 악덕함은 의지의 성향이나 활동의 원인에서 기인한다.

JE 그 원인에 있지 않고 그 본성에 달렸다.

자유, 덕, 악덕 등등에 대해서 앞서 살펴본 개념들을 확립시키기 위해서 동원된 근거 중 제일 주요한 근거는 다음과 같은 가정이다. 즉 의지의 성향 혹은 활동의 덕 있음(virtuousness)이 그런 성향 혹은 활동의 본성에 있지 않고, 전적으로 그 성향 혹은 활동의 근원과 원인에 있다. 그러므로 정신의 성향 혹은 의지의 활동이 결코 심히 선한 것이 아니라면, 그리고 성향이나 활동의 원인이 우리의 덕이 아니라면, 그 성향 혹은 활동에는 덕 있거나 칭송받을 만한 것이 아무것도 없다. 그리고 반대로 그 경향 혹은 활동에서 의지가 전혀 심하게 악하지 않다면, 그리고 그 의지가 우리의 악덕이나 결점(fault)과 같은 어떤 것으로부터 일어나는 것이 아니라면, 그 의지에 악덕하거나 책망받을 만한 것이란 아무것도 없다. 따라서 의지 자체의 덕 있거나 악덕한 결정으로부터 나오지 않은 의지의 습관이나 활동의 덕과 칭송받을 만함, 혹은 악덕과 책망받을 만함에 대해서 아르미니우스주의자들이 대반론을 제기하며 그럴듯한 논증 혹은 자증을 하려고 한다.

이제 이 문제를 잘 숙고해보면 모두 실수요, 엄청난 모순이라는 것이 바로 드러날 것이다. 그리고 가장 확실한 것은 덕 있거나 악덕한 성향 혹은 정신의 의욕과 같은 것들이 있다면, 그런 것들의 덕 있음이나 악덕함이 그런 것들의 근원이나 원인에 있지 않고 그 본성에 있다는 사실이다.

JE 덕 있음과 악덕함의 본질이 정신의 성향이나 활동들의 원인에 있지 않고 그 본성에

---

1 덕과 악덕의 본질이란 무엇이 덕 있고 무엇이 악덕한지를 말하며 그 기준은 성향과 활동이 덕 있는지 혹은 악덕한지의 본성에 달렸다는 뜻이다.

있다. 단, 악덕함의 원인은 우리의 그릇된 결정으로부터나, 우리의 잘못인 우리 안에 있는 어떤 것으로부터 일어난다.

아르미니우스주의자들의 말대로 덕 있음 혹은 칭송받을 만함, 그리고 악덕함 혹은 잘못의 본질이 정신의 성향이나 활동들―우리의 덕이나 잘못이라고 말해지는―의 본성에 있지 않고 그것들의 원인에 있다고 한다면, 그 본질이 자리할 곳은 어디에도 없음이 확실하다. 예를 들어 의지의 악덕한 활동의 악덕이 그 활동의 본성에 있지 않고 원인에 있다면, 그래서 그 악덕이 악덕의 원인으로서의 우리의 그릇된 결정으로부터나, 우리의 잘못인 우리 안에 있는 어떤 것으로부터 일어나지 않는다면, 나쁜 본성을 가진 그 악덕이 조금도 우리의 잘못으로 돌려지지 않을 것이다. 이때는 동일한 이유 때문에 그 원인의 악덕함이 악덕 자체의 본성에도 놓여 있지 않고, 그 원인에도 놓여 있지 않게 된다. 우리의 사악한 결정이 우리의 잘못인 우리 안에 있는 어떤 원인으로부터 일어나는 것이 아니라면, 우리의 사악한 결정이 단지 나쁜 성질의 것이라는 이유로는 우리의 잘못이 아닌 것이 된다.

그리고 우리가 이같이 더 상위의 원인으로 추적해 올라가도 그 일에 대한 변명이 여전히 합당할 것이다. 그 상위의 원인이 악한 본성을 지녔을지라도, 만약 그 원인이 우리 안에 있는 어떤 잘못된 것으로부터 일어나는 것이 아니라고 한다면 우리는 그런 설명에 대해서 전혀 불만을 품지 말아야 한다. 그럼에도 불구하고 책망받을 만함이 그 같은 원인의 본성에는 있을 수 없으나 그 원인에 있을 수 있다. 그러므로 우리는 잘못됨을 하위의 원인으로부터 상위의 원인으로 무한히 한 단계씩 되돌아가며 물리쳐야 한다. 그렇게 함으로써 그 잘못됨(faultiness)을 철저히 세상으로부터 몰아내되, 그 어디에도 잘못됨이 존재할 가능성을 허락하지 않을 것이다.

Ar 잘못이 사물들의 본성에 있지 않고 그 사물들의 원인에 있으므로, 그 원인만이 책망받아야 한다.

이같이 아르미니우스주의자들은 악덕 혹은 도덕적 사악이 하나의 결과 (*effect*)로서 어떤 것에 있다고 보지 않는다. 왜냐하면 잘못(fault)이 사물들의 본성에 있지 않고, 그 사물들의 원인에 있다고 보기 때문이다. 또한 결과들은 필연적이요, 원인과 불가피하게 연결되어 있기 때문이다. 고로 그 원인만이 책망받아야 한다고 말한다.

JE 잘못됨의 본질이 그 본성에서 나오는 것이지, 그 원인에서 나오는 것이 아니다.

그러므로 그 말은 다음과 같다. 잘못됨이 그 원인에만(*only in that cause*), 즉 어떤 유일한 원인(*cause only*)에만 있지 어떤 것의 결과에 있지 않다. 하지만 그 잘못됨은 원인에 있을 수 없다. 왜냐하면 그 잘못됨이 그 자체의 본성에 있는 것이 틀림없기 때문이다. 그 잘못은 우리의 어떠한 결정으로부터 말미암은 것도 아니고, 원인 즉 우리 안에 있는 잘못된 어떤 것에도 있지 않으며, 정말 어떠한 원인에도 있지 않다는 것이 사실이다. 왜냐하면 그들의 가정대로 하자면 그 잘못됨은 결과가 아니니, 원인도 가지고 있지 않기 때문이다. 그리고 이처럼 습관이나 활동을 덕 있는 것으로나 잘못된 것으로 만드는 것은 의지의 습관이나 활동이 아니라 그 원인이라고 주장하는 사람은 자기 자신의 주장을 내팽개치고 즉시 떠나야 한다. 그는 그것을 주장하면서 자기의 주장을 몰지각하게 반대하고 부인하는 모순을 범하게 될 것이다.

Ar 나쁜 결과들은 그 결과들에 나쁜 본성이나 선천적인 어떤 것이 있어서가 아니라, 그 결과들에 나쁜 원인이 있기 때문이다.

그들의 주장대로 결과들이 악덕하고 나쁜 이유가 그 결과들의 본성 때문에, 혹은 그 결과들에 있는 선천적인 어떤 것 때문이 아니라, 그 결과들이 나쁜 원인으로부터 나온 것 때문이라면 그것은 원인의 나쁨 때문에 악덕하고 나쁜 것임이 틀림없다. 곧 그 원인의 본성 때문이다. 의지 안에 있는 어떤 결과가 나쁜 것은 그 원인이 나쁘거나, 그 원인이 악한 본성을 가졌거나(*of an evil nature*), 혹은 그 원인이 선천적인 본성으로서의 나쁨을 가지고 있기 때문이다. 거꾸로 의지 안에 있는 선한 결과는 그 원인의 선함 때문에, 혹은 그 원인이 선한 성질이나 본성(*of a good kind and nature*)을 지녔기 때문이다.

Ar **악덕은 악한 원인 자체에 있지 않고 악한 원인에 있다. 덕과 악덕이 그 본질에 놓여 있지 않고 사물들의 본성에 있다.**

그리고 이것이 그 가정이 의미하는 바라면 잘못과 칭송은 사물의 본성에 있는 것이 아니라 그 원인에 있다는 바로 그 가정은 스스로 무너지며, 덕과 악덕의 본질을 마침내 사물들의 본성으로 변경시킨다. 그리고 그것은 본래 다음의 말과 일치한다고 가정한다. "아니다. 악덕의 원인이 되는 그 사물의 잘못은 **악한 본성**을 지닌 원인 그 자체에 있지 않다. 도리어 그것이 또 다른 악한 원인으로부터 나온 것이라는 의미에서 그 악한 원인에 있다." 여전히 모순이 그를 떠나지 않고 따라다닌다. 왜냐하면 만일 그렇다면 그 원인이 선고받기 전에 이미 혐의를 벗는 것이고, 모든 책망은 그 상위 원인에 돌려지며, 그 책망은 악함에 있거나 악한 본성을 지닌 것에 있음이 틀림없기 때문이다.

Ar **잘못됨에는 그 근원이 없다. 또한 우리의 활동에 의해 결정되지 않고, 우리 안에 있는 잘못된 것에 의해 일어나는 것도 아니며, 절대적으로 아무런 원인 없이 일어난다.**

이제 우리는 책망받을 만한 일에 대한 책망을 그 일의 본성에 두어야지 그 원인에 두어서는 안 된다는 입장에 다시 이르게 되었다. 그리고 누구든지 심히 어리석게 더 상위로 계속 한 단계 한 단계 올라가 그 사람이 그 전체 사건과 관련한 제1차 원인에까지 이르게 되어서 모든 책망이 그 제1차 원인에 있다고 말한다면, 마침내 그가 부득불 주장하지 않을 수 없는 것은, 그가 단지 책망받을 만하다고 가정하는 그 일의 잘못됨이 전적으로 본성에 있는 것이지 그것의 근원이나 원인에 있지 않다는 것이다. 그들의 가정에 의하면 그 잘못됨은 근원을 가지고 있지 않고 우리의 활동에 의해서 결정되지 않으며, 우리 안에 있는 잘못된 것에 의해서 일어나는 것도 아니며, 절대적으로 아무런 원인 없이 일어난다. 그리하여 경기는 아직 끝나지도 않았는데 회피자는 이미 도주하고 있다.

JE 도덕적 악은 마음의 성향과 의지의 활동 본성에 있는 악함에 있을 뿐이지, 그 악의 원인으로 추정되는 증오라는 바로 그것 자체가 아닌 다른 어떤 것의 악함에 있지 않다.

혐오(dislike)와 증오(abhorrence)에 대한 징벌과 그리고 다른 모든 당연한 징벌과 관련한 도덕적 악(moral evil)은 마음의 특정 성향과 의지의 활동 본성(*nature*)에 있는 특정한 악함에 있을 뿐, 그 악의 원인으로 추정되는 증오라는 바로 그것 자체가 아닌 다른 어떤 악함에 있지 않다는 것은 인간이 지닌 선천적 관념들과 일치한다. 다른 일이 악하다고 해서 결백하고 악하지 않은 일에 대해서까지 참으로 악하고 나쁘다고 가정하는 것은 우스꽝스러운 일이다. 도덕적으로 악하고 책망받을 만한 일에 대하여 결백하고 책망받을 일이 아니라고 가정한다면 그것은 모순이다. 그러나 그 악의 원인이 되는 어떤 다른 일만은 책망받아야 할 것이다. 악덕은 악덕한 어떤 것에 있지 않고 그 원인에 있다고 말하는 것은, 악덕이 악덕에 있지 않고 그 악덕을 일으키는 것에 있다고 말하는 것과 같다.

JE **악덕은 그 본성이나 악한 원인 자체에 있고, 일들의 본성이나 악한 원인에 있는 것은 아니지만, 그 일들과 원인은 책망받아야 한다.**

악덕의 원인이기 때문에 원인도 책망받을 수 있다는 것이 사실이다. 사악함을 일으키는 것은 원인 안에 있는 사악함일 것이다. 그러나 이 두 가지가 동일한 개별적인 사악함이라고 가정하는 것은 모순이다. 사악함을 일으키는 데 원인이 되는 사악한 활동은 하나의 사악함이다. 만약 어떤 사악함이 일어났다면, 그 일어난 사악함은 또 다른 사악함이다. 그러므로 후자의 사악함은 전자에 속한 것이 아니라 전자와 구별된다. 그리고 그 두 가지의 사악함은 사악한 사물들의 악한 본성(*evil nature*) 안에 있다.

죄를 싫어하게 만드는 것은 그 죄 때문에 벌을 받게 된다는 점이다. 그 벌은 단지 혐오의 표현일 따름이다. 그리고 덕을 사랑스럽게 만드는 것도 그 덕 때문에 칭송과 상급을 받게 된다는 점이다. 그 칭송과 상급은 존중과 사랑의 표현일 따름이다. 그러나 악을 싫어하게 만드는 것은 악의 혐오스러운 본성이고, 덕을 사랑하게 만드는 것도 그 덕의 본성이다.

JE **인간의 의지는 선천적으로 선하거나 악하여 그 속에 미나 불미, 덕이나 악덕이 있다. 의지의 성향, 활동, 원인이 악하면, 의욕이 악하고, 그것이 죄요, 징벌을 받아야 한다.**

선하거나 악한 의지에는 선천적으로 특정한 미나 불미(beauty or deformity)가 있다. 인류의 보편 상식[2]에 의하자면, 그런 의지란 존중 혹은 경시, 칭송 혹은 책망받을 만한 가치가 있는 덕과 악덕을 지닌 (그리고 그런 덕과 악덕이 없는 상황에 있는) 영혼(*soul*)이다. 만약 의지의 혐오스러운 성향 혹은 발달의 원인이나 이유 역시 혐오스럽다면, 또 다른 선행하

---

2 "Common sense"(보편 상식)란 흔히 일반적인 전문 지식이 아니라, 정상적인 일반인이라면 가지고 있어야 할 지식과 경험과 지각, 사리 판단을 말한다. 예를 들어 썩은 음식은 먹으면 안 된다.

는 악한 의지가 있다고 가정할진대, 이것은 전적으로 또 다른 하나의 죄요, 징벌받아야 마땅하다. 악한 의욕의 본성 때문에 비방받을 만한 것이지, 그 원인이 되는 선행하는 어떤 활동 때문에 전적으로 그런 것이 아니다. 그렇지 않다면 도덕적으로 사악한 원인 때문에 일어나는 결과인 악한 의욕은, 병듦이나 다른 어떤 자연 재앙에서 나온 것처럼 더 이상 도덕적 사악이 아니다.

JE **불평은 불평 그 자체가 나쁘기 때문에 혐오스럽다.**

예를 들어 보편 상식대로 하자면 불평(ingratitude)은 혐오스럽고 비방받아야 마땅하다. 왜냐하면 불평처럼 나쁜 어떤 것이나, 혹은 더 나쁜 어떤 것이 불평을 일으키는 원인이 아니라, 불평 그 자체의 선천적 불미 때문에 불평 자체가 혐오스럽기 때문이다. 마찬가지로 덕에 대한 사랑은 호감을 주며 칭송받는다. 그 이유가 단지 우리의 정신 속에서 덕을 야기한 이런 덕에 대한 사랑을 앞서 어떤 다른 것이 선행했기 때문에만은 아니다.

JE **덕에 대한 사랑이 칭송받는 이유는 그런 사랑의 선택과 그 선택의 본성이 선한 성향을 가졌기 때문이다.**

예를 들어 우리는 자기 스스로 덕을 사랑하기로 선택한다. 그리고 이런저런 방법으로 덕에 대한 사랑으로 이끌려 간다. 마음의 성향과 경향이 호감적이며 아름답기 때문이다. 우리가 덕을 사랑하기로 선택했고, 그 사랑을 우리 스스로 만들어낸 경우라면, 이 같은 선택 자체가 덕에 대한 사랑 혹은 다른 어떤 호감적 경향이 실행된 것이니 그 이상으로 달리 호감을 주거나 칭송받는 것이 불가능하다. 만약 그 같은 선택이 전적으로 호감적이었다면, 그 선택의 본성에 있는 호감적인 자질 때문임이 틀림없다. 우리가 덕이나 선한 어떤 것에 대한 사랑에서 발로하지 않은 채 덕을 사랑하기로 선택했으며, 그 선택에 대한 선한 성향이 아닌 종류의 성향을 실행했다면 그 선택 자체는 덕 있는 것이 아닐 뿐 아니라 보편 상식적으로 어떤 칭송도 받을 가치가 없는 것이다. 그 선택이 선한 본성(good nature)에서 나온 것이 아니기 때문이다.

원죄 반대론자 존 테일러: 행위가 먼저 있어야 의로워진다.
최근 아메리카에서[3] 어떤 저자[존 테일러]가 큰 논란을 일으키는 요지의 발언을 한 것에 대해 여기서 살펴보지 않을 이유가 없다.

> (그가 말하는)[4] 필연적 거룩(holiness)은 거룩이 아니다.…애초에 아담은 의로움과 진정한 거룩을 가진 존재로 창조된 것이 아니다. 왜냐하면 그가 의로워질 수 있기 **전에**, 먼저 그가 의로워지기를 **선택**해야 했기 때문이다. 그러므로 그는 의로워지기 이전에 존재해야 하고, 창조되어야 하고, 뿐만 아니라 미리 생각과 고려를 실행해야 한다.

JE **의로워지기로 선택하는 행위에 의나 거룩이 없다.**
동일한 주장이 이 문단에, 그리고 437-440쪽에도 많이 있다. 그렇다면 그것은 틀림없이 다음과 같은 귀결을 초래할 것이다. 의로워지기로 먼저 선택함은 의로운 선택이 아니다. 그 선택에는 의나 거룩이 없다. 의로워지기를 선택함이 의를 앞서 가지 못하기 때문이다. 또한 의로워지기를 선택함(choosing to be righteous)과 의보다 앞서 가는 것(what must go

---

3 "아메리카"라고 그대로 옮기는 이유는 미국(The United States of America)이라고 명명한 것은 1776년 영국으로부터 독립한 이후이기 때문이다.

4 John Taylor, *The Scripture-Doctrine of Original Sin Proposed to Free and Candid Examination* (London, 1740; 3rd ed. Belfast, 1746), 180.

before righteousness)을 그가 분명히 동일시해서 말하기 때문이다. 그러므로 선택의 결과이면서, 선택에서 나오는 것이 의나 거룩이 될 수 없다. 하나의 결과는 필연적이므로 그 원인의 영향 혹은 효과를 저지할 수 없으며, 불가피하게 그 원인에 의존적이다. 그는 이렇게 말한다. "필연적 거룩은 거룩이 아니다." 그러므로 의의 선택은 의나 거룩이 될 수 없으며, 그 같은 선택 다음에 오는 어떤 귀결적인 것과 그것의 결과도 의나 거룩이 될 수 없다. 그러므로 그의 이론 체계대로 하자면 모든 의와 거룩이 곧장 이 세상에서 차단되고 문이 닫혀 이 세상으로 들어올 수 없게 된다.

Ar **아르미니우스주의자들이 가진 개념들: 선과 악의 본질이 행동의 원인에 있다. 즉 보편 상식, 내적 성향과 의욕에 있다.**

나는 여기서 내적 성향과 의욕(*internal inclinations and volitions*) 자체와 관련한 이 같은 우스꽝스럽고 모순된 개념을(혹은 그것을 내포하는 유사한 개념들을) 사람들이 품게 된 과정을 추정해보고자 한다. 즉 사람들이 도덕적 선이나 악의 본질(essence)이 그 본성(nature)이 아니라 그 원인(cause)에 있다고 하는 것 말이다. 모든 **외적 활동**과 몸의 감각적 동작의 원인이 사실상 보편 상식(common sense)에서 나온 매우 명료한 직언(dictate)에 있다. 그 활동들의 도덕적 선이나 악은 전혀 그 동작들 자체에 있지 않다. 그 동작들 자체에 의해서 취해진 것들은 도덕적 본성이 아니다. 그 동작들과 관련한 모든 도덕적 선이나 악의 본질은 그 동작들의 원인인 내적 성향과 의욕 속에 자리 잡고 있다.

Ar **외적 활동과 내적 실행의 본성은 동일하다.**

이제는 **외적 활동**에 관해서 주저함이나 거부감 없이 늘 이렇게 개념을 규정한다. 사람들의 "행동"(actions) 혹은 "행함"(doings)과 같은 표현은 일반적으로 외적 활동을 의미하는 데 사용된다. 그러므로 사람들이 자신의 의욕과 경향의 내적 실행에 대해서 말할 때, 사람들의 "행동" 혹은 그들이 "하는"(do) 것과 동일하게 명명(denomination)하고 경솔하게 결론 내리기를, 그 경우도 외적 활동과 내적 실행이 동일하다고 한다. 그 주장의 성격에 막대한 차이가 있는데도 고려하지 않고 말이다.

Ar **사람 자신이 원인이 아니라면, 왜 칭송이나 책망을 받아야 하나?**

JE **사람 자신이 의지나 선택의 활동에 의해서 일어난 그 활동의 원인이므로, 그 사람이 외적 활동의 작자다.**

어떤 사람이 여전히 반대하며 다음과 같이 반문할 수 있다. "어떤 일이 책망받을 만한지 혹은 칭송받을 만한지를 결정하기 위해서는 먼저 그 원인을 고려하는 것이 당연하지 않은가? 사람 자신이 원인(cause)도 장본인(author)도 아니며, 아무런 관련도 없는데 칭송이나 책망을 받는 것이 이성과 상식에 맞는가?"

나는 여기서 "원인이 되는 것"(being the cause), "작자가 되는 것"(being the author), "관련이 있는 것"(having a hand)과 같은 애매모호한 표현들에 대해 대답하고자 한다. 이런 표현들은 의도적이고 자의적 원인이나, 선행하는 선택에 의한 원인에 대해 언급할 때 가장 일반적으로 통용된다. 그렇게 했을 때 가장 확실한 것은 그런 의미에서 사람들 자신이 어떤 경우에서든지 자신들의 의지에서 비롯된 제1차 활동 원인이거나 작자라는 것이다. 어느 것이든지 확실하며 또한 그럴 수 있다. 왜냐하면 한 가지 사물이란 그것이 존재하기 전에는 존재하지 않았으며, 동일한 종류의 사물이 그 동일한 종류의 제1차 사물이 있기 전에는 존재하지 않았기 때문이다. 그러므로 제1차 선택 이전에는 선택이 존재하지 않았다. "작자가 되는 것"(being the author)이란 표현은 의지의 선행 활동에 의해서 제

작자(producer)가 된다고 볼 수 없다. 그러나 사람이 직접적 행위자, 혹은 활동하고 있는(*is acting*), 혹은 그 활동 속에서 실행 중인(*in exercise*) 존재가 됨으로써, 의지 자체의 활동의 작자가 될 수 있다. 만약 "작자가 되는 것"(being the author)이란 표현이 바로 그런 뜻을 나타내는 데 사용된다면, 사람들의 활동 때문에 칭송이나 비방을 받을 가치가 있다는 평가를 받기 위해서는 사람들이 자신의 의지 활동에 대한 장본인이어야 한다는 사실을 보편 상식이 틀림없이 요청할 것이다. 그리고 보편 상식이 우리에게 가르치는 바는 직전의 의미대로 하자면, 즉 정당하게 책망받거나 칭송받기 위해서는 그 사람들 자신이 의지나 선택의 활동에 의해서 일어난 그 활동들의 원인이요, 외적 활동의 작자임이 틀림없다는 것이다. 그러나 보편 상식은 의지의 활동 자체와 관련한 것들에 대해서는 가르쳐주지 않는다. 이것은 다음 장에서 살펴볼 내용에 의해서 더 명백해질 것이다.

2장

자유와 도덕 행위에 관한 아르미니우스주의 교리의 옹호자들이 지닌 활동과 행위에 대한 형이상학적 개념의 허구와 모순

Ar	영혼의 의욕이 스스로 발동하고 활동하는 것이 어떤 외적 원인에 의해서 결정되는 것이 아니다.
JE	그런 활동은 선행하는 원인에 의해서 결정되고 필연적으로 어떤 활동을 한다.

Ar의 논증의 기초

행위와 행동에 대한 그들의 형이상학적 개념

도덕 행위, 덕, 악덕 등등에 관해서 앞에서 언급한 원리들을 옹호하려는 아르미니우스주의자들의 주장과 논증의 중요한 기초 한 가지는 행위와 행동에 대한 형이상학적 개념(*metaphysical notion of agency and action*)[1]이다. 그들은 다음과 같이 말한다.

> 영혼이 자기결정력을 가지고 있지 않다면, 그 영혼은 "행동"(action)력도 갖고 있지 않다. 영혼의 의욕들이 스스로 발동하지 않고, 어떤 외적인 원인에 의해서 자극받고 결정된다면, 그 의욕들은 영혼 자신의 "활동들"(acts)이라 할 수 없다. 그러므로 영혼이 영향받아서 필연적으로 행한 결과에서는, 그리고 영혼 자신의 자유로운 결정에서 나오지 않은 결과에서는, 그 영혼이 "능동적"(active)일 수 없고, 전적으로 "수동적"(passive)일 뿐이다.

---

1 에드워즈가 이 책에서 존재와 그 인식에 하나님과 그 계시를 두는 신 중심 형이상학적 방법론(예, 하나님을 모든 존재의 근원, 즉 최상위 존재[being in general])을 취하고 있으나, 하나님을 이성으로 대체하고 그것을 중심에 두는 18세기 형이상학을 채용한 아르미니우스주의자들의 형이상학적 개념(metaphysical notion)은 반대한다. 형이상학이란 "형체를 초월한 영역에 관한 과학"이라는 뜻으로 아리스토텔레스의 저작 전집 중 물리학 다음에 위치한 저작에 대해서 마땅한 이름이 없어 붙인 이름이 "형이상학"(metaphysics, ta meta ta physika = the after the physics)이 되었다. 물리학이 물리역학, 자연, 자연세계, 그 변화에 대한 것이라면, 형이상학은 그런 자연과 변화의 제1원리, 변치 않는 존재의 근본을 연구하는 학문이다. 거기서 존재론(ontology)이 나왔다.

TC 사람은 행위자로서 행동할 능력이 있어 자기결정을 하고 행동한다.

처브(Thomas Chubb)는 자유에 대한 자신의 이론 체계의 기초와, 그것을 뒷받침하는 주장의 근거를 사람이 행위자(agent)로서 행동할 능력을 갖고 있다는 명제에 둔다. 그 말은 의심할 것 없이 맞는 사실이지만 "행동"(action)에 대한 그의 기본 개념에는 자기결정(*self-determination*)이 있고, 이것은 그의 행동 개념의 본질이다. 그는 사람이 동일한 일을 동시에 행동하고(to act) 행동되는(be acted upon) 것이 불가능하며, 아무것도 아닌 하나의 행동은 또 다른 하나의 행동의 결과가 될 수 없다고 추론한다. 그리고 "필연적 행위자" 혹은 행동하도록 필연적으로 결정된 행위자라는 말 자체가 "명백한 모순"이라고 우긴다.

TC 행동이란 수동이 없는 어떤 것이다.

그러나 그것들은 사람들이 단어에 대충 갖다 붙인 의미 위에 쌓아올린 모순된 논증들이다. 특히 그 의미가 난해하고 일관성이 없으며, 일상 언어에서 쓰이는 단어의 원의미와 완전히 다를 때 그렇다. 처브와 다른 많은 사람들이 사용하는 "행동"(action)이란 단어는 그 의미가 아주 난해하고 일관성이 없는 것이 명백하다. 행동이란 수동(受動, passion)이나 피동(被動, passiveness)이 없는 어떤 것이라는 개념을 그들이 가졌기 때문이다.

(수동에 대한 그들의 인식에 따르면) 그 행동은 원인 없는 능력이나 영향력 혹은 행동 아래에 있다. 이 말은 행동에는 원인이 없으며, 결과도 없다는 뜻이다. 왜냐하면 하나의 결과가 된다는 말은 수동이라는 뜻이거나, 혹은 그 원인의 힘과 행동에 영향을 받는다는 뜻이기 때문이다. 그런데도 그들은 정신의 행동(mind's *action*)이 정신 그 자체의 결정 결과요, 자유 선택(free choice)과 동일한 정신의 자유로운 자의적 결정이라고 주장한다.

JE **행동은 항상 선행하는 선택의 결과다.**

그러므로 그 행동은 선행하는 어떤 것의 결과이며, 선택의 선행하는 활동 (act)이다. 그리고 결론적으로 이 결과에서 정신은 수동적이며 선행하는 원인의 힘과 행동에 영향을 받는다. 즉 그 힘과 행동은 선행하는 선택이므로 능동적일 수 없다. 그러므로 우리는 다음과 같이 역설할 수 있다. 즉 행동은 항상 선행하는 선택의 결과이므로 엄밀히 말해 행동이라 할 수 없다. 왜냐하면 그것은 선행하는 인과관계적 선택의 힘에 대하여 수동적이며, 정신은 동일한 일에서 능동적이면서 동시에 수동적일 수 없기 때문이다.

Ar **인간의 행동에는 우연만 있을 뿐 필연이나 선행요소란 없다. 자유 선택에 의한 행동만 있을 뿐이다.**

JE **원래 인간의 행동이란 필연을 배제하지 못한다. 행동은 선행하는 선택의 필연적 결과이므로 수동적이며 의존적이다.**

다시 그들이 말하기를 필연은 행동(action)과 완전히 상반되며, 필연적 행동도 완전히 모순된다고 한다. 행동에 대해 그들이 가진 개념은 우연을 내포하되 모든 필연은 배제한다. 그러므로 행동에 대한 그들의 개념이 암시하는 바는, 행동이 선행하고 있는 어떤 것과 필연적 의존이나 연결을 갖고 있지 않다는 것이다. 왜냐하면 그러한 의존이나 연결은 우연을 배제하고 필연은 내포하기 때문이다. 그럼에도 불구하고 행동에 대한 그들의 개념은 사실상 필연을 내포하고 있으며, 필연적이되 우연적일 수 없음을 가정하고 있다. 왜냐하면 그들이 정확히 행동이라고 부르는 것은 의지와 자유 선택에 의해서 결정된 것임이 틀림없다고 가정하기 때문이다. 그리고 그 가정은 이런 말이 된다. 행동은 필연적이어서 선행하는 어떤 것, 즉 선택의 선행 활동(act)에 의존하고 그것에 의해서 결정됨이 틀림없다. 다시 말해서 그 말은 적절하고 순수한 활동에 대한 그들의 개념과 일치한다. 그 활동은 동작(motion)의 시작이나 힘의 실행의 시작이 아니라, 힘의 선행적 실행, 곧 의지와 선택의 힘으로부터 나오므로 귀결적이요, 의존적이다. 왜냐하면 그들은 고유한 행동이란 존재하지 않고, 단지 자유로이 선택한 활동만 존재할 따름이라고 말하기 때문이다. 혹은 그것이 자유 선택의 선행적 활동에 의해서 결정된 동일한 것이라고 말하기 때문이다. 그러나 그들 중 누군가 이것을 부정할 만한 이유를 찾아서 말하기를, 모든 행동이 선행 선택에 의해서 선택되거나 결정되었다는 주장을 하지 않고, 도리어 어떤 선행 활동에 의해서도 결정된 적 없는 의지의 제1차 실행만이 정확하게 행동이라 불린다고 주장할지라도, 나는 행동에 대해 그 사람이 가진 개념이 필연을 내포한다고 응수하는 바이다.

정신은 정신 자신의 사전 선택의 결정 없이도 되는 행동의 주체요, 그 문제에서 자유 선택으로 하는 어떠한 실행에서도 필연적으로 주체가 된다. 왜냐하면 정신은 자신의 어떤 의지나 선택(election)을 다 동원해도 그 문제를 막을 능력이 전혀 없기 때문이다. 그들의 가설대로 그 문제를 막을 수 있는 경우, 정신은 의지 혹은 선택의 모든 사전 활동을 차단할 수 있게 된다.

Ar 활동이 선결정하는 경향이나 편향의 결과가 아니라, 무관심 중립 상태로부터 직접 일어난다.

JE 행위자가 자유롭고 자의적인 활동의 작자라면 활동은 사전 선택과 계획에 의한 것이다.

그러므로 활동에 대한 그들의 개념에 따르면, 활동은 필연적이면서도 또 한편으로는 필연적이지 않다. 다시 말해 활동이 선결정(predetermining) 하는 경향(bias)이나 편향(preponderation)의 결과가 아니라, 무관심 중립 상태로부터 직접 일어나는 것이라고 말하는 것은 활동에 대한 그들의 개념과 일치한다. 이 말은 활동이 선행적 선택(foregoing choice), 즉 선행적 편향으로부터 나올 수 없음을 뜻한다. 그 활동이 습관적이지 않고 우발적(occasional)이지만 그 활동이 활동을 야기시킨다면, 그 활동은 참으로 사전적이고, 효과적이며 결정적이다. 그럼에도 불구하고 동시에 활동에 대한 그들의 개념에서 본질적(essential)인 것은 행위자가 자유롭고 자의적인 활동의 작자(author)라는 것이며, 활동이 사전 선택과 계획에 의한 것이라는 점이다.

JE 아르미니우스주의자들이 아무리 자기 나름대로 개념을 만들어 활동의 선행 원인을 부인하려 해도, 결국은 우리의 개념을 자인하고 만다.

그러므로 활동에 대한 그들의 개념에 따라 그 개념의 귀결들을 고려해 보면, 다음 사항들은 그들이 가진 개념의 본질적인 요소들이다. 즉 그 활동은 필연적이면서 동시에 필연적이 아니다. 그 활동은 원인으로부터 나온 것이면서 동시에 원인은 아니다. 그 활동은 선택과 의도(design)의 산물이면서 동시에 선택과 의도의 산물이 아니다. 그 활동은 동작이나 실행의 시작이면서 동시에 사전적 실행에서 나온 결과다. 그 활동이 있기 전에 이미 그 활동이 있었다. 그 활동은 무관심과 평형 상태로부터 직접 나오는 것이면서 동시에 편향의 결과다. 그 활동은 자기 기원적(self-orginated)이면서 동시에 어떤 다른 것에 그 기원을 두고 있다. 그리고 그 활동은 정신이 스스로 자기 자신의 의지를 야기하며, 자신의 선택 혹은 즐거움에 따라 자기 의지를 산출하거나 저지하게 할 수 있으면서, 동시에 그 일에서 모든 사전 선택을 제재하고 저지할 능력은 가지고 있지 않다.

JE 아르미니우스주의자들의 활동에 대한 형이상학적 개념: 관념(idea)이 없는 어떤 것이다. 정신의 혼동이요, 절대적 비실재다.

그러므로 활동에 대한 그들의 형이상학적 개념대로 하자면, 활동은 관념 (idea)이 없는 어떤 것이고, 특별한 의미가 없는 말들에 의해서 자극받은 정신의 혼동일 따름일 뿐이요, 절대적 비실재(nonentity)다. 두 가지 측면 에서 그렇다. (1) 그들이 그 개념에 본질적이라고 추정하는 것에 따른 개 념 묘사에 해당하는 것들이 이 세상에 늘 존재하지 않았거나, 않거나, 않 을 것이다. 그리고 (2) 그들이 사용하고 설명하는 그 말에 상응하는 어떤 개념이나 관념이 지금까지도 존재하지 않았거나, 않거나, 않을 것이다. 우리가 그 같은 어떤 개념을 추정할지라도, 그 개념은 많은 방식으로 그 개념 자체를 무너뜨릴 것이다. 그러나 어떤 관념이나 개념도 정신에 내재 하는 것이 불가능하고, 그 정신의 본성과 본질이 관념이나 개념을 조성하 거나 파괴하는 것도 불가능하다.

○예증 **어느 철학자의 여행담: 활동에 대한 아르미니우스주의자들의 형이상학적 개념 비판**

학식이 깊은 어느 철학자가 해외여행을 하고 돌아와서 목격했던 진기한 것들에 대해 설명하는 가운데 다음과 같이 말했다.

티에라 델 푸에고(Tierra del Fuego)[2]에 갔을 때 어떤 특정한 이름을 붙여 부르는 동물 한 마리를 보았다. 그런데 그 동물은 잉태되었고 스스로 깨고 나 왔으나, 자기 자신과 딴판인 아비와 어미가 있었다. 그 동물은 식욕이 강했 고, 하나의 존재가 되기 전(태어나기 전)부터 배가 고팠다. 그 동물의 주인은

---

2 아메리카 대륙 칠레 최남단에 위치한 곳으로 지구 끝에 있는 에덴이라고 불리며 희귀한 야 생동물이 서식하는 곳으로 유명하다. 불구덩이(land of fire)라는 뜻이다.

자기 자신이 원하는 대로 그 동물을 데리고 다니며 다스렸다. 그러나 동시에 그 주인은 항상 그 동물에게 다스림을 받고, 그 동물이 좋아하는 곳으로 끌려 다녔다. 그 동물이 움직일 때는 첫 발을 내딛기 전에 항상 미리 한 발을 내딛었다. 그 동물은 자기 머리를 먼저 내밀고 나갔으나 항상 꼬리가 먼저 나갔다. 그렇지만 그 동물에게는 머리나 꼬리가 없었다.

이 여행자가 학식이 깊은 사람이긴 하지만 그에게 다음과 같은 말을 한다고 해서 무례한 일은 전혀 아닐 것이다. 그가 그곳에 다녀와서 묘사한 동물에 대한 개념이나 관념은 이전에는 그 자신이 갖고 있지 않았던 것이며, 결코 갖고 있었던 적이 없었으며, 앞으로도 영원히 가질 수 없는 것이다.

일반적 의미의 활동: 생각, 행동, 욕구 등등의 외적 활동을 의미한다.

행동(action)에 대해서 지금까지 언급한 개념은 심히 모순될 뿐만 아니라, 그 단어의 본래 의미와도 판이하게 다르다. 일상 언어에서 일반적으로 사용하는 "행동"의 의미는 "자의적인 혹은 의지의 결과로서의 어떤 동작이나 힘의 실행"이며, "하고 있음"(doing)과 동일한 의미로도 사용된다. 가장 일반적으로는 "외적 활동들"을 의미하는 데 사용된다. 그래서 생각하는 것(thinking)과 행동하는 것(acting)은 흔히 구별된다. 욕구하는 것(desiring)과 하고 싶어 하는 것(willing)도 하고 있는 것(doing)과 구별된다.

유형 물체의 행동: 내면적 원인으로부터 야기되는 변동/동작/실행
인간의 행동: 의지의 내면적 의욕의 결과, 생각/의지/경향의 실행

위에서처럼 "행동"(action)이란 단어가 지닌 더 일반적이고 고유한 의미 외에, 보다 덜 고유하나 일상 언어에서 흔히 사용되는 방식들이 있다. 이 용어는 주로 어떤 목적과 결과에 대한 무생물의 동작이나 변동을 가리키는 데 사용된다. 그러므로 시계의 용수철은 체인과 톱니바퀴에 따라 움직이고, 햇빛은 식물과 나무들에 작용한다고 말한다. 때로 이 용어는 절대적으로 고려된(considered absolutely) 유형 사물들에서 볼 수 있는 동작, 변동, 힘의 실행을 가리키는 데 사용된다. 특히 그 같은 동작들이 감추어진 내적 원인으로부터 야기되는 것 같을 때에, 그 동작들은 의지의 내적 의욕 혹은 비가시적 실행의 결과인 우리 몸의 동작들과 아주 유사하다. 그래서 술의 발효, 천연 자석의 작용, 전기 기구의 작동을 술과 자석과 전기 기구의 행동(action)이라고 부른다. 때로 "행동"은 생각의 실행이나 혹은 의지와 경향의 실행을 가리키는 데도 사용된다. 그리하여 여타 다른 의미보다는 드물겠지만(철학자들과 형이상학자들에게는 그렇지 않다) 묵상하는 것, 사랑하는 것, 미워하는 것, 마음이 내키는 것, 마음이 내키지 않는 것, 선택하는 것, 거부하는 것도 행동하는 것(acting)으로 종종 불린다.

Ar 행동은 선행하는 어떤 것과도 필연적 연결 없이 일어나는 의지의 자기결정적 실행 혹은 영혼의 실행이다.

JE 그런 의미는 행동의 통상적 의미와 부합하지 않는다.

그러나 이 용어는 아르미니우스주의자들이 말하듯 "선행하는 어떤 것과도 필연적 연결 없이 일어나는 의지의 자기결정적 실행 혹은 영혼의 실행"이라는 의미로서 일상적 언어에서 전혀 사용되지 않는다. 어떤 사람이 자의적으로 혹은 자신의 선택의 결과로서 어떤 것을 행한다면, 가장 적절한 의미로 그리고 이 용어의 가장 본래적이고 통상적인 의미로서 "그는 행동한다"고 말한다. 그러나 선택이나 의욕이 자기결정적인지 아닌지, 선행하는 습관적 편향과 연결되어 있는지 아닌지, 가장 강한 동기나 외적 원인에서 야기된 특정한 결과인지 아닌지 하는 문제들이 이 용어의 통상적 의미에서는 전혀 고려되지 않는다.

JE 아르미니우스주의자들은 행동이란 용어에 다른 의미를 부여하여 자신들의 형이상
학과 도덕 철학과 신학을 증명하려 하지만 실패한다.

그리고 어떤 사람들이 "행동"(action)이란 용어를 본래와 다르게, 제멋대
로 형이상학 혹은 도덕의 어떤 이론 체계를 짜 맞추는 데 사용한다면, 논
쟁이 전혀 합리적으로 진행될 수 없고 아무런 증명도 할 수 없으며, 단지
그들의 기호가 무엇인지 드러낼 뿐이다. 신학자들과 철학자들이 도덕 철
학(moral philosophy)과 신학(divinity)의 전체 이론 체계를 지지하고 증
명하기에 충분한 것처럼 그런 주장들을 열렬히 내세우는 것은, 모래 위에
가 아니라 그림자 위에 큰 건물을 세우려는 것과 같다. 그리고 그들이 관
습상 그런 의미로 그 용어를 사용하는 것이 이제는 자연스러울지 모르겠
지만("행동"이 스스로 심히 모순된 어떤 의미[sense] 혹은 뜻[meaning]으로 불
릴 수 있겠으나), 그 의미가 사람이 갖고 있는 생득적인 개념과 일치한다
는 것을 증명하지 못하고, 혹은 그런 의미에 상응하는 어떤 것이 존재할
수 있음을 증명하지 못한다. 그리고 그들이 경험(experience)에 도움을
호소하지만, 사실상 사람들이 그런 것을 경험하는 것과는 거리가 멀고,
또 그런 것을 상상하기조차 불가능하다.

Ar 행동과 수동은 동일하다.

JE 이 둘은 반대 의미요, 반대 관계다.

행동: 능동적임, 아무런 대상이나 결과와 상관없는 몸이나 정신의 어떤 동작이나 실행

수동: 수동적임, 혹은 수동적이 됨, 혹은 어떤 것에 의해서 행동하게 됨, 어떤 원인
에 의해서 실행하게 됨

"행동"(action)과 "수동"(passion)[3]이 확실히 상반된 의미를 지닌 용어들이

---

3 여기서 수동(passion)은 철학적 용어로서 행동(action)과 상반된 단어다. 외적인 어떤 것

라는 주장을 반대하고, 행동 중인 행위자는 자신 외의 외적인 어떤 것의 힘과 영향 아래에 있다고 가정하는 것을 행동과 수동을 혼동하는 것이라고 반대하는 사람이 있다면 나의 답변은 이것이다.

행동과 수동은 확실히 반대되는 의미를 지닌 용어로 종종 사용된다. 그러나 이때는 반대되는 존재(existences)를 가리키는 것이 아니라, 반대되는 관계(relations)를 가리키는 것이다. "원인"(cause)과 "결과"(effect)는 반대되는 의미를 나타내는 용어들이다. 그러나 동일한 것이 동시에 다른 측면과 관계에서 원인과 결과일 수 있다고 내가 주장할지라도, 내가 그 용어들을 혼동하고 있는 것은 아니다. 영혼은 다른 측면들이 있는 동일한 사물에서 능동적이면서 수동적일 수 있다. 어떤 사물과의 관계에서는 능동적일 수 있고, 또 다른 것과의 관계에서는 수동적일 수 있다. "수동"(passion)이 행동 혹은 능동적임과 반대될 때는 단순히 상대적 용어일 뿐이다. 이 용어는 결과나 원인을 가리키지 않고, 아무런 적절한 존재를 가리키지 않지만 수동적임, 혹은 수동적이 됨, 혹은 어떤 것에 의해서 행동하게 됨과 동일하다. 즉 그것은 원인 안에서, 혹은 원인 위에서, 어떤 결과를 산출하는 원인에 의해서 실행된 어떤 능력이나 힘에 대하여 한 가지 사물이 갖는 단순한 관계다.

그리고 "행동"이란 수동 혹은 수동적임과 정확히 정반대에 놓였을 때는 실재(real existence)가 아니다. 그 행동은 "어떤 행동"(an action)과 동일한 것이 아니라, 하나의 단순한 관계일 뿐이다. 그것은 또 다른 한 가지 일에 대한 어떤 것의 능동적임(activeness)이며, 다른 것에 대한 반대적 관계, 즉 그 힘의 결과의 주체가 되는 또 다른 것을 향한, 어떤 원인

에 영향을 받아 어떤 일이 일어났을 때 그것을 "능동적 행동"(action)이라고 부르며, 그 반대로 외부의 사물이나 상황에 휘둘리는 경우는 "수동적 행동"(passion)이라고 한다.

에 의해서 실행된 힘이나 능력의 관계를 뜻한다. 사실상 "행동"이란 용어는 단순히 상대적인 것이 아니라 더욱 절대적인 어떤 것과 어떤 실재(real existence)를 가리키는 데 자주 사용된다. 가령 우리가 "어떤 행동"을 말할 때처럼 행동이란 단어가 사용될 때는 아무런 대상이나 결과와 관련 없는 몸이나 정신의 어떤 동작이나 실행을 가리키는데, 이때 추이적(transitively)[4]으로 사용되지 않고 절대적으로 사용된다. 그렇게 절대적으로 사용되면, 그 행동은 정확히 "수동"의 반대가 아니다. 일반적으로 수동은 절대적인 것을 전혀 가리키지 않으며 그저 활동되고 있는 것과의 관계를 나타낼 뿐이다. 그러므로 그 "행동"이란 단어가 이처럼 유사한 상대적 의미로 사용된다면, 행동과 수동은 오직 상반된 두 가지 관계일 뿐이다. 그리고 다른 것들과 관련하여 상반된 관계들이 동일한 일에 동시에 속할 수 있다고 가정하는 것은 결코 모순이 아니다. 그러므로 사람들이 영혼의 활동을 통해 자의적으로 움직이며, 목표를 따라 행동하고 결과를 낳지만, 이 활동들 자체는 다른 어떤 것의 결과이고, 영혼에게 행동하며 영향을 끼치고 있는 어떤 것의 대상이 그 영혼 자체라고 가정한다고 해서 "행동"과 "수동"의 혼동을 초래하는 것이 아니다. 그런데도 이 용어들은 정확히 하자면 반대 의미를 가지고 있다. 영혼이 살고 있는 것(living)과 다시 살아남(being quickened) 혹은 살아남(made to live) 사이에 있는 것처럼, 영혼이 동일한 의욕 속에서 두 가지 활동을 한다고 우리가 가정하지만, 활동하는 것(acting)과 활동하도록 야기된 것(caused to act) 사이에는 진정한 실제적 차이가 있을 수 있다. 생명이 산 자(liver)나 혹은 사는 존재(being that lives) 외에 어떤 다른 원인이 있어 그 원인의 결과

---

4 수론(數論), xRy이고 yRz일 때 xRz이면, R은 추이적(transitive)이다. 예를 들면 x는 y보다 크고, y는 z보다 크면, x는 z보다 크다.

가 될 수 있다고 가정하는 것이 더 모순되었으면 되었지, 행동이 행위자(agent) 혹은 행동하는 존재(being that acts) 외에 어떤 다른 원인이 있어 그 원인의 결과가 될 수 있다고 가정하는 것이 더 모순되지는 않을 것이다.

Ar 행위자는 내면적 행동에서 자기지시적·자기결정적이며, 의지가 그 행동의 원인이다.

JE 외적 활동이나 신체 동작들에 대한 일반적·통상적 개념대로 하자면 그렇다고 말할 수 있다.

행위자가 자기 행동에 자기결정적이며, 의지가 그 행동의 원인이어야 한다는 것이 이런 내면적 행동에서 본질적인(essential) 것처럼 의욕에 적용하도록 사람들을 행동에 대한 이 같은 일관성 없는 개념으로 끌고 간 것은 아마도 이런 이유 때문일 것이다. 즉 인간의 상식과 통상적인 어법대로 하자면, 사람들의 외적 행동들에 관하여 그런 개념을 가질 수밖에 없을 것이다. 그 외적 행동들은 본래적인 것이며, 그 용어의 통상적이고 가장 고유한 의미대로 하자면 "행동들"이라고 불린다. 이런 행동들 속에 있는 사람들은 자기지시적(self-directed)이며 자기결정적(self-determined)이다. 그리고 그들의 의지는 자신의 신체 동작들과 행해진 외적인 일들의 원인이다. 그러므로 사람들이 그런 활동을 자의적으로, 곧 선택으로 한 것이 아니라면, 그리고 그 행동이 그들의 선행 의욕에 의해서 결정된 것이 아니라면, 그것은 그들 자신의 활동 혹은 행함이 아닐 것이다.

JE 일부 형이상학자들의 실수: 신체의 동작이 선행 의욕에 의해서 결정되듯이 의지도 선행 의욕에 의해서 결정된다.

그런데 심히 부주의하고 불합리한 일부 형이상학자들이 의욕 자체에 대하여도 동일한 것을 가정하기에 이르렀다. 즉 의욕도 의지에 의해서 결정되고, 의지는 선행 의욕에 의해서 결정된다고 가정한 것이다. 마치 신체의 동작이 선행 의욕에 의해서 결정되는 것처럼 말이다. 그들은 이런 가정 속에 내포된 모순에 주의하지 않았다.

JE **일부 형이상학자들이 행동과 수동을 제대로 구별하지 못했다.**

그러나 행동과 수동 사이의 형이상학적 구별에서(비록 이 구별이 보편적이 되었고 전반적인 인기를 끈 지 오래되었지만), 용어가 사물들의 본성이나 혹은 구별된 명확한 관념들과 일치하는지에 대한 적절한 주의가 기울여지지 않았다는 것은 명백하다. 이 문제는 이런 논쟁들을 할 때에 사용되는 수많은 다른 철학적·형이상학적 용어들 가운데서도 찾아볼 수 있다. 그리하여 그런 용어들은 말로 다할 수 없는 난제와 논전과 실수와 혼란을 야기했다.

JE **용어의 의미 변천 과정**

행동: 원의미 ▶ 외적·자의적 행동 ▶ 의욕 자체 ▶ 다른 의미

필연: 원의미 ▶ 강제적인 것 ▶ 존재의 확실성 ▶ 다른 의미

그리하여 이런 용어들이 의욕에 적용되었을 때, 필연은 행동과 부조화를 이룬다는 생각을 하게 만들었을 것이다. 먼저, "행동"과 "필연"과 같은 용어들은 차츰 본래의 원의미와 아주 다르게 변해갔다. 원래 "행동"은 외적·자의적 행동을, "필연"은 강제적인 것을 가리켰으나(이 같은 의미에서 두 용어는 분명히 서로 부조화를 이룬다), 지금은 이 용어들이 아주 다른 것들을, 즉 의욕 자체와 존재의 확실성을 가리킨다.

그리고 의미에 변화가 생겼을 때, 의미의 차이를 적절히 인정하고 완화하는 주의를 기울이지 않았다. "행동"과 "필연"이라는 용어의 원래 의미에 해당했던 것들이 새로운 의미의 "행위"와 "필연"이라는 용어에 경솔하게 여전히 돌려졌다. 그리고 이런 근거 위에서 그 원리들이 아무런 실제적 근거도 없이 만들어졌으면서 가장 확실한 진리요, 이성의 가장 명확한 직언인 것처럼 통한다.

JE **아르미니우스주의자들이 필연적인 행동은 모순이라고 강력하게 주장하지만, 하나님이 능동적 존재 및 거룩한 행위자로서 필연적인 행동들을 하신다는 것은 부인하지 못할 것이다.**

그러나 아르미니우스주의 신학자들이 필연적인 것은 행동이라고 부르지 않고, 필연적인 행동은 모순이라고 아무리 강력하게 주장할지라도, 실제로 이런 원리들을 끝까지 고수하는 사람은 얼마 되지 않을 것이다. 그들도 인정하지 않을 수 없는 바는, 하나님은 지고의 의미로 능동적 존재(active being)이시며, 삶과 행동의 지고한 근원이시라는 사실이다. 그리고 아마도 그들이 부인하지 못할 것은, 하나님의 의와 거룩과 성실의 활동들(acts)이라고 불리는 것들은 진실로 정확히 하나님의 활동들이며, 하나님은 실제로 그 활동들에서 거룩한 행위자(holy agent)이시라는 사실이다. 그럼에도 불구하고 내가 신뢰하는 것은 하나님이 필연적으로 의롭고 신실하게 행동하신다는 사실과, 하나님에게는 불의하고 부정하게 행동하는 것이 불가능하다는 것을 그들이 부인하지 못할 것이라는 사실이다.

3장

필연적인 일에 칭송이나 책망받는 것은
보편 상식에 저촉된다는 자들이 내세우는 이유

아르미니우스주의 저자들은 필연이 선과 악, 칭송과 책망, 상급 및 징벌과 전혀 조화를 이루지 못하고 모순되며, 그 이외에 다른 주장을 하는 것은 인간의 보편 상식이나 생득적 개념과 이해에 저촉된다고 굳게 확신하고 주장한다. 이 같은 그들의 주장이 현재 상당히 설득력 있게 받아들여져, 성경에 명확히 계시된 진리에 정통한 이들도 적잖게 혼란스러워하고 있다. 또 그들은 칼뱅주의 교리와 사람들이 정의와 평등에 대해서 일반적으로 갖고 있는 관념들을 조화시키느라고 상당한 곤욕을 치르고 있는 것 같다. 그들이 그렇게 혼란스러워하는 참된 이유는 다음과 같다.

Ar 필연적으로 했을 따름인데 칭송이나 책망을 받는다는 것은 보편 상식의 직언에 저촉된다.

I. 자연적 필연(natural necessity)이 정당한 칭송이나 책망과 완전히 모순된다고 하는 것은 보편 상식에서 나오는 명확한 직언(dictate)이다. 만일 사람들이 그 자체로 아주 선하고 발생하기에 알맞으며 참으로 행복한 결과인 일들을 자신의 의지와 상반되더라도 피할 수 없어 행한다면, 즉 자신의 의지 없이 혹은 자신의 의지가 그 일에 관심이나 연결이 없는데도 필연에 의해 그 일을 행한다면, 보편 상식으로 볼 때 정말 너무나 명확한 직언이 (우리에게 가르쳐주는 사실은) 이것이다. 즉 그들 안에 아무 덕이나 도덕적 선이 전혀 없고, 그들은 상급이나 칭송을 받을 가치가 없으며, 혹은 그러한 이유 때문에 존중받거나 존경받고 사랑받을 가치가 없다는 사실이다. 반면에 사람들이 유사한 필연에 의해서 그 자체로 아주 불행하고 파괴적인 일을 행한다면, 그리고 어쩔 수 없이 그 일들을 행한다면, 그들이 그런 일을 행할 의지가 있든지 없든지 상관없이 행하는 그것을 필연이라 말한다. 그런 일들이 행해진 이유는 오직 필연에 의한 것이지 그들의 의지에 의한 것이 아니다. 따라서 그들이 전혀 책망받아서는 안 된

다는 것은 보편 상식으로 볼 때 정말 너무나 명확한 직언이다. 그렇게 이루어진 결과에는 악덕, 결점, 도덕적 사악이 전혀 없다. 설사 사람들이 그렇게 필연적으로 하게끔 되어 있다 할지라도 징벌이나 미움을 받거나, 그 때문에 조금도 경멸을 받아서는 안 될 것이다.

이와 같이 그 자체로 선하고 바람직한 일에 선천적 불가능이 있어서 절대 불가능하다면 인류의 보편적 이성이 가르치는 대로 선천적 불가능은 그 일을 행하지 않는 사람들에게 **철저하고 완벽한** 면책이 된다.

Ar 사람들이 선천적으로 불가능한 어려운 일에서 어려움을 당하여 잘못했을 때는 어느 정도 용서받는다.

보편 상식에서 나오는 또 하나의 명확한 직언은 이것이다. 만약 그 자체로 선한 일을 행하는 것이거나, 혹은 그 자체로 악한 일을 피하는 것이 선천적 불가능 때문에 **절대적으로 완전 불가능한 것이** 아니라 선천적인 어려움 때문에 심히 **어려운 것이라면**, 즉 그 어려움은 동일하게 남으며 그 경향은 경향이 원하는 것을 허용한다. 의지와 경향 자체와는 전혀 상관없는 사전적 어려움(difficulty prior to), 곧 그 경향으로 하여금 경향이 원하는 것이 되게 하므로 동일하게 남아 있는 어려움이라면, 한 사람의 나태나 태만이 완전히는 아니지만 **어느 정도는** 면죄받을 수 있다. 일이 어려웠을 때 해당하는 그의 죄는 행하였어야 할 일이 쉬웠을 때 해당하는 죄보다 더 가볍다. 그리고 일의 상태에 어려움과 장애가 있기보다는, 이루어질 일이나 일어날 결과를 싫어하는 상반된 선천적 성벽(natural propensity)[1]이 있다면, 그 성벽은 마음의 경향을 고려했을 때 추출되어 나온 것이다. 비록 그 성벽이 선천적 필연에 버금갈 정도로 크지는 않을

---

1 필연을 반대하고 거스르는 자연인의 못된 성벽을 일컫는다.

지라도 그에 근접할 정도이므로, 선을 행하는 것은 일의 상태에 있는 선천적 지향으로부터 상당히 많이 말미암지, 선한 경향으로부터는 그렇게 많이 나오지 않는다.

Ar **자연적 필연이 모든 덕을 유린하거나 단념시키는 것처럼, 그러한 성벽도 덕을 소멸시킨다.**

보편 상식의 직언 한 가지는 행한 일에서 덕이 덜하면 덜할수록 그만큼 칭송이나 상급받을 것도 덜하다는 것이다. 그 이유는 간단하다. 즉 선천적 성벽이나 지향이 자연적 필연과 유사하므로, 성벽이 크면 클수록 필연에 훨씬 더 근접해지기 때문이다. 그리고 자연적 필연이 **모든** 덕을 유린하거나 단념시키는 것처럼 그러한 성벽도 덕을 소멸시킨다. 즉 필연은 덕을 행하지 못하도록 **단념시킨다.** 그리고 다른 한편으로 일의 상태에 있는 자연적 어려움은 자연적 불가능과 유사하다. 자연적 불가능이 완전히 절대적일 때 책망으로부터 **완전히** 면책받듯이 그러한 어려움도 책망을 **어느 정도** 면하거나 감면해준다.

JE **우리는 일상 생활에서 필연적 사건들/표현들에 둘러싸여 살고 있다.**

II. "하지 않으면 안 되는", "할 수 없는", "하지 않을 수 없는", "피할 수 없는", "필연적", "불가능한", "불가피한", "불가항력적" 등등의 문구들을 사람들이 사용하는 제1차 목적은 강제(constraint)나 속박(restraint)의 필연을 나타내려는 것이다. 혹은 의지와 전혀 상관없는 어떤 필연을 나타내려는 것이다. 그 필연은 사람들이 무언가를 하고 싶어 하든, 혹은 하고 싶어 하지 않든 상관없고, 사람들의 경향과 욕구를 따라 자신들이 하고 싶어 하는 대로 되는 것이라고 생각할 수 있다.

JE 사람은 어릴 때부터 사용한 용어들, 활동들에서도 필연을 경험한다.

내가 생각하기에 그 같은 종류의 용어들은 모든 나라에서 상대적으로 사용된다. (앞서 살핀 바와 같이) 그 용어들의 의미 안에는 의지나 욕구 혹은 노력과는 상반된 어떤 것에 대한 언급이나 관심이 전달된다. 그런 경우에 상반된 어떤 것은 현재 있거나 혹은 장차 있을 수 있다. 모든 사람은 자신이 무언가를 하길 바라나 이룰 수 없는 무수한 일들이 있다는 것을 어린 시절부터 깨닫기 시작한다. 사람이 자신들의 선택과는 상관없이 싫어하는 일인데도 불구하고 피할 수 없는 일들이 무수히 있다. 바로 이 같은 필연은 사람들이 금세 자주 발견하는 것이요, 셀 수 없이 많은 사건 속에서 아주 일찍부터 그들에게 영향을 끼치며, 그 사건들 속에서 그런 용어와 문구들이 처음으로 형성되고, 사용되며, 인생의 일상적인 사건들 가운데서도 아주 빈번히 사용된다.

JE 일상 용어는 형이상학적 가치나 신학 논쟁에 부적합하다.

그렇지만 그 용어들은 아무런 형이상학적·사변적·추상적 개념도 전달하지 못한다. 그 같은 개념은 사물들의 본성 속에 있는 연결로 하나의 명제의 주어와 술어 사이에 있는 것이요, 그 명제의 확고한 진리의 근거가 되는 것이다. 그러나 그들이 그 개념을 전달하려고 사물들의 일차적 기원과 형이상학적 관계들과 종속들에 대한 철학적 질문을 가지고 씨름하고 있는 것은 다른 용어들로는 부족하기 때문에 이 같은 용어들을 빌리는 것이다. 그러나 그 용어들은 우리가 유아 시절부터 자라면서 사용하던 그런 용어들과 문구들과는 전혀 별개의 것이요, 아르미니우스주의자들과 칼뱅주의자들이 논쟁할 때 주로 사용하는 용어들과도 아주 다른 의미를 가진 것들이다.

JE 그들이 아무리 필연을 부인하려 해도 필연은 어릴 때부터 터득한 우리의 말이나 습관, 그리고 일상에서 흔히 발견할 수 있다. 우리는 그렇게 필연을 인정하고 우리 자신을 변명하거나 합리화한다.

앞에서 언급했듯이 우리가 생각하기 시작하는 순간 우리에게 명확한 인간의 보편 상식에서 나오는 직언은 이것이다. 우리가 그런 용어들을 처음 배울 때, 취득한 의미에 내포되어 있는 필연은 사람들에게 면책거리를 제공해주고 실수나 책망으로부터 자유롭게 만든다. 그러므로 면책이나 무혐의에 대한 우리의 관념과 그 같은 용어 및 문구들은 강한 습관에 의해서 연결되어 있다. 이 습관은 우리가 말을 시작한 어린 시절부터 시작되었고, 우리와 함께 자라나며 지속적인 사용과 관습에 의해서 강화되었고, 그 연결은 점점 더 강해진다.

JE 사람은 자연적 필연을 암시하는 용어들을 사용하면서 자신을 합리화한다. "난 그거 못해." "난 어쩔 수 없이 그렇게 한 거야."

"하지 않으면 안 되는", "할 수 없는", "불능한", "필연적", "불가능한", "불가피한" 등등의 앞서 언급한 용어들과 책망받을 것 없음(blamelessness)을 서로 잇는 습관적 연결이 사람들의 정신에서 엄청 강하게 일어난다. 왜냐하면 사람들은 이성과 언어를 사용하기 시작하자마자, 줄곧 수많은 실례에서 그 같은 용어들이 암시하는 자연적 필연으로부터 자신들을 변명해왔기 때문이다. "난 그거 못해." "난 어쩔 수 없이 그렇게 한 거야." 모든 사람은 삶의 거의 모든 문제에서 자신이나 다른 사람들에게 변명하기 위해서 이런 의미를 담은 문구들을 사용한다. 즉 실망과 관련하여, 우리와 다른 이들을 근심하게 만들고 폐를 끼치는 일들과 관련하여, 또 우리와 다른 이들에게 상처를 주고 불쾌감을 주는 일들과 관련하여, 혹은 바람직한 일이지만 우리나 다른 이들이 행하지 못하는 일들과 관련해서도 그런 문구를 사용한다.

JE **사람은 어린 시절부터 별개의 관념들을 습관적으로 서로 결합하고 연결하여서 선천적 감각을 키운다. 그렇지만 그 안에는 직언이 있고 필연이 자리 잡고 있다.**

사람은 어릴 때부터 각기 다른 관념들을 서로 결합하는 데 익숙하기에, 마치 그런 연결이 인간 본성(*nature*)에서 나오기나 한 것처럼 습관적 연결을 월등히 강화시킨다는 사실을 수없이 많은 실례에서 명백히 찾아볼 수 있다. 사람들이 눈에 보이는 사물의 외양을 보고서 그 크기나 거리를 판단하는 것은 전적으로 그런 관념의 습관적 연결에 의한 것이다. 이를테면 사람이 10km 멀리 떨어져 있는 산을 보고 당연히 자기 코보다 더 크다고 판단하거나, 혹은 그 산이 자기 코끝보다 더 멀리 있다고 판단하는 것은 어릴 때 형성되고 그 사람이 자라면서 함께 강화된 그런 연결에서 나온 것이다. 사람들은 상당한 거리와 외양의 크기를 서로 연결하는 데 오랫동안 익숙해 있기 때문에, 선천적 감각의 직언(dictate)에 의해서 거리와 크기를 추측한다. 그러나 날 때부터 눈이 먼 맹인이 눈을 뜬 경우는 별개의 문제다. 그가 동일한 가시적 외관을 주시하고 있을지라도, 그의 선천적 감각은 눈에 보이는 크기나 거리와 관련하여 그런 직언을 내리지 못할 것이다.

Ar **무죄에 대한 관념과 필연에 대한 용어가 인간 본성 안에서 습관적으로 연결되어, 무죄에 대한 명백한 개념이 생긴다.**

III. 무죄(innocency)나 무혐의(blamelessness)에 대한 관념들(ideas)과 그런 필연을 암시하는 용어들을 서로 연결하는 것이 사람들에게 습관화되었을 때, 그런 연합은 단순히 인간 본성(mere nature)의 결과인 것처럼 보인다. 그 결과로 사용 중인 동일한 용어들을 귀로 듣고, 앞서 언급했던 새롭고 형이상학적 의미를 지닌 용어 자체를 사용하는 법을 배운다. 그리고 그렇게 배운 용어들은 예측 가능한 의지와 노력을 뒤집지 않는 다른 종류의 필연을 암시한다. 이런 식으로 무혐의에 대한 분명하고 명백한 개념(notion)이 강한 선입견에 의해서 전혀 상관없는 사건 안으로 의식하지 못하는 사이에 슬그머니 들어온 것이다. 그 용어들의 용법을 사람들이 주의하거나 주목하지도 못하는 사이에 아주 다른 의미로 바뀌었는데, 그렇게 의식하지 못한 데는 몇 가지 이유가 있다.

JE **그런 두 요소의 결합이 효과적이지 못하고, 심지어 철학자들에게조차도 용어가 애매하다.**

1. 그 용어들을 철학자들이 사용할 때조차 그 의미가 매우 뚜렷하거나 분명하지 않다. 그래서 그 용어들을 확고하고 분명한 의미로 사용한 철학자들이 극히 드물다. 오히려 그 의미는 아주 애매모호하다. 지적이고 도덕적인 사물들을 기술하려고 할 때, 그리고 로크가 "혼합 양태"(mixed modes)[2]라고 부르는 것을 표현하려고 할 때 사용되었던 용어들에서 그런 일이 흔히 일어난다.

사람들이 그러한 형이상학적 용어들의 의미를 분명하고 뚜렷하게 이해한다면 그 용어들의 원의미와 더 용이하게 비교할 수 있을 것이고, 거기에 쉽게 속아 넘어가지도 않을 것이다. 또한 그들의 생각이 이 세상에 통용되고 있는 용어들에 의해서 쉽게 혼동에 빠지지도 않게 될 것이다.

---

2 로크가 주장한 혼합 양태란 다른 종류의 단순한 개념들을 결합시킨 것을 말한다(예, 살인자, 책임, 아름다움 등). 단순한 개념들이란 단일 단순 개념(idea)을 취하여 반복하거나 변경할 때 생긴다(예, 묶음, 무한대, 공간 등). 양태들과 대조적으로 실재들이란 자기존속적 사물들(예, 사람, 양 등), 혹은 자기존속적 사물들의 집합(예, 군대, 양무리 등)을 말한다. Locke, *Essay*, bk. II, ch. 22; 1:381-89.

JE 용어들이 모호하고 무죄에 대한 개념들이 미미하여 사람들이 자신과 선천적이고 필연적으로 연결되어 있다는 것을 확신하지 못할 정도다.

2. 용어들의 의미 변화를 감지하기란 무척 어렵다. 사물들이 사실상 아주 다르게 표현되지만, 전체적으로 볼 때는 일치하기 때문이다. 소위 말하는 통상적 필연(*vulgar* necessity)에 의하면, 자연질서 안에 필연적이라고 부르는 사물(thing)과 그 사물보다 선행하는 어떤 것(something) 사이에는 어떤 강한 연결이 있다. "철학적 필연" 안에도 그와 같은 연결이 있다. 그리고 이런 두 종류의 필연에 있는 연결을 정반대의 의지나 정반대의 노력과 관련한 이름으로 칭할 수 없다. 그 연결은 의지나 노력보다 더 월등하기 때문이다. 이것은 통상적 필연에 해당하는 사례다. 그렇지만 이 두 필연에 있는 연결은 의지나 노력을 **앞서고** 어떤 면에서는 더 **월등하다**. 이런 두 종류의 필연에는 그 사건을 확정 짓는 어떤 확실한 명제의 근거가 있다.

그 용어들이 동일한 의미로 사용되고, 그 사물들이 이런저런 전반적 상황 속에서 일치한다고 표명되었다. 더군다나 철학자들이 그런 용어로 표현을 할 때 아주 흡족할 만하게 정의하지 않고, 오히려 애매모호한 의미를 내포했다. 그러므로 사람들은 그 용어들의 큰 차이에 대해서, 그리고 무오나 무혐의에 대한 개념에 대해서 잘 알아차리지 못한다. 그 개념들과의 결합을 여전히 유지하고 기억할 수 있게 된 이후로 사람들은 그 결합이 마치 전적으로 선천적이며 필연적이었던 것처럼, 그 개념들과 아주 강하게 연결되고, 자신들의 사고방식 안에서 밀접하게 결합된다. 그래서 이것을 분리하려는 사람들은 자신의 본성 자체에 큰 폭력을 행사하는 것과 같다.

JE 도덕적 필연 때문에 사람이 책망받는 것이 이성에 일치하지 않는다고 보는 이유는 충분히 잘 숙고하지 않고 의구심을 가진 자기 선에 대한 착각 때문이다.

IV. 사람이 도덕적 필연 (앞에서 살펴본 바와 같이 일종의 철학적 필연) 때문에 일어난 필연적인 일인데도 책망받아야 한다는 것이 이성과 일치하기 힘들다고 보는 또 다른 이유가 있다. 그것은 사람들이 적절한 숙고를 충분히 하지 않은 채, 이 같은 필연이 자신들의 의지와 신실한 노력과 상반될 수도 있다는 의구심을 내면에 품기 때문이다. 그들은 그 필연대로 되지 않기를 진실로 바라고 기대하며, 노력할 수 있지만, 그 길에는 무적의 필연이 버티고 서 있다.

많은 사람이 자신들에 관해서 이처럼 생각하기를 일부 사악한 사람들은 자신들이 선한 사람이요, 하나님과 거룩을 사랑한다고 여긴다. 그렇지만 자신들의 기대대로 결과가 나오지 않는 것을 깨닫지 못한다. 사람들이 그렇게 생각하는 이유는 다음과 같다.

JE **그렇게 착각하는 이유는 자신들의 의향, 의욕, 경향이 다 선하며 일치한다고 믿기 때문이다.**

(1) 그들은 위에서 언급한 방식대로, 더 선한 의지를 갖고 싶은 목적으로 "간접적 의향"(*indirect willingness*)이라고 불리는 것을 찾는다. 왜냐하면 자신들의 의지가 의지 자체에 대하여 직접적으로 그리고 정확히 서로 반대된다는 것은 있을 수 없는 일이요, 그렇게 가정하는 것도 모순이라고 믿기 때문이다. 그리고 그들은 이런 간접적 의향이 의무와 덕이 요구되는 그 일을 똑바로 하기 바라는 것과는 전적으로 다르다는 것을, 그리고 그들이 가지고 있는 그런 종류의 의향에는 덕이 없다는 것을 모르기 때문이다.

그들은 악독한 사람이 가지고 있을 수 있는 의욕들, 곧 하나님을 사랑하기를 바라는 의욕들(volitions)은 하나님을 사랑하지 않는 도덕적 악을 거부하는 의지의 활동들이 전혀 아니며, 그저 원하지 않는 결과일 뿐임을 망각하고 있다. 그러나 필요 불가결한 구별을 하는 데는 보통 사람들이 해왔던 것 이상의 더 세심한 심사숙고와 생각이 필요하다. 사람들은 자신들의 취향에 맞춰진 편견을 따라 자신들의 욕구와 성향에 대해서 좋게 생각하고, 또 선하고 덕 있는 것으로 여기는 경향이 있다. 덕에 대한 자신들의 관심이 단지 간접적이며 미약한데도, 그리고 그들 자신의 경향을 진정으로 자극하거나 끝내는 것이 전혀 덕스럽지 않은데도, 스스로 자신의 욕구와 성향을 그렇게 선하고 덕 있는 것으로 여기는 경향이 있다.

JE **필연이 진실한 의지나 노력을 방해한다는 오판은 필연을 암시하는 용어들의 실제적 의미를 파악하지 않고 습관적으로 그렇게 오해하여 사용하기 때문이다.**

(2) 사람들이 전혀 감지하지 못할 사이에 이끌림으로 현혹되어 도덕적 필연이나 불가능이 자신들의 의지와 진실한 노력과 서로 상충되거나 혹은 상충될 수 있다고 오판하는 또 한 가지 이유가 있다. 그런 필연을 표현할 때 흔히 사용되는 그 용어들 자체의 파생과 형성 때문이다. 즉 그렇게 형성된 의미가 직접적으로 그런 필연을 지적하며 주장하는 것 같아 보이기 때문이다.

실례로 "불능한", "피할 수 없는", "불가능한", "불가항력적"과 같은 용어들은 사람들이 필연을 거슬러 예상 가능한 능력을 실행했고 노력했으며 항거했다는 것을 명백히 암시한다. 그럼에도 사람들은 이 용어들을 들으면서 본래 의미대로 제대로 사용되고 있는지 생각해보지도 않고 의심해보지도 않는다. 그러므로 그 의미는 자연스럽게 형성되고, 사실 그대로 필연적으로 하나의 어떤 가정(假定)이 그들의 정신 속에서 잉태될 수밖에 없다. 그 가정은 자신들이 진실한 욕구와 노력을 하나 무찌를 수 없는 무적의 필연이 그 길에 서 있어, 그 욕구와 노력을 허망하게 만들고 기대하는 어떤 결과도 일어나지 않게 만들 수 있으며, 또 실제로 그럴 수 있다는 것이다.

JE **지은 죄 때문에 경고나 징벌받는 것을 불공정하다고 하는 것은 이성의 지시가 아니라, 비이성적 상상, 가정, 논증이다.**

Ⅴ. 도덕적으로 필연적인 일을 하는 것 때문에, 혹은 도덕적으로 불가능한 일을 하지 않는 것 때문에, 사람들이 죄에 대한 경고나 징벌을 받아야만 한다는 사실이 이성에 모순된다고 쉬이 가정하게 만드는 또 하나의 이유는 그들이 받을 징벌이 크므로 상상으로 자신들의 주장을 강화하고, 그런 징벌에 반대하는 그럴듯한 이유들의 설득력과 영향력을 크게 더하기 때문이다.

그들이 작은 징계를 공정하게 받을 것이라고 인정하는 것은 어렵지 않을 것이다. 그런데도 만일 그 같은 경우에 어떤 정당한 이유가 있다면, 즉 그런 필연이 혐의나 공의로운 징벌과 상충한다는 그들의 주장이 진실로 이성의 직언이라면, 그 논증은 작은 징계나 큰 징계나 어떤 징계에 대해서든지 공평하고 확고할 것이다. 그처럼 필연적인 일들 때문에 사람들을 영벌에 처하도록 하는 정당성에 대하여 반박하는 자들은 강한 표현들을 써서 그 징계의 막대함을 설명함으로써, 자신들의 주장을 더 강화하는 것 같다. "사람이 영원한 불구덩이에 던져져 지옥에서 영원히 뜨거운 불 가운데서 탄다. 이는 그가 피할 수 있는 능력이 없어 운명적이고, 확고하며, 무적의 필연 아래서 준행할 수밖에 없었던 일들 때문이다."

4장

도덕적 필연이 칭송과 책망, 상급 및 징벌과 상통한다는 사실은 보편 상식과 인간의 선천적 개념들과 일치한다

Ar 필연적으로 피할 수 없어 어떤 활동을 했는데도 책망받거나 칭송받는다는 것은 보편 상식에 어긋난다.

JE 필연적으로 어떤 활동을 행하였어도 칭송받거나 책망받는다는 것이 보편 상식과 상반되지 않고 도리어 일치한다.

도덕적으로 필연적인 일들에 대해 칭송하거나 책망하는 것, 상급을 주거나 징계하는 것이 어떤 사람들에게는 보편 상식과 상통하기 어려운 것으로 보이는 이유에 대해 앞에서 한 설명이 만족할 만하든지 아니든지에 상관없이 상통한다는 것이 다음과 같은 내용들에 의해서 아주 명백하게 나타난다. 용어들의 부적합함과 애매함 때문에 일어나는 모든 착각을 제외하고, 이 문제가 제대로 이해되기만 하면, 인간의 선천적 이해나 보통 사람들에게서 찾아볼 수 있는 사물들에 대한 감각과 상반되지 않는다는 것이 확실해진다. 보통 사람들은 형이상학적·철학적 미묘함에 의해서 그들이 타고난 사상 방향에서 빗나간 생각을 하기가 아주 힘들다. 오히려 그 반대로 그들은 선천적·통상적인 상식의 소리나 지시와 전적으로 일치한다고 할 수 있다.

JE 잘못에 대하여 책망받는다는 개념은 통상적으로 어느 세대나 민족을 막론하고 보통 사람들이 다 갖고 있는 관념이다.

I. 책망받을 만함(blameworthiness)에 대한 통상적 개념이 무엇인지를 숙고해보자. 내가 가정하는 바로는 모든 세대와 민족을 통틀어 보통 사람이 잘못(faultiness)에 대해 갖고 있는 관념은 다음과 같이 명백하다. 즉 어떤 사람이 자기 자신의 의지와 기분으로 말미암은 잘못됨이나 잘못 행함은 이 두 가지를 포함한다. 1. 자기 기분 내키는 대로 할 때 자신의 잘못 행함(doing wrong). 2. 자기 기분의 잘못됨(being wrong). 혹은 다른 말로 그런 것들에 대한 개념을 더 이해하기 쉽게 표현하자면, 어떤 사람이 자

기 마음을 잘못 가짐과 자기 마음으로부터 잘못 행함이 될 것이다. 이것이 문제의 요지다.

JE **형이상학적 개념은 통상적 개념과 다르며, 보통 사람들이 가진 것이 아니면 보편 상식이 아니다.**

보통 사람들은 잘못 있음(faultiness) 혹은 책망받을 만함에 대한 개념을 형성할 목적으로 사물들의 형이상학적 자료와 관계 및 의존에 관한 회상이나 추상을 하지 않는다. 그들은 자신들 스스로 다듬은 것으로 결정한 후에야 다음의 문제를 해결한다. 즉 무엇이 먼저 의지를 결정하는지, 의지가 어떤 외적인 요소에 의해 결정되는지 아니면 내적인 요소에 의해 결정되는지, 의욕이 의욕을 결정하는지, 혹은 지성이 의지를 결정하는지, 형이상학자들에게 우발(contingence; 그들이 무엇을 의미하든지)이란 단어가 뜻하는 바와 같은 어떤 것이 있는지 없는지, 의지 안에, 의지 자신의 주권적 활동들에 의한 의지의 실행 안에 의지 자신의 모든 주권적 활동들을 유발하는 이상한 종류의 불가사의한 주권이 있는지 없는지.

JE **보통 사람들은 이성적 피조물들로서 어릴 때 그런 개념을 갖기 시작하여 형성되기까지 오랜 시간이 걸린다.**

보통 사람들은 그런 질문에 대한 해답을 가지고 잘못이나 책망에 대한 자신들의 개념을 형성하지 않는다. 그들이 그렇다면 무수히 많은 다른 사람들도 마찬가지일 것이다. 실제로 인류의 대부분 곧 1,000명 중 999명이 잘못에 대한 개념을 갖지 못한 채, 혹은 어떤 일이든 책망이나 칭송을 받아야 한다는 개념을 한때 가졌으나 현재는 갖지 못한 채로 살다가 죽는다. 확실한 것은 사람들이 그 같은 개념을 갖는 데는 오랜 시간이 걸린다는 것이다. 실제로 그 개념들은 어린아이들 시기에 볼 수 있는 초기 개념에 해당한다. 그들은 이성적 피조물로서 상벌에 대해 생각하고 말하거나 활동할 수 있는 순간에 그런 개념들을 스스로 발견한다. 그리고 확실히 그것에 대한 개념을 형성하는 데 형이상학을 사용하지 않는다.

JE 보통 사람들의 두 가지 기초 개념: 경험과 선천적 감지

그들이 두는 기초는 다음 두 가지로 구성된다. 경험(*experience*)과 선천적 감지(*natural sensation*)가 바로 그것이다. 선천적 감지는 위에서 기술한 도덕적 악, 즉 **의지의 잘못됨 혹은 잘못함**, 다른 사람들에 대한 분노, 그리고 그 같은 도덕적 악이 있는 사람이 고통받는 것이 적법하다는 데 기꺼이 동의함에 대한 감지다. 이 같은 선천적 감각(*natural sense*)을 우리는 "양심"(conscience)이라고 일컫는다.

JE 보통 사람들이 가진 개념은 어떤 원인이나 이유가 있어서 행한 그 본인 자신의 행위와 활동이다.

사실 보통 사람과 어린아이는 누구든지 잘못된 활동이나 행위에 대한 자신들의 개념 속에서 그 활동이나 행위가 행위자 자신의 활동과 행위(*own act and deed*)라고 생각한다. 그러나 그 같은 개념은 한 사람의 **행위와 행동**이라는 한 가지 사실로 말미암아 그들이 이해하는 모든 것이다. 아무튼 그런 행위나 활동은 본인의 선택에 의해서 수행된 어떤 것이다. 어떤 실행이나 동작이 그 자체 스스로 시작한다는 개념은 활동이나 행함에 대해 그들이 갖고 있는 개념에 해당하지 않는다. 그러나 어떤 것(something)이 그 동작이 시작하는 원인(cause)이 된다는 것은 그들 자신의 개념일 것이다. 그들이 활동에 대해서 가진 개념은 보편 상식의 기본적 지시들 중 하나와 상반되기 때문이다. 즉 존재하기 시작하는 모든 것은 왜 그것

이 존재하는지 그 어떤 원인이나 이유가 반드시 있다.[1]

Ar **자유란 의지의 최초 활동이요, 의지 자신의 선택/활동을 야기하는 것이다. 즉 사람의 자유의지가 모든 결정을 내린다.**

보통 사람은 누군가에게 책망받거나 칭송받을 만한 행위나 일에 대한 자신들의 개념에 의해서, 사람이 자기 자유(liberty)를 실행함으로써 행위나 일을 행한다고 생각한다. 그러나 그들이 자유에 대해서 가진 개념은 단지 사람이 자기가 좋아하는 대로 행할 기회를 가짐을 뜻할 뿐이다.

자유에 대한 보편적 개념: 사람은 자유롭게 자기가 좋아하는 대로 행동한다.
자유에 대한 형이상학적 개념: 자유는 의지의 최초 활동이요, 의지 자신의 결정들을 야기한다. 사람은 자신의 자유의지로 모든 결정을 내린다.

보통 사람이 가진 자유 개념에 의하면 자유는 의지의 최초 활동(acting)이 아니고, 의지 자신의 활동을 야기하는 것도 아니며, 의지 자신의 결정을 야기하는 것도 아니고, 의지 자신의 선택을 야기하는 것도 아니다. 그 외 어느 누구도 그 같은 자유 개념을 갖고 있지 않고, 단지 헷갈리는 형이상학적 사변과 난해하고 모호한 용어들로 자신의 생각을 혼탁하게 만든 사람들만이 그런 자유 개념을 갖고 있다. 만약 어떤 사람이 자기 의지가 결정하는 대로 활동하는 데 전혀 제약을 받지 않거나, 혹은 그가 달리 다르게 활동하는 데 전혀 제약을 받지 않는다면, 그는 자유를 가지고 있는 것이 분명하다. 사람의 자유의지가 내린 결정의 결과들은 곧 자신의 자유의지(free will)가 내린 결정의 모든 것이라는 굉장히 모순된 개념을 굳이 따르지 않고, 자유에 대한 일반 개념들만 따르더라도, 그처럼 그가 자유

---

1 목적론적 신존재론을 JE가 언급하나 JE의 원인론은 원인론적 혹은 인과론적 신존재론이다.

를 가지고 있다는 것이 분명해진다.

JE **정상적인 사람들은 자유가 무관심 중립 상태라고 생각하지 않는다. 오히려 최대한의 경향을 가지고 행동하는 것을 자유라고 말한다.**

대개 사람들은 무관심 중립 상태의 자유에 대해서 어떤 개념도 가지고 있지 않다. 자유가 무관심 중립 상태라면, 사람들이 더 큰 무관심 중립으로 활동하면 할수록 더 많은 자유를 가지고 활동한다는 개념이 그들의 개념과 일치하게 될 것이다. 그러나 사실은 그 반대가 참이다. 사람이 최대한의 경향을 가지고 활동할 때, 그는 자신의 최대의 자유를 가지고 보편 상식에 따라 행한다. 그리고 무관심 중립 상태로 구성된 것과 같은 자유가 칭송이나 책망에 필수적이라는 것은 보편 상식과 아주 거리가 멀다. 반대로 온 세상 모든 사람의 선천적 상식에 의하면 사람이 자신의 선이나 악을 행할 때 무관심 중립이 덜하면 덜할수록, 그리고 그것에 대한 충분히 강한 경향이 더하면 더할수록 그는 더 존경을 받거나 더 미움을 받게 되고, 더 칭송받거나 아니면 더 비난을 받게 된다.

Ar **필연적이라고 했는데도 칭송받고, 어려워서 못했는데도 책망받는 것은 보편 상식에 반하고 모순된 일이다. 그런 도덕적 필연이나 도덕적 불가능이 더 높아지면 높아질수록, 자연적 필연과 자연적 불가능 때문에 그만큼 덜 책망받거나 덜 칭송받는 존재가 된다.**

JE **그렇게 말하는 것이 인류의 보편 상식과 이성과 일치하는 것 같지만, 그렇게 되면 모든 책망과 칭송이 전혀 필요 없어질 것이다.**

II. 도덕적 필연 혹은 도덕적 불가능의 경우에 사람들이 어떤 의욕을 가지고 있든지 가지고 있지 못하든지 책망이나 칭송을 받게 된다는 사실이 인류의 보편 상식과 모순된다고 말한다면, 한편으로는 선행하는

(antecedent) 강한 도덕적 성향(propensity)을 통하여, 다른 한편으로는 선행하는 큰 반대와 어려움을 통하여, 도덕적 필연이나 불가능이 더 높아지면 높아질수록 그만큼 덜 책망받거나 덜 칭송받는 것이 인류의 동일한 상식이나 이성과 일치하는 것 같아 보일 것이다. 따라서 선행하는 성향으로 인해 실행한 활동들은 그 정도에 따라 덜 칭송받을 만한 것이 된다. 그리고 어려움이 따르는 활동을 부작위(omission)²했을 때, 그 부작위는 덜 책망받을 만한 것이 된다. 앞에서 관찰한 대로 자연적 필연과 자연적 불가능, 성향과 어려움이 따르는 활동도 마찬가지로 그렇다. 모든 인류가 가진 상식의 명백한 지시는 그렇게 계속한다면, 자연적 필연과 자연적 불가능이 모든 책망과 칭송을 송두리째 뿌리 뽑아버린다는 것이다. 그리고 선행하던 성향이나 어려움을 통하여 그런 필연과 불가능이 더 커지면 커질수록 칭송과 책망은 그만큼 더 작아진다.

JE 인류의 보편 상식과 이성대로 하면 모든 책망과 칭송은 전혀 필요 없을 뿐 아니라, 유사한 필연과 불가능의 경우에는 칭송이나 책망이 가감되며, 어떤 불가능이나 어려움 때문에 어떤 것을 등한시했을 경우에는 전적으로 혹은 부분적으로 면책된다. 그리고 선천적이며 도덕적인 불가능과 도덕적 어려움은 차이가 없다고, 그 차이를 무시하게 된다.

자연적 필연이나 자연적 불가능이 그렇듯이 행함의 도덕적 필연 혹은 피함의 도덕적 불가능도 모든 책망과 칭송을 송두리째 뿌리 뽑아버린다고 여기는 것이 보편 상식의 지시라면, 철저히 유추해보면 행함의 도덕적 필연, 혹은 피함의 도덕적 불가능과 유사한 것도 칭송과 책망을 축

---

2 부작위(omission, 不作爲)는 마땅히 할 일을 의식적으로 하지 않는 행위, 곧 생략, 태만을 말한다.

소시키며, 자연적 필연 혹은 자연적 불가능과 **유사한** 것도 그렇게 한다고 여기는 것이 보편 상식의 지시라는 결론이 나온다. 사람들이 자신의 의지와 상반된 불가능한 것들을 등한시했을 때에는 **전적으로 면책받을 수 있듯이**, 자신의 의지와 상반된 어려운 것들을 등한시했을 때에는 **부분적으로 면책받을 수 있다**는 것이 보편 상식의 목소리다. 그리고 그 불가능이 선천적이며 의지와 상반된 것이든지, 아니면 면책받을 만함(excusableness)과 관련하여 의지 속에 있는 도덕적인 것이든지에 상관없이 그것이 차이를 만들지 않는다면 마찬가지로 그 어려움도 자연적 필연과 유사하며, 의지와 상반된 것이든지 아니면 의지의 성향 속에 있는 도덕적인 것이든지에 상관없이 아무런 차이도 만들지 않을 것이다.

JE **정상적 인류의 보편 상식은 유사한 도덕적 필연을 따라 자기 의지의 성향에 의해서 선을 행하였으면 더 칭송받고, 반대로 악을 행하였으면 더 책망받아야 한다고 말한다.**

그러나 위의 주장과 달리 그 반대 주장이 참인 것이 확실하다. 도덕적 필연과 유사한 것이 있어서 의지의 선한 활동을 실행한다면, 그 활동은 선에 대한 강한 성향과 덕에 대한 아주 강력한 사랑의 실행이다. 그 사람이 **덜** 덕스럽고 존경과 사랑과 칭송을 **덜** 받아야 한다고 말하는 것은 보편 상식의 지시와는 거리가 멀다. 반대로 그 사람이 그만큼 **더** 선한 사람이고, **더** 존경받을 만하며, **더** 칭송받을 만한 사람이라고 말하는 것이 모든 인류의 자연적 개념과 일치한다. 선에 대한 경향이 강하면 강할수록, 그래서 그 경향이 필연에 가까워질수록 덕스러운 활동을 하지 않기가 불가능하고, 악한 활동을 하기가 불가능함에 가까울수록 더욱 덕스럽고 더욱 칭송받을 만하다. 다른 한편으로 만약 사람이 자기 생각 속에 있는 악한 활동을 실행하는데, 예를 들어 거만함과 악의의 뿌리 깊고 강한 습관이나 원리로부터, 그리고 그런 활동들을 향한 난폭한 성질로부터 나오는 교만이나 악의를 실행한다면, 그 때문에 그가 덜 혐오스럽거나 덜 책망받을 것이 아니라 만인의 선천적 상식에 따라 그는 자신을 주목하고 있는 모든 사람에게 훨씬 더 많은 미움과 비난을 받아야 마땅하다.

JE 사람의 활동이 의지 자체의 주권적 능력에 의해서가 아니라, 선행 성향이나 동기가 원인이 되어 결정되고 실행된다면, 더 덕이 있어 더 칭송받거나 더 악덕하여 더 책망받는 것이 정상이요, 옳다.

게다가 하나의 활동이 선행하는 성향이나 동기에 의해서 결정되는 것이 아니라, 의지 자체의 주권적 능력에 의해서 결정된다고 하는 개념은 책망받거나 칭송받을 의지의 활동에 대한 인류의 보편적 개념에서는 조금도 찾아볼 수 없다. 만약 그렇다고 한다면[활동이 의지 자체의 주권적 능력에 의해서 결정된다면], 의지의 활동을 결정하는 데 그 원인이 더 크게 작용하면 할수록 그 활동이 훨씬 덜 덕 있거나 훨씬 덜 악한 것으로 간주될 것이기 때문이다. 거꾸로 그 원인들이 더 작게 작용하면 할수록 그 활동은 더 덕 있거나 혹은 더 악한 것으로 간주될 것이다. 그러나 실은 그 반대가 참이다. 아무도 선한 활동을 두고서 덜 칭송받을 일이라고 생각하지 않는다. 왜냐하면 행위자가 선한 경향 혹은 선한 동기에 의해서 그 선한 활동을 결심하기 때문이다. 오히려 더 많이 칭송받을 일이라고 생각한다. 선한 경향이나 동기가 그 행위자를 결심시키는 데 별 영향을 끼치지 않는다면, 사람들은 그의 활동이 훨씬 더 덕 있는 것이 아니라 오히려 덕이 덜하다고 생각한다. 악한 동기들 혹은 악한 경향들에 의해서 결정된 악한 활동들이 더 많이 책망받을 일이며 더 악하다고 생각하는 것과 마찬가지다.

Ar 타고난 기질이나 성향에 따라 한 활동이므로 칭송받거나 책망받을 이유가 없다.

JE 선행하는 성향과 기질이 선하거나 악한 것에 따라서 나온 활동에 칭송이나 책망을 받는 것이 보통 사람들의 상식이다.

그뿐 아니라 선하거나 악한 성향이 사람들의 마음속에 본성적으로 심겨 있다고 통상적으로 가정되지만(무수한 실례에서 통상적으로 그렇게 가정되는 것이 확실하다), 일반적으로 그런 성향 때문에 사람들이 칭송받거나 비난받을 이유가 없다고는 가정하지 않는다. 선천적인 것은 필연적일 뿐 아니라, 의지의 모든 활동이 무엇이든 본성이 그 활동들보다 선행한다는 사실이 확실함에도 말이다.

○ 예증 **못된 기질의 사람**

예를 들어 어떤 사람이 아주 불손하고 사악한 성향을 가진 것이 드러났는데, 그것이 그 자신의 타고난 기질 때문에 그렇다고 추정되면 그런 성향은 악덕이 아니고 또 도덕적 악덕도 아니라고 하는 것은 통상적인 개념이 아니요, 보통 사람의 상식과 이해에서 나오는 판단도 아니다. 그가 불명예, 오명, 증오를 받아야 할 사람이 아니며, 타고난 성향으로부터 흘러나오는 교만하고 악독한 활동들에 대해서 분개할 일이 아니라고 하는 것도 보편 상식과 이해의 지시가 아니다.

게다가 그런 사악한 선천적 성향과 그 성향이 가진 힘은 그런 근거로부터 나오는 악한 활동들을 경감시키기보다 오히려 악화시킨다. 그렇게 행하는 것이 자연스러움을 극한 분노에 있는 사람들에게서 흔히 볼 수 있다. 그런 사람들은 이렇게 말한다. "바로 그것이 자신의 본성이며 타고난 사악한 기질이다. 그렇게 활동하는 것이 그에게는 숨 쉬는 것처럼 자연스럽다. 그는 마귀를 섬기지 않을 수 없다." 등등.

JE **두 종류의 필연: 자연적 필연과 도덕적 필연은 다르다.**[3]

그러나 무엇이든지 자신들의 경향에 저항해서 타고난 자연적 필연
(*natural necessity*)에 의해 일어나면 필연이나 경향이 원인 혹은 계기가
되지만, 그것이 다른 사람에게 상처를 주거나 해를 끼치는 일에서는 그렇
지 않다. 그런 경우 인류의 보편적 목소리에 따른 필연은 우리에게 완전
히 변명으로 들릴 것이다. 이처럼 보편 상식은 두 종류의 필연 사이에서
현격한 차이를 만들어내는 것이 확실하다. 인간 활동의 도덕적 특성과 상
벌에 대하여 두 필연이 어떤 영향을 미쳤는지 보편 상식이 판정내린다.

JE **아르미니우스주의자들은 보편적 상식의 지시를 도외시한 채 형이상학적 개념을
옹호하고 필연을 부인한다.**

보통 사람들의 정신에서 나오는 이 같은 지시가 너무나 자연적이며 필연
적이므로, 아르미니우스주의자들 자신이 항상 그 지시를 도외시한 것은
아닌지 심히 큰 의심을 받는다. 그뿐 아니라 아주 유명한 아르미니우스주
의 박사들도 자유에 대한 형이상학적 개념을 옹호하는 데 깊이 관여하여
굉장히 설득력 있는 주장을 펼쳤고, 덕과 악이 어떠한 필연과도 일치한다
는 것을 반박하는 논증을 했다.

○ 예증 **자연적 필연: 바람과 불로 인한 자연적 재해**

**도덕적 필연: 악랄한 사람이 피해자에게 하는 못된 행동, 정신질환자가 남에게
끼치는 비행**

JE **다른 무엇보다 악한 사람의 못된 행동에 가장 분노할 줄 알아야 한다.**

---

3 "자연적 필연"이란 사람이 자연적 원인들의 힘 아래 있을 때를 말하고, "도덕적 필연"이란
책무의 필연, 의무와 양심의 결박 아래 있을 때를 말한다(제1부 5장 참고).

설사 그 주장 중 하나가 심히 설득력이 있을지라도 다음의 질문이 제기된다. 자연적 필연에 의해서 타는 불과 부는 바람으로 인하여 희생자에게 닥친 큰 재난 때문에 분노하는 것보다, 못 말리는 오만 불손한 기질에 사로잡힌 가해자가 상처 입히는 못된 행동 때문에 엄청난 피해를 입은 희생자가 정신의 선천적 상식을 가지고서 그 가해자의 못된 행동에 대해 더 크게 분노하는가? 그리고 사실상 자기 실수로 먼저 자기 마음에 어느 정도 혼란을 초래했을지라도 정신이 온전하지 않은 정신질환자의 비행 때문에 큰 고통을 당하는 피해자가 분노하는 것보다 그가 더 분노하는가?

Ar 필연적 불가능을 이유로 수행하지 못한 일에 대하여 책임을 물으면 안 된다.

어떤 사람들은 마치 이런 구별 짓기가 현재의 논쟁과 전혀 관련이 없는 것처럼 여기며, 우리가 **자연적** 필연과 **도덕적** 필연을 구별 짓는 것을 무시하는 것 같다.

> (그들이 말하기를) 필연적인 것은 필연적이다. 그것은 반드시 될 것이며 막을 수 없다. 그리고 불가능한 것은 불가능하며 도저히 수행할 수 없다. 그러므로 그것을 수행하지 않는 것 때문에 책망받을 이유가 없다.

이 비교는 두 다리를 잃은 사람에게 걷기를 명령하고 그것을 순종하지 않는 것 때문에 정죄하고 징계하는 것과 같고, 철옹성 같은 감옥에 갇혀 있는 사람에게 나오라고 부르며 요청하는 것과 같다. 그러나 이 일에서 아르미니우스주의자들은 매우 비합리적이다. 보편 상식적으로 다음 두 경우에 정말로 큰 차이가 없는지 판단해보자.

○ 예증 **자연적 불가능의 경우: 쇠창살 때문에 감옥에서 못 나온다.**

첫 번째는 왕자를 해하려다 감옥에 갇힌 사람의 경우다. 한동안 감옥에 갇혀 있는 죄수에게 어느 날 왕이 찾아와 자기에게로 나오라고 부를 때, 만약 그가 그렇게 하고 싶어 왕 앞에 겸허히 엎드려 용서를 빈다면, 그는 용서받고 자유로워질 것이고 엄청난 부와 명예를 누리게 될 것이다. 죄수는 왕자에게 가했던 자신의 위해가 얼마나 우둔하고 사악했는지를 뉘우친 것이다. 그는 자기를 철저히 낮추며 왕의 제안을 전적으로 수용할 준비가 되어 있다. 그러나 그는 놋쇠 문과 쇠창살과 철옹벽에 묶여 있다.

○ 예증 **도덕적 불가능의 경우: 자기 잘못을 인정하지 못하고 용서를 구하지 못한다.**

두 번째는 아주 비이성적인 정신과 오만하고 옹고집의 성향을 가진 사람의 경우다. 그는 독재군주식의 원리에 의해 양육받았고 합법적 주권자에 대한 극도의 고질적인 적대감에 사로잡혀 있었다. 그리하여 결국은 반역하여 감옥에 갇혔고 무거운 쇠사슬에 묶여 오랫동안 비참한 환경에 처해 있다. 드디어 자비심 많은 왕자가 감옥을 방문하여 그의 쇠사슬을 풀어주고 감옥문을 활짝 열도록 지시하며 이렇게 말했다. "그 죄수가 내게로 나와서 내 앞에 엎드려 자신이 내게 사악한 짓을 저질렀다는 것을 인정하고 용서를 구하면, 그는 용서를 받고 자유로워지며 궁정 안에서 위엄을 누리고 특혜받는 자리에 앉게 될 것이다." 그러나 그는 완강하고 사악하며 오만한 악의에 가득 차 있어 그 제의를 기꺼이 수용하고 싶어 할 수 없다. 그의 뿌리 깊은 교만과 강한 악의가 그 자신을 압도하여 완벽하게 지배하고 있어 그를 꼼짝 못 하게 하기 때문이다. 그의 마음의 거부가 왕의 은혜와 겸손보다, 왕의 친절한 제안과 약속보다 훨씬 더 강하여 그의 정신에 영향을 주고 그를 사로잡는다.

JE 자연적·도덕적 불가능이 필연적으로 있지만 요구된 행동의 불이행에 대해 두 죄수 모두 공히 책망받아야 한다는 주장이 보편 상식과 통한다.

이 두 경우에 두 죄수 모두 마땅히 책망받아야 한다는 점에서 차이가 없다는 것이 보편 상식이다. 두 경우 다 필연이 있으며, 각각의 경우에 요구된 활동[감옥 문을 열고 나오는 것, 잘못을 인정하고 용서를 구하는 것]이 불가능할까? 사실은 사람의 악한 성향이 성곽의 문빗장만큼이나 튼튼해 꼼짝도 하지 않기 때문이다. 그러나 후자의 경우에서처럼 사람이 그 명령을 순종하기에 "불능한"(unable) 사람이라고 할 때, 그 표현은 부적합하고 기본적인 상식과 통상적인 표현에도 없다는 것을 어떤 사람이 모르겠는가. 비록 그의 마음에 깊이 뿌리 박힌 사악한 기질로 인해 감옥에서 나오는 것이 그를 기쁘게 하기가 불가능할지라도 반역자가 원하면 감옥에서 쉽게 나올 수 있는 이상, 그에게 감옥에서 나올 수 있는 능력이 있다고 말하는 것이 적합할 것이다.

JE 아르미니우스주의자들은 "도덕적 필연이 칭송이나 책망과 모순된다"는 논증을 보편 상식이 아닌 일부의 철학적·형이상학적 주장에 의해서 증명하려다 도리어 편견과 착각에 빠졌다.

내가 감히 말하지 않을 수 없는 바는 대체로 지금까지 살펴본 것들을 공정하게 살필 줄 아는 훌륭한 지성을 가진 사람 중에 도덕적 필연이 칭송이나 책망과 모순된다는 주장을 보편 상식의 지시 혹은 인간의 선천적 개념에서 찾아볼 수 없다는 것을 인정하지 않을 사람이 없을 것이라는 사실이다. 그러므로 설령 아르미니우스주의자들이 그것이 모순된다고 증명한다 할지라도, 그것은 보편 상식이 아닌 일부의 철학적·형이상학적 주장에 의해서 증명하는 것일 뿐이다. 보편 상식을 가지고 볼 때 아르미니우스주의자들이 도출했다는 그럴듯한 논증은 큰 착각일 뿐이다. 그 모든 논증의 주요 강점은 "자유"(liberty), "능한"(able), "불능한"(unable), "필연의"(necessary), "불가능한"(impossible), "피할 수 없는"(unavoidable), "무적의"(invincible), "행동"(action) 등등의 용어들의 용도와 의미의 무의식적 변화, 즉 근본적이며 통상적인 의미로부터 시작하여 전혀 다른 하나의 형이상학적 의미에까지 이르는 변화를 통하여 형성되는 편견 속에 놓여 있다. 그리고 그런 용어들이 최초의 의미로 사용되는 동안 편협하게 굳어진 습관에 의해서 일부 용어들과 책망받을 일 없음(blamelessness) 등등의 관념들 사이가 밀접히 연결된다. 이 같은 편견과 착각은 그들이 원리로 여기는 모든 주장의 근거가 된다. 그들은 그 원리들을 가지고 그들이 논쟁에서 주장하는 대부분의 성경을 해석한다. 그리고 성경과 이성으로부터 끌어낸 그들의 모든 과장된 논증은 그 원리들에 입각한 것이고, 이렇게 감춰진 착각과 편견으로부터 대부분의 이점들을 거두어들인다. 그것은 그들의 마지막 보루인 강점이요, 그들이 가진 최후의 무기다.

JE 아르미니우스주의자들은 미신의 동굴 거주자들처럼 잘못된 상상으로 보편 상식을 왜곡하고 조작한다.

그리고 바로 그런 점은 그들이 이웃 사람들을 거만한 태도로 대하며, 또 자신들처럼 지혜롭고 선한 다른 사람들을 모멸할 수밖에 없는 모든 권한의 주요 근거다. 그런 편견에 사로잡힌 자들은 어두운 미신의 동굴(cave of superstitions)⁴ 속에 살며, 대낮의 빛을 보지 않으려고 거만하게 눈을

---

4 JE는 플라톤의 동굴 비유와 베이컨의 우상 비유를 종합하여 자신의 "미신의 동굴들" 비유를 만든 것으로 가정된다. 동굴 비유에서는 사람들이 어두운 동굴에서 그림자만 보고 상상한 것은 사물들의 실체가 아니라 다만 그림자일 뿐이라는 교훈을 강조하고, 우상 비유에서는 기존 학문의 잘못됨을 분석해서 네 가지의 원인들을 지적하였다. 종족(tribe), 동굴(cave), 시장(market place), 극장(theatre)의 우상들.

감고서 적들을 보편 상식과 왜곡되게 대치시키며 원시적 불합리를 주장한다. 그러나 이 장의 처음에서 살펴본 내용들을 공정히 살펴본다면, 진리를 사랑하는 사람들은 이런 편견자들의 교리가 참으로 불합리하고 난해하며 자가당착인 데다 보편 상식과도 불일치하고 여러 면에서 인간 이성의 보편적 지시와 대립된다는 것을 보다 더 잘 판단할 수 있을 것이다.

JE **도덕적 필연이 칭송과 책망, 상급과 징벌과 상통한다는 사실은 보편 상식과 인간의 선천적 개념들과 일치한다. 성도들에게는 자유가 있으며, 하나님도 능동적이시고 최대의 자유 행위자시다. 하나님은 그의 필연적 덕 때문에 칭송을 받으시기에 합당하시다.**

결론. 앞서 살펴본 내용으로부터 다음과 같은 것들이 보편 상식과 일치한다는 결론을 내릴 수 있다. 영화로워진 성도들은 어떤 면에서도 자신들의 자유를 조금도 위축시키지 않았다. 자유의 참되고 바람직한 의미에 따르면, 하나님은 최대의 가능한 자유를 가지고 계시다. 그리고 그는 최대의 가능한 측면에서 하나의 행위자시요, 무한한 거룩을 실행하는 데 능동적이시다. 그런 점에서 하나님은 최대한 필연적으로 활동하신다. 그리고 이 같은 종류의 그의 활동은 가장 절대적이고 완전한 덕이 있으며, 찬양받기에 합당하다. 그 활동들이 가장 완전히 필연적이라는 이유 때문에 그러하다.

5장

필연 교리가 죄를 멀리하거나 덕과 성결에
이르도록 돕는 수단과 노력을 헛되게
만들고, 사람을 도덕과 신앙 문제에서
단순한 기계로 전락시켜버린다고
비판하는 아르미니우스주의자들의
반론에 대한 반박

Ar의 반론 사람이 기계처럼 필연적으로 활동한다면 무엇인가를 위해 하는 수단이나 노력들이 다 헛되다.

아르미니우스주의자들은 "원인과 결과, 선행하는 것들과 후행하는 사물들 사이에 있는 확고부동한 연결에 의해서 이루어진 필연 때문에 죄와 덕이 생긴다고 하면, 제아무리 노력해도 기존의 연결에 의해서 필연적으로 일어나는 사건의 미래를 변경시킬 수 없기 때문에, 하나는 얻고자 하고 또 다른 하나는 버리고자 하는 노력을 하거나 다른 수단을 동원하는 것이 전혀 소용없는 일이 되고 만다"고 반론한다.

그러나 내가 바라는 것은 그 문제를 철저히 숙고해보는 것이다. 그리고 선행하는 사물과 후행하는 사물 사이에 있는 확고부동한 연결로 인하여 미래의 어떤 것을 피하고자 하거나 얻고자 하는 노력과 수단이 무연결의 경우보다 과연 더 소용없는 일인지 아닌지 철저히 조사해보자.

JE 필연과 연결되어 있다고 해서 수단이나 노력이 헛되지 않는다. 단지 수단이 잘못된 것일 때에만 노력이 헛될 수 있다.

노력이 헛되었다는 것은 그 노력이 성공하지 못했다는 뜻이다. 말하자면 그 노력이 결국 목표하는 일의 수단대로 제대로 진행되지 않았다는 것이다. 수단이 되지 못한 노력은 다음 두 가지 방식 중 하나에 해당할 것이다. 첫째, 수단이 이용되었지만 목표한 사건은 일어나지 않는다. 둘째, 사건이 일어난다 해도 그 수단 때문에 일어나는 것이 아니거나, 그 사건이 수단에 의존하거나 수단과 연결되었기 때문에 일어나는 것이 아니라면, 그 사건은 그 수단이 있든지 없든지 일어날 수 있었던 것이다. 이 두 가지 중 어떤 경우라 하더라도 그 수단은 분명히 어설프거나 헛된 것이었다. 결과를 내기 위한 수단이 성공적이거나 비성공적이거나 혹은 헛되거나 헛되지 않거나 하는 것이 그처럼 수단이 결과와 연결되어 있느냐, 혹은 연결되어 있지 않느냐에 좌우된다. 즉 그 결과는 수단에 달렸고, 수단 없이는 결과도 없다. 한편으로 그 결과가 나온 것은 그 수단과 연결되어 있기 때문이며, 다른 한편으로 그 결과의 부족은 수단의 부족과 연결되어 있기 때문이다.

이처럼 그 연결이 수단과 목적 사이에 있다면 수단들은 헛되지 않다. 그런 연결이 더 강하면 강할수록 수단이 헛될 가능성은 더 낮아진다. 그 연결이 약하면 약할수록 수단이 헛될 가능성은 더 높아진다.

Ar **어떤 결과를 낼 목적으로 이용된 수단이 그렇지 않은 수단보다 더 헛되다. 수단과 결과 사이에 있는 연결이 덜하다.**

JE **수단은 선행하는 사물이며 결과는 후행하는 사물이다. 수단과 결과 및 목적 사이에 연결이 있으며, 있어야 한다.**

그러므로 이제는 결론을 내리기 위해서 질문에 답을 해야 할 차례다(어떤 결과를 낼 목적으로 이용된 수단이 그렇지 않은 수단보다 더 헛되다는 억지 주장이 선행하는 사물과 후행하는 사물 사이에 필연적 연결이 있다는 교리로부터 나온 것인지 아닌지). 질문은 앞서 언급했던 수단과 결과 사이에 있는 연결이 덜하다는 억설이 연결 교리에서부터 나오느냐 하는 것이다. 즉 선행하는 사물과 후행하는 사물 사이에 확정된 연결이 없다는 가정 하에서보다는, 선행하는 사물과 후행하는 사물 사이에 실재하는 참 연결이 있다는 가정 하에서, 수단과 결과 사이에 있는 연결이 덜 하다는 것이 확실하냐는 것이다. 이 질문에 대한 정확한 진술이 그 자체로 답변이 되기에 충분할 것이다. 이 질문이 최대의 모순과 불일치 없이는 확정될 수 없다는 사실이 모든 사람에게 충격이 될 것이다. 수단은 선행하는 사물이며 결과는 후행하는 사물이다. 그리고 만약 선행하는 사물과 후행하는 사물 사이에 연결이 없다면, 수단과 목적 사이에 연결이 있을 수 없으며, 모든 수단이 전혀 헛되고 소용이 없을 것이다. 그 수단들이 성공하는 것은 오직 어떤 연결에 의해서만이다. 수단들의 선택을 이끄는 것은 선행하는 사물과 후행하는 사물 사이에서 목격되고 밝혀지거나 혹은 달리 알려진 어떤 연결이다. 그리고 기존의 연결과 같은 것이 없다면 수단들에 대한 선택도 있을 수 없다. 어떤 일은 다른 일보다 결과를 내고자 하는 성향을 더 많이 가지고 있지 않다. 그 경우에 나타나는 성향과 같은 것은 있을 수 없을 것이다. 다른 사물들의 성공적인 수단들인 그 사물들은 다른 사물의 선행하는 사물들과 연결되어 있음을 입증해준다. 그러므로 선행하는 사물과 후행하는 사물 사이에 있는 확고한 연결이 수단을 헛되고 쓸데없게 만들거나, 혹은 수단과 목적 사이에 있는 연결을 방해하는 방식에 끼어든다고 억지 주장을 펴는 것은, 선행하는 사물과 후행하는 사물 사이의 연결이 그 연결을 방해하는 데 끼어든다고 말하는 것처럼 무척 우스꽝스럽다.

JE 이미 확실히 필연적이 된 연결이 다시 다른 연결로 변경될 수 없다.

만물의 태초부터 지금까지 일련의 기차 같이 선행하는 사물과 후행하는 사물 사이에 있을 거라 추정되는 어떤 연결도 기존의 자연 법칙에 의해서, 혹은 이런저런 경우에 신적 능력이 동원되어 주권적이고 직접적인 개입들에 관한 작정과 함께하는 법칙에 의해서, 아니면 (어떤 다른 법칙이 있다면) 어떤 다른 방식에 의해서 이미 확실히 필연적이 된 연결이 다른 연결로 변경될 수는 없다.

JE 선행하는 사물과 후행하는 사물 사이에 일련의 필연적 연결이 있다. 수단이나 노력이 선행하는 것들로서 역할하며 결과와 사건을 일으킨다.

선행하는 사물과 후행하는 사물 사이에 있어온 일련의 필연적 연결은 조금도 방해받지 않는다. 그러나 우리가 이용하는 수단들은 그 일련에 속한다. 그 수단들은 사물들의 기존 과정에서 우리가 목표하는 후행하는 사물과 연결되어 선행하는 사물들의 일부다. 우리가 투입하는 노력도 이미 존재하고 있는 사물들에 속한다. 따라서 그 노력은 일련의 사건들이고, 그 사슬의 모든 고리가 다 연결되어 있다고 추정된다. 그리고 확실한 것은 필연적 연결은 방해받지 않으며, 노력과 연결되어 있는 사건은 우리가 목표하는 것이요, 선택한 것이다. 왜냐하면 우리는 우리가 살피는 사물들의 기존 질서와 과정으로부터, 혹은 신적 계시에 있는 어떤 것으로부터 노력이 사건과 연결되어 있을 확률이 가장 높다고 판단을 내리기 때문이다.

○ **예증** 어떤 사람이 눈을 뜨고 있는 것과 보는 것 사이에, 또 눈을 뜨려고 시도하는 것과 뜨는 것 사이에도 실제적 연결이 있다. 그런 시도와 목표와 수단은 그 연결을 깨뜨리거나 결과를 방해하지 않는다.

건강한 안구를 가진 사람이 밝은 대낮에 눈을 뜨고 있는 것과 보는 것 사이에 실제적이며 확실한 연관이 있다고 가정해보자. 보는 것은 눈을 뜨고 있는 것과 연관이 있다. 보는 것과 눈을 뜨지 않는 것과는 연관이 없다. 또한 그 사람이 눈을 뜨려고 시도하는 것과 실제로 눈을 뜨는 것 사이에도 동일한 연관이 있다. 그렇게 선행하는 사건과 후행하는 사건 사이에 있다고 가정되는 기존의 연관성이 아주 확실하며 필연적인 것이 아니라면, 바로 그런 상황들에서 사람이 보려고 눈을 뜨려는 시도가 헛되다는 것을 확실히 입증하지 못할 것이다. 그 사람이 그 같은 사건을 목표로 하는 것과 자기 의지의 결과인 그 수단을 이용하는 것이 그 연관성을 깨뜨리지 않으며 성공을 방해하지도 않는다.

JE 필연적 연결과 결과 때문에 노력/수단이 쓸모없어진다는 반론이 필연 교리와 상충하는 것이 아니라, 도리어 아르미니우스주의 교리와 상충한다. 만약 수단과 목적 사이에, 노력과 성공 사이에 연관이 없다면 그런 수단/노력이 헛됨이 틀림없다.

그러므로 그 연관성과 결과의 확실함 때문에 우리가 다루고 있는 이 반론이 필연 교리와 상충한다고 할 수 없다. 오히려 반대로, 이 반론은 우발과 자기결정을 주장하는 아르미니우스주의 교리와 정면 충돌한다. 이 교리는 그런 연관성과 모순된다. 덕과 악이 공존하는 사건들이 선행하는 어떤 것과 연관이 없다면, 그런 사건과 그 사건을 위해 사용되는 수단과 노력 사이에 연관이 없어진다. 그리고 만약 그런 연관이 없다면 그 수단이 헛됨이 틀림없다. 선행하는 사물과 후행하는 사물 사이에 연관이 없으면 없을수록 수단과 목적 사이에, 노력과 성공 사이에 있는 연관이 훨씬 줄어들 것이다. 그리고 그와 동일하게 수단과 노력들이 비효과적이며 헛될 것이다.

Ar 덕이나 악덕은 선행 사건이나 선행 사물과 조금도 연관이 없이 자기결정에서 나온다.

JE 선행 사건이나 선행 사물은 덕이나 악덕의 존재 원인, 수단, 근거로서 존재의 결정에 영향을 끼친다.

덕이나 악덕이 선행 사건이나 선행 사물과 조금도 연관이 없다는 주장은 아르미니우스주의 원리에서 나온 것이다. 다른 말로 하자면 덕이나 악덕의 존재 결정은 선행하여 발생하는 어떤 것으로부터도 전혀 영향을 받지 않는다는 것이다. 그 말은 존재의 원인, 수단, 혹은 근거가 되고 선행하여 발생하는 어떤 것으로부터도 그 존재의 결정이 나오지 않는다는 뜻이다. 만약 그렇다면 그 존재가 자기결정(self-determination)으로부터 나온 것이 아니고, 따라서 덕이나 악덕의 본질과는 아무런 상관이 없기 때문이다. 그러므로 그런 주장은 다음과 같은 결론을 초래한다. 덕이나 악덕은 존재의 원인, 수단, 혹은 근거가 되는 선행 사건이나 존재에 전혀 의존하지 않고 연결되어 있지도 않다. 만약 그렇다면 모든 선행 수단은 전적으로 헛된 것임이 틀림없다.

Ar 자기결정이 결여된 필연 속에서는 악덕을 피하고 덕을 얻으려는 어떤 수단과 노력도 헛되다.

JE 근거 없는 소리다. 이런 것들도 근거가 안 된다. (1) 수단과 목적과의 자연적 연결, (2) 신적 제도나 계시된 방식. 하나님이 사건의 원인자요, 섭리자라는 가정 위에서만 둘째 근거가 효과가 있다.

아르미니우스주의 이론 체계에서는 악덕을 피하거나 덕을 얻으려는 어떤 수단과 노력으로 인해 생긴 결과에 관해서, 혹은 다른 것들에 비해 성공률이 더 높은 수단들의 선택이나 선호로 인해 생긴 결과에 관해서, 그들이 부정하는 억지 주장에 합리적 근거란 있을 수 없다. 그 수단들과 목적과의 자연적 연결로부터나, 혹은 목적이 그 수단들을 의존하는 의존으로부터든지, 아니면 어떤 수단이나 노력, 기도, 혹은 작정의 결과로서 하나님께서 그런 일을 수여하시거나 일으키시는 신적 제도나 미리 계시된 방식으로부터든지 아무런 합리적 근거를 찾을 수 없다. 후자의 경우에 내세우는 억지 주장은 목표한 사건들의 수여자나 결정적 원인이 하나님이시라는 가정 위에서만 통한다. 그러나 만약 그런 사물들이 자기결정에 달렸다면, 하나님은 그것들을 결정하시거나 섭리하시는 기원자가 될 수 없다. 그리고 만약 그런 사물들이 하나님의 섭리가 아니라면, 하나님이 그것들의 섭리 방식이나 방법에 대해 주셨던 계시에 입각한 주장이 전혀 아닌 것이 된다.

Ar 덕에 본질적인 것은 자기결정이다.

JE 덕을 얻거나 악을 피하려는 수단과 노력들이 성공할 것이다.

역시 그 원리들을 따르면 다음과 같은 결론이 나온다. 덕을 얻거나 악을 피하려는 수단과 노력들이 성공할 것이라는 판단 혹은 추측의 합리적 근거를 사람들이 조금도 확보하지 못할 것이며, 그들이 그런 근거를 확보하지 못할 것이라는 사실을 알게 될 것이다. 그 노력과 수단들이 헛되다는 것과 사람들이 추구하는 그 일이 일어나더라도 그것이 자기들이 도입한 방법 때문에 일어나는 것이 전혀 아니라는 것이다. 수단과 노력들이 목적을 이루는 데 전혀 소용없을 수 있지만 다음 두 가지 방식 중 어느 하나는 소용이 있기 때문이다. (1) 덕 있는 활동을 더 좋아하도록 마음의 성향에 원인을 제공함으로써, 혹은 정신이 강력한 동기와 권유들을 더 바라보게 함으로써, 정신을 더 준비시키고 더 성향을 불어넣는 자연적 경향과 영향을 통하여. (2) 하나님의 은택 수여 방식 안으로 사람들을 더 밀어 넣음으로써. 그러나 아르미니우스주의자들의 원리에서는 이 둘 중 어느 방식도 그 경우가 될 수 없다. 후자는 아예 소용이 없다. 왜냐하면 지금까지 살펴본 대로 덕에 필수적인 것이라는 자기결정에 대한 아르미니우스주의자들의 개념은 하나님이 수여자이시거나 혹은 (동일하게) 결정 내리고 섭리하시는 덕의 기원자라는 사실과 일치하지 않기 때문이다.

전자도 소용이 없을 것이다. 자연적 영향과 경향은 인과관계 및 연결을 암시하기 때문이요, 또 사건의 필연을 가정하기 때문이다. 이런 것은 아르미니우스주의의 자유와도 모순된다. 경향을 띤 수단은 덕을 좋아하도록 마음에 호감을 불어넣거나, 혹은 의지가 결정을 내릴 때 의지로 하여금 동기들의 영향과 능력의 지배를 받게 한다. 이는 앞서 철저히 살핀 바와 같이 무관심 중립 상태에 있는 의지의 자유에 대한 아르미니우스주의 개념과도, 그리고 주권적 자기결정과도 상반되는 것이다.

Ar 필연 때문에 노력해봐야 소용없다. 그래서 필연 교리에 반대한다.

물론 필연 교리는 모든 노력이 소용없다고 전적으로 무시하는 경향이 있긴 하지만, 이제껏 주장되어온 필연 교리를 그같이 반대하는 편견을 완전히 해소하기 위해서 다음과 같은 사항들을 재고해봐야 한다.

Ar 필연 교리가 문제가 있으므로 교리 개선을 위한 계기를 스스로 제공한다. 그렇게 교리를 이용하는 것이 전혀 비합리적이지 않다.

JE Ar의 비합리적 가정: 필연에 의해서 변경될 수 없도록 이미 고정되어 있으므로 사람이 어떤 목적을 위해서 어떤 수단을 사용하는 것은 어리석다.

앞서 말한 바와 같이 쟁점은 "사람들이 이 필연 교리를 개선시킬 수 있느냐"가 아니다. 우리는 많은 진실하고 건전한 교리들이 악용되고 있음을 잘 알고 있다. 따라서 쟁점은 "과연 그 필연 교리(자체)가 (문제가 있어서) 그런 교리의 개선을 위한 어떤 정당한 계기를 제공하는지"다. 또는 "그 필연 교리가 올바르다고 가정한다면 그렇게 취급하는 것이 비합리적이지는 않은지"다. 만약 누구든지 그렇게 취급하는 것이 전혀 비합리적이지 않으며, 그 필연 교리 자체가 본성상 문제가 있어 교리의 개선을 위한 정당한 계기를 제공할 뿐이라고 고집한다면 그것은 다음과 같은 잘못된 가정에 근거한 것이다.

즉 이미 다 정해진 만사의 변개할 수 없는 필연은 미래의 어떤 목적이든 그것을 성취하려고 개입하는 모든 수단, 노력, 결론 혹은 활동을 무의미하게 만들어버린다. 그런 것들이 어떤 사건이나 상황 속에서도 일련의 사물들의 과정을 조금도 변경 혹은 변개할 수 없기 때문이다. 만사가 필연에 의해서 변경될 수 없도록 이미 고정되어 있으므로, 사람이 어떤 목적을 위해서 **어떤** 수단을 사용하는 것은 어리석다. 대신 자기 노력을 기울이느라 헛수고하지 않고 느긋하게 자기 안락을 취하는 것은 지혜롭다.

자기모순에 빠지지 않고는, 즉 자신이 내세우는 교리들을 부정하지 않고는 누구도 이 교리로부터 그 같은 추리를 이끌어내지 못하며 또 그 같은 결론에 이를 수 없을 것이다. 그는 **하나의 목적을 위해서, 곧 자신의 평안을 위해서,** 혹은 난처함을 피하기 위해서 어떤 결론에 도달하고 어떤 방안을 취한다. 그는 미래적인 것을 추구하며, 그것을 위하여 수단들을 사용한다. 자신은 아무것도 추구하지 않으며, 미래적인 것을 위해서 어떤 수단도 사용하지 않을 것이라고 결론을 내리면서도, 그는 자신의 평안한 미래와 무병무통(indolence)의 혜택과 위안을 추구한다. 만사를 결정하는 선행 필연(prior necessity)이 미래적인 것을 위한 우리의 모든 활동과 결말을 결정짓는다면, 미래에 있을 우리의 평안을 위한 모든 결말과 행위를 소용없게 만들어버릴 것이다. 우리의 평안의 정도와 시간과 방식과 모든 환경 역시 모든 결정을 내리는 필연에 의해서, 다른 어떤 것과 마찬가지로 이미 다 확정되어 있다.

Ar 행복과 불행이 만사의 필연적 과정과 연결에 의해서 이미 다 분명히 결정되어 있으므로, 결정된 행복이나 불행을 증가 혹은 감소시키지 못하므로 수고하고 근면할 필요 없이 안락과 나태를 누리는 것이 낫다.

JE 이런 식으로 해서 이 사람들은 필연 교리를 개선시킬 수 없다.

만약 누군가 속으로 '나의 미래 행복과 불행이 이미 만사의 필연적 과정과 연결에 의해서 다 분명히 결정되어 있으므로, 결정된 내 행복의 정도를 더 늘리거나, 불행을 줄이지 못할 수고와 근면으로 헛고생을 하느니, 차라리 나는 안락을 누리고, 나태와 태만의 위안을 즐길 것이다'라고 말한다면 이는 자기 모순에 빠진 사람이다. 그는 "미래의 행복과 불행의 정도가 이미 확정되어 있으므로 어느 하나를 감소시키거나 다른 것을 증가시키려는 시도를 하지 않겠다"고 말한 것이다. 그러나 이 말은 자기 결론과 충돌한다. 그는 이 같은 결론을 유지하여 자기 태만의 안락과 위안으로서 **미래의 행복을 증가시키고**, 수단을 사용하여 고통을 피하며 자기의 미래의 곤란과 불행을 축소시키려 한다.

그러므로 아르미니우스주의자들이 그렇게 해서는 필연 교리를 합리적으로 개선시킬 수 없다. 그렇게 하면 자신들의 행복을 위한 수단들 때문에 자의적인 태만에 빠질 것이다. 그 같은 목적을 위해서 그들이 앞세우는 원리들은 그 교리를 개선하려는 것과 상충한다. 아마 그 교리를 개선하려다 도리어 필연 교리에 영향을 받게 되고, 자신들의 행위와 관련해 어떤 견해나 목표에서 타협하는 임의적인 결론을 내릴 것이다. 그렇지만 앞서 밝힌 바와 같이, 그것은 그들이 적용하고 있는 원리들과 모순된다. 간단히 말해서 그 원리들은 어떤 면에서는 전혀, 혹은 일관성 있게 적용될 수 없는 것들이다. 그리하여 그 원리들을 적용하거나 모든 원리를 개선하려는 일체의 시도 속에는 일종의 자기모순이 포함되어 있다.

JE **필연 교리가 사람들을 단순한 기계로 만들지 않는다. 사람은 여전히 이성과 지성과 의지로 의욕을 가지고 선택을 하고 도덕적 활동을 하여 칭송이나 책망을 받는다.**

지금까지 나는 필연 교리에 대한 반론[1]에 대하여, 그 교리가 사람들을 단순한 기계로 만들지 않는다는 사실을 입증하기 위해서 노력했다. 내가 할

---

1 필연 교리가 사람을 단순히 기계로 전락시키는가? 존 파이퍼(John Piper)는 이 단락에 있는 JE의 변호문이 필연 교리가 사람을 단순히 기계로 전락시킨다는 제임스 스트라우스 같은 사람이 제기하는 일반적인 불평을 잠재우기에 충분하다고 했다. James D. Strauss, "A Puritan in a Post-Puritan World," in *Grace Unlimited*, ed., Clark H. Pinnock (Minneapolis: Bethany Fellowship, 1975), 243; John Piper, http://www.desiringgod. org/articles/james-d-strauss-critique-of-jonathan-edwards-freedom-of-the-will

수 있는 말은 그럼에도 불구하고 이 교리는 사람이 단순한 기계와 같지 않고 온전히 말로 할 수 없을 정도로 전적으로 다르다는 것이다. 사람은 이성과 지성 그리고 의지의 기능을 가지고 있으므로 의욕과 선택을 할 수 있다. 그리고 의지는 자기 지성의 명령 혹은 주관에 의해서 인도를 받는다. 사람의 외부 활동들과 행위는, 그리고 수많은 분야에서 사람의 생각과 생각의 실행들은 자기 의지를 따라서 한다. 그러므로 사람은 자기 선택에 따라서 활동하며, 자기가 좋아하는 것을 할 자유가 있다. 이런 것들에 의해서 도덕적 습관과 활동들이 가능해진다. 따라서 인류의 보편 상식에 따른 성향과 활동들은 칭송, 존중, 사랑, 상급을 받거나, 비판, 증오, 분개, 징계를 받는다.

Ar 사람의 의지는 기계와 달리 선택하는 능력이 있으며, 수많은 실례에서 자기가 선택하는 대로 행할 수 있는 자기결정력을 가지고 활동한다.

그런 사항들에서 사람의 자유와 행위는 단순한 기계와는 완전히 다르며, 모든 면에서 온전함과 존엄성 혹은 특권을 가지고 있다. 바라고 상상할 수 있다는 점에서 사람의 자유와 행위는 기계와 완전히 다르다. 그리고 아르미니우스주의자들 자신의 억지 주장들이 일으키는 모든 것은 종종 자기들 스스로 설명하지 않으면 안 될 처지에 몰린다(그러다가 그들의 변명이 도리어 그동안 주장하고 설명하려 했던 것들을 전복시키고 격퇴시킨다). 그들은 영혼의 능력으로 그 영혼이 선택하거나 바라는 대로 결정하는 의지의 자기결정력(self-determining power)에 대해서 설명하지 않으면 안 되기 때문이다. 자기결정력은 다른 뜻이 아니라, 사람이 선택의 능력을 가지고 있으며 수많은 실례들에서 자기가 선택하는 대로 행할 수 있다는 것이다.

JE 그들의 교리 체계는 기계보다 더 높은 존엄성을 지닌 사람들을 더 불행한 존재로 만든다. 기계도 사람에 의해서 인지적 원인에 따라 작동하는데 사람은 아무런 사전 인도를 받지 못한 채 자기 운동력에 내버려 두는 것이다.

이 경우에 필연 교리는 사람이 선택의 최초 활동을 선택하는 능력을 가지고 있다는 그들의 모순된 주장과 아주 다르다. 혹은 만약 그들의 이론 체계가 사람과 기계 사이에 있는 그 차이 외에 또 다른 어떤 차이를 만들어낸다면, 그것은 더 잘못된 결론으로 나아갈 것이다. 즉 그것은 사람이 기계보다 더 높은 존엄성과 특권을 가지고 있다는 기본적인 가정조차 하지 못하게 만든다. 또한 그들의 이론 체계는 사람들을 더 불행한 존재로 결정되게 하는 방식을 낳는다. 실제로 기계는 인지적 원인(understanding cause)에 의해서, 곧 기계공이나 주인의 숙련된 손에 의해서 움직이는 반면, 사람의 의지는 어떤 것으로부터도 인도를 받지 못한 채 내버려지고, 그저 절대적인 맹목적 우연에만 맡겨질 뿐이기 때문이다.

6장

필연 교리가 스토아 철학자들의
운명론 및 홉스의 기계론과 동일하다는
반론에 대한 반박

칼뱅주의자들은 의지의 자유와 의욕의 우발에 대해 아르미니우스주의자들이 지닌 개념에 반대하며, 엄밀히 말해 모종의 필연이 대동되지 않은 의지의 행위나 다른 어떤 사건들은 없다고 주장한다. 이에 대해 반대자들은 칼뱅주의가 고대 스토아 철학자들의 운명론 및 홉스의 필연론과 일치한다고 항의한다.[1]

JE 모든 비기독교 철학자들 중에서 스토아 철학자들이 가장 지혜롭고 가장 덕스러운 사람들이다. 기독교에 가장 근접한 철학은 스토아 철학자들의 운명론이다.

이것은 대표적인 아르미니우스주의 저자들의 주장이 아니었더라면, 주목할 가치조차 없는 반론이다. 고대 그리스 철학자들과 로마 철학자들, 특히 스토아 철학자들(Stoics)이 설파한 가르침에 중요한 진리들이 많다. 그런 철학자들이 주장했다고 해서 결코 더 나쁘거나 하지 않다. 기독교 신학자들은 물론 아르미니우스주의 신학자들까지도 대체로 동의하는 바와 같이 스토아 철학자들이 모든 비기독교 철학자 중에서 가장 위대하고 지혜롭고 가장 덕스럽다. 비기독교 철학파 중 기독교에 가장 근접한 것도 스토아 철학자들의 가르침과 실천에서 나왔다. 이들의 명언들이 수많은 기독교 서적과 설교에서, 아르미니우스주의자들의 서적과 설교에서, 아르미니우스주의자들이 전한 교리들의 오류에 대한 논증으로서가 아니라 기독교의 가장 위대한 진리들에 대한 확증으로서 얼마나 자주 활용되는지 모른다. 특히 신성의 연합과 완전, 인류의 미래 상태, 책임과 행복 등등과 연관된 진리들을 확증해준다. 그리고 가장 지혜롭고 최고라 여김 받

---

1 스토아파 금욕주의자들은 이성(理性)과 운명이 모든 자연을 지배한다고 믿었다. 그들은 사람의 혼만이 거룩하며, 이 혼이 악한 육신의 몸속에 갇혀 있다고 가르쳤다. 사람의 혼은 자연이나 하나님과 조화되어 삶으로 해방을 얻으며, 따라서 미덕은 그 자체의 보상이 되었다. 어떤 신학자들은 바울이 스토아 철학의 영향을 받아서 금욕주의에 젖어 있었다고 본다.

는 이교도들 속에 있는 자연과 이성의 빛이 예수 그리스도의 복음과 조화를 이루어 예수 그리스도의 복음을 확증해준다.

DW 칼뱅주의의 필연 교리는 스토아 철학과 아주 유사하므로 이교도적이다.

JE 아니다. 도리어 아르미니우스주의 교리가 스토아 철학과 더 유사하여 마음의 전적 타락과 부패를 부인하고, 사람이 자기 힘으로 덕 있는 사람이 될 수 있다고 주장한다.

그리고 휘트비 박사에 대해서는 주목할 가치가 충분히 있다. 그는 우리가 믿는 교리의 진리를 반박하려고, 스토아학파가 우리와 아주 유사한 교리를 주장했으며 또 우리가 스토아학파와 아주 유사하다고 우기지만, 바로 이같이 휘트비 박사는 아르미니우스주의자들의 교리가 옳다는 논증을 펴기 위해서, 스토아 철학자들과 아르미니우스주의자들이 일치하며, 서로 동일한 가르침을 가르쳤다고 가정한다.[2]

따라서 휘트비 박사가 스토아 철학자들이 아르미니우스주의와 일치한다고 할 때, 이 말은 아르미니우스주의자들의 교리를[3] 확증하는 것이며, 또한 우리의 교리는 그 양자들과 다르다는 반증(反證)이요, 우리의 견해는 인류의 자연적 감각 및 보편 이성과 상반됨을 보여주는 것이다. 반대로 그가 스토아 철학자들이 우리와 일치한다고 할 때, 그 말은 우리를 뒷받침하는 논거가 전혀 못 되고, 도리어 우리가 틀렸다는 중대한 논거가 되며, 우리의 교리가 이교도적이라는 것을 증명한다.

어떤 칼뱅주의자들이 이미 고찰하고서 반대하는 아르미니우스주의의 일부 교리는 스토아 철학자들의 교리를 반영한다. 특히 그들은 본래

---

2   Whitby, *Discourse*, Dis. IV, ch. 1, no. 8; pp. 325-27.
3   Whitby, *Discourse*, Dis. IV, ch. 1, no. 8; pp. 325-27.

타고난 마음의 전적 타락과 부패를 부인하고, 사람이 자기 능력으로 진실로 덕 있는 사람이 될 수 있으며 하나님을 따를 수 있다고 주장한다. 다른 교리들에서도 마찬가지다.

JE **우리의 필연 교리가 고대 스토아 철학자들의 가르침과 일치하는 것이 아니다. 일치한다면 아르미니우스주의 교리가 훨씬 더 일치하며, 그들은 최악의 철학자들의 입장과 일치한다.**

더 관찰해야 할 것은 이것이다. 우리의 필연 교리가 어떤 면에서 고대 스토아 철학자들의 가르침과 일치한다고 아르미니우스주의자들이 비판하는 것보다, 아르미니우스주의자 자신들의 교리가 스토아 철학자들의 가르침과 상반된다고 주장하는 것이 우리의 필연 교리에 대한 더 강한 반론이 될 뻔했다. 왜냐하면 아르미니우스주의 교리는 어떤 면에서 무신론과 쾌락주의의 아버지였던 에피쿠로스의 제자들과 비기독교 철학자 중 최악의 철학자들의 견해와 일치하며, 사두개파와 예수회파의 교리와도 일치하기 때문이다.

JE **에드워즈가 신뢰하지 않는 스토아 철학자들의 운명 개념**

나는 운명에 대한 진리가 무엇인지를 결론 내리려고 고대 스토아 철학자들이 무엇을 주장했는지 정밀하게 알고자 하는 데는 별 관심이 없다. 그 스토아 철학자들과 무엇이 다른지 주의를 기울이는 것이 정말 확실한 방법이긴 하지만 말이다. 문제는 운명 교리가 그 철학자들끼리도 다 다르고, 그들 대부분이 시인한 바와 같이 몇몇 사항들은 오류 투성이다.

JE **운명은 의지의 자유가 허용되지 않는 그와 상반된 개념이다.**

그러나 그들의 가르침이 무엇이었든지 간에 상관없이 그들 중 어느 누구라도 무엇이든 자신이 좋아하는 대로 하는 자유와 대립하는 어떤 운명을 주장한다면, 나는 그런 운명은 단연코 반대한다. 자유, 활동, 도덕 행위, 덕과 악덕에 대해서 인류가 갖고 있는 일반적·보편적 개념들과 일치하지 않는 운명을 그들이 주장한다면, 나는 그런 것을 반대하며 내가 주장하는 이론 체계는 그런 이론 체계가 아니라고 줄곧 논증해왔다고 생각한다. 스토아 철학자들이 의미하는 운명이 다른 것이 아니라 수단과 노력을 기울일 때에 유익과 혜택을 얻는 방식에 참여하는 것으로 간주될 수 있는 어떤 성격의 것이라면, 혹은 운명이 덕과 행복으로 이루어진 어떤 것을 요구하고 추구하는 사람의 가치를 떨어뜨리는 성격의 것이라면, 나는 다른 어떤 이론 체계보다 더 심각한 폐단이 있는 그런 교리는 주장하지 않을 것이다. 앞서 밝힌 대로 우리의 필연 교리는 우발에 대한 아르미니우스주의 이론 체계와는 정반대이다.

JE 운명은 행위자의 자유 행사 및 섭리 행위와 상반되는 개념이다.

만약 스토아 철학자들이 지적 피조물에게 완전, 존엄, 특권 혹은 혜택이나, 어떤 면에서도 바람직하거나 그런 것이 될 수 있는 어떤 종류의 자유와 모순되거나, 실제로 가능성 있고 납득할 만한 자유와도 모순되는 보편적 숙명론을 주장한다면 나는 그 교리를 용납하지 않을 것이다. 만약 세상만사가 지적이고 지혜로운 행위자의 섭리에 의해 좌우된다는 사실과 반대되는 운명론을 그들이 주장한다면 나는 그런 가르침을 전적으로 부정할 것이다. 그 행위자는 이 세상의 영혼이 아니라 온 우주의 주권자이신 주님으로서 합당한 의지와 선택과 계획으로, 어떤 강압에 굴복하지 않고 자기 앞과 자기 위에 혹은 자기 외에는 다른 어떤 것의 힘과 영향력 아래에 놓이지 않고 가장 완벽한 자유를 행사하며 만물을 통치하시는 분이시다.

JE 홉스가 말한 모든 것이 다 잘못된 것이 아니고 진리를 말한 것도 있다.

홉스(Hobbes)가 필연에 대해서 동일한 교리를 주장한다는 것과 관련하여 내가 고백할 것은 나는 홉스의 책을 직접 읽어본 적이 한 번도 없다는 것이다.[4] 그의 견해는 있는 그대로 굴러가게 내버려 두라. 한때 어떤 나쁜 사람이 그의 사상을 주장했다는 이유 하나 때문에 분명한 증거에 의해서 논증된 모든 진리를 우리가 거부할 필요는 없다. 한때 마귀가 큰 소리로 선포했다는 것 때문에 예수 그리스도가 하나님의 아들이라는 큰 진리가 훼손되지 않았다. 병적인 사고로 해를 끼치는 사람의 입에서 나왔다는 이유 때문에, 혹은 그런 사람의 손이 썼다는 이유 때문에 진리가 모독당하고 한 번도 수용되지 못했다면, 우리는 언제 가장 귀하고 분명한 진리를 확실히 받아들일 수 있을지 그때를 헤아릴 수 없을 것이다. 그리고 홉스가 이 진리를 악용해왔다면 이것은 애통한 일이지만, 그런 이유 때문에 진리를 거부해야 할 것으로 생각해서는 안 된다. 악한 사람들의 마음이 타락해서 가장 선한 사물조차도 사악한 목적으로 악용하는 일은 흔하다.

JE 오히려 아르미니우스주의가 홉스의 가르침에 더 가깝다.

아르미니우스주의자들이 칼뱅주의자들보다 더 많은 사항들에서 홉스[5]와 일치한다는 관찰에 주의를 기울일 필요가 있다. 즉 원죄(original sin)와

---

4 JE가 자신은 홉스 책을 읽어본 적이 없다고 강조하는 이유는 이렇다. "뉴잉글랜드에서 필연 교리는 칼뱅주의자들이 아니라 도리어 자유사상가들의 것으로 통하였다. 그리고 JE가 『자유의지』를 출간했을 때도 그는 웨스트민스터파에 속하는 신학자로 분류되지 않고 도리어 스토아, 홉스, 라이프니츠에 속한다고 분류되었다." Conrad Wright, *The Beginnings of Unitarianism in America* (Boston: Starr King Press, 1955), 93.

5 Dr. Gill, in his answer to Dr. Whitby 3:183 ff. John Gill, *The Cause of God and Truth, Being a Confutation of the Arguments from Reason Used by the Arminians; and Particularly by Dr. Whitby, in His Discourse on the Five Points*, ch. 5, sec. 11, nos. 6 f. (London, 1737), Pt. III, pp. 183 ff.

관련한 주장에서, 초자연적 조명의 필요를 부인하는 데서, 주입된 은혜를 부인하는 데서, 이신칭의 교리를 부인하는 데서, 그리고 다른 여러 가지에서 아르미니우스주의자들은 홉스와 일치한다.

7장

신적 의지의 필연성

Ar 의지가 자기결정력을 가졌으나, 동기에 의해서 결정되지 않는다.

의지 안에 자기결정력이 있다는 주장이 불합리하며 모순된 것이라는 사실을 일부 사람들이 아마 인정하려 하지 않을 것이다. 의지가 어떤 동기 (motive)에 의해서, 그리고 그 반대편에서 일어나는 어떤 동기보다 훨씬 더 큰 힘을 가진 (지성의 주관 속에서) 동기에 의해서 결정되는 것이지, 그 외에 다른 방법이 있을 수 없다는 사실을 일부 사람들이 인정하려 하지 않을 것이다. 이런 점들이 사실이라면 피조된 정신들의 의지뿐 아니라 **하나님 자신**의 의지도 모든 결정에 필수적이라는 결론이 나온다. 이와 관련하여 『하나님과 피조물의 자유의지에 대한 소론』의 저자(아이작 왓츠)는 다음과 같이 말했다.[1]

> 그 같은 [필연] 교리는 하나님의 통치에 대한 우리의 모든 견해와 상반되는 이상한 교리가 아닌가? 그 같은 교리는 하나님의 선택하시는 자유의 영광을 훼손하며, 이 세상의 창조주와 통치자와 은인이신 가장 자유로운 주권적 행위자에게서 이 같은 종류의 자유의 영광을 탈취하는 것이 아닌가? 그 같은 교리는 하나님을 일종의 기계적 운명 중개자로 전락시키며, 홉스의 운명론과 필연 교리를 하나님이 상관하시는 모든 사물과 관련시키는 것 같지 않은가? 그 교리는 찬양받으실 하나님을 지극한 명철과 능력과 동력을 소유한 존재로 설명하지 않고, 하나님이 볼 수 있는 범위 내에 있는 모든 사물 가운데서 어떤 것을 선택할 수 있는 의지를 하나님에게 허용하지 않는 것처럼 보이지 않는가? 간략히 말해서 그 교리는 보편적이며 최고의 영향력 하에서 찬양받으실 하나님을 일종의 전능한 운명 집행관으로 전락시키는 것 같다. 운명은 신들도 다스리지 못했다고 하는 몇몇 고대인들이 고백한 소감과 같은 것이었다.

---

1   Isaac Watts, *Essay* (London, 1732), sec. 7, *dif.* 1, pp. 85-86; reprinted, *Works* 6:272.

이 같은 논조는 주장이라기보다는 오히려 항변에 가깝다. 이성에 호소하기보다는 사람의 상상과 선입관에 호소하는 것이다. 그러나 나는 이렇게 극단적인 진술에 어떤 합리성이 있는지 냉정하게 생각해보려고 노력할 것이다.

JE 인간보다 하나님의 지성과 의지 안에 있는 일들을 파악하기가 훨씬 더 어렵다.

그러나 그 문제를 특별히 숙고해보기 전에 먼저 이것을 관찰해보자. 다음과 같이 가정하는 것이 합리적이다. 즉 인간의 정신 안에 있는 것보다 신적 지성과 의지 안에 있는 것들의 존재 방식과 성격, 그리고 신적 정신의 기능(내가 그것들을 기능이라 부를 수 있다면)이 작용하는 방식과 그 성격과 관련된 것들을 정확한 형이상학적 진리에 따라서 상상하거나 표현하는 것이 훨씬 더 어렵다. 그처럼 상상하거나 표현하는 것이 우리의 주관의 범위 내에서는 한없이 더 어렵고, 우리가 가진 지식의 분량에 비례하며 인간 언어의 용법과 의미에 좌우된다.

JE 본래 언어는 사물의 외면을 표현하기 위해 만들어졌기에 신적인 일을 표현하는 데는 많은 어려움과 한계가 있다.

언어는 우리 자신의 사고와 그 기능과 작용에 관한 정확한 사실을 표현하는 데 결함이 아주 많다. 처음에 단어들은 외적인 사물을 표현하기 위해 만들어졌다. 그리고 내적이며 영적인 것들을 표현하기 위해 적용된 단어들은 거의 모두 일종의 상징적 의미로 차용되고 사용되어왔다. 그 단어들 대부분이 의미에 상당히 애매모호한 것을 내포하고, 이 같은 성질의 것들에 대한 연구와 논쟁에서 수많은 의혹, 곤란, 불명료함을 초래한다. 그러니 불가해한 절대 신의 생각 속에 있는 것들을 있는 그대로 정확히 표현하는 데 언어는 훨씬 더 부적합하다.

우리는 우리 자신의 영혼의 본성을 정확히 파악하는 데 아주 큰 어려움을 겪는다. 과거와 현재 세대가 축적해온 이 같은 종류의 지식의 모든 진보를 통해 우리의 형이상학은 이전보다 더 큰 완전에 이르게 되었다. 그럼에도 불구하고 미래의 탐구와 연구를 위해서 해야 할 일이 아직도 많이 남아 있으며, 미래 세대를 위해서 장차 성취될 수 있는 발전을 위한 여지도 아직 많이 남아 있다. 그러나 우리는 신적 본질의 본성에 관한, 그리고 신적 정신의 능력이 벌이는 활동 양식과 작용 방식에 관한 철저하고 합당하며 완벽한 진리에 따라서 분명하게 이해하기 위해 무한히 유능한 형이상학자들이 될 필요가 있다.

JE 신적 존재와 관련한 어떤 것에 대해서 인식하고 구술하는 것이 심히 어렵다. 설사 했더라도 다른 의존적 존재들에 대한 것에 비해 적합성이 떨어져 보인다.

특별히 주의 깊게 살필 것은 다음과 같은 것이다. 우리는 하나님 안에 있는 어떤 것들을 결과적인 것이요, 다른 것들에 전적으로 의존적인 것으로 인식해야 할 책임이 있으며, 신적 본성과 의지에 관련한 것들을 자연 질서상 다른 것들에 앞서 존재한 기초가 되는 것으로 인식해야 할 의무가 있다. 예를 들어 하나님의 지식과 거룩을 그의 행복보다 선행하는 것으로, 그의 완전한 지성을 그의 지혜로운 목적과 작정들의 기초로, 그의 거룩한 본성을 그의 거룩한 결정의 원인과 이유(cause and reason)로 인식하지 않으면 안 된다. 그럼에도 불구하고 완전하고 절대적인 단순성과 불변성 그리고 모든 사물의 제1원인(the first cause)을 가지고 계시며, 자존적이시고 독립적인 제1존재(the first Being) 안에서 선행하는 것과 후행하는 것, 기초적인 것과 의존적인 것, 결정하는 것과 결정된 것이라는 원인과 결과에 대해서 우리가 말할 때, 그런 개념들 속에는 확실히 적합함이 별로 없어 보인다. 영구적 변화와 갱신이 복합되었으며 그렇게 될 여지가 있는 의존적 존재들에 대해서 말할 때가 오히려 더 적합성이 있어 보인다.

JE 하나님은 자기 의지로 항상 가장 선한 것만 선택하시는 도덕적 필연에 따라 결정하신다.

IW 하나님은 자유롭게 선택하지 못하시거나 미리 짜인 도덕적 필연에 따라 결정하시는 분이 아니다. 그렇다면 권세가 상실된 것이다.

이 같은 사실을 전제하고서 하나님의 의지(will)는 만사에 하나님이 보시기에 최적이며(fittest) 최선인(best) 것에 의해 필연적으로 결정된다는 것에 대해서 앞의 저자(아이작 왓츠)가 내놓은 항변을 살펴보려고 한다.

그와 같은 그럴싸한 반론과 항변은 다음과 같은 상상에서 나온 것들이다. 항상 가장 지혜로운 최선을 선택하는 것 외에 다른 것을 선택하지 못하게 하는 도덕적 필연 같은 것은 존재하지 않는다. 대신 모종의 특권이나 존엄성이 있을 뿐이다. 그런 필연 속에는 어떤 모욕과 비열과 굴종이 있는 것처럼 보일 뿐이다. 즉 의지는 어떤 것에 의해서 감금당해 노예 상태에 놓이게 된다. 말하자면 의지는 자기를 짓누르는 강하고 물리칠 수 없는 능력에 다스림을 받으며, 굳세게 붙잡혀 결단코 스스로 풀려날 수 없는 족쇄에 묶여 있다. 이런 생각은 전적으로 상상과 망상에서 나온 것임이 틀림없다.

JE 사람이나 하나님이 필연에 따라 행한다고 해서 모욕과 치욕이 되는 것이 아니다.

한 존재가 자신의 본성의 필연적 완전에서부터 나오는 가장 탁월하고 행복한 방식으로, 필연적으로 활동한다고 해서 그것이 반드시 그 존재에게 모욕과 치욕이 되지는 않는다. 이런 필연적 활동이 그 존재의 불완전, 열등, 혹은 종속을 주장하지 않을 뿐 아니라, 존엄성의 부족, 특권의 부족,

혹은 지배권의 부족도 주장하지 않는다.[2] 그런 필연적 활동이 하나님의

---

2 JE, "하나님은 전체 일 중에서 항상 최선의 것을 행해야 할 필연이 있기 때문에, 궁극적 원
인은 자유로울 수 없다는 주장이 그럴듯해 보일 수 있다. 하지만 이것은 스피노자의 목적과
전혀 부합하지 않는다. 자연과 운명의 필연이 아니라 적합성과 지혜의 필연이기 때문이다.
필연은 가장 위대한 자유, 가장 완벽한 선택과 조화를 이룬다. 왜냐하면 지혜로운 존재가 어
리석게 행동하는 것이 불가능한 것처럼, 이 같은 필연의 유일한 토대가 의지의 불변하는 온
전함과 지혜의 완전함에 있기 때문이다." Samuel Clarke, *A Discourse Concerning the
Being and Attributes of God, the Obligations of Natural Religion, and the Truth
and Certainty of the Christian Revelation* (6th ed. London, 1725), 64.
      "하나님은 가장 완전한 자유 행위자이시다. 그는 전체 중에서 항상 가장 선하고 가장 지
혜로운 것을 행하지 않을 수 없다. 그 이유는 분명하다. 필연 그 자체와 같이, 완전한 지혜와
선하심이 그의 활동의 확고부동한 원리들이기 때문이다. 그리고 무한히 지혜롭고 선하신
존재는 가장 완전한 자유를 갖추고 있으므로, 필연적 행위자는 필연과 상반되는 활동이나,
지혜와 상반되는 활동을 선택할 수 없다. 어리석게 활동하기로 선택하는 무한한 지혜, 혹
은 선하지 않은 것을 선택하는 무한한 선하심 때문에, 필연적인 결과를 일으키지 못한 절대
적 필연 때문에, 그 필연은 자연 속에서 선택의 큰 모순과 불가능성을 일으킬 수 있다. 하나
님이 창조하셨던 존재나 혹은 어떤 존재를 먼저 창조하셔야 할 필연이 자연 속에 전혀 없었
다. 왜냐하면 그는 홀로 무한히 행복하고 모든 것을 충족하시기 때문이다. 그가 사물들을 창
조하신 후 보존하고 계속 유지할 필연이 자연 속에 없었다. 하나님은 창조 전에도 그러셨듯
이, 그 사물들이 계속됨이 없이도 스스로 충족하시기 때문이다. 그러나 무한한 지혜가 나타
나며, 무한히 선(善)하심을 스스로 전하는 것은 적합하며 지혜롭고 선한 일이었다. 따라서
사물들이 그 **같은 시간**에 만들어지며 **그렇게 오랫동안** 계속되고, 참으로 무한한 지혜와 선
하심과 다양한 완전하심과 더불어 그것들이 가장 지혜롭고 선해야 한다는 것이 지금 내가
말하고 있는 필연의 개념 안에서 볼 때 필연적이었다." Clarke, *Discourse*, 112-13.
      "공정한 조사를 한 최종 결과에 따르면, 우리가 욕구하고 무엇을 바라고 활동하는 것은
우리 본성의 과실이 아니라 완전이다."
      "그런 활동들을 본성의 발전이요, 혜택으로 여긴다고 해서 자유가 억제되거나 감소되는
것이 아니다. 그것은 우리 자유의 박탈이 아니라 자유의 목적이요, 활용이다. 그리고 우리
가 그러한 결정에서 제외되면 제외될수록 우리는 불행과 구속에 더 가까워지게 된다. 정신
의 완전한 무관심은 그것을 선택할 때 따라온다고 생각되는 선악에 대한 마지막 심판에 의
해 측정될 수 없다. 그 무관심은 지식적 본성의 장점이나 우수성과는 거리가 너무 멀어 활
동하거나 활동하지 않는 데 무관심의 부족과 같이 엄청 불완전해질 것이며, 또 다른 측면에
서도 불완전해질 것이다.···욕구나 선호의 힘이 선(good)에 의해 결정되며, 그 활동의 힘이
의지에 의해 결정된다는 것은 엄청난 완전함이다. 그리고 그런 결정(determination)이 더
확고하면 확고할수록 완전함도 더 크다. 아니, 우리가 어떤 행동의 선악을 판단할 때, 자기
정신의 최종 결과에 따른 어떤 것에 의해서만 결정되었다면 우리는 자유롭지 않았을 것이

다. 우리 자유의 최종 목적은 우리가 선택하는 선에 이르는 것이다. 따라서 모든 사람이 지적인 존재로서 자신의 생각과 판단에 의해 자기에게 무엇이 최선인지를 결정하고, 자신의 성질에 의해 필연에 당도하게 될 것이다. 또한 자유가 부족하면 자신보다 다른 사람의 결정에 지배당할 것이다. 그리고 모든 결정에서 사람의 의지가 자기 자신의 판단을 따른다는 것을 부인하는 것은, 사람이 어떤 목적을 가지고 바라며 활동하고자 하는 동시에, 자기 자신이 원하지 않는 목적을 위해 자기 의지를 가지고 활동한다고 말하는 것과 같다. 만약 그가 자신의 현재 생각 속에 그것을 어떤 다른 것보다 더 선호한다면, 그가 그것을 더 좋게 생각하고 그것을 갖고 싶어 한다는 것이 분명하다. 그가 가질 수 없거나 가지고 있지 않은 것이 아니라면, 동시에 그것을 바라지 않는다면, 모순이 있는 것이 너무나 명백하다."

"우리보다 뛰어나고 완벽한 행복을 누리는 존재들을 바라보면, 그들은 선을 선택할 때 우리보다 더 견실하게 결정했다고 판단할 이유는 있지만, 그들이 우리보다 덜 행복하고 덜 자유롭다고 생각할 이유는 없다. 만약 무한한 지혜와 선하심이 할 수 있는 것을 선포함이 우리 같이 가련하고 유한한 피조물들에게 적합하다면, 내 생각에 우리가 할 말은 하나님은 선하지 않은 것을 선택하실 수 없다는 것이다. **전능하신 하나님의 자유는 선한 것에 의해 결정된 자신의 존재를 방해하지 않는다.**"

"그러나 나는 자유의 잘못된 일면을 바로 파악하고자 이렇게 묻고 싶다. 어떤 사람이 지혜자보다 지혜로운 결정들[로크의 원문에는 '고려사항']로 결정되는 일이 더 적다고 해서 그가 저능아인가? 자유로움 속에서 바보 짓을 하며, 사람에게 수치와 불행을 가져다주는 것이 자유의 이름에 걸맞을까? 이성적 행위에서 벗어나고, 더 나쁜 것을 행하거나 선택하지 못하도록 하는 심사와 심판의 제약을 바라는 것이 참 자유라면, 미친 사람과 바보만이 유일한 자유인이다. 아무도 그런 자유에 열광하기를 선택하지 않을 거라고 생각하지만 이미 미친 사람은 그렇게 한다." Locke, *Essay*, bk. II, ch. 21, nos. 48-51; 1, 345-47.

"만사를 항상 필연적으로 보는 이 존재는 만사에 대한 무한한 이해에 따라, 항상 영원히 그렇게 볼 것이다. 즉 이 존재는 가장 지혜롭고 최선인 만사들만이 이뤄지기를 바란다. 그는 이 같은 결과로부터 자유로울 수 없다. 만약 이것이 그가 바랄 수 있는 모든 것이라면 그것은 그렇게 될 것이다. 알 수 있지만 바랄 수 없다는 것은 이해되지 않는 모순이다. 가장 지혜롭고 선한 것이 아닌 다른 것을 바랄 수 있다는 것은 무한한 지식과 상충한다. 무한한 지식은 의지를 실수 없이 유인한다. **그렇다면 여기에 도덕적 필연의 기원이 있다. 그리고 이것이 사실상 자유의 필연이다.**…하나님이 사물의 정해진 적합성을 고려해서 자신의 의지를 결정하실 때, 마치 그것이 가능하다면 물리적으로 압박을 받는 것처럼 그 의지가 필연적으로 결정된다고 할 수 있다. 그러나 이런 말을 반론이라고 여기는 것은 미숙한 행동이다. 다음의 대원칙은 이미 확증되었다. 즉 하나님의 의지는 물리적으로 압박을 받지 않고, 사물들의 영원한 이유와 적합성에 따라서 결정된다[백스터가 의미하는 바는, '사물들의 전형이라고 할 수 있는 그 자체의 관념들의 영원한 관계들에 대한 직관'에 의해서 결정된다는 것이다]. 그리고 이러한 결정이 더 강력하고 필연적일수록 신성은 더 완전해진다. 이것이야말로 그분을 능력은 있으나 분별력과 이성이 없는 몰상식한 존재가 아니라, 그의 의지와 능력이 절대적이며 최고로 완전한 주권과 모순되지 않는다.

하나님의 주권이란?

하나님의 주권이란 자기를 기쁘게 하는 것이 무엇이든지에 상관없이 하고자 하면 할 수 있는 하나님의 능력과 권위를 말한다. 그렇게 "땅의 모든 사람을 없는 것 같이 여기시며 하늘의 군대에게든지 땅의 사람에게든지 그는 자기 뜻대로 행하시나니 누가 그의 손을 금하든지 혹시 이르기를 '네가 무엇을 하느냐'고 할 자가 아무도 없도다."[3] 다음은 하나님의 주권(sovereignty)에 속하는 사항들이다.

즉 (1) 주권이란 최고의 보편적이며 무한한 능력(power)이다. 하나님은 자기가 좋아하는 것을 통제받지 않고, 능력에 제한을 받지 않으며, 다른 능력에 조금도 구속받지 않고 행할 수 있는 분이시다. 그러므로 방해나 제한을 받지 않으며, 자기의 의지를 성취하는 것이 그에게는 불가능한 것이든 어려운 것이든 상관없다. 그는 자기 능력 때문에 자신으로부터 유래되었거나 혹은 부족한 부분이 있는 다른 어떤 능력에 의존하지 않는다. 창세 이래로 지금까지 모든 여타 능력은 그에게서 나온 것이며 그에게 절대적으로 의존적이다.

(2) 하나님은 최고의 **권위**를 가지고 있으시다. 즉 하나님은 자신이 하

가장 지혜롭고 선한 것을 고려하는 가운데 한결같이 불변하게 결정 내리는 존재로 사랑스럽고 경외할 만하게 만드는 것이다. **이성과 선하심의 강점을 지니고서 운명 자체처럼 강하다는 것은 이 필연의 아름다움이다.**…하나님이 필연적으로 이성적이며 불변하게 선하시며 지혜롭다고 하여, 하나님이 자유롭지 못하다고 주장하는 것은 이상한 일이다. 사람이 더 완전해질수록, 그의 의지는 이성과 진리에 의해서 더 확고하고 확실하게 결정된다." Andrew Baxter, *An Enquiry into the Nature of the Human Soul, Wherein the Immateriality of the Soul is Evinced from the Principles of Reason and Philosophy*, 2 vols. (London, 1733; 3rd ed., 1745), 2:403-04.

3 JE, (단 4:35).

시기 원하는 것을 상위의 권위에 굴복하거나, 어떤 다른 권위로부터 권위를 내려받으시거나, 혹은 더 탁월하거나 동등하거나 더 열등한 어떤 다른 독립적 권위로부터 내려받지 않고 행할 수 있는 절대적이며 가장 완전한 능력을 가지고 있으시다. 또한 하나님은 속박, 파생, 의존, 혹은 합당한 제약을 암시하는 어떠한 의무에 의해서도 속박을 당하지 않으신다.

(3) 하나님의 의지(*will*)는 최고로 높고 독자적이며 자기 자신 외에 어떤 것으로부터도 독립되어 있다. 모든 것에서 그의 의지는 자기 자신의 계획대로 결정되고, 자기 자신의 지혜 외에는 어떠한 다른 준칙도 없다. 하나님의 의지는 하나님 자신 외에 어떤 다른 것의 의지에 속박되거나 제약받지 않으며, 오히려 사람들의 의지가 그의 의지에 완전히 복종한다.

(4) 하나님의 의지를 결정하는 지혜(*wisdom*)는 지고하며 완전하고 독자적이며 자기충족적이며 독립적이다. 그러므로 이사야 40:14의 말씀과 같이 —"그가 누구와 더불어 **의논**하셨으며, 누가 그를 **교훈**하였으며, 그에게 정의의 길로 가르쳤으며, 지식을 가르쳤으며, **통달**의 도를 보여주었느냐?"— 이외에 다른 신적 주권이란 없다. 그리고 이것은 정확히 말해 절대 주권(*absolute sovereignty*)이라 할 수 있다. 더 이상 바람직한 것이 있을 수 없다. 이보다 더 영예스럽거나 행복한 것도 있을 수 없다. 그리고 실제로 이외에 달리 상상 가능하거나 존재 가능한 것이란 없다. 하나님의 의지(뜻)가 만사에 자기 자신의 무한한 전충족적 지혜에 의해서 결정된다는 것은 신적 주권의 영광이요, 위대하심이다. 그리고 그분은 어떤 일에서도 열등한 지혜, 혹은 다른 어떤 지혜에 의해서 지도를 전혀 받지 않는다. 그렇게 지도받는다면 절대 주권은 이성, 계획, 목적도 없이 결정하고 행동하는 무분별한 임시 변덕이 될 것이다.

Ar 필연적인 신적 의지란? 하나님께 모욕적이며, 지혜나 동기나 지적 명령을 내포하

지 않는 우연만 있을 뿐이다.

JE   하나님이 필연적으로 지혜롭고 거룩하게 행하시는 것이 모욕이 되지 않고 더 큰 영광이 된다. 지혜와 거룩 그 자체가 아름다운 것이기 때문이다.

하나님의 의지가 **지고한** 지혜로 말미암아 모든 것이 지속적으로 확실히 결정된다면, 모든 것이 필연적으로 반드시 **가장** 지혜롭게 결정될 것이다. 그 외에 달리 되는 것은 상실과 모욕이 될 것이다. 왜냐하면 만약 신적 의지가 모든 경우에 필연적으로 반드시 가장 지혜롭고 최선의 방향으로 결정되지 않는다면, 어느 정도는 무계획적인 우연에 좌지우지될 것임이 틀림없기 때문이다. 그리하여 그만큼 악의 경우에서도 그렇게 되기 때문이다.

신적 의지가 맹목적 우연의 불확실한 바람이 부는 대로 이리저리 무작정 끌려갈 수 있으며, 그 우연이 지혜나 동기도 없이, 지적 지시(intelligent dictate)가 무엇이든 (그 어떠한 것이라도 가능하다면) 그것에 끌려 다닐 수 있다고 가정하는 것은 신성에 무한히 어울리지 않는 엄청난 불완전과 비열함을 주장할 뿐이다. 만약 신적 의지가 그 같은 도덕적 필연을 동반하는 것이 하나님께 모욕이 된다고 말한다면, 하나님이 그 도덕적 필연으로부터 벗어나 무작정에 더 내맡겨질수록, 하나님의 존엄성과 우세함이 더 커진다고 말하는 것이 얼마나 우스꽝스러운 일인지 모른다. 결국(그의 말대로 하자면) 무작정 활동하기 위해서 지성의 지시에서 완전히 벗어나 무분별하고 무의미한 우발(contingence)에 전적으로 완전히 내맡기는 것이 지극한 영광이 될 것이다.

JE   어떤 말이 하나님께 더 영광이 되는가? 하나님은 지혜로우시다! 혹은 하나님은 거룩하시다!

하나님의 실존의 필연이 하나님의 존재의 의존을 증명하지 않는 것 못지 않게, 하나님의 지극히 지혜로운 의욕의 필연은 하나님의 의지의 어떤 의

존도 증명하지 않는다. 모든 경우에 필연적으로 최고로 거룩하고 행복해지고 싶어서 자기 의지를 도덕적 필연에 따라 결정한 것이 그 지고한 존재에게 심히 천박한 것이라면, 그분이 필연에 따라 결정한 자기 현존을, 자기 본성의 무한한 완전을, 그리고 자신의 무한한 행복을 소유한 것도 심히 천박한 것이 아닌가.

JE 하나님은 필연적으로 지혜로우시다. 이는 모욕이 아니다.

그러므로 하나님이 필연적으로 거룩하시다고 하는 것이 모욕이 아니듯이 하나님이 필연적으로 지혜로우시다고 말하는 것도 모욕이 아니다. 만약 하나님이 지혜롭거나 거룩하다는 어느 것도 하나님께 모욕적이지 않다면, 필연적으로 거룩하고 지혜롭게 행하는 것이 하나님께 전혀 모욕이 되지 않을 것이다. 그리고 하나님이 필연적으로 가능한 최고 수준으로 거룩하고 지혜롭다고 하는 것이 하나님께 모욕적이지 않다면, 가능한 최고 정도로 거룩하고 지혜롭게 필연적으로 행하시는 것이 더 이상 비열하다거나 모욕적이지 않을 것이다. 또한 다른 모든 것 중에서 가장 지혜롭고 최선으로 행하는 모든 경우에도 (마찬가지로 동일하다).

JE 하나님은 필연적으로 가장 거룩하시다. 이는 모욕이 아니다.

필연적으로 가장 거룩하다는 것이 모욕적이지 않은 이유는 거룩 그 자체가 탁월하고 명예로운 것이기 때문이다. 동일한 이유 때문에 필연적으로 가장 지혜롭다는 것과 모든 경우에 가장 지혜롭게 행하는 것, 혹은 모든 것 중에 가장 지혜로운 것을 하는 게 모욕적이지 않다. 왜냐하면 지혜도 그 자체로 탁월하고 명예로운 것이기 때문이다.

IW 필연 교리는 하나님을 운명 집행관이나 운명 중개인으로 만든다.

지금까지 살펴본 바와 같이 『하나님과 피조물의 자유의지에 대한 소론』의 저자는 모든 면에서 월등한 적합성에 따라서 필연적으로 결정되는 신적 의지에 관한 교리가 찬양받으실 하나님을 일종의 전능한 운명 집행관이나 기계적인 운명 중개인으로 만든다고 진술한다. 그리고는 이 같은 도덕적 필연 및 불가능은 결과적으로 물리적이며 자연적인 필연 및 불가능과 동일하다고 주장한다(p. 93-94).[4] 54-55쪽에서는 이렇게 말한다.

> 의지를 항상 확고히 지성에 따라 결정하며, 지성을 사물들의 출현에 따라 결정한다는 그 이론 체계는 악과 덕의 참된 본성을 상쇄하는 것 같다. 왜냐하면 그 체계는 덕의 가장 지고함과 악의 가장 사악함을 운명과 필연의 문제로 간주하기 때문이다. 그 문제들은 사람과 사물의 실존, 환경, 그리고 현상황으로부터 자연적·필연적으로 생긴다. 왜냐하면 이런 현존과 상황은 정신 속에 필연적으로 그렇게 출현하게 만들기 때문이다. 이런 출현으로부터 사물들에 대한 필연적 이해와 판단이 생긴다. 또한 이런 판단은 필연적으로 의지를 결정한다. 그리고 이처럼 도덕적이고 자유로운 활동들에 의해서라기보다는 도리어 일련의 필연적 원인에 의해서, 덕과 악이 그 본성을 상실하고서는 도덕적이고 자유로운 활동이 되는 게 아니라 선천적 관념과 필연적 사물들이 된다.

JE 그럼에도 불구하고 왓츠는 하나님이 완전한 지혜자로서 가장 적합하며 선한 것을 선택하시고 행하신다고 말한다.

그럼에도 불구하고 이 저자는 완전히 지혜로운 존재가 가장 적합한(fit) 것을 끊임없이 그리고 확고하게 선택할 것이라고 인정한다(pp. 30-31).

---

4 아르미니우스주의자들의 생각에 도덕적 필연이란 불능하며, 이는 결국 물리적이며 자연적인 필연도 불능하다는 말과 같다.

그리고 말하기를(pp. 102-103), "나는 항상 인정해왔으며 또 인정하건만, 그같이 선행(先行)하는 사물들의 탁월한 적합성이[5] 어디에 있든지 간에, 하나님은 그것에 따라서 행하시지 그것과 상반되게 행하시지 않는다. 특히 하나님의 모든 심판 과정에서 그는 상급과 심판의 통치자와 분배자로서 그러하다." 게다가 그는 다음과 같이 밝힌다(p. 42). "이런 적합성과 선하심에 따라서 행하는 것 외에 달리 활동하는 것이 하나님께는 가능하지 않다."

IW의 종합적 결론 하나님의 활동과 실행에는 덕이나 어떠한 도덕적 성격이 없다. 하나님은 도덕적 탁월을 실행하지 않으시며 자기 자유를 실행하지 않으시는 일종의 기계적 운명 중개인일 뿐이다.

그러므로 이 저자의 책 『소론』(*Essay*)에 있는 몇 단락을 종합해보면 하나님의 거룩, 정의, 신실의 가장 숭고하고 영광스러운 활동과 실행 속에 **덕이나 도덕적 성격은 없다.** 그리고 하나님은 그 자체로 지극히 가치 있는 것과 무엇보다도 적합하고 탁월한 어떤 것을 결코 행하지 않으신다. 그저 일종의 기계적 운명 중개인으로서만 행하신다. 또한 그는 심판자로서 세상의 **도덕적 통치자**로서 행하시면서, 도덕적 탁월을 실행하지 않으신다. 이런 일들 가운데서 자유를 실행하지도 않으신다. 하나님은 물리적 혹은 자연적 필연과 결과적으로 동일한 도덕적 필연을 따라 행하신다. 따라서 하나님은 그저 홉스가 말하는 운명에 따라 활동하신다. "(그가 앞에서 말한 바와 같이) 하나님은 광대한 지성의 존재로서, '능력과 동력의 존재'로서 활동하시지만…선택하고자 하는 의지 없이, 운명의 막대한 영향력 아

---

5 목적을 실현하는 데 적합한 성질. 또는 어떤 사물이 일정한 목적에 적합한 방식으로 존재하는 성질.

래서 활동하는 '전능한 운명 집행관'일 따름이다."[6] 그럼에도 불구하고 이 저자는 이 모든 일에서 하나님의 의지가 하나의 월등한 적합성에 의해서 끊임없이 확실히 결정되며, 그 외 달리 활동하는 것이 하나님께는 가능하지 않다고 한다.

만약 그렇다면(왓츠가 주장하는 대로라면), 하나님이 거룩하고 공의롭게 행하시는 것에 대하여 무슨 영광이나 찬양이 하나님께 돌려지겠으며, 혹은 어떠한 경우에도 가장 적합하며, 가장 거룩하고, 가장 지혜롭고, 가장 탁월한 방식을 취하시는 데 대하여 무슨 영광이나 찬양이 하나님께 돌려지겠는가? 성경과 인간의 보편 상식에 따르자면, 어떤 존재든지 자기 본성의 도덕적 완전을 통하여 지고한 지혜와 거룩을 가지고서 필연적으로 자기 활동을 한다고 해서, 그 존재의 명예가 결코 조금도 훼손되지 않는다. 오히려 반대로 그런 활동에 대한 찬양은 더 크다. 그리하여 그 찬양은 그의 영광의 높이와 일치한다.

IW 지혜롭고 선한 사람은 사물들의 적합성과 반대되는 것을 선택할 수 있지만 그렇게 하지 않고, 오히려 적합성에 의해서 지시받는 고난을 감내한다. 반대로 하나님은 사물들의 적합성과 반대되는 것을 선택하거나, 다른 행동을 하는 것이 불가능하다.

동일한 저자가 다음과 같이 가정한다(p. 56). "지혜롭고 선한 사람의 탁월한 성품은 그의 활동 가운데서 나타난다. 그는 사물들의 적합성과 반대되는 것을 선택할 수 있지만 그렇게 하지 않는다. 오히려 적합성에 의해서 지시받는 고난을 감내한다. 그리고 자신의 행동에서 찬양받으실 하나님을 닮아간다." 그럼에도 불구하고 그 저자는 이것이 찬양받으실 하나님에

---

6 Watts, *Essay* (London, 1732), sec. 7, *dif.* 1, pp. 85-86; reprinted, *Works*, 6:272. In his personal copy of the *Inquiry*, JE Jr. changes this to read: "determinations: yet."

게는 정반대라고 말한다. 그는 하나님이 사물들의 적합성과 반대되는 것을 선택할 수 있을 때에도, "스스로 적합성에 의해 지시받는 고난을 감내한다"고 가정하지 않고, "사물들의 적합성에 반대되는 것은 선택할 수 없다"고 가정한다. 그가 말(부정하지 못하고 억지로 인정)하듯이 "사물들의 적합성이나 선함이 있는 곳에서 이런 적합성에 따라 행하지 않고 다른 (악한) 행동을 하는 것이 하나님께는 가능하지 않다"(p. 42). 그뿐 아니라 그는 만약 "어떤 사람이 완전히 지혜롭고 선하다면, 이 사람은 일들의 적합성에 따라서 영구히 확고하게 결정된 대로 행할 뿐 달리 다른(나쁜) 것을 할 수 없다"(p. 31)고 가정한다.

JE의 결론 어떤 일들이 월등한 적합성에 의해서 필연적으로 결정될지라도, 하나님의 영광을 전혀 손상시키지 않는다.

이 장의 결론을 내리기 전에, 한 가지 더 관찰하고 싶은 것은 이것이다. 즉 어떤 일들이 월등한 적합성에 의해서 필연적으로 결정될지라도, 하나님의 영광을 전혀 손상시키지 않는다는 것이다. 그렇다면 만사가 그렇게 결정된다고 해도 하나님의 영광을 조금도 손상시키지 않을 것이다. 그런 필연의 본질 속에 있는 그 어떤 것도 하나님의 자유, 독립, 절대 주권, 혹은 하나님의 본질, 상태, 활동 방식의 영광이나 존엄성을 전혀 손상시키지 않으며, 하나님의 결함, 속박, 굴복을 의미하지 않는다. 그리고 만약 그 일이 하나님의 영광과 조화를 잘 이루며, 하나님의 영광을 전혀 손상시키지 않는다면, 하나님의 영광을 크게 손상시키지 않도록 수많은 일들의 기원을 하나님께 돌리는 것을 꺼릴 필요가 없을 것이다.

8장

신적 의지의 도덕적 필연을 부정하는 반론

IW 하나님의 목적과 성향 속에는 어느 한편으로 치우치지 않는 완전 중립의 무관심과 균형이 있다.

JE 하나님은 어느 한편에 대한 선호를 가지고 있으며 필연을 따라서 행하신다. 그렇다고 그것이 치욕이 되지는 않는다. 지혜로우신 하나님이 선한 사물들 중 가장 적합한 것만을 선택하시고 행하신다. 이것은 하나님의 치욕이 아니다.

앞에서 살펴본 바와 같이 직전에 인용되었던 저자가 인정하는 바는,[1] 완전히 지혜로우신 하나님이 월등히 적합하고 선한 사물들 중에서 가장 적합해 보이는 것을 지속적으로 확고하게 선택하시며, 그 외 다른 행동은 그분에게 가능하지 않다는 것이다. 그리하여 결국 이 저자가 자인(自認)하는 바는, 실제적으로 선호하는 일들을 필연에 따라서 행하신다고 해서 하나님께 치욕이 되지 않으며 어떠한 관점에서 보아도 하나님의 품위에 걸맞지 않은 것은 아무것도 없다는 것이다.

JE 왓츠의 최종 입장은 스토아 철학자들과 홉스가 동의했던 필연 교리와 상반된다.

그런데도 그의 모든 주장은 스토아 철학자들의 운명 교리와 홉스의 필연 교리가 동의하는 그러한 필연 교리와 상반된다.

JE 하나님의 의지가 필연적인 선택을 한다고 해도 어떤 하나를 월등히 선호하는 것이 결코 하나님의 불명예가 되지 않는다.

이런 사실로 미루어볼 때 다음과 같은 결론이 나올 것이다. 만약 하나님이 모든 다양한 일들 가운데 하나를 선택하실 때 그것을 항상 월등히 적합하다고 여기시거나 월등히 선호하신다고 해도, 하나님의 의지가 그렇게 필연적으로 결정되는 것 때문에 어떠한 면에서도 하나님께 불명예가

---

1 Issac Watts.

되지 않고, 아무런 문제도 되지 않으며, 하나님의 품위를 손상시키지도 않을 것이다.

IW 신적 필연은 하나님께 모욕이요, 부적절하다.

그러나 그의 반론대로 그렇게 하나님께 불명예가 되고 그분의 품위가 손상된다고 묵인하면, 신적 존재의 자유, 지존, 자립, 영광에 있어서의 그 같은 필연이 부적합하여 필연 교리 주장을 완전히 포기하는 것이다.

IW의 가정 하나님께 편애 같은 선호란 없다.

즉 하나님의 주관 안에 있으며 하나님의 선택에 합당한 대상들로 고려될 수 있는 모든 다양한 가능성의 사물들 중 다른 것보다 그 한 가지를 향한 어떤 선호가 더 이상 있지 않다는 것이 실제로 그러한지 아닌지에 관한 그 문제의 타당성 전부를 완전히 다른 별도의 주장에 맡기는 것이다. 그런 선호를 이 저자는 부정했다.

IW의 가정 도리어 하나님의 경향 속에는 완전한 무관심 중립 상태와 균형만 있을 뿐이다.

그는 신적 정신의 주관 안으로 들어오는 두 가지 혹은 그 이상의 가능성 있는 사물들과 관련한 수많은 실례 가운데 하나님이 자기 주관에서 볼 때 선한 목적을 달성하시려고 하거나, 혹은 하나님의 계획 중 어떤 것에 대하여 응답하시려고 할 때 가지는 적합성이나 경향 속에 완전한 무관심 중립 상태와 균형이 있다고 가정한다. 그러므로 이제 그의 가정이 명백히 입증될 수 있는지 살펴보자.

그의 가정을 검토해보려면 다음 두 가지 다른 주장들을 상고해봐야 한다.

IW의 주장 **하나님의 선택 대상들 사이에 차이가 절대 없다고 믿어야 한다.**

(1) 수많은 실례에서 볼 수 있듯이 하나님이 염두에 두신 선택될 가능성이 있는 선택 대상들 사이에 차이가 절대로 없다고 우리가 반드시 가정해야 한다는 점이 주장되었다.

IW의 주장 **선택 대상들 사이에 차이가 조금도 없다고 믿어야 한다.**

(2) 수많은 사물들 사이에 있는 차이는 아주 미미하거나 그런 정도의 것이므로, 그것이 어떤 결과에서 나온 것이라고 가정하거나, 혹은 하나님의 지혜로운 계획들 중 어느 것도 어떤 다른 방식으로든 성취되지 않을 것이라고 가정하는 것은 비합리적이라는 점이 주장되었다.[2]

JE **선택 대상에 차이가 있는 것이 정상이다. 없으면 모든 결정이 동일하므로 결정이 성립될 수 없다. 하나님은 다른 하나를 선호 선택하신다.**

I. 첫째로 고려해야 할 사항은 신적 지성에 맡겨진 다른 선택 대상들 사이에 완전히 유사하며 절대로 차이가 없다는 것을 뒷받침해줄 수 있는 실례들이 있느냐 하는 것이다.

여기서 우선 제기된 문제에 사용된 용어들(*terms*)이 지닌 모순이 가정된 그 일(*thing*) 속에 불합리가 있다는 의심을 자아내는 구실을 하느냐 혹은 하지 않느냐의 문제를 숙고해볼 가치가 있다. 제기되는 문제는 선택

---

2 자연철학(natural philosophy)을 확립하기 위해서 JE는 예일 대학 시절에 뉴턴의 책을 읽고 주요한 개념들을 배웠다. 예를 들어 원자와 집성, 중력과 힘, 시공간, 빛, 색채, 행성 등등을 익혔다. 그는 이런 자연과학적 지식들을 자신의 하나님 이해에 적용하여 하나님을 "제1원인자"(the first cause), "최상위 존재"(being in general), 위대한 기하학자 같은 "우주창조자"(the Creator), "통치자"(the Governor)로 묘사하였다. 특히 다음 작품에서 그의 "존재에 관하여"(Of Bing), "원자에 관하여"(Of Atom), "정신에 관하여"(The Mind), "자연철학"(Natural Philosophy) 등등. *Scientific and Philosophical Writings, WJE* Vol. 6.

대상들 사이에 절대적으로 차이가 없는지다. 만약 그 대상들이 절대적으로 차이가 없다면 어떻게 다른 선택 대상이 될 수 있는가? 만약 어떤 관점에서 보아도 절대적으로 차이가 없다면 다양성이나 차별성도 있을 수 없을 것이다. 왜냐하면 차별성이란 어떤 차이에 의한 것이기 때문이다. 그리고 만약 제시된 선택 대상들 사이에 다양성이 없다면, 선택의 다양성이나 혹은 결정의 차이를 낼 수 있는 기회도 없을 것이다. 왜냐하면 어떤 관점에서 보아도 차이가 없는 한 가지 일의 결정은 다른 결정이 아니라 같은 결정이기 때문이다. 이것이 궤변이 아니라는 것이 곧 더 완전히 밝혀질 것이다.

IW의 주장 **때때로 일들 사이에 차이가 없어도 하나님은 어떤 것 하나를 선택하신다.**

지극히 높으신 하나님은 일부 경우에 여러 일들 자체에 차이가 전혀 없어도 다른 것보다 그 한 가지 일을 행하기로 선택한다는 주장을 입증하려 할 때에 제시되는 논증은 다음 두 가지다.

IW **만물이 유사하고 차이가 없는데도 하나님은 이 세상을 선호하시고 선택하셨다.**

1. 무한한 시공간 속에 있는 다양한 요소들을 절대적으로 고려해보면 완전히 유사하고 서로가 전혀 다르지 않다. 그러므로 하나님께서 다른 대상들보다 무한한 시공간의 한 지점에 있는 이 세상을 창조하시기로 결정하셨을 때는, 선호함이 없고 차이가 절대로 없는 여러 대상 사이에서 이 세상을 유난히 선호하시고 결정하신 것이다.

JE **IW는 창조 전의 영원한 시간이 구별된 어떤 부분이나 기간들로 연결되어 있다고 착각하고 믿었다. 그러나 창세전의 영원은 전체가 한 덩어리 같은 것이었다.**

답변. 그 주장에 대한 나의 답변은 이렇다. 그 같은 반론은 세상이 창조되기 전의 무한한 시간이 연속적 요소들에 의해서 정확하고 사실적으로 구별되어 있었다거나,[3] 혹은 아니면 일련의 제한적이고 측정 가능한[4] 기간들이 전후로 무한히 연속되어 있다는 것인데, 이 같은 가정은 근거 없는 상상에 기초한 것이다. 세상이 창조되기 전에 있었던 영원한 기간은 하나님의 존재의 영원성을 일컬을 따름이다. 영원이란 다름 아니라 "하나님이 무한한 생명 전체를 즉각적이고 완전하며 불변하게 소유하시는 것"이다("immediate, perfect and invariable possession of the whole of his unlimited life"; vita interminabilis, tota, simul et perfecta possession).[5] 이것은 일반적으로 널리 인정하는 것이므로 굳이 내가 논증할 필요가 없다.[6]

---

3 "The total and at the same time perfect possession of endless life."

4 1754년 판에는 "측정 불가능한"으로 되어 있다.

5 JE quoted Boethius (ca. 480-524)'s Latin definition of *eternity*. "Aeternitas igitur est interminabilis vitae tota simul et perfecta possessio"(Boethius, *De consolatione Philosophiae*, V, prose 6).

6 "모든 창조된 존재들이 사라지면, 한 사물에서 또 다른 사물로의 돌연변이 혹은 자연천이의 모든 가능성도 제거된 것처럼 보일 것이다. 영원 속에서 추상적인 자연천이가 이해되기 힘들다. 그렇다면 자연천이하는 것은 무엇인가? 그것은 한순간에서 다음 순간으로 잇듯이 뒤를 잇는 것이다. 그러나 우리가 이런 것을 상상할 때는 순간들을 분리되어 존재하는 사물들이라고 상상한다. 이것이 보편적인 개념이기는 하나 이는 명백한 편견이다. 시간이란 창조된 연속적 존재들의 현존일 따름이다. 그러므로 만약 이 같은 필연적 존재가 그 본성상 변화나 갱신이 없다면 그의 현존은 당연히 비연속적이다. 이 경우에 우리는 이중적 부주의를 범할 것이 분명하다. 첫째, 우리는 하나님 그분 자체의 필연적 본성과 존재에서 갱신을 찾아볼 수 있다. 즉 위의 추론이 명확하다면, 그 말은 틀렸다. 그리고 우리는 이 갱신을 영원한 것으로 본다. 영원한 존재로부터 추출된 것으로 간주하는 것이다. 그리고 우리가 가정하는 바는 독자적으로 존재하는 사물, 한순간 다음에 또 다른 순간을 잇는 사물이 무엇인지를 사람이 알지 못한다는 것이다. 이것은 순수한 상상의 일이요, 사물들의 실재와 상반되는 것이다. 이와 관련한 보편적·형이상학적 표현들로는 '시간은 빨리 달린다', '현재의 순간을 붙잡자' 등등이 있다. 철학자들의 설명도 우리를 오도한다. 그들은 영원을 무한히 달리며 흔적 없는 무한한 선을 만드는 한 점의 이동에 비유한다. 여기서 그 점은 현재의 순간을 나타내며 실제적으로 추월하는 한 사물로 여겨진다. 그런 다음 철학자들은 이동이나 갱신이 그 점에서 기인한다고 본다. 그 말인즉슨 철학자들이 우리에게 한정된 연속적 부분들로 이루어진 연속적 영원을 설명하기 위해 단순한 비실체에서 운동이 기인한다고 주장한다

또한 이런 반론은 피조물의 범위를 넘어서는 무한한 길이와 너비와 깊이를 가정하는데, 측량 가능한 다른 여러 부분들로 정확하게 구별되어 있고, 일련의 무한히 연속적인 특정 단계들로 구성되어 있는 공간의 크기에 대해 잘못된 가정을 한다. 절대 무한대의 공간에 대한 이 같은 개념은 조금 전에 절대 무한대의 시간에 대해서 언급한 바와 같이 의심할 여지없이 비이성적이다. 하나님의 광대하심과 무소부재하심이 일련의 간격과 범주로 구성된다고 상상하는 것은 하나님의 영원하심이 달수와 연수로 구성된다고 상상하는 것만큼이나 타당하지 못하다. 특정 기간들로 이루어진 분명한 부분 부분에 있는 다양성과 질서는 상상할 수 있는 것이며, 다른 경우와 마찬가지로 그 한 경우에 우리의 상상에 자연스럽게 끼어든다. 그리고 각각의 경우에 우리의 상상이 우리를 속인다고 할 만한 동일한 원인이 있다. 신적 존재의 달수와 연수에 대해서, 그리고 신성의 크기에 대해서 평수로 이야기하는 것은 공히 부적합하다.

그리고 이 우주가 그런 종류의 측량 방식 외에 다른 방식으로 고정되어 있다고 말할 때도 우리는 동일하게 자신을 속이는 것이다. 이 우주가 현재와는 다르게, 무한히 넓은 곳에 위치했을 수 있다고 말하는 것은 무슨 의미인지 제대로 알지 못하고 하는 말이다. 혹은 영원히 긴 시간대 속에 다르게 고정되어 있을 수 있었다고 말한다거나, 무한대의 크기나 기간에 대해서 가능한 모든 상상으로부터 말미암은 억지 주장들과 반론들은 그림자 위에 세워진 건물이나 공중에 세워진 성과 같다.

는 것이다.…한마디로 말해서 만약 우리가 위와 같이 절차에 따라 진행해가면, 하나님의 영원성이나 존재는 영원한 생명, 온전한 영혼, 동시에 완전한 소유를 나타냄이 명백해질 것이다. 비록 이것이 지금까지 아무리 역설적이었다고 해도 말이다." Baxter, *Inquiry*, 3rd ed., 2:409-11.

IW 완전히 동일한 소립자들이 하나님의 결정 없이 무작정으로 세상의 물체들로 각각 다르게 만들어진다.

2. 두 번째 주장은 지존자(the most High)가 선호하셨던 그 사물에 대해서 월등한 적합성이나 선호함이 없이 다른 일보다 그 한 가지 일을 하고 싶어 하신다(wills)는 것을 증명하려는 것인데, 이는 하나님께서 물질 속의 완전히 동일하거나 유사한 입자들(particle)이나 원자들(atom)을 세상의 다른 부분들 속에 실제로 배치하고 계신다는 것을 뜻한다. 그러나 앞서 언급한 저자는 다음과 같이 말한다(p. 78[7] 등등).

> 우리가 다른 물체들을 구성하고 있는 특정한 소립자들을 자세히 들여다보면, 우리는 그런 물질의 수천의 소립자들 혹은 원자들이 그 물체 안에 있다는 것을 믿을 만한 충분한 근거를 눈으로 보게 될 것이다. 그리고 그 원자들은 완전히 동일하거나 유사한 것들이어서, 그 원자들이 놓일 위치에 대한 하나님의 의지가 분명히 결정될 필요가 없다.

> 여기서 그는 물과 불의 입자들을 예로 든다. 헤아릴 수 없이 많은 물 입자들이 이 세상의 강과 바다를 이룬다. 그리고 무수히 많은 발열 발광 입자들이 태양체를 이룬다. 이처럼 입자들이 심히 많다고 해서 그중 두 입자가 정확히 동일하거나 유사하다고 여기지 않는 것은 심히 비합리적이라고 주장하는 것이다.

JE 만물을 이루는 입자들의 본질과 형태가 유사하나 크기와 분량이 다 다르게 창조되었으므로 이들이 동일하며 유사하다고 말해서는 안 된다.

---

7 Watts, *Essay*, sec. 6, *ans.* to *obj.* 6, pp. 78-9; reprinted, *Works* 6:269.

답변 (1). 이 주장에 대한 나의 답변은 이것이다. 물질이 무한대로 쪼개어 질 수 있다고 가정할지라도, 이 모든 입자들 중 두 입자가 정확히 동일하며 유사하다고 말하지 못할 것이다. 이런 일은 천에 하나, 무한대 중에 하나일 가능성도 없다.

○예증 **물과 불의 입자들이 유사하나 다 다르다.**

따라서 물과 불의 입자들이 다 다르지만 그것들이 공통된 본질과 형태에서는 상당한 유사성을 가지고 있다고 인정할지라도, 우리가 가정하는 이 입자들이 얼마나 작든지 이 모든 입자들 중에 어떤 두 입자도 물질의 크기와 양이 결코 정확히 동일할 수는 없다.

○예증 **지구와 다른 천체들이 다 다른 본질과 다른 입자로 되어 있다.**

우리가 지구와 동일한 본질을 가진 무수한 천체들이 있다고 가정한다면, 그것은 아주 해괴망측한 상상일 것이요, 그것들 속에 동일한 수의 먼지 입자와 물 입자가 있다면 이는 아주 이상한 일일 것이다.

○예증 **빛은 무수히 많은 요소들로 구성되어 있다.**

그럼에도 그런 상상은 빛의 두 입자들이 물질과 동일한 양의 입자를 가지고 있다고 하는 것에 비하면 아주 덜 이상한 것이다. 왜냐하면 (물질의 무한 가분성 이론에 따르자면) 빛의 한 입자는 지구 내에 있는 먼지와 물 입자들의 수보다 무수히 더 많은 요소들로 구성되어 있기 때문이다. 그리고 이 입자들 중 두 입자가 절대 동일할 수 없는 것처럼 다른 측면에 있어서도 마찬가지다.

○예증 **천체들의 지형의 입자들이 동일할 리 만무하다**

예를 들어 지형이 유사할 가능성은 무한히 적다. 만일 지구와 성질이 같은 수많은 천체들이 있다고 한다면, 그중 어떤 두 천체도 그 지형에 있는 먼지와 물과 돌의 입자들의 수까지 정확히 동일할 수는 없다. 또한 그냥 맨눈으로나 현미경으로 식별할 수 있는 어떤 요소에서 아무런 오차도 없이 모두 정확하게 유사하거나 하나가 또 다른 하나와 차례로 위치해 있을 수도 없다.

그럼에도 불구하고 그런 상상은 빛의 두 입자들이 완전히 동일한 형태를 지녔다고 하는 것에 비하면 아주 덜 이상하다. 왜냐하면 지구 표면에 있는 먼지와 물과 돌의 입자들보다, 빛의 한 입자 표면에 있는 할당 가능한 실제적 요소들이 무수히 더 많기 때문이다.

JE **하나님이 동일한 원자들을 만들어 다른 위치에 두셨다는 것은 그저 가설일 뿐이다.**

답변 (2). 그러나 완전히 동일하며 똑같은 두 개의 물질 입자나 원자를 하나님이 다른 피조물 속에 넣어두셨다고 가정해보자. 하나님께서 두 천체를 완전히 유사하게 만드시고 그것들을 서로 다른 위치에 두시는 것이 가능하다는 것을 나는 부인하지 않는다. 그럼에도 불구하고 그런 가정은 신적 능력에 의해서 일어나는 두 가지 활동이나 결과가 다르거나 구별되지만, 동일한 목적을 위해서는 정확히 동일한 적합성을 갖는다는 결론을 내지 못한다.

○ 예증 **완전히 동일한 두 천체가 존재하지 않는다. 다른 환경이나 위치에 있을 수 있다는 말도 엉터리다.**

왜냐하면 이 같은 두 개의 다른 천체들은 다르다는 관점 외에 어떤 관점에서도 다르거나 별개의 천체들이 아니라 동일한 것이다. 즉 **차이가 있다**

고 여기는 관점에서만 그것들은 다른 둘이다. 만약 그 **천체들 자체가** 완전히 동일하거나 똑같다면, 그것들이 있는 **환경만** 다를 뿐이다. 이를테면 장소, 시간, 정지, 운행, 혹은 몇몇 다른 현재나 과거의 환경이나 관계에서만 구별되거나 별개의 것이 될 수 있다. 왜냐하면 오직 차이가 있을 때만 구별이 되기 때문이다. 만약 하나님이 두 천체를 동일하게 똑같은 방식으로, 다른 모든 환경과 관계에서 완전히 일치하게 만드시되 단지 그들의 위치만 다른 곳에 있게 만드셨다면, 오직 위치와 관련해서만 구별 혹은 중복이 있을 것이다. 즉 모양이 동일하고, 크기가 동일하며, 부피와 저항력이 동일하고, 모든 것이 동일하지만 단지 위치만 다를 뿐이다.

JE 왓츠는 하나님의 의지의 결정을 잘못 오해하여, 하나님은 특별한 목적이나 동기 없이도 어떤 행동을 하시고 결정을 내리신다고 했다.

그러므로 하나님의 의지가 결정하는 것은 이것이다. 즉 하나님의 의지는 동일한 모양, 동일한 범위, 동일한 저항력 등이 서로 다른 위치에 있게 하신다. 그리고 하나님이 이 같은 결정을 하신 데는 어떤 이유가 있다. 즉 이런 결정과 활동이 다른 모든 활동보다 더 특별한 적합성을 갖는 어떤 목적이 있다. 목적 없이 결정되는 것은 하나도 없고, 어떤 다른 것보다 해당 목적에 대한 더 월등한 적합성 없이 결정되는 것도 하나도 없다.[8]

---

8 목적론적 신존재증명(Teleology): JE는 토마스 아퀴나스와 같이 여기서는 이 방법으로 하나님의 존재를 증명한다. 그는 모든 존재와 사물이 가진 하나님의 목적을 보고서, 그 창조자 하나님이 존재한다고 믿는다. 또 다른 곳에서도 다양한 방법, 즉 형이상학적, 관념론적, 우주론적, 목적론적, 도덕론적 논증을 총동원한다. John Bombaro, "The Formulation of Jonathan Edwards' Theocentric Metaphysics," *The Clarion Review*, 1 (Oct., 2003): 8-16. n. 18; George Rupp, "The 'Idealism' of Jonathan Edwards," *The Harvard Theological Review* vol. 62, *No*. 2 (Apr., 1969): 209.

JE 황당한 주장의 등급 순위: (1) 하나님에게는 동기나 목적이 없다. (2) 그는 같은 것을 다른 시간대에 하신다. (3) 그는 같은 것을 다른 위치에 두신다.

동일한 저항력과 동일한 모양을 각각 다른 두 위치와 상황 속에 두도록 야기하는 것이 하나님의 즐거움이라면 하나님이 자신의 동기나 목적을 전적으로 배제한 채, 자신의 의지로 어떤 결정이나 활동을 한다는 주장은 정당할 수 없다. 이는 마치 사람이 자기 의지로 언제든지, 어떤 경우든지, 다른 두 시간대에 동일한 말을 하거나 동일한 소리를 낸다는 주장처럼,[9] 사람이 동기나 목적과 상관없이 자기 의지로 결정 혹은 활동을 한다고 주장하는 것이 황당한 것과 같다.

후자의 경우에서 시간의 차이가 전자의 경우에서 위치의 차이보다 더 많은 것을 입증해준다.

Ar 동일한 두 천체가 각각 다른 곳에 위치해 있다.

JE 그 천체들은 창조 때에 별개의 것으로 창조되었고, 각각 다른 곳에서 존재하기 시작했다.

누구든지 전자의 경우와 관련하여 말하기를 목적 없이 결정된 어떤 것이 있다고 한다면, 그 말은 유사한 두 개의 천체 중에서 특히 이 천체가 이 위치에 있게 만들어졌으며, 또 다른 천체가 다른 곳에 있게 만들어졌다고 말하는 것이다. 곧 그 말은 왜 창조주는 그것들이 동일할 때, 각각 동등한 위치에 둘 수 있었을 텐데 그것들을 순환시키면서 만드시지 않았는지 그 이유를 묻는 것이다. 이 질문은 참이 아닌 어떤 것을 가정한다. 즉 두 천체들이 위치가 아닌 다른 측면들에서도 다르며 별개의 것들이라는 것이다. 그러므로 이처럼 그 천체들은 **본질적으로** 구별되는 것이나, 첫 창조 때 위치

---

9 1754년 판에는 "than"이 아니라 "then"으로 되어 있다. 출 6:3을 참조하라.

를 이동하여, 각각 다른 위치에서 존재하기 시작했을 것이라고 가정한다.

○ 예증 **완전히 동일한 두 개의 지구란 있을 수 없다.**

분명하게 하기 위해서 이런 가정을 해보자. 태초에 하나님이 각각 지름 1cm의 완전한 구형에, 구멍 하나 없는 고체로, 모든 면에서 완전히 똑같은 두 개의 지구를 만들어서 하나는 오른쪽에 또 다른 하나는 왼쪽에 두고, 위치를 제외하고는 시간, 운행이나 중단, 과거나 현재의 상황에 차이가 전혀 없게 하여 서로 가까이에 두셨다. 그렇다면 하나님이 창조 때에 그것들을 그렇게 두신 이유는 무엇일까? 왜 우편에 있는 것을 좌편에 있게 만드시지 않았는가, 그리고 왜 그 반대로는 만드시지 않았는가? 이 질문에 어떤 의미가 내포되어 있는지, 그리고 이 질문이 어떤 잘못된 것과 괴상한 것을 가정하고 있지는 않은지 깊이 고려해보도록 하자. 이를 위해 창조주가 자신이 하신 것 외에 다른 무엇을 하셔야 했는지, 그분이 의지나 능력의 어떤 다른 활동을 실행하셨어야 했는지 생각해보자. 실행될 수도 있었을 모든 것은 그분이 두 개의 지구를 동일한 위치에서, 그것들 가운데든 혹은 어떤 환경에서든 다르지 않게 완전히 유사하게 만드시는 것뿐이다. 따라서 전체 결과에 아무런 차이도 나타낼 수 없었을 것이다. 이 가정에 의하자면 두 개의 지구는 위치 외에는 다른 바가 전혀 없다. 그러므로 다른 면에서도 다 동일하다. 각기 동일한 원형(roundness)을 갖고 있고, 어떤 다른 면을 고려해보아도 별개의 원형이 아니며 그 상황만 별개다. 크기는 같으나 위치만 다를 뿐이다. 그리고 그것들의 저항력도 그러하고 그것들에게 속한 모든 다른 것들도 마찬가지다.

Ar **두 지구는 어떤 측면에서든 동일하다. 단 숫자상으로만 다르다.**

여기서 누구든지 다음과 같은 반론을 제기할 수 있다. "어떤 다른 측면에서 볼 때 차이가 있다. 즉 그것들은 **숫자상으로** 동일하지 않다. 그것들이 지닌 모든 특성이 수적으로 동일하지 않다. 그것들은 일부 어떤 측면들에 서 동일하다고 인정되는데, 말하자면 그것들은 정확히 똑같지만 **숫자상으로는** 다르다. 이와 같이 하나의 원형(圓形)은 다른 하나의 원형과 **숫자상으로, 개성적으로** 동일한 원형이 아니다."

JE 에드워즈의 이성적·반론적 질문 1: 하나님이 왜 하필이면 그 위치에 두셨으며 또 반대로 위치하게는 하시지 않았는가?

그러면 그 문제에서 신적 의지의 결정에 관해 다음과 같은 질문을 해보 자. 왜 하나님은 그 별개의 원형이 오른쪽에 있어야 하며, 다른 별개의 원 형은 왼쪽에 있게 하고 싶어 하시는가? 왜 하나님은 그것들을 서로 반대 위치에 두지 않으셨는가? 이성적인 사람이라면 누구든지 이 문제를 생각 해볼 것이다. 또한 그 같은 질문들이 아무런 의미가 없는 말장난은 아닌 지 하고 말이다.

JE 에드워즈의 이성적·반론적 질문 2: 과연 하나님은 동일한 소리가 다른 때에도 반복되게 하시는가? 그렇다면 무슨 목적으로 그러시는지 질문해야 할 것이다.

하나님이 동일한 소리를 동시에 반복하시거나 혹은 다른 두 시간대에 동 일한 소리가 나게 하시는 일을 어떤 목적들에 적합하다고 보신다면, 그 소리는 한 소리가 다른 소리 후에 잇달아 들리는 것을 제외한 다른 모든 측면에서 완전히 동일한 소리다. 그렇다면 왜 하나님은 수적으로 다른 소 리를 그런 방식으로 하나씩 일어나게 하셨는지 캐물어야 할 것이다. 왜 하나님은 첫 1분간에 있었던 그 각별한 소리가 2분 째에는 다시 일어나 게 하시지 않았는가? 왜 하나님은 마지막 순간에 있었던 그 소리를 첫 순 간에는 있게 하시지 않았는가? 이런 질문들은 너무나 터무니없다. 이 경우에서 두 가지 소리는 절대로 차이가 없어 보이는 반복된 동일한 소리지만, 단지 사건이라는 한 가지 상황만이 다르다. 나는 모든 사람이 이 사실을 알 것이라고 생각한다.

JE 에드워즈의 이성적·반론적 질문 3: 어찌하여 하나님이 동일한 천둥을 반복하시겠는가?

설령 지고하신 분이 보시기에 별도의 두 시간대에 동일한 천둥소리가 일어나는 것이 어떤 좋은 목적에 부합하며, 또 그분이 그렇게 되기를 바란다고 할지라도 어떻게 아무런 동기나 목적도 없이 하나님의 의지에 어떤 활동이 있을 수 있겠는가?

JE 에드워즈의 이성적·반론적 질문 4: 하나님이 아무런 이유 없이 모세에게 동일한 말씀을 거듭하셨는가?

하나님은 자주 다른 시간에, 그리고 다른 경우에 모세에게 했던 동일한 말씀, 즉 "나는 여호와이니라"[10]라는 말씀을 하시는 것이 적합하다고 보았다. 이로부터 하나님이 다른 시간대에 정확히 똑같은 말씀들을 하기로 결정하고 작정하는 데 어떤 목적이나 원인이 전혀 없이 신적 의지의 어떤 활동 혹은 활동이 있었다는 결론을 도출하는 것이 비이성적이지 않다는 말인가?

JE 가장 비이성적인 말: 하나님은 아무런 원인 없이 활동하신다.

그러나 하나님이 어떤 이유 때문에 보시기에 최선인 동일한 저항력, 동일한 크기, 동일한 형태가 여러 별도의 장소에 있도록 결정하신다고 누군가

---

10 출 6:2; 20:2; 29:46.

말할지라도, 아무런 원인 없이도 하나님의 활동이 있을 수 있다는 말보다 더 비이성적이진 않을 것이다.

JE 에드워즈의 이성적·반론적 질문 5: 그러면 숫자상 다르더라도, 동일한 지구가 동일한 위치에 동시에 생길 수 있었다고 말해야 옳지 않은가?

완전히 똑같은 두 개의 지구가 있다고 할 경우, 만약 하나님이 그것들을 반대 위치에 두시는 것, 곧 왼쪽에 두었던 것을 오른쪽에 두게 하는 것이 가능했을 것이라고 가정한다면, 내가 묻는 바는 이것이 명백하고 동일하게 가능하지 않느냐는 것이다. 만약 하나님이 그중 오른쪽에 있는 지구 하나만 만드셨다면 그 지구는 현재의 지구와 숫자상으로만 다르며, 이미 만드셨던 지구와도 숫자상으로만 다를 것이다. 완전히 동일하게 생겼고 동일한 위치에 있으며, 동일한 시간에, 그리고 모든 면에서 동일한 상황과 관계 속에 있으나, 숫자상으로만 다를 수 있었을 것이다.

JE 에드워즈의 이성적·반론적 질문 6: 만약 그렇다면 두 번째 지구를 동일 장소에서 만들되 무존재 상태에 두시지 않았겠는가? 그리고 그 자리에 세 번째 지구를 만들어두시는 것은 불가능하겠는가?

말하자면 하나님이 만드셔서 현재 왼쪽에 두신 지구와 숫자상으로 동일한 지구를 오른쪽에서 만드셔서 무존재(nonexistence)의 상태에 두시지 않았겠는가? 만약 그렇다면 이것들과 완전히 똑같이 그 위치에 또 하나를, 숫자상으로는 이 둘과 다르지만 또 하나의 지구를 만드시는 것이 가능하지 않았겠는가?

천체들에게 숫자상의 차이란?

따라서 고려해봐야 할 것은 완전히 동등하고 동일하게 생긴 천체들 속에 숫자상의 차이가 있다는 개념이다. 즉 천체들의 위치나 시간에 차이가 있고, 무슨 환경 속에 있든 차이가 있으며, 또한 천체들 자체 내에 각각 고유한 차이가 있다. 이런 개념으로부터는 하나님이 천체들을 창조하실 때 자기결정적 능력으로 선택하시는 것들 중에서 완전히 동일하게 생겼으나 수적으로 다른 무한한 수의 천체들이 있을 수 있는 가능성이 없다는 결론이 나온다.

JE **하나님이 한곳에 오로지 한 천체를 창조하셨다고 내가 주장할 때 다음과 같이 질문하는 것이 당연하다.**

그러므로 이 문제를 다음과 같이 정리해보자. 태초에 하나님이 어떤 특정한 위치에 오로지 하나의 완전한 천체를 창조하셨다고 가정해보자. 이 가정은 다음과 같은 질문들을 초래할 것이다.

- 왜 하나님은 별개의 그 천체를 그 위치에 그 시간에 창조하셨는가?
- 왜 하나님은 그것과 완전히 똑같은 또 하나의 천체를 창조하지 않으셨는가?
- 왜 하나님은 무한한 수의 완전히 똑같은 다른 천체들 중 어떤 것이 아닌 바로 그 천체가 그곳에 존재하도록 하셨는가? 하나님은 어느 쪽에도 두실 수 있었고, 어느 쪽도 그의 목적에 부합했을 텐데 말이다.
- 왜 하나님은 똑같은 무한한 수의 별개의 천체들 중 어떤 것도 마다하고 굳이 그 위치와 시간에 그 별개의 천체가 존재하도록 야기하셨을까?
- 왜 하나님은 똑같은 무한한 수의 가능한 저항력들(resistances) 중 어떤 것도 마다하고 굳이 그 별개의 저항력을 존재하도록 야기하

셨을까?

마찬가지로 하나님이 처음 천둥을 치게 하셨을 때 다음 질문이 당연히 제기될 수 있다.

- 왜 하나님은 처음에 천둥이 치도록 야기하실 때 똑같은 다른 것은 마다하고 굳이 그 별개의 소리가 그때 일어나도록 야기하셨을까?
- 왜 하나님은 바로 이 소리를 선택하시고 똑같으나 수적으로 다르며 서로 다 다른 무한한 수의 다른 가능한 소리들은 거절하셨을까?

대부분의 독자들이 이런 질문들에 가정된 부조리와 무의미를 깨달을 수 있으리라 생각한다.

JE **그들의 반론의 약점은 주로 형이상학적 용어들의 애매모호함에 있다.**

우리가 냉정하게 이 문제를 대하면 내가 대응하고 있는 이 같은 종류의 모든 반론이 사물들을 파악하는 방식의 불완전함, 언어의 모호함, 용어들이 갖는 의미의 불분명함과 비정확성에서 나온 것임을 누구나 알게 될 것이다. 그 같은 추론은 형이상학적 미묘함과 교묘함 속으로 깊이 빠져 들게 만들 것이다. 나의 답변은 이렇다. 그들이 반박하는 반론은 형이상학적 미묘함 그 자체이므로, 그 반론의 성격에 맞게 취급되어야 할 것이다.[11]

---

11 JE, "사람들이 미묘한 문제들에 대한 자료들을 가지고 난제들을 불러일으키면서, 이런 미묘한 문제들을 치밀하게 조사해서 난제들을 제거하지 않으면 안 된다고 불평하는 것은 이상한 종류의 절차다." Baxter, *Inquiry*, 2:331.

IW 하나님이 선택한 사물이든 아니든 거기에는 아무런 차이가 없다.

II. 또 하나의 모순된 가설은 이런 것이다. 즉 신적 의지(the divine will)에
의해서 결정되고, 다른 이들보다는 하나님에 의해서 선택받고 실행된 무
수한 사물들과 심히 하찮은 방식으로도 선택받지 못한 사물들 사이에 다
른 차이가 있다는 것이다. 그리고 그런 차이를 어떤 [원인이 있었던] 결
과에서 나온 것으로 생각하거나, 혹은 하나님이 그런 결정에 어떤 월등한
적합성이나 선하심을 가지고 계셨다고 생각하는 것이 비이성적이라는
가설이다.

JE 우주 전체에 하나의 원자만 존재할 뿐이요, 목성이나 지구가 목적이나 계획도 없이
만들어졌다는 왓츠의 가정은 비이성적 가설이다.

나의 답변은 이것이다. 어떤 확실성이나 증거를 가지고 다음 사항을 결
론짓는 것이 우리에게는 불가능하다. 그 차이는 아주 미세하며 우리에게
별 고려 대상이 아닌 것으로 나타나므로 그 정도의 차이가 있도록 작정
하는 데 이 세상의 창조주요, 통치자께서 제시하실 수 있는 월등한 선하
심과 중요한 목적이 절대로 없다. 앞의 저자[12]는 많은 실례를 든다. 그중
하나는 우주 전체를 통틀어 하나의 원자만 존재할 뿐이라는 예다. 그러나
나는 하나님이 하나의 원자를 쓸데없이, 혹은 아무런 목적이나 동기도 없
이 만드셨다고 가정하는 것은 비이성적이라고 생각한다. 그분은 하나의
원자를 만드신 것이 아니라 이 지구 전체만 한 전능하신 능력으로 하나
의 작품을 만드셨고, 그 지구를 붙들기 위해 필요한 전능한 능력을 부단
히 행사하신다. 그리고 그 지구를 그것 외에 다른 것을 만드셨던 적이 없
던 것처럼 만드셨으며, 지성적으로 그리고 계획적으로 유지하신다. 즉 하

---

12 Isaac Watts.

나님이 실제로 아무런 목적도 없이 지구를 만드셨다고 가정하는 것은 아무런 목적이나 계획도 없이 행성 중 하나인 목성을 만드셨다는 것만큼이나 비이성적이다.[13]

JE 아이작 뉴턴의 자연법칙에 따르면 하나의 원자처럼 극소한 원인에 의해서 극미한 결과가 나올지라도 나중에는 큰 결과가 나올 수 있다.

창조주의 능력으로 말미암아 일어난 극미한 결과들, 즉 하나님이 만드신 사물들 사이에 있는 극소한 원인의 차이가 일련의 사건들 속에서, 그리고 심히 중차대한 귀결을 가진 사건들에서 발휘되는 영향력의 전체 범위와 크기 속에서 주목될 수 있다. 만약 아이작 뉴턴[14]이 정립하고 주장한 운동의 법칙과 인력의 법칙을 보편적으로 적용한다면, 하나의 원자(one atom), 혹은 그 원자를 구성하는 극미한 원인의 구성 입자(part)가 특정한 현세적·물질적 현존을 위한 것이 아니라 할지라도, 모든 구성 입자들로 하여금 현재와 다른 것이 되도록 하는 영향력이 매 순간 물질적 우주 전체에서 발휘될 것이다. 그리고 그 결과가 현재로서는 감지할 수 없을 정도일지라도 시간이 지나면 크고 중요해질 수 있다.

---

13 "Of Atom"(1721), *WJE* 6:214.

14 JE가 아이작 뉴턴에게서 배운 천문학을 여기서 펼치는 이유는 물질계의 우주도 하나님의 계획 아래에서 질서 정연하게 움직이고 있음을 설명하기 위해서다. Isaac Newton, *Philosophiæ Naturalis Principia Mathematica* (Mathematical Principles of Natural Philosophy, 1687). 러프(Rupp)는 뉴턴이 과학자요, 신학자였지만 JE가 그를 능가하여 발전시켰다고 평가하며 지적하기를, "하나님의 임재의 직접성과 자연법칙의 질서를 보존하기 위해서, JE는 즉각적 신적 활동을 저항뿐 아니라 중력의 이동과도 동일시한다. 그리하여 모든 존재와 모든 사건이 하나님을 직접적으로 의존한다"고 했다. George Rupp, "The 'Idealism' of Jonathan Edwards," Harvard Theological Review 62 (1969): 210. Isaac Newton, *Philosophiæ Naturalis Principia Mathematica* (Mathematical Principles of Natural Philosophy, 1687), 226. Cf. JE, "The Mind," and "Of Being," *WJE* Vol. 6.

○ 예증 JE **극소한 차이도 큰 결과를 낸다.**

(1) 일직선상의 두 천체가 한 원자의 당김 때문에 이탈할 수 있다.

이것을 예증하기 위해서 완전히 평행한 두 개의 일직선상에서 동일한 방향으로 움직이는 두 천체가 있다고 가정해보자. 그런데 한 천체가 지구에서 가장 멀리 떨어져 있는 별들 중 하나의 거리에서 끌어당기는 한 원자의 당김(attraction)만큼 평행선로에서 이탈해 다른 천체로부터 멀어진다고 가정해보자. 이 천체들은 병렬 운동의 선상에서 이탈해 조금씩 점점 더 서로에게서 멀어질 것이다. 그리고 그 거리는 오랫동안 감지하지 못할 정도로 아주 작겠지만 결국은 엄청나게 커질 것이다.

(2) 태양의 둘레를 도는 한 행성의 공전이 가장 미세한 원자의 영향력에 의해서라도 잘못될 수 있다.

그러므로 태양의 둘레를 도는 한 행성의 공전은 가장 미세한 원자의 영향력에 의해서라도 늦어지거나 빨라질 수 있으며, 그 공전의 궤도는 더 커지거나 더 작아질 수 있고, 타원형이 더 커지거나 작아질 수 있으며, 주기적 시간도 더 길어지거나 짧아질 수 있다. 그리고 시간이 경과함에 따라 당장 혹은 나중에는 한 번에 공전 전체를 할 수 있었던 것과 달리 다른 공전을 할 수도 있다. 그 일은 수백만의 중대 사건들에 막대한 변화를 끼칠 것이다.

(3) 사람의 몸과 정신 안에 있는 극미한 입자가 몸 전체에 영향을 끼칠 수 있다.

그러므로 우리가 알아야 할 바는 가장 작은 입자의 영향력이라고 할지라도 사람의 몸 조직에 어떤 결과를 일으킬 수 있는 것처럼, 어떤 특정한 때에는 그것이 정신 안에 다른 생각이 일어나도록 야기할 수 있다는 점이다. 그 일은 시간이 경과함에 따라(또한 아주 많은 시간이 지나지 않더라도)

인류 전체에 막대한 변화를 일으킬 것이다. 그러므로 헤아릴 수 없이 많은 다른 방식들이 언급될 것이다. 가장 미세한 원인의 변화조차도 엄청난 귀결을 수반하는 것이 가능하기 때문이다.

IW **목적이 있는 신적 의지의 필연적 결정에 반대한다.**

또 하나의 주장은 앞의 저자가 월등한 적합성에 의한 신적 의지의 필연적 결정에 반대한다는 주장이다. 즉 그런 결정론 교리는 하나님이 자신의 사랑과 자비의 대상들을 선택하심에 있어 하나님의 은혜와 선하심의 자유를 침해하며, 베푸신 특별한 은택들로 인하여 사람들이 감사해야 할 책임감을 저하시킨다는 것이다(p. 89[15] 등등).

이 같은 반론에 대한 답변으로 나는 다음과 같은 것을 지적할 수 있다.

JE **하나님의 선하심이 우연이라면 그것은 무의미하다. 하나님의 의지는 목적에 따라, 그의 의욕은 동기에 따라서 결정된다.**

1. 하나님의 자비한 성품의 실행이 우연(chance)에 의해서 결정된다고 하는 것이 하나님의 선하심을 더 손상시켰으면 시켰지, 그것이 지혜로 결정된다고 해서 하나님의 선하심을 더 손상시키는 것이 아니다. 하나님의 사랑이 무작위(random)로 베풀어지고, 하나님의 의지가 다름 아닌 완전한 우발적 사고(accident)로 아무런 목적이나 어떠한 계획도 없이 결정되며, 의욕이 우세한 지배적인 동기에 의해서 결정되지 않는다면, 하나님의 선하심은 더 손상될 것이다. 그것은 완전한 우연에 기인한다는 뜻이요, 사전 유인(誘因)이나 선행 선택도 전혀 작용하지 않는다는 뜻이다. 즉 차라리 어떤 지혜로운 목적의 영향력에 기인하면 기인했지, 선함이나 선의

---

15 Watts, *Essay*, sec. 5, *adv*. 8, p. 89; reprinted, *Works* 6:262.

에 기인할 리 만무하다는 뜻이다.

JE **누가 누구를 어떻게 택하는가? 하나님은 사람의 도덕성을 보고 사람을 선택하는 것이 아니라 지혜와 목적을 가지고 택정하신다.**

2. 하나님이 자신의 은총의 대상을 선택하는 데 그의 의지를 결정하는 동기가 만약 어떤 대상이 다른 대상보다 하나님의 은택을 받기 더 적합하다고 여겨지는 도덕 상태라면, 그런 대상에 대한 하나님의 선택은 그분의 관대함이나 은혜의 주권의 발현이라기보다는 정반대의 것을 가리키는 것처럼 비칠 것임을 누구든 인정할 것이다. 그러나 하나님께서 다른 사람보다 유독 어느 한 사람에게 자기 은총을 베푸시기로 결정하시는 데 어떤 지혜로운 목적을 염두에 두신다는 주장을 펴기 위해서, 굳이 그런 인정을 할 필요는 없다. 우리는 하나님의 은총을 받을 **대상의 공로**, 혹은 하나님의 은총을 끌어당기며 호소하는 그 대상의 도덕적 자질과 하나님이 선한 **활동**을 하시려는 결정의 본성적 적합성(*natural fitness*)을 구별하여야 한다. 그러한 결정은 하나님의 전지하심의 관점에서 볼 때 하나님 자신의 지혜로운 계획이나 목표에 부합할 수 있는 것이요, 그런 활동은 하나님의 의욕(volition) 속에 있는 고유한 직접적 목표다.

JE **하나님의 일방적 선택이 결코 그의 자유와 자비하심을, 그리고 피택자의 감사를 축소시키지 않는다.**

3. 나는 하나님이 자기의 사랑을 베푸실 특정한 대상들을 결정하시는 데 있어서 지혜로운 계획을 가지고 활동하신다는 사실을 아무도 부인하지 않을 것이라고 생각한다. 어느 누구도 하나님이 자기의 선하심을 베푸실 특정한 사회나 사람들을 구별해내실 때, 어떤 복된 귀결을 바라고 그렇게 하시면서 어떤 경우에도 지혜를 전혀 발휘하지 않는다고 하지 않을 것이

다. 그리고 어떤 실례들에서 그런 것이 부정되지 않는다면 나는 다시 물을 것이다. 이 같은 실례들은 하나님이 목표나 목적을 배제시킨 실례들보다 하나님의 선하심을 더 적게 드러내는가? 그 대상자들이 감사할 이유가 더 적은가? 그리고 만약 그렇다면 전혀 목적 없이 차별하는 상황 속에서, 어느 누가 차별하는 은총의 베푸심에 대해서 감사하겠는가? 하나님이 어떤 지혜로운 목표에 의해서 영향을 받을 때가 언제인지, 혹은 받지 않을 때는 언제인지, 사람이 어떻게 알 수 있겠는가?

○ 예증 **바울을 사도로 택하심은 하나님의 은혜의 풍성함을 더 돋보이게 했다.**

사도 바울을 보면 그 같은 사실이 명백해진다. 그는 하나님께서 박해자였던 자신을 택하사 그리스도인이 되게 하시고 사도가 되게 하신 지혜로운 목적을 가지고 계셨다고 말한다. 사도 된 그 자신이 디모데전서 1:15-16에서 한 가지 목적을 직접 밝힌다. "미쁘다! 모든 사람이 받을 만한 이 말이여, 그리스도 예수께서 죄인을 구원하시려고 세상에 임하셨다 하였도다. 죄인 중에 내가 괴수니라. 그러나 내가 긍휼을 입은 까닭은 예수 그리스도께서 내게 먼저 일체 오래 참으심을 보이사 후에 주를 믿어 영생 얻는 자들에게 본이 되게 하심이라." 그런데도 이 사도는 그 한 목적이 하나님의 선택에서 신적 은혜의 자유와 풍성함을 축소시킨다고 본 적이 결코 없었다. 도리어 그것을 아주 자주 그리고 아주 크게 찬송하였다. 이 같은 사실은 나로 하여금 다음과 같은 사실에 주목하게 한다.

JE **하나님은 도덕적(선하심의) 필연 속에서 의지를 결정하시고 피택자를 선택하시며 도리어 더 큰 감사를 받으신다.**

4. 앞에서 서술하였던 바와 같이 하나님의 의지의 활동 속에 그러한 도덕적 필연이 있다고 우리가 가정한다고 해서, 하나님의 은총을 받을 택함받

은 대상들에게 베푸실 하나님의 은혜의 풍성하심을 반드시 손상시키는 것은 결코 아니다. 많은 경우에 이 같은 도덕적 필연은 선하심으로부터, 그것도 지극히 크신 선하심으로부터 발로한다. 하나님은 자신의 선하신 목적, 계획, 성향에 부합하는 월등한 적합성을 가지고서, 다른 대상자보다 유독 이 대상을 택하신다. 이 대상이 다른 사람들보다 더 죄가 많고 더 비참하고 가련하다. 그리하여 하나님의 무한한 자비와 선의의 성향들은 그에게 더 감사히 여겨진다. 그리고 하나님이 자기 아들을 세상에 보내시는 자비로운 계획은 다른 사람보다는 그런 대상에게 긍휼을 실행함으로써 더 열렬한 반응을 받는다.

Ar **하나님도 운명적 필연에 노예처럼 굴복하신다. 하나님도 사건들의 확고한 고정적 미래성에 자기 의지를 순응시키신다. 왜냐하면 하나님은 사건들이 일어날 것(사람이 어떻게 반응할 것)을 미리 아시고서(예지로) 목적을 세우거나 작정하시기 때문이다(중간지식).**

하나님의 의지의 활동들 속에 있는 필연성에 대한 대목을 마무리하기 전에 한 가지 더 살펴볼 것이 있다. 즉 신적 존재가 운명론적인 필연에 노예처럼 굴복(servile subjection)한다는 주장은 아르미니우스주의자들이 반대하는 상대편 교리에서 나오는 것이라기보다는 오히려 자신들이 내세우는 원리에서 나오는 것과 훨씬 더 유사하다. 왜냐하면 그들이 (적어도 그들 대부분이) 가정하는 바대로 하자면, 도덕 행위자들의 의욕(volitions)에 의존하는 도덕계(moral world)에서 일어나는 모든 사건, 즉 도덕적 사건들은 우주에서 가장 중대한 사건들이요, 모든 다른 사건은 도덕적 사건들에 종속하기 때문이다. 내가 보기에 그들은, 하나님이 그 사건들에 대한 자기 자신의 어떠한 목적이나 작정보다 앞서 선행하는 확실한 예지를 가지고 그 사건들에 대해서 미리 알고 계셨다고 가정한다. 만약 그들의 말이 옳다면 그 사건들은 하나님의 계획이나 의욕에 앞서 존재하고, 그런 계획이나 의욕과 관계 없이 독립적이고 고정된 확고한 미래성을 지니고 있을 것이다. 그리하여 하나님의 의지는 그 미래성에 굴복하고 만다. 그리고 하나님은 지혜롭게 자기 일을 도덕계 내에 있는 사물들의 상태의 고정된 미래성에 순응시키는 꼴이 된다.

JE **Ar의 필연 개념은 이교도의 운명론과 유사하다. 그들은 사람이 하나님의 의지의 도덕적 필연을 따르는 대신, 하나님의 의지도 순응하는 사물들의 고정된 불변의 미래 상태를 따른다고 믿는다.**

그러므로 여기서 우리는 신적 존재의 무한히 완전하심과 복되심으로부터 일어나거나 그런 것으로 이루어져 있는 하나님의 의지의 도덕적 필연 대신에, 사물들의 고정된 불변의 상태(state)를 갖게 된다. 이 상태가 신적 정신의 완전한 본성, 신적 의지, 신적 계획의 상태와는 확연히 구별되고, 완전히 독립되며, 그 사물들보다 앞서 있으므로, 하나님의 의지는 작용하지 않고, 진실로 그 상태에 굴복하신다. 하나님의 모든 목적과 작정 속에서, 그리고 자연계의 목적인 도덕계에 대한 섭리와 통치 가운데 행하시는 모든 것 가운데서 자기 자신을 그 상태에 조화시키고 순응해야 하는 부담을 가지고 하나님의 의지는 진실로 그 상태에 굴복하신다. 그러므로 도덕 행위자들의 의지의 활동과 상태는 영원 전부터 고정된 미래성을 가지고 있었으며, 도덕계는 그런 상태에 의존적이므로 그런 상태에 순응하지 않으면 모든 것이 헛되다. 필연에 이렇게 굴복하는 것은 지고한 존재에게 마땅하지 않은 열등과 예속을 진실로 의미할 것이다.

필연에 대한 이러한 굴복은 앞에서 언급했던 적합성 및 지혜의 도덕적 필연에 가깝다기보다 많은 이교도가 자신들의 신들도 운명 앞에서는 꼼짝 못 한다고 믿었던 운명 개념과 훨씬 더 가깝다. 그리고 그러한 굴복은 하나님의 절대 주권에 참으로 대립되며, 하나님의 의지의 탁월하심과도 모순된다. 도리어 그것은 지존하신 존재의 의지를 그의 피조물들의 의지에 복종시키며, 그분으로 하여금 그의 피조물들을 의존하게 만든다.

9장

하나님이 죄의 작자라는 반론에 대한 반박

Ar **인간이 하나님의 정하신 필연에 따라 범죄한다면 하나님이 죄의 작자다.**

아르미니우스주의자들은 사람의 의욕의 필연에 관한 교리가, 혹은 선행 사건과 선행 환경과의 필연적 연결에 관한 교리가 제1원인이자 만물의 최고 명령자를 죄의 작자가 되게 한다고 주장한다. 이처럼 그는 만물의 상태와 과정을 그렇게 만들었고, 죄악스러운 의욕들이 그의 섭리의 결과로 필연적인 것들이 되었다는 것이다. 휘트비 박사는 자신의 "의지의 자유 강론"에서[1] 자기 입장과 같은 고대 철학자 한 명을 인용하여 의지의 필연에 관한 의견을 피력했다. "그 같은 운명론자들이 말하는 대로 하자면 사악한 죄인들은 자발적으로는 아무것도 행하지 않는다고 용서받고, 이 세상에서 그들이 범한 죄악의 모든 책임을 하나님과 하나님의 섭리 탓으로 돌린다. 하나님 자신이 사람들로 하여금 그 같은 죄악을 필연적으로 짓게끔 만들었거나, 혹은 그가 지시하여 사람들이 다른 원인에 의해서 그 일들을 행하지 않으면 안 되었기 때문이다." 그리고 다른 곳에서도 그 박사는 이렇게 말했다.[2] "이치상, 그리고 철학자들의 말에 따르면 **필연적인 모든 일에서는 결핍 있는 원인도 효율적인 원인으로 변한다.**[3] 이 경우에 이유가 명백하다. 왜냐하면 요구받은 것을 행하지 않거나, 혹은 금한 것을 피하지 않는 결함이 그 결핍의 필연적 원인에서 나옴이 틀림없기 때문이다."

이와 관련하여 다음 사항들을 살펴보고자 한다.

---

1   Whitby, *Discourse*, Dis. IV, ch. 4, no. 3, p. 361.

2   Dis. VI, ch. 1, no. 4, p. 486.

3   *causa deficiens, in rebus necessariis, ad causam per se efficientem reducenda est. JE trans.* = In things necessary, the deficient cause must be reduced to the efficient.

JE 우리의 교리에 난제가 있다고 불리하지 않으며 아르미니우스주의자들이 합리적으로 반박하지 못할 것이다.

I. 이 문제에 어떤 난제가 있을지라도 우리의 이론 체계에 전혀 특별한 것이 아니며, 아르미니우스주의자들의 이론 체계와 구별되는 난제나 불리함도 아니다. 그러므로 그들이 합리적으로 반박하지 못할 것이다.

DW 하나님이 사람을 돕지 않아서 사람이 죄를 지을 수밖에 없으므로 하나님이 죄의 작자이시다.

휘트비 박사는 만약 하나님이 도우심을 거둠으로 인하여 죄가 필연적으로 발생하거나, 혹은 악을 피하는 데 절대적으로 필수적인 도우심을 주시지 않아 죄가 발생했다면, 하나님이 죄의 동력인(efficient cause)이시므로 죄의 작자임이 틀림없다고 가정한다. 휘트비 박사 자신이 마귀와 저주받은 영들에 대하여 말하는 바에 따르면, 하나님은 그 영들의 완전히 고삐 풀린 사악함의 고유한 작자이며, 마귀들의 교만, 하나님과 그리스도와 성도들과 좋은 모든 것에 대한 철저한 증오, 그리고 그들의 그칠 줄 모르는 잔혹한 성향의 동력인임이 틀림없다. 왜냐하면 휘트비 박사는 하나님이 그들을 버리셨으며 도우심을 거두셨으므로 그들이 선한 일을 행할 수 있는 자질을 잃어 악한 일을 행할 수밖에 없었다고 생각하기 때문이다.[4]

결론적으로 그의 교리가 하나님을 마귀들의 가증한 교만과 원한의 작자로 만드는 것 이상으로, 우리의 교리는 하나님을 사람들이 이 세상에서 범하는 죄의 작자로 만들지 않는다. 그리고 의심할 여지없이 마귀의 작자들이 일으키는 결과는 사람이 일으키는 것만큼이나 혐오스럽다.

---

4 Dis. IV, ch. 1, no. 3, pp. 302, 305.

JE 하나님의 확실한 예지는 칼뱅주의자들과 아르미니우스주의자들 모두가 주장하는 입장이다.

다시 말해서 하나님이 죄의 작자라는 주장[5]이 전적으로 선행하는 것들과 후행하는 것들 사이의 확고부동한 연결에 대한 가정으로부터 나온다면, 그것은 이런 이유 때문이다. 즉 하나님이 예지하시는(he knows beforehand) 일들의 작자 혹은 지시자로서 어떤 결과를 전혀 오류 없이 유발하신다는 것은 결국 하나님이 그 결과의 작자가 된다는 뜻이다. 그러나 만약 이것이 사실이라면 이것은 아르미니우스주의자들도 동일하게 주장하는 교리이므로 난제다. 최소한 아르미니우스주의자들 중에서 모든 사건에 하나님의 확실한 예지(foreknowledge)를 주장하는 이들에게 그렇다. 왜냐하면 그 같은 예지를 가정하면 이것은 지은 모든 죄에 다 해당되기 때문이다. 즉 하나님이 아셨다면, 하나님이 지시하시고 그런 사건들을 발생하게 하였다면, 그런 죄들은 틀림없이 일어날 수밖에 없다.

JE 가룟 유다의 죄의 작자도 하나님이신가?

예를 들어 하나님은 가룟 유다가 태어나기 오래전부터 다음을 예지하고 계셨으며, 일들이 그렇게 되도록 정하셨다. 하나님은 그 같은 사람이 그 같은 때에 그 같은 곳에서 태어나게 하셨다. 그리고 그의 목숨이 보존되게 하셨으며, 그는 하나님의 섭리 가운데 예수님을 알게 되었다. 그의 마음은 하나님의 영과 섭리에 영향을 받아서 그리스도의 제자가 되고 싶어

---

5 제임스 대너(James Dana, 1735-1812)는 JE가 다음을 인정해야 한다고 주장했다. "죄가 세상으로 도입되는 데 있어서 신성의 긍정적인 에너지와 행동에 의해서 발생했다고 하든지, 아니면 다른 말로 해서 죄인의 정신 속에 있는 원인으로부터 죄가 발생했다고 해야 한다. 그러므로 죄인은 자기결정적이다." James Dana, *An Examination of the Same Continued* (New Haven: Thomas and Samuel Green, 1773), p. 59.

했다. 그리고 그는 그리스도를 자기 가족과 같이 끊임없이 곁에서 수행하도록 택함 받은 열두 제자 중 한 사람이 되었다. 그의 건강은 그리스도의 마지막 유월절까지 보전되어 예루살렘에 올라갈 수 있었다.

그리고 유다는 베다니에서 그리스도께 기름을 붓는 여인을 그리스도가 친근하게 대하시는 것을 보고 잘못된 반응을 보였다. 그때 그리스도는 그를 야단쳤고, 유다는 주님에 대한 적대감을 자극하는 다른 일들을 보고 듣게끔 결정되어 있었다. 그리고 그 일들처럼 다른 상황들도 그렇게 결정되었다. 다음의 일들이 가장 확고부동하게 뒤따를 것이다. 유다는 주님을 배반하고 곧장 자살하여 뉘우치지 않고 죽었으며, 자신의 흉악스러운 사악함 때문에 지옥에 가게 되었다.

그러므로 이렇게 가정된 난제가 아르미니우스주의 체계와 불일치하다는 이유 때문에 지금까지 고수된 이론 체계에 대한 반론으로 이어져서는 안 된다. 이같이 불일치하기 때문에 난제가 아니라, 아르미니우스주의자들과 우리가 일치하기 때문에 난제다. 그것은 우리가 그들과 입장을 달리함에 대한 비합리적인 반론임이 틀림없다. 우리는 그들과 동의함으로써 이 난제로부터 전적으로 탈출하거나 도피해서는 안 된다.

JE 죄인 혹은 죄의 행위자가 되신다는 의미에서 하나님이 "죄의 작자"라는 것은 반대하지만, 그것이 죄의 허용자라는 의미에서는 인정한다. 그런 의미는 대부분의 아르미니우스주의자들도 동의한다.

따라서 나는 다음과 같은 내용을 살펴보고자 한다.

II. 이 교리가 하나님을 죄의 작자로 몰아세운다며 반대하는 자들은 "죄의 작자"(the author of sin)라는 표현이 무슨 의미인지를 뚜렷히 설명해야 한다. 내가 아는 바에 의하면 이 표현은 대개 아주 나쁜 의미로 통용된다. 만약 "죄의 작자"가 죄인, 행위자, 죄의 행위자, 혹은 악한 일을 하는 자라는 뜻이라면, 하나님을 죄의 작자로 가정하는 것은 그에게 불명예와 신성모독일 것이다. 나는 이런 의미에서 하나님이 죄의 작자라는 것을 완강히 부인하고, 지고하신 분에게 무한히 혐오스러운 그런 오명을 돌리는 것을 거부한다. 내가 꺼리고 내려놓은 나쁜 것의 결과가 되는 그런 일을 나는 부인한다. 그러나 "죄의 작자"라는 표현이 죄의 허용자(permitter)를 의미하거나 혹은 죄의 방해자(hinderer)를 의미하지 않는다면, 그리고 동시에 지혜롭고 거룩하며 가장 탁월한 목적과 목표들을 위한 방식으로 사건들의 상태를 취급하는 섭리자라는 의미라면, 그 죄가 허용되거나 혹은 방해받지 않을 때 그 죄는 가장 확고부동하게 일어날 것이다. 즉 바로 이것이 그 표현이 뜻하는 바라면 나는 하나님이 죄의 작자라는 사실을 부인하지 않을 것이다(이 표현이 용법상, 그리고 관습상 다른 의미를 나타낼 수 있기에 나는 비록 이것을 싫어하고 거부하지만). 그리고 그런 의미에서는 죄의 작자가 지존자에게 불명예가 되지 않는다. 그런 의미의 작자는 죄의 행위자(actor)가 아니라 도리어 거룩(holiness)의 행위자이시다. 그 가운데서 하나님이 하시는 것은 거룩하며, 그분의 무한히 탁월한 본성의 영광스러운 실행이시다. 지금껏 내가 펼친 주장대로 하자면, 그런 의미에서 나는 하나님이 죄의 작자라는 것을 부정하지 않는다. 그리고 내가 주장하는 바는, 대부분의 아르미니우스주의 신학자들도 이와 동일한 교리를 주장한다는 것이다. 성경을 조금이라도 신뢰한다면 하나님이 그런 방식의 죄의 섭리자이시며, 죄의 결정자(the disposer and orderer of sin)이심을 분명히 알 수 있을 것이다. 만물의 이치상 그 외 달리 되는 것이 불가능하기 때문이다.

○ **예증** 하나님이 죄를 허용하시는 성경의 실례: (1) 바로, (2) 요셉의 형들, (3) 시혼 왕, (4) 가나안의 왕들, (5) 느부갓네살, (6) 시므이, (7) 가룟 유다, (8) 헤롯과 빌라도

(1) 바로: 마음이 완악해짐

하나님은 이스라엘 백성을 내보내라는 자신의 명령(commands)에 순종하기를 거부하도록 바로 왕의 마음을 완악하게 만들기로 결정(order)하셨다.

> 내가 그의 마음을 완악하게 한즉 그가 백성을 보내주지 아니하리니(출 4:21).

> "내가 네게 명령한 바를 너는 네 형 아론에게 말하고 그는 바로에게 말하여 그에게 이스라엘 자손을 그 땅에서 내보내게 할지니라. 내가 바로의 마음을 완악하게 하고 내 표징과 내 이적을 애굽 땅에서 많이 행할 것이나 바로가 너희의 말을 듣지 아니할 터인즉 내가 내 손을 애굽에 뻗쳐 여러 큰 심판을 내리고 내 군대, 내 백성 이스라엘 자손을 그 땅에서 인도하여 낼지라. 내가 내 손을 애굽 위에 펴서 이스라엘 자손을 그 땅에서 인도하여 낼 때에야 애굽 사람이 나를 여호와인 줄 알리라" 하시매(출 7:2-5).

> "내가 바로의 마음을 완악하게 한즉 바로가 그들의 뒤를 따르리니 내가 그와 그의 온 군대로 말미암아 영광을 얻어 애굽 사람들이 나를 여호와인 줄 알게 하리라" 하시매 무리가 그대로 행하니라(출 14:4).

> 여호와께서 애굽 왕 바로의 마음을 완악하게 하셨으므로 그가 이스라엘 자손의 뒤를 따르니 이스라엘 자손이 담대히 나갔음이라(출 14:8).

(2) 요셉의 형들: 요셉을 종으로 팖

그리고 하나님은 그런 방식으로 지혜롭고 선한 목적을 위해 요셉이 형제들에 의해 이집트로 팔려 가게 하는 그 사건을 결정하셨음이 분명하다.

> 당신들이 나를 이곳에 팔았다고 해서 근심하지 마소서, 한탄하지 마소서. 하나님이 생명을 구원하시려고 나를 당신들보다 먼저 보내셨나이다(창 45:5).

> 하나님이 큰 구원으로 당신들의 생명을 보존하고 당신들의 후손을 세상에 두시려고 나를 당신들보다 먼저 보내셨나니 그런즉 나를 이리로 보낸 이는 당신들이 아니요, 하나님이시라(창 45:7-8).

> 그가 한 사람을 앞서 보내셨음이여 요셉이 종으로 팔렸도다(시 105:17).

(3) 시혼 왕: 성품을 완강하게 함

하나님은 아모리 족속의 시혼 왕이 이스라엘 백성으로 하여금 평화롭게 자기 곁을 통과해가는 것을 거부하는 죄와 어리석음을 이런 방식으로 정하셨음이 분명하다.

> 헤스본 왕 시혼이 우리가 통과하기를 허락하지 아니하였으니 이는 네 하나님 여호와께서 그를 네 손에 넘기시려고 그의 성품을 완강하게 하셨고 그의 마음을 완고하게 하셨음이 오늘날과 같으니라(신 2:30).

(4) 가나안의 왕들: 이스라엘을 대적함

하나님은 이런 방식으로 가나안 왕들의 죄와 어리석음을 결정하셨음이 분명하다. 그들은 이스라엘과 화평하려 하지 않고 어리석은 만용과 완고함으로 이스라엘과 하나님을 격렬하게 반대하기로 마음을 굳혔다.

그들의 마음이 완악하여 이스라엘을 대적하여 싸우러 온 것은 여호와께서 그리하게 하신 것이라. 그들을 진멸하여 바치게 하여 은혜를 입지 못하게 하시고 여호와께서 모세에게 명령하신 대로 그들을 멸하려 하심이었더라(수 11:20).

(5) 느부갓네살: 이스라엘과 주변 나라들을 강탈함
하나님은 이런 방식으로 시드기야가 바벨론 왕을 배반하도록 결정하셨음이 분명하다.

여호와께서 예루살렘과 유다에게 진노하심이 그들을 자기 앞에서 쫓아내시기까지 이르렀더라. 시드기야가 바벨론 왕을 배반하니라(렘 52:3; 왕하 24:20).

그리고 하나님은 이런 방식으로 느부갓네살로 하여금 주변 나라들이 멸망하게끔 강탈하고 부정한 약탈을 일삼도록 결정하셨음이 분명하다.

보라! 내가 북쪽 모든 종족과 내 종 바벨론의 왕 느부갓네살을 불러다가 이 땅과 그 주민과 사방 모든 나라를 쳐서 진멸하여 그들을 놀램과 비웃음거리가 되게 하며 땅으로 영원한 폐허가 되게 할 것이라(렘 25:9).

그들에게 말하기를 만군의 여호와 이스라엘의 하나님께서 이와 같이 말씀하시되 "보라! 내가 내 종 바벨론의 느부갓네살 왕을 불러오리니 그가 그의 왕좌를 내가 감추게 한 이 돌들 위에 놓고 또 그 화려한 큰 장막을 그 위에 치리라. 그가 와서 애굽 땅을 치고 죽일 자는 죽이고 사로잡을 자는 사로잡고 칼로 칠 자는 칼로 칠 것이라"(렘 43:10-11).

하나님은 자기 자신을 느부갓네살을 불러오시는 분으로, 그와 그의 군대를 취하시며 그에게 멸망당할 나라들을 이끌어내시는 분으로 묘사하셨다. 바로 그러한 목적 때문에 느부갓네살은 그 나라들을 완전히 멸망시키며 그들을 황무하게 만들었다. 그리고 하나님은 느부네살이 해야 할 그 사역을 지정하시고 특별히 그가 칼로 죽일 사람들, 기근과 질병으로 죽임을 당할 사람들, 포로로 잡혀갈 사람들을 지정하시는 분으로 묘사되었다. 그리고 이 같은 모든 일을 행하는 데 느부갓네살이 하나님의 종으로서 해야 할 일을 지정하셨다. 이로써 그는 하나님의 목적과 계획을 수종 드는 것 외에 다른 일을 하는 데 작정될 수 없었다.

그리고 예레미야 27:4-6에서 하나님은 어떻게 그로 하여금 자신의 계획을 수행하게끔 하시는지 선언하신다. 즉 모든 일을 자기의 기쁘신 뜻대로 행하시는 우주의 대주인이시며 통치자이신 하나님이 자신의 절대 주권적 처리 가운데서 이 일이 일어나도록 선언하신다.

> 그들에게 명령하여 그들의 주에게 말하게 하기를 만군의 여호와 이스라엘의 하나님께서 이와 같이 말씀하시되 "너희는 너희의 주에게 이같이 전하라. '나는 내 큰 능력과 나의 쳐든 팔로 땅과 지상에 있는 사람과 짐승들을 만들고 내가 보기에 옳은 사람에게 그것을 주었노라. 이제·내가 이 모든 땅을 내 종 바벨론의 왕 느부갓네살의 손에 주고 또 들짐승들을 그에게 주어서 섬기게 하였나니'"(렘 27:4-6).

그리고 느부갓네살이 이런 일을 행할 때 하나님은 그의 팔을 견고하게 하시고, 하나님의 칼을 그 손에 붙여주어 [하나님이] 바로의 팔을 꺾으시겠다고(겔 30:24-26) 말씀하셨다.

그뿐 아니라 하나님은 그가 하나님의 손에 들린 무기로서, 하나님의 진노의 도구로서 나라들을 무시무시하게 파괴하고 약탈하며 남녀노소를 가리지 않고 온갖 사람을 모조리 잔혹하게 죽이는 자라고 말씀하셨다. 그런 식으로 하나님은 자신의 목적을 성취하고 자기 자신의 원한을 갚는 데 그를 사용하셨다.

> 여호와께서 이르시되 "너는 나의 철퇴 곧 무기라. 나는 네가 나라들을 분쇄하며 네가 국가들을 멸하며, 네가 말과 기마병을 분쇄하며 네가 병거와 병거대를 부수며, 네가 남자와 여자를 분쇄하며, 네가 노년과 유년을 분쇄하며, 네가 청년과 처녀를 분쇄하며"(렘 51:20 등등).

성경에 기록된 바에 의하면 느부갓네살의 계획과 예루살렘을 쳐부순 일들은 하나님이 결정하시지 않았다면 성취될 수 있을 법한 일이 아니었다.

> 주의 명령이 아니면 누가 이것을 능히 말하여 이루게 할 수 있으랴(애 3:37).

그럼에도 불구하고 바벨론 왕이 여러 나라를 멸망시키고, 특히 유대인들을 멸망시키는 것은 극히 사악한 일이기 때문에 결국에는 하나님이 그를 멸하실 것이라고 말씀하셨다(사 14:4-6, 12; 합 2:5-12; 렘 50, 51장).

(6) 시므이: 다윗을 저주함

하나님은 자신의 계획들을 수행하도록 하기 위해서 시므이로 하여금 다윗을 저주하도록 섭리하셨음이 분명하다.

> 그가 저주하는 것은 여호와께서 그에게 다윗을 저주하라 하심이니…여호와께서 그에게 명령하신 것이니 그가 저주하게 버려두라(삼하 16:10-11).

(7) 가룟 유다: 그리스도를 배반하고 팖

하나님은 이렇게 탁월하며 거룩하고 인자한 영광스러운 목적들 때문에 그리스도의 죽음에 관여한 사람들이 죄를 범하고 하나님의 계획들을 성취하도록 결정하셨음이 분명하다. 내가 믿기로, 이 같은 목적 때문에 그리스도께서 이 세상에 오셨으며 십자가에 못 박혀 죽으셨다는 사실을 부인할 그리스도인은 아무도 없을 것이다. 성경에서도 숱하게 밝히는 사실은 그 같은 상황 속에서 그리스도의 십자가형과 유다의 배반은 하나님이 자신의 목적을 추구하시는 가운데 하나님의 섭리 안에서 결정되었다는 것이다. 그럼에도 불구하고 그런 명료한 성경 본문들 속에 그려진 폭력 행위는 그 의미를 애매하게 만들고 왜곡하는 데 사용되었다.

> 그가 하나님께서 정하신 뜻과 미리 아신 대로 내준 바 되었거늘 너희가 법 없는 자들의 손을 빌려 못 박아 죽였으나(행 2:23).[6]

> 그러나 보라, 나를 파는 자의 손이 나와 함께 상 위에 있도다. 인자는 이미 작정된 대로 가거니와 그를 파는 그 사람에게는 화가 있으리로다 하시니(눅 22:21-22).

> 과연 헤롯과 본디오 빌라도는 이방인과 이스라엘 백성과 합세하여 하나님께서 기름 부으신 거룩한 종 예수를 거슬러 하나님의 권능과 뜻대로 이루려고

---

6 Ramsey, "그로티우스(Grotius), 베자(Beza) 역시 다음을 주목한다. πρόγνωσις란 여기서 "섭리"(decree)를 뜻한다. 엘스너(Elsner)도 이 단어가 유명한 그리스 작가들 사이에서 그런 뜻으로 사용되었다고 증명한다. 그리고 확실한 것은 "ἔκδοτος"란 원수의 손에 "버려졌다"는 뜻이다. Philip Doddridge, *The Family Expositor, or a Paraphrase and Version of the New Testament*, 6 vols. (London, 1739-48), *in loc.* Acts 2:23, 3:23n.

예정하신 그것을 행하려고 이 성에 모였나이다(행 4:27-28).

형제들아, 너희가 알지 못하여서 그리하였으며 너희 관리들도 그리한 줄 아노라. 그러나 하나님이 모든 선지자의 입을 통하여 자기의 그리스도께서 고난 받으실 일을 미리 알게 하신 것을 이와 같이 이루셨느니라(행 3:17-18).

(8) 헤롯과 빌라도: 그리스도가 해를 당하고 십자가에 못 박히게 넘겨줌

그러므로 그리스도를 죽인 자들이 행한 일은 하나님이 일어나게 하셨고, 하나님이 결정하셨으며, 그로 인해 하나님은 자신이 하신 말씀을 성취하셨다.

이는 하나님이 자기 뜻대로 할 마음을 그들에게 주사 한 뜻을 이루게 하시고 그들의 나라를 그 짐승에게 주게 하시되 하나님의 말씀이 응하기까지 하심이라(계 17:17).

분명한 것은 하나님이 때때로 죄 짓는 일을 허용하시며 동시에 일들이 그렇게 되도록 결정하신다는 것이다. 하나님이 그 사실을 허용하시면, 몇몇 이유 때문에 하나님이 보시기에 그 일이 필요하면, 그리고 그것이 반드시 발생해야 하는 중요성이 있으면 그 일은 발생한다.

실족하게 하는 일들이 있음으로 말미암아 세상에 화가 있도다. 실족하게 하는 일이 없을 수는 없으나 실족하게 하는 그 사람에게는 화가 있도다(마 18:7).

너희 중에 파당이 있어야 너희 중에 옳다 인정함을 받은 자들이 나타나게 되리라(고전 11:19).

이와 같이 성경에서 나타난 바와 같이 세상 모든 일의 성격으로 볼 때와 아르미니우스주의자들의 원리에서 볼 때도 확실하며 명백한 것은 하나님이 죄를 허용하신다는 것이다. 그리고 동시에 하나님의 섭리 가운데서 세상 모든 일이 그렇게 결정되고, 하나님의 허용으로 인해 그 일이 확고부동하게 일어난다는 것이다. 다음 부분에서 계속 살펴보자.

JE 하나님은 죄의 결정자이며 허용자이시지만 방해자는 아니시며, 유발자나 행위자가 아니시므로 엄밀한 의미에서 작자라 할 수 없다.

III. 고유한 주체와 행위자가 참여하여 죄(비록 그 사건이 확실히 그의 허용에 따른 것이지만)가 되는 사건과 활동을 일으키는 데 있어 하나님의 허용(*permission*)에 의해서 하나님이 관여하시는 것과, 그 일을 유발하며 죄의 활동을 실행함으로써 하나님이 관여하시는 것 사이에는 엄청난 차이가 있다. 혹은 하나님이 특정한 환경 아래서 그 사건과 활동을 방해하지 않음으로써 그 사건의 확실한 현존의 결정자(*orderer*)가 되심과, 능동적 행위나 동력(*positive agency or efficiency*)에 의해서 그 사건의 진정한 행위자나 작자가 되심 사이에는 엄청난 차이가 있다.

그럼에도 불구하고 휘트비 박사는 철학자들이 "필연적인 모든 일에서는 결점적 원인도 효율적 원인으로 변한다"(*causa deficiens, in rebus necessariis, ad causam per se efficientem reducenda est*)[7]고 한 말을 통하여 자신의 의견을 피력한다.

○ 예증 태양의 현존으로 빛과 열이 있고, 태양의 퇴거와 부재로 어둠과 차가움이 있듯이, 하나님의 행동이 사람의 악의 원인이 아니라 하나님의 퇴거와 부재가 그 원인이다.

---

7 이 장의 각주 3을 참조하라.

태양의 현존이 절대적 영향력을 미침으로써 대기의 빛과 열기, 금과 다이아몬드가 발하는 광채의 원인이 되는 것과, 지평선 아래로 내려가면서 밤과 어둠과 서리 내림의 이유가 되는 것 사이에는 막대한 차이가 있다. 태양의 이동은 후자에 해당하는 종류의 사건들의 원인이 되지만, 비록 그 사건들이 그런 상황에서 태양의 이동에 따른 필연적 결과로 나타나지만, 그렇다고 그 사건들의 정확한 원인이나, 작용인, 혹은 유발자는 아니다. 마찬가지로 신적 존재의 어떠한 행동도 사람들의 의지에 있는 악의 원인이 될 수 없다. 만약 태양이 추위와 어둠의 고유한 원인(*cause*)이라면, 또한 빛과 열기의 근원(*fountain*)이 될 수 있는 것처럼 추위와 어둠의 근원도 될 수 있을 것이다. 만약 그렇다면 차가움과 어둠의 성질과 유사한 특성의 어떤 것이 태양 안에 있다고 주장될 수 있을 것이다. 그리고 태양 자체가 어둡고 차갑다는 것과 그 빛줄기들이 검고 냉랭하다는 것도 정당하게 추론될 수 있을 것이다. 그러나 태양의 이탈에 의한 원인이 아니라면 그런 결론이 추론될 수 없고 오히려 그 반대의 결론이 나올 것이다. 만약 추위와 암흑이 태양이 퇴거해서 나타난 결과라면, 태양은 본래 밝고 뜨거운 천체라고 주장하는 것이 공정할 것이다. 그리고 그 결과들이 태양의 부재와 더 지속적이고 필연적으로 관계되어 있으면 있을수록, 태양이 빛과 열의 근원이 된다는 주장이 더 설득력 있을 것이다.

JE **이처럼 하나님이 자기 능력을 거두시면 인간은 필연적으로 스스로 범죄한다.**

따라서 죄는 지존자의 어떤 능동적 행위나 영향의 결과가 아니라, 오히려 그 반대로 그의 활동이나 능력의 철회로 말미암아 일어나며, 특정한 상황 아래서 그의 영향력이 부족하면 반드시 필연적으로 따라오기 마련이다. 이것은 그분이 죄가 있다거나 그분의 역사가 악하다거나 그분에게 악의 본성에 속하는 어떤 것이 있다고 주장할 만한 근거가 되지 않는다. 도리어 그분이 모든 거룩의 근원이심을 주장하는 근거가 된다. 사람들은 결단코 죄를 범하지 않으나, 하나님이 **그들을 스스로 내버려 두실** 때에 인간은 필연적으로 죄를 지을 수밖에 없기에, 그들의 죄는 **그들 자신에게서** 기인한 것이 아니라 하나님에게서 나온 것이므로 하나님이 죄 있는 존재임이 틀림없다고 말하는 것은 무척 우스꽝스러운 주장이다. 이것은 태양이 지면 항상 어둡고 태양이 떠 있을 때는 전혀 어둡지 않기에, 모든 어둠은 태양으로부터 나왔고, 태양의 둥근 표면과 빛줄기들이 검은색이어야 할 필요가 있다고 말하는 것만큼이나 괴상망측한 주장이다.

JE **우주의 모든 사건, 즉 인간의 선악 간 모든 도덕적 활동과 그 결과들은 하나님이 자기 지혜로 자기 선한 즐거움을 따라 정하신다.**

Ar **모든 일이 우연에 따라서 결정된다.**

IV. 하나님이 자신의 지혜로 자기 통치 영역 내에서 모든 중요한 사건을 정(order)하시는 일은 우주 최고의 절대 통치자에게 속하는 것이다. 도덕계 내에서의 사건들, 예를 들어 지적 피조물들의 도덕적 활동과 그 결과들이 그런 가장 중요한 사건들이다.

이런 사건들은 어떤 것에 의해서 정해질 것이다. 지혜에 의해서 처리되든지 아니면 우연에 의해서 처리될 것이다. 즉 그 말은 우연에 의해서 처리되는 것이 가능하며, 또 그것이 처리(disposal)라고 불릴 수 있다면, 그 사건들이 무작정 무계획적 원인들에 의해서 처리될 수 있다는 말이다. 그러나 하나님의 세계 안에서 일어나는 선과 악이 자신의 지성과 일관된 관점을 가지고 우주적 만물을 그 범위와 기간 안에서 완벽하게 이해하며, 각 사건이 광대한 이론 체계 속에서, 그리고 영속적인 일련의 전체 결과 내에서, 개별적인 사물과 개별 환경 하나하나에 미치는 각각의 사건에 대한 모든 영향을 간파하는 무한히 지혜로우신 존재의 선한 즐거움을 따라 결정되고 조정되고 확정되고 결정된다고 믿는 것이 우연에 의해서 이런 일들이 낙찰되도록 내버려 두며 또 지성이나 목표 없는 원인들에 의해서 결정된다고 주장하는 것보다 낫지 아니한가?

JE 사건들이 일어나는 과정에서 더 나은 혹은 더 나쁜 환경들이 있을 수 있다. 하나님은 지혜로 최선의 환경들을 택하신다.

이같이 중요한 사건들 속에 이 일들의 상태나 과정과 관련해서 틀림없이 더 낫거나 더 나쁜 발생 시간, 대상, 장소, 방식, 환경들이 있다. 그리고 만약 더 나은 것이 있다면 그 사건들이 최선의 시간, 장소 등등에 따라 결정(determine)되어야 하는 것 역시 최선인 것이 확실하다. 그러므로 우연이 아닌 지혜가 이 같은 일들을 정(order)하는 것이 그 지혜의 본질과 잘 어울린다. 지혜는 무한한 지혜의 소유자이시며, 창조된 전체 존재물들의 창조주시요, 주인이시며, 모든 것의 관리자이신 존재에게 속하는 일이다. 그 지혜가 그분에게 속하고, 이 문제를 다루시는 분이 그분이시다. 따라서 그분이 지혜를 등한시한다면 자기의 고유한 일을 행하지 않는 분이 될 것이다. 그리고 이 문제를 맡는 것이 그분에게 거룩하지 못한 것이 결코 아니고, 도리어 그것을 등한시하는 것이 거룩하지 못한 일이 될 수 있다. 그 문제를 맡으시는 것이 그분 자신에게 합당한 것을 등한시하는 일이었다면 그것은 아주 부적합하고 불합당한 등한시였을 것이다.

Ar 사건들이 하나님의 주권에 의해서가 아니라 사람의 의욕에 맡겨지고 전혀 다른 원인 없이 일어난다.

JE 하나님의 주권적 섭리와 지혜에 따라서 조성된 환경 속에서 사람의 의지가 결정된다.

그러므로 하나님의 주권은 반드시 이 문제로 확대된다. 특별히 상고해볼 것은 만약 그 문제가 결정된 것과 다르게 될 수도 있었다고 가정한다면, 하나님이 사람들의 의욕(volition)대로 모든 도덕적 사건을 맹목적이며 무의미한 원인들의 결정과 처리에 내버려 둔다면, 그리고 그 사건들이 아무런 원인 없이도 일어날 수 있다면, 이 문제는 어떠한 개념의 자유와도 더 이상 상통할 수 없으며, 특히 아르미니우스주의자들의 개념과는 전혀 상통할 수 없을 것이라는 점이다. 이런 사건들은 신적 섭리에 따른 처리에 달렸으며, 신적 지혜에 의해서 결정되고 처리된 환경에 의해서 사람의 의지가 결정된다고 말하는 것이 더 상통할 것이다. 이것은 이미 앞서 살펴보았던 바다.

JE **인간의 도덕적 선악이 하나님의 결정에 의한 필연적 활동이기는 하지만 인간의 자유를 제약하지는 않는다. 도덕적 악은 행위자에게 속하기에 하나님의 선한 목적이 있다는 이유로 하나님을 탓해서는 안 된다.**

그러나 명백한 바는 하나님이 사람의 도덕 활동을 섭리하여 처리하고 결정한다는 것이 그 활동의 도덕적 필연인데, 그럼에도 불구하고 인간의 실제적 자유는 조금도 제약을 당하지 않는다는 것이다. 보편 상식은 자유만(only liberty)이 도덕 행위에 필수적이라고 가르치는데, 앞서 논증했듯이 이 자유는 도덕적 필연과 전혀 상충하지 않는다.

결국 하나님이 앞에서 서술한 방식대로 사건의 결정자요, 처리자이며, 그 사건의 도덕적 악은 고유의 주체와 행위자 안에 있다. 그렇지만 하나님이 그렇게 하신다고 해서 도덕적 악이 될 수는 없다. 하나님은 그러한 사건을 처리하기 바라시며, 선한 목적을 위해 그 사건이 일어나기 바라시고, 자신의 의지가 비도덕적이거나 죄악된 의지가 아니라 완전히 거룩한 의지가 되기를 바라신다. 그리고 실제로 하나님은 자신의 섭리 가운데 일들을 처리하고 허용하시므로 그 사건은 확고부동하게 그런 처리 및 허용과 연결된다. 그리고 하나님의 활동은 도덕적이지 않거나 거룩하지 않을 수 없고, 오히려 완전히 거룩한 활동이 된다. 죄는 사악하지만 그런 처리와 허용이 있어야 발생하고, 그처럼 죄가 발생하여 결국에는 선한 일이 될 것이다.[8] 이것은 모순도 아니고 부조리도 아니다.

JE 하나님은 자신의 선한 목적을 위해서 요셉의 형들에게 인신매매라는 악을 행하게 하고, 그리스도의 십자가형을 정하셨다. 그렇다고 해서 하나님이 악하다고 책망받을 것이 아니라 오히려 그의 거룩한 의지가 칭송받아야 할 것이다.

요셉의 형제들이 요셉을 이집트로 팔아넘긴 일을 생각해보라. 그들이 행한 것만 생각해보면, 그리고 그들의 의도와 목적만 생각해보면 그것은 아주 나쁜 일이다. 그러나 하나님이 결정하신 사건이요, 하나님의 의도와 목적이 선했음을 생각하면 그것은 좋은 일이다. "당신들은 나를 해하려 하였으나 하나님은 그것을 선으로 바꾸사"(창 50:20). 그리스도의 십자가에 못 박히심도 그렇다. 우리가 이 사건에서 그리스도를 죽인 자들에 의해서 진행된 것들만 생각하면, 그리고 그들의 원리와 성향과 견해와 목적들로 간주된 일들의 방향에서만 생각하면 이 일은 지금까지 자행된 사건 중에서 가장 사악한 일일 것이다. 여러 가지 측면에서 볼 때 이 사건은 모든 활동 중에서도 가장 무자비하다. 그러나 그 사건이 하나님께서 자신의 계획과 의도 안에서 바라시며 정하신 것임을 생각해보라. 이는 모든 사건 중에서 가장 경이롭고 영광스러운 사건이다. 그리고 하나님께서 그 사건

---

8 Samuel Hopkins, *Sin, Through Divine Interposition, an Advantage to the Universe; and Yet this No Excuse for Sin, Or Encouragement to it: Illustrated and Proved, in Three Sermons, for Rom. Iii. 5. 6. 7. 8.* (Newport, Rhode Island, 1773). 사무엘 홉킨스(Samuel Hopkins, 1721-1803)는 JE의 대표 제자로서 스승의 첫 전기를 쓰고, 뉴라이트를 대표할 정도로 스승의 인죄론을 위의 설교에서 잘 대변하였다.

이 일어나기를 바라심은 사람들에게 알려진 하나님의 의지 중에서 가장 거룩한 의지였다. 그 사건을 정하시는 하나님의 활동은 다른 어떤 활동보다도 신적 존재의 도덕적 탁월함을 잘 드러냈다.

JE **하나님의 두 가지 의지**
  (1) 은밀한 의지: 어떤 악한 일을 거부하며 반대할 때 발동하는 성향적 의지
  (2) 계시된 의지: 어떤 선한 일을 소원하며 결정할 때 발동하는 계명적 의지

Ar **그런 하나님의 의지는 서로 모순될 수밖에 없다.**

이런 것들을 살펴보면 많은 칼뱅주의자들이 주장한 하나님의 은밀한 의지와 계시된 의지(a secret and revealed will of God)의 구별, 그리고 양자 간의 다양성에 대해 아르미니우스주의자들이 억지를 부린 이론에 적합한 답변을 내리는 데 도움을 얻을 것이다.

이처럼 칼뱅주의자들이 불합리한 의지를 지존자 탓으로 돌린다는 아르미니우스주의자들의 억측은 아무런 근거가 없다. 하나님의 **은밀한** 의지와 **계시된** 의지, 다른 말로 하자면 하나님의 성향적 의지와 계명적 의지(disposing and preceptive will)는 별개이고, 상이한 활동들 가운데서 실행된다. 전자는 거부하며 반대하는 일에서 실행되고, 후자는 무엇을 하기를 바라며 결정하는 일에서 실행된다. 각각 아무런 상충됨이 없이 실행된다. 왜냐하면 신적 의지의 이 같은 상이한 실행이 어떤 측면에서는 동일한 사물들과 관련이 있을 수 있지만, 엄밀히 말해서 그 실행들은 다르며 상반된 대상, 즉 한 대상은 악한 대상을, 또 다른 대상은 선한 대상을 가지고 있기 때문이다.

JE **그리스도의 십자가 처형이 하나님의 계시된 의지와는 상반되나, 은밀한 의지에 부합할 수 있다.**

예를 들어 그리스도의 십자가 처형은 하나님의 계시된 혹은 계명적 의지와 상반된 일이다. 그리스도를 살해한 사악한 자들이 보여준 그리스도의 십자가 처형은 하나님의 거룩한 본성과는 무한히 상반되므로, 하나님의 율법 안에 계시된 하나님의 마음의 거룩한 기질과 당연히 상반된다. 그럼에도 불구하고 신적 전지하심의 입장에서 볼 때 그 모든 영광스러운 결과를 동반하는 그리스도의 십자가 처형은 사실상 하나님에게 영광스러운 사건으로 나타났다는 것과 전혀 상충하지 않는다. 그리고 이 은밀한 의지가 하나님의 율법에는 계시되지 않았지만, 결과적으로 하나님의 의지에 부합한다. 이렇게 상고해볼 때 그리스도의 십자가 처형은 악한 것이 아니라 선한 것이 된다.

JE 살해자들이 저지른 십자가 처형은 선을 선택하려는 하나님의 계시된 의지와 상반되며, 악을 거부하려는 하나님의 은밀한 의지와도 상반되나, 그것을 선한 목적을 위해 허용하심으로써 실행하심은 하나님의 의지의 충동을 불러온다고 볼 수 있다. 그러나 하나님의 의지가 모순되지는 않는다.

만약 동일하거나 유사한 대상들을 두고서 하나님의 [은밀한] 의지나 [그것들을 행하는] 은밀한 실행들이 하나님의 **계시된 의지**와 서로 일치하지 않고 상반된다면, 즉 대상들이 둘 다 선하거나 혹은 둘 다 악하다면, 사실상 이 같은 대상을 향해 품은 의욕 혹은 경향은 상반되고, 이것이 하나님에게서 나왔다는 것은 어떤 모순된 의지가 하나님께로부터 나왔다고 말하는 격이 될 것이다. 그러나 서로 다른 대상들에 대하여, 그리고 서로 상반된 대상들에 대하여, 서로 다르고 반대되는 마음의 실행들을 하나님에게서 나온 것으로 여긴다고 해서 하나님의 의지 그 자체와 **모순된다고** 말할 수는 없다. 그리고 또 다른 어떤 방식으로도 하나님의 의지 그 자체가 항상 **일치한다고** 말할 수도 없을 것이다. 왜냐하면 어떤 존재가 선을 선택하려는 의지와 악을 거절하며 거부하려는 의지를 동시에 가진다는 것은 [두 의지와 관련하여] 아주 일관되다 할 수 있으며, 반대로 이 같은 상반된 대상들에 대한 동일한 의지 하나를 갖고서, 선과 악 둘을 동시에 선택하며 사랑한다고 하는 것은 그야말로 모순이기 때문이다.

JE **악한 목적을 가지고 죄를 짓는 사람이 악하지, 허용하신 하나님은 악하지 않으시다. 도덕적으로 악한 일이 일어나는 것이 하나님의 의지에 부합할 수 있다.**

하나님이 그 자체로 악한 어떤 일을, 그리고 어떤 것을 악하게 여겨 미워하실지라도 모든 결과를 예측할 수 있듯이, 악한 일이 일어나는 것이 하나님의 의지(뜻)일 수도 있다는 가정이 모순은 아니다. 내가 믿기는 제대로 된 지성을 가진 사람이라면 감히 누구도 이렇게 말하지 않을 것이다. 곧 실존의 전방위와 전 영역을, 그리고 끊임없이 일어나는 일련의 사건들의 모든 결말을 돌이켜볼 때, 이 세상에서 도덕적 악이 일어나는 것이 최선이 되기에 불가능하다고 확신하는 사람은 아무도 없을 것이다.[9]

---

9 최근 우리나라에서 주목받고 있는 작가의 몇몇 진술을 관찰해볼 필요가 있다. 그에 대해서 잘 알고 있는 사람은 누구도 그가 칼뱅주의에 아주 호의적이라는 것을 의심치 않을 것이다. "(그가 말하는 대로) 범상치 않은 주장을 드러내는 명제들에 대해 경종을 울리지 않는 방식으로는 악의 필연을 취급하기 어렵다. 그러나 철학자들이 그 문제에 대하여 그저 침착하게 묵상하면, 그 악의 필연이 최고 원인(supreme Cause)의 무한한 능력과 조화를 이룬다는 것을 깨닫게 될 것이다. 그리고 최고의 명령 체계 속에 악들이 배치되어 있다는 결론을 내리게 될 것이다." George Turnbull, *The Principles of Moral Philosophy, an Inquiry into the Wise and Good Government of the Moral World* (London, 1740), pp. 327, 328.

그의 다른 작품 *Christian Philosophy* 제2권 35쪽에서, 도덕적 악에 대해 계속 언급한다. "만물의 창조주이자 통치자께서 무한히 완전하시다면, 무엇이든 올바르다. 그분은 모든 가능한 체계들 중에서 최선을 선택하셨다. 따라서 귀결적으로 이 우주에 절대 악이란 없다.…이 경우 우주에 있는 모든 불완전과 악들은 부분적으로 보기에 그렇게 보일 따름이고, 전체 체계에서 보면 선한 것들(goods)이다."

Ibid., p. 37. "그러면 언제 악이 나오느냐, 이것은 모든 세대가 철학에서 복잡미묘한 문

JE 하나님은 절대적으로 항상 최선을 선택하시는 최고의 지혜롭고 거룩한 섭리자이
시다.

그렇다면 항상 최선을 선택하시는 무한히 지혜로운 존재는 반드시 지혜
로운 것을 선택하실 것이 분명하다. 그리고 이 말이 맞다면, 그 선택은 악
이 아니라 지혜롭고 거룩한 선택이 될 것이다. 그리고 이 말도 맞다면, 그
선택과 일치하는 섭리는 지혜롭고 거룩한 섭리가 될 것이다. 사람들은 죄
로서의 죄를 짓고 싶어 하므로 죄의 작자요, 행위자다. 그들은 악한 목적
과 목표 때문에 죄로서의 죄를 사랑한다.

JE 사람은 죄로서의 죄를 짓고 싶어 하므로 죄의 작자요 행위자이나, 하나님은 죄로
서의 죄를 짓는 것이 아니다.

제(Gordian Knot)로 여겨온 질문이다. 그리고 실제로 우리가 절대적 의미로 세상 악의 존
재를 인식한다면, 이제 막 하나님에 대해서 증명했던 것과 정면으로 충돌하게 될 것이다.
만약 전체적인 관점에서 볼 때 선하지 않은 체계 속에 어떤 악이 있다면, 그 전체가 선하지
않고 악한 것이다. 혹은 최고라고 해봐야, 그것은 아주 불완전한 것이다. 저자란 자신의 작
품과 동일함이 틀림없다. 그 결과에 원인이 있다. 그러나 이런 난제의 해법은 가까이에 있
다. 즉 우주에는 악이 존재하지 않는다는 것이다. 뭐라고! 고통이 없다고? 불완전들이 없다
고? 이 세상에 불행도 없고 악덕도 없다고? 그러면 이런 것들은 악들이 아니란 말인가? 물
론 이것들은 악이다. 말하자면 일종의 악들은 해롭고, 또 타 종류의 악들도 공히 해롭고 혐
오스럽다. 그러나 전체적인 관점에서 볼 때 악하거나 유해한 것은 아니다."
　　Ibid., p. 42. "그분은 악, 어둠, 혼돈을 창조한다고 말씀하면서, 동시에 악을 행하지 않고,
도리어 선의 작자가 되신다고 말씀하신다. 하나님은 '온갖 좋은 은사와 온전한 선물'의 작
자이시고, '변함도 없으시고 회전하는 그림자도 없으시며', '아무도 시험하지 않으시며', '모
든 사람에게 후히 주시고 꾸짖지 아니하시는' '빛들의 아버지'로 불린다. 이사야 선지자를
통해서 그분은 자신에 대해 이렇게 말씀하신다. '나는 빛도 짓고 어둠도 창조하며 나는 평
안도 짓고 환난도 창조하나니 나는 여호와라. 이 모든 일들을 행하는 자니라 하였노라'(사
45:7). 이 구절의 평범한 어법상의 의미가 주님은 선함을 즐거워하시고, (성경이 말하는 바
와 같이) 악은 그의 이상한 작품이라는 의미 말고 무슨 뜻인가? 그분은 자기 피조물의 우주
적 선을 도모하시고 정결케 하신다. 그리고 악은 악 그 자체를 위해서나 혹은 악에 대한 어
떤 즐거움 때문에 허용되는 것이 아니라, 추구하는 더 위대한 선(greater good)에 필요 불
가결하기 때문에 허용되는 것이다."

죄의 발생을 허용하고 그 일을 정하시는 것이 그분의 즐거움이지만, 하나님은 죄로서의 죄를 짓거나 어떤 악을 위해 죄를 짓고 싶어 하지 않으신다. 하나님의 섭리대로 일어날 결과로서의 원대한 선을 위해 일을 그렇게 정하시는 것이다. 상반된 선을 위해서, 악이 발생하도록 일을 정하고 싶다고 해서 하나님이 악으로서의 악을 미워하지 않는다는 뜻이 아니다. 그러나 만약 하나님이 그 악을 미워하신다면, 왜 하나님이 악으로서의 악을 합리적으로 금하시지 않고, 또 합리적으로 징벌하지 않으시는지에 대한 이유가 사라진다.

JE **최선을 위해 섭리하시는 은밀한 의지와 사랑하여 섭리하시고 자신의 본성에 걸맞게 행하시는 계시된 의지를 구별해야 한다.**

아르미니우스주의자들은 원하든 원치 않든 칼뱅주의자들이 **은밀한** 의지와 **계시된** 의지를 구별함으로써 의도하는 바와 거의 동일하게, 하나님의 의지의 구별을 인정하지 않으면 안 될 것이다. 하나님이 모든 상황과 결과를 고려할 때 최선이라고 여기시며 섭리하시는 의지(disposing will)에 부합하는 사건들과, 하나님이 사랑하시고 그분의 본성에 부합하는 사건들이 서로 구별됨을 인정하지 않으면 안 된다.

JE **마귀들의 악행을 내버려 두는 것은 하나님의 의지와 부합한다.**

마귀들의 가증한 교만과 악의와 잔혹함이 하나님, 그리고 하나님이 좋아하시고 인정하시는 것과 부합한다고 감히 말할 수 있는 사람이 누가 있겠는가? 그럼에도 불구하고 내가 확신하는 바는 이 사실을 인정하지 않을 기독교 신학자는 없을 것이라는 사실이다. 사물들을 그렇게 정하고 섭리하며, 그 사물을 그들에게 맡기고, 그들의 사악함에 내버려 두는 것이 하나님의 의지와 부합한다. 이처럼 완전한 사악함은 필연적 결과다. 휘트

비 박사도 그것을 전제하고 인정하고 있음이 분명하다.[10]

JE 누구나 다 인정하는 3가지 진리

1. 하나님은 최고 행복자이시다. 2. 하나님에게 불행이란 없다. 3. 하나님을 포함한 모든 존재는 고난을 당한다.

다음 사항들은 명백한 진리와 부정할 수 없는 증거의 원리들로서 정리될 수 있다.

　1. 하나님은 가능한 가장 절대적이며 가장 고상한 의미에서 완전히 **행복한** 존재이시다.

　2. 그러므로 하나님은 **행복과 상반된** 모든 것과 상관이 없으시다. 따라서 엄밀히 말해 하나님 안에는 어떤 고통이나 슬픔이나 괴로움이 없다.

　3. 어떤 지적 존재라도 실제로 갈등하고 실망하며, 일이 자기가 원하는 것과 다르게 될 때, 그는 **덜 기뻐하거나** 기쁨을 덜 느껴, 그의 기쁨과 행복은 감소하게 된다. 그는 자기 마음에 들지 않는 것 때문에 괴로워하고, 기쁨과 행복에 상반된 성격의 어떤 것 때문에, 심지어는 고통과 슬픔에 괴로워하기도 한다.[11]

JE 하나님의 두 의지를 구별하지 않을 때 생기는 오해: "모든 죄의 발생은 하나님의 의지와 상반된다. 그리고 하나님은 갈등을 겪는 피해자요, 가장 불쌍한 자가 되신다."

위의 마지막 원리에 의하자면 하나님은 모든 사건에 전적으로 지혜로운

10　Whitby, *Discourse*, Dis. IV, ch. 1, nos. 1, 2, 5, pp. 300, 305, 309.

11　JE. 분명한 것은 하나님의 의지와 욕구들이 진실로 정확히 좌절될 때, 하나님이 불편함이나 고통, 또는 한탄이나 불쾌함을 하나도 겪지 않고 그저 방해받는다고 말하는 것은, 하나님의 계시된 의지라고 불릴 수 있는 것이 하나님의 은밀한 목적과 어떤 관점에서는 다를 수 있다고, 곧 계시된 의지가 거부될 때 은밀한 목적이 성취될 수 있다고 말하는 것보다 덜 모순적이거나, 덜 불합리하지 않다는 것이다.

결정자로서 일의 전방위와 전 과정을 통하여 일어나는 모든 결과를 다 내다보신다. 그런데 죄를 미워하시는 하나님의 의지, 그리고 그 사건과 죄의 출현에 관한 하나님의 의지 사이에 구별이 허용되지 않는다면 다음과 같은 결론이 나올 게 뻔하다. 모든 사건을 고려해보았을 때 모든 개별적 죄의 발생은 진실로 하나님의 의지와 상반되고, 그의 의지는 그 발생으로 말미암아 **실제로** 갈등(crossed)한다. 따라서 하나님이 그 발생을 싫어하시는 만큼 갈등한다고 오해할 수밖에 없을 것이다. 죄가 하나님의 거룩한 본성과 무한히 모순되기 때문에 하나님이 죄를 한없이 미워하는 것처럼 하나님의 의지도 죄의 모든 활동 때문에 한없이 갈등한다는 것이다. 그 말은 곧 하나님이 보시기에 범죄가 되는 모든 활동은 그분에게 무한한 불쾌감을 선사하지만 하나님은 그것을 견디신다는 말과 같다. 그러므로 앞에서 살핀 입장들에서 밝힌 것처럼, 하나님은 진실로 모든 죄로 말미암은 무한한 슬픔과 고통을 참으시고, 날마다 죄로 인한 수없이 많은 실례들 때문에 무한히 갈등하시며 한없이 고난당하게 되신다. 즉 하나님은 헤아릴 수 없이 많은 갈등과 난처함에 진실로 끊임없이 피해를 당하게 되신다. 바로 이 점이 하나님을 모든 존재 중에서 가장 불쌍한 자로 만들 것이다.

Ar 하나님이 선한 목적으로 악을 결정하는 것은 인간들에게도 부도덕하며 하나님의 본성과 의지와도 모순되지 않는가?

JE 하나님이 궁극적으로 선을 위해서 죄를 허용하셨지, 악한 성향을 가지고 하신 것이 아니므로 악하거나 책임이 있지 않다.

어떤 사람이 반박하며 말하기를, 이런 사항들은 하나님이 선을 발생시키기 위해 악을 행하실 수 있다는 뜻으로, 인간들에게도 부도덕하고 악하기에 하나님의 도덕적 완전성과 모순된다고 한다면, 내 답변은 다음과 같다. 앞서 언급한 방식과 같이 하나님이 악에 대해 섭리하시고 악을 허용하시는 것은 선을 발생시키기 위해서 악을 행하는 것이 아니다. 왜냐하면 그것은 악을 행하는 것이 전혀 아니기 때문이다. 어떤 일이 도덕적 악이되기 위해서는 악에 속하는 한 가지가 있지 않으면 안 된다. 즉 악은 **나쁜성향**을 가지고 있어야 한다. 악은 악한 성향에서 나온 것이며 악한 목적으로 행해진다. 그러나 하나님이 선한 목적을 위해 부도덕한 활동과 같은사건들을 결정하시고 허용하시는 것은 이런 일 중 어떤 것에도 해당하지않는다.

JE **하나님은 인간과 달리 완전한 지혜를 가지고 있으므로 선악의 문제를 완벽히 관리하신다.**

(1) 하나님이 그렇게 하시는 것은 **그 자신의 본성에 부적합**한 것이 아니다. 맹목적 우연이 아닌 무한한 지혜가 세상에서 도덕적 선과 악을 섭리한다는 것은 지혜 자체의 본질에 부합한다. 그리고 무한한 지혜를 가진존재가 이 세상의 창조자, 소유자, 최고 통치자가 되셔서 그 문제를 해결하시는 것에도 부합한다. 그러므로 그분이 어떤 일을 행하는 데 부적합하거나 부적절한 것이란 없다. 그러나 다른 어떤 존재들이 그 문제를 결정하려 한다면 그들에게는 그 일이 부적합하고 비도덕적인 일이 될 수 있다. 그들이 그 일을 결정하는 데 어떤 방식으로든 적합한 지혜를 갖고 있지 않기 때문이다. 그리고 다른 측면들에서도 이 문제에 신뢰를 얻기에적합하지 않으며, 사실은 문제의 결정권이 그들에게 속한 것도 아니요,게다가 그들은 이 우주의 소유자도 아니고 지배자도 아니기 때문이다.

○ 예증 **지혜롭고 착한 어떤 사람: 세상에 도덕적 악이 존재하는 것이 그런 착한 사람의선함과 상반되지 않고, 그의 악한 욕구나 선택도 아니다. 그러나 만사를 결정하**

지는 못한다.

우리가 다음과 같이 확증 짓는 것을 두려워할 필요가 없다. 지혜롭고 착한 어떤 사람이 있다고 하자. 이 사람이 모든 일을 고려해보았을 때 이세상에 도덕적 악이 존재하는 것이 최선일 수 있음을 절대 확신을 가지고 알고 있었다면, 그것이 최선이 되도록 선택하는 것이 그의 지혜와 선함에 상반되는 일이 아닐 것이다. 선한 것을 욕구하며, 모든 일을 고려해보았을 때 악이 존재하여도 최선이 되는 것을 욕구하는 것은 악한 욕구가 아니다. 그리고 최선으로 알려진 그 사물의 존재를 선택하는 것은 어리석은 선택이 아니요, 악이 존재하는 것이 최선이요, 대체로 그런 사물의 존재가 선택되는 것이 가장 가치 있다고 알려진 것을 선택하는 것은 어리석은 선택이 아니다. 반대로 그런 선택을 하지 않는 것이 그에게 오히려 명백한 결함이 될 것이다. 그리고 그가 할 수 있는데도 그것을 결정하지 않는 이유는 그가 그것을 욕구하지 않기 때문이 아니라, 그 문제를 정(결정, *ordering*)하는 것이 그 사람에게 속한 일이 아니기 때문이다. 그러나 모든 일이 결정되어야 할 것을 선택하는 것이 그분 안에 있는 한 점의 지혜인 것처럼, 그런 방식으로 모든 것을 결정하시는 것이 그분의 권한이며, 가장 정확하고 모든 일의 최고 결정자이신 그분에게 해가 되지 않는다.

JE **최선이신 하나님은 최선의 결정과 선택을 하신다. 그 외는 불가능하기 때문이다.**

(방금 살펴본 바와 같이) 모든 것을 고려해보았을 때, 최선이 될 것을 확실히 알면서도, 최선이 되는 것을 선택하지 않는 것이 한 존재가 가진 지혜와 선함의 명백한 결함일 수 있다고 한다면, 지혜와 선하심에 결함이 없는 한 존재가 최선인 것을 선택하지 않고 달리 다른 것을 하기란 불가능하다. 그는 완전히 지혜로우시며 선하시기 때문이다. 최선을 선택하는 것이 그의 완전한 지혜와 선하심에 부합하며, 모든 일을 결정함이 최고로

완전한 그분에게 속한 일이라면, 최선이 되도록 결정하는 것이 무한한 지혜와 선하심에 부합하는 것임이 틀림없다. 그 선택이 선하다면 그 선택에 따른 모든 일의 결정과 섭리 역시 선한 것임이 틀림없을 것이다. 선한 의욕을 실행하기 위해서 "하늘의 군대에게든지 땅의 사람에게든지 그가 자기 뜻대로 행하시"는 것이 그에게 해가 될 수 없다.

JE **하나님의 의지와 대상이 선하므로 그의 모든 행사가 다 의롭다.**

그분의 의지가 선하고, 모든 것을 고려해보았을 때 그의 의지의 대상 역시 선하고 최선이라면, 그 대상을 선택하거나 행하기를 바람은 선을 이루기 위해 **악을 행하기를 바람**이 아니다. 그리고 그런 의지에 따른 그분의 결정하심도 선을 이루기 위해 **악을 행함**이 아니다.

JE **선한 목적을 가지고 도덕적 악을 결정하고 허용하여 최선을 이루고자 하는 것은 하나님의 선한 경향에서 발로한 것이다.**

(2) 최선이 일어나게 하기 위해서 이처럼 도덕적 악을 결정하고 허용하는 것이 지고한 존재에게 **나쁜 경향**의 일이 아니다. 따라서 그렇게 하는 것이 선한 경향에 속한다는 것은 현재 문제의 요점에 이미 가정되어 있다. 그리스도의 십자가 처형은 그들이 저지른 저질스러운 일 중에서도 가장 흉악한 일이었지만, 동시에 하나님의 허용과 결정을 받은 가장 영광스러운 경향에 속한 일이기도 했다.

JE **목적과 결과가 선하면 그 결정과 선택의 성향도 선하다.**

(3) 그것이 **어떤 악한 성향이나 목적으로부터 나온다**고 가정할 필요가 전혀 없다. 왜냐하면 목적한 바가 선하면, 일의 최종 결과 속에서 실제적 결말도 선하기 때문이다.

10장

자유의지 혹은 우연에 의해서
죄가 세상에 처음 들어왔다는 반론에 대한
반박

앞장에서 이미 설명한 내용만으로도 죄가 세상에 처음 들어온 것에 대하여 제기할 수 있는 많은 반론들을 잠재우고 무색하게 하기가 충분하다. 우리가 주장한 교리대로 하자면 하나님이 사물들을 그렇게 섭리하셔서 원죄(first sin)의 작자가 되시며, 또 허용하셔서 필연적으로 죄악된 행위가 일어나게 되었다 등등의 반론을 들 수 있는데 앞의 내용으로 이를 제거하기가 충분하다. 그러므로 어떠한 나쁜 의미에서나, 사람의 도덕 행위, 혹은 책망·죄책·징벌의 가능성과 관련하여 자유가 침해된다는 의미에서나, 그러한 필연이 하나님은 죄의 작자라고 입증하지 않음에 대하여 내가 이미 말했던 것을 또 다시 반복할 필요는 없다.

그럼에도 불구하고 그 경우를 가정하고 다음과 같이 말하는 사람이 있을 수 있다. 하나님이 사람을 지으실 때 사람의 환경을 그렇게 결정하시고, 그런 환경들로부터 그의 지속적인 도움과 신적 영향력을 철회함으로써 죄가 일어날 수밖에 없었다고 한다면, 하나님이 태초에 사람을 만드실 때 아예 그의 마음속에 죄의 고정된 압도적인 원리를 함께 넣어서 만드시는 것이 더 낫지 않았을까? 이에 대한 나의 대답은 이것이다.

JE 죄는 아담의 불완전성 때문에 온 것이지 하나님이 원인이나 요인이 아니다.

1. 죄가 존재하게 되고, 이 세상에 나타나게 된 것은 피조물에게 본래 속해 있었던 불완전성(imperfection) 때문이다. 이 말은 죄가 작용인이나 근원처럼 하나님께로부터 나와서 나타난 것이 아님을 잘 설명해준다. 사람이 처음에 자기 마음속에 죄를 가진 채로 지음 받은 것이 아니라, 자기 불완전으로 말미암아 죄를 짓는 사건이 발생했고, 죄의 끈질긴 원리와 습관이 피조물의 악한 행위로 말미암아 먼저 도입되었다.[1] 죄가 피조물의

---

1 JE 입장에서 볼 때, 인간이 자기 마음속에 죄를 가진 채로 만들어졌을 것이라는 주장은 있

불완전성으로 말미암아 일어난 것이 아니라면, 하나님을 죄의 적극적 원인이나 실제 요인이 아니라고 볼 수 없을 것이다. 그런데 죄가 세상에 처음 들어온 것에 대한 모든 난제를 충분히 살펴보기 위해서는 이 책이 허용할 수 없는 만큼의 분량이 필요할 것이다.

Ar 아담의 첫 죄악된 의욕은 어떤 원인도 없이 완벽한 우연에 의해서 일어났다. 혹은 그 의지가 스스로 죄를 선택하고 결정하여 초래되었다.

JE 그 말은 의지가 죄악된 의욕 속에서 자기결정적이거나 자유 선택에 의해서 결정되었고, 첫 죄악된 의욕은 선행하는 죄악된 의욕에 의해서 결정되었다는 뜻이다. 이 말은 아들이 아비를 낳았다는 웃긴 말로 들린다.

2. 내가 파악한 바는 이렇다. 아르미니우스주의자들의 자유 개념에 반대해 이 같은 난제들에 대해 변증하며 내 입장을 고수했을 때, 내가 발견한 바는 그들의 반론들이 전적으로 비합리적이라는 것이다. 그리고 그들과 다른 방식으로 어떤 이론 체계를 세운다고 해서 추가적 난제가 일어나는 것이 아니며, 그들의 이론에 동의한다고 해서 난제가 없어지거나 난제를 피할 수 있는 것도 아니다.

아르미니우스주의자들이 사람의 의지의 자기결정력이나 우발(contingence)에 대해 말하는 것이, 어떻게 인간에게 죄악된 의욕이 일어났는지, 그리고 사람이 그것에 대해 책망받는 것이 공정한지에 대한 난제(difficulty)를 해소하는 데 전혀 도움이 되지 않는다. 의지는 죄악된 의욕 속에서 자기결정적이거나 자유 선택에 의해 결정되었다고 말하는 것은, 첫 죄된 의욕이 선행하는 죄악된 의욕에 의해서 결정되었다고 말하는 것이다. 그런 말로는 난제를 해결할 수 없다. 그들의 난제 해결 과정은 난제

을 수 없는 일이며, 인간의 불완전으로 말미암아 죄를 짓는 사건이 일어나게 되었다.

를 더 키우는 괴상한 방식이다.

JE 그런 방식으로 접근해서는 이 난제를 해결할 수 없다.

첫 죄악된 선택 활동이 첫 죄악된 선택 활동 이전에도 있었고, 그 활동을 선택하고 결정하고 초래했다고 말하는 것은 2+2를 9라고 하거나, 혹은 아이가 아비를 낳았다고 하는 것만큼이나 어떤 난제도 해결하지 못한다. 그들의 말대로 첫 죄악된 의욕(volition) 스스로 선택하고 결정하고 초래했다고 말하는 것은 더 이상 좋은 해답이 아니다. 그것은 첫 의욕이 그 의욕이 있기 전에 있었다는 말이 된다. 죄악된 의욕이 아무런 원인도 없이 우연하게 일어났다고 말하는 것은 이 난제를 푸는 데 아무런 도움도 되지 않는다.

JE 이 난제는 세상이 무에서 창조됐다는 것보다 더 어려운 난제이며 또한 해답이 되지 못한다.

그 난제에 대한 올바른 해답은 **어떻게 세상이 무에서 창조되었는가**와 같은 난해한 질문에 대해서 답하는 것 이상이 될 것이다. 즉 그 말은 앞에서 살폈듯이, 세상이 아무런 원인도 없이 무에서 나와 존재하게 되었다는 얘기다. 그리고 세상이 그렇게 해서 존재할 수 있었고, 첫 죄악된 의욕이 어떤 원인도 없이 완벽한 우연에 의해서 일어났다고 할지라도, 그런 의욕에 대해서 하나님이 사람에게 책임을 지우시는 것에 대한 난제를 해결하지 못할 것이다. 왜냐하면 원인이 없었으므로 그 자신이 (분명한) 원인이 아니기 때문이고, 어떤 외부적 원인에 의해서 일어났다면 완벽한 우연에 의해서 일어난 일인데 어떻게 사람에게 책임을 씌울 수 있겠는가?

JE 그들의 해결책은 수학적 역설을 푸는 해법보다 더 못하며, 도리어 잘못 가정하는

실수를 연발한다.

이런 종류의 해결책들은 어떤 한 사람이 무한대의 크고 작은 수들에 대한 이상한 수학적 역설들을 푸는 해법보다 더 못하다. 예를 들자면 어떤 무한히 큰 수들은 어떤 다른 무한히 큰 수들보다 무한히 더 크다. 또한 어떤 무한히 작은 수들은 무한히 작은 다른 수들보다 무한히 더 작다. 이 역설을 해결하기 위해 인간은 더 큰 수가 항상 더 작은 수보다 더 크다고 생각하는 실수를 해왔고, 이것은 100×10은 단지 1에 지나지 않는다고 말하는 것만큼이나 쓸모가 없다.

11장

칼뱅주의 원리가 하나님의
도덕적 특성과 모순된다는 반론에 대한 반박

이미 고찰한 사항들이 대부분의 반론에 대한 충분한 답변이 되었을 것이다. 그리고 칼뱅주의 원리가 하나님이 인류를 통치하실 때 실행되는 하나님의 도덕적 완전성과 서로 모순된다고 말하면서 칼뱅주의자들에게 대항하는 아르미니우스주의자들의 항의를 잠잠케 하기에 충분할 것이다. 지금껏 우리는 필연 교리가 하나님의 명령, 약속, 경고, 상급과 징벌의 적합성 및 합리성과 모순되지 않고 일치한다는 것을 특별히 고찰해왔다. 그리고 우리를 반대하는 자들이 우리의 필연 교리가 하나님을 죄의 작자로 만들었다고 조롱하는 것과 같은 트집 잡기에 대해 답변했다. 또한 이 같은 칼뱅주의 원리들이 하나님의 권고, 권유, 설득에서 하나님의 신실성과 모순된다는 그들의 반론은 앞서 살폈던 내용을 통해 이미 무색해졌다.

JE Ar들의 반론과는 달리 칼뱅주의자들이 주장한 하나님의 은밀한 의지와 계시된 의지는 서로 모순되지 않으며 하나님의 완전성과도 모순되지 않고 일치한다.

칼뱅주의자들이 하나님의 **은밀한** 의지와 **계시된** 의지에 관하여 믿는 바가 모순되지 않고 일치하는 것에 관하여 살피는 가운데 아르미니우스주의자들의 반론은 이미 제거되었다. 하나님이 사건을 결정하고 허용하시면 어떤 것도 일어나지 않는 특정한 결과가 나타나는 것을 하나님의 은밀한 의지라고 가정하는 데 모순이 없었다. 사람이 해야 할 바를 행하는 것이 그의 의무요, 하나님의 **계명적** 의지다. 그리고 그것을 동일하게 이렇게 말할 수 있다. 하나님은 사람에게 의무를 다할 것을 신실히 명령하시며 요구하실 것이다. 그리고 하나님이 사람에게 명령하시는 데 신실하시다면, 동일한 이유 때문에 사람에게 그것을 하도록 권고하시고 권유하시며 설득하시는 데도 신실하실 것이다. 권고와 권유는 하나님의 계명적 의지 혹은 하나님이 사랑하시는 것과 하나님의 마음에 합한 것 그 자체와 하나님의 마음에 합한 사람의 행위의 표현들이지, 하나님의 섭리하시는 의지와 하나님이 사물들에 대한 자신의 무한한 계획의 일부로서 택하시는 것의 표시는 아니다. 우리가 주장해온 필연은 신적 명령들의 타당성과 적합성에 모순되지 않는다는 것을 이미 제3부 4장에서 상세히 밝혔다. 그리고 같은 이유 때문에 필연이 하나님의 권고와 권유의 신실성과도 모순되지 않는다는 것을 제3부의 끝에 있는 결론에서 밝혔다. 뿐만 아니라 제3부 7장 결론1에서는 신적 권면, 권유, 권고의 신실성과 사용에 대한 아르미니우스주의자들의 이 같은 반론이 그들에게 자충수가 된다고 명백히 밝혔다.

그럼에도 불구하고 내가 더 관찰해보고 싶은 것은 권고, 권유, 설득의 신실성과 모든 사건의 그 같은 미리 앞서 알려진 확정성이 모순되지 않고 조화를 이룬다는 난제는, 하나님의 절대 예지를 인정하는 대다수의 아르미니우스주의자들의 교리 체계[1]에서는 특이하지만, 칼뱅주의 교리 체계에서는 특이하지 않다는 것이다. 그러므로 내가 그들과 다르다고 반론을 펴는 것은 비합리적이다.

JE **Ar의 체계의 난제: 왜 하나님은 인간이 행하지 않을 줄 아시면서 권고하시며 노력하시는가?**

이 경우에 주요 난제는 이것이다.

Ar의 난제 **왜 하나님은 사람에게 이미 권면하신 후에도 계속 애쓰시는가?**

---

1 아르미니우스주의자들은 하나님의 전지성에 기초한 필연적 지식(*scientia naturalis/necessaria*)이나 자기 행사에 대해 갖고 있는 자신의 의지적 지식(*scientia libera*)이 아닌 그 중간적인 루이스 데 몰리나(Luis de Molina)의 중간 지식(*scientia media*) 교리를 수용한다. 즉 하나님이 인간을 선택하실 때 자유의지로 복음에 긍정적으로 반응할 것을 미리 아시고서(예지) 선택하신다고 믿는다.

하나님은 권고하시고 권유하시며 설득하실 때, 권면하시고 설득하셨는데도 그 일을 목표로 하며, 구하고, 노력을 쏟아붓는 모습을 보여주신다.

Ar의 난제 **왜 하나님은 사람이 행하지 않을 것을 아시면서 계속 애쓰시는가?**

반면에 하나님이 발생하지 않을 것을 가장 완전하게 알고 계시는 일은 어떤 지적 존재도 진실로 구하며 노력을 기울일 수 없다.

Ar의 난제 **왜 하나님은 사람이 자기 방식을 수용하지 않을 것을 아시면서 계속 권고하시는가?**

그리고 동시에 어떤 일이 이 같은 방식으로 이루어지지 않을 것을 하나님이 정확히 알고 계시면서, 소명과 권고를 하시면서 그 일 이루기를 자기 목적으로 삼는다고 가정하는 것은 모순이다.

Ar의 난제 **왜 하나님은 완전히 아시면서 그 문제를 그대로 두시는가?**

하나님이 그 일이 그런 방식에 의해서 일어나지 않을 것이라는 가장 확실하고 완전한 지식을 가지고 있지만, 그분이 그 지식에 도달하시는 방식은 그 일에 아무런 차이를 일으키지 않는다. 하나님이 일들 가운데서 목격하는 필연에 의해서, 혹은 다른 어떤 방식에 의해서, 그 일에 대해 아신다 해도 그 아는 지식이 그 사정을 바꾸지 않는다.

JE **아르미니우스주의자들도 억지로 인정한다. 하나님이 그렇게 하신다고 해서 그분이 불신실하다는 증거는 아니다. 하나님은 모든 일을 예지하신다.**

그러나 사람이 행하지 않을 것을 하나님이 확실히 알고 계시면서, 사람들로 하여금 그 일들을 하도록 권유하시며 설득하신다고 해서 하나님이 불신실하다는 증거는 아니라는 사실을 아르미니우스주의자들도 결국은 인정한다. 왜냐하면 하나님이 모든 사람의 죄악된 활동과 범죄에 대해 확실한 예지를 가지고 계심을[2] 그들도 인정하기 때문이다. 그리고 이것을 대부분의 아르미니우스주의자들도 분명히 인정하듯이, 성경을 하나님의 말씀으로 인정한다고 자부하는 모든 사람은 그것을 인정하지 않을 수 없다.

○ 예증 **하나님은 바로가 거부할 것을 예지하고 예고하셨다.**

하나님은 바로에게 자기 백성들을 보내라고 명령하고 권고하셨고, 그로 하여금 그렇게 하도록 권유하기 위한 논쟁과 설득을 사용했다. 하나님은 자신의 무한한 위대하심과 전능하신 능력에 의거한 논쟁을 바로 앞에 나열하시며(출 7:16), 때때로 바로가 거부할 때 당할 치명적 결과에 대해서 미리 경고하셨다(출 8:1-2, 20-21; 9:1-5, 13-17; 10:3, 6). 하나님은 모세와 이스라엘의 장로들에게 명령하시기를, 바로에게 가서 백성들을 보낼 것을 탄원하라고 하셨다. 그리고 동시에 하나님은 바로가 따르지 않을 것을 확실히 알고 계신다고 말씀하셨다.

> 그들이 네 말을 들으리니 너는 그들의 장로들과 함께 애굽 왕에게 이르기를 "히브리 사람의 하나님 여호와께서 우리에게 임하셨은즉 우리가 우리 하나님 여호와께 제사를 드리려 하오니 사흘 길쯤 광야로 가도록 허락하소서" 하라. 내가 아노니 강한 손으로 치기 전에는 애굽 왕이 너희가 가도록 허락하지 아니하다가(출 3:18-19).

○ 예증 **예수님은 베드로가 부인하며 배반할 것을 예지하고 예고하셨다.**

그처럼 우리의 구주께서도 잡히시기 전날 밤 아침이 오기 전에 베드로가

---

2 하나님이 허용하신 사건에 하나님의 전지성에 기초한 필연적 지식(*scientia naturalis/necessaria*).

졸렬하게도 자기를 부인할 것을 알고 계셨다. 그리하여 예수님은 그 확실성을 보여주시기 위해서 베드로에게 그것을 엄숙하게 단언하셨다. 그리고 다른 제자들에게도 그들 모두가 자신 때문에 그날 밤에 해를 당하게 될 것이라고 말씀하셨다(마 26:31-35; 요 13:38; 눅 22:31-34; 요 16:32). 이 같은 일들을 피하는 것이 그들의 도리였다. 그것들은 하나님이 금하셨던 심히 죄악된 일이었으며, 깨어 기도하는 것이 그들의 의무였다. 그리고 바로 그때 그렇게 하도록 그리스도께서 그들에게 **권고**와 **설득**을 베푸셨으므로 그렇게 하는 것이 그들의 책임이었다(마 26:41). "시험에 들지 않게 깨어 기도하라."

JE **이런 난제는 칼뱅주의의 난제가 아니며 예정론과 깊은 관련이 있다.**

그러므로 이 같은 문제에서 만날 수 있는 난제가 무엇이든지 간에 그것은 아르미니우스주의자들의 원리를 반박하면서 파수한 칼뱅주의 원리에 대한 반론이 될 수 없으며, 그 난제를 제거하고 성경의 신적 권위를 인정하는 것이 그들에게는 더 큰 짐이 될지언정 나에게는 전혀 문제되지 않는다. 그럼에도 불구하고 이 문제와 관련하여 예정 교리에 대해 앞으로 가능하면(하나님이 허락하시면) 더욱 특별하고 광범위하게 다룰 수 있을 것이다.

JE **Ar의 주장, 곧 의지의 자유 개념을 옹호하는 자들, 의지의 자유란 필연이 배제된 것이며 자기결정에 있으며 도덕 행위에 필수적이라고 주장하는 자들, 의지의 그런 결정이 도덕 행위자들과 그 행위들 속에 있다고 말하는 자들, 칼뱅주의자 반대자들의 주장**

여기서 고찰하고자 하는 바는 내가 그토록 반대하는 의지의 자유 개념을 옹호하는 자들이 하나님의 도덕적 완전성에 관하여 사람들을 의심에 빠뜨리고, 칼뱅주의자들의 교리를 완강하게 반대한다는 사실이다. 실제로 그런 정당한 비난을 받는 것은 그들의 이론 체계이지 칼뱅주의자들의 이론 체계(scheme)가 아니다. 필연이 배제되고 자기결정(self-determination)으로 구성된 의지의 자유가 도덕 행위(*moral agency*)에 필수적이라는 주장은 사물에 대한 그들의 이론 체계에서 가장 근본적인 핵심 중 하나다. 그 말은 필연이 전혀 없는 의지의 결정이 모든 지적 존재 및 도덕 행위자 속에, 혹은 도덕 행위 속에 있다고 말하는 것과 같다. 그리고 그 말로부터 다음과 같은 것이 나온다.

> 하나님의 의지(뜻)는 그가 도덕 행위자로서 하시는 어떤 일에서도, 혹은 **도덕적 성격**을 띤 **어떤 행위**들에서도 필연적으로 결정되지 않는다. 그러므로 하나님이 **거룩하고 의롭게** 그리고 **진실되게** 행하시는 모든 일 가운데서 하나님은 필연적으로 행하시지 않는다. 즉 하나님의 의지는 필연적으로 거룩하고 의롭게 행하시도록 결정되어 있지 않다. 왜냐하면 만약 하나님의 의지가 필연적으로 결정되어 있다면, 하나님은 그렇게 활동하시는 데 있어서 도덕 행위자가 될 수 없기 때문이다.

> 하나님의 의지는 필연을 수반한다. 그러나 그들은 이것이 도덕 행위와 일치하지 않고 모순된다고 말한다.

> 하나님은 달리 행하실 수 없다. 하나님은 그 일에서 자유가 없으시다. 하나님은 피할 수 없는 난공불락의 필연에 의해서 결정하신다. 그러므로 그런 행위는 도덕 행위가 아니다. 그렇다. 엄밀하게 말하자면 그것은 행위가 전혀 아니고, 필연적 행위자는 행위자가 아니다. 하나님은 수동적이시며 필연에 굴복하신다. 그가 하시는 것은 자신의 행위가 아니라, 자신의 어떤 행위보다 앞서

있는 필연의 결과다.

신정론(theodicy) 입증 방식: 하나님은 모든 일에서 의롭고 거룩하게 행하시는가? 이를 우리는 어떻게 증명할 수 있는가?

이것은 그들의 논쟁 방식과도 일치한다. 그렇다면 이제 무엇이 하나님의 도덕적 완전성에 대한 우리의 모든 증거가 되겠는가? 우리는 어떻게 하나님이 어떤 일에서든지 의롭고 거룩한 것을 확실히 행하실 것을 증명할 수 있는가? 모든 것이 **확고하게** 이루어질 것을 증명할 방법은 사건의 필연성 외에는 없다. 우리가 필연을 눈으로 볼 수도 없고, 그 일이 일어날지 또 일어나지 않을지도 모를 때, 우리는 무슨 말을 해야 할지 몰라 당황하게 된다.

처브의 신정론 입증 방식: (1) 하나님은 무엇이 최선인지 완전히 아신다. (2) 그것을 보고 계신다. (3) 그것을 거부하고픈 유혹을 받지 않으신다. (4) 그것을 하고 싶어 하신다.

하나님의 도덕적 완전성을 제대로 그리고 참으로 입증할 수 있는 방식은 처브(Chubb) 박사가 자신의 소논문(*Tracts*, 252, 261-63)에서 입증하는 방식 외에 다른 방식이 없다.[3] 하나님은 가장 가치 있고 소중한 것이 무엇인지, 즉 사물들의 본성 속에서 최선이고 최적인 것이 무엇인지를 필연적으로 완전하게 알고 계신다. 그리고 이것 자체가 가장 적격한 것 같이, 하나님은 전지하셔서 그것이 그러함을 보실 수 있으시다. 그리고 그는 전지하셔서 능력이 충분하시므로 그것을 거부하고픈 어떤 유혹도 받지 않으

---

3 JE는 본서에서 다루고 있는 세 사람의 논적 중 한 사람인 토마스 처브의 신정론(神正論) 입증 방식을 인정하고 사용한다. Cf. 이 책 482쪽을 보라.

신다. 따라서 하나님은 최선인 것(the best)을 필연적으로 하고 싶어 하신다.[4] 이처럼 선한 것과 최선인 것을 향한 하나님의 의지의 결정에서의 이같은 필연에 의해서, 우리는 하나님의 도덕적 특성을 명확히 확립할 수 있다.

JE **Ar의 논증 오류: 자유의지 없이는 사람이 제대로 된 도덕 행위자가 될 수 없으며, 하나님의 명령, 약속, 상급, 징계의 대상이 될 수 없다는 주장은 성경에 근거한다고 하지만 일종의 논점선취의 오류에 해당한다.**

결론. 지금껏 살펴본 내용으로 볼 때, 아르미니우스주의자들이 자신들의 이론 체계를 뒷받침하기 위해서 사용하는 근거들 대부분을 성경에서 끌어오지만, 이것들은 다름 아닌 논점선취의 오류(*begging the question*)[5]에 해당한다. 그들은 이런 주장들을 펼치면서 먼저 다음과 같은 결론을 내린다. 즉 아르미니우스주의자들이 고집하는 의지의 자유 없이는 사람들이 제대로 된 도덕 행위자가 될 수 없으며 [하나님이 내리시는] 명령, 권고, 설득, 권유, 약속, 경고, 충고, 상급, 징계의 대상이 될 수 없다. 그러므로 그 같은 자유 없이는 사람들이 죄를 피하거나 거룩해지고자 하거나, 혹은 징계를 피하거나 행복을 얻기 위해서, 조심하거나 부지런하거나 하는 어떤 시도나 노력을 기울일 필요가 전혀 없어진다. 그들은 논쟁 가운데 문제가 되는 주요 논점들을 가정하고 당연하게 여기며 명령, 권고, 소명, 주

---

4 하나님의 의지적 지식(*scientia libera*), 일어나는 사건에 대해 적극적으로 갖고 있는 의지적 지식.

5 "논점선취의 오류"(*petitio principii*, assuming the initial point). 문자적 의미로 하자면, 질문이나 논점을 억지로 간청해서 선취한다는 뜻이다. 논리적 오류의 한 형태로서 미증명 사항을 사실로 가정하는 것, 즉 어떤 주장이나 진술 그 자체 속에 다른 증거가 없는데도 참이라고 주장하는 것을 말한다. 예) "이 전화기는 얼핏 보기에 가치 없어 보이므로 쓰레기에 지나지 않습니다."

의, 설득, 조언, 약속, 경고를 담고 있는 성경 구절들을 끌어 모은다(그들은 틀림없이 그런 것들을 충분히 찾을 수 있을 것이다. 본인들 스스로 인정하듯이 성경은 그것들로 가득 차 있다). 그리고 그들은 성경이 얼마나 자신들의 편에 서 있는지, 얼마나 더 많은 성경 본문이 그들의 이론 체계를 반대하기보다는 더 분명하게 지지하는지 자랑스러워한다.

JE **Ar의 논증 약점: 논점들이 불명확하고, 성경이 그들의 이론의 정당성을 명확히 입증하지 않는다.**

그들은 질문 사항들이 자신들의 주장과 조화를 이루고, 자신들이 참됨을 밝히는 증거를 제공한다고 가정하는데, 먼저 그 사항들을 명확히 해야 할 것이다. 그리고 그들이 성경을 하나도 제시하지 않고도 자신들의 주장을 입증할 수 있을 것처럼 논점을 세웠다는 것도 명확히 해야 할 것이다. 성경에 명령, 권고, 약속, 경고 등등이 있다는 것은 아무도 부인하지 않기 때문이다. 그러나 아르미니우스주의자들이 그것들[명료화, 입증, 성경 제시]을 하지 않는다면, 그들이 그런 성경 본문들을 아무리 많이 추가하여도 무의미하며 소용없는 일일 것이다. 그들이 제시하는 성경 본문들이 실제로는 자신들에게 상반되는 것이지 자신들을 위한 것이 아니라는 점이 밝혀질 뿐이다.

JE **Ar의 이론 체계와 원리가 비합리적이요, 모순된다. 사람들의 자유의지에 맡기지 않고 하나님이 동기, 설득, 도덕적 방편을 이용하신다는 것과 하나님이 도덕 통치자이고 사람이 피통치자라는 것은 모순이다.**

이미 앞에서 밝혀진 대로 [사람들의 자유의지에 맡기지 않고] 사람들에게 덕을 실천하도록 권유하기 위해서, 혹은 죄악된 것을 금하도록 권유하기 위해서, 하나님이 동기 부여, 설득, 혹은 어떠한 도덕적 방편을 사용하는 것과 불일치하며 모순되는 것은 우리의 이론 체계가 아니라 그들의 이론 체계다. 도덕 통치자의 입장에서든 혹은 피통치자의 상태 및 활동에 있어서든 도덕 행위와 모순 대립되며, 도덕적 통치와 법과 지시, 선 혹은 악, 상급 혹은 징벌의 본성, 도덕적 성질을 지닌 모든 것과 모순 대립되는 것은 우리 칼뱅주의자들의 원리가 아니라 오히려 아르미니우스주의자들의 원리다.

12장

칼뱅주의 원리가 무신론과
도덕적 방종을 부추긴다는 반론에 대한 반박

Ar 무신론자들이 필연 교리를 주장하는데 어찌 우리 아르미니우스주의 교리가 무신론주의 교리란 말인가? 필연 교리를 주장하는 칼뱅주의 교리가 무신론주의에 더 가까운 것이 아닌가?

지금까지 주장한 것에 대하여 반대하는 것은 무엇이든지, 무신론[1]으로 흐를 경향이 다분하다. 아르미니우스주의자들은 일부 무신론자들이 주장하는 필연 교리와 칼뱅주의가 주장하는 필연 교리가 같다고 가정하나 만약 아니라면, 그들이 무슨 근거로 그 같은 반론을 제기하는지 나는 모르겠다. 그러나 설령 무신론주의의 필연 교리가 칼뱅주의의 필연 교리와 서로 동일하다 해도, 아르미니우스주의자들은 자유와 우발에 대한 자신들의 개념이 그런 의견을 소유했던 사람들이 항상 빠졌던 모든 오류에 빠질 경향을 가진 개념이라는 비판을 공평하다고 보지 않을 것이다.

칼뱅주의자들이 스토아 철학자들과 동일한 사상을 가졌다는 비판을 받는데, 스토아 철학자들은 무신론자들이 아니라 오히려 가장 훌륭한 유신론자들이었으며, 하나님의 유일성과 완전성에 관한 스토아 철학자들의 의견이 모든 이방 철학자 중에서 기독교와 가장 근접하다. 그리고 에피쿠로스(Epicurus)는 무신론의 아버지로서 그런 필연 교리를 주장하지 않았으나 우발 사상을 가장 잘 주장한 철학자였다.[2]

JE 신 존재 증명의 최고 방법: 모든 사건은 어떤 신적인 선행 근거와 이유와 필연적 연결을 가지고 있다.

필연 교리는 모든 사건이 일어나게 된 어떤 선행 근거와 이유에 기초하여 필연적 연결을 가지고 있다고 가정한다. 필연 교리는 하나님의 존재를

---

1 "Practical Atheism"(1731, Psalms 14:1), *WJE* 17:47-57.
2 에피쿠로스(Epicurus, 341-271 B.C.)는 그리스 아테네 출신의 쾌락주의 철학자로, 행복과 평정을 최고의 목적으로 삼았다. 그가 말하는 행복이란 고통의 부재 상태다.

증명할 수 있는 유일한 수단이다. 그리고 반대되는 것으로 아르미니우스주의자들이 주장하는 우발 교리(그들은 선행하는 것의 원인이나 근거, 이유 없이 사건이 발생하거나 존재할 수 있다고 확고하게 암시하고 추론한다)는 사도 바울이 로마서 1:20에서 간결하게 표현하였던 하나님의 존재에 대한 모든 증거를 도리어 말살시킨다. 이런 주장은 무신론으로 이끄는 경향임을 의심할 여지가 없다.

JE **아르미니우스주의 교리는 무신론으로 이끄는 경향이 있다.**

그러므로 사실상 무신론으로 이끄는 경향이 있다는 공정한 비난을 받는 것은 아르미니우스주의자들의 교리이지 칼뱅주의자들의 교리가 아니다. 제2부 3장에서 논증했듯이, 아르미니우스주의의 교리는 신을 증명하는 매우 명백한 모든 주장을 완전히 전복시키는 주장의 토대 위에 세워졌기 때문이다. 그럼에도 불구하고 칼뱅주의의 필연 교리가 도리어 모든 신앙과 덕의 토대를 무너뜨리며, 극도의 방종을 실천하게 하는 경향이 있다는 말을 흔히 듣는데, 이 같은 반론은 우리의 교리가 덕 있고 신앙적인 사람이 되려 하는 모든 수단과 노력을 헛되게 만든다는 허위 주장에 근거한 것이다.

이 같은 허위 주장을 제4부 5장에서 이미 특별히 고찰했듯이, 우리의 교리는 그런 경향을 띠지 않으나, 그 반대자들의 교리는 그런 경향이 다분하므로 비판받아야 마땅하다. 그들의 교리가 틀림없는 귀결로서 내포하고 있는 우발 개념은 노력과 사건, 수단과 목적 사이에 있는 모든 차원의 연결을 무의미하게 허물어버린다.

JE **아르미니우스주의 교리는 악한 성향이 필연적이라고 믿지 않고 선천적이라고 믿으므로 도덕적 방종으로 가기 쉽다.**

그 외에 아르미니우스주의의 교리에 해당하며 이 교리의 명백한 결과로 밝혀진 많은 다른 오류들을 고찰해보면, 도리어 아르미니우스주의의 교리가 도덕적 방종으로 이끄는 경향이 있음을 예단할 수 있는 타당한 이유가 보인다. 그들의 교리는 사람들이 가진 모든 사악한 성향에 대해 선천적(natural)이라고 믿으며 그것을 정당화한다. 그 이유는 그런 성향들도 자신들의 의지의 아무런 선택이나 결정에서 나온 것이 아니듯이, 그런 성향들 속에서 사람들이 [어떤 행동을] 자기가 결정한 것이 아니기 때문이다. 사람들이 사악한 행동을 범하려고 자신의 의지를 결정 내리는 데 있어서 선천적인 성향(natural inclination)이 영향력을 행사한다는 그들의 교리는 모든 사악한 행동들을 하고 있는 사람들을 전적으로 정당화시킨다.

JE **아르미니우스주의자들이 도덕적 필연과 도덕적 불능은 책망이나 도덕적 의무와 상충된다고 반박하였지만, 결국은 필연적인 악한 성향에 의해서 악한 행위들을 행할 수밖에 없다고 인정하였다.**

그렇다. 아르미니우스주의자들의 개념대로 하면 도덕적 필연과 도덕적 불능은 책망이나 도덕적 의무와 상충된다.[3] 그런 개념은 결국 사람들이 [도덕적 필연과 도덕적 불능 때문이 아니라] 온갖 종류의 악한 성향의 힘으로부터 말미암아 가장 사악한 행위와 실천을 행할 수밖에 없었다고 정

---

3 펠라기우스(Pelagius)는 아우구스티누스가 주장하는 인간의 전적 타락과 불능 교리에 반대하며, 원죄 교리를 부인했다. 그리고 인간의 무조건적 자유의지와 도덕적 책임을 주장하였으나, 그런 의지와 책임의 역리(逆理, paradox)를 오해하였다. "바른 행동의 원리와 거룩한 삶을 논할 때, 나는 주로 인간 본성의 장점과 특징을 증명해 보이면서 시작한다.… 사람으로 하여금 불가능한 어떤 것을 하라는 것은 좋은 일이 아니다." Pelagius, "Letter to Demetrias," in J. Patout Burns, trans./ed., *Theological Anthropology*, Sources of Early Christian Thought (Philadelphia: Fortress Press, 1981), 40-41.

당화하게끔 만든다. 그렇게 강한 성향들은 도덕적 필연을 전제로 한다. 실로 악한 성향이 확연히 편만해 있었고, 그것이 그들의 의지를 결정하는 요인이었으므로, 모든 수준의 악한 성향을 변명하는 것은 그야말로 모순이다. 왜냐하면 선행하는 성향이 그 의지를 결정했다면, 그 의지에는 무관심 중립 상태의 자유와 자기결정의 자유가 없었기 때문이다.

JE **아르미니우스주의 개념의 불가피한 모순들: (1) 자기 정당화: "어쩔 수 없이 지은 죄인데 내 죄라고 할 수 없다." (2) 가책감을 줄여주며 죄의 정도 차이를 없앤다. (3) 신앙과 덕의 추구와 회개를 등한시하게 한다. (4) 좋아할 때만 무언가를 하도록 결정할 수 있다는 자기결정력을 가진 것으로 착각하게 한다. (5) 자기 불능 때문에 죄 짓는 것은 어쩔 도리가 없다며 변명한다.**

그런 논리는 마침내 이 같은 결론에 도달할 것이다. 즉 사람들은 자신들이 저지르는 모든 죄악에 대해서 스스로를 정당화할 것이다. 이미 앞에서 고찰한 바와 같이 이 같은 이론 체계는 죄에 대한 가책감, 그리고 가장 큰 범죄와 가장 작은 범죄 사이의 차이를 현저히 감소시킨다.

이 개념이 실제 결과 속에서 계속 추구된다면, 덕이나 악덕 혹은 책망이나 칭송과 같은 것이 세상에 존재할 여지를 없애버릴 것이다. 또한 덕 있거나 사악한 모든 일에서, 그리고 상급이나 징벌을 받아야 할 모든 일에서 의지의 주권적 자기결정력(self-determining power)에 대한 이 같은 아르미니우스주의의 개념은 자연스럽게 사람들로 하여금 신앙과 덕의 행위를 멀리하게 하며, 죄에서 떠나 하나님께로 돌아가기를 지체하게 만들 것이다. 이 개념에 따르면 사람들은 단지 자신들이 즐거울 때만 그것을 하고자 하며, 자기 스스로 결정 내릴 수 있는 주권적 능력이 있다고 믿기 때문이다. 혹은 그렇지 않을 경우에는 그들이 어떤 다른 것을 할 수 없는 불능 때문에 계속 죄를 짓고 있노라고 전적으로 정당화할 것이다.

JE 필연 교리가 잘못 악용되면 도덕적 방종으로 기울어질 경향이 있을지언정 그 교리 자체가 그렇지는 않다. 그러나 방탕한 자들은 이 교리를 악용하여 자기를 정당화하려고 한다.

이런 필연 교리가 오늘날 많은 사람을 도덕적 방종으로 이끄는 경향이 있으며, 그들이 이 필연 교리를 개량하여서 자신들의 방탕을 정당화한다고들 한다. 나는 굳이 그런 말을 부정하고 싶지 않다. 어떤 사람들은 이 교리를 비합리적으로 악용하고 있다. 그들은 자신들의 본성 속에 있는 진실되고 훌륭한 일들을 많이 하는 것처럼 할 뿐이다. 그러나 나는 이런 개량과 악용이, 필연 교리 자체가 도덕적 방종을 부추기는 어떤 경향을 가졌다는 것을 증명해준다는 것은 부인한다.

지금 이 세상에서, 특히 우리나라에서 나타나고 있는 교리들의 경향 (tendency)을 평가할 때, 아르미니우스주의 원리의 파급과 그 반대파 원리의 파급을 초래했던 총체적 결과를 가지고 평가하는 것이 훨씬 더 공정하다고 나는 생각한다. 이 두 가지 원리들이 각각 우리나라에서 널리 유행하고 있다.

JE 허위 주장: 칼뱅주의 교리는 모든 신앙의 근간을 훼손시키고, 이성적 동기들을 약화시킨다. 반대로 아르미니우스주의 교리는 덕과 선을 권유하고, 신앙을 합리화하며 신앙을 강화시킨다.

밝혀진 허위 사실은 이러하다. 칼뱅주의 교리는 모든 신앙의 근간을 훼손시키고, 거룩하고 덕 있는 실천으로 향하는 이성적 동기들을 약화시키며 무력하게 하는 반면, 아르미니우스주의 교리는 자신들의 고유한 힘이 되는 덕과 선을 권유하고, 신앙을 합리적인 빛 가운데 제시함으로써 인류의 이성에게 신앙을 추천하고, 사물들의 선천적 개념과 일치하는 방식으로 신앙을 강화시킨다고 하는데, 이는 모두 거짓이다.

JE **역설적 결과: 칼뱅주의가 덕 혹은 신앙적 실천과 모순된다고 하였는데 그 덕과 신앙적 실천이 가장 널리 편만하게 되었다. 아르미니우스주의가 덕 혹은 신앙적 실천과 일치한다고 하였는데 오히려 온갖 종류의 악, 신성모독, 사치와 사악함, 그리고 신앙 일체에 대한 경멸이 만연하게 되었다.**

내가 말하는 대로 칼뱅주의 교리가 덕 혹은 신앙적 실천과는 모순된다는 말을 들으면서도 그 덕과 신앙적 실천이 가장 널리 편만하게 되었다는 것이 사실이라면, 그것은 괄목할 만한 일이다. 그리고 아르미니우스주의 교리가 덕 혹은 신앙적 실천과 아주 잘 일치하며 또 그것들을 촉진시키려는 고유하고 탁월한 경향이 있으며 점차 파급되기 시작한 이후로 지금까지 온갖 종류의 악, 신성모독, 사치와 사악함, 신앙 일체 및 온갖 종류의 진지하고 엄격한 대화에 대한 경멸 역시 그만큼 만연해 있다는 것이 사실이라면 이것 또한 주의할 일이다. 게다가 이런 일들이 이 시대 내내 서로 동반하며, 서로 함께 일어나고 편만해진다는 것 역시 주목할 만한 일이다.

JE **칼뱅주의에 대한 괴상한 추론: 신앙과 모순되며, 지상에서 모든 덕을 다 없애려는 아주 해로운 경향을 가졌다. 신앙과 덕을 소멸시키기까지 하며, 무절제한 방탕을 만연시키는 경향이 아주 크다.**

놀랄 만한 것은 칼뱅주의가 신앙과 심히 모순되며, 또 지상에서 모든 덕을 다 없애려는 아주 해로운 경향을 가졌다는 것이다. 이런 칼뱅주의에 대항해 이 시대의 자유로운 탐구와 탁월한 상식 및 지혜로 고안해낸 행복한 구제책은 오랫동안 시행해보았으나 좋은 결과가 따라오지 않는다. 그 결과가 더 나아지기는커녕 정반대가 된다. 그 구제책이 시행되고 철저히 적용될수록 그 질병은 더 창궐하고, 최악의 상황에는 아주 참담하게도 동일한 결과가 나올 수도 있다. 즉 사람들이 흔히 가정하듯이 칼뱅주의 교리가 신앙과 덕을 소멸시키고, 무절제한 방탕을 만연시키는 경향이 정말 아주 클 수 있다. 만약 이것들이 정말 그러하다면, 아주 놀랍고 괴상한 추론의 문제다.

13장

칼뱅주의의 교리 논증 방식이
형이상학적이고 난해하다는 반론에 대한 반박

Ar **칼뱅주의적 논증 방식은 형이상학적이고 난해하다.**

JE **도리어 아르미니우스주의 교리가 난해하고 형이상학적이다.**

칼뱅주의 원리 옹호자들은 논증할 때 찬란한 스콜라 철학의 명확성과 심오한 형이상학적 치밀성에 빠져 들어가서 그런 명확성과 치밀성을 보편 상식과 충돌시킨다는 지탄을 자주 받아왔다. 그리고 스콜라 철학의 방식 이후로 형이상학적 방식은 칼뱅주의적 논증 방식과 상반되는 방식이라고 단정될 수도 있다는 가능성이 있다. 나는 바로 이 같은 칼뱅주의적 논증 방식으로 자유와 도덕 행위에 대해 아주 난해하고 형이상학적인 아르미니우스주의 이론 체계를 논박하기 위해서 노력해왔다. 이에 대하여 이제 나는 다음과 같은 사항들을 고찰해보고자 한다.

Ar **칼뱅주의적 논증 방식은 너무 형이상학적이거나 형이상학의 방식이라고 말할 수 있다.**

JE **그것은 너무 황당해 논박할 가치도 없는 반론이다.**

I. 상술한 칼뱅주의적 논증 방식(reasoning)이 형이상학적(*metaphysical*)이거나 아니면 정확히 형이상학(metaphysics)의 방식이라고 축약될 수도 있다는 것이 칼뱅주의적 논증 방식에 대한 반론이라면, 그것은 아주 황당한 반론이다. 그 논증 방식이 그렇든 그렇지 않든, 그런 반론은 어떤 논박이나 논쟁할 가치도 없다. 그 논증 방식이 좋은 것인데도 불구하고, 그것이 무슨 언어로 전달됐는지 묻는 것처럼 무슨 방식으로 축약되는지 묻는 것은 경망스럽다. 그리고 어떤 사람이 자신의 논적을 논박하려 할 때 그 주장이 "형이상학적"이라고 말하는 것은 그 주장들이 프랑스어 혹은 라틴어로 쓰여서 현실적이지 않다고 말하는 것과 같이 빈약한 논박이다. 여기서 질문되어야 할 것은 상술된 주장들이 형이상학, 물리학, 논리학에 속하는가? 아니면 수학에 속하는가? 혹은 라틴어, 프랑스어, 영어, 모호

크어[1]로 쓰였는가가 아니라, 그 논증 방식이 좋은가? 그 주장들이 진실로 반론의 여지없이 참으로 명확한가이다.

JE **화체설 교리를 반박할 때 형이상학적 논증 방식은 유용하다.**

상술한 주장들은 우리가 로마 가톨릭(Papists)을 반대하여 그들의 화체설 교리를 반박할 때 사용하는 주장들보다 더 형이상학적이지 않다. 단언컨 대 육체적 정체가 일만 개의 장소에서 동시에 존재할 수 있다는 주장은 육체적 정체에 대한 개념과도 일치하지 않고 모순된다. 이성적 영혼은 육 체적이지 않고, 납이나 모래는 생각할 수 없으며, 생각들은 사각형도 아 니고 원형도 아니며 무게도 지니지 않는다는 것을 증명할 수 있는 방법 은 오직 형이상학적 논쟁들뿐이다.

JE **신 존재를 증명할 때 형이상학적 논증 방식은 유용하다.**

우리가 하나님의 존재를 증명하는 주장들의 명확하고 결정적인 증거를 밝히기 위해 그것을 세밀하고 각별히 다루어보면, 그 주장들이 형이상학 적으로 다루어졌던 것임을 알 수 있다.

오직 형이상학에 의해서만 우리는 하나님이 한 장소에 제한되지 않 으시며, 불변하시다는 것을 입증할 수 있다. 하나님은 모르는 것이 없으 며 잊는 분이 아님을 입증할 수 있다. 하나님은 거짓말할 수 없고 불의할 수 없다는 것을 입증할 수 있다. 하나님은 오직 한 분이시지 수백 수천 분 이 아니시라는 것을 입증할 수 있다.

---

1 모호크족(Mohawk)은 JE가 스톡브리지에서 선교 활동을 벌인 인디언 부족들 중 한 부족 이다. 그곳에서 그는 이 책을 저술했다.

JE **수학적 진리를 제외한 나머지 모든 주제에서 형이상학적 논증 방식은 유용하다.**

그리고 수학적 진리를 제외한 나머지 모든 진리에 대해서 우리가 형이상학을 통하지 않고도 이것을 철저히 입증할 수 있는 방식은 사실상 없다. 하나님의 존재와 속성, 하나님의 세상 창조, 만물의 하나님 의존, 육과 영의 본성, 우리 자신의 영혼의 본성, 그리고 도덕성과 자연 종교에 대한 모든 위대한 진리와 관련한 어떤 명제에 대해서 형이상학적인 방식이 아니면 정확히 논증될 수 있는 증거를 우리는 얻을 수 없다.

나는 내 주장이 가장 철저하고 공정하게 평가받기를 원한다. 그리고 내가 사용하는 용어들의 분명하고 뚜렷하고 명확한 의미가 강력히 주장되기를 바란다. 그러나 내 모든 논증을 "형이상학적"이라는 한마디로 통칭함으로써 마치 내 모든 논증이 잘못된 것으로 입증이나 된 듯이 전체를 배격하지는 않았으면 좋겠다.

Ar **칼뱅주의의 형이상학적 논증 방식은 난해하고 애매모호하다.**

JE **칼뱅주의자는 난해한 용어들을 의존하거나 난해한 추론을 동원하지 않는다.**

II. 지금껏 앞에서 사용한 논증 방식이 어떤 의미에서 볼 때 형이상학적이라 할지라도, 그 방식이 난해하고 알기 힘들며, 학파들의 횡설수설하는 소리와 같다는 지적은 온당치 못하다. 그렇지만 내가 겸손히 인정하는 바는 이 논증 방식에 속하는 대부분의 자료가 의미 없는 난해한 정의나 구별, 혹은 용어들에 의존하지 않는다는 것이다. 또한 모호하고 불확실한 의미에나, 주의 깊은 지성을 구름과 어둠 속에 빠뜨리는 경향이 있는 추상적이고 난해한 관념들에 의존하지 않는다.

예를 들어 나는 다음과 같은 개념들을 규정하기 위해서 고도의 치밀함과 난해한 추론을 동원하지 않았다.

어떤 사물이 있기 전에는 어떤 다른 사물이 없었으므로, 그 어떤 사물 자체는 원인이 될 수 없다. 혹은 최초의 자유 선택 행위는 그 첫 행위가 있기 이전에 그 1차 행위를 충동하거나 지시하는 또 다른 자유 선택 행위가 없었다. 정신이 절대 무관심 중립 상태에 있는 한 선택은 일어나지 않는다. 의지가 동기들에 의해 결정되며, 의지의 작용에 앞서서 나타나고 움직이는 한, 의지는 의지 자체의 활동에 의해서 결정되지 않는다. 이전에 없던 어떤 것이 원인 없이, 혹은 왜 그것이 존재하기 시작하는지에 대한 어떤 선행 근거나 이유 없이는 전혀 존재할 수 없다. 결과는 원인에 달렸으며, 원인과 연결되어 있다. 덕과 죄의 실행이 성향의 힘에 따라 좌우되고, 이를 거부하고 달리 행하기가 어렵다고 해서 덕이 더 악해지거나 죄가 더 선해지지 않는다. 한 사물이 존재할 것이 이미 확실히 알려졌을 때, 그것은 항상 존재할지 혹은 그렇지 않을지 모르는 우발적인 사물이 아니다. 혹은 그럼에도 불구하고 그 사물이 존재할 수 있다는 것이 필연적이 아니라, 아마 그것이 존재할 수도 있고 아니면 못 할 수도 있다는 말이 참이 될 수 있다.

이외에도 유사한 것들을, 상술한 논증 방식으로 다루는 다른 많은 사항에서 목격할 수 있을 것이다.

Ar 칼뱅주의적 논증 방식: 형이상학적 궤변, 그럴듯한 설득력

반대자들은 다음과 같은 입장을 계속 견지할 것이다. 상술한 논증 방식은 다름 아닌 형이상학적 궤변술(metaphysical sophistry)이다. 그리고 상당한 정도의 형이상학적 추상 관념과 치밀함을 항상 수반하는 모호함 속에 감춰져 있는 오신과 계략에 의존하는 그럴듯한 설득력이다. 그들은 다음과 같이 반문할 것이다.

Ar 칼뱅주의적 논증 방식: 정신을 혼동케 할 뿐, 사람의 의욕과 무관한 활동에 대해서 책망이나 칭송을 돌림, 추상적 개념들을 사용함, 비이성적인 교리를 주장함

[칼뱅주의적 논증 방식에는] 정신을 혼동케 하고 정신에 만족을 주지 못하는 어떤 것이 있다. 사람들이 그들 자신들로부터 나오지 않은 의욕들 때문에, 그리고 원인이 되지 않는다는 그들 자신의 현존 때문에, 책망받거나 칭송받으며 징계나 상급을 받는다는 것이 말이 되는가? 누가 이 말에 진실로 만족할 수 있겠는가? 그들은 추상적 개념들을 자신들이 좋아하는 대로 다듬고 발전시키며 우리의 지성을 당혹스럽게 하는 무수한 그럴듯한 반박들을 만들어낸다. 그렇지만 이와 같은 교리에서는 만족스러운 것을 찾아볼 수 없다. 사람의 정신에 있는 선천적 감각이 늘 그것을 거부하기 때문이다.[2]

---

2 JE, 근래 유명한 어떤 저자는 필연에 대한 주장들이 다름 아닌 "말장난이나 말싸움, 혹은 의미 없는 용어들을 사용하거나 미증명된 사항을 사실로 가정하는 것"이라고 말했다. 그 저자가 언급한 다른 저자들이 변호하는 것이 어떤 종류의 필연인지, 혹은 그 저자들이 자신들의 주장을 잘 펼쳤는지 나는 모르겠다. 내가 사용하는 논증들이 말장난이라면, 그것들이 정말 그렇다는 것이 스스로 증명될 것이다. 그렇다면 그런 난제들이 해결되고, 교묘한 수법과 속임수가 탐지되고 밝히 드러날 것이다. 이 절차가 내가 의존하는 근거와 이유에 관하여 공정하게 이루어지고, 내 논증이 부끄러움을 당하지 않는다면 이후 나는 정당하게 침묵할 것이다. 나는 내 논증들이 철저히 조사되기를 바란다. 그리고 이 과정에서 내 논증 속에 "미증명된 사항을 사실로 가정하는 것"(begging the question)이나 "말장난"(logomachy), 혹은 말싸움만 있다면, 그리고 내 주장의 타당성이 "의미 없는 단어들의 사용"에 의지하거나, 용어들의 모호함으로 말미암아 일어나거나, 혹은 불명확하고 불규칙적인 방식의 용어 사용에 의존한다면, 내 논거들의 타당성이 주로 그러한 기초에 놓여 있음을 증명해주기 바란다. 그렇게 되면 나는 내가 주장했던 것을 철회하고 친절한 역할을 한 그 사람에게 감사할 것이고, 그렇지 않으면 내 완고함이 정당하게 드러나는 것이 당연할 것이다.

그 동일한 저자가 이 문제에 있어서 "말장난이나 궤변"이라 부르기 시작하여 "경험"이라고 부르기까지 하며 호소한다. 사람은 자기 자신의 생각 속에 일어나는 것만 경험할 수 있다. 그러나 우리가 쉽게 가정할 수 있듯이 모든 사람은 동일한 인간 정신의 기능들을 소유하고 있고, 그 기능들의 본성과 작용 방식을 보여주는 사물들 속에서 자신의 경험을 바탕으로 타인의 경험에 대해 주장하는 것이 당연하다.

JE 반대자들이 편견 속에서 용어들을 부주의하게 사용한다.

내가 겸손히 인정하는 바는 이런 반대자가 실력 있고 겸허하고 침착하며, 자신을 공정하고 철저하게 점검하려는 정신이 있다면, 자신이 어떤 상황에 있는지를 실제로는 모르고 있다는 사실을 깨달을 것이라는 사실이다. 사실상 그의 난제는 한낱 편견에 지나지 않는다. 그런 편견은 확실하게 이해되지 않거나 주의 깊게 생각하지 않고, 용어들을 습관적으로 부주의하게 사용할 때 생긴다. 반대자가 정직하고 인내심이 많아 이 문제를 세심하게 주목함으로써 어려움에 처한 자신의 모습을 냉소하지 않는다면, 그는 다시 반성하게 될 것이다.

그렇지만 사람에게는 다른 사람의 경험을 고수할 수 있는 권리만큼이나 자신의 경험을 고수할 권리가 있다. 내 경험에 의하자면, 내가 발견한 무수한 일 중에서 내가 무언가를 하기 바라면 할 수 있는 일들이 있다. 내 몸의 동작들이 많은 관점에서 즉각적으로 그 동작을 향한 내 의지의 활동들을 따른다. 그리고 내 의지는 내 사상의 어떤 명령을 받는다. 내 의지의 활동은 내 자신의 것, 즉 내 의지의 활동들이며, 내 자신의 생각의 의욕들이다. 다른 말로 하자면 내가 무언가를 하기를 바라는 것을 나는 하고 싶어 한다. 내가 가정하는 대로, 이것은 이 문제에 있어서 다른 사람들이 경험한 것의 총합이다. 그러나 경험상 발견하는 바에 관하여, 나의 의지는 원래 그 자체에 의해서 결정된다. 혹은 먼저 무슨 의욕이 있어야 할지 결정 내리는 나의 의지에 따라 선택된 의욕이 일어난다. 그리고 이것은 어떠한 문제에서도 내 의지 결정의 제1차 시작이 되거나, 아니면 어떠한 의욕도 내 생각 속에서 우발적으로 일어난다. 내가 선언하는 대로, 나는 경험으로는 이 본성에 대해서 아무것도 알지 못한다. 그리고 내가 지금껏 경험한 것이 그런 것에 대한 최소한의 모습이나 그림자도 보여주지 못한다. 아니면, 지금껏 내가 경험한 것이 내 의욕들이 존재하기 20년 전에 내 의욕들이 존재했었다고 가정할 만한 어떤 이유보다, 그런 것을 가정하거나 상상할 만한 어떤 이유를 더 많이 내게 제공해주지 못한다. 사실, 내가 내 의욕들을 일으키는 어떤 원인의 효능을 볼 수 있기 이전에 나는 내 자신의 의욕들을 소유하고 있었다는 것을 깨달았다(그 원인의 능력과 효율은 그 결과에 의해서만 보인다). 이것이 어떤 이들로 하여금, 의욕은 원인이 없거나 그 스스로 일으킨다고 상상하게 만들지도 모른다. 그러나 이로부터 그런 것을 결론 내릴 필요가 전혀 없다. 내가 내 존재의 원인을 알기 전에 내가 존재를 소유하고 있었다는 것을 먼저 알았다고 해서, 내 스스로가 내 자신의 존재를 내게 만들어주었다고, 또는 내가 원인 없이 우발적으로 존재하게 되었다고 결론 내릴 필요는 없다.

Ar 사람의 의욕은 자의적으로 그 자신으로부터, 즉 그 자신의 선택으로부터 기원한다. 그렇지 않다면 왜 사람이 그 선택에 대해서 책망이나 칭송을 받아야 하는가?

JE 기원적인 첫 선택은 그 자신의 선택으로부터 나오는 것이 아니다. 그의 선택은 그 선택의 원인이 될 수 없다. 악은 그 자신으로부터 나온 것이 아니라 그의 선택에서 나온 것이다. 그러므로 책망받아 마땅하다.

[그 반대자는] 사람의 의욕이 그 자신으로부터(*from himself*) 나온다고 주장한다. 추측 가능한 가장 우선적이며 근본적인 방식으로 사람의 의욕이 그 자신으로부터, 즉 그 자신의 선택으로부터 나온다고 주장하는 것이다. 그 선택 자체가 책망받거나 칭송받을 만한 것이 아니라면, 어떻게 그런 주장이 공정하게 책망받거나 칭송받는 것에 관한 문제를 해결하는 데 도움이 되겠는가?

그리고 [반대자는 반문하기를] 만일 그 선택이 그 자신으로부터 같은 방식으로, 즉 그 자신의 선택으로부터 나온 것이 아니라면, 어떻게 그 선택 자체(예를 들어 나쁜 선택)가 이런 원리들에 따라 책망받을 수 있느냐고 하겠지만, 그러나 그 일에서 최초의 결정을 내리는 선택은 그의 선택으로부터 나온 것이 아니다. 그의 선택은 그의 선택의 원인이 아니다[라는 것이 확실하다]. 그리고 [반대자가 주장하듯] 만약 그 선택이 어떤 다른 방법에 의해서 그 자신으로부터 나왔고, 그 자신의 선택에 의해서 나온 것이 아니라면, 그의 이런 주장은 그 문제를 해결하는 데 전혀 도움이 되지 않을 것이다. [반대자가 역으로 주장하기를] 만약 그 선택이 선택의 자신으로부터(from himself of choice) 나온 것이 아니라면, 그 선택이 그 자신으로부터 자의적(voluntarily)으로 나오지 않았다는 말이 된다. 그리고 만약 그렇다면 [선택이 외부에 의해서 이루어졌다면] 그 선택이 전혀 그 자신으로부터 나온 것이 아니라는 경우보다 그는 덜 책망받아야 하는 것이 확실하다. [반대자들이] 칼뱅주의 논증은 다름 아닌 형이상학적 치밀함과 미묘함에 불과하고, 따라서 모호함과 불확실함을 수반한다고 말하고서, 이것이 이 문제에 대한 충분한 해답이라고 여기는 것은 실로 헛되다.

JE **우리 정신의 선천적 감각이 책망받을 만한 일은 우리 자신의 나쁜 성향과 선택으로부터 나온다고 인식한다. 그 이유는 그것들 자체가 악하기 때문이다.**

우리 정신의 선천적 감각(natural sense)조차도 사람의 책망받을 만한 일이 그 자신으로부터(from himself) 나왔다고 인식한다면, 그것은 의심할 여지없이 우리 자신 안에 있는 나쁜 어떤 것, 나쁜 선택, 혹은 나쁜 성향으로부터 나왔음이 틀림없다. 그러나 우리의 선천적 감각은, 이 같은 나쁜 선택이나 성향은 그 자체가 악하다고 인식하고, 그 사람은 이런 선택과 성향 때문에 책망받아야 마땅하다. 그 성향의 책망받을 만한 것에 대한, 또 다른 나쁜 선택에 대한, 그 선택을 시작하는 데서부터 끝내기 직전까지 진행되고 있던 성향에 대한, 우리의 개념을 고려하지 않고서도 바로 그러한 선택과 성향 때문에 책망받아야 마땅하다. 책망받을 만한 것에 대해서 우리의 선천적 감각이 정신과는 전혀 관련이 없고, 정신에 전혀 떠오르지 않으며, 그 일에 대해서 본능적으로 판단을 내릴 때 그 감각이 작용하지 않는다고 가정하는 것은 우리로 하여금 즉각적인 반박을 하게 만드는 우스꽝스러운 모순이다.

JE **선천적 감각도 도덕적 악이 의욕과 성향의 본성에서 나온다고 인정한다. 무엇이 우리의 의지나 선택에서 나왔다고 하지 않고 단순히 우리로부터 나왔다고 하면 그것은 책망이나 칭송을 할 수 없게 된다. 어떤 일이 한 사람으로부터 나온다고 정확히 말하려면, 그것은 그 일이 그의 의지 혹은 선택으로부터 나온 것임을 의미해야 한다.**

앞에서 논증했듯이 선천적 감각은 의욕과 성향의 도덕적 악을 그 의욕과 성향의 원인에 두지 않고, 그것의 본성에 둔다. 악한 것이 한 사람으로부터 나옴, 혹은 그 사람 안에 선행적인 어떤 것으로부터 나옴은 책망에 대해서 우리가 갖고 있는 원래의 개념에 본질적인 것이 아니다. 그러나 그렇게 나옴은 마음의 선택이다. 이렇게 한 가지 일이 우리의 선택으로부터 나오지 않고, 우리로"부터"(from) 나온다면, 우리의 선천적 감각에 의할지라도 그 일은 책망 혹은 책벌의 성격을 가졌다고 할 수 없다. 어떤 일이 한 사람으로부터 나온다고 할 때, 그것은 그 일이 그의 의지나 선택으로부터 나온 것이라는 뜻이므로, 그의 의지가 **그것 안에** 있기 때문에, 그는 그것 때문에 책망을 받게 될 것이다. 의지가 그 **일에** 있는 한, 책망이 그 **일에** 있으며 더 이상 다른 것은 없다. 책망에 대한 이 개념에서 우리는 더 이상 나쁜 의지가 어떤 나쁜 의지로부터 나오는지에 대한 질문을 살피려 하지 않는다. 거기에는 나쁜 의지의 기원에 대한 숙고가 없다. 우리의 선천적 이해에 따르면, 책망은 원래 그 **나쁜** 의지에 있기 때문이다.

JE **한 가지 일이 한 사람으로부터 나온다 함은 그 사람의 내면으로부터, 그의 의지나 선택으로부터 나온다는 뜻이다. 왜냐하면 우리가 그 외적 활동들 속에 있기 때문에, 즉 우리의 의지가 그 활동들 속에 있기 때문이다.**

그러므로 한 가지 일이 한 사람"으로부터"(from) 나온다 함은 책망이나 책벌에 대한 개념에 포함되어 있는 부차적인 고찰 주제다. 아주 엄밀히 말해서 우리의 **외적** 활동들 속에 있는 것들은 우리의 내면으로부터 나온 것들이기 때문이다. 즉 그것은 우리의 선택으로부터 나온 것들이다. 그리고 이런 의미에서 우리로부터 나온 활동들만이 책망의 성격을 띠고, 다른 외적 활동들은 아니다. 그리고 우리의 내면으로부터 나온 외적 활동들이 우리로부터 나왔기 때문이라기보다는 우리가 그 **외적 활동들** 속에 있기 때문에, 즉 우리의 의지가 그 활동들 속에 있기 때문이라고 하는 것이 합당하다. 우리의 내면으로부터 나온 외적 활동들이 우리의 어떤 **특성** (property)으로부터 나온 것이기 때문이라기보다는, 그것들이 우리의 특성들이기 때문이다.

JE 모든 외적 활동들은 참으로 원인이 되는 우리의 내면으로부터 나온다. 철학자들이 보편 상식을 잘못 이용하여 인간의 행위들을 평가하므로 큰 혼란을 초래하였다.

그럼에도 불구하고 모든 외적 활동들은 참으로 원인이 되는 우리로부터 (*from us*) 나온다. 그리고 우리는 일상적 언어 속에서, 그리고 삶의 일반적인 사건들 속에서 눈에 보이고, 인간 사회에 영향을 끼치는 사람들의 활동과 품행에 대해서 책망받거나 칭송받을 가치가 있는 것으로, 나쁘거나 혹은 좋은 가치가 있는 것으로 평가하는 데 아주 익숙하다. 이 때문에 철학자들은 사람들의 이 같은 **표면적 행위**에 관한 보편 상식의 직언을 잣대로 조심성 없이 선과 악, 칭송과 책망에 대하여 평가하였다. 그리하여 모든 것이 슬프고 무서운 혼란을 초래하게 되었다. 그러므로 나는 다음과 같이 고찰할 것이다.

JE 아르미니우스주의야말로 보편 상식에 어긋나는 형이상학적 용어와 개념들을 오용하며, 결국 이상한 새로운 자유를 도입한다.

III. 지금까지 주장해온 교리의 논증이 어떤 난해하고 알기 힘든 형이상학적 용어들과 개념들에 의존한다는 [반대자들의 주장은] 사실과 거리가 멀다. 그리고 아르미니우스주의 이론 체계는 자기 변호를 하는 데 애매함과 미묘함을 필요로 하지 않으며 도리어 보편 상식의 분명한 직언들에 의해서 지지를 받는다는 것도 사실과 거리가 멀다. 오히려 그 정반대가 가장 확실한 사실이다. 사실상 아르미니우스주의자들은 형이상학적이고 난해한 개념들과 표현법들로 내용을 혼란스럽게 만들었으며, 그 개념들과 표현법들을 선명한 진리의 빛으로부터 의미 없는 난해한 형이상학적 명제들과 용어들의 총체적 암흑 속으로 끌고 간 것은 우리가 아니라 그들이다.

그들의 그럴듯한 논증들은 "자기결정", "의지의 주권" 같이 이해하기 힘든 형이상학적 표현법들에 크게 의존하고, "필연적"(necessary), "우발"(contingency), "행동"(action), "행위"(agency) 등등과 같은 용어들에 대하여 일상 대화에서 사용되는 것과는 다른 형이상학적 의미를 추가한다. 그들이 사용하는 그 용어들은 일관성 있는 의미가 있는 것이 아니고, 어떤 분명한 지속적인 관념이 있는 것도 아니다. 마치 아리스토텔레스(페리파토스, 소요) 학파 철학자들이[3] 사용하는 난해한 용어들과 이상한 표현법들이나, 여러 학파의 가장 난해하고 알아들을 수 없는 말이나, 아주 난폭한 광신자들의 은어처럼 일관성 있는 의미와는 거리가 멀다. 그러하니 우리도 감히 할 수 있는 말은, 이처럼 그들이 상당히 많이 만들어낸 형이상학적 용어들은 그들 스스로도 무슨 뜻인지 모른 채 사용한다는 것이다.

그들의 정신이 그런 용어들에 대해서 반응하긴 하지만 아무런 관념도 없는 단순한 형이상학적 소리들일 뿐이다. 이미 논증한 바와 같이 그들이 용어를 설명하는 것처럼 보이지만 그런 표현들과 조화를 이루는 개념이 그들의 정신에 있을 수 없다. 왜냐하면 그들의 설명은 그 설명 자체를 무너뜨리기 때문이다. 자기모순과 자기폐지를 암시하는 개념들은 어떤 방식으로도 정신에 내재해 있을 수 없다. 전체가 그 전체의 어느 부분보다 더 작을 수 있다는 개념이 있을 수 없고, 용적 없는 고체의 팽창이나, 원인이 있기 전에 결과가 있었다는 개념이 있을 수 없는 것과 같다. 아르미니우스주의자들은 보편 상식과 상당히 어긋나는 것들을 발전시키

---

3 BC 335년 아테네에서 아리스토텔레스는 "뤼케이온"(*Lyceum*)이라는 학교를 세웠는데, 그 학교의 회랑(peripatoi)을 걸으면서 가르쳤다고 한다. 따라서 그의 사상을 계승한 자들을 "소요 학파"라 한다.

고 정립시키기 위해서 이 같은 용어들을 학술 용어로 바꾸고, 그 용어들에 형이상학적 의미를 가미한다.

Ar   **자유란 무관심 중립 상태, 우발, 자기결정에 있다.**

JE   **그들의 자유는 덕과 악이 사람의 성향에서 나온다는 인류의 보편 상식과 어긋난 것이요, 애매모호한 개념이다.**

이처럼 지구상의 전 인류와 전 세대에게, 사람이 좋아하면 할 수 있는 기회라는 것이 자유에 대한 평범하고 범상적인 개념이다. 그러나 아르미니우스주의자들은 자유가 무관심 중립 상태, 우발, 자기결정에 있다는 이상하고 새로운 자유를 도입한다. 이로써 그들은 자신들과 다른 이들을 극심한 모호함 속으로 끌어들이며, 엄청난 모순을 되풀이한다. 보편 상식은 덕과 악을 아주 강하게 고정된 성향과 경향에서 평가하며, 기존 성향이 더 강하고 더 확고할수록 덕이나 악이 더 크다고 평가한다. 그러나 아르미니우스주의자들은 자신들의 미묘하고 난해한 개념들을 통하여 자유는 무관심 중립 상태이며, 모든 덕과 악에 필수적이라고 가정한다.

그리하여 그들은 형이상학적 탁월성을 외면하고 형이상학적 불명료함에 의존하여 도덕 행위, 책망, 칭송, 상급과 징벌에 관한 많은 원리들을 추론하였다. 이런 원리들은 앞에서 밝힌 대로 인류의 보편 상식에 크게 어긋나며, 일상생활 속에서 그들을 통제하는 그들 자신의 상식에도 어긋난다.

결론

칼뱅주의 5대 교리

지금까지 내가 고수했던 사항들에 대하여 냉정하고 지적이며 철저한 논증 방식을 통하여 누구든지 수용할 만한 해답을 내놓았는지 여부는 다른 사람들의 판단에 맡기겠다. 그러나 그들도 한 가지 종류의 답변을 할 가능성이 높음을 나는 알고 있다.

유행하는 현대 신학자들의 맹점

유행하는 현대 신학(modern fashionable divinity)의 이성적이며 관대한 원리들을 옹호하는 사람들이 아마도 내 논고를 읽고, 이 안에서 증명되었다고 판단한 것들이 어떤 것인지 알아차리게 되면 그들은 아마 참지 못하고 분노와 경멸감을 표출할 것이다. 설령 그들이 내 논고가 읽을 가치가 있고, 많이 회자되고 있어서 대단히 주목할 만한 가치가 있다고 판단할지라도 그들은 "이교도들의 운명", "홉스의 필연", 그리고 "사람들을 단순한 기계로 만듦"에 대한 일반적인 항의들을 재발시키며 더 격렬하게 모욕할 것이다. 그리고 거기에 "숙명적", "저지할 수 없는", "피할 수 없는", "불가항력적" 등등의 끔직한 형용어구들을 동원하고, "혹독한", "불손한" 같은 단어들을 추가할 것이다.

앞에서 다양한 입장을 개진하며 언급했던 사항들을 그들이 설명하려면 많은 재간이 필요할 것이다. 그리고 진지하고 신중한 검토를 통하여 그 문제를 해결하기에는 그들의 실력이 너무 부족하거나, 혹은 같은 의견에 대해서는 너무 과신하고, 반대 의견에 대해서는 너무 경멸하는 사람들의 상상력에 충격을 주고, 그런 패기를 부추길 것이다.[1]

---

1 JE, 내가 앞에서 수차례 언급했던 현시대의 저자 한 사람이 필연 교리를 주장하는 사람들에 대하여 "철학자"라는 말을 들을 가치가 없는 사람들이라고 거듭 말한다. 어떤 사람들이 주장했을 수 있는 어떤 특정한 필연 개념에 대해서 이 사람이 고려라도 하는지 모르겠다. 그리고 그가 그렇게 한다면, 그가 말하는 필연 교리는 어떤 것일까? 그리고 내가 철학자라고

혹은 본 논쟁에 속하지 않는 난제들도 제기되고 강조될 것이다. 왜냐하면 그 난제들은 칼뱅주의 이론 체계와 아르미니우스주의 이론 체계를 구별 짓는 어떤 것에서 기인하지 않았고, 전자를 철회한다고 선언하고 파기한 후 후자를 지지한다고 해서 해결될 난제들이 아니며, 그리고 실제로 그 난제들은 거의 풀기 힘들기 때문이다. 또는 그들이 생각하기에 대중의 귀에 가장 혹독하게 들리는 어떤 특별한 난제들을 뽑아 신랄하고 모욕적인 말들로 포장해서 자세하게 논평할 수 있다. 그로부터 그 전체가 완전히 모욕을 당하게 될 것이다.

칼뱅주의자와 아르미니우스주의의 주요 논쟁점: 도덕 행위에서 의지의 자유가 필수 요건인가?

칼뱅주의자들과 아르미니우스주의자들 사이에 있는 대부분의 논쟁점에 대한 판단이 어떻게 해서 도덕 행위에 필수 요건인 의지의 자유(*the freedom of the will requisite to moral agency*)에 관한 이 논고의 결론에 달렸는지를 고찰하는 것은 어렵지 않다. 이 점에서 칼뱅주의 교리를 정리하고 정립함으로써 아르미니우스주의 교리의 전반적인 지지를 받은 주요

불리는 것이 합당한 일인지 아닌지는 현재의 목적과 잘 어울리지 않는 질문일 것이다. 내가 주장하는 교리의 진리 때문에 일어난 격론들에 대해서 더 탁월한 해답이 가능하다고 기대할 수 있지만, 누구든지 그리고 아무리 많은 사람이 부정할지라도, 나는 그런 질문과 관련한 논쟁에 개입하는 것을 생각조차 할 가치가 없을 것이다. 그리고 내가 더욱 이성적으로 바라는 바는 격론과 경멸 사이에 있는 차이, 주장하는 사람의 경멸당할 만함과 그 사람이 제안하는 주장들의 설득력 없음 사이에 있는 차이를 지각하는 철학자들이야말로 진실로 그렇게 불릴 가치가 있는 사람들인지 고려되어야 한다는 것이다.

　Ramsey, 조지 턴불은 천재 라이프니츠의 실수가 "하나님은 해오셨던 방식 외에는 달리 할 수 없다고 가장 비철학적으로 말하는 데 있다"고 단언한다. 그는 또 "철학자들이 마땅히 해야만 하는 방식대로 계속 경험해보고선, 결정적이고 분명한 지각 속에서 용어를 사용한다"고 주장한다. 그리고 자유에 대한 내적 감정(feeling)은 "일부 과장된 철학자들에 의해서만 의심받을 따름이다"라고 주장한다. *Christian Philosophy*, pp. 38-39, 198.

논쟁들이 사라지게 될 것이고, 그 반대 교리는 현저하게 확증될 것이다.

Ar 하나님이 모든 사건을 결정하시고 섭리하신다고 하면서, 인간을 도덕 행위자로, 하나님의 명령과 권고와 약속의 대상으로 삼으신다는 것은 모순이 아닌가?

이로써 인간을 도덕 행위자(agent, 대행자)로 간주하시고, 하나님의 명령, 권고, 부르심, 경고, 훈계, 약속, 위협, 상급과 징계의 대상으로 삼으시는 하나님의 도덕적 통치는 결코 온 우주에 온갖 종류의 모든 사건을 하나님의 적극적인 작용 혹은 소극적인 허용에 의해서 하나님이 결정하시고 섭리하신다는 것과 모순되지 않음을 알 수 있다.

JE 모든 사건의 미래는 이미 절대적으로 도덕적 필연에 의해서 확정되어 있다. 왜냐하면 모든 사건은 도덕과 관련되어 있기 때문이다.

사실상 그와 같은 보편적 결정 섭리(universal, determining providence)는 모든 사건들에서 어떤 특정한 종류의 필연을 가리킨다. 그 같은 필연은 사건의 미래가 절대적으로 사전에 확정되어 있다는 뜻이다. 그러나 이 목적[미래 사건의 사전 확정]을 위해서, 어떤 다른 필연처럼 사건의 미래를 확정 짓는 도덕적 필연(moral necessity) 외에 지적 행위자들의 도덕적 사건들이나 의욕들에 있어서 다른 필연이 필요 없다. 앞에서 논증한 대로 그런 필연이 도덕 행위와 명령, 소명, 상급, 징계 등등의 합리적 사용과 전혀 대립되지 않는다. [대립되며 모순된다고 말했던] 보편적 결정 섭리의 교리에 대한 이 같은 종류의 반론들은 그동안 내가 말한 바에 의해서 해소되었을 뿐 아니라, 또한 이 교리가 참되다는 것도 입증되었다.

JE 모든 존재와 상황에 대한 필연은 주권적 창조주 하나님에 의해서 결정된다.

모든 장래 사건의 미래는 자연적이든 혹은 도덕적이든 선행하는 필연에 의해서 확정된다고 입증하였다. 이 세상의 주권적 창조자와 섭리자께서 계획적으로 활동하시거나 혹은 활동을 보류하시기 위해서 자신의 행위를 결정하시고서 비로소 이 필연을 결정하셨다. 이 세상의 존재가 하나님으로부터 나온 것처럼, 이 세상 안에 있는 상황들은 태초에 존재했던 것으로서 부정적인 것이든 긍정적인 것이든 이런 방식들 중 하나를 하나님이 결정하심이 틀림없다. 그리고 이런 상황들의 모든 필연적인 결과들도 하나님에 의해서 정해진 것임이 틀림없다.

JE 모든 일을 결정하신 후에도 하나님은 작용하고 개입하시거나, 혹은 그 개입을 보류하기도 하신다.

이 세상이 창조된 이후에 하나님의 능동적이고 적극적인 개입들, 이런 개입의 결과들, 하나님이 개입하기를 보류하시는 모든 실례들, 그리고 이같은 보류하심의 확고한 결과들은 모두 하나님 자신의 즐거움에 따라 결정되는 것임이 틀림없다. 그러므로 모든 사건은 그것이 무엇이든 간에 어떤 것의 결과이고, 혹은 어떤 것이라도 그 선행하는 것과 연결되어 있으며, 긍정적이든 부정적이든 사건의 존재 근거 혹은 이유로서의 상황과 연결되어 있다. 모든 사건은 하나님의 계획에 따라 그분의 작용과 개입에 의해서, 혹은 그분이 작용이나 개입을 계획적으로 보류하심에 의해 정해진다. 그러나 앞서 입증한 바와 같이 모든 사건은 그것이 무엇이든 간에 필연적으로 긍정적이거나 혹은 부정적인 사건의 근거가 되는 선행하는 어떤 것과 필연적으로 연결되어 있다.

JE 필연적 연결 고리: 하나님이 활동 혹은 보류하시는 직접적 행위 ▶ 선행하는 어떤 것 ▶ 모든 사건

그러므로 이 같은 결론이 나온다. 모든 일련의 사건은 그처럼 사물들의 상태 속에 있는 어떤 것과 연결되어 있다. 곧 그 어떤 것이 긍정적이든 혹은 부정적이든, 그 일련 속에서 기원한 것이다. 모든 일련의 사건이 어떤 것과 연결되어 있다. 즉 그 어떤 것은 선행하는 다른 것과 아무런 연결이 없으나, 하나님 자신의 활동하시거나 보류하시는 직접적 행위와는 연결이 있다. 이로부터 다음과 같은 결론이 나온다. 하나님께서 자기 자신의 행위와 그 행위의 연결된 결과들을 계획적으로 정하시는 것처럼 하나님이 모든 일을 계획적으로 정하신다는 것도 필연적임이 틀림없다.

에드워즈의 칼뱅주의 5대 요점

1. 인간 본성의 전적 타락과 부패

본서에서 상술한 사항들은 인간 본성의 전적 타락과 부패(*total depravity and corruption of man's nature*)에 대한 칼뱅주의 교리에 반대하는 아르미니우스주의자들의 주요 반론들의 일부를 제압할 것이다. 인간 본성의 전적 타락과 부패로 인하여 그 마음이 전적으로 죄의 권세 아래 있으며, 주권적 은혜(sovereign grace)의 개입 없이는 하나님을 진실로 사랑하고 그리스도를 진실로 믿거나, 하나님이 보시기에 참으로 선하고 흡족한 어떤 것도 행할 능력이 전혀 없다. 이 같은 칼뱅주의 교리에 반대하는 주요 반론은 이렇다. 즉 이 칼뱅주의 교리는 무관심 중립 상태와 자기결정력 속에 있는 사람의 의지의 자유[자유의지]와 모순된다. 왜냐하면 칼뱅주의 교리는 사람이 죄 짓는 필연 아래에 있다고 가정하기 때문이다. 그리고 지옥에 떨어지는 영원한 천벌을 모면하기 위해 사람이 스스로 할 수 없는 것들을 하나님이 요구하신다. 따라서 이 교리는 권고, 권유 등등의 신실성과 전적으로 모순된다는 것이다.

이 칼뱅주의 교리는 죄 지음에 있어서 도덕적 필연 외에 **다른 필연은**

없다고 믿는다. 이 필연은 앞서 보여준 바와 같이 죄에 대해서 전혀 변명을 허용하지 않는다. 그리고 이 교리는 도덕적 불능 외에 어떠한 명령에 순종하거나 어떠한 의무를 수행하지 못하는 **다른 불능을 허용하지 않는다.** 그렇다고 해서 이 도덕적 불능이 앞서 증명한 바와 같이 선한 것을 행하지 않는 사람들을 두둔하거나, 그들로 하여금 명령, 권고, 권유의 합당한 대상자가 되지 못하게 하지는 않는다. 더욱이 앞서 밝힌 대로 무관심 중립 상태와 자기결정력 속에 있는 사람의 의지의 자유와 모순된다고 믿는 그런 의지의 자유가 실존 속에도 혹은 관념 속에도 있지 않으며 또 있을 수도 없는 것이다. 그런 자유 개념 때문에 원죄 교리는 내버려졌다. 죄의 본성과 징계의 공정함을 고려할 때 그런 자유는 필수적이지 않다.

2. 효력적 은혜 = 불가항력적 은혜

앞서 고찰했던 사항들은 효력적 은혜(*efficacious grace*)의 교리에 반대하는 아르미니우스주의자들의 주요 반론들을 무색하게 만들며, 동시에 죄인의 회심에서(만약 어떤 은혜나 신적 영향력이 그 사건 속에 있다면) 하나님의 은혜가 효력적이며 불가항력적(*irresistible*)임을 입증한다. 여기서 불가항력적이란 어떠한 저항에 의해서 무산되는 것이 불가능하다는 도덕적 필연을 수반한다는 의미다.

이 교리에 반대하는 아르미니우스주의자들의 주요 반론은 이렇다. 효력적 은혜의 교리는 의지가 자기결정을 내리려는 자유와 모순된다. 그리고 덕이 의지의 자전력(self-moving power)에 기인하지 않고, 타자가 결정을 내리는 효력과 결정력에 의해 마음속에서 생겨난다는 것은 덕(virtue)의 본질과 상반된다. 그 경우에 생겨난 선(good)은 우리의 덕이 아니라 **하나님의** 덕이다. 왜냐하면 그 덕을 결정 내리는 작자는, 그것이 안에서 일어난 사람이 아니라 그 사람 속에서 선을 일으킨 하나님이시기 때문이다. 그러나 이런 반론의 근거가 되는 것들을 이미 앞에서 고찰하였다. 즉 도덕 행위자들의 자유는 자기결정력에 있지 않다. 덕의 본질상 그런 자유는 필요하지 않고, 그 의지의 상태나 활동이 자유를 전혀 방해하지 않는다. 비록 의지의 상태나 활동이 의지 자신의 결정에서 나온 것이 아니라 어떤 외부적 원인의 결정 내림에 의해서 나온 것이라 해도 말이다. 그래도 그것은 그 주체자의 덕이 된다고 말할 수 있다. 의지의 상태나 활동은 그 사건이 덕의 주체자에게 도덕적으로 필연적인 사건이 되게 만든다. 그리고 앞에서 입증한 바와 같이 사람의 의지의 상태나 활동에 우발적인 것은 하나도 없다. 반대로 이 같은 종류의 모든 사건은 도덕적 필연에 의한 필연적인 사건이다. 또한 이제 막 논증한 바와 같이 보편적 결정 섭리의 교리는 앞서 증명한 필연 교리로부터 나온다. 그러므로 하나님은 자신의 섭리 속에서 도덕 행위자들의 모든 의욕을 적극적인 감화나 허용으로 명확하게 결정하신다.

사람의 사악한 의욕과 관련된 일에서와 마찬가지로 덕 있는 의욕과 관련된 일에서도 하나님은 많든 적든 적극적인 영향력을 끼치시지 단순한 허용만 하시지 않음은 누구라도 인정하는 바다. 이런 것을 함께 종합해보면 다음과 같은 결론이 나온다. 즉 하나님의 도우심이나 감화는 결정적임이 틀림없고, 그 사건의 도덕적 필연을 수반하는 것임이 틀림없다. 그러므로 하나님은 죄인들에게 결과를 결정짓는 어떤 감화력(influence)으로서 덕과 성결과 회심을 베풀어주신다. 그 효력(effect)은 반드시 도덕적 필연에 의해서 어김없이 따라 나오는 방식이다. 바로 이것이 칼뱅주의자들이 뜻하는 효력적이며 불가항력적인 은혜다.

3. 절대적이며 영원한 직접적 선택 = 무조건적 선택(Unconditional Election)

위에서 언급한 내용들은 하나님의 보편적·절대적 작정 교리(God's *universal*

and *absolute decree*)에 반대하는 주요 반론들에 대한 답변이 되며, 특히 절대적이며 영원한 직접적 선택(*absolute, eternal, personal election*) 교리에 대한 절대 확실한 증거가 된다.

이 같은 교리들에 반대하는 주요 반론들은 이러하다. 즉 칼뱅주의 교리는 도덕 행위자의 의욕과 필연, 그리고 사람들의 미래의 도덕적 상태와 활동의 필연을 추리해낸다. 따라서 이 교리는 회심 및 회개하지 않음과 각각 연결되어 있는 영원한 상급 및 형벌 문제와 전혀 조화를 이루지 못하고, 하나님이 말씀하시는 교훈, 부르심, 권고, 경고, 훈계와도 일치하지 않는다. 하나님께서 죄인을 회개하게 하시고, 인간을 위해 실행하시는 도덕적 통치 전체로 이끌기 위해 사용하시는 은혜의 다양한 방식과 수단들과도 상통하지 않는다.

그들의 반론들은 하나님의 **은밀한** 의지와 **계시된** 의지 사이에 모순이 있다고 판단하고, 하나님을 죄의 작자로 만든다. 그러나 이런 모든 반론은 이 논고에서 이미 퇴치되었다. 하나님의 영원한 목적에 관한 이런 교리들의 확고한 진리는 하나님의 보편적 섭리에 관하여 이제 막 관찰한 내용으로부터 도출될 것이다. 앞에서 입증한 것으로부터 다음과 같은 결론이 어김없이 따라 나온다. 즉 하나님이 모든 사건을, 그리고 다른 사람들 가운데서 도덕 행위자들의 의욕을 결정적 섭리로서 결정하신다. 그 사건들은 어김없이 하나님의 섭리와 연결되어 있다. 왜냐하면 하나님이 모든 사건에 영향을 끼치시고, 그의 섭리에 의해서 그 사건들이 반드시 발생한다는 것이 결정된다면, 하나님은 틀림없이 일들을 아시고 계획적으로 지시하고 결정하시기 때문이다. 하나님께서는 목적 없이 혹은 목적을 벗어나, 모른 채 무언가를 우발적으로 하시지 않고, 결정하는 것도 그렇게 결정하지 않으신다. 하나님이 늘 하시는 것처럼 행하시고 지시하는 데 어떤 선행 계획(*design*)이 있다면, 이것은 목적 혹은 작정(*decree*)과 같다. 그리고 앞에서 밝힌 바와 같이 어떤 면에서도 하나님께서는 새로운 것이 아무것도 없고, 하나님이 보시기에는 만물이 영원 전부터 완전하고 동일하게 존재한다. 그 때문에 다음과 같은 결론이 나올 것이다. 즉 하나님의 계획이나 목적은 새롭게 형성된 것이 아니며, 어떤 새로운 견해나 출현 위에 기초한 것이 아닌 영원한 것들이다.

이제 밝혀진 바와 같이 결정짓는 효력적 은혜 교리는 이 책을 통해 확실히 입증되었다. 그다음에는 특별하고 영원한 절대적 선택 교리가 반드시 따라올 것이다. 하나님이 그 사건을 결정하시고 확정하시는 자기의 효력적 능력과 감화력으로 한 개인을 다른 사람들로부터 구별하여 진실한 성도로 만들었다면, 이런 계획이나 목적에 따라 어떤 사람은 성도로 만드시고 그 외 다른 사람은 그렇게 하지 않으실 것이다. 그리고 (지금 고찰한 대로) 하나님의 계획에는 새로운 것이 없다. 즉 하나님은 자신의 영원한 계획이나 작정에 따라 진정한 성도가 된 모든 사람과 그렇지 않은 사람을 구별하셨다. 하나님의 확실한 예지가 어떻게 절대 작정을 내포하는지, 그러한 작정이 어떻게 그 예지로부터 명확히 증명될 수 있는지를 밝힐 수 있지만, 이 논고를 더 확대할 수 없기에 여기서 마치지 않을 수 없다.

4. 특별 구속(Die For All Yet Particular Redemption) = **제한 속죄**(Limited Atonement)
이런 것들로부터 필연적으로 다음과 같은 결론이 나올 것이다. 즉 어떤 의미에서 그리스도께서 만인을 위해 죽으시고(*die for all*), 그의 죽으심으로 모든 가시적 그리스도인들, 곧 온 세상을 구원하셨다고 말할 수 있다. 그가 의도하신 대로 실제로 구원받게 하는 것과 관련한 그의 죽으심의 계획에 어떤 특별한(*particular*) 것이 있음이 틀림없다. 방금 밝혀진 대로 하나님은 자신의 고유하고 절대적인 계획 속에 특정한 수의 사람, 오직 그 특정한 수만이 실제적인 구원과 구속을 받음을 염두에 두고 계신다.

그러므로 오직 그런 계획만이 사람들의 구원을 위하여 하나님이 하시는 어떤 행위에서도 수행될 수 있다. 하나님은 그리스도를 죽게 하시면서 선택된 자들을 구원하시는 지독한 계획을 진행하시며, 엄밀히 말하자면 그런 계획을 그 외 다른 사람들에게는 수행하지 않으신다. 하나님이 염두에 두신 그런 계획 외에 어떤 다른 것도 수행하시는 것이 불가능하기 때문이다. 아주 철저하고 엄밀히 말하자면, 하나님은 없었던 계획은 실행하지 않으신다. 그리고 사실상 구속의 특별성과 한정성은 작정에 관한 교리에서 나오는 것처럼, 하나님의 예지에 관한 교리에서도 틀림없이 나올 것이다. 왜냐하면 엄밀히 말해서 하나님이 자신의 작정이 아닌 것을 위해 전력을 다해 힘을 쏟는 것이 불가능한 것처럼, 한 가지 계획이 성취되지 않을 것을 하나님이 가장 완벽하게 아시면서 그 일에 대한 계획이나 목적을 수행하시는 것은 불가능하기 때문이다.

5. 성도의 절대 확실한 필연적 견인=성도의 견인(Perseverance of the Saints)

앞에서 증명한 것들로 말미암아 성도들의 절대 확실한 필연적 **견인** 교리 (The Infallible and Necessary Perseverance of Saints)에 반하는 주요 반론들의 일부가 무색해졌고, 이 교리의 주요 기초 일부가 확립되었다. 이 교리에 반대하는 아르미니우스주의자들의 주요 편견들은 이런 것들이다.

그들은 확고하고 필수적 견인이 의지의 자유와 상충된다고 믿는다. 사람이 **먼저 덕 있고 거룩해지는 일**은 그의 자기결정력에서 기인한다. 그러므로 같은 방식에 의해 사람이 덕과 거룩 속에서 끝까지 인내할 수 있을지(견인, *persevere*), 혹은 그렇지 못할지 여부가 의지의 동일한 자유에 의해서 결정되는 것이 우발적인 일로 남게 될 것이다. 그렇지 않다면 사람이 흔들리지 않는 믿음과 순종을 유지하는 것은 그 사람의 덕이 아니고 칭송받거나 상급받을 만한 것이 전혀 아니다. 그의 견인은 당연히 신적 명령과 교훈 및 약속과 관련이 없고, 그 사람의 배교에 대한 적절한 경고를 줄 수 없으며, 또 그런 사람들에게는 경종을 울릴 수도 없다.

그렇지만 우리는 이 모든 것이 성경에 있음을 알고 있다. 우리는 성경이 참된 기독교 안에 있는 견실(steadfastness)과 견인은 성도들의 덕(virtue)으로 나타나며, 성도들에게 있는 칭송받을 만한 것으로, 덕에 대하여 약속된 영광스러운 상급으로 나타난다고 말하고 있음을 알고 있다. 또한 하나님은 견인을 자신의 명령과 교훈과 약속의 근거로 삼으시고, 반대로 위협과 경고의 근거로도 삼으신다. 그러나 사건의 도덕적 필연과 절대적 확실성이 이것들과 모순되지 않는다는 사실이 밝혀지면서, 이런 반론들의 근거가 제거되었다. 그리고 이미 말했던 스스로 결정하는 의지의 능력에 있는 의지의 자유는 존재하지도 않는 것이며, 또한 선, 상급, 명령, 교훈 등등을 위하여 아무 필요가 없는 것이다.

이전 논증에서 입증된 사항들로부터 효력적 은혜 교리와 절대적 선택 교리가 확실하게 도출되듯이, 견인 교리의 주요 기초들 중 일부도 그렇게 하여 도출된다. 참된 믿음과 성결의 시작 그리고 사람이 먼저 참된 성도로 변화함이 의지의 자기결정력에 달린 것이 아니라, 하나님이 결정 짓는 효력적 은혜에 달렸다면, 사람이 변함없는 성도로 변화함이나 혹은 믿음과 거룩 안에서 인내하는 것도 당연히 그럴 것이다. 죄인의 회심은 그의 자기결정에서 기인하는 것이 아니라, 하나님의 절대적이며 주권적인 의지(sovereign will of God)에 달린 것이다. 지금까지 언급했던 내용으로 미루어볼 때 그것은 사람의 자유의지에 달리지 않은 그분의 결정과 영원한 선택에서 기인함이 분명하다. 이는 성경을 통해서도 아주 명확히 확인할 수 있다. 성도들이 믿음과 거룩으로 영원한 선택을 받은 것은 그들이 영원한 구원으로 선택을 받은 것과 같다. 따라서 성도들이 구원을 부여받은 것은 절대적인 것이지, 우발적이거나 자기결정을 내리는 의지에 달린 것이 아니다. 즉 모든 참된 성도는 영원한 실제적 구원을 얻을 때까지 견인된다는 것이 하나님의 작정 가운데 절대적으로 확정된다는 결론이 도출된다.

1세대 종교 개혁자들과 그 계승자들은 칼뱅주의자들이었다.

그렇지만 나는 이 모든 것을 공명정대한 독자들의 판단에 맡기고자 한다. 그리고 여러분이 그것들을 심사숙고하여 평가했을 때, 나는 당신에게 다음과 같은 질문을 상고해보기를 제안한다. 1세대 종교 개혁자들과 그들을 계승한 후기 종교 개혁자들을 하나님께서 그들의 시대에 하나님의 교회의 주요 기둥으로 삼으셨고, 오류와 암흑으로부터 구출하여 경건에 대한 이상을 지지하는 가장 위대한 도구로 삼으셨다. 내가 생각해보기 원하는 질문은 일반적으로 칼뱅주의라고 불리는 교리들을 그들이 단지 가르치고 주장한다는 이유 때문에 여러 후기 저자들에 의해 경멸당하고 상처받지 않았는가 하는 점이다.

JE **일부 아르미니우스주의자는 고대 신학자들의 교리들을 보편 상식에 어긋나게 잘못 해석했다.**

실제로 일부 근대 저자들은 고대의 탁월한 신학자들의 교리를 보편 상식에 어긋난 방식으로 근거 없이 말하고 있다. 그러면서 동시에 아주 관대하고 자비한 마음을 가진 체하면서 고대 신학자들을 가장 정직하고 선의를 가진 자들로 인정하고 있다. 고대 신학자들은 그들이 살았던 시대에 대단히 훌륭했으며 심히 불리한 상황에서도 수고를 아끼지 않았다는 점에서 그렇다. 그 일부 저자들의 말하는 방식이 독자들에게 자연스럽고 명확하게 드러내는 바는, 그들이 저급한 재능과 엄청난 편견으로 인해 사고가 경직되어 있고, 사상이 틀에 박혀 있어 미신의 동굴 속에서 살면서 가장 불합리하고 우스꽝스러운 괴상한 견해들을 어리석게 잘 수용하여 진지하고 열렬히 가르친다는 것이다. 그러나 그들은 계몽되어 있고 탐구 정신이 만연해 있는 현세대에 잘 파급되고 있는 사상의 고상하고 관대한 자유를 가진 신사들로부터 큰 모욕을 당할 수 있다. 사실 그런 경향이 있다면 우리도 그들처럼 거창한 용어들을 사용하여 그들보다 훨씬 더 나은 근거들 위에서 말할 수 있을 것이다. 그리고 실제로 이 땅의 모든 아르미니우스주의자들은 오만과 허영을 버리고 그들의 조상의 원리를 자신들의 원리로 만들어보라는 도전을 받는다. 그들은 자신의 조상의 원리가 보편 상식에 가깝다고 매우 심하게 경멸했다. 그리고 아마도 그런 아르미니우스주의자들은 로마 교회(가톨릭)의 가장 지독한 맹신자 혹은 가장 무지한 이슬람교도(Mussulman) 혹은 극단적 열광주의자가 늘 수용하였던 교리를 만들어보려는 도전을 받을 것이다. 그들의 교리는 보편 상식과 상반되고, 아르미니우스주의자 자신들에게도 상반되며, 명백한 모순들과 이의들로 축약될 수 있다. 그러나 그들의 모순은 사실상 그렇게 깊지 않으며, 기만적이고 애매모호한 용어들에 의해서, 그리고 확실치 않은 의미를 내포하는 어구들에 의해서 기교적으로 덮여 있어 드러나지 않을 뿐이다. 내가 부인하고 싶지 않은 것은 이런 신사들 대다수가 상당한 실력의 소유자라는 것, 고대 신학자들보다 철학에 더 월등한 조예가 있는 자들이라는 것, 그리고 어떤 면에서 하나님의 교회에 위대한 봉사를 한 자들이라는 것이다. 그러나 내가 겸허히 인정하는 바는 이 같은 신학 논쟁에서 아르미니우스주의자들이 확신을 갖고 자신들의 조상과 차별을 두는 것은 그들에게 더 월등한 지혜가 있어서라기보다는 다른 원인이 있음이 틀림없다.

칼뱅주의 교리를 배격함으로써 겪는 개신교의 불행스러운 변질

이 질문도 숙고해볼 가치가 있다. 우리나라와 개신교계의 몇몇 다른 나라에서 현세대와 과거 세대에 일어난 일들의 상황 속에서 칼뱅주의 교리를 아주 광범위하게 배격함으로써 나타난 큰 변화가, 과연 기독교회 내에서 계몽이 대폭 증진되는 실례로서 진리와 학문과 미덕을 겸비한 자들에게 크게 환영받으며 기뻐할 만한 가치가 있는 것으로 자주 언급될 만한가? 내가 말하는 바는 이것이 정말 행복한 변화인지, 신앙의 일들에서 참된 지식과 지성의 증진과 같은 원인에 기인한 것인지, 혹시 그것이 어떤 더 나쁜 원인에 기인한 것일지도 모른다는 우려를 할 이유는 없는지 고려해볼 가치가 충분히 있다는 것이다.

JE **극단적 아르미니우스주의자들은 하나님을 이성을 무시하는 비합리적인 존재로 매도하며, 성경을 아전인수격으로 비합리적으로 해석한다.**

그리고 다음과 같이 말하는 어떤 저자들의 대담함을 재고할 필요가 없는 지에 대해서도 숙고되기를 간절히 바란다. 그들은 만약 이런저런 일들이 사실이라면(지존자의 입에서 나온 확고한 명령들과 마찬가지로, 이성의 명확한 명령들로 보이는 것들이 진실이라면), 하나님은 명백한 기만과 일구이언을 일삼으며, 그 외 유사한 활동들 때문에 불의하고 잔인하며 유죄이시라고 말한다. 그리고 그중 어떤 이들은 확신을 갖고 다음과 같이 단언하는 데까지 나갔다. 즉 그들은 성경처럼 보이는 어떤 서적이라도 그런 교리들을 가르친다면, 그것만으로도 인간은 그 책이 하나님의 말씀이 될 수 없다고 거부할 만한 충분한 명분을 갖는다고 말한다. 또 일부는 그렇게까지 나가지는 않았지만, 만약 성경이 이성에 반하는 교리들을 가르치는 것처럼 보이면, 우리는 그런 교리들과 관련한 본문들에 대해 다른 해석을 찾아야 한다고 말한다.

JE 하나님의 도덕적 통치를 인정하고, 성경적 교리들을 수용하려고 노력하며, 사람의 판단은 오류가 많다는 것을 인정하는 온건한 아르미니우스주의자들도 있다.

자신들에 대해 겸허히 표현하는 다른 아르미니우스주의자들도 있다. 그들은 하나님의 도덕적 성품에 불신을 초래할 만한 것이나, 혹은 하나님의 도덕적 통치가 이루어지는 집행 방식에 불명예를 초래할 만한 것은 무엇이라도 수용하거나 가르치지 않기 위해 신앙적 경외심과 온유함을 드러낸다. 그러므로 비록 성경 단어들의 더욱 명료하고 자연스러운 해석에 의하면 어떤 교리들이 성경에 나타나 있는 것 같아 보이지만, 자기들은 감히 그런 교리들을 수용하지 않는다고 밝힌다. 그러나 그들이 하나님 자신의 완전성과 일치하는 것이 무엇인지를 우리보다 무한대로 더 잘 알고 계시는 하나님, 그리고 사람들의 지혜와 통찰의 결정에 이런 문제들을 맡기기를 전혀 계획하지 않으신 하나님의 지혜와 통찰을 더욱 전적으로 의지한다면, 그것은 더욱 참된 겸허와 겸손을 보여주는 일이 될 것이다. 그러나 진리가 무엇인지를 우리에게 결정해주시려는 하나님 자신의 무오류한 가르침에 의해서, 우리의 판단은 얼마나 신뢰받기 부족한지, 그리고 사람들이 그런 문제들에 얼마나 극단적으로 무분별하고 비이성적이며 실수하기 쉬운지 깨닫게 될 것이다.

JE 아르미니우스주의자들이 당면한 가장 불가사의한 난제는 자신들이 배격하는 칼뱅주의 교리가 성경의 지지를 받으며, 또한 이성의 명령들과 정확히 부합한다는 사실이다.

그 경우 진실은 이렇다. 아르미니우스주의자들의 자유의지(free will) 교리에 걸려들어 비틀거리고 있는 사람들과 또 그 교리를 의존하는 사람들이 거부하는 반대파 교리들을 성경이 분명히 가르친다면 성경에 있는 모든 난제들 중에서 가장 어려운 난제일 것이다. 그것은 비교할 수 없을 정도로 큰 난제로, 제1세대 종교 개혁자들의 교리 중에서 가장 불가사의한 난제일 것이다. 최근 자유사상가(Free Thinker)[2]들이 아주 거만하게 배격했던 교리들이기도 하다. 그런데 시대마다 사람들의 정신의 눈멂과 그들 마음의 강한 편견 때문에 이 세상의 지혜자와 위인들이 가장 불합리하고 비이성적이라고 거부했던 교리들을 개혁자들은 가르쳤다. 사실상 그것은 거룩한 성경 신학에 대한 영광스러운 선언이다. 그럼에도 불구하고 그런 칼뱅주의 교리들이 가장 조심스럽고 엄중하게 검토되었을 때, 이성의 가장 명백하고 확실하고 본질적인 명령들과 정확히 부합했다. 그런 것들에 의해서 "하나님의 어리석음이 사람보다 지혜롭다"[3]는 것이 드러난다. 그리고 하나님께서는 고린도전서 1:19-20에 기록된 대로 행하신다. "기록된 바 '내가 지혜 있는 자들의 지혜를 멸하고 총명한 자들의 총명을 폐하리라' 하였으니 지혜 있는 자가 어디 있느냐? 선비가 어디 있느냐? 이세대에 변론가가 어디 있느냐? 하나님께서 이 세상의 지혜를 미련하게 하신 것이 아니냐?" 또한 27-29절에 기록된 대로 과거에 그랬듯이 앞으로도 그렇게 될 것이다. "그러나 하나님께서 세상의 미련한 것들을 택하사 지혜 있는 자들을 부끄럽게 하려 하시고 세상의 약한 것들을 택하사 강한 것들을 부끄럽게 하려 하시며 하나님께서 세상의 천한 것들과 멸시받는 것들과 없는 것들을 택하사 있는 것들을 폐하려 하시나니 이는 아

---

2 18세기 영국에 "자유사고"파가 존재했다. 앤서니 콜린스(Anthony Collins)가 그 대표자였다. 그에게 "자유사고"(Free thinking)란 무슨 명제든 그 의미를 찾아내기 위해서 노력하며 지성을 사용하는 것이요, 그 명제에 찬성하거나 반대하는 증거의 본질을 따지는 것이다. 그리고 그 증거의 그럴듯한 장점이나 단점에 따라서 판정을 내리는 것이다. 콜린스의 입장대로 하자면, "자유사고"란 진리의 지식을 획득하는 올바르고 유일한 수단이다. 영국에서 그의 책은 이신론의 호소문으로 통했다. Anthony Collins, *A Discourse of Free-thinking, occasion'd by the Rise and Growth of a Sect call'd Free-Thinkers* (London, Printed in 1713).

3 고전 1:25.

무 육체도 하나님 앞에서 자랑하지 못하게 하려 하심이라." 아멘.

부록

1. 『도덕성과 자연종교의 원리들에 대한 소론』에 관한 에드워즈의 비평

2. 존 어스킨에게 보낸 에드워즈의 편지, 1757년 8월 3일

3. 존 어스킨이 에드워즈에게 보낸 마지막 편지, 1758년 1월 24일

4. 에드워즈의 『자유의지』에 대한 토마스 리드의 미발행 요약문 및
   서평문

『도덕성과 자연종교의 원리들에 대한
소론』에 관한 에드워즈의 비평

조나단 에드워즈가 로드 케임즈의 책을 비평하는 글을
편지 형식으로 써 스코틀랜드 교회의 사역자 존 어스킨에게 보낸 편지[1]

친애하는 목사님,

『도덕성과 자연종교의 원리들에 대한 소론』(*Essays on the Principles of
Morality and Natural Religion*)의 저자가 자유와 필연의 주제에 대해서
말한 것을 옹호하는 데 일부 사람들이 제가 쓴 『자유의지』를 사용했다고
넌지시 알려주셔서 특별한 관심과 주의를 기울여 읽게 되었습니다. 제 생
각에 그의 『소론』과 저의 『자유의지』를 둘 다 읽은 사람에게 명백한 것은
우리의 이론 체계가 서로 대립적이라는 것입니다. 특히 다음 사항에서 큰
차이가 납니다.

---

[1] *Remarks on the "Essays on the Principles of Morality and Natural Religion"* was
published as a single volume in Boston in 1754(1st), 1762(2nd and reprinted in
London), 1768(3rd), and 1775(4th). 이외에도 케임즈의 작품에 대한 다른 항의서들
이 에든버러에서 나타났다. Phileleutherus, *A Letter to a friend, upon occasion of
a late book, intitled, Essays on the Principles of Morality and Natural Religion*
(Edinburgh, 1751); George Anderson's *An estimate of the profit and loss of religion
personally and publicaly stated: illustrated with references to Essays on the
Principles of Morality and Natural Religion* (Edinburgh, 1753); *"The complaint
made to the presbytery of Edinburgh verified"*(Edinburgh, 1756); Hugh Blair's
Objections Against the Essays on Morality and Natural Religion Examined
(Edinburgh, 1756).

LK **필연과 자유는 서로 모순되고 불일치한다.**

JE **사람은 자유로우므로 필연은 자유와 상통한다.**

이 저자는 필연이 모든 사람의 행동과 관련한 자유[2]와 일치하지 않고 모순되게 발생한다고 가정하며, 사람들이 자신의 행동에 어떤 자유든지 가지고 있다는 것을 부정합니다. 이처럼 그는 우리의 결정들의 필연이 동기와 연결되어 있다고 말한 다음 168쪽에서 이렇게 결론짓습니다. "간단히 말해서 동기들이 우리의 힘이나 지시 아래 있지 않으면, 그것이 명백한 사실이듯, 우리는 마음속에 자유를 가질 수 없다."

반대로 저는 다음과 같이 제 생각을 충분히 표현했습니다. "실로 사람은 자신의 도덕적 행동 안에 참 자유를 가지고 있습니다. 그리고 보편적으로 발생하는 도덕적 필연은 정확히 말해서 자유라고 불리는 어떤 것과도, 그리고 욕구될 수 있는 혹은 존재 가능하거나 상상 가능한 최대한의 자유와도 조금도 불일치하지 않습니다."[3]

JE **나도 어떤 종류의 자유를 인정하지만, 아르미니우스주의자들은 더 강한 자유를 주장한다.**

이 과정에서 제가 알게 된 것은 보편적인 사람들의 의욕에 있어서 도덕적 필연 때문에 적어도 어느 정도의 자유가 부정된다고 생각하는 경향이 일부 사람들에게 있다는 점입니다. 제가 어떤 종류의 자유(a sort of liberty)를 인정하는 것은 사실이지만, 의지의 자기결정력과 우발과 무관

---

2 작자미상(Henry Home, Lord Kames), *Essays on the Principles of Morality and Natural Religion* (1st ed. Edinburgh, March, 1751), 160, 161, 164, 165, 등등. 케임즈는 위와 같이 항의서를 받고, 에든버러 노회에서 심문을 받으면서 1758년의 제2, 3판에서, 1779년의 최종판에서 각각 약간 수정하였다. 변경사항은 저자의 서문에서 찾아볼 수 있다.

3 이 책 127-34, 333-34, 469-70, 498-99, 510, 538-41쪽을 보라.

심의 자유를 주장하는 사람들은 제가 주장하는 것보다 더 강한 종류의 자유를 주장합니다. 그러나 제 생각에 이것은 엄청난 실수임이 분명해 보입니다.

JE의 자유 개념: 모든 사람에게 자유가 있으며, 자신의 즐거움을 따라 행동하거나 행동할 능력이 있다.

제가 38쪽과[4] 다른 곳에서도 설명드린 대로, "자유란 모든 사람이 갖고 있는 것으로서, 자기가 좋아하는 대로 할 수 있는 능력이나, 기회, 또는 조건" 혹은 **"어떤 면에서든 자신의 즐거움을 따라 행동하는"** 것입니다. 그것은 어떻게 자신의 즐거움이 생기게 되는지 고려하지 않고 행하는 것입니다. 명백한 것은 제가 주장하는 사람의 의욕은 이 같은 자유와 전혀 모순되지 않는다는 것입니다. 또한 저는 이것이 이미 입증되었다고 생각합니다.

비정상적 자유 개념: 자기가 좋아하는 대로 선택/행동할 수 있는 자유보다 더 강하고 더 큰 자유

만약 누구든지 자신들은 더 강하게 욕구하며 이보다 더 높고 큰 자유를 상상한다고 가정한다면, 그들은 이미 속았고, 관념 대신에 혼란스럽고 애매모호한 말들로 스스로를 망상에 빠지게 하고 있는 것입니다. 여기서 누구든지 "나는 사람이 좋아하는 대로 **선택할** 자유, 즉 어떤 면에서든 자기가 좋아하는 대로 행동할 자유, 그리고 그 자유를 넘어선 그 이상의 어떤 자유를 상상한다"라고 말한다면, 그가 궁리했던 그 같은 자유는 자신이

---

4   에드워즈 혹은 출판사에서 실수로 "38"쪽이라고 하나, 실제로는 초판 "27"쪽에 있다. 본서에서는 제1권 5장 첫 문단에 있다. "Pt. I, St. 5, Concerning the Notion of Liberty and of Moral Agent."

든 실례에 대해서 비웃을 것입니다. 자기가 좋아하는 대로 선택한다는 것은 **어떤 면에서는** 자기의 즐거움을 따라 하지만, 그 즐거움을 어떻게 얻었는지 결정 내리지 않고 행동하는 것이 아닌가요? 만약 그가 "그렇다, 나는 내 자신의 선택으로 인해 그 즐거움을 얻었다"고 한다면, 그가 상식적인 사람인 경우에 한해 그는 자신의 모순을 <u>스스로</u> 발견할 것입니다. 왜냐하면 그는 이 같은 자유 개념이나 생각 속에 먼저 자기 즐거움을 결정하거나, 그것에 관한 자기 의지를 원래 확정했던 판단이나 개념이 포함되어 있지 않음을 눈여겨보지 않을 수 없기 때문입니다. 혹은 누군가 "사람은 자기 자신의 선택을 결정하는 데 있어서 자유를 실행한다. 그러나 자기가 좋아하는 대로가 아니라, 자신의 아무런 선택이나, 선호, 혹은 어떤 경향의 결과가 아니라 절대 무관심의 상태에서 우발적으로 일어나는 결정에 의해서 실행한다"고 말한다면 이런 자유 개념은 그의 자유 개념 속에서 더 강하게 일어나지 않을 것입니다. 이처럼 의지의 결정은 의지의 자의적 결정이 아닙니다.

Ar **과도한 자유 개념 : 자기가 좋아하는 대로 혹은 자기 자신의 선택으로 행동하는 것**

JE **정상적 자유 개념: 자기 자신의 선택을 따르지 않은 어떤 것을 행하는 능력**

자기 자신의 선택을 따르지 않거나, 혹은 자신의 선택으로 인하지 않은 어떤 것을 행하는 능력을 자유라고 하는 사람은, 자유를 자기가 좋아하는 대로 행하는 것, 혹은 자기 자신의 선택에 따라 행동하는 것이라고 정의하는 사람보다 자유에 대해 더 강한 개념을 가진 것이 아닙니다. 그 정신속에 자기결정 능력이 있으므로 정신의 즐거움을 따르지 않고, 혹은 정신의 선택에 의한 것도 아니라면, 그 자유가 주는 이점이 무엇이겠습니까? 그것이 무슨 자유이겠으며, 과연 그 정신에서 실행된다고 주장할 가치가 있겠습니까?

JE 아르미니우스주의, 펠라기우스주의, 에피쿠로스주의의 자유 개념은 내가 말하는 이상으로 더 강할 수 없는 개념이다.

그러므로 아르미니우스주의, 펠라기우스주의, 에피쿠로스주의의 자유 개념은 제가 설명한 자유 개념보다 더 강할 수 없습니다. 제 자유 개념은 사람의 행동에 필연적으로 발생할 모든 것과 완벽하게 일치합니다. 그리고 그들이 자유에 대한 더 강한 개념을 고안하거나, 더 강한 상상을 하는 것은 그들의 모든 지력을 다해도 안 된다는 것을 주저 없이 말씀드리는 바입니다. 그들이 굳이 원한다면 의지의 주권, 자기결정력, 자기 동작, 자기 지시, 독단적 결정, 순응할(*ad utrumvis*) 자유, 주어진 상황에 달리 선택할 능력 등등을 주장하게 내버려 둡시다. 분명한 것은 이들이 잘 알지도 못하면서 이 문제들에 대해 격렬하게 단언하고 논박하고, 개념도 파악하지 못하면서 그것을 목적으로 삼고, 내용과 개념 대신에 혼란스럽고 무의미한 용어들을 남발할 뿐이라는 사실입니다. 그들은 자신들의 개념이 무엇인지 설명해보라는 도전을 받지만, 결코 그 질문에 대답할 수 없을 것입니다.

『소론』의 저자 케임즈의 자유 개념: 진정한 자유는 도덕적 필연과 상반된다. 그리고 그것은 모든 동기, 욕구, 목적, 관점, 계획을 벗어나 행동한다.

『도덕성과 자연종교의 원리들에 대한 소론』의 저자는 이 책 전체에 걸쳐서 다음 같은 가정을 지속합니다. 즉 진정한 자유가 존재하기 위해서는 사람에게 도덕적 필연과 상반되는 자유가 없으면 안 된다는 것입니다. 그럼에도 그는 자유가 "동기 없이, 또는 동기를 거슬러 행하는 정신의 능력, 행동에 대한 우리의 모든 원리와 우리 자신의 욕구나 혐오감과 상반되게 행동하는 능력, 그리고 아무런 관점이나 목적이나 계획 없이 행동하는 능력"이라고 가정합니다. 따라서 이 자유는 "이성적 본성과 전혀 모순된 불합리한 것"입니다. 자신의 관점과 목적을 따르며, 자기 자신의 경향이나 열정과 일치하는 행동을 하는 자유보다 더 강한 차원의, 더 강한 종류의 자유를 생각한 사람들은 대체 누구일까요? 합리적인 사람이라면 대체 누가 합리적 본성과 전혀 모순되는 불합리한 자유가, 합리적·지성적 목표를 지닌 행위자의 본성과 일치하는 자유보다 더 강한 자유라고 가정하겠습니까?

LK **필연이란 "우발적 선택의 능력"이요, 우리의 능력 속에서, 우리 자신들로부터, 혹은 우리 자신들에게 의존함으로써, 우리의 행동이 수행되는 방식이다.**

이 『소론』의 저자는 그러한 필연이 발생한다고 가정하는 것 같습니다. 그 필연은 "우발적 선택의 능력"[5]이라고 가정될 수 있는 것이요, 모순된 것입니다. 혹은 상상 가능한 어떤 자유가 있으며, 그 자유로 인해 사람들의 행동이 "그들의 능력 안에서"[6] 더 적합하며, 그 능력으로 인해 사건이 더 "우리 자신들에게 의존적"[7]이게 된다고 합니다. 우리 자신의 선택을 성취하고, 우리 자신의 경향에 따라 활동하며, 우리 자신의 관점을 추구하고, 우리의 목적을 실행할 수 있는, 우리의 능력으로 인해 우리가 행동하도록 하는 것보다, **우리의 능력 안에서, 우리 자신으로 인해, 혹은 우리 자신에게 더 많이 의존함으로써** 우리가 행동하도록 하는 방식이 있을 것이라고 상상할 수 있을까요? 참으로 그런 행동은 우리가 우발적이고도 우연하고 쉽게 행동과 사건의 주체가 됨 같이 우리의 능력 안에서, 자신에게 의존적인, 우리의 행동을 하는 것입니다. 이 저자가 선언하는 사상에 따라서 만약 우리의 행동이 도덕적 필연과는 상반된 자유로 말미암아 수행된다

---

5 *Essays*, 169.

6 *Essays*, 185, 191, 197, 206.

7 *Essays*, 183.

면, 우리가 그러함이 틀림없을 것입니다.

LK **필연적 행동이란 압도적인 동기에 의해서 불가피하게 행동하는 것이다. 그런 환경에서 우리는 달리 할 수 있는 것이 없다.**

이 저자는 모든 곳에서 이런 가정을 하는 것 같습니다. 가장 적절하게 필연이라 불리는 것은 모든 사람의 행동과 관련된 것이고, **"필연적", "불가피한", "불가능한"** 등등의 용어들은 도덕적·자연적 필연의 경우에도 동등하게 적용될 수 있다는 것입니다. 173쪽에서 그는 **"필연적인이나 불가피한**이라는 용어가 가진 개념은 도덕적·물리적 필연과 잘 일치한다"고 말합니다. 174쪽에서는 "이 같은 경향과 선택이 압도적인 동기에 의해서 **불가피하게** 야기되고 제기된다. 그 속에 우리 행동의 필연이 놓여 있다. 그런 환경에서 우리는 달리 할 수 있는 것이 없다"고 말합니다. 다른 페이지에서도 자주 비슷한 방식으로 사람들의 행동에 대해 "불가피한" 등과 같은 강한 단어를 사용해 표현합니다. 그들의 행동, 그리고 "불변적으로" 고정되어 있으며 "불가분적으로" 서로 연결되어 있는 그 행동의 질서를 제어할 수 있는 "능력이 없음"을 그렇게 표현합니다.[8]

JE **LK의 필연은 운명론적 필연이다. 사람들의 의지의 행동에서 참된 필연은 선행하는 것과 후행하는 것 사이의 연결이다.**

그와 반대로 제가 널리 선언한 바는, 도덕적 필연이라고 불리는 사람의 의지와 행동과 관련하여 일어나는 선행하는 것과 후행하는 것 사이의 연결에 대해 "필연"이 부적합하게 사용된다는 것입니다. 그리고 여기서 적

---

8 *Essays*, 180, 188, 193, 194, 195, 197, 198, 199, 205, 206.

용된 "틀림없다"(must), "할 수 없다"(cannot), "불가능한"(impossible), "불능한"(unable), "불가항력적"(irresistible), "불가피한"(unavoidable), "부득이한"(invincible) 등등과 같은 모든 용어들은 본래의 의미대로 적용되지 않고, 무지하게 그리고 완전히 무의미하게 적용되거나, 아니면 원래 고유한 의미와는 완전히 다른 의미로, 그리고 일반적 대화의 용법과는 다르게 적용된다는 것입니다.[9] 그리고 사람들의 의지의 활동들을 수반하는 그러한 필연은 "필연"(necessity)보다는 "확고"(certainty)로 불리는 것이 더 적절합니다. 왜냐하면 그것은 다름 아닌 그들의 존재를 확증 짓는 명제의 주어와 술어 사이에 있는 확고한 연결(certain connection)일 뿐이기 때문입니다.[10]

JE **필연에 대한 Ar의 오해: 필연은 난공불락의 태산 같아서 우리의 자유를 방해한다.**
제 책『자유의지』에서 고찰되는 바와 같이 "필연적", "불가능한", "불능한", "불가피한", "부득이한" 등등과 같은 용어들과 관련하여 부지불식간의 습관적 왜곡과 오용이 일어나는데, 이는 사람들의 마음속에 있는 강한 편견에서 기인하는 것임이 분명합니다. 그들은 아무런 선행 동기나 경향이 없이, 혹은 선행하는 도덕적 영향이 무엇이든 그것이 없이 사람들의 의욕들이 확고히 연결된다고 가정합니다. 그것은 움직일 수 없고 뚫을 수 없는 놋쇠산같이, 반대 욕구와 노력의 선상에 서 있고, 그것들을 완전히 헛되게 만드는 강한 원인과 결과의 깨부술 수 없는 연결 쇠사슬이 있다는 가정과 같습니다. 그리고 그것은 난공불락의 성벽, 놋쇠 성문, 쇠빗장 같아서 우리의 자유를 방해한다고 가정합니다. 따라서 그런 모든 묘사는 동이

---

9 *Inquiry*, 149-55, 158-62, 308, 350-53, 355-56, 361-64, 428-29.
10 Ibid., 351-53.

서에서 먼 것 같이 진리와 먼 생각입니다.

JE 필연에 대한 Ar의 오해: 칼뱅주의의 필연은 운명론 같다. 자유롭게 무엇을 행할 수 없다.

저는 사람들이 운명론적 필연 때문에 좋아하는 대로 완전한 자유를 가지고 행함, 욕구함, 선택함으로부터 하지 못하도록 제지를 받는다고 가정할 만한 것은 아무것도 주장하지 않습니다. 그리고 최고라고 생각되는 자유 개념을 가지고, 혹은 사람의 마음속에 들어와 잉태될 수 있는 최고의 자유 개념을 가지고 행하려는 것으로부터 하지 못하도록 제지를 받는다고 가정할 만한 것을 아무것도 주장하지 않습니다. 제가 알고 있는 바는 어떤 사람들로 하여금 이것을 믿게 하려고 애쓰는 것이 헛되며, 혹은 최소한 그것을 전적으로 줄기차게 믿으려고 애쓰는 것도 헛되다는 것입니다. 왜냐하면 그것이 그들에게 입증될지라도 여전히 옛 편견이 남아 있을 수 있기 때문입니다. 그 편견은 "틀림없다"(must), "할 수 없다"(cannot), "불가능한"(impossible) 등등의 용어들을 사용하면서 오랫동안 굳어진 것들입니다. 이 용어들은 자유와 모순되고 불일치하는 특정 개념을 지니고 있으며, 이 용어들과 편견의 융합이 깨어져 끝난 것이 아닙니다. 도리어 그 판단은 그 융합으로 말미암아 심하게 왜곡되었습니다. 오랫동안 구겨지고 굳어진 것을 다시 펴보아도 이전의 구부러진 형태로 되돌아가는 것처럼 말입니다.

JE 오히려 LK가 운명론적 필연을 주장하며, 사람의 행동에 대해서 아무런 책임이 없다고 독설한다.

『소론』의 저자는 사람들이 자신의 행동에 대한 실제적 필연에 관한 진리를 분명하게 마음에 새겨두고 있다면, 그들이 자신에게 혹은 서로에게 자신의 행동에 대하여 칭송받거나, 책망받거나, 책임져야 할 부담을 전혀 갖지 않을 것이라고 분명히 가정합니다.[11] 이 말은 사람들이 이 같은 필연으로 인한 자신들의 행동 때문에 책망받거나 칭송받지 않고, 자신들이 행하는 어떤 것에 대하여도 아무런 책임이 없다는 것입니다.

LK 참 자유는 무관심과 우발의 자유로, 아무런 동기나 의도 및 목적 없이 행동하는 것이다.

그런 가정은 제가 『자유의지』 제3부에서 세세하게 입증한 것과 아주 상반됩니다. 저는 거기서 이 내용을 소상하게 밝혔다고 생각합니다. 그런 가정은 진리와 거리가 멀고, 참 진리는 사람이 일으키는 행동의 도덕적 필연이 덕과 악덕에서, 혹은 어떤 것이든 칭송받을 만한 것이나 책망받을 만한 것에서 필수적이라는 것입니다. 이 저자가 말하는 자유는 무관심과 우발의 자유입니다(같은 책, pp. 151-53).[12] 이런 자유는 필연과 대립되고, 덕과 악덕, 칭송과 책망의 존재와 모순됩니다. 그 책에서 가정하는 대로 하자면, 사람들의 행위는 덕 있거나 악덕한 원리에 의해서 결정되지 않고, 그것이 무엇이든 아무런 동기나 의도 및 목적에 의해서 행동하지 않습니다. 사람들의 행위는 그것이 좋든 나쁘든 아무런 목적을 가지고 있지 않습니다. 그리고 이 저자가 가정하기를 사람들의 행동이 진실로 어떤 상벌을 받기 위해서는 "어떠한 관점이나 목적, 계획, 욕구조차 없이", "행동의 어떠한 원리도 없이", 혹은 "이성적 본성과 일치하는 어떤 것도 없이" 수행되어야만 한다고 하는데, 이는 주의할 만하지 않은가요? 206, 207쪽을 175쪽과 비교해본다면, 이 저자가 가정하고 있는 것이 확실히 드러날

---

11 *Essays*, 207 등.
12 초판본(1754)에서 151-53쪽은 제3권 2장의 마지막 3쪽에 해당하는 부분입니다.

것입니다.

LK 하나님은 사람의 본성 안에 자유와 우발에 대한 지울 수 없는 강한 이해와 감정을 심어주셨다. 그러나 이런 감정은 기만적이다. 자유롭지 않을 때도 그들이 자유롭다고 믿게 만들기 때문이다.

『소론』의 저자는 하나님이 사람의 본성 안에 필연에 반대되는 행동에 대한 자유와 우발에 대한 강하고 불가피한 이해(apprehension) 혹은 감정(feeling)을 깊숙히 심어놓았다고 가정합니다. 그러나 이 가정은 실제 사실과 일치하지 않고,[13] 엄격한 철학적 진리와도 일치하지 않으며,[14] 사물들의 사실과도 대치됩니다.[15] 그리고 진리와도 상충하며,[16] 실제 계획과도 일치하지 않습니다.[17] 그러므로 그런 감정들은 사기성이 농후하며, 실제로 기만적입니다. 그 저자도 그것들에 대해 그럴듯한 인위적인 감정들처럼 교묘한 기만이라고 말하며, 단지 양심만이 명령하는 능력을 가지고 있다고 합니다. 그렇지만 그가 의도한 명확한 의미는, 이 감정들은 본성을 만드신 분(하나님)의 교묘한 수단으로서 그들이 자유롭지 않을 때도 자유롭다고 믿게 만든다는 것입니다. 이 저자는 이런 감정들에 의해서 도덕 세계가 위장된 모습을 떤다고 가정합니다. 그리고 이런 유에 속하는 다른 것들에 대해 말합니다. 그는 모든 자화자찬과 양심의 가책, 자신과 타인에 대한 모든 칭찬과 책망, 상벌에 대한 모든 감각, 이 같은 사고 방식과 연결된 모든 것, 그리고 "…하는 것이 마땅하다"(ought), "…해야

---

13 Ibid., 200.
14 Ibid., 152.
15 Ibid., 183.
16 Ibid., 186.
17 Ibid., 205.

한다"(should) 같은 단어들이 현재에 제시하는 모든 개념들, 이런 것들은 그 같은 기만에서 일어나는 것일 뿐이요, 곧 완전히 사라질 것들이라고 가정합니다.

JE 필연과 자유에 대한 보편적 상식: 사람의 행동에서 도덕적 필연은 상급 및 징벌과 서로 조화를 이루며 일치한다.

이 모든 것들은 제가 저의 『자유의지』에서 수차례 주장하고 또 증명하고자 했던 것과 완전히 상반됩니다. 이 책에서 저는 사람들의 행동을 수반하는 도덕적 필연이나 확실성이 칭송과 책망, 상급 및 징벌과 서로 조화를 이루며 일치하는 것이 인류의 선천적 감각과 일치한다는 것을 충분히 입증했습니다.[18] 그리고 도덕적 악은 반감과 혐오에 대한 상벌과 모든 다른 악의 대가들과 더불어, 마음의 성향 및 행위의 본성에 있는 어떤 특정한 추함(deformity)에 있을 뿐이지, 원인이나 근거로 추정되지 않는 어떤 다른 것의 악함에 있지 않습니다.[19]

JE의 반론적 질문 1: 과연 사람에게 어떤 동기나 욕구, 원리 없이 행동할 자유가 있는가? 사람이 그런 감정이나 의식을 갖고 있는가? 그렇게 선을 행하면 더 칭송을 받는가?

이 시점에서 제가 이렇게 질문하는 것이 당연할 것입니다. 어떤 사람이 칭송이나 책망을 받을 만한 어떤 행동을 하기 위해서는, 아무런 동기나 관점, 계획, 욕구, 원리 없이 활동하는 능력을 암시하거나 뜻하는 자유를 행사하지 않으면 안 된다고 의식하는, 즉 자기 정신 안에 자연스럽고 깊

---

18 『자유의지』, 앞의 제4부 4장을 보라.
19 *Essays*, 1장, 그리고 pp. 426-28.

이 뿌리박힌 감각이나 감정을 의식하는 사람이 이 세상에 있을까요? 그 저자가 가정하는 자유는 제가 이미 반복해서 고찰한 바와 같이 도덕적 필연에 반대되는 자유입니다. 실제로 사람이 욕구, 목표, 유인, 원리나 목적과 무관하게 선을 행한다고 가정하는 것은, 그가 어떤 선한 목적을 위해 자유를 행사할 경우, 그리고 그가 선한 원리와 동기에 의해 자유 안에서 다스림을 받는 경우보다 더 가치 있고 더 칭송받을 만한다고 가정하는 것이 불가피한 자연적 감각에서 나온 명령일까요?

JE의 반론적 질문 2: 과연 필연 없는 자유에 대해서 자연인들은 뭐라고 말할까? 그들은 그것을 우발이라고 말한다. 또 묻기를, 악인이나 선인의 행동에 어떤 의도가 있을까? 그들이 무슨 영향을 받아서 그렇게 했으며, 어떻게 칭찬받고 어떻게 정죄받을까?

반대로 저는 악한 행동들과 관련해서도 이렇게 질문할 수 있습니다.[20] 『소론』의 저자는 필연 없는 자유에 대한 우리의 선천적 감정은 우발 (*contingence*)을 의미한다고 가정합니다. 그리고 이 같은 우발에 대해서 말하면서 가끔씩 그것을 "우연"(chance)이라고 부릅니다. 분명한 것은 우발에 대한 그의 개념, 혹은 그가 우발에 대해서 말하는 의미는 사건이 "막연히"(loosely), "우연하게"(fortuitously), "돌발적 사고로"(by accident), "원인 없이"(without a cause) 발생한다는 것입니다.[21]

이제 누구라도 조금만 숙고해보면 다음을 충분히 확신할 수 있으리라 생각합니다. 우리의 선천적 감각에 따르면, 사람의 행동에서 우발이란 그것이 무시하는 행동의 도덕성(morality)이나 공적(merit)에 필수적인

---

20 Ibid., sec. 4, esp. 360-62.
21 *Essays*, 156, 157, 158, 159, 177, 178, 181, 183, 184, 185.

것과는 너무나 거리가 멉니다. 반대로 내적 경향, 자극 및 목적과 같은 원인에 대한 우리 행동의 의존은 도덕성의 존재에 필수적입니다. 선천적 감각은 사람들에게 다른 사람들이 선하거나 악한 경향을 지니고 행한 일들을 볼 때에, 그들이 얼마나 칭의 혹은 정죄를 받아야 하는지 판단하기 위해서는 그들의 의도가 무엇이었는지, 그들이 무슨 원리와 관점에 영향받아서 그렇게 했는지 탐구하라고 가르칩니다. 그리고 또 선천적 감각은 사람들에게 그들이 전적으로 인정받거나 책망받기 위해서는 그 행동이 아무것에 의해서 진행된 것이 아니며, 아무 원인으로부터 일어난 것이 아니라, 완전히 막연하게 행동이 취해졌다고 결론내리지 말라고 가르칩니다. 이 문제에 관해서는 저의『자유의지』에서 제 생각을 충분히 개진했습니다.[22]

LK **도덕성과 상벌에 자유는 필수적이다. 그 자유의 본질은 무관심이다.**

JE **이런 자유의 개념은 자연인도 갖고 있지 않으며, 자연적 감각과 모순되고 상반된다.**
우리의 선천적 감각은 자유가 상벌에 필수적이라고 하는데, 이 같은 자유가 사전 경향이나 동기에 의해서 결정되지 않고 정신의 자기결정력에 의해서 결정된다면 그 자유의 본질은 무관심 중립 상태입니다. 뿐만 아니라 그것은 절대적 무관심 중립 상태입니다. 이런 것에 관해서는 제 책『자유의지』에서 이미 고찰했습니다.[23] 그러나 사람들은 자기 행동의 도덕성이나 과실에 자유가 본질적이라는 그 같은 자유 개념을 자연적(선천적)으로 갖고 있지 않습니다. 반대로 그런 자유가 가능하다 해도『자유의지』에서 충분히 입증한 대로, 상벌에 대한 우리의 선천적 개념과 모순될 것입니다.[24] 사람이 자기 행동을 결정하는 데 무관심 중립 상태에 있다는 주장이

---

22 *Inquiry*, 326-28, 332-33, 360-61, and other places.
23 Ibid., 203-5.
24 Ibid., esp. in pt. III, secs. 6 and 7.

선천적 감각과 조화를 이룬다면, 동일한 선천적 감각을 따를지라도 행동이 선한 혹은 악한 성향에 따라 결정되면 될수록 그들의 공적은 줄어들 것입니다. 선한 행동이 선한 성향으로부터 수행되면 될수록 칭송은 덜해지고, 악한 행위가 악한 성향으로부터 수행되면 될수록 책망도 덜해집니다. 그리고 일반적으로 사람의 행동이 그들의 마음으로부터 나오면 나올수록 그들은 덜 칭송받거나 덜 책망받습니다. 이런 주장이 선천적 감각과 아주 상반된다는 것은 이미 모두가 알고 있는 것입니다.

JE **도덕적 필연 행동은 사람의 마음속 성향이 동기에 자극받아 일어난다. 그러므로 그 경향 때문에 상벌이 가능하다.**

도덕적 필연은 동기에 의해서 자극받아 생기는데, 습관적이든 우발적이든 마음속 성향의 능력과 지배에서 기인합니다. 그러나 선천적이고 보편적인 감각에 따르면 사람이 마음의 모든 성향대로 어떤 것을 행하면 행할수록, 그것이 나쁜 행동이라면 정죄에 대한 책임 때문에 더 큰 비난을 받게 되고, 그것이 선한 행동이라면 더 많은 칭찬을 받게 됩니다.

LK **자유의 3가지 개념: (1) 자유는 무관심(우발) 중립 상태 속에서 행동하고 결정한다. (2) 무관심 중립 상태가 자유다. (3) 선악에 대한 무관심 중립 상태는 과실이다.**

JE **이 같은 개념의 자유가 필수적이라는 것은 모순이다.**

정신이 무관심 중립 상태에서 우발적으로 악행을 저질렀다면 그 행동은 과실이 없고 혹 과실이 있다면 전적으로 그 무관심 중립 상태에 있습니다. 즉 그 정신이 잘한 결정이나 혹은 잘못된 결정에 책임이 있습니다. 그리고 이런 무관심 중립 상태가 자유롭다면 책망이나 과실의 바로 그 본질이 그 자유 자체에 있습니다. 혹은 사악함은 본질적으로 그리고 직접적으로 자유 행위자에게 있습니다. 무관심 중립 상태에 과실이 없다면 그런 상태의 무관심 중립 상태와 조화를 이룬 결정에도 과실이 없을 것입니다. 즉 이로 인한 과실은 이성적으로 발견될 수 없습니다. 실제로 반대 결정은 가끔은 좋은 것이, 가끔은 나쁜 것이 **무관심하게** 일어납니다. 그것은 마치 우발이 다스리며 결정하는 것처럼 일어납니다. 그리고 선과 악에 대한 무관심 중립 상태가 과실이라면, 그것은 선과 악에 대한 무관심 중립 상태가 아니라 악에 대한 혹은 과실에 대한 결정(determination)입니다. 그런 무관심한 성향은 마음의 악하고 잘못된 성향, 경향, 혹은 결정이라 할 수 있습니다. 그러므로 칭송이나 책망에 이 같은 개념의 자유가 필수적이라는 것은 모순입니다.

LK **자유에 대한 잘못된 선천적 감각이 사람으로 하여금 착각하게 하고 모든 노력과 주의와 관심을 쏟게 만든다. 필연은 사람을 소심하고 수동적이며 절망적이게 만든다.**

이 『소론』의 저자는 우발의 자유에 대해 사람들이 가진 선천적·기만적 감각이 사실상 인간으로 하여금 모든 노력과 주의와 관심을 쏟게 하는 근원이라고 가정합니다.[25] 그리고 사람들의 "실천적 관념(practical ideas)이 보편적 필연의 계획에 따라서 형성되었다면 무행위의 이치(*ignava ratio*), 곧 스토아주의자들의 수동적 교리가 뒤따라 나왔을 것이고", "미래의 상태에 대한 기대나 혹은 어떤 종류의 노력과 주의를 기울여보려는 생각조차 하지 않으려 할 것이다"라고 가정합니다.[26] 이것이 분명하게 의미하는 바는, 이 경우에 사람들이 자신의 모든 노력과 주의를 기울여도 아무런 의미가 없고 헛되며 목적도 유익도 없다는 것을 안다는 것입

---

25 *Essays*, 184.
26 Ibid., 189.

니다. 거부할 수 없는 사슬에 묶인 것 같은 사건들, 그리고 사람의 주의와 노력과 **상관없는** 사건들, 특별히 생명 연장 수단을 사용하는 실례에서 그가 설명하듯이 말입니다.[27]

JE **LK가 피상적으로는 동의하는 듯하나 나와 근본적으로 상반된다.**

이것은 제가 『자유의지』에서 주장한 것과 아주 상반될 뿐 아니라, 하나님이 사람의 본성에 이런 기만적인 감정을 깊이 심어놓으신 목적에 대한 그의 가정은 그 자신의 이론 체계와도 아주 상반됩니다. 그 체계에서 그는 사람들의 주의와 노력이 헛되지 않으며 유익이 없지 않다고 다음과 같이 명백히 가정합니다. 인간 삶의 가장 중요하고 필연적인 목적을 얻기 위해서, 그리고 "최선의 유익"을 위한 행동 목표들을 성취시키기 위해서, 인간의 노력은 크게 유용하고 절대적 필연이 있다고 가정하는 것입니다.

JE **LK가 말하는 대로 과연 사람의 노력이 필요 없을까? 하나님의 지혜와 선하심은 사람으로 하여금 선을 위해서 모든 주의와 노력을 쏟게 하심으로 그분이 영광을 받으신다.**

그럼 어떻게 이런 일들이 조화를 이룰 수 있을까요? 사람들이 참 진리에 대한 분명한 관점을 가지고 있다면, 그들의 주의와 노력에 "아무런 여지가 없음"을 볼 수 있을 것입니다. 주의를 기울이고 노력해도 헛되며 유익이 없다고 여기기 때문입니다. 그럼에도 사람들의 주의와 노력은 인류를 유익하게 하고 세상에도 아주 유용할 것입니다. 게다가 그것이 절대적으로 필요하다는 것을 하나님은 참 진리에 대한 분명한 관점을 가지고서 보고 계십니다. 그러므로 하나님은 사람들로 하여금 그들의 선을 위해서

---

27 Ibid., 184, 185.

스스로 주의와 노력을 기울이도록 교묘하게 계획하심으로써 사람에 대한 하나님의 큰 지혜와 선하심을 나타내십니다. 이때 선은 하나님의 지혜와 선하심이 없이는 취득할 수 없습니다. 이 두 가지는 이 저자가 동일한 문장과 표현들로서 주장했던 것들입니다.

LK **왜 하나님이 사람에게 기만적인 감정을 주셨을까?**

이 저자는 왜 하나님이 이 같은 자기모순적이며 자멸하며 기만적인 감정을 사람에게 주셨는지에 대한 질문을 하고 그 이유를 이렇게 설명합니다.

> 하나님은 사람에 대한 큰 선하심 속에서 그런 기만적인 감정을 제공했다. 왜냐하면 그 감정이 그들에게 아주 유용하고 필연적이며, 그들을 유익하게 할 것이기 때문이다. 또한 기만적인 감정은 그들을 선하게 하기 위해서 스스로 주의를 기울이고 노력하도록 그들을 자극하기 때문이다. 이런 주의와 노력은 그런 목적에 아주 유용하고 필연적이다. 그럼에도 주의와 노력이 큰 유익을 준다는 이유 때문에 제공되었다는 바로 그 점이 하나님이 사람을 속이신 것이다. 그들의 주의와 노력이 정말 아무것도 아닐 때도, 그들로 하여금 그것이 자신에게 큰 유익이 되리라고 믿게 만드는 데서 그렇다. 그리고 그들이 참 진리를 보았다면 그들의 모든 노력은 전혀 소용이 없고, 노력을 위한 여지도 없으며, 그 사건이 전혀 그들에게 달려 있지 않음을 깨달을 것이다.[28]

그 외에도 이미 앞서 고찰한 바와 같이 이 저자가 말하고자 하는 속뜻은 다음과 같습니다. 미래의 사건들은 우발적이요, 그들 자신의 미래의 행동들은 그들의 욕구나 계획을 따르지 않고, 완전히 우발적이며 우연적

---

28 Ibid., 188, 189, etc.

이고 원인이 없는 자유로운 것들이라고 믿게 만듦으로써 사람들이 속임 당하는 것이 당연하다는 것입니다.

LK **만사가 우발이나 우연이므로 사람은 자유롭다. 이런 자유가 사람의 주의와 노력을 격려한다. 이 자유는 사람의 행동과 욕구와 목적과 상호 연결 없이 독단적이며 독립적이다.**

그러나 어떻게 우발이나 느슨한 우연으로 이루어진 자유 개념이 사람으로 하여금 주의와 노력을 하도록 격려한단 말입니까? 제 생각에 이 자유 개념은 도리어 이런 본성을 지닌 모든 것을 못하도록 완전히 낙담시킬 것입니다. 우리의 행동이 우리의 욕구와 계획에 의존해 일어나는 것이 아니라면, 우리 자신의 욕구와 계획으로부터 흘러나오는 우리의 노력에 의존하지 않을 것이 분명합니다. 이 저자가 가정하는 대로 사람들이 참으로 우연과 관련하여 그런 자유를 가졌다면, 그런 자유는 미래 의욕을 결정하거나 움직이는 모든 노력을 쓸모없게 만든다는 것입니다. 그는 이 경우에 "권면, 교훈, 약속, 혹은 경고하는 것은 적절하지 못하다"고 말합니다.[29] 왜냐고요? (그 자신이 그 이유를 설명한 대로) 우리의 의지는 "변덕스럽고 독단적"이므로, 우리는 "완전 느슨히 내팽개쳐져" 버리며, 우리의 독단적 힘이 우리로 하여금 단지 "우연히" 선이나 악을 행하게 할 것이기 때문입니다.[30] 그러나 그런 느슨한 우연 상태가 다른 사람들이 우리에게 베푸는 노력을 헛되게 만든다면, 그 동일한 이유 때문에 그것이 우리 자신에게 기울인 우리의 노력들을 쓸모없게 만들 것입니다. 진정으로 우발적이고 우연적이며, 모든 선행하는 원인들로부터 완전히 느슨하고 독립적인 사건

---

29 Ibid., 178, 213, 214.
30 Ibid., 177-178.

들은 다른 이들 안에 있는 것뿐 아니라 우리 안에 있는 모든 선행 원인으로부터도 독립적입니다.

LK 사람이 날 때부터 정신에 자유 개념이 박혀 있으므로 지울 수 없다.

JE 그런 자유나 그런 개념은 존재하지 않는다.

우리의 정신이 선천적으로 그 같은 자유 개념에 강하게 사로잡혀 있으므로, 그 개념을 뿌리 뽑는 것이 불가능하다는 그의 가정은 사실과 거리가 멀다는 것이 저의 입장입니다. 그런 자유는 존재하지 않고, 실제로 사람들이 그런 자유 개념을 전혀 갖고 있지 않으며, 어떤 방식으로든 그런 개념을 정신에 이식하거나 도입하는 것은 절대 불가능하다는 것이 사실에 가깝습니다. 제가 『자유의지』에서 밝힌 대로 자기충돌하며 자기소멸하는 개념들이 정신 속에 함께 동시에 공존할 수 없습니다.[31]

JE 그런 개념은 아르미니우스주의자일지라도 성숙한 사고자들이라면 부인한다.

저는 이 문제에 대한 성숙하고 지각 있는 견해야말로 모든 사람을 만족시키기에 충분할 것이라고 생각합니다. 무관심과 자기결정의 자유를 옹호하는 훌륭하고 박식한 지식인들조차도 그런 자유 개념을 갖고 있지 않습니다. 그리고 이 사실은 참으로 그 같은 자유 개념이 지식인들이 열렬히 확증하며 진지하게 주장하는 바와 완전히 부조화를 이루고 모순되며 그들의 주장을 직접적으로 전복시킨다는 것을 뜻합니다.

LK 사람은 자기결정력을 가지고 있다. 사람의 정신은 선택할 수 있고 이는 근원적 선택을 야기한다.

---

31 *Inquiry*, 325-26. 174, 179, 190-91, 196, 270-73, 345-46, 357-60도 보라.

JE 나는 통상적 자유 개념을 주장한다. 사람은 선택하고 행동한다. 그는 선행하는 경향이나 원인에 따라서 행동을 선택/결정한다. 이것은 우발적 자유로 하는 행동과는 다르다.

사람이 자기 의지를 결정할 능력을 가지고 있다고 할 때 이것이 분명히 의미하는 바는 사람은 자기가 좋아하는 대로, 혹은 자기가 선택하는 대로 자기 의지를 결정할 능력이 있다는 뜻입니다. 이것은 정신이 어떤 행동을 따르거나 혹은 행동을 결정하려 함에 앞서 어떤 선택을 한다고 가정합니다. 그런 개념들이 자신들의 즐거움이나 선택으로, 기원적 혹은 제1의 선택을 야기하고 지시하며 결정 내린다는 것을 뜻한다면, 저는 아주 자신 있게 이렇게 확증할 것입니다. 그들은 자신들이 알지도 못하는 것을 말하고 있으며, 사고방식이 잘못된 사람들이라고 말입니다. 왜냐하면 선택에 의해서 야기되며 존재하게 된 기원적 혹은 제1의 선택으로서의 그런 상충된 개념이 살아 있는 사람의 정신에 들어가거나 순간적으로라도 존재할 수 없기 때문입니다. 결국에 그들은 제가 주장하는 통상적인 자유 개념, 즉 사람이 자기 선택대로 행할 능력이나 기회를 가진다는 개념보다 더 강한 다른 개념은 존재하지 않는다고 말하는 것입니다. 혹은 만약 그들이 모든 선택 활동이 선택에 의해서 결정됐다는 개념을 가졌다면, 이로 인해 선택의 우발에 대한 그들의 개념은 스스로 와해될 것입니다. 왜냐하면 어떤 선택 활동도 우발적으로 혹은 무관심 중립 상태에서는 일어나지 않기 때문입니다. 그 모든 연속선상에서 모든 개별적 활동은 선행하는 경향이나 선호로부터, 그리고 그 존재를 선결정하며 확정하는 원인으로부터 일어나기 때문입니다. 이 경향이나 원인은 그들이 어떻게든 외면하려 하는 그러한 일련의 원인들과 결과들을 단번에 개입시킵니다. 각각 선행하는 연결 고리는 분명하게 후행 고리를 고정시킵니다.

JE Ar의 혼동과 모순은 그들의 정신이나 감정에서가 아니라, 잘못된 인위적인 철학과 편견에서 나온다.

그리고 그런 종류의 착각과 자기모순은 사람들의 정신에서 자연적으로 일어나는 것이 아닙니다. 또한 하나님이 사람의 정신과 본성 속에 강하게 고정해놓으신 어떤 선천적 감정에서 기인하는 것도 아닙니다. 그저 용어들의 기만적 오용에서 나온 기만적이고 잘못된 철학과 강한 편견에서 기인한 것입니다. 그것은 "인위적"입니다. 『소론』 저자의 감각 속에서도 그것을 하나님의 기만적인 농간이라고까지 가정하고 있지 않지만, 자연적인 것에 반대되고 정신을 암울하게 하고 혼란스럽게 하는데 인위적으로 고안된 기만적인 용어 관리에 기인한다는 의미에서 인위적입니다. 사람들이 처음 이성을 발휘하기 시작할 때 그런 것을 갖고 있지 않습니다. 그러나 형이상학적 혼동으로 사람들이 눈멀게 되는 시간을 충분히 가진 다음에, 자유에 대한 그런 개념들을 수용하고, 그것들 속에 머물며, 그것들을 이해한다고 상상하기 시작합니다.

『자유의지』의 핵심 요점 3가지: (1) 도덕적 필연은 인간의 자유와 모순되지 않고 일치한다. (2) 도덕적 필연은 칭찬과 책망에 대하여, 그리고 인간 행동의 기원을 해결해준다. (3) 도덕적 필연은 도덕 이론 체계와 하나님의 도덕적 통치를 확립시켜준다.

결론적으로 저는 제가 『자유의지』에서 숙고하기를 제안했던 것을 살펴보시는 분들은 누구든지 다음 사항을 주지할 것이라고 생각합니다. (1) 사람들의 행동에 나타나는 도덕적 필연은 어떤 피조물이든 도덕적 통치에서 자유로우면서도 책임 있는 도덕적 행위자이며, 그 대상으로서 갖고 있거나 가질 수 있는 어떤 자유와도 전혀 모순되지 않는다는 것입니다. (2) 이 도덕적 필연은 칭찬과 책망, 그리고 사람들 자신의 주의와 수고가 주는 유익 및 활용과 모순되지 않습니다. 오히려 이 도덕적 필연은 왜 사람들의 행동이 그들 자신의 주의와 수고에서 기인하는지, 그 근거와 이유를 공과, 칭찬과 책망, 양심의 인정과 가책, 상급과 징벌을 추리하여 결론을 내는 방식으로 설명해줍니다. (3) 그리고 이 도덕적 필연은 우주의 도덕적 이론 체계와 하나님의 도덕적 통치를 확립시켜줍니다. 하나님은 모든 면에서 동기, 권면, 명령, 권고, 약속, 경고를 적합하게 활용하여 통치하십니다. 그리고 노력, 주의, 근면의 활용과 유익을 확립시켜줍니다. 따라서 철저한 철학적 진리를 사람들에게 은폐해야 할 필요가 전혀 없습니다. 이런 일들에 대한 "심사숙고"와 "심오한 탐구"에 위험한 것이 전혀 없습니다.

결론 **(1) 이 문제의 진실은 위험에 처해 있다. (2) 참된 사실에 대한 명확하고 충분한 지식이 참된 교리를 확립한다. (3) 그것은 신적 통치에 대한 이론 체계와 예수님의 복음에 대한 교리다.**

지금까지의 논의로부터 얻는 결론은 이런 문제 속에 있는 진리는 심히 중대하고, 올바르게 알려져야 할 필요가 극에 달했다는 것입니다. 그 참된 사실이 더 분명하고 완벽하게 알려지면 알려질수록, 그리고 그 같은 관점이 지속적이면 지속적일수록 더 좋습니다. 특히 그 사실에 대한 분명하고 충분한 지식이 우주의 참된 체계로서 이 같은 측면에서 교리들을 훌륭하게 확립해줍니다. 이 교리들은 하나님의 도성에서 신적 통치에 대한 참된 기독교적 이론 체계에 대하여, 그리고 예수 그리스도의 복음에 대하여 가장 중요한 항목들을 가르쳐줍니다. 이것들은 결코 쉽게 확립될 수 없으며, 반대 오류들은 복음 전체를 전복시킬 수 있을 만큼 파괴적이요, 오늘날 아주 널리 만연해 있어 이런 점들이 정리될 때 앞에서 주장한 논쟁들이 해결될 것입니다. 이 문제들이 해결되지 않는 한 위대한 복음의 진리를 믿는 친구들은 의심의 여지없이 그들의 반대자들과의 논쟁에서 매우 서툴게 대처할 수밖에 없을 것입니다. 우리의 친구들은 가끔 발뺌하며, 뒷걸음질치거나 등을 숨기고 돌리는 것이 불가피할 것입니다. 반대자들은 결코 내쫓길 수 없는 강한 요새와 무기를 가지고 자신들을 방어할 수 있는 방패를 찾을 것입니다. 그들은 항상 올바른 교리를 주장하는 친구들을 당황시키고 혼란스럽게 하며, 자신들이 그들보다 우세하다고 착각하며 스스로 자랑할 것입니다. 그리고 과거에 오랫동안 그래왔듯이 고압적인 자세로 자기들의 일을 행할 것입니다.

목사님, 끝으로 필연의 이론 체계를 발전시키는 데 대한 비난으로부터 저 자신을 변호하느라고 한 많은 말들 때문에, 그리고 『도덕과 자연종교의 원리들에 대한 소론』의 저자의 이론 체계와 비슷하여 혼란스러워하실 것에 대하여 사과를 드립니다. 제가 말씀드린 것은 저 자신을 변호하는 것일 뿐 아니라, 또한 제 생각에는 도덕 철학과 종교에서 가장 중요한 사항들을 변호하는 것이기도 했습니다. 저는 목사님의 공정하심을 잘 알기에 양해해주시리라 믿습니다.

1757년 7월 25일 스톡브리지에서
당신에게 빚진 친구요, 형제인
조나단 에드워즈

존 어스킨에게 보낸 에드워즈의 편지

어스킨 목사님께[1]

1757년 8월 3일 스톡브리지에서

친애하는 목사님,

지난 6월에 보내주신 1757년 1월 22일 자 편지와 함께 "앤더슨 씨의 항의서"[2]와 [로드 케임즈의] "『소론』에 대한 반론문"[3]을 잘 받았습니다. 이에 대해 심심한 감사를 드립니다.

　이 『소론』에서 제기된 반론들에 대한 변호인의 행동은 아주 이상합니다. 그가 칼뱅과 여러 칼뱅주의 저자들의 저작들을 많이 활용했으나 모두 반론이 제기되지 않은 내용에 관한 것이었습니다. 그는 칼뱅의 저술 목적과 관계없이 평범한 일반인들의 비위를 맞추고 눈을 가리는 데 그 내용을 이용합니다. 목사님의 제안에 따라 제 주장과 『소론』 사이에 있는 차이점을 정리해보았습니다. 이제 그것을 보내드리오니 목사님께서 생각하시기에 이 글이 스코틀랜드에서 출판되는 것이 최선이라면 그렇게 하

1　본 서신에서 논하고 있는 논의의 중요성에 대한 평가를 자세히 보려면 다음 문헌을 참조하라. Intro., pt. 5, no. 2, esp. pp. 71-73; *WJE* 16:718-24.

2　조지 앤더슨 목사가 에든버러 노회에 케임즈의 『소론』에 대한 항의서를 작성하여 제출하였는데 확증되었다. *The Scots Magazine* (Oct., 1756), 528.

3　"Objections Against the Essays on Morality and Natural Religion Examined," 작성자 Hugh Blair (1718-1800) (Edinburgh, 1756), 작성 지지자 George Wishart, Robert Hamilton, and Robert Wallace.

시기 바랍니다. 저는 그 내용을 편지에 밝혔습니다. 이 글을 출판하실 때 제목을 "스코틀랜드의 어느 목사님께 보내는 편지"라고 하시면 됩니다.

LK **하나님은 사람의 본성에 자유와 우발에 대한 지울 수 없는 강한 이해와 감정을 심어주셨다. 그러나 이런 감정들은 기만적이어서 자유롭지 않을 때도 스스로 자유롭다고 믿게 한다.**

하나님이 일종의 불가항력적인 혹은 선천적 직관이나 감정으로 인간을 속인다는 로드 케임즈의 개념은 실로 이상한 것입니다. 그는 사람들이 자신과 다른 이들의 행동 때문에 책망이나 칭송을 받을 가치가 있다고 믿게 만들고자, 사람이 우발과 의지의 **자기결정의 자유**를 가지고 있다는 가정을 하게끔 유도합니다. 그가 이런 견해를 세상에 소개할 때 어떤 결과를 초래할 의도였는지는 저도 짐작하기 어렵습니다.

LK **사람들의 성향과 행동의 도덕성에 의지의 우발적 자기결정의 자유가 필수적이다.**
아무튼 제가 들은 바로는 어떤 다른 사람들은 그렇게 생각하지 않는다는 것입니다. 즉 의지에 자기결정력이 없다는 것이 정말 사실이라면, 제가 말씀드린 대로 자기결정력은 동기와 의욕 사이에 있는 확고한 연결, 곧 도덕적 필연과 반대되는 것이요, 그들은 그것에 대해서 알려지는 것이 해롭고, 이 문제에서의 진리가 어떤 방법으로도 알려지지 않는 것이 최선이라고 생각하는 것 같습니다. 저는 아주 다른 생각을 하지 않을 수 없습니다. 오히려 저는 사람들의 성향과 행동의 도덕성에 **의지의 우발적 자기결정**의 자유가 필수적이라는 개념은 거의 상상할 수 없을 정도로 해롭다고 생각합니다. 바로 그 상반된 진리가 도덕 철학에서 가장 중요한 진리 중 하나로서 항상 논의되었으며 가장 필수적이라고 알려져 있습니다. 그리고 그 상반된 진리가 부족하여, 성경에 있는 덕과 종교와는 전혀 다른 것이요, 복음 체계에 속하는 주요 사항들과 전적으로 모순되며 그것들에 파괴적인 일종의 배도자의 이론 체계들, 곧 도덕성과 종교에 대한 이론 체계들은 심히 방대하게 장기간에 걸쳐 만연해왔고 상당한 세력을 확보하고 있습니다.

JE 교리적 오류가 미치는 치명적 악영향

제가 생각하기에 그 저자 혹은 다른 누구든지 이 문제에서의 진리가 밝혀졌을 때 비로소 은혜의 교리들이 이 같은 논적에 효과적으로 반박할 수 있으리라고 상상하는 것은 무모한 일입니다. 이 논적들이 이 문제에 대해 주장하는 대로 내버려 두십시오. 그들은 곧 우리에게 반박할 것입니다. 그리고 이런 오류들은 세상에서 공개적으로 주장되는 종교적 논쟁에 아주 해로운 영향을 끼칠 뿐 아니라, 모든 부류의 사람들의 마음에, 하나님과 영혼 사이의 모든 교통에 여러 방식으로 더욱 치명적인 영향을 끼칠 것입니다. 제가 살면 살수록, 그리고 사람의 영혼과 관련된 사역을 하면 할수록 이것을 더욱 많이 보게 됩니다. 이런 종류의 개념들은 죄인들을 회심하게 하는 말씀 설교와 다른 은혜의 수단이 성공하지 못하게 가로막는 주요 장애물 중 하나입니다. 이런 현상은 특히 죄인들이 자기 영혼에 대해 근심함으로써 구원을 갈구하도록 자극받을 때 나타납니다. 이 때 사람들에게 자각과 겸비보다 더 필요한 것은 아무것도 없습니다. 그들의 양심이 하나님이 보시기에 정말로 죄가 있음에 대해, 그리고 하나님의 진노가 자신들에게 합당함에 대해 정확히 찔림을 받는 것보다 더 필수적인 것은 더 이상 아무것도 없습니다.

JE 교리적 오류가 미치는 치명적 악영향들 속에 있는 영혼들의 상태

그러나 그런 환경들 속에 있는 영혼들을 다루는 사역을 경험한 사역자가 누구입니까? 그런데도 그는 이 같은 회심 수단의 성공을 주로 가로막는 것이, 사람들이 자신의 불능(inability)과 그 일들의 도덕적 필연(moral necessity)을 탓하며 변명하기 때문이라는 것을 알아차리지 못합니다. [그들이 변명하는 도덕적 필연에 의해서 일어난] 그 일들은 하나님 보시기에 가장 근본적인 것들, 그리고 주로 자신들의 큰 유죄와 죄 많음입니다. 예를 들면 그 사람들은 무한하신 영광의 하나님과 모든 선의 근원(fountain)이신 분에 대한 참된 사랑의 불꽃 하나 없이 그저 하루하루를 삽니다. 그 영혼들은 하나님 안에서보다는 이 세상의 아주 보잘것없는 사물들 속에서 더 큰 평온함과 만족감을 느낍니다. 그리스도의 영광스러운 은택들과 죽기까지 하시는 사랑을 알고도 그분을 배척하며 삽니다. 그리고 그분의 영광과 은혜가 그들에게 나타나신 바 된 후에도, 그분을 향한 마음을 아직도 돌같이 차갑게 합니다. 그리고 죄인들을 위하여 자기 삶을 내려놓으신 그분의 무한한 긍휼에도 불구하고 심히 배은망덕한 자세로 삽니다. 그들이 음란 행위, 거짓말, 부정, 무절제, 신성모독 등등에 대한 어떤 실례들에 대해서는 생각할지 모르겠으나, 끊임없이 지속적으로 지배하는 모든 부정한 행위가 흘러나오게 하는 중대한 원리들은 완전히 간과합니다.

LK **죄에 대한 책임은 하나님께 있지 사람에게 있지 않다.**

JE **악은 죄의 근거나 성향에 있는 것이 아니라, 나쁜 의지나 성향 그 자체가 악이다.**

양심은 그런 것들 때문에 그 영혼들을 정죄하지 않습니다. 왜냐하면 그들이 "스스로 하나님을 사랑할 수 없으며", "스스로 믿을 수 없기" 때문입니다. 오히려 그들은 이런 것들에 대한 책임과 자신들의 마음의 악한 성향을 하나님이 엉뚱하게 다스렸다며 은밀히 모든 책임을 하나님께 돌립니다. 이런 일이 흔한 것은 **어떤 나쁜 의지 혹은 마음의 악한 성향 그 자체가**

사악(wickedness)이라는 중요한 진리가 제대로 교육되지 못했기 때문입니다. 먼저 이 사악이 그 존재와 본성과 본질에 있으며, 그리고 그 사악이 일차로 기인하고 있었던 그 원인이나 결정 내리는 영향에만 있는 것은 아닙니다. 혹자는 이렇게 말할 것입니다. "그들이 아주 못된 마음을 가졌고, 하나님을 사랑하지 않으며, 그리스도에 대한 참 믿음이 없으며, 감사하지 않는 것은 그 자신들의 잘못이다. 왜냐하면 그들은 과거에도 여러 차례에 걸쳐 부주의하고 나태했으며, 더 좋은 마음을 가질 수 있는 방식을 택할 수 있었는데 그렇게 하지 않았기 때문이다." 그리고 그들은 그렇게 배웠을지도 모릅니다. "이를테면 아담이 자의적으로 저지른 죄로 인한 과실이 그들에게도 일어났고, 그로 인한 그들 자신의 마음의 악함 때문에 비난받는 것은 당연하다." 이 점은 아마 그들이 부인하지 못할 것입니다. 그러나 이런 일들은 하나님과 그리스도에 대한 그들의 적대감 속에 있으며, 이 사악에 대해 그들이 진정으로 죄를 자각하는 일과는 심히 거리가 멉니다.

JE **마음이 강퍅하다는 개념은 도덕적 불능이다. 종교 활동들이 그것을 깨닫게 하지는 못하나 지옥에 대한 두려움은 그렇게 하도록 도와준다.**

오래전부터 하나님에 대한 적대감의 원인이었던 어떤 것에 대한 죄를 자각하게 되는 것과, 그 적대감 자체의 사악을 자각하는 것은 각각 다른 두 가지 사안임이 틀림없습니다. 그리고 약간의 각성을 하고 있는 죄인들이 자기 마음의 타락의 활동을 수많은 다양한 방식들을 통하여 깨달을지라도, 즉 자신의 묵상, 기도, 다른 종교적 의무 수행을 통하여, 그리고 지옥에 대한 두려움을 통하여 다소 깨달을지라도 여전히 그들의 각성을 자신들이 스스로 도울 수 없다는 자신들의 불능을 변명하는 이 개념이 죄에 대한 합당한 자각을 하지 못하게 할 것입니다. 지옥에 대한 두려움은 사람들로 하여금 자신의 마음의 강퍅함(hardness)을 다소 자각하도록 도와

줄 것입니다. 그러나 그들이 자신의 마음이 얼마나 강퍅한지, 그리고 신앙의 일들에 대한 합당한 감성(sensibility)과 열정(affection)과는 얼마나 멀리 있는지 깨달을 때에만, 그들은 마음의 강퍅함을 동반하는 도덕적 필연 혹은 불능으로부터 나온 것 때문에 당할 합당한 정죄로부터 벗어날 수 있습니다. 왜냐하면 마음이 강퍅하다는 개념은 도덕적 불능을 뜻하기 때문입니다. 마음이 강퍅할수록, 그 마음은 죄 가운데서 더 죽어 있으며, 선한 열정들과 활동들을 수행할 수 없습니다. 그리고 이처럼 저는 많은 사람들이 최소한 암묵적으로 하나님에 대하여 심한 적대감을 표현하며, 신성모독적인 사상들을 품고, 지옥의 두려움 아래 있으면서도 자신들을 정당화하거나 변명하는 것을 많이 알고 있습니다.

각성과 회심의 방해 요소: 잘못된 개념, 사람의 자기 의 의존, 자기 노력 정당화, 도덕적 불능으로 변명함

심히 중대한 것은, 구원을 바라는 사람은 자기 의를 전적으로 의존하는 데서 벗어나야 한다는 것입니다. 그러나 모든 일에 대한 이 같은 개념은 구원을 가로막습니다. 그들은 자기 노력의 신실성으로 스스로를 정당화합니다. 그리고 자신이 할 수 있는 것을 할 따름이라고 말합니다. 그로 인해 그들은 큰 고통을 당합니다. 그들이 하는 일에는 큰 결함이 있으며, 그들 마음속에 악한 작용들이 많이 일어나지만 그럼에도 그들은 그것을 중단시킬 수 없습니다. 여기에 도덕적 필연 혹은 불능은 하나의 변명으로 끼어듭니다. 이와 같은 개념들은 여러 곳에서 볼 수 있었던 것처럼 이곳에서도, 다른 곳에서도, 그리고 모든 곳에서도 각성의 시기에 죄인들에게 참된 겸손과 회심의 주된 방해가 되고 있습니다. 복음을 설교할 때, 복음의 제시, 초대, 권유가 가장 능력 있게 이루어졌을 때, 죄인들의 마음이 살아 일어날 때, 이것이 그들의 요새 곧 마지막 보루가 됩니다. 그런 개념들로 인한 회심의 방해가 없다면 그들은 복음에 순응할 것입니다. 혹은 순응하지 않는 것에 대한 무서운 죄책감 때문에, 그들의 마음이 자기 자신들을 정죄할 것입니다. 하나님의 율법이 그 엄격함과 영성 속에서 선포된다 할지라도, 그들의 양심은 하나님의 율법에 의해 제대로 찔림을 받지 않습니다. 그들은 자신의 불능(inability)으로 스스로를 정당화합니다. 학교 선생님처럼 그들을 그리스도께로 인도하려는 율법의 계획과 목적은 무산되었습니다. 이처럼 율법과 복음은 모두 그 본래의 효과를 내는 것으로부터 제지당하였습니다.

자기결정적인 의지 교리의 폐단 1: 믿음의 고유한 실천들을 가로막는다. 절대적 독립을 가르친다. 자기결정된 활동들을 원래 의존한다.

모든 도덕적 선과 악의 근거로서의 자기결정적 의지에 대한 교리는 우리의 구원 문제에서 하나님과 그리스도에 대한 믿음의 합당한 역사들을 가로막는 경향이 있듯이, 그분들께 대한 전적 의존을 가로막는 경향도 있습니다. 이 교리는 우리의 구원 문제에서 가장 중요한 모든 것들에 대한 일종의 절대적 독립을 가르칩니다. 그렇게 되면 우리의 의는 자신의 활동, 곧 스스로 결정한 활동들에 의존하게 됩니다. 따라서 우리 자신의 거룩은 그 거룩을 결정하는 원인이요, 고유한 최고의 근원이 되는 우리 자신으로부터 나옵니다.

자기결정적인 의지 교리의 폐단 2: 하나님께 의존적인 "전가된 의" 교리와 상충된다.

그리고 전가된 의(imputed righteousness)란 자기 의 속에 어떤 공로도 가지고 있지 않으며, 그런 것은 절대 있을 수 없다는 것입니다. 왜냐하면 보통 칭송과 공로에는 자기결정이 필수적이기 때문입니다. 그러나 타인으로부터 전가된 것은 우리 자신의 자기결정이나 행동으로부터 나온 것이 아닙니다. 참으로 이 같은 이론 체계에서는 사람이 하나님께 의존하지 않고, 도리어 하나님이 사람에게 의존하게 됩니다. 왜냐하면 결국 하나님은 사람이 결정하고 먼저 행하는 것을 의존하시고 그에 따라 작용하시기 때문입니다.

자기결정적인 의지 교리의 폐단 3: 모든 영광을 사람에게 돌린다.

참된 믿음의 본성은 우리 구원의 모든 영광을 하나님과 그리스도께 돌리려 하는 경향이 있습니다. 그러나 이 같은 개념은 그들의 개념과 일치하지 않습니다. 왜냐하면 그들의 개념은 결과적으로 모든 영광을 사람에게 돌리기 때문입니다. 그 교리는 공로와 칭송이 사람의 것이요, 그가 칭송받아 마땅한 행위의 고유하며 효과적인 결정을 했다고 가르칩니다. 그러므로 만약 그 같은 개념을 수용한 사람들이 회심하고, 그들의 종교적 관심이 이 개념의 영향력 아래 있다면 저는 이것이 하나의 기적이라고 생각합니다.

자기결정적인 의지 교리의 폐단 4: 진정으로 회심하기를 늘 구하는 것을 가로막는다. 큰 죄책감에 대한 모든 감각을 차단한다.

그뿐 아니라 이런 개념은 사람들이 진정으로 회심하기를 늘 구하는 것을 효과적으로 가로막는 경향이 있습니다. 양심이 각성하여 하나님의 진노와 그 진노의 지독한 결과를 당할 위험을 깨달을 때까지는 사람들이 결코 이 문제에 진지하지 않을 것이 명백합니다. 그러나 이 같은 각성과 상반되는 어리석은 행위는 주로 다음 두 가지 사항에 의해서 확인될 것입니다. 그것은 바로 과거와 현재의 죄책감에 대한 무감각과, 자신의 미래에 대하여 자신에게 아첨하는 것입니다. 죄책이나 공로에 있어서 본질적인 무관심, 우발, 그리고 자기결정의 자유에 대한 이 같은 개념들은 과거나 현재의 사악함에 대한 큰 죄책감의 모든 감각을 차단하는 경향이 있습니다. 이미 앞에서 관찰한 대로, 마음의 모든 사악함은 죄책감을 가져오지 않는 것으로서 그 자체로 고려되어 면책됩니다. 그리고 양심이 어떤 못된 행동에서 어떠한 죄책이라도 찾아내기 위해 회상해야 할 모든 것은 마음의 악함이 존재하기 전에 있었던, 그리고 악함을 도입하거나 확증 짓는 원인이었던, 의지의 일차적 잘못된 결정입니다. 이 같은 결정은 무관심 중립 상태로부터 우발적으로 일어난 것입니다. 그리고 사람들의 악함으로 얼룩진 주요 일들이 지나갈 때, 이런 방식이 사람들로 하여금 즉각 죄책감에 이르게 한다는 주장이 어찌 사소한 문제이겠습니까? 실제로 이런 원리들이 더 추구되면 될수록 죄책감은 더 사라지며, 쉽게 볼 수 있듯이 마침내는 완전히 없어지게 될 것입니다.

그리고 그들은 자신의 미래에 관한 자기 아첨과 추정에 있어서, 선이나 악을 향한 자신의 의지를 결정하는 능력으로 이루어진 자유를 항상 소유했다고 믿는 이런 자유 개념보다 더 직접적인 경향을 끼치는 다른 어떤 것이 있다고 상상하지 못합니다. 이 말은 사람이 스스로 회개하고 하나님께 돌아갈 것을 결단할 수 있는 능력을 가지고 있음을 의미합니다. 죄인이 회개를 미루고 소홀히 여기도록 부추기며, 자기 자신의 구원을 항상 자기 마음대로 되게 할 수 있다고 생각하여 계속해서 죄 가운데 있게 하는 데 무엇이 이보다 더 효과적일 수 있겠습니까? 이 같은 자기결정과 자기의존은 회심하게 하는 은혜를 위해서 하나님께 드릴 모든 기도를 방해하고 약화시킵니다. 그들 자신에 의해 결정되어야 하는 것에 자기 마음을 결정하는데 왜 사람들이 하나님의 은혜를 구하기 위해서 진지하게 부르짖겠습니까? 실제로 그것은 회심에 대한 개념 자체를 파괴합니다. 이것은 그들 스스로 결정한 것입니다. 거기에는 성경이 말하는 회심,

마음의 쇄신, 중생 등등과 비슷한 것이 전혀 있을 수 없습니다. 만약 많은 자기결정 활동으로 인해 그들이 선을 행한다 하더라도, 모두 당연히 요구되고 기대된 것들입니다.

이 문제로 너무 장황하게 말씀드려서 죄송합니다. 그렇지만 저는 제 마음에 충만한 것을 말씀드렸습니다. 각처에 만연한 이 개념들이 몰고 오는 두려운 결과들을 오랫동안 봐왔기 때문입니다. 그리고 그것들이 계속해서 파급되는 한 그 끔찍한 결과들이 여전할 것이라는 확신이 들기 때문입니다. 따라서 저는 이 문제가 더 철저하게 고찰되고 그 바닥까지 샅샅이 조사되기를 바랍니다.

저는 목사님께 쓴 이 편지와 7월 25일에 쓴 편지를 모두 복사해두었습니다. 이 편지는 버 씨(Mr. Burr)를 통해 뉴욕이나 필라델피아를 거쳐 목사님께 전달될 것입니다. 혹시라도 한 부가 망가지지 않을까 걱정되어 사본을 같이 보냅니다. 동봉한 우편에 "길리스 선생님 귀하"라고 적어 보스턴에 보내, 히슬롭 씨를 통해 길리스 씨에게 전달되도록 하겠습니다. 만약 그가 런던을 경유하여 에든버러로 직접 가지고 갈 수 있으면, 그가 이 편지 전체를 싸서 그 위에 목사님의 성함을 써넣기를 바랍니다. 왜냐하면 저는 목사님이 이 편지 봉투를 열고 직접 편지들을 꺼내 볼 수 있기를 바라기 때문입니다.

목사님, 제가 매컬로크 씨에게 보낸 편지를 보시면 바다 이편에 있는 우리의 슬픈 현실에 대해 다소 알게 되실 것입니다. 목사님, 부디 저희를 위해 기도해주세요. 그리고 특히 저를 위해 기도해주세요.

당신의 사랑하는 빚진 친구이자 형제인
조나단 에드워즈

존 어스킨이 에드워즈에게 보낸
마지막 편지

1758년 1월 24일[1]

경외하고 친애하는 목사님께[2]

약 6주 전 한 날에 1757년 4월 12일, 7월 25일, 8월 3일 자로 된 3통의 편지를 받았습니다. 이 중 귀하의 신학적 견해가 담긴 첫 편지를 [존] 길리스[3] 씨께서 출판할 것입니다. 만약 [아론] 버 씨의 죽음에 대해서 당신께서 슬픈 소식들을 통하여, 그가 경험했던 영광스러운 부흥에 대한 보고서가 출판되기를 바라는 작은 희망들을 표출하지 않았더라면, 사적인 서신들이기 때문에 그런 자유를 승인하지 않으며 인쇄하는 것을 제가 동의하지 않을 수도 있었을 것입니다.[4] 귀하의 7월 25일 자 편지는 제가 즉각 에

---

1 이 편지는 논문 연구 중이던 조나단 예거에 의해 발견되었다. Jonathan Yeager, "An Unpublished Letter from John Erskine to Jonathan Edwards," *Jonathan Edwards Online Journal*, Vol 3, No 1 (2013).

2 1758년 1월 24일 자의 이 편지는 수신자 에드워즈가 서거(1758년 3월 22일)한 후에 그의 부인 사라 에드워즈에게 전달되었음이 분명하다. "Letter TO THE REVEREND JOHN ERSKINE, July 25, 1757" *WJE* 16:705-18. "Letter TO THE REVEREND JOHN ERSKINE, August 3, 1757" *WJE* 16:718-24.

3 Yeager, 1757년 4월 12일 자로 에드워즈가 어스킨에게 보낸 편지의 축약본은 다음 자료집에 실렸다. John Gillies, *Historical Collections Relating to Remarkable Periods of the Success of the Gospel* (Edinburgh, 1845), 522-23.

4 1757년 4월 12일 자로 에드워즈가 어스킨에게 보낸 편지에서 에드워즈는 자기 사위 아론 버가 프린스턴 대학의 학장으로 재임하는 기간에 학생들 사이에 부흥이 일어났다는 소식

든버러의 서적상 [윌리암] 밀러[5] 씨에게 전달했습니다. 그분은 교리의 순수성에 대한 열심이 있으며, 로드 케임즈의 가설에 대하여 혐오감을 가지고 있는 사람입니다. 제가 믿기에 그는 높은 사람들과 별 관계가 없기 때문에, 그 원고를 에든버러의 메스, 로버트 워커, 존 보나르, 그 외 다른 사람들에게 보여준 다음, 즉각 작업에 착수할 수 있을 것입니다. 그의 의견은 작년 1월 이후로 논쟁이 소강상태이므로, 귀하의 편지가 적절한 주의를 받지 못했다는 것입니다. 그리고 로드 케임즈는 새로운 판본 『소론』[6]을 준비하고 있고, (그 책에서 가장 반대받을 만한 단락들 중 일부를 완화시킬 것입니다) 그 책에 대한 귀하의 지지를 기대할 것입니다―그 주제에 대해 더 이상 가타부타할 필요가 없을 정도라고 합니다. 하지만 제 의견은 메스와 다르므로, 메스 목사께 존 위더스푼, 던도날드의 토마스 워커의 영향력을 통하여 글래스고에서 인쇄될 수 있기를 희망한다는 내용의 편지를 보내려고 합니다.

저는 특별히 귀하의 8월 3일 자 편지에 큰 빚을 졌습니다. 귀하의 책 『자유의지』에서 주장하는 그러한 필연을 확립해야 할 중요성을 완전히 확신하게 되었기 때문입니다. 솔직히 저는 칼뱅주의가 어떻게 다른 원리들의 반대에 맞서서 일관성 있게 방어될 수 있는지 모릅니다.

귀하의 책에서 펼친 정교한 논증을 아르미니우스주의 이론 체계를

을 알렸다.

5 Yeager, 밀러는 에든버러의 서점 주인인 William Miller로서, 1764년에 어스킨의 설교집 *Ministers of the Gospel Cautioned against Giving Offence*를 발행했던 사람일 것이다. This same bookseller might have changed his mind, for Edwards's Remarks was published at Edinburgh in 1758, but without the name of the printer or publisher listed on the imprint.

6 *Essays on the Principles of Morality, and Natural Religion*, second edition (London, 1758). 위 판본에서 케임즈는 에든버러 노회에서 정죄당하지는 않았으나, 여러 반대자를 만나 결국 자기 입장을 수정하며 완화시켰다.

신봉하는 일부 선한 권위자들도 칭찬했습니다. 저는 당신의 이론 체계에 대해서 불쾌하게 여기는 어떠한 철저한 칼뱅주의자들도 만나보지 못했습니다. 가장 심한 비판자들은 중도파 아르미니우스주의자들(Semi Arminians)입니다. 사실 저는 한두 명의 열정적 칼뱅주의자들을 만났습니다. 그들은 귀하의 책의 나머지 부분에 대해서는 동의하나, 케임즈에 대한 주장은 시범 중에 있으므로 귀하의 표현이 너무 과하다고 생각합니다. 그렇지만 저는 그렇다 할 이유를 찾지 못했습니다.

귀하의 책 『원죄론』 선주문자를 확보하려고, 6주 전에 에든버러와 글래스고에 편지를 했습니다. 에든버러로부터 몇몇을 기대합니다만, 안타깝게도 그들의 명단 작업이 느려지고 있습니다. 그래서 이 때문에 그 책을 부칠 배편을 붙들어놓게 될 것으로 보입니다.

지난 6월에는 데이비드 임리 씨가 다른 사람들에게 썼던 편지 몇 통의 사본을 제게 보내주었습니다. 그 속에서 그는 확언하기를,

2년 후에는 산고 중에 있는 임산부 같은 영국에 고난이 이를 것입니다. 이렇게 하여 하나님은 영국을 겸손하게 꺾으시고 바꿔놓으실 것이라고 확실히 믿는 것 같습니다.[7] 그다음에는 프랑스를 변화시키며 개혁시킬 것입니다. 그 나라는 더 크고 무거운 심판들, 즉 기근, 질병, 지진, 내전, 그리고 정복자와 압제자를 엄습하는 영국 외의 다른 외국 권력의 칼로 말미암아 그렇게 될 것입니다. 그러나 프랑스는 그 같은 궁지에 몰려 주님께 부르짖을 것이며, 결국

---

7 Yeager, 에드워즈는 다음 편지를 읽었음이 틀림없다. *A Letter from the Reverend Mr. David Imrie… To a Gentleman in the City of Edinburgh* (Edinburgh, 1755: reprinted in Boston and Philadelphia in 1756). 참조: Edwards's letter to William McCulloch, April 10, 1756 in *WJE* 16: 684-85. *A Letter from the Reverend Mr. David Imrie.* 이 편지는 출판된 적은 없으나 임리의 새로운 예언적 시각을 나타낸다.

주님은 구원을 베푸시며, 교황 제도를 개혁하시고, 영국에 의존적인 열등한 나라로 그들을 끌어내리실 것입니다. 프랑스는 바다 하나를 끼고 있어 영국으로부터 분리되지 않을 것입니다. 그 바다는 지금 양국을 나누고 있으나 7년 후에 지진으로 그 해협의 간격이 메워지는 사건이 일어날 수 있을 것입니다. 하나님은 그리스도의 임박한 재림을 선포하시며 제2차 선포의 징표들을 주시겠다고 약속하셨습니다.

이 말 속에서 그가 의미하는 것은 마지막 심판에 앞서 그리스도가 그의 교회의 영광스러운 상태를 도래시키기 위해서 오신다는 것입니다. 그리고 한밤중의 외침은 신랑이 이미 오시기 시작했다는 것입니다.

그는 영국과 프랑스가 열 부족들을, 곧 아메리칸 인디언들을 돌보는 아버지들이 될 것이라고 생각했습니다. 이것이 우리가 가진 히브리어 성경에 있는 한 단락으로부터 그에게 먼저 나타났다는 것입니다. 이 단락은 글자 혹은 유사한 숫자를 변경하지 않고는 어떤 의미도 파악할 수 없는 것으로서, 사람들이 아니라 열 부족들을 지칭하는, 그리고 나라가 아니라 아메리카를 지칭하는 많은 증표들을 내포합니다. 그는 그 단락이 어디인지 그의 책이 출판될 때까지 발표를 연기하고 있습니다. 그렇지만 부수적인 증거들은 다소 흘리고 있습니다. 예를 들면 야벳에 대한 노아의 예언이 기록된 창세기 9:27을 이렇게 바꾸어 씁니다. "하나님은 야벳의 지경에 있는 유럽인들을 널리 흩으시고, 셈의 장막에서, 즉 셈의 후손되는 그 열 부족이 차지하고 있는 순례자의 땅에서, 곧 아메리카에서 거하게 하신다. 그리고 가나안의 후손들은 아프리카 흑인들의 땅에서 야벳의 후손되는 유럽인들의 노예가 될 것이다."

이런 식으로 노아의 예언은 세상의 모든 사방과 관련이 있습니다. 성령의 지혜는 적절한 시점까지 그 진의를 숨겼다가 나타내기 위해, 그리고 그때가 언제인지를 밝히기 위해서, 선택하시는 적합한 단어들 속에서도 나타납니다. 그리고 수많은 다른 목적들에 응답함으로써 잘 선택된 단어들의 훌륭한 다양성에 의해서도 나타납니다.

(26절에서 나타나는 것 같이) 그 예언 속에서 셈의 후손은 하나님께서 민족적 언약으로 그들의 하나님이 되실 것이라고 굳게 약속하신 민족임이 틀림없습니다. 그 언약은 이스라엘의 자손에게만 적용될 수 있습니다. 가나안은 종들의 종이 되는 것이었습니다. 즉 가장 천하고 가장 비참한 의미에서 자기 형제들의 종이었습니다. 또한 가나안은 가나안 땅에서 셈의 후손에게 종이 되는 것이었습니다. 그러나 가나안이 야벳의 후손에게 속하여 비참한 노예 신분 아래 있는 것이, 야벳의 유럽인 후손에게 속한 아프리카 흑인들의 노예법이 잘 알려진 어느 다른 나라에서가 아니라 아메리카에서였습니다. 야벳의 후손은 그러한 예언을 통지받기에 합당합니다. 아메리카는 셈의 장막이라고 부릅니다. 왜냐하면 거기에는 열 부족의 셈의 후손들이 민수기 23:9에 있는 발람의 예언대로("이 백성은 홀로 살 것이라" 등등) 그들의 땅을 떠나 오랫동안 순례와 포로 상태에 있으면서 배회하고 있었기 때문입니다. 발람의 예언은 훗날에 나타날 이스라엘의 상태에 관한 것입니다. 이스라엘의 열 부족들이 아메리카에서 수많은 세월 동안 살게 되며, 나머지 세상 나라들로부터 숨고 감추어질 것이며, 수백 년 동안 다른 민족들 사이에서 인식되지 않을 것이라고, 이보다 더 간결하게 잘 묘사할 수 있는 단어들은 없을 것입니다.

옛 유대인 전승 제2에스드라서는 열 부족이 제1차 포로지로부터 떠나 탈출하는 내용입니다. 임리 씨는 이것에 대한 증거를 추가할 것이며 단순한 비평 때문에는 중단하지 않을 것이라고 합니다. 하나님은 자기 옛 백성을 여러 성경에서 미리 말씀하신 대로, 섭리와 은혜의 놀라운 역사들로 말미암아 지명하실 것입니다.

프로이센[8] 왕이 성취한 최근의 주목할 만한 승리들을 제외한 여타 시민의 공공 문제들은 계속 슬픈 면모를 띠고 있습니다. 하나님이 기도와 금식의 자리로 끌어내리시는 모든 일들이 진행 중인데도, 환락과 음란한 행위들은 이전보다 더욱 만연해 있습니다. 그리고 사람들은 더 예의바른 종류의 일에는 별로 유의하지 않지만, 쾌락과 오락에 대해서는 그렇게 합니다.

이제 그만 줄여야겠습니다. 존 메이선 씨의 『학생과 목사』라는 책을 동봉합니다. 제게 항상 계획은 실행보다 훨씬 더 나아 보입니다. 놀랄 만한 것은 코튼 메더의 『목사 후보생』[9]을 제외하면, 실제로 지금까지 신학생들을 지도할 만한 마땅한 교재가 없었다는 것입니다. 장래에 훌륭한 내용과 문학성을 겸비한 어떤 사역자가 나와서 새로 쓸 것을 희망합니다.

당신의 친애하며 가장 사랑받는 형제요, 종
존 어스킨
1758년 1월 24일
클로스에서

스톡브릿지의 조나단 에드워즈 목사님이 열람하도록 토마스 폭스크로프트 씨에게 보냄. 그다음 편지와 꾸러미는 기드온 홀리에게 보내졌고, 그다음은 노샘프턴의 티모시 드와이트 대령에게 보내졌으며 마지막에는 에드워즈의 미망인에게 전달되게 했다.

---

8 1756-1763년에 스페인, 스웨덴, 러시아를 포함한 프랑스 연합군과 프로이센, 포르투갈을 포함하는 영국 연합군 사이에 있었던 7년 전쟁에서 이긴 프로이센의 승리를 가리킨다.
9 어스킨은 코튼 메더의 『학생과 목사』를 『목사 후보생』으로 책명을 바꾸어 1726년 보스턴판 원본을 가지고 1781년에 런던에서 출판하였다.

에드워즈의 『자유의지』에 대한 토마스 리드의 미발행 요약문 및 서평문[1]

내용 축약 및 소개

에드워즈의 『자유의지』는 1754년에 미국 보스턴에서 초판이 발행되었다. 제2판은 1762년에, 제3판은 1768년에 각각 영국 런던에서 재발행되었다. 그 이후 1790년에는 다른 두 영국판이 동시에 나왔다. 『자유의지』는 앤드류 풀러, 윌리엄 고드윈, 존 라일랜드, 아들 존 라일랜드, 에드워즈 윌리엄 같은 지지자들을 얻었는가 하면, 동시에 로드 케임즈, 데이비드 흄, 조지프 프리스틀리, 두갈드 스튜어트, 헨리 타펜, 토마스 리드 같은 비판자들도 만났다. 그중에서 토마스 리드는 1764년에 자신의 처녀작 『상식 원리에 의한 인간정신의 연구』(*An Inquiry into the Human Mind on the Principles of Common Sense*)라는 책을 냈다. 이 같은 사실들을 종합해볼 때, 리드가 자신의 주요 저술을 내기 전 1762년 혹은 1763년경에 에드워즈의 본서를 읽고 에드워즈의 핵심 원리들에 대하여 비판적으로 반응하면서 자신의 철학을 형성했을 것이라는 추측이 가능하다. 물론 그는 이 책을 요약하고 본 요약 서평문에서 에드워즈의 사상을 평가하고 비평

---

[1] James A. Harris, *Of Liberty and Necessity* (Oxford University Press, 2005), 191에서 이 서평문이 있다는 사실을 알게 되었고, 저자 해리스 박사의 개인적 도움을 받아 애버딘 대학 특수자료실에서 필사본을 구해 인쇄본으로 옮겼다.

하였다.

토마스 리드는 1726년에 마리스칼(Marischal) 대학에서, 에드워즈가 『원죄론』에서 두 번째 논적으로 삼았던 조지 턴불의 문하생으로 졸업하고, 1737년에는 뉴메카르에서 목회를 시작했다. 그 후 1752년부터 애버딘 대학의 전신 킹스 대학에서 철학을, 다시 1764년부터는 글래스고 대학에서 도덕철학을 가르치기 시작했고, 같은 해에 『상식 원리에 의한 인간정신의 연구』를 출판했는데, 이는 에드워즈의 『자유의지』가 발행된 이후다. 앞에서 언급한 바와 같이, 리드는 1762년판을 읽었을 가능성이 크다. 위의 『상식 원리에 의한 인간정신의 연구』에서 리드는 자신의 논적들인 데카르트, 말브랑슈, 로크, 버클리, 흄에게 각각 개별적으로 반응하면서, 자신의 선험적(*a priori*) 인식론에 근거하여 지식은 경험에서 나오는 것이 아니라 생득적 감각에서 나온다는 보편 상식 실재론을 주창했다. 그의 주서에서 전개한 이론으로 인해 리드는 보편 상식 실재론의 아버지로 널리 알려지게 되었다. 그의 실재론이 의미하는 바는, 모든 인간은 날 때부터 보편 상식을 가지고 태어나며 감정과 행동은 그 상식의 근본 원리들에 의해서 지배되고, 외적 객체들에 대한 감각적 인식을 통해서 확인된다는 것이다.[2] 이 부분에서 리드는 다른 관념론(Idealism)자인 데카르트, 로크, 버클리, 흄, 아놀드, 라이프니츠 등과 구별된다. 그가 말하는 대로 그들은 "머리나 정신 속에 관념이 있다"[3]고 가정하는 자들이다. 그러나 리드는 그의 저술에서 그들의 실재론에 대해 각각 반박한다. 그들이 주장한 대로, 사람이 직접 인식하는 것은 외적 객체가 아니라 그 객체에 대한

---

2 Thomas Reid, *An Inquiry into the Human Mind on the Principles of Common Sense* (1764), 2. 10, 43; 4. 1, 49; 6. 21, 177.

3 Thomas Reid, *Essays on the Intellectual Powers of Man* (1785), Essays No. 2. The Powers we have by means of our, Ch. XV. 5.

형상이나 관념이다.[4] 결과적으로 의지에 대한 다음과 같은 주장이 나오게 된다.[5]

모든 사람은 결정하는 능력을 가지고 있음을 의식한다.…이 능력을 우리는 의지라 일컫는다. 그리고…의지란 용어는 결정 내리는 활동을 의미하는 데 자주 사용된다. 이것을 더 적합하게 부르면 의욕(volition)이라고 할 수 있다. 그러므로 의욕이란 무언가를 하기를 바람과 결정 내림의 활동을 의미한다. 그리고 의지란 무언가를 하고 싶음이나 그 활동의 능력을 의미한다고 공정하게 말할 수 있다.

이처럼 리드는 *Essays on the Active Powers of the Human Mind* (1788)에서 로크, 에드워즈에 동의하여 그 당시에 유행한 영혼의 이분설대로 영혼은 지성과 의지로 구성되어 있다고 보았으나, 의지가 무엇인지 정의를 내리는 데는 이견을 가졌다. 리드는 의지를 "결정 내리는 능력"이라고 정의했고, 후자들은 "선호하거나 택하는 능력 혹은 힘"이라고 정의했다.[6]

더욱이 그는 사람이 "능동적 능력"(active power)을 가지고 있다고 기술하면서, 의지의 정의를 더욱 강화한다. 그에게 이것은 변화를 낳은 힘과 의지를 결정 내리는 자기결정력을 의미한다. 그렇게 주장하면서도, 리드는 동기로서의 어떤 것이 의지의 활동에 앞서 선행되어야만

---

4   James Van Cleve, "4 Reid's Theory of Perception." *The Cambridge Companion to Thomas Reid* (2004), 101.

5   Thomas Reid, *Essays on the Active Powers of the Human Mind* (1788), Essays No. 2. Of the Will, Ch. I.

6   Edwards quotes from Locke's *Essay*, Bk. II, ch.21, no. 17.

한다는 흄, 케임즈, 터커, 홉스, 콜린스, 프리스틀리 등등의 필연론자들 (Neccessitarians)의 주장을 동일하게 한다.[7]

물론 그는 논쟁점들에 있어서도 에드워즈에게 동의하는 것처럼 보일 수 있다. 왜냐하면 그는 "의지의 자유", "동기", "원인"과 같은 동일한 용어들을 사용하며 유사한 정의들을 가지고 있기 때문이다. 그러나 그가 품고 있는 용어의 의미들은 행위자를 원인자로 인정하는 자유라는 관점에 입각한 것이며, 의지의 결정은 그 원인으로서의 행위자를 두어야만 한다고 여기며, 또한 그런 의지의 결정을 결과로 간주한다. 그런 주장은 *Essays on the Active Powers of the Human Mind*란 그의 책에서 펼친 바와 같다.[8]

리드는 에드워즈가 18세기의 아르미니우스주의와 일치할 뿐 아니라 당시의 칼뱅주의와는 불일치한다고 평가하였다. 예를 들어 에드워즈는 의지가 자유하다고 주장하는 존 로크, 토마스 홉스에 동의한다는 것이다. 리드는 그 두 철학자들을 비난하고 또 다른 곳에서는 데이비드 흄과 르네 데카르트를 비판했다. 그는 의지의 활동이 선행 활동에 의해서 결정된다는 에드워즈의 핵심 이론에 동의하며, 동시에 에드워즈의 이론은 라이프니츠(Gottfried Wilhelm Leibniz)의 인과론 원리와 흡사하다고 해석한다.

또한 에드워즈의 논쟁을 아르미니우스주의에 대항하는 "전사 같은 논쟁"(Achillean argument)이라고 찬사를 보내면서, 동시에 그의 논쟁들이 서로 연관성이 없다고 폄하한다. 물론 리드가 "의지의 자유", "가장 강한 동기", "원인"과 같은 동일한 용어들을 사용하는 것을 보고서 섣불리 에드워즈와 일치한다고 결론 내리기 쉽다. 그렇지만 그는 행위자를 원인

---

7 James A. Harris, *Of Liberty and Necessity* (Oxford University Press, 2005), 194.
8 Ibid.

자로 주장하는 자유의지론(libertarianism)을 지지한다. 그리하여 다음과 같이 주장한다.[9]

> 이 결과는 그 같은 결과를 일으키는 힘을 가진 원인을 가지고 있음이 틀림없다. 그리고 그 원인은 그 같은 결과를 바라는 그 사람 자신이거나, 어떤 다른 존재임이 틀림없다. 제1원인은 최종 원인으로 쉽게 인식된다. 만약 그 사람이 자기 자신의 의지의 결정의 원인이었다면, 그는 그 행동에 있어서 자유로우며, 그것이 선하거나 악하거나 상관없이 그에게 정당하게 전가된 것이다.

위와 같이 리드는 의지에 대한 자기 입장을 분명히 한다. 사람은 자기 의지를 결정 내릴 수 있는 생득적 능력을 가지고 태어나며, 그러므로 자기 의지의 자유를 소유한다. 사람에게 도덕적 자유란 "좋은 것이든 나쁜 것이든 행하고자 하는"[10] 자기 자신의 의지의 결정에 있어서 갖는 능력이다. "그분의 낚시가 그 코에 꿰여 있다"고 진술하는 것으로 보아 리드가 의지의 필연성을 완전히 부인하는 것은 아님이 분명하다.

하지만 본 "요약 서평문"을 제외한 그 어디에서도 리드가 에드워즈라는 이름과 그의 사상을 언급한 경우는 발견되지 않는다. 본 서평에서 에드워즈는 "아르미니우스주의자들에 동의하며 현시대의 전반적인 칼뱅주의자들의 의견과 달리한다."[11] 그리고 의지가 자발적(voluntary)이라고 주장하는 로크, 홉스와도 동의한다고 평가한다. 본 서평문에서 그들 역시 리드를 비판한다. 물론 그의 위 저서에서 회의주의적 경험론자 데이비드 흄과 이성주의자 르네 데카르트를 주요 논적으로 삼고서 개별적으로 비

---

9 *Essays on the Active Powers of the Human Mind* (London, 788), 265.

10 Ibid.

11 Thomas Reid, An Unpublished Summary Note of Edwards's *Freedom of the Will*, p. 1.

판한다.

리드는 에드워즈의 일반적 의지 정의에는 동의하지만 그의 핵심 사상에서는 에드워즈가 라이프니츠의 원인론 원리를 따른다고 신랄하게 비판한다. 리드는 에드워즈가 원인론에 입각하여 아르미니우스주의에 대항하고자 "전사 같은 논증"(Achillean argument)을 펼친다고 칭찬하나, 곧장 아르미니우스주의의 자유에 대해 펼친 에드워즈의 반론(『자유의지』제2권 5장)에 야유를 보낸다. 리드가 서평문에서 표현한 바와 같이, "무언가를 하고 싶어 함은 정신의 직접적 활동"인데, "누구든 불합리한 사람이 있어 이것을 확증한다면, 에드워즈는 바로 그 사람에게 좋은 반론을 펼친 것이요, 또한 그 사람의 모순을 드러냈을 따름이다."[12] 본 서평문을 끝내면서 리드는 새삼스럽게 발견한 것 한 가지를 추가하기를, "저자가 외계의 시공간을 부인한다"고 한다. 왜냐하면 에드워즈가 뉴턴을 반론의 배후자로 직접 명명하지는 않지만 자신이 당면한 반론자는 "피조물의 한계를 넘어서 공간의 확장을 가정한다"고 파악했기 때문이다. 그 말은 에드워즈가 아이작 뉴턴의 절대 무한 시간 및 공간의 이론을 반대한다는 사실을 드러낸다.[13]

그의 서평문에서 밝히 관찰된 사실대로 리드는 "의욕의 선행 활동은 필연적이지 않다"고 기술하고 이해하는 대로 자유에 대한 아르미니우스주의 개념을 지지하며, 동시에 에드워즈는 "숙명론자이거나 자유 옹호자" 혹은 "라이프니츠주의자"라고 판정 내린다. 그럼에도 불구하고 그의 주요 작품과 본 서평문에 나타난 의지에 대한 리드의 최종적 견해는 에

---

12 Ibid., P. 2.

13 이 책 557쪽을 보라. Cf. Jeon Geunho, "The Trinitarian Ontology Of Jonathan Edwards: Glory, Beauty, Love, and Happiness in The Dispositional Space of Creation"(Boston University, Th.D. Diss, 2013), 61-70.

드워즈가 『자유의지』에서 규명한 불합리한 아르미니우스주의자는 아니라고 한다. 왜냐하면 그는 위와 같이 온건한 입장을 유지하기 때문이다. 비록 그가 에드워즈를 위시한 다른 필연론자들과 상충하지만 말이다. 그리하여 그의 보편 상식 실재론 철학은 존 위더스푼과 아키발드 알렉산드로스 같은 프린스턴 신학자들이 그들의 신학 원리로 채용하였으며, 또한 18세기 뉴잉글랜드 지성인들에게도 막대한 영향을 끼쳤다.

서평문

도덕 행위자, 덕과 악, 상급과 징벌, 칭송과 비난에 필수적이라고 가정되는 의지의 자유에 대한 현대인의 보편적 개념들에 대한 주의 깊고 철저한 조사

1754년 보스턴 발행

조나단 에드워즈(스톡브릿지 교회 목사)

서평자_ 토마스 리드

저자 서문에서 저자는 좋은 지각과 절제를 가지고 이 질문을 해결하고자 한다. 다른 의견을 가진 그리스도인들이 서로를 아르미니우스주의자, 칼뱅주의자, 소키누스주의자 등등으로 불러야 하는가? 에드워즈는 이 책에서 자신이 반대하는 사람들을 아르미니우스주의자들이라고 명명하는 것에 대해서 양해를 구한다. 하지만 자신이 반대하는 교리를 주장하는 사람이라고 해서 반드시 아르미니우스주의자는 아니라는 점을 분명히 한다. 그럼에도 에드워즈는 그 교리에서 아르미니우스주의자들과는 동의하면서, 칼뱅주의자들의 현재의 전반적 입장과는 의견을 달리한다.

제1부

1장 | 에드워즈는 의지와 욕구가 정확히 동일한 의미를 지닌 것은 아니나 그렇다고 상반되는 것도 아니라고 인정한다.

2장 | 의지는 항상 가장 강한 동기에 의해서 결정된다. 그는 동기의 강도에 기여하는 것들을 열거하지만, 동기들이 상충될 때 강도를 비교 결정할 수 있는 수단들에 대해서는 지적하지 않는다.

3장 | 필연적(necessary)이라는 용어는 일상 용법에서와 같이, 어떤 반대를 가정할 수 있는 용어다. 모든 예상 가능한 반대이거나 그렇게 될 수 있음에도 불구하고 그것은 필연적인데, 우리의 의지의 반대가 좌절시키지 못하는 우리와 관련하여 필연적이다. 이것이 필연에 대한 보편적 의미인데, 이를 저자가 견지한다. 그러나 그것이 신적 존재와 영원성에 대해서 적용되었을 때에는 다른 의미가 된다. 철학적 혹은 형이상학적 필연은 사물들의 확실성과 전혀 다를 것이 없다.

4장 | 자연적 필연과 도덕적 필연의 구별

5장 | 일상 언어에서 자유 개념은 우리의 기분대로 행하는 것이다. 아르미니우스주의자의 자유 개념은 다음 세 가지 사항들을 포함한다.

1) 의지는 자신과 자신의 활동들에 대하여 주권을 가지고 있으므로, 자신의 활동들보다 선행하는 그 어떤 것에 의해서 결정되지 않는다.

2) 무관심 중립 상태(indifference), 혹은 의욕(volition)의 활동 이전의 정신은 평형 상태(Equilibrio) 속에 있다.

3) 우발(contingence)이란 모든 필연에 반대되는 것이거나, 혹은 사물이 존재하는 어떤 사전 근거나 이유와의 어떤 연결과 반대되는 것이다.

제2부

1장 | 의지 속에 자기결정력이 있다는 것은 불합리한 주장이다. 이 주장은 이런 목적을 가지고 있다. 정신(mind)이 의지를 결정 내리면, 그것은 의지의 활동에 의한 것이다. 왜냐하면 결정(determination)은 의지의 활동이기 때문이다. 그러므로 의지의 최종 활동은 선행하는 활동에 의해서 결정된다. 그리고 동일한 이유 때문에 이 활동은 제3의 활동에 의해서 결정된 것임이 틀림없으며 그렇게 무한히 계속된다. 이 주장 (또한) 불합리하다.

2장 | 그 주장이 변호되었다. 이 변호의 강점은 정신이 다른 방법보다는 오히려 이런 식으로 결정 내리는 원인이나 충분한 이유가 있어야 한다는 것이다. 그러나 이것은 당연한 것이다.

3장 | 의지의 활동은 원인 없이는 있을 수 없다.

4장 | 내가 올바로 기억하고, 이 같은 반응이 독자들에게 지혜를 불어넣는 다면 내 입장은, 저자가 다양한 견해를 제공하며 제1부 1-5장을 통하여 반론들을 변호하는 "전사 같은 논증 방식"은 로크, 홉스가 사용했던 방식과 똑같다는 것이다. 무언가를 하고 싶어 함(willing)은 의지의 직접적 활동이다. 반면에 말하기, 걷기와 같은 모든 외적 행동들(actions), 생각함과 같은 내적 활동들(acts)은 그런 것들을 일으키는 수단으로서의 의지의 활동을 요구한다. 말하기는 사람이 말하기를 하고 싶어 하지 않는 한 사람의 행동이 아니며, 걷기도 걷기를 하고 싶어 하지 않으면 안 되는 것이다. 사람은 생각함이나 추론함을 하고 싶어 함 없이 생각하거나 추론하지 않는다. 그리고 한마디로, 우리에게 전가될 수 있으며 정확히 우리가 그 원인들이 되는 이런 모든 행동은 의욕의 수단에 의해서 실행된다. 그러나 다른 모든 경우에 있어서도 이것이 적용되지만, 의욕 자체에 대하여서는 그렇지 않

다. 나는 걷기를 하고 싶어 함이 없이는 걸을 수 없고, 추론하기를 하고 싶어 함이 없이는 추론할 수 없다. 무언가를 하고 싶어 함(willing)은 우리가 이로써 행동하는 수단이긴 하지만, 우리가 이로써 무언가를 하고 싶어 하는 수단은 아니다. 만약 누구든지 이런 사실을 확신할 정도로 불합리한 사람이라면, 에드워즈에게서 강한 반박을 받음으로 그 사람의 불합리성이 드러나게 될 것이다. 그러나 이 불합리성은 우리가 무언가를 하고 싶어 할 때, 우리가 무언가를 하고 싶어 하기를 하고 싶어 해야만 한다는 그 사람의 주장에서 야기될 뿐이다. 즉 그 말은, 우리로 하여금 의욕의 활동을 행사하도록 결정 내리는 의욕의 선행 활동 없이는 아무런 의욕의 활동도 행사될 수 없다는 것이다. 따라서 운명론자들과 자유의지 옹호자들이 위에서 언급한 입장을 견지한다면, 그 같은 불합리성이 그들에게도 공히 지워질 수 있다는 것을 알 수 있다. 의욕의 모든 활동은 의욕의 선행 활동을 요구한다고 믿게 만드는 것이 필연의 체계 속에 있으면 있었지 자유(의지)의 체계 속에는 전혀 없다.

5장 | 의지를 의존하는 행동들은 자발적이라고 말하는 것과 같은 의미에서 의지가 자발적이라는 가정이 불합리하다는 것을 로크와 홉스가 들추어냈다. 그리고 에드워즈가 제2부 1-5장에 걸쳐 말하는 모든 것에는 그 이상 (새로운 것이) 존재하지 않는다. 그러나 그 이후 자유에 관한 철학적 질문에 관해서는 응답하지 않고 넘어갔다. 에드워즈는 의지의 자기결정에 대한 표현의 부정확성으로 인한 어떤 이점도 취하지 않을 것이라고 고백했지만, 그의 논증은 바로 이 부정확성에 기초하고 있다. 당신이 바로 이 부정확성을 바로잡으며 의욕은 정신(mind)의 직접적 활동이요, 정신은 의욕의 선행 활동을 필요로 하지 않는다고 증명한다면, 그의 논증은 땅에 떨어지고, 이런 가정하에 있

는 의욕의 이 같은 활동이 원인 없는 결과라는 사실을 보이기 위해서, 그(에드워즈)는 다른 이에게 도움을 호소하고, 이 같은 주장이 불가능하다는 것을 입증하기 위해서 장구하게 논증할 것이다. 만약 정신이 이 같은 결과의 원인이라는 사실이 확증된다면, 이 같은 논증은 다음같이 땅에 떨어지게 될 것이며 그는 제삼의 인물에게 도움을 호소할 것이다. 원인(cause)이 존재할 뿐 아니라, 또 다른 방식이 아닌 그 한 가지 방식으로 활동하도록 만드는 그 원인을 결정하는 충분한 이유(sufficient reason)도 존재한다. 이것은 라이프니츠 원리에 해당한다. 이 세 가지 논증들을 하나로 조합해보면 강력해 보인다. 그러나 그것들이 실제로는 일관성이 없다.

6장 | 우리가 무관심 중립 상태에서 활동하는 것은 선택 없이 선택하는 것인데, 이는 모순이다.

7장 | 정신이 아직 비결정된 상태에 있으면서 활동하는 것은 선호하거나 비선호하는 것이며, 선택 없이 택하는 것이다. 이것은 모순이다(에드워즈 입장).

　(에드워즈의 반문) 자유는 우리가 생각할 때까지 행동을 일시 정지하고 있을 수 있는가? 답: 이것은 말도 안 되는 우스꽝스러운 모순이다. 왜냐하면 이것(질문)이 내포하는 바는, 자유는 정지의 활동을 일시 정지하고 있다는 것이기 때문이다. 이것은 모순이다. 왜냐하면 그것은 무한 연속으로 이끌기 때문이다.

8장 | 의욕의 활동은 우발적일 수 없다. 왜냐하면 그것은 원인을 가지고 있음이 틀림없고, 그 원인과 필연적으로 연결되어 있음이 틀림없기 때문이다.

9장 | 의지와 지성과의 연결. 만약 지성의 최종 명령이 의지를 통제하지 않는다는 이것이 자유에 대한 정확한 개념이라 한다면, 지성과 의지 사

이의 연결이 적으면 적을수록, 자유는 더 많을 것이며, 그리고 완전한 자유 속에서는 연결이 전혀 없을 것이며, 그러므로 모든 권고, 권면, 경고가 소용없을 것이다.

10장 | 처브의 자유 체계의 모순

11장 | 하나님의 선지식(prescience)을 장구하게 증명한다.

12장 | 사건들에 대한 선지식은 그들이 말하는 우발성과 상충된다. 과거 사물들의 존재가 현재에 필연적이고, 필연적 사물들과 확고 불변하게 연결된 사물들의 존재는 필연적이다. 신적 예지(foreknowledge)는 과거에도 항상 존재해왔으며, 그러므로 그 (사물들의) 존재는 필연적이다. 그리고 모든 미래의 사건들과 무오하게 연결되어 있으므로, 그 (사건)들의 존재는 필연적이다. 미래의 우발적 사건들에 대한 증거가 있을 수 없다. 만약 있을 수 있다고 한다면, 그 사건들이 자증적이거나 입증될 수 있는 것임이 틀림없다. 그러나 저자는 처음부터 줄곧 존재의 확실성을 존재의 필연성과 혼합시키지 않는다. 사실상 선지가 미리 알려진 사건을 필연적인 것으로 만들지 않지만, 그 사건이 필연적이라는 사실을 입증한다.

제3부

1장 | 하나님은 필연적으로 선하시다. 그러므로 아르미니우스주의자들의 추론에 의하면, 하나님의 선하심은 찬양받으실 가치가 없다.

2장 | 동일한 추론이 인자 그리스도에게 적용될 수 있다.

3장 | 도덕적 불능이 죄책감을 없앤다면, 타락 상태에 있는 인간의 불능을 무죄 상태에 머물게 만들며, 구주를 필요로 하지 않게 만든다.

4장 | 아르미니우스주의자들의 개념대로 할 때, 자유로운 영혼의 활동들은 명령이나 도덕적 통치의 대상이 될 수 없다. 왜냐하면 그 활동들은

선행하는 선택(choice) 혹은 선정(election)에 따른 필연적 결과이고, 이 선정은 또 다른 선정에 따른, 그리고 무한히 계속되는 선정에 따른 결과이기 때문이다. 그러므로 모든 도덕적 통치와 전적으로 부조화를 이루는 것은 칼뱅주의 체계가 아니라, 아르미니우스주의자 체계다.

5장 | 사람은 영혼의 활동들 없이는 덕 있는 성향들을 갈망할 수 없다.

6장 | 무관심 중립 상태의 자유는 덕에 필수적이지 않을 뿐 아니라, 덕과 전적으로 부조화를 이룬다. 그리고 다른 모든 덕스럽거나 사악한 성향들과 습관들은 무관심의 자유와 부조화를 이룬다. 선택의 문제인 것은 무관심 중립 상태가 될 수 없다. 만약 한 행동이 덕스럽다고 한다면, 그 행동은 무관심한 것이 될 수 없다. 왜냐하면 그 행동은 선택의 문제이기 때문이다. 덕스럽거나 사악한 습관들과 성향들은 무관심과 조화를 이루지 못하고 자유와도 그렇지 못하다. 그리고 이런 연고에 의하면, 의욕 이전에 정신이 선하거나 악하거나 하는 어떤 관념들을 가지고 있는 곳에서 덕이나 사악이 있을 수 없다.

7장 | 동기 부여와 유도의 모든 영향과 일치하지 않는 무관심의 자유. 동기를 가지지 않은 행동들 속에는 덕이 있을 수 없다.

제4부

1장 | 마음의 성향들, 그리고 의지의 활동들 속에 있는 덕과 사악의 본질은 그것들의 원인이 아니라 본성에 있다.

2장 | 거짓되고 불합리한 행동과 행위에 대한 아르미니우스주의자들의 개념. 이 저자에 따르면 행동과 열정은 상대적 용어들이다. 행동에 의해서 나온 결과와 관련된 행동은 동일한 것인데, 활동하도록 야기시킨 것과 관련 있는 것은 열정(passion)이다. 그것이 동기이든지 혹은

무슨 다른 원인이든지 행동은 행위자 외에 어떤 다른 원인의 결과일 것이며, 동일한 행동 속에 있는 동일한 행위자는 능동적이며 또한 수동적일 것이다.

3장 | 사람이 불가항력적 필연 하에서 행한 것 때문에도 징벌을 받는다는 것이 부당하다고 생각하도록 만든 편견들. 고대로부터 우리가 늘 그렇게도 피하고 싶어 하지만 피할 수 없는 모든 것을 필연적이라고 으레 불러왔다. 실제로 이 필연은 모든 비난을 모면한다. 이후로 우리는 필연이란 단어를 도덕적 필연에 적용하고자 했고, 그로 인해 이 필연과 관련하여 자연적 필연이라는 동일한 결론을 내리게 된다.

4장 | 필연적 행동들도 칭송이나 비난을 받아 마땅하다는 것은 보편 상식과 일치한다.

5장 | 반론에 대하여. 필연 교리는 사람들의 모든 노력을 헛되게 만들고 목적을 상실하게 만든다. 이 반론이 가정하는 바는, 사람이 이렇게 추론한다는 것이다. 왜 나는 절대적으로 확정되어 있는데 결과를 내기 위해서 수고해야 하는가. 그러나 이 같은 추론에서 그 사람은 스스로 모순에 부딪친다는 사실이 관찰된다. (결과가 필연에 의해서 확정되어 있는데 굳이) 어떤 목적을 위해서 활동하는 것이 그에게 쓸모없다면, 그리고 그 목적을 성취하기 위해서 무엇을 행하거나 금하거나 할지라도 그에게 쓸모없다면, 왜 그는 이 목적을 세우는가? 그리고 왜 그는 다른 사건들처럼 견고히 확정되어 있는 당연한 수고를 하지 않는가?

6장 | 신은 항상 필연에 의해서 활동한다. 그리고 또 다른 방식보다는 그 한 가지 방식으로 활동하고자 하는 동기를 갖지 않은 경우란 없다. 외계의 시간과 공간은 저자가 부정한다.[14] 유사한 물질에 두 원자가 포함되어 있다는 것은 지극히 불가능한 일이다. 그들은 원자를 하나는 이곳에 배치하고 또 다른 하나는 저곳에 배치하는 선택에 대해서

말하는 것이 모순이라고 가정한다. 왜 하나님은 그러한 위치에 그러한 천체를 만드시고 그것과 정확히 똑같은 또 하나의 개체를 만들지 않으셨는지 묻는 것은 어리석은 일일 것이다. 우주에 추가되거나 제외시킨 단 하나의 원자가 시간이 지나면서 아주 현격한 결과들을 낳을 것이다.

추가

의지는 정신이 무엇을 선택하는지에 달렸다. 의지는 욕구와 결코 상충할 수 없다. 또 의지는 어떤 행동이 현재 우리에게 최선이라고 판단하는 지성의 활동과 구별될 수 없다. 우리는 항상 가장 명백히 좋은 것을 추구한다—동기를 제외한 그 어떤 것도 의지를 결정할 수 없으며, 동기는 정신에 의해서 감지된 어떤 것임이 틀림없다.

---

14 이 책 556쪽을 보라. JE는 뉴턴의 절대 공간을 부정한다. Cf. GeunHo Geon, "The Trinitarian Ontology of Jonathan Edwards: Glory, Beauty, Love, and Happiness in the Dispositional Space of Creation"(Boston University, THD Diss, 2013), 61-70.

ㅎ

자유의지

Copyright ⓒ 새물결플러스 2017

1쇄 발행	2017년 5월 1일
2쇄 발행	2018년 5월 21일

지은이	조나단 에드워즈
옮긴이	정부홍
펴낸이	김요한
펴낸곳	새물결플러스

편 집	왕희광 정인철 최율리 박규준 노재현 한바울 신준호 정혜인 이형일 서종원 조광수
디자인	이성아 이재희 박슬기 이새봄
마케팅	박성민 이윤범
총 무	김명화 이성순
영 상	최정호 조용석 곽상원
아카데미	유영성 최경환

홈페이지	www.holywaveplus.com
이메일	hwpbooks@hwpbooks.com
출판등록	2008년 8월 21일 제2008-24호
주 소	(우) 07214 서울특별시 영등포구 양평로 11, 4층(당산동5가)
전 화	02) 2652-3161
팩 스	02) 2652-3191

ISBN 979-11-6129-010-2 94230
979-11-6129-009-6 94230 (세트)

책값은 뒤표지에 있습니다.

이 도서의 국립중앙도서관 출판예정도서목록(CIP)은 서지정보유통지원시스템 홈
페이지(seoji.nl.go.kr)와 국가자료공동목록시스템(nl.go.kr/kolisnet)에서 이용
하실 수 있습니다. CIP2017009422